北京信息科技大学
BEIJING INFORMATION SCIENCE & TECHNOLOGY UNIVERSITY

2019
YEARBOOK OF BISTU

2019
北京信息科技大学
年鉴

BEIJING INFORMATION
SCIENCE & TECHNOLOGY
UNIVERSITY

方志出版社
PUBLISHING HOUSE OF LOCAL RECORDS

[**请印制单位注意：**此版权页不得擅自改动及遗漏，违者必究（凡空位由印刷厂填写）。]

图书在版编目 (CIP) 数据

北京信息科技大学年鉴 . 2019 / 北京信息科技大学编 .
北京 : 方志出版社 , 2019.12
ISBN 978-7-5144-4063-8

Ⅰ . ①北… Ⅱ . ①北… Ⅲ . ①北京信息科技大学－ 2019 －年鉴
Ⅳ . ① G649.281-54

中国版本图书馆 CIP 数据核字 (2020) 第 018741 号

北京信息科技大学年鉴（2019）

编　者：北京信息科技大学

责任编辑：齐 笑

出 版 者：方志出版社

地址 北京市朝阳区潘家园东里 9 号（国家方志馆 4 层）

邮编 100021

网址 http://www.fzph.org

发　行：方志出版社图书经销中心

电话（010）67110500

经　销：各地新华书店

印　刷：北京工商事务印刷有限公司

开　本：889×1194　　1/16

印　张：25.75

字　数：988 千字

版　次：2019 年 12 月第 1 版　2019 年 12 月第 1 次印刷

印　数：001 ～ 200 册

ISBN 978-7-5144-4063-8　　定价：200.00 元

PARTICIPATING
EDITORS

参与
编辑人员

BEIJING
INFORMATION
SCIENCE & TECHNOLOGY
UNIVERSITY

BEIJING
INFORMATION
SCIENCE & TECHNOLOGY
UNIVERSITY

《北京信息科技大学年鉴》编纂委员会

CODIFICATION COMMITTEE

《北京信息科技大学年鉴（2019）》编辑部

EDITORIAL OFFICE

EDITING
SPECIFICATION

编辑**说明**

《北京信息科技大学年鉴 2019》始终坚持以马克思列宁主义、毛泽东思想、邓小平理论、“三个代表”重要思想、科学发展观和习近平新时代中国特色社会主义思想为指导，遵循实事求是的原则，科学、客观地反映实际情况。

《北京信息科技大学年鉴 2019》是学校正式成立后编辑出版的第十二本（部）年鉴。本年鉴汲取前任的编辑经验、继承往年的年鉴风格，资料更加权威、内容更加丰富、体系更加完善，重点反映了北京信息科技大学 2018 年学科建设、教学科研、人才培养、队伍建设、学校管理、交流和合作、校园文化建设、党建与思想政治工作等方面的重要活动和取得的成果等，供全校各单位及校外有关单位了解和研究学校的发展情况时参考使用，同时也是北京信息科技大学历史发展的真实记载。

《北京信息科技大学年鉴 2019》是资料性文献汇编，以文章和条目为基本载体，以条目为主。全书包括新闻图片、学校概况、大事记、特载与专文、机构与干部、教育教学与学科建设、科学研究、交流合作、管理与服务、党建与思想政治工作、教学单位、表彰与奖励、附录等基本栏目。本年鉴选题时间范围为 2018 年 1 月 1 日至 12 月 31 日，力求全面、客观、系统记述学校 2018 年的重人事件、重要活动、重要动态及各个领域的新进展、新成果、新信息，其中收录的统计数据，由学校相关部门审定、提供。

《北京信息科技大学年鉴 2019》在学校年鉴编委会主持下，由年鉴编辑部具体开展编纂工作。编辑部以学校办公室人员为主，全校各处级建制单位负责年鉴组稿的人员共同参与编纂。编辑部主任、副主任负责统稿和审定。

《北京信息科技大学年鉴 2019》的编辑出版工作得到了学校领导的大力支持以及全校各单位的鼎力协助，在此表示衷心的感谢。年鉴内容涉及面广、工作繁复，加上编辑人员水平有限、经验不足，故问题和疏漏在所难免，敬请全校师生和广大读者批评指正。

《北京信息科技大学年鉴》编辑部

2019 年 7 月

BEIJING
INFORMATION
SCIENCE & TECHNOLOGY
UNIVERSITY

EDITING
SPECIFICATION

The Yearbook of Beijing Information Science & Techonlogy University 2019（BISTU Yearbook 2019）always adheres to guiding principles of Marxism-Leninism,Mao Zedong Thought,Deng Xiaoping Theory,the important thought of" Three Representatives" ,the Scientific Outlook on Development and Xi Jinping Thought on Socialism with Chinese Characteristics for a New Era,and follows the principle of seeking truth from facts to reflect the actual situation scientifically and objectively.

BISTU Yearbook 2019 is the Twelfth Yearbook edited and published after the establishment of the university. This Yearbook draws on the editorial experience of its predecessors and inherits the style of previous years. It has more authoritative information, richer content and better system. It mainly reflects the important activities and gains of discipline construction, teaching and scientific research, personnel training, team building, school management, exchange and cooperation, campus culture construction, party building and ideological and political work of Beijing Information Science & Techonlogy University in 2018. The results obtained can be used for reference by all units in and outside the university to understand and study the development of the university. Meanwhile，it records the historical development of Beijing Information Science & Techonlogy University.

BISTU Yearbook 2019 is a compilation of informative documents, with articles and entries as the basic carriers and entries as the main ones. This Yearbook includes news pictures, school profiles, memorabilia, special and articles, institutions and cadres, education, teaching and discipline construction, scientific research, communication and cooperation, management and service, party building and ideological and political work, teaching body, recognitions and rewards, and appendix. This Yearbook covers the period from January 1 to December 31, 2018, and strives to be comprehensive, objective, systematic and provide new progress, achievements and information in major events, important activities, important developments and various fields of the university in 2018. The statistics and data included in this yearbook are approved and provided by the relevant departments of the university.

The compilation of BISTU Yearbook 2019 is carried out by the Yearbook Editorial Department under the chairmanship of the School Yearbook Editorial Committee. The editorial department is mainly staffed by administrative staff. The collegues in charge of compiling the manuscripts of the Yearbook at all levels of the university participate in the compilation. The director and deputy director of the editorial department are responsible for the editing and approval.

The editorial work of BISTU Yearbook 2019 has received the support of the university leaders and the full assistance of all units of the university. We appreciate their help. The contents of the Yearbook covered a wide range of complex work, coupled with the limited level of editors and insufficient experience, so problems and omissions are inevitable. Any comments or suggestions are welcome.

Editorial Department of《Yearbook of Beijing Information Science & Techonlogy University》
July 2019

REFORM
AND INNOVATION

改革创新

1月4日，孙明丽获首都大学生学习贯彻党的十九大精神主题创作奖（手工创意类）

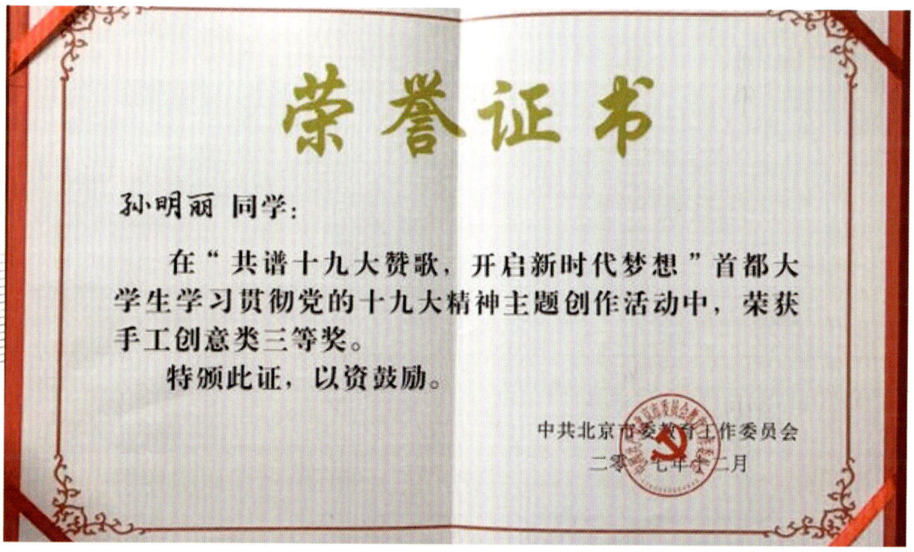

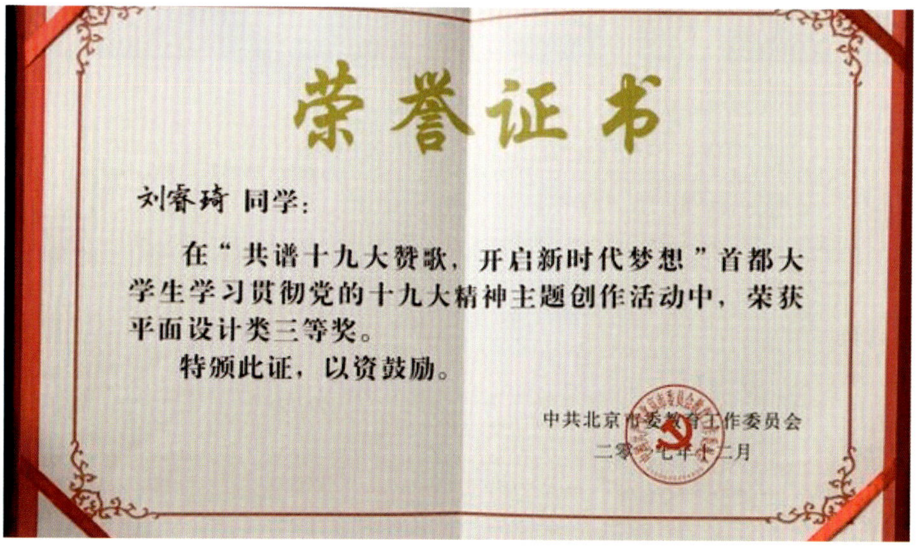

1月4日，刘睿琦获首都大学生学习贯彻党的十九大精神主题创作奖（平面设计类）

1 月 8 日，苏中教授科研成果获 2017 年度国家技术发明奖二等奖

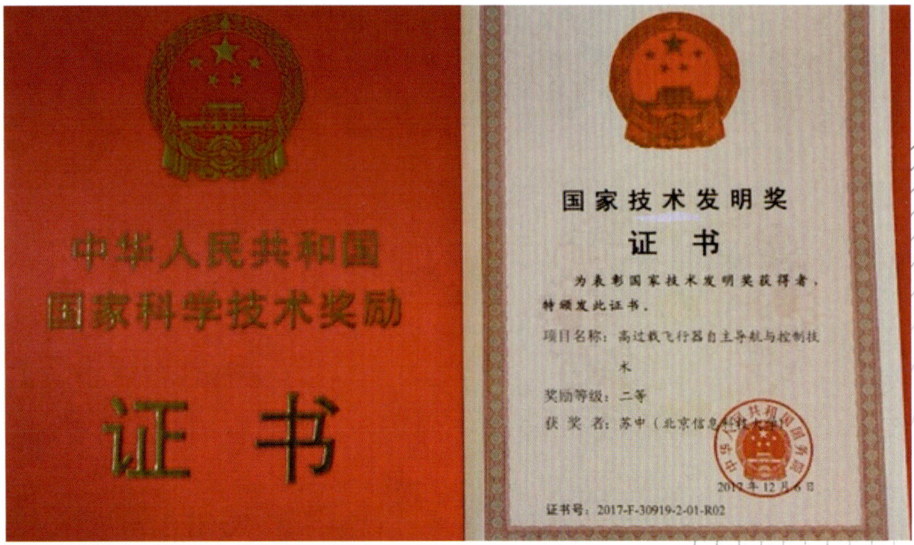

1 月 24 日，祝连庆教授再次当选全国政协委员

2 月 9 日，学校取得新校区第一组团规划意见复函

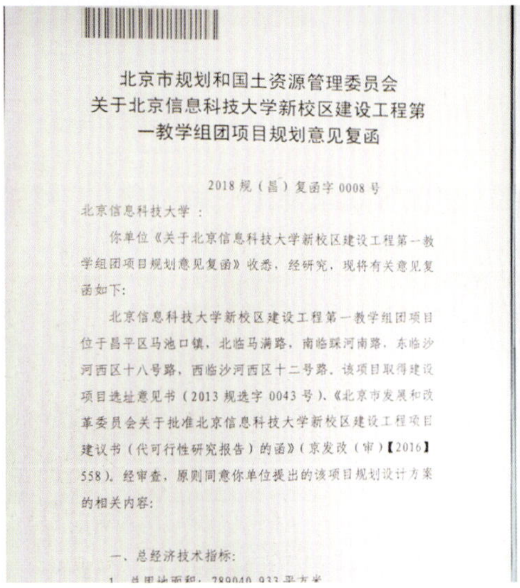

北京市规划和国土资源管理委员会
关于北京信息科技大学新校区建设工程第一教学组团项目规划意见复函

2018 规（昌）复函字 0008 号

北京信息科技大学：

你单位《关于北京信息科技大学新校区建设工程第一教学组团项目规划意见复函》收悉，经研究，现将有关意见复函如下：

北京信息科技大学新校区建设工程第一教学组团项目位于昌平区马池口镇，北临马满路，南临踩河南路，东临沙河西区十八号路，西临沙河西区十二号路。该项目取得建设项目选址意见书（2013 规选字 0043 号）、《北京市发展和改革委员会关于批准北京信息科技大学新校区建设工程项目建议书（代可行性研究报告）的函》（京发改（审）【2016】558），经审查，原则同意你单位提出的该项目规划设计方案的相关内容：

一、总经济技术指标：

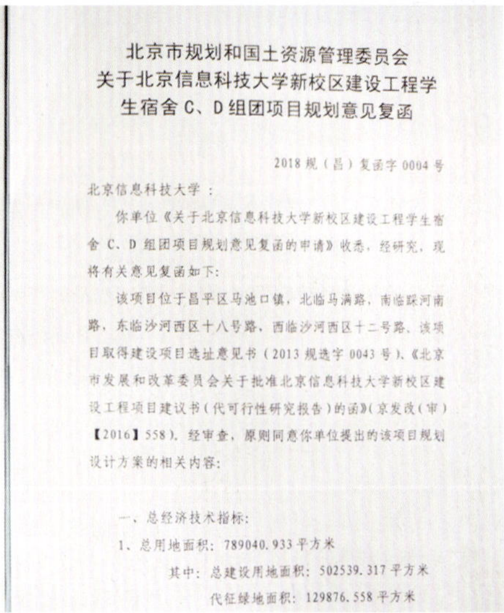

北京市规划和国土资源管理委员会
关于北京信息科技大学新校区建设工程学生宿舍 C、D 组团项目规划意见复函

2018 规（昌）复函字 0004 号

北京信息科技大学：

你单位《关于北京信息科技大学新校区建设工程学生宿舍 C、D 组团项目规划意见复函的申请》收悉，经研究，现将有关意见复函如下：

该项目位于昌平区马池口镇，北临马满路，南临踩河南路，东临沙河西区十八号路，西临沙河西区十二号路。该项目取得建设项目选址意见书（2013 规选字 0043 号）、《北京市发展和改革委员会关于批准北京信息科技大学新校区建设工程项目建议书（代可行性研究报告）的函》（京发改（审）【2016】558），经审查，原则同意你单位提出的该项目规划设计方案的相关内容：

一、总经济技术指标：

1、总用地面积：789040.933 平方米

其中：总建设用地面积：502539.317 平方米

代征绿地面积：129876.558 平方米

2 月 28 日，召开新学期工作部署会暨 2017 年度二级单位考核表彰会

3 月 13 日，市委副秘书长郑登文调研指导新校区建设工作

3 月 15 日，举办 2018 年春季首场校园招聘双选会

3月23日，学校党委副书记、校长王永生率队到北京理工大学考察交流

3月27日，副市长王宁到新校区召开现场工作协调会

3月29日，新校区“第一教学组团”项目初步设计方案通过专家审查

荣誉证书

黄　民　高　宏　黄小龙　王雪雁　郑　军　陈　勇
贺敬良　米　洁　刘相权　孟玲霞：

树立多维度大工程理念，创建机械工程国家级示范中心，强化实践创新能力培养，获 2017 年北京市高等教育教学成果奖一等奖。

北京市人民政府

二〇一八年四月

4 月，黄民等获北京市高等教育教学成果一等奖

附件2

2017年北京市经动态调整增列的学位授权点清单

单位名称	增列学位点名称	增列学位点类型
北京信息科技大学	网络空间安全	硕士一级

4 月，学校获批“网络空间安全”一级学科等硕士学位授权点

4 月 8—12 日，组织处级干部专题培训班，深入学习党的十九大精神

4 月 18 日，“机械工程教师团队”入选“全国高校黄大年式教师团队”

4 月 25 日，举办田径运动会

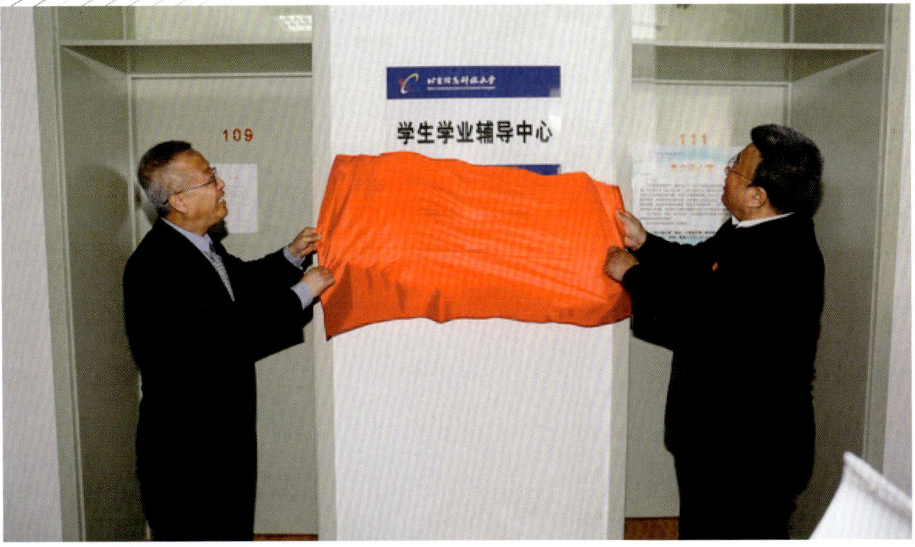

4 月 25 日，北京信息科技大学学生学业辅导中心揭牌成立

5 月，校团委获“北京市五四红旗团委”称号

5 月 3 日，校党委书记王传亮参加审计 1601 班“践行责任 追寻梦想”主题团日活动

5 月 11 日，启动新校区文化工程建设

5 月 21 日，智慧物联联合实验室揭牌成立

5 月 23 日，举办“沁馨之韵”教职工歌手大赛

5月23日，举行第二届国际文化周开幕式暨国际文化展

6月6日，市委教育工委副书记、市政府教育督导室主任唐立军到校检查指导工作

6月12日，举行本科教学工作审核评估专家见面会

6月29日，举行毕业典礼暨学位授予仪式，毕业生向学校赠送纪念品

7月，2017级学生参加军训

7月6日，仪器科学与技术学位授权点通过自评合格评估

7 月 12 日，北京市人大常委会副主任闫傲霜（前左三）等领导到校考察调研，并促成学校与北京市科学技术研究院签署战略合作协议

7 月 17 日，学校首次作为主持单位承担的国家重点研发计划项目启动

7 月 18—20 日，举办第七届国际测试自动化与仪器仪表学术会议

7 月 18 日，学校与清华大学签约开展学科共建

8 月 19 日，机器人代表队在中国机器人大赛中获奖

8 月 30 日，新校区学生宿舍 B 组团封顶

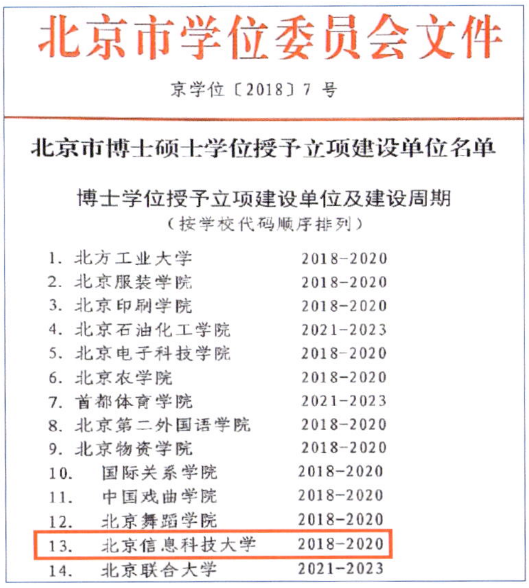

北京市学位委员会文件

京学位〔2018〕7 号

北京市博士硕士学位授予立项建设单位名单

博士学位授予立项建设单位及建设周期

（按学校代码顺序排列）

1.	北方工业大学	2018-2020
2.	北京服装学院	2018-2020
3.	北京印刷学院	2018-2020
4.	北京石油化工学院	2021-2023
5.	北京电子科技学院	2018-2020
6.	北京农学院	2018-2020
7.	首都体育学院	2021-2023
8.	北京第二外国语学院	2018-2020
9.	北京物资学院	2018-2020
10.	国际关系学院	2018-2020
11.	中国戏曲学院	2018-2020
12.	北京舞蹈学院	2018-2020
13.	北京信息科技大学	2018-2020
14.	北京联合大学	2021-2023

9 月，学校入选博士学位授予立项建设单位

9 月 7 日，召开 2018 年科技工作会议暨新学期工作部署会

9 月 10 日，召开师德建设暨 2018 年教师节表彰大会

9 月 14 日，举行 2018 级新生大学第一课

9 月 25 日，接受市纪委八室政治生态检查组检查指导工作

9 月 26 日，第二届科技创新节开幕

10 月 27 日，承办第十二届海峡两岸信息科学与技术学术交流研讨会

10 月 31 日，校党委副书记王秀彦参加“一带一路”中波大学联盟年会

11 月 5 日，召开 2018 年处职岗位聘任工作动员大会

11 月 10 日，学校获钱伟长中文信息处理科学技术一等奖

11 月 10 日，举行 2018 年华北五省（市、自治区）大学生机器人大赛

11 月 11 日，举办 2018 年全国人工智能与机器人青年学者论坛

11月14日，召开第二届“双代会”

11 月 19 日，组织国际学生了解中国传统文化，制作民俗手工艺品，体验扎染课

11 月 27—28 日，学校接受北京市分类发展工作考察

11 月 28 日，信息与通信工程学院党支部在北京高校红色“1+1”示范活动评选中获奖

12 月 3 日，产业技术研究院获批设立博士后科研工作站

12 月 4 日，教职工之家通过北京市教育工会“合格教职工之家”验收

12 月 13 日，校工会举办“五十年华抒情怀 不忘初心育英才”座谈会，为年满 50 岁教职工集体庆生

12 月 16 日，计算机学院计算机教育创办40周年系列庆典活动，院长李宁主持庆典开幕仪式

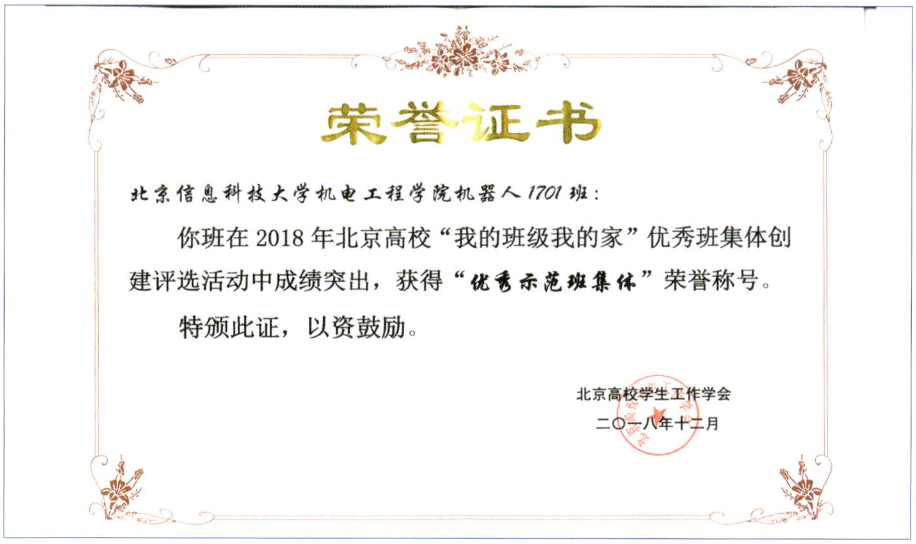

荣誉证书

北京信息科技大学机电工程学院机器人 1701 班：

你班在 2018 年北京高校“我的班级我的家”优秀班集体创建评选活动中成绩突出，获得“优秀示范班集体”荣誉称号。

特颁此证，以资鼓励。

北京高校学生工作学会

二〇一八年十二月

12 月 19 日，机器人 1701 班获北京市优秀示范班集体

12 月 27 日，学校为 53 名退休教职工举办荣休仪式

12 月 28 日，启动新校区第三教学组团建设

CONTENTS

目录

07 科学研究与产业工作

/ SCIENTIFIC RESEARCH AND INDUSTRIAL WORK

08 国际及港澳台交流与合作

/ International and Hong Kong, Macao and Taiwan Exchanges and Cooperation

09 行政管理 / PUBLIC ADMINISTRATION

10 学校公共服务 / SCHOOL PUBLIC SERVICE

11 党建与思想政治工作

/ Inner Party Construction and Ideological and Political Work

12 教学单位 / Academic Unit

13 附录 / Appendix

1

学校事业发展综述

首批北京市深化创新创业教育改革示范高校

入选"首批北京市深化创新创业教育改革示范高校"

9 亿元

科研总经费连续 10 年增长，在高端软件、传感技术、高端装备制造等领域一批成果实现产业化，校办科技产业资产总额超过 9 亿元

1183 亩

昌平新校区全面开工，占地 1183 亩，预计 2020 年基本建成

11 名

聘请 11 名国外大学校长担任校学术委员会荣誉委员，聘请蒙代尔等 46 名世界学者担任荣誉教授

331492 平方米

学校有小营、健翔桥、清河、金台路、酒仙桥 5 个校区
校园占地面积 331492 平方米

- 图书馆馆藏总量 124.5 万册
- 数字资源 72.5 TB
- 包括电子图书 16.9TB
- 数学、科研仪器设备总值 6.37 亿元

BEIJING
INFORMATION
SCIENCE & TECHNOLOGY
UNIVERSITY

SUMMARY OF SCHOOL DEVELOPMENT

学校事业**发展综述**

一、基本情况

北京信息科技大学由原机械部所属北京机械工业学院和原电子部所属北京信息工程学院合并组建。办学历史可追溯至20世纪30年代，是北京市重点支持建设信息学科较为齐全的高校，在长达80余年办学历史中，形成鲜明信息特色、行业特色、军工特色。

2018年，学校有校区5个，坐落于海淀区和朝阳区；昌平新校区全面开工，占地1183亩，预计2020年基本建成。

学校秉持“勤以为学、信以立身”校训精神，紧密围绕国家、首都及行业发展需求，顺应信息时代发展态势，积极调整学科专业布局，大力推进人才培养模式改革，整体实力显著增强，社会贡献力有效提升。

二、发展成果

党建和思政工作成效显著。全面加强校党委对学校工作领导，以党的政治建设为统领，全面加强“五个环境建设”，持续优化顶层设计，不断推进内部治理体系改革。坚持把思想政治工作贯穿教育教学全过程，推动各项事业又好又快发展，全面提升党建和思想政治工作科学化制度化规范化水平。连续多年获评“首都精神文明单位”，并获北京市党建和思想政治工作先进校提名奖。

人才培养特色鲜明。坚持立德树人，着力培养具有较强实践能力、创新意识与国际化意识高素质应用型人才。现有全日制本科生10916人、研究生1430人、留学生159人。拥有国家级特色专业建设点4个、北京市特色专业建设点9个，北京市属高校首批“一流专业”1个，3个专业入选教育部“卓越工程师教育培养计划”，4个专业通过工程教育专业认证，2个专业获批教育部“地方高校本科专业综合改革试点专业”。拥有国家级实验教学示范中心2个、国家级大学生校外实践教育基地1个、国家级工程实践教育中心建设单位1个，北京市实验教学示范中心5个、校外人才培养基地5个。获国家级教育教学成果二等奖1项，入选首批北京市深化创新创业教育改革示范高校。连续6年承办华北五省大学生机器人大赛，本科毕业生一次就业率连续6年位居市属高校前3名。

师资力量雄厚。现有专任教师913人，专任教师中，58.27%具有博士学位，54.1%具有高级职称；拥有双聘院士11人，国家级优秀教学团队1个，教育部长江学者与创新团队1个、全国高校黄大年式教师团队1个；全国高校学科创新引智计划1个；全国优秀教师2人，国家百千万人才工程4人，北京市新世纪百千万人才工程3人，北京学者2人，长城学者5人；北京市优秀教师11人，北京市优秀教学团队9个，北京市教学名师14人，北京市属市管高校创新团队26个、创新人才15人，青年拔尖人才46人，北京市人才强教深化计划骨干教师107人；北京市海外高层次人才4人，北京市属高校人才强教计划特聘教授3人、讲座教授3人。兼职博士生导师30人，硕士生导师346人。

学科实力不断增强。已形成以工为主，工、管、理、经、文、法6个学科门类协调发展学科格局。现有一级学科硕士点14个、二级学科硕士点43个，4个专业硕士学位授权种类、8个工程硕士授权领域。拥有北京市重点学科3个、重点建设学科9个，北京高精尖学科1个。省部级重点实验室21个，其中教育部重点实验室2个、北京实验室1个、北京市重点实验室6个、北京市国际科技合作基地1个、北京市哲学社会科学研究基地1个、北京市高校工程中心1个。按照“学科群”专项、“信息 +”专项和常规项目三个类别大力推进学科建设，力争 2020 年成为博士学位授予单位。

科技创新优势突出。持续加强科学研究，在新一代信息技术、智能制造、国防军工等领域取得突出成绩。2007—2009 年，连续以第一单位获得国家科学技术奖 4 项；2017 年，再次获得国家科学技术奖 1 项。科研总经费连续 10 年增长，在高端软件、传感技术、高端装备制造等领域一批成果实现产业化，校办科技产业资产总额超过 9 亿元。参股拓尔思信息技术股份有限公司，是北京市属高校中首家上市企业。2018 年，发明专利授权数 96 项，近 2 年新增省部级奖项 10 项。

国际化办学不断拓展。设有国际交流学院，扩大留学生教育规模，提升留学生教育质量。已与近 80 所国（境）外高校建立校际合作关系，是“一带一路”中波大学联盟首批成员。聘请 11 名国外大学校长担任校学术委员会荣誉委员，聘请蒙代尔等 46 名世界学者担任荣誉教授。联合清华大学、英国剑桥大学牵头成立先进光电子技术国际合作联合实验室，“先进光电子器件与系统学科创新引智基地”入选国家“111 计划”。

三、发展目标

总目标：建设信息特色鲜明高水平大学。

阶段目标：2020 年基本建成教学研究型大学；2030 年努力建成若干优势学科国内一流、国际知名高水平教学研究型大学；2050 年建成国内一流、国际知名高水平大学。

5 个

学校有校区 5 个，坐落于海淀区和朝阳区；昌平新校区全面开工，占地 1183 亩，预计 2020 年基本建成

12 个

学校现有 12 个专业和 1 个类别（计算机类）在北京地区一本招生

95 %

学校应届本科毕业生一次就业率保持在 95% 以上

2

59318 平方米

2月9日，学校取得新校区第一组团规划意见复函，总建筑规模59318平方米，其中，地上53765平方米、地下5553平方米

1500 余个

3月15日，学校与北京市毕业生就业服务中心联合举办“2018年北京地区毕业生就业服务月暨公共就业和人才服务进校园活动北京信息科技大学专场招聘会”。109家用人单位提供就业岗位1500余个

7 项

5月，学校在第八届北京市高等教育教学成果奖评审中，获北京市教学成果奖7项，其中，一等奖4项、二等奖3项

大事记

6月29日上午，学校在小营校区大学生文化艺术中心举行2018届毕业典礼暨学位授予仪式

- 硕士研究生 405 名
- 本科学生 2593 名
- 留学生 6 名

BEIJING
INFORMATION
SCIENCE & TECHNOLOGY
UNIVERSITY

CHRONICLE OF EVENTS

大事记

1月

4日　机电工程学院2件作品获首都大学生学习贯彻党的十九大精神主题创作奖。孙明丽手工创意作品《反腐•倡廉》获手工创意类三等奖，刘睿琦平面设计作品《新时代 新征程》获平面设计类三等奖。

8日　学校作为第二单位参与完成的“高过载飞行器自主导航与控制技术”项目成果获2017年度国家技术发明奖二等奖。

22日　学校取得学生宿舍C、D组团规划意见复函，总建筑规模69200平方米，其中，地上57700平方米、地下11500平方米。

24日　仪器科学与光电工程学院教授、博士生导师祝连庆当选第十三届全国政协委员。

2月

是月　学校党委申报“学习精神讲认识 率先垂范讲行动 结合实践讲落实——北京信息科技大学开展‘三讲’活动学习宣传贯彻党的十九大精神”项目获评北京高校学习宣传贯彻党的十九大精神优秀项目。

5日　仪器科学与光电工程学院精密仪器及机械专业教师何巍入选中国科协第三届“青年人才托举工程”（2017—2019年度）名单。

9日　学校取得新校区第一组团规划意见复函，总建筑规模59318平方米，其中，地上53765平方米、地下5553平方米。

28日　学校召开新学期工作部署会暨2017年度二级单位考核表彰会。

△　学校召开2017年院级党组织书记基层党建工作述职评议考核会。

3月

1日　外国语学院教师杜佳楣获北京市“三八”红旗奖章，受北京市妇女联合会、北京市总工会、北京市人力资源和社会保障局联合表彰。

5日　校党委书记王传亮到新校区召开现场办公会检查督促新校区工作。

13日　中共北京市委副秘书长郑登文调研新校区建设工作。

15日　学校举办2018年春季首场校园招聘双选会。

23日　校党委副书记、校长王永生一行到北京理工大学考察交流。

27日　北京市副市长王宁到新校区召开现场工作协调会。

28日　学校党委召开2018年全面从严治党工作会议。

29日　学校新校区“第一教学组团”项目初步设计方案通过专家审查。

30日　学校党委召开党支部规范化建设专题培训会。

4月

是月　学校获批“网络空间安全”一级学科硕士学位授权点，获批撤销“软件工程”一级学科。

△　学校党委派出6个调研工作组到一线和基层开展干

部人才队伍建设综合调研工作。

17 日 学校与北京石油学院附属中学、北京师范大学第三附属中学、北京市第九中学、北京市古城中学共 4 所生源基地校签约。

8—12 日 学校组织处级干部开展“学习贯彻党的十九大精神”专题培训。

18 日 中祥航业科技股份有限公司到校进行校企洽谈和招聘活动。

19 日 学校召开 2018 年大学文化会商会。

22 日 学校与清华大学就“仪器科学与技术”学科共建事宜进行具体协商，并达成初步意向。

25 日 学校学生学业辅导中心揭牌成立。

26 日 学校完成新校区单体设计方案深化对接工作。

28 日 校团委获“北京市五四红旗团委”称号。机电工程学院机械电子工程机电 1501 班团支部获“2017 年度北京市红旗团支部”称号，校团委毋政印获“2017 年度北京市优秀共青团干部”称号。

5 月

是月 学校申报“多学科交叉融合的大数据应用型人才培养模式探索与实践”项目入选教育部首批“新工科”研究与实践项目名单，共 9 所市属高校 11 个项目入选。

3 日 学校党委书记王传亮、校党委副书记王秀彦到小营校区参加审计 1601 班“践行责任 追寻梦想”主题团日活动。

△ 学校 3 个团队入选北京高校“双百行动计划”。

△ 学校 7 项成果获第八届北京市高等教育教学成果奖，其中，一等奖 4 项、二等奖 3 项。

4 日 学校召开本科教学审核评估工作领导小组会。

9 日 学校召开 2018 年安全稳定工作会议。

11 日 学校举行新校区文化工程建设启动仪式。

14—18 日 校党委书记、校务委员会主席王传亮一行受邀访问日本上智大学、南山大学和关西学院大学并分别签署合作协议。

18 日 学校举行学科群项目立项答辩会。

21 日 学校举行与北京佰才邦技术有限公司合作成立的智慧物联联合实验室揭牌仪式。

6 月

6 日 市委教工委副书记、市政府教育督导室主任唐立军到校检查指导本科教学审核评估工作。

12 日 学校举行本科教学工作审核评估专家见面会。

13 日 学校新校区总体规划获批复。

15 日 学校举行本科教学工作审核评估意见反馈会。

20 日 北京教育系统关工委主任张雪一行到校调研工作。

29 日 学校举行毕业典礼暨学位授予仪式。

7 月

6 日 学校仪器科学与技术学位授权点通过自评合格评估。

9 日 学校召开 2018 年本科招生录取工作动员会。

12 日 北京市人大常委会副主任闫傲霜一行到校考察调研。

17 日 学校首次作为主持单位承担国家重点研发计划项目“服务价值与文化传播评估理论与技术”启动。

18 日 学校与清华大学签署“仪器科学与技术”学科共建协议。

18—20 日 学校主办第七届国际测试自动化与仪器仪表学术会议。

8 月

16 日 学校 3 支代表队在中国机器人大赛中获奖。

27 日 学校管理科学与工程学位授权点通过自评合格评估。

30 日 新校区学生宿舍 B 组团封顶。

9 月

是月 学校入选北京市 2018—2020 年博士学位授予立项建设单位。

2 日 学校信息与通信工程等硕士学位授权点通过自评合格评估。

6 日 全国博士后管委会、北京市人社局、北京市教委领导到校调研。

7 日 学校召开 2018 年科技工作会议暨新学期工作部署会。

10 日 学校召开师德建设暨 2018 年教师节表彰大会。

12 日 学校举行 2018 级新生开学典礼。

13 日 北京市高校师德与学风建设督导调研工作组到校督导调研。

14 日 学校举行 2018 级新生大学第一课。

15 日 控制科学与工程、专业学位工程硕士（控制工程领域）学位授权点通过自评合格评估。

24 日 计算机科学与技术、计算机技术学位授权点通过自评合格评估。

25 日 北京市纪委八室政治生态检查组到校检查指导工作。

26 日 学校举行第二届科技创新节开幕式。

10 月

是月 校党委对信息管理学院和外国语学院党组织开展校内巡察。

24 日 学校启动 2018 年新入职教职工岗前培训。

25 日 学校举行新校区第一教学组团建设启动仪式。

26 日 学校举办 2019 届毕业生首场大型校园招聘双选会。

27 日 自动化学院、信息与通信工程学院、高动态导航北京市重点实验室共同承办第十二届海峡两岸信息科学与技术学术交流研讨会。

11 月

1 日 学校党委副书记、校长王永生教授，教务处处长王兴芬教授，光电学院教授祝连庆，自动化学院教授李擎当选 2018—2022 年教育部高等学校教学指导委员会委员。

5 日 学校召开 2018 年处职岗位聘任工作动员大会。

8—9 日 中国工程教育认证协会专家组到校进行网络工程专业认证现场考查。

10 日 学校承办 2018 年华北五省（市、自治区）大学生机器人大赛。

△ 计算机学院教授张仰森团队负责项目“智能化中文文本校对系统关键技术及应用”获“钱伟长中文信息处理科学技术奖”一等奖。

11 日 学校承办 2018 年全国人工智能与机器人青年学者论坛。

14 日 学校召开第二届教职工代表大会暨第二届工会会员代表大会。

27—28 日 学校接受北京市分类发展工作考察组入校考察。

28 日 信息与通信工程学院电信专业第一、二、三学生党支部获北京高校红色“1+1”示范活动评选二等奖。

12 月

是月 学校北京市知识管理研究基地入选中国智库索引来源智库。

3 日 学校依托产业技术研究院申报博士后科研工作站获批设立。

4 日 学校教职工之家通过北京市教育工会“合格教职工之家”验收。

16 日 学校举行计算机教育创办 40 周年纪念活动。

28 日 学校举行新校区第三教学组团建设启动仪式。

3

特载与专文

BEIJING
INFORMATION
SCIENCE & TECHNOLOGY
UNIVERSITY

SPECIAL EDITION AND ESSAYS

特载与专文

在迎接本科教学工作审核评估推进会上的讲话

校党委书记 王传亮

2018 年 1 月 3 日

同志们，老师们：

今年 6 月，我们将要接受本科教学工作审核评估。这是我们今年工作的重中之重，必须集全校之力，全力以赴做好。刚才，王校长在主持会议中强调，这次审核评估是继 2008 年本科教学工作水平评估以后，时隔 10 年对学校教学建设和人才培养工作的全面检验，也是总结办学经验、查找存在问题的良好契机，是推动学校超常规跨越式发展的重要抓手，意义重大，不容有失。许校长对审核评估前期开展的工作作了总结，对后续将要开展的工作进行了部署。各部门、各学院要切实按照学校的工作部署和时间表做好迎评各项工作。

现在是期末年初，借这个机会，我先简要回顾一下 2017 年的工作。2017 年，我们以“五个环境建设”为统领，落实“十三五”事业发展规划，做了大量的工作，取得了很好的成果。

一是党建和思想政治工作成效显著。党委周密部署，精心组织，多形式、多层次、多角度学习宣传贯彻党的十九大精神，受到新华网、中国教育电视台、北京晨报等媒体的报道，上周阴市长到校以他的亲身经历，宣讲党的十九大精神并调研时也给予学校充分的肯定；我们接受并高质量完成《基本标准》入校检查。这次检查动员了很多力量，不仅是院系党组织的负责人，很多专家、教授、院长都参与其中，取得了很好的效果，让我感觉到，在大事面前，我们这支队伍是能够做出成绩的。当时，我和王校长都在党校培训，不在现场，但听了反馈结果后，很受感动。我们学校是负重前行，取得这样的成绩确实很不容易。今年各种检查很多，在落实《准则》《条例》和巡视整改完成情况以及党风廉政建设责任制专项检查、全市保密专项检查（73 家受检单位我们是唯一获评优秀的高校）、军工保密认证、校务公开民主管理检查、安全隐患整治专项检查等各类专项检查，我们也都得到了上级的充分肯定；我们召开学校思想政治工作会议，先后出台系列文件和举措，成立党委教师工作部、单独设立党委统战部、党建与思想政治教育学术分委员会，全面推进学校思想政治工作改革与创新；抓班子带队伍，调整补充领导班子成员，推进干部届中调整，领导班子办学治校能力得到提升，干部队伍活力得到激发；落实“两个责任”，持续推进全面从严治党常态化，抓实抓细意识形态工作和党风廉政建设工作。每项工作成绩的取得都是全体师生员工共同努力的结果。

二是空间环境建设取得可喜进展。在去年取得可研批复的重大突破的基础上，取得一系列可喜的进展。学生宿舍 A 组团基本完工，学生宿舍 B 组团开槽动土，东坨村拆迁全部完成，踩河新村非宅基地基本拆除完毕、宅基地腾退签约涉及的 81 户已签约 80 户，新校区总体规划深化方案通过专家论证，单体设计对接工作全面深入推进。今年即将全面开工建设。

三是办学环境建设多点开花。作为第二完成单位获得国家技术发明奖二等奖 1 项，机电工程教师团队被认定为全国高校黄大年式教师团队，测控技术与仪器专业获批为市属高校首批一流专业，测控技术与仪器专业通过专业认证复审现场考查、通信工程专业和自动化专业完成工程教育认证现场考查；“先进光电子器件与系统”获批国家外专局、教育部学科创新引智基地，是今年北京市唯一入选的市属高校，牵头获批北京实验室 1 个、北京市重点实验室 1 个、北京国际科技合作基地 1 个，与其他单位共建的“国家经济安全预警工程”北京实验室、“材料基因工程”北京高精尖创新中心获批。

四是育人合力逐渐形成。全方位、全过程育人的大格局和整体合力逐渐形成，创新创业教育成果显著，毕业生就业率考研率再创历史新高；成立党委教师工作部、新入职教师岗前培训、教师荣休仪式等有效促进师德师风建设。下一步，配合北京市监察体制改革，我们要重点开展面向所有教师的师德师风建设。

五是治理环境更加优化。我们努力营造民主与法治的环境，营造依法治校的环境，不断提升治理结构的工作水平，在《大学章程》的基础上，形成了良好的民主法治的氛围。积极推进制度“废改立”工作，共废止制度 56 项、修订 30 项、制定 39 项，完成现行 461 项制度的汇编，制度体系更加健全；修订“三重一大”决策制度和党委全委会、常委会、校长办公会议事规则，党委领导下的校长负责制更加完善；持续深化全面从严治党，坚定不移推进党风廉政建设，坚持正确的选人用人导向等，有力营造了风清气正的良好氛围。

六是情感力量初步彰显。我们主张各美其美、美美与共、美人之美、成人之美的环境，我们倡导大家相互欣赏、相互帮助的氛围逐渐形成。今年负面舆情大幅下降，说明正能量在上升，是一件值得高兴的事情。教师职务聘任有序开展、推进健康幸福工程，以及“勤信人物”评选，举办首届文化艺术节、科技创新节等都有效彰显了情感的力量。

这些是我们推进“五个环境建设”落地见效的显著成果，是广大师生共同努力的结果，特别是在《基本标准》入校检查这样的大事、关键时刻中，广大师生非常敬业、甘于奉献，充分体现了广大师生的凝聚力、战斗力和创造力。我经常说，我们是负重前行，需要大家的奉献，大家也确实在非常艰苦的条件下、甚至因为信息不对称造成的不理解和诟病中默默奉献着。我们每一个人在学校的大事面前都有奉献精神，任何事业都需要这种精神。这让我想起了我们党几代领导人的非凡经历和优秀品格。毛泽东同志领导革命，多次从危机中把党和国家挽救过来，建立了社会主义新中国，让中国人民站起来；邓小平同志“三起三落”，70 多岁再度出来工作。他说，我出来工作，可以有两种态度，一个是做官，一个是做点工作。我想，谁叫你是当共产党人呢，既然当了，就不能够做官，不能够有私心杂念，不能够有别的选择。他善于团结和使用同自己意见不同的人一道工作，从不以个人恩怨待人处事。他说，要抛弃个人恩怨来选择人，反对过自己的人也要用。这体现出坦荡无私的博大胸襟，值得我们学习。习近平同志年轻时就经历了艰苦生活的磨练和长时间基层工作的锻炼，他能够成为全党的领导核心绝非偶然。我们的教师、干部包括我们自身，本身压力都很大，也都有不完美之处，但不完美的个人能够形成完美的团队，能够创造出完美的事业。我们提倡，要更多地看到别人的优点，能够相互欣赏，相互补台，共同创造完美的事业。我们要像爱护眼睛一样爱护学校各级领导班子的团结，爱护师生员工的团结，爱护学校安定团结的大好局面。要形成团结合作求和谐、集中精力谋发展的局面。要发扬优良传统，以我们的凝聚力、战斗力和创造力和良好的精神风貌去迎接今年的本科教学审核评估。

本科教学审核评估重在“以评促建、以评促改、以评促管”。迎接评估特别是专家组入校检查的环节务必要做好，但更重要的是要通过这次审核评估，全面盘点我们的人才培养工作、整个办学环境建设，弄清我们的优势在哪，存在哪些问题，怎么去解决，进而补齐短板，做强优势，增强合力，不断提升人才培养能力，更加优化办学环境，实现超常规、跨越式发展。

这首先涉及到思考和把握学校发展全局的方法。我一直强调要通过中国哲学方法，从宏观的、立体的、动态的、综合的、精神的和情感的多个层面出发来思考和把握学校的发展，要站在更加宏观的发展角度来研究学校发展全局，就是要“跳出自身看自身”，进而把握自身的发展全局。按照这样的方法和视角，根据“十三五”事业发展规划确定的思路，以“五个环境建设”为统领，着眼实现超常规、跨越式发展特别是提升人才培养质量、提升办学水平和实力，结合本科教学审核评估，我讲四点思考，供大家参考。

第一，认清我们所处的历史方位，强化出身意识和危机感。

历史，从未停止前行的脚步；时代，期待我们新的再出发。历史是现实的根源，我们今天的再出发，必须回答“从哪里来，到哪里去”的问题。习近平总书记对这个问题的回答是“不忘初心，继续前进”，并在党的十九大报告中描绘出中国的发展蓝图，为我们党在新时代开启新征程、续写新篇章，宣告了政治宣言，确定了行动纲领。对我们来说，梳理我们的历史，认清我们的历史方位，回答“从哪里来，到哪里去”的问题，也是我们明确前进方向和奋斗目标的前提。

我多次强调，我们是“国家队”出身，已经有 80 年的办学历史。原来的两校分别隶属于机械工业部和电子部，这两个部委在当时都是最重要的部委。我们的“出身”很好，并没有输在起跑线。但是，今天来看，我们跟在京的其它部委的院校，像北科大、化工大学相比，差距很大。北科大现在光院士就有 20 多人，大手拉小手，人家是大手，咱们是小手。

现在我们归北京市管，在市属高校中处于第二方阵，而且地位还不太稳固。近几年，像北京建筑大学、北方工大发展很快。

讲这些，不是妄自菲薄，自我贬低，不是要打击大家的信心，而是要让大家清醒地看到我们所处的方位，看到我们的差距和问题，认识到我们的危机。我们再不加快发展，差距只能越来越大，就没有出路了。只有看到差距、问题、危机，我们才有可能解决存在的问题，才能有更强劲的动力去实现超常规、跨越式的发展。

这是“从哪里来”的问题，既要充分肯定我们的奋斗历程和创造的辉煌，更要有“国家队”的出身意识和危机感，要有在今后做出跟“国家队”出身相匹配成绩的信心和决心。

第二，看清我们具有的基础和优势，坚定发展信心。

我们的发展，要立足我们的历史、基础和优势。要在现有的基础上，“就料做菜”，挖掘潜力，练好内功，做强特色，实现超常规跨越式发展，建成北京市最好的市属大学。

我们在 80 年的办学历史中，形成了鲜明的特色。一是信息特色。我们有国家和北京市的特色专业建设点，有信息产业部重点学科，还是唯一一个设置数据科学与大数据技术新专业的市属高校。数据恢复研究所是国内高校唯一专门从事数据恢复与灾备技术研究的机构。学校是唯一拥有参股上市公司的市属高校，拓尔思公司是国内第一家在 A 股上市的大数据企业，并在大数据领域布局和投资了十多家生态企业，具备大数据技术平台、行业解决方案到数据服务的全线产品和服务，在金融、政务、安全、媒体等领域得到广泛的应用，还是自然语言处理领域的领军企业。讲拓尔思公司，主要是表明要正确处理好校企双方的关系，建立新型的校企关系，我们是亲人关系，要加强合作，实现共赢，既要守规矩，也要开展合作。二是智能制造特色。我们在智能制造与机器人、光电检测与系统、动态导航与传感器、知识管理与循环经济等领域的相关科研成果，曾经连续 3 年荣获 4 项国家级奖励。我们是唯一设置机器人工程新专业的市属高校。还拥有教育部重点实验室、国家“2011”协同创新中心、北京市重点实验室、北京实验室，以及联合剑桥大学、清华大学在我校设立的先进光电子技术国际合作实验室等一批高水平科研平台。三是国防军工特色。我们是第一家军工科研生产四证齐全的市属高校，设有国防科技研究院，每年承担一批国防新品项目、预研项目、型号项目，一批成果已列装多项国防、军工重点工程。四是高素质应用型人才培养特色。拥有全国高校黄大年式教师团队、市属高校首批一流专业，培养出了很多优秀毕业生。以本科生为主的“Water”队五次获得机器人世界杯中型组世界冠军，捷能车队连续四次获得本田节能竞技大赛唯一最佳技术奖，连续 6 年成功承办华北五省机器人大赛。成功入选首批 13 所北京市深化创新创业教育改革的示范高校，北京高校大学生创业园孵化基地正式落户我校，今年有 4 支创业团队获评北京地区高校大学生优秀创业团队，学校是唯一一所连续两年晋级中国“互联网 +”大学生创新创业大赛决赛并获奖的市属高校。毕业生广受社会欢迎，就业竞争力强，质量好，起薪高。

除此之外，我们还拥有一支值得我们尊敬的人才队伍。正是这支队伍，对我们学校的发展做出了很多贡献。特别是许多从事教学科研工作的专家，在要资源没资源、要晋升没空间、要进人没指标、要机构没编制的条件下，做出了连续 3 年获得 4 项国家奖的成绩，很不容易，也很了不起，说明了我们的实力，我们的潜力，我们的水平和我们的成果。一旦我们各方面的条件改善了，相信我们的这支队伍一定能够做出更加优异的成绩。

这些是我们的历史积淀，是我们的优良传统和我们发展的基础，我们是有基础、有潜力、有水平、有能力的，我们有信心把学校建成北京市最好的市属大学。

第三，看到我们的突破性进展和发展前景，鼓足干事创业激情。

长期以来，制约我们学校发展的瓶颈问题，主要是新校区建设、教师高级职务结构比例、博士点等问题。这些瓶颈问题不解决，就会陷入停滞不前甚至更加落后的局面。我到学校之后，党委主要抓的就是这三件大事，并取得了重大的突破性进展。

一是新校区建设的重大突破。我们提出的“五个环境建设”把空间环境建设放在最前面，就是要重点突破新校区建设。新校区不突破，我们就没有办法彻底解决校区分散、空间不足、资源紧张的局面，而且直接影响到人心的深度融合。之前，新校区那块地完全就是一块生地，而且还遗留了一系列的历史问题，面临很多困难，甚至可以说是陷入困局。例如，因为项目资金平衡、学生及科研人员基数、地下空间利用等诸多问题与审批部门难以达成一致，可研报告一直没批；拆迁工作进展缓慢，踩河新村拆迁工作甚至还没有启动；校内道路、地下工程、周边大市政、西北角、职工住宿问题等都是很难解决的问题。针对这些问题，我们没有退缩、迎难而上，主动配合北京市非首都功能疏解任务，从抓项目建议书（代可行性研究报告）批复作为突破口，积极争取上级支持，最终在 2016 年 9 月得到批复。可研报告批了，立项了，然后再增加了总建筑规模、增加了地下工程、调整了校内道路。我们推动建立了北京市层面的新校区建设的统筹协调工作机制，在这个过程中，郭金龙、王安顺、李士祥、赵凤桐、苟仲文、姜志刚、林克庆、隋振江、王宁、隋振江等时任或现任市领导都从不同方面给予了大力支持。市里成立了由市教委牵头，市发改委、市财政局、市规划国土委、昌平区政府、北京信息科技大学等单位组成的统筹协调小组，建立了市政府层面的统筹协调工作机制。我们调整了新校区建设的校内组织机构，成立我和王校长任组长的新校区建设领导小组，领导小组下设新校区建设指挥部、监督工作委员会和招投标工作办公室，形成了内控、外控相结合，相互配合又相互制约的工作机制，并制定了一系列制度。我们还调整充实了新校区建设的管理队伍。我们积极推动拆迁工作，目前东坨村拆迁已完成，踩河新村非宅基地已基本拆除完毕，宅基地腾退工作接近完成，进展很快。此外，在我们的积极努力下，市里做了专门的批示，协调了其他高校，以我们学校作为一个突破口，提出解决我们学校等疏解单位住房保障与职住平衡的方案，现在政策已经落实，应该会有比较好的结果。

可以说，通过这不到两年的努力，我们建立了体制机制，攻克了许多关键性的环节，防范了风险，解决了许多历史遗留问题，充实了队伍，明确了时间表，2018 年将全面开工，

2020 年一期基本建成。当然，在这个过程中，还会有很多的困难，但大的困难和风险点基本排除。建成后的规模，是北京市新建的学校中较大的学校之一，我们的办学空间将极大改善，发展前景将更加广阔，建成北京市最好的市属大学将有更加优质的空间保障。而且我们新校区的地域也很好，在六环以内。

需要强调的一点，是本科教学审核评估也要深入考察我们现有的校区环境。我们不断优化校园环境，积极推进了一系列的改造修缮工程。同时，我们正在积极努力争取留下一两块现有校区。当然困难很大，面临很严峻的考验，但是学校党委会尽全力，没有退路，希望大家能够上下一心，通过超常规跨越式的发展实现学校历史性的转折。

二是教师高级职务结构比例大幅提高。高水平的队伍是我们提高质量、凝练特色、形成核心竞争力的关键。我们的队伍有基础、有潜力，但是之前教师队伍职称结构比例不合理，高级职务教师偏少，教师职务聘任制改革对教师的激励作用没有发挥出来，而且由于指标少，竞争非常激烈，矛盾比较集中。我们经过与市里的多方协调和努力争取，教师高级职务结构比例大幅增加。高级职称占教师总数的比例从 50% 提高到 60%，正副高的比例提高到 1:2，按照这个比例，到“十三五”末期，将有约 720 名高级职称教师，包括 240 名正高，480 名副高。大幅度提高高级职称的岗位数，一方面为教师成长提供充足的空间，另一方面，我们有更大的空间去引进高层次人才。我们还召开了人才工作会议，出台并实施了包括绿色通道在内的一系列人才政策，今年就有 38 人通过“绿色通道”晋升教授与副教授，并引进了博士、博士后 63 人。我们推进了干部届中调整等工作，有效激发了人才队伍的活力，一批中青年人才脱颖而出。总体来说，现在要进人没指标、要晋升没空间的问题已经基本得到解决。

我还是要强调一点，大家要学会美人之美、成人之美，大家要互相帮助，互相给予条件，更好地让我们的队伍的整体素质和水平提升起来。

三是博士点的问题。这次申报没有取得突破，很遗憾。但是，必须明确，下次申报，经过我们的努力，一定要突破博士点。

三大瓶颈问题，两个取得重大突破，博士点下次申报必须突破。根据“十三五”事业发展规划，2020 年要基本完成新校区一期建设、全力争取博士点突破、持续加强高水平队伍建设、教学科研水平再上新台阶、“五个环境建设”都得到提升，全员动员，努力实现历史性转折；再经过两个五年计划，到 2030 年努力建成北京市最好的市属大学；然后努力恢复“国家队”水平，基本建成信息特色鲜明、国际知名、国内一流的高水平大学。这是“到哪里去”的思考，也是我们的行动宣言，我们的前进方向和奋斗目标。

第四，正视和解决我们存在的问题，推进内涵发展、质量发展、特色发展。

党的十九大报告、全国和北京高校思想政治工作会议，赋予高校新的历史使命，提出了一系列新要求、新任务。例如，习近平总书记在党的十九大报告中指出，建设教育强国是中华民族伟大复兴的基础工程，必须把教育事业放在优先位置，深化教育改革，加快教育现代化，办好人民满意的教育。他还强调指出，要“加快一流大学和一流学科建设，实现高等教育内涵式发展”，“培养担当民族复兴大任的时代新人”。新时代、新起点，再出发，我们必须坚持立德树人这个根本任务，牢牢抓住全面提升人才培养能力这个核心点，努力实现学校的内涵发展、质量发展、特色发展。

这不到两年的时间，我们的主要精力放在争取上级政策、资源支持，解决瓶颈问题上，现在主要瓶颈问题有了重大突破，我们更应该聚焦练好内功，以信息特色为主线，贯穿新一代信息技术、智能制造、国防军工、人文社科乃至艺术学科等相关学科群，形成以工为主、多学科协调发展的学科体系，最终建成信息特色鲜明、国际知名、国内一流的高水平大学。近期，通过本科教学审核评估校内自评和调研，我们发现学校存在的一些亟待解决的问题。我们先提出这些问题，供大家在今后的工作中思考，并努力推进解决。

1. 校历问题。校历、教学日历、研究生教学日历，几个日历没有统一，不利于工作的统一协调安排，甚至要牺牲教职工的放假时间。这还只是问题的表象，更深层次的问题涉及到跨部门的沟通协调，甚至涉及到课酬、工资体系和人才培养方案的问题。这些都导致课时压缩不了，压缩课时就会影响教师收入，影响教学任务的完成。校历统一与课酬体系、人才培养方案的改革相关联，必须同步推进。下一步，学校要统筹研究，教务处、人事处、研究生院等部门要提出解决方案，哪怕是过渡方案。

2. 信息化建设问题。信息特色是我们的主要特色，但信息化建设可以说是我们的一个短板、痛点。我们在部门间的相互关联、信息沟通、信息共享方面还存在很大的不足。比如，涉及教学、科研、学工、财务方面的基本数据，共享不够，教师反映比较大。习近平总书记强调，要打破信息壁垒、提升服务效率，让百姓少跑腿、信息多跑路，解决办事难、办事慢、办事繁的问题。在信息时代特别是我们学校，信息化建设一定要体现出我们的特色和水平。在这一点上，财务处做得比较好。财务管理的信息化建设，效果比较明显。像会计核算信息化建设、开发的网上预约报销系统和无现金报销系统，极大地解决了广大师生现场排队报销的老大难问题。开通的手机在线缴费系统，使学生可以轻松完成学费和住宿费的缴费，还可以代收工会会费、党费、学生体检费等，大大减轻了有关部门收费的负担。其他部门和单位要向财务处学习，积极推进信息化建设。

3. 绩效工资深化改革的问题。大家可能都听说了，我们平均工资很高，但大多数人拿到手都感觉少，没有相应的获得感。这是工资结构的问题，大家要群策群力，努力推进解决。另外，还有各种奖励统筹的问题，各种奖励要统筹起来，归口来管，不能变成各个部门自己搞小福利。人事、财务部门要统筹各部门公用经费的管理使用，这是很尖锐的问题，也是提升管理服务水平的一个关键点。绩效工资深化改革，方案还要经过教代会审议通过，但这项任务今年要力争完成。

4. 激发教师、学生积极性的问题。全国高校思想政治工作会议后，怎样提高人才培养质量成为高校改革的主题。提高人才培养质量涉及教师、学生两个主体，这两个主体的积极性、主动性、创造性的调动至关重要，但怎么调动，全方位、全过程、全员育人怎么最终落实到学生身上，让学生成长成才，包括思政课程建设和课程思政建设问题，也是上级对我们的要求，需要我们深入思考。今年举办的首届文化艺术节、科技创新节很好地调动了教师、学生的积极性。

5. 治理结构的问题。我们现在有很多事情缺乏统筹协调，导致部门间各自为政，信息不对称，存在壁垒。比如制度建设，在制定制度的时候，事先不沟通协调或者沟通协调不充分，到执行的时候就发现，有很多事情做不了，不好做。再如资源的配置，总体资源非常紧张，但有些资源其实利用率并不高。这需要统筹，更需要觉悟，需要包容。还有，评选表彰，各个口都有评选表彰，但没有归口管理。像这些问题，要充分发挥跨部门的统筹协调机构的作用，统筹起来管理。比如，学校要成立两个委员会，一个负责党务系统的表彰，一个负责行政系统的表彰，各部门不能再各自为战。

6. 教学质量提高的问题。我们在创新创业教育、应用型人才培养上有特色，但我们没有国家级精品课程、国家级教学名师，市级精品课程、教学名师也不多。我们说质量发展，首先课堂教学要有质量，教师要在提高课堂教学质量上下功夫，要形成比学赶帮超的良好氛围和局面，要多出更多的国家级、市级的项目和成果。有关部门也要有明确的导向和要求。

7. 高层次人才缺乏的问题。我们要努力培养现有的教学科研骨干，努力培养现有的管理服务骨干，同时还要加大力度引进国家级高层次人才。这两年，一批中青年人才通过绿色通道得到晋升，也引进了一批博士、博士后，但高层次人才缺乏的局面还没有得到根本的改善，国家级的高层次人才还没有得到重大突破。如果我们的新校区建好了，平台建好了，就能够吸引更多的人才，要加大走出去的力度，落实高层次人才引进工作。

8. 学科专业统筹发展。现有的学院、学科、专业布局是历史形成的，要尊重历史。但要坚持特色发展，以“双一流”建设为导向，以信息特色为主线，贯穿新一代信息技术、智能制造、国防军工、人文社科乃至艺术学科等相关学科群，形成以工为主、多学科协调发展的学科体系。要按照这样的思路，来调整优化我们的学科体系。要注意理顺管理体制，注意发挥机器人工程、数据科学与大数据技术等新专业的综合优势，办出特色，办出水平，不能长期由某一个部门来管理这些跨学科的专业。

9. 科技创新资源整合的问题。今年，我们在科研平台的质量上取得了很好的成绩。但围绕我们的信息特色、智能制造特色、国防军工特色，瞄准国家、北京“四个中心”建设的重大战略需求，我们内部怎么更好地整合资源，搭建平台？怎么完善科研绩效评价考核体系和机制？怎么更好地去实现跟外部的合作和对接，比如参与北京建设全国科技创新中心和“三城一区”建设，更好地服务北京，以服务和贡献来提升我们在北京市的地位。

10. 年终考核评价的问题。我们一再强调要有一个和谐的氛围，我们走过了一段艰苦的路程，原因是复杂的，这不是某一个人或几个人造成的，是复杂的历史过程造成的。这几年，对各级领导班子的评价都不是太好，与各级领导班子的实际工作成绩符合度不高。我们这支队伍整体上是很优秀的，对学校的发展做出了很多的贡献。虽然我们每个人都不是完美的人，但不影响我们共同合作创造完美的事业，大家要多给予各级领导班子鼓励与支持。要像爱护眼睛一样爱护学校的团结，班子的团结、同志之间的情谊。要鼓励各级领导班子在克服缺点和改进失误的过程中，取得新的进步，给予更多的包容而不是苛求。

我们梳理出的这些问题，只是点到为止，下一步还要要明确责任部门和协助部门，切实推动解决。短期能解决的要抓紧解决，短期不能解决的要抓紧提出过渡方案，需要长期努力解决的要明确时间表。要坚持问题导向，以解决这些问题为抓手，进一步推动“五个环境建设”落地见效。

为了更好地推进这些工作，我强调三个方面的要求。

第一，强化统筹。上面说的问题，很大程度上，是缺乏统筹或者说统筹不够的问题。我们有一个特点，就是干事认真、规范。我们这两年打的几场硬仗，像专项巡视整改、基本标准检查、军工保密认证等，都很好地体现出这个特点。这是我们的一个好的传统，要发扬光大。但同时，我们也有一个缺点，就是条块分割严重，各部门、各系统缺乏关联，上下前后左右沟通协调很不够。像校历不统一、信息不关联、资源整合难等问题，很大的原因就是统筹不够。这实际上还是想问题、办事情的方法问题。各部门、各系统往往从各自的利益出发而不是从学校全局的角度出发去考虑问题，导致形成一个一个的部门间的壁垒、一个一个小的利益团体，不利于学校整体的发展。各系统、各部门一定要“跳出自身看自身”，提高站位，提高把握宏观和全局的能力，提高统筹本系统本领域工作的能力，从学校全局出发来考虑问题、开展工作。特别是大事、急事、难事，更要加强上下前后左右的沟通协调，联合国教科文组织对人才的衡量标准是“四个学会”，其中很重要的一个标准是学会沟通。沟通是我们统筹的基础，在当今社会越来越重要，不仅仅是我了解你、你了解我的问题，通过沟通我们可以整合资源，达成发展目标，通过沟通我们可以化解矛盾，乃至化解战争，成功的沟通会创造出无穷的价值。自觉打破部门间的壁垒，正确处理好个人利益、小集体利益、大集体利益、国家利益的关系，使信息沟通、资源共享更加顺畅，使工作更加有效率，更加有成效。

第二，强化导向。我们已经提出“五个环境建设”的战略思考，我们希望大家都能够在其中找到干事创业、做贡献的立脚点和着力点。时代赋予我们“培养担当民族复兴大任的时代新人”的使命和责任，我们对教师、学生应该有鲜明的导向。这是提高人才培养质量、提升办学水平、办出特色的前提。

师者，无冕之王。我们要推崇师道尊严。我们北京信息科技大学要倡导教师做到“专业领先、素养全面、敬业包容、勤信仁爱”。这是我们的导向，这个导向与习近平总书记提出的“四有”（有理想信念、有道德情操、有扎实知识、有仁爱之心）、“四个引路人”（做学生锤炼品格的引路人，做学生学习知识的引路人，做学生创新思维的引路人，做学生奉献祖国的引路人）、“四个相统一”（教书和育人相统一，言传和身教相统一，潜心问道和关注社会相统一，学术自由和学术规范相统一）的标准和要求，是内在一致的。教师不仅是一种职业，更要体现出一种精神追求。教师的价值不仅体现在课堂上、教学上，体现在专业水平和培养人才上，还要体现在政治立场、文化品格、道德修养、精神追求上，并用专业知识、人格魅力、高尚师德感染学生、做学生的引路人。

专业领先：扎实的专业知识、过硬的教学能力、勤勉的教学态度、科学的教学方法是老师的基本素质，其中专业知识是基础，也是凸显我们人才培养特色的基础。

素养全面：在专业领先的基础上，要突出科学精神、人文精神、审美境界的融合。我们的很多老师也是多才多艺、很有素养的。多才多艺，也体现出不同学科间的互补和融合，很符合现在对教师的综合要求。我们一再强调，我们的教师要有科学精神和人文精神、艺术境界的结合。

敬业包容：我们的老师绝大多数还是很敬业的，并且在艰苦的条件下，做出很好的业绩。但也存在部分老师精气神不足，缺乏干事创业激情的情况，特别是在工分制课酬体系下，对教学质量提升，积极性不够，缺乏动力。我们虽然是市属高校，但是我们是有基础的，我们的学校一旦恢复了“国家队”的地位，一定能取得更好的成绩。因此，我们一定要有信心，要团结起来，努力完成我们的目标。在敬业的基础上，我们还是要提倡包容的心态，提倡“和而不同”，提倡“四美”，而不是遇到问题就怨天尤人，相互猜忌，谣言满天飞。遇到问题，要致力于解决问题，而不只是在那说是谁造成了问题。我经常说，多样性、包容性、开放性是中国文化根性的特点，只有有了多样性和包容性，才能敢于打开自己，实现充满自信的开放性，从而为各学科搭建发展的广阔平台，让每个教师都敢于发表自己的见解，让各方面精英在这个充满文化的平台上能够“各美其美、美美与共、美人之美、成人之美”。如果我们都懂得相互包容、相互补充、相互欣赏、相互成全，像爱护亲人一样爱护所有的老师，像疼爱孩子一样疼爱所有的学生，处理好个人与集体、个人与事业的关系，那么这些美的东西就会随之而来。

勤信仁爱：勤信是我们的校训，是我们校园文化建设的灵魂。仁爱是一种情感的体现，没有仁爱就没有教育。教师要把自己的温暖和情感倾注到每一个学生身上，引导学生成长成才。每个人的生活都面临很多困难，但是也不能因为困难就不追求事业了，最好是把事业感建立在我们的谋生手段的基础之上，进而再达到人生的审美境界，把我们人生过程中的顺境、逆境都能够作为一种享受来欣赏。

我们要“培养担当民族复兴大任的时代新人”。我们要求学生要努力做到“攀登专业高峰，全面提升素养，追求高尚境界，创造诗画人生”。这是我们对学生的导向。教育的目标是重视学生的成长而不仅仅是成功；重视学生的人格而不仅仅是成绩，重视学生的创新而不仅仅是接受，重视学生的终身而不仅仅是当前。我们的学生综合素质还是很不错的，这几年生源质量不断提高，在学科竞赛、创新创业上都取得很好的成绩。在刚结束的 2017 年科技创新节闭幕式暨学生年度颁奖典礼上的表演，学生的激情、认真的态度也让人感动。在人才培养上，我们要不断更新教育理念，坚持德才兼备、全面发展，培养出思想品德高尚、专业水平一流、综合素质全面，能够体现文化感、创造力、高素质的优秀人才。我们的学生应该将高尚的境界作为自己的追求，用审美的眼光和审美的心胸看待世界，体验它的意味和情趣，用情感受人类的精神家园。我们的教育要超越技术层面和功利层面，进入到艺术和审美境界，引导学生不断开阔自己的胸襟，涵养自己的气象，培养自己高尚的境界，有意识地追求诗画人生，成为堪当民族复兴大任的时代新人。

第三，强化走出去。走出去，就是国际化办学。通过走出去，加强内外联动，整合利用校内校外各种资源，实现互利共赢，推动学校超常规跨越式发展。现在的“大气候”是，我们国家越来越走近世界舞台的中央，国际话语权大幅提升，国际影响力越来越大。2017 年我们主办了 G20 峰会、首届“一带一路”国际合作高峰论坛、金砖国家领导人厦门会晤、中国共产党与世界政党高层对话会等主场外交。中国越开放、越强大，就越能够为我们带来越来越多的资源和机会。“小气候”一定要跟“大气候”协调起来。这两年，我们学校在“走出去”方面取得了一些成效。例如，“先进光电子器件与系统学科创新引智基地”获批教育部和国家外国专家局的“111 计划”，为学科创新与引智工作的跨越式发展提供了重要支撑。再如，首次与德国巴登符腾堡州国际署合作，联合举办“中德智慧城市研讨会”，为北京智慧城市建设和京津冀协同发展献计献策。目前，正在积极推进与莫斯科电子科技大学联合申报合作项目，力争实现合作办学项目的突破。我们还与北交大共建“国家经济安全预警工程”北京实验室、与北科大共建“材料基因工程”北京高精尖创新中心，也取得很好的成效。我们要巩固这些成果，加倍努力，取得更好的成绩。

我们已经明确国际化办学的思路和服务北京“四个中心建设”、京津冀协同发展、“一带一路”倡议的发展导向。我们对外还要提升自己的形象和声誉，关键是要做大做强我们自己，练好内功，讲好我们的“故事”，把内涵发展、质量发展、特色发展做好，把我们的优势、特色彰显出来，积极联合高端企业、兄弟院校，争取上级支持，积极参与北京建设全国科技创新中心和“三城一区”项目，以合作提升实力，做出贡献，以贡献争取地位。要积极搭建平台，统筹利用好校内校外各种资源，不要局限于自己的一亩三分地，局限在学校内部做资源的分配，不争取更多的资源，发展就会受限制，还会引发各种矛盾。

同志们，老师们：中国特色社会主义已经进入了新时代，新时代要有新状态，要有新作为，要开创新局面。我们北京信息科技大学的前进方向和奋斗目标已经明确，2020 年要基本完成新校区一期建设、全力争取博士点突破、持续加强高水平队伍建设、教学科研水平再上新台阶、“五个环境建设”都得到提升，全员动员，努力实现历史性转折；再经过两个五年计划，到 2030 年努力建成北京市最好的市属大学；然后努力恢复“国家队”水平，基本建成信息特色鲜明、国际知名、国内一流的高水平大学。2018 年是非常值得期待的一年，是贯彻落实党的十九大精神的开局之年，是改革开放 40 周年，也是我们推进超常规跨越式发展的关键一年。这一年，我们将面临接受本科教学审核评估、新校区全面开工、绩效工资深化改革等重点工作。让我们团结起来，撸起袖子加油干、不计个人得与失，共同开启充满希望的 2018 年。

祝大家新年新气象，万事如意！谢谢大家！

在新学期工作部署会暨 2017 年度二级单位考核表彰会上的讲话

校党委书记 王传亮

2018 年 2 月 28 日

同志们，老师们：

刚刚拜完年，现在就得说大家开学好了。

党委高度重视年度工作部署会，在领导班子专题务虚、校长办公会、党委常委会专题研究 2018 年党政工作要点的基础上，新学期一开学，就把大家召集起来，召开新学期工作部署会暨 2017 年度二级单位考核表彰会。部署安排今年的重点工作，同时对 2017 年二级单位考核获奖单位进行表彰，引导师生员工迅速从放寒假和欢度春节的状态中转换过来，提振精气神，投入到新学期的各项工作中。

刚才，我们对在 2017 年度二级单位考核中获得“勤信杯”，获得综合考核优秀等级、单项工作奖、特色工作奖的单位进行了表彰。我代表党委、行政和领导班子对受到表彰的单位表示祝贺！ 2017 年，正是在大家的共同努力下，我们做了大量的工作，有力推进了学校的全面快速开展，特别是取得了新校区建设全面开工进入倒计时、作为第二完成单位获得 1 项国家技术发明奖二等奖、牵头获批北京实验室、入选教育部和国家外专局“111”计划、完成《基本标准》入校检查等一系列工作成果，“五个环境建设”都有明显提升。大家都是以昂扬向上、奋发有为的精神状态投入到繁重的工作任务之中，非常拼，很努力，值得充分肯定。这从二级单位考核述职会上的述职也可以看出，大家都非常重视，讲得有思路、有举措、有亮点，展示了良好的工作状态和精神风貌。大家通过述职，进行了学习交流，有利于大家摸清家底、对比差距、做强优势，有利于大家更加宏观地了解学校的现状，进而更好地认识和把握自身的宏观，提高工作水平。

刚才，王校长代表党委、行政作了全面、深入的工作部署，很具体，我都同意。年度工作要点还要征求大家意见，最后形成文件下发并贯彻落实。在此基础上，我想强调两点内容：**一是这个工作部署与党委年初在本科教学审核评估推进会上，以“五个环境建设”战略思考为引领，在“十三五”事业发展规划的基础上，提出的奋斗目标是一致的。**我们的奋斗目标是：2020 年要基本完成新校区一期建设、全力争取博士点突破、持续加强高水平队伍建设、教学科研水平再上新台阶、“五个环境建设”都得到提升，全员动员，努力实现历史性转折；再经过两个五年计划，到 2030 年努力建成北京市最好的市属大学；然后努力恢复“国家队”水平，基本建成信息特色鲜明、国际知名、国内一流的高水平大学。同时，我们明确要坚持内涵发展、质量发展、特色发展，以信息特色为主线，贯穿新一代信息技术、智能制造、国防军工、人文社科乃至艺术学科等相关学科群，形成以工为主、多学科协调发展的学科体系，最终建成信息特色鲜明、国际知名、国内一流的高水平大学。

二是这个工作部署也是以问题为导向的，与党委提出的十个方面的问题是相呼应的，今年要着重推进这些问题的解决，让我们能够卸下包袱，轻装前进。

实现我们的奋斗目标，解决存在的问题，落实重点工作，任务非常繁重，也非常艰巨。需要全校上下保持旺盛的斗志和奋发向上的精神，需要全校上下精诚团结、鼓足干劲、真抓实干，不断开拓创新，创造新辉煌。这一年来，大家在各方面工作中都付出了很多努力，都不容易，相信大家能够在相互帮助、相互欣赏、相互补台的环境中克服困难，最终实现愉快前行。借这个机会，我从提高站位、提振信心、真抓实干三个方面谈点要求，与大家共勉。

第一，提高站位，掌握方法

党的十九大开启了新时代全面建设社会主义现代化国家的新征程，强调建设教育强国是中华民族伟大复兴的基础工程，必须把教育事业放在优先位置，赋予教育更高的地位。北京市的发展也站在了新的历史起点上，正全力推进“四个中心”建设，抓好新一版北京城市总体规划、疏解非首都功能、筹办 2022 年北京冬奥会“三件大事”。在这个过程中，蔡奇书记一再强调，北京作为首都，讲政治永远是第一位的，各项工作都要讲政治，强调教育对北京“至关重要”，是“重要力量”和“重要阵地”。同时，全球化快速发展，以人工智能、云计算、物联网为代表的新一代信息技术日新月异，深刻改变人类生产生活方式，对教育理念、教育模式、人才培养方式带来了新的挑战。这是总体的国际、国内发展大势。在这种发展大势下，我们必须围绕立德树人、培养担当民族复兴大任的时代新人这一根本任务，以“五个环境建设”为统领，坚持质量发展、内涵发展、特色发展，推动学校超常规跨越式发展，全力以赴实现我们的奋斗目标。我们一定要咬定青山不放松，努力发展我们的学校，将来回过头来看这一段时间，能够对得起我们的前人和后人。

我们谋划发展、推进改革、落实工作，首先要提高站位。这涉及到我们看问题、想办法、做决策、干工作的方法。我们各级领导班子和领导干部要像习近平总书记强调的那样，学习掌握马克思主义的立场、观点和方法，要学会“弹钢琴”等工作方法，特别是学习掌握唯物辩证法的根本方法，不断增强辩证思维能力，提高驾驭复杂局面、处理复杂问题的本领。同时，我还是要强调运用中国哲学方法，来思考和把握事物的发展，从宏观的、立体的、动态的、综合的、精神的和情感的多个层面出发，站在一个更加宏观的发展角度来研究问题，就是要“跳出自身看自身”，进而把握自身的宏观。无论是学校、各二级单位，还是个人的发展，都要跳出自身看自身，才能看得更明白，把握得更准确。从宏观把握事物，再到把握事物的核心规律，这就是中国哲学方法。中西方哲学方法的起点不同，中国哲学方法从宏观出发，讲相生相克，追求平衡。西方的思维方式是从微观出发，线性深入、科学式的，有两大支撑：一个是逻辑，一个是实证，它一定看得见、摸得着，或者推理的三段论能推出来的。最终走向极致，甚至是极端。中国哲学方法是要你跳出自身，来把握自身的宏观。“不识庐山真面目，只缘身在此山中”，总是在庐山里面呆着，你就不会明白庐山是什么样的。跳出来之后怎么看，实际上也是分境界的，第一个境界，是王之涣的“欲穷千里目，更上一层楼”，当你看得远了，就把握了事物的宏观了，但这是一个线性的宏观。看得远了，就会有所准备，不至于太被动。第二个境界，是杜甫的“会当凌绝顶，一览众山小”。就是你在山顶，所有的山都在地下，你就能把握每一座山的宏观，隔行如隔山，此时就已经不存在了，因为就把所有山的宏观都看明白了，你再去把握每一座山内部的核心规律，就会很容易进入。第三个境界，是毛泽东的“背负青天朝下看，都是人间城郭”，就是不仅仅把握了山的宏观，而是整个地球的宏观都有了，山、水、人、世界都有了。所以说，要跳出自身看自身，去把握自身的宏观，但也不能光跳出来，也要在里面做好自身的工作，就是要进的来，出的去。

跳出自身看自身，就我们来说，不仅是我们看待自身发展全局的方法，也是我们提高工作实效的方法。我想，对各级领导班子和领导干部特别各部门、各单位的正职，还是要强调一下这个方法。我们说的上下左右前后缺乏统筹、缺乏沟通的问题，实际上是方法的问题、站位的问题。

首先是要看党中央、市委市政府对高等教育、高校工作提出的新要求、新任务、新政策，弄清楚上级的方针、路线、政策，特别是工作计划，要看齐，更要从中看清楚有哪些资源可以去争取，哪些政策可以去利用。我们机关部门要及时了解上级业务机关的工作计划和工作重点，管理工作不能只低头工作，要学会走出去、请进来。这是我们将政治建设摆在党的建设总体布局首位的根本原因，就是必须增强“四个意识”，不折不扣坚决贯彻党中央、市委的各项决策部署。所以提高站位首先是提高政治站位。关于学习宣传贯彻党的十九大精神和习近平新时代中国特色社会主义思想、落实全国和北京高校思想政治工作会议精神，以及落实十九届二中全会、市纪委十二届三次会议、北京高校领导干部会议、组织部长会、宣传部长会、统战部长会等会议精神，还有中央和市委关于教师队伍建设改革、深化职称改革等一系列重大决策部署，我们必须进一步深入学习，学深吃透，然后想方设法去对接，去落实。所以，我一直强调“大气候”“小气候”要协调起来，才能做好工作。

这需要我们加强跟我们的上级部门去沟通。我们工作的开展，需要政策，需要资源，政策和资源就掌握在上级部门手中。要有主动精神，了解上级的计划、资源，这样可以更好地化解工作中存在的风险，这是一种工作方法，如果做好确实能够起到事半功倍的效果，这一点大家要重视起来。

其次是看师生员工对我们学校发展的新期待。群众的眼睛是雪亮的。师生员工对学校的发展、办学条件的改善和美好生活的新期待，最能反映问题，也是我们学校全面快速发展的根本动力。我在本科教学审核评估推进会上讲的十个方面的问题，实际上也是师生员工的殷切期待，这是推动我们完善管理体系、优化总体环境、解决历史问题等各方面问题的压力。我们必须化压力为动力，努力解决好这些问题。这实际上是看我们自己，看我们的历史、发展现状，看我们有哪些优势？短板在哪？潜力在哪？必须摸清我们自己的底，做到心中有数。今年，要借助开展大学习大调研工作，深入调研分析，制定出落实“五个环境建设”战略思考、分解奋斗目标的改革方案和政策举措。

再次是要前后左右看。向前看，看我们的发展前景。就是我们的战略思考、“十三五”规划、奋斗目标，使之深入人心，凝聚共识。向后看，看我们的“国家队”出身、办学历史和优良传统。这些，我在本科教学审核评估推进会上都已经讲得很详细了。这里要强调的是要左右看，看兄弟院校的发展动态。现在高校间的竞争日益激烈。看兄弟院校的发展动态，可以让我们更加看清我们的比较优势和存在的差距，可以为我们谋划发展和开展工作提供一个参照系，以便开展工作。

讲这些，是我们解决统筹不够、相互关联不够问题的需要，更是提高管理水平的需要。沟通是强化统筹、提高站位的基础，要眼观六路、耳听八方，没沟通，就没信息、没资源，就很难统筹。所以各级领导班子和领导干部要加强上下前后左右沟通，吃透上级精神，摸清自身情况，关注兄弟院校动态，进而更加宏观、更大格局地谋划和落实好学校的各项工作任务。

第二，提振信心，共建家园

党的十八大以来，习近平总书记在不同场合多次强调“四个自信”，即道路自信、理论自信、制度自信、文化自信。我们需要自信，因为这是我们实现“两个一百年”奋斗目标和中华民族伟大复兴中国梦的迫切需要，也是我们应对国内外各种质疑和否定的迫切需要。同时，我们已经到了一个能够自信的时代。正如习近平总书记所强调的：“我们说的道路自信、理论自信、制度自信，来源于实践、来源于人民、来源于真理。”就是来源于我们取得的巨大的令人瞩目的成就、人民的选择和拥护、中国特色社会主义的理论真理。

同样，对我们学校来说，要实现我们的奋斗目标，也需要我们提振信心，而且我们也有能够自信的充分理由。

一是要用我们已经取得的成绩来提振信心。从历史的角度看，我们在 80 年的办学历史中，形成了鲜明的特色——信息特色、智能制造特色、国防军工特色和高素质应用型人才培养的特色。我们曾经连续 3 年获得四项国家级奖励，去年又以第二完成单位获得 1 项国家级奖励。我们是唯一拥有参股上市公司的市属高校、是第一家军工科研生产四证齐全的市属高校，是唯一一个设置数据科学与大数据技术、机器人工程新专业的市属高校，等等。此外，最近两年，我们在解决新校区建设（新校区建设不是一个简单的概念，而是我们实实在在的美好的明天）、提高教师高级职务结构比例等瓶颈问题上取得了一系列重大的突破性进展，发展空间和前景更加广阔；我们在北京实验室、高精尖创新中心、“111 计划”、专业认证、队伍建设上都取得了很好的成绩，展现出良好的发展态势。

二是要用我们这支队伍的优良传统来提振信心。我们拥有一支值得我们尊敬的人才队伍。正是这支队伍，对我们学校的发展做出了很多贡献。特别是我们许多从事教学科研工作的专家，在要资源没资源、要晋升没空间、要进人没指标、要机构没编制的条件下，做出了三年连续获得 4 项国家奖的成绩，很不容易，也很了不起，说明了我们的实力，我们的潜力，我们的水平和我们的成果。一旦我们各方面的条件改善了，相信我们的这支队伍一定能够做出更加优异的成绩。同时，我们的这支队伍是能够打硬仗的，这在去年的《基本标准》入校检查、落实《准则》《条例》和巡视整改完成情况以及党风廉政建设责任制专项检查、全市保密专项检查、军工保密认证、校务公开民主管理检查、安全隐患整治专项检查等各类专项检查中，就充分展现出来了。我们的这支队伍有基础、有实力、有潜力，能打硬仗，以后我们的新校区建好了，平台建好了，再引进更多的高层次人才，我们就完全有足够的信心和决心做出跟“国家队”出身相匹配的成绩，把学校建成北京市最好的市属大学。

三是用我们的发展前景来提振信心。学校党委高度重视顶层设计，党委提出“五个环境建设”的战略思考，明确服务北京市“四个中心”建设、京津冀协同发展、“一带一路”倡议的发展导向，编制完成“十三五”事业发展规划，并在此基础上，提出了我们学校更加清晰的奋斗目标。这充分展现了我们学校广阔的发展前景，而且从我们目前的良好发展态势和我们的队伍拥有的优良传统来看，这个发展前景完全是可以期待、可以实现的。要用我们的发展前景来弘扬共识、凝聚人心，团结协作求和谐、集中精力谋发展，共建美好家园。

我们要倡导各美其美、美美与共，美人之美、成人之美，营造相互欣赏、相互补台有序竞争的和谐关系。要强调中国传统文化多样性、包容性和开放性。这是我们学校目前最需要的。当我们允许与自己不同的多种精彩同时存在的时候，就有了包容性，进而拥有开放性。要强调有好的心态。现在，上级的要求高，工作任务重、压力大，我们各方面的负担都很重，但还是要逐渐通过环境的优化、条件的改善、待遇的提升等让大家有更多的获得感，逐渐有好的心态，身心健康地工作。工会的“幸福健康工程”要继续抓好。

第三，真抓实干，稳中求进

习近平总书记强调，幸福不会从天而降，梦想不会自动成真。在今年的新年贺词中，他说，幸福都是奋斗出来的。在春节团拜会上，又进一步指出，奋斗本身就是一种幸福。只有奋斗的人生才称得上幸福的人生。2018 年，是贯彻党的十九大精神的开局之年，是改革开放 40 周年，是决胜全面建成小康社会、实施“十三五”规划承上启下的关键一年。开年就开工，开工就要重实干、强执行、抓落实，稳中求进，使各项重点工作任务落地见效。

结合上级有关要求，我再重点强调以下几项工作：

一是要结合上级有关决策部署和年度重点工作，推动解决党委在本科教学审核评估工作推进会上明确的十个方面的问题。要明确牵头领导、责任部门，强化统筹，短期能解决的要抓紧解决，短期不能解决的要抓紧提出过渡方案，需要长期努力解决的要明确时间表。要坚持问题导向，以解决这些问题为抓手，提升我们的管理能力和水平，促进学校的质量发展、内涵发展、特色发展。例如，校历不统一的问题。教务处、研究生院、人事处等部门要抓紧研究涉及绩效工资改革、人才培养方案修订等深层次问题，最终形成统一的校历。再有，今年 6 月份要迎接本科教学审核评估，这是对学校整体工作的全面检阅，要围绕这次评估，全面提升方方面面的工作。比如教师队伍的建设、教学质量的提高、现有校区的环境整治，不仅仅是新校区，这次教学审核评估，对现有校区也是一个检查，要适当对现有校区进行整治，完成评估任务。同时还有学科实力的提高，去年学科评估，最高一个是 C+、2 个 C、2 个 C-，差距比较大。还有科技工作水平的提高，刚才王校长已经说了今年的暑期工作会的主题就是科技工作。

二是要切实抓好干部队伍建设。党委已经明确今年要重点开展非定向干部推荐和新一轮干部聘任工作。我们干部队伍建设的现状是目前机构编制和干部职数不能突破，一个萝卜一个坑，满满当当，流动不起来，只能在现有人员退休的情况做些调剂和补充。小平同志曾说，要善于发现人才，团结人才，使用人才。这是我们事业成功的关键。所以我们还是要着眼优化干部队伍结构、建好干部队伍梯队、提升管理水平，坚持事业为上、公道正派，突出政治标准，大胆选拔年轻干部，建设高素质、专业化的干部队伍，激发干部队伍活力。组织部已经开始制定方案，下一步将按照上级的严格要求，组建 5、6 个小组，进到学院，发动大家推荐干部人选，建立人选梯队，让老师在干部推荐上有发言权，拓宽了解干部渠道，综合分析研判，全面开展非定向干部推荐工作，用组织选人，用制度选人，又不唯学历，把素质高、肯奉献、工作优秀、热爱学校的干部选拔出来、使用起来，形成不让“老实人吃亏”、“不让投机者得利”的局面。要让大家感觉到在这个学校，通过努力，每个人都是可以成长起来的。

三是要加强人才队伍建设。这是今年从中央到北京市再到学校的一项重点工作。近期，党中央国务院出台《关于全面深化新时代教师队伍建设改革的意见》，这充分体现党中央对教师队伍建设的高度重视，体现了教师队伍建设的极端重要性。北京市正在研究制定配套的《实施意见》，重点是进一步深化教育人事制度改革，核心是落实和扩大高校在人事人才管理上的自主权。同时，北京市日前发布了《关于深化职称制度改革的实施意见》。要按照上级的工作部署，结合本科教学审核评估推进会上我代表党委提出的对教师的导向：即“政治坚定、专业领先、素养全面、敬业包容、勤信仁爱”，重点推进师德师风建设，这是配合国家监察体制改革的一项专项工作。同时，要结合学校实际，积极稳妥地做好教师职务聘任制改革、绩效工资深化改革等重点工作。还要强调一点，就是青年干部、青年教师的培养。这几年，我们进人的力度加大，按计划每年要进 100 人左右，充实干部教师队伍。这么多的青年干部、青年教师进来以后，不能来了不管，而是要加强引导、培养、教育和使用，让他们尽快成长起来，发挥作用。通过一些调研，我发现很多青年干部、青年教师素质很好、潜力很大，很有发展前途。各学院对新入职的这些青年干部、青年教师要不留死角，关心到每个人，重点做好干部人才队伍的梯队建设。

四是要切实推进党风廉政建设。这项工作我们还要进行专门的工作部署，先强调以下内容。首先是全面从严治党总体形势依然严峻复杂、不容乐观。习近平总书记在十九届中央纪委第二次全会上深刻剖析了存在的 5 个方面的突出问题，表明必须坚定不移地把全面从严治党持之以恒抓下去，决不能让党风廉政建设反腐败斗争半途而废，决不能让不正之风卷土重来。十九届中央第一轮巡视 15 个巡视组已经进驻 30 个地方、单位。对学校面言，就是做到既要发展，又要守规矩。其次全面从严治党标准更高、要求更严、措施更实，而且要向基层延伸，重心下沉。张硕辅书记在市纪委十二届三次全会上就明确点出要“大力整治乡镇、街道以及市属高校、国企落实主体责任压力层层递减的现象”，推动工作延伸到基层、责任落实到基层。再有，监察体制改革后，要实现对所有行使公权力的公职人员检查全覆盖。这涉及到我们每一个教职员工，必须绷紧党风廉政这根弦。近期，纪委将组织开展以纪律建设为重点，围绕党章、党纪条规、廉政法规制度、师德师风等内容，面向全体党员、教师和学生的党风廉政建设宣传月活动。还有，对专项巡视整改任务，要一抓到底，全面抓好整改落实。

五是进一步抓好党建工作。加强党的政治建设，提高政治站位，增强政治功能，切实增强“四个意识”，维护党中央权威和集中统一领导，严明政治纪律和政治规矩，把讲规矩、守纪律放到更加突出的位置。强调一点，教学、科研所有的活动都要讲政治。同时，今年要重点抓好基层党建工作。中央 31 好文件，今年的北京高校领导干部会议对高校基层党建工作，特别是院级党组织的管理体制和运行机制提出了一系列新的更高的要求。总体是要借助全面从严治党的大好形势，准确把握“加强基层党的领导”的这个核心要求，补短板、强底版，综合施策，让基层党组织“有地位、有人才、有底气”，实现全面过硬。例如，林克庆书记提出，要重点推进完善学院党政联席会议制度、配齐配强院级党组织书记、党支部发挥师德一票否决制作用等工作。同时，我们要结合《基本标准》入校检查对我们提出的反馈意见，全面落实基层党建相关重点工作。

六是进一步落实思想政治工作和意识形态工作。以抓好习近平新时代中国特色社会主义思想“三进”工作为主线，重点在课堂教学、学科建设、队伍建设上持续发力，探索做好课堂思政建设和思政课堂建设。例如，怎么更好尊重人才成长规律，更加注重育人方式的改革创新？全程全过程全方位育人的工作合力怎么增强？这都需要我们认真思考。去年，我们举办首届文化艺术节、科技创新节，效果很好，要坚持，争取做成品牌，从各方面努力，优化育人环境。要进一步落实意识形态工作责任制，旗帜鲜明，守好阵地，敢于碰硬，敢于表态，关注关键人、关键事，落实落细意识形态工作，确保意识形态安全，持续有效维护校园和谐稳定。

同志们：新时代要有新作为，新学期要有新状态。美好的愿景催人奋进，希望大家按照学校的工作部署和要求，调整好心态和状态，身心健康地开展工作，共同推动学校事业发展，共同开创北京信息科技大学美好的明天！

谢谢大家！

在新学期工作部署会暨2017年度二级单位考核表彰会上的讲话

校长 王永生

2018年2月28日

同志们：

大家好，刚才我们举行了2017年度二级单位考核总结表彰大会，这是学校第二次开展二级单位考核工作，借此机会，对获奖单位、对全校教职员工表示感谢，对获奖单位表示祝贺。根据学校党委的要求，今天召开2018年工作部署会，我主要讲三方面内容：第一，总结工作，树立发展信心；第二，聚焦问题，增强忧患意识；第三，明确目标，做好工作落实。

一、总结工作，树立发展信心

2017年，学校广大干部和教职员工围绕学校党委中心工作，积极落实党政工作要点，持续推动“五个环境建设”从战略高度抓落实、抓发展，全面推进学校“十三五”事业发展规划的实施，在广大师生的共同努力下，各项工作取得了全面发展，总结下来，有以下九个方面。

第一，全面加强了党的建设和思想政治工作。2017年，学校全面贯彻十九大精神和市十二次党代会精神，积极落实全国和北京高校思想政治工作会议精神，顺利完成了北京高校《党建和思想政治工作基本标准》专家组入校检查，我们的工作得到了专家组比较好的评价，反馈意见主要包括学校的发展定位、在“五个环境建设”引领下破解难题、师资队伍建设新进展，尤其是对学校的支持高层次人才引进和“勤信人才”培育计划、绿色通道等工作给予了高度肯定，对学校配合首都疏解的新校区建设也给予了高度评价。可以说，在专家组入校检查方面，学校充分展示了过去五年，尤其是过去两年时间里的发展成绩。2017年，学校组织还召开了全校思想政治工作会议，先后制订出台了加强思政工作、党建工作、统战工作、共青团工作、学生工作等一系列文件，同时，为了加强思想政治工作和师德师风建设，学校专门成立了党委教师工作部，单独设立了党委统战部，并在校学术委员会下面设立了党建与思想政治教育学术分委员会。我们还健全了党委统一领导、党政分工合作的协调运行机制，完善了党委全委会、党委常委会、校长办公会的议事规则、议事范围和决策程序，深入推进了全面从严治党和党风廉政建设，加强干部队伍建设。同时，学校结合工作对部分职能干部进行了届中调整，得到了广大师生的好评。通过全面加强党的建设和思想政治工作，过去一年里，学校的凝聚力不断增强，广大教职工的精气神提高了，干事创业的劲头更大了，对学校和自身未来发展的信心更足了。

第二，全面提升了人才培养水平。首先，在招生工作中，2017年学校面向全国30个省（自治区、直辖市）招收本科生，京外26省份实现全部专业一批次招生，且录取线均创历史新高，整体生源质量稳中有升。本科毕业生一次性就业率99.45%，再创新高，实现了连续六年稳步增长，位居市属高校前列，深造率（出国率及考研率）首次突破了20%（达到21.43%）。硕士毕业生一次性就业率多年来一直保持100%。在专业建设方面，2017年我们获批了机器人工程、数据科学与大数据技术两个新的专业，这是全国第二批获批该类专业的高校，2017年9月，60名17级新生已经顺利进入这两个新专业学习。此外，针对这类跨学科、跨学院的新专业，成立了由学校牵头的教学工作小组、学生管理工作小组，对接交叉学科、交叉专业的人才培养。2017年，学校完成了11个本科专业校内专业评估，测控技术与仪器、自动化、通信工程等三个专业顺利完成工程教育专业认证专家现场考查，测控技术与仪器专业获批北京市属高校首批一流专业。2017年，学校按照惯例召开了本科教学工作会议，主题为“以本科教学工作审核评估为契机，突出内涵建设，坚持特色发展，全面提高人才培养质量”，部署了本科教学工作审核评估的各项工作。“机电工程教师团队”入选教育部“全国高校黄大年式教师团队”，创新创业体系内涵建设取得可喜成绩，获评北京市首批深化创新创业教育改革示范高校，4支创业团队获评北京地区高校大学生优秀创业团队。学校还成功举办了第五届华北五省机器人大赛，尤其可喜的是，在第三届中国“互联网+”大学生创新创业大赛中获国家级铜奖1项、市级奖项14项，成为唯一一所连续两年晋级国赛并获得铜奖的北京市属高校。

第三，学科建设进一步优化。2017年，学校召开了学科工作会议，主题为“融合学科资源，凝练信息特色，提高办学水平”，系统总结了过去五年学科建设现状、取得的成绩，并对未来发展提出了要求。未来三年，学科建设方面要着力做好以下五个方面的工作：一是统一思想认识，加强顶层设计；二是突出学科引领，凝聚学科特色；三是强化学科队伍建设，优化师资结构；四是加强科学研究，建立有效的激励和考核机制；五是完善配套措施，强化综合改革。去年，我们14个一级学科均参加了第四次全国高校学科评估，有5个学科入围了前70%，这是对我们学校学科现状的一次大检阅。

第四，科研工作取得突破性成绩。2017年，我校作为第二单位参与完成的“高过载飞行器自主导航与控制技术”项目成果获2017年度国家技术发明奖二等奖（信息与通信工程学院苏中教授完成），这是学校自2009年之后，经过多年的培育和积累，再一次荣获国家级科技奖励。此外，学校还获得7项省部级科研成果奖和2项社会力量设奖。2017年，重点科研基地建设取得新突破，新增省部级科研基地5个，由我校牵头申请的第一个北京实验室“光纤传感与系统北京实验室”获北京市教育委员会批准认定。这也是非常难的，在以往获批的实验室中，北京实验室只有13个，我们是第14个，这在市属高校中是非常不容易的。此外，学校与北京科技大学合作构建的“材料基因工程北京高精尖创新中心”获得批准，这是在高精尖学科建设方面的突破。学校承担科研项目质量也有显著提升，由我校牵头申请的第一个国家重点研发计划项目——视听媒体收视调查与文化品牌评估理论与技术（基础研究类）已通过项目评审（经济管理学院张健教授主持）。此外，2017 年学校国防经费项目 1812 万元，与往年相比有较大增长，并完成了武器装备科研生产单位二级保密资格重新认证。

第五，国际化办学逐渐走向深入。2017 年，“先进光电子器件与系统学科创新引智基地”获国家外专局和教育部批准立项入选国家“111 计划”，成为“111 计划”面向地方高校开放以来第二批入选的地方高校，也是 2017 年北京市属高校唯一一所入选高校（2016 年北京工业大学入选）。截至 2017 年底，我校与国外大学合作数量升至 71 所，提前完成“十三五”目标。此外，学校积极响应国家“一带一路”的倡议，与“一带一路”沿线国家合作的大学数量达到 16 所，成为“一带一路”中波大学联盟首批成员校。学校不断加强教师对外交流培养力度，2017 年教师出访人数（含双肩挑）占到出访总人数的 68%。

第六，人才队伍建设有较大提升。2017 年，学校共引进博士（博士后）63 人（不包括机关的行政管理人员），较往年在数量和水平层次上均有大幅提升。新增双聘院士 1 人，兼职特聘教授 2 人，评选出“勤信学者”2 人、“勤信拔尖人才”5 人、“勤信英才”13 人，组成了学校高水平青年人才培育体系，进一步激发高水平人才的发展动力。2017 年，学校申报并获批了博士后科研项目工作站（本来去年要申报博士后工作站，但是国家停报未能实现，学校抓住机会申请了博士后科研项目工作站），接收 2 名博士后研究人员入站。2017 年，学校在 2016 年人才工作会议基础上，围绕青年人才的引进、培养，走出了可喜的一步。

第七，加速推进新校区建设。2017 年是非常不平凡的一年，在学校党委领导下，集全校力量，站在讲政治的高度加速推进新校区建设，将新校区建设工作从困难重重的局面中解脱出来，取得了很多突破性的进展，打开了新的工作局面。很多工作受到了北京市领导关注，尤其是王宁副市长多次到新校区现场调研指导工作，给予了肯定。从 2017 年下半年起，学校每周给北京市委教工委、市教委报送一次新校区建设进展情况，年底又将全年进展情况及存在的问题集中向市里做了汇报。目前，新校区建设进展情况非常好，与此同时，学校正在积极推进与新校区同步的住宅建设，具体工作正在进展过程中。

第八，精心培育校园文化。2017 年，学校举办了首届“勤信人物（团队）”评选表彰活动，对弘扬“勤以为学，信以立身”的校训精神和校园文化起到了很好的宣传作用。统筹了开学典礼、毕业典礼、年度颁奖典礼“三大典礼”，先后举办了首届文化艺术节、首届科技创新节，相继推出了系列文化活动，参与面覆盖全校本科生、研究生、教职工及留学生，受到了师生热烈欢迎。此外，学校在第九届首都“挑战杯”赛、“青年服务国家”首都大中专学生暑期社会实践活动中，获得诸多奖项，钢琴、舞蹈等社团获得市级以上比赛奖项 28 项，其中，舞蹈社团获得中国国际标准舞总会全国锦标赛名校对抗赛冠军。

第九，扎实做好民生工作。校工会全力做好普惠福利保障，后勤事务中心平台的作用日益凸显，师生享受到更方便、快捷的服务。校医院顺利通过海淀区卫生部门环评审核，妇科、口腔科相继开业，各项医疗服务进展显著，为师生提供更多更专业的服务。2017 年，全校 14 栋学生公寓楼共 2200 余部空调正式投入使用。此外，学校不断推动“放管服”改革，制定出台了《科研经费开支范围及报销细则》等 5 个文件，为科研人员“松绑、减负”，管理服务环境有所改善。根据北京市财政政策的变化，学校多方协调，根据事业发展需要，积极探索劳务用工方式改革，平稳推进劳务派遣工作，目前劳务派遣率超过 98%，这项工作也确保了职工收入的稳定，财务处、人事处、后勤处等部门为此做了大量工作。

总之，2017 年，在学校党委的统一领导下，在各位中层干部和全体师生的努力工作下，学校事业以较快的速度全面推进，如期完成了 2017 年各项工作，我代表学校党委和行政对大家的工作表示感谢！

二、聚焦问题，增强忧患意识

学校的发展要在居安思危的忧患意识中前行，刚才跟大家汇报的九个方面是好的成绩，但是学校工作的发展也是不平衡的，还有问题和不足，需要我们反思并改进。

第一，党建和思想政治工作方面。新的形势下，更加强调党对高校的全面领导，学校的制度、政策及环境建设都有待于进一步完善。比如，党委领导下的校长负责制实施细则仍未落实。再比如，干部队伍年龄总体比较老化，2018 年学校将进行换届，在干部队伍年轻化、专业化方面要有所改善。2017 年底，中组部部长陈希在全国组织部长会议上的讲话中有很多需要我们学习贯彻的内容，在干部队伍专业化方面，包括支部建设、支部书记的配备，要求将学历、层次与业务相结合。这对全面加强党的建设如何在基层落实，尤其是在支部层面做的更好，都提出了很多新的要求。我们还有很多工作要做。

第二，人才培养方面。上学期末，我们召开了迎接本科教学审核评估工作推进会，王书记做了重要讲话，并以校党办通报形式下发文件，希望大家认真学习。王书记在会议上谈了 10 个问题，问题有大有小，都是需要宏观思考和在顶层设计方面做的工作。比如，其中有一个关于校历的问题，现在校历安排并不是由党校办牵头会商统筹确定，基本上是按照教学的安排来做，因此校历问题也涉及到学校人才培养方案的改革，涉及到学分问题，我们的学分已经由之前 200 压缩到了 180，但还是比较多（有的学校可以将学时分配到暑期教学和实习）。学分问题又涉及到分配机制的问题，学校目前还在使用“工分制”来分配课酬。所以，看似简单的校历问题实际上是一个综合问题，是一项系统工程。比如，2017 年我们在北京地区的招生，部分专业一本未招满，需要我们加以调整。此外，学校推进国际合作化办学，要增加一些国际合作专业，以前国家鼓励这项工作，增加国际合作专业同时额外给国际生招生计划名额，现在让自己学校内部调，增加国际生招生的学院要减少正常生源数。再比如，现在我们在人才培养方面，个性化的人才培养方案很多，尤其是创新创业成绩在北京市乃至全国都很突出，但是个性化的人才培养与全口径的人才培养怎样相互协调？怎样解决创新创业学生的特殊问题（有的创新创业成果显著的学生课业出现问题）？今年，学校要迎接本科教学审核评估，核心问题是对照学校的办学定位，对照学校的人才培养目标和特色，全面检查学校的工作。虽然我们召开了迎接本科教学审核评估工作推进会，但如何让广大师生都能知晓工作程序，并按照审核评估要求做好工作，还有很多工作要做。

第三，学科建设方面。2017 年，学校召开了学科工作会议，会议上也总结了学校的不足。去年第四次全国高校学科评估的办学结果不理想，有多方面原因，当时上报材料的时间节点是提供 2015 年以前的工作情况，我们是 2016 年下半年做的，2017 年年底公布成绩。当时我们用了一个月把这项工作报上去了，14 个一级学科有 5 个入围，成绩为一个 C+，两个 C，两个 C-。统计了一下，在北京市属院校中，有以下高校所有参加评估的学科全部入围前 70%：首都医科大学、北京舞蹈学院、北京电影学院。其他高校入围比例为：首都师范大学 88%，北京工业大学 80%，北京工商大学 75%，北京建筑大学 66%，北方工业大学 63%，首都经济贸易大学 60%，北京印刷学院 51.74%，北京联合大学 50%，首都体育学院 50%，北京物资学院 50%，北京农学院 42.8%，北京农学院 37.5%，北京信息科技大学 35.7%，北京第二外国语学院 23%。这个结果就是“十二五”时期学校的学科状况，大家要深刻认识到学科建设存在的问题。这其中也有我们组织准备不足的问题，当时刚开始决定不参加，后来才参评。但从这个结果看，去年我们申报博士点的时候，由于没有达到基本条件而没有资格报，也在情理之中。我们学校有六个引领学科，与外面的学校相比还是有不小的差距。从入围的五个学科来看，机械学科，北京市入围了三所高校，北京工业大学是 B+，北方工业大学和我们学校是 C；仪器学科，北京市入围了两所高校，北京工业大学和我们学校都是 C+；控制学科，北京市入围了五所高校，北京工业大学是 B+，北方工业大学是 B+，北京建筑大学是 C，北京工商大学和我们学校是 C-；计算机学科，北京工业大学 B+，北方工业大学是 B-，北京工商大学是 C，我们学校还不如北京工商大学，计算机还属于我们的优势学科；管理科学与工程，首都经济贸易大学是 B，北京物资学院是 C+，我们学校是 C，北京工商大学是 C-。这就是我们入围的五个学科与其他北京市属高校的横向比较情况。从学科建设方面，纵向比较和横向比较来看，我们的差距比较大，这是 2015 年以前的数据。

第四，科技工作方面。首先，科研的总量不够。近三年，我们学校的科研总经费是 1.46 亿元，其中项目经费是 9600 万。我们也与相关学校做了比较，我们学校现在的情况与北方工业大学基本持平，已经被北京建筑大学和北京工商大学拉开了差距。2017 年，北京建筑大学和北京工商大学也获得了博士学位的授权，说明他们也是名副其实的。其次，承担国家级项目的能力偏弱。去年是我们学校报国家自然科学基金数量最多的一年，共上报 111 项，但仅仅获批了 11 项（7 项面上项目，4 项青年项目），立项率仅 10%，远低于国家平均立项率 21%，说明我们申报项目质量还有很大的问题。再次，承担国家级重点项目能力也比较弱，“十二五”至今，学校只有 10 项国家级重点项目。此外，学校高水平论文数量比较少，尤其是 SCI 1 区、2 区的高水平论文少。科技成果转化率比较低，去年学校没有一项成果转化。另外，从总体获奖情况来看，还有差距。总之，学校的高水平项目、高水平基地、高水平奖励都有不小的差距，这个差距直接决定了我们的学科差距。

第五，队伍建设方面。学校这两年在职称评审晋升、绿色通道、青年人才培养等方面，作为工作亮点在 2017 年有所凸显，但是我们仍未解决高层次人才引进的问题，这项工作还没有突破。虽然也引进了少数几位高层次人才，但都是兼职的或者短期的。反思一下，我们在政策方面还要与时俱进，对于不同类型的人才，在政策上还有改进的空间。还有聘任制度改革、工分制等老问题，虽然做了一些工作，但是文件仍未正式出台，今年也要加快推进。

此外，还有一些其他问题，比如新校区建设也有很多困难，在此不多做赘述。聚焦这些问题，需要我们增强忧患意识，要认识到学校还有很长的路要走。

三、明确目标，做好工作落实

“十三五”规划确立了学校建设国内一流、国际知名，信息特色鲜明的高水平大学的战略目标。围绕这样的目标，王书记在今年年初的迎接本科教学审核评估工作推进会上，对我们 2020 年建成教学研究型大学的具体目标做出了诠释：一是要全力争取博士点突破；二是基本完成新校区一期建设；三是“五个环境建设”都得到提升，教学、科研、师资队伍建设都有显著进步。围绕这样的目标，上学期末我们用一天时间召开了领导班子务虚会，昨天经过党委常委会和校长办公会讨论，对 2018 年工作要点形成了初步意见，今天我代表学校党委和行政，向大家做工作部署。会后将对学校《2018 年工作要点》予以公布，征求意见，在此基础上正式发文。

2018 年学校工作的总体思路是：全面贯彻党的十九大精神，以习近平新时代中国特色社会主义思想为指导，把政治建设放在首位，加强党对学校事业的全面领导，推进学校“十三五”规划落实，以推动重大专项工作的实施为抓手，全力实现学校新蓝图下的内涵发展、质量发展、特色发展，继续开创信息特色鲜明的大学建设新局面。

2018 年工作要点共计四大部分，22 项。

第一大方面，贯彻落实党的十九大精神，加强党对学校事业的全面领导。

第一，深入学习宣传贯彻习近平新时代中国特色社会主义思想和党的十九大精神。第二，深化落实全国和北京高校思想政治工作会议精神。第三，推进基层党建全面进步、全面过硬。第四，筑牢意识形态安全防线，维护校园和谐稳定。第五，切实履行好党风廉政建设主体责任。

第二大方面，推动重大专项工作实施，力争关键领域取得显著进展。

第一，全力以赴完成本科教学工作审核评估。大家要统一思想，凝心聚力，集全校力量扎实做好准备工作，全面完成本科教学工作审核评估各项任务。最重要的是借助审核评估传承弘扬办学传统，凝练办学特色，夯实办学基础，挖掘发展优势，强化内涵发展和质量建设，全面提升人才培养的能力和水平。要以本科教学工作审核评估为契机，查找办学治校存在的问题，进一步深化教育教学改革和校内管理体制改革，提高学校的办学水平和办学声誉，推动学校事业跨越式发展。

第二，做好新增博士学位授予单位项目建设工作。根据刚才我跟大家介绍的第四轮学科评估结果，根据北京市安排，新一轮的新增博士学位授予单位项目培育、建设工作已经开始了，要求我们这学期上报。学校党委也做了研究，根据学校发展实际情况和第四轮学科评估结果，决定重点打造机械工程、仪器科学与技术、控制科学与工程、管理科学与工程四个具有冲博实力、特色鲜明的一级学科，为 2020 年申报博士学位授权做努力。按照 2016 和 2017 年申博的条件，我们的基本条件已经达到，根据第四轮学科评估结果，我们确立了学科带头人，成立了相关组织机构，围绕这项工作学校将出台一些政策、措施，包括人事、学科、科技等方面，协同创新，全面促进这四个学科发展，到 2020 年申报的时候，希望至少有三个学科能达到博士学位授权的要求。

第三，提升科技创新能力，积极有效开展项目对接合作。今年暑期，我们将根据学校总体安排召开科技工作会议。2016 年召开了人事人才工作会议，2017 年召开了学科工作会议，2018 年要召开科技工作会议。这些会议的核心都聚焦在提高学校的学科水平上，学科水平的提升，科技是一个显著的指标。本次科技工作会议将系统总结“十三五”以来科技工作，结合国家科技体制改革和北京“科技创新中心”建设，进一步发掘学校的优势、特色，全面提升学校的科技水平。此外，要加大创新团队、重大项目及高水平科研成果的培育力度，提升国家自然科学基金、国家社科基金等项目申报的数量和质量。全力做好学校参与的“材料基因工程”北京高精尖中心建设工作（计算机学院与北京科技大学合作），高标准完成承担的建设任务。加大已有基地建设力度，支持北京实验室、北京市重点实验室等重点科研机构的建设以及各级科研基地的建设，增强培育力度，力争新增 1-2 个校内基地获批北京市重点实验室。

第四，深化干部人事制度改革，加强人才队伍建设。全面加强干部教师队伍建设，通过培训、选拔、教育、管理等工作，提高领导班子、干部队伍和教师队伍水平。2018 年，要合理规范校内机构设置，这是与干部调整配合进行的一项非常必要的工作。比如，根据学科评估结果可以看到，很多问题是由于我们的力量分散、不集中，进而导致优势不突出。评审中，有的学院虽然有 60 个人，但是真正用到学科上的也就只有 20 个人。不能再继续这种分散的局面，学科是学校的，如何在学校范围内整体布局，而不是仅仅学院层面上做工作，就要在机构调整方面做一些工作。此外，今年要做好不定向的处级干部民主推荐工作和新一轮干部聘任工作，学校党委要储备一些干部。围绕人才工作会议精神，要进一步完善人才引进政策，比如部分人才实行年薪制。同时，要对学校以前的一些引进人才政策加以细化，比如我们申请博士点需要有博导，现在有引进自己学校的博导的任务，否则由于我们没有博士点，与别人嫁接也很难。在岗位竞聘办法方面，也要有所变化，教师队伍的水平取决于岗位聘任的标准，以前我们基本上是总分合格、个性不突出，这次要依托绿色通道突出亮点，制定竞聘办法。包括分级，很多年我们学校都没有分级，今年我们要做。还有聘任制度改革，取消“工分制”的文件必须要出台，以及配套的薪酬分配办法都要同步推进完成。干部人事制度改革和队伍建设方面，今年仍要加力。

第五，加快推进新校区建设全面开工。今年，我作为市人大代表参加了人代会，陈吉宁市长代表市政府做的政府工作报告中，谈到城市疏解时点了四所学校，第一所是北京联合大学的选址，另外三所是北京工商大学、北京电影学院和北京信息科技大学的新校区建设，我们学校的新校区建设已经被列为北京市 2018 年“疏整促”重点工作。在人代会上，我作为代表也向市里呼吁，也征得了市发改委等相关部门的支持，学校正积极利用这些政策做好工作对接。今年，学校将继续大力推动改善空间环境，利用“疏解工程”、市政府重点工程和“一会三函”的政策优势，加快推进新校区建设，2018 年实现新校区建设全面开工。新学期伊始，新校区建设全面开工打响第一枪，又有两个组团获得了规划许可。我现在作为新校区建设指挥部总指挥，每周都参加新校区建设工作例会，新校区建设非常复杂，工作推进非常不容易，首先选址落实经与北京市积极沟通，确定了昌平区沙河的地理位置，也感谢历届领导班子的共同努力。新校区的地下空间、增加建设经费等各方面都是 2018 年的重点工作，新校区教师保障性住房对接工作也正在进行。

第三大方面，继续加强内涵建设，进一步提升办学综合水平

第一，开展“十三五”中期检查，谋划布局学校未来发展。今年是十九大以后的第一年，也是“十三五”攻坚的中间时间，“十三五”的发展目标已经确定，蓝图已经描绘，要对阶段性任务和推进实施情况开展中期检查，总结“十三五”时期主要任务的完成情况、进展情况、主要成果，并根据国家最新形势和政策，谋划布局学校未来发展。

第二，切实提高招生就业质量和人才培养水平。我们学校的招生工作和就业工作，近年来在市属高校中一直保持比较好的成绩，尤其是就业工作连续多年名列前茅。好的就业体现在几个方面，比如“信息特色”在就业中就有所体现，在京本科生和研究生就业的数量远大于在京招生的数量，我们学校信息相关专业虽然在京招生5%，但是在京就业的本科生达到20%—30%，体现出在就业方面很好的凸显了信息特色。此外，在专业建设方面，围绕国家新工科建设和应用型人才培养，尤其是围绕交叉学科（我们现在有两个多学科交叉融合的专业——机器人工程、数据科学与大数据技术），要积极探索此类学科和专业的建设与人才培养模式。另外，创新创业我们做的比较好，但是如何让参与创新创业的学生有很好的发展，国家有创新创业的休学政策，如果不休学如何让这些学生很好的完成学业毕业？对于特殊的人要有特殊的政策。此外，要做好研究生教育、留学生教育和继续教育工作。

第三，改革科研管理体制，提升综合科技实力。努力实现科研经费投入、成果产出等科研指标稳定增长，力争科研总经费超过1.6亿元，其中项目经费超过1亿元，力争获得省部级以上科技奖励3项。围绕服务教师、服务科研人员会出台一些政策，给教师进一步松绑，创造良好的科研氛围和条件，提升科技创新能力。此外，促进国家政策落地，出台学校科技成果转化办法，加快推进科技成果转化和产业化。加强科技产业资产统筹管理，实施相关校办企业改制，保障国有资本权益。继续做好大学科技园和“北京高端信息产业技术研究院”建设，提高孵化水平。

第四，优化学科布局，开展学科群项目和“信息+”项目建设。我们学校要积极打造“新一代信息技术与控制”、“高精尖仪器与智能制造”、“循环经济与知识管理”3个学科群和一定数量的交叉学科，进一步提升现有一级学科的信息特色，也是为了我们博士点申报做努力，在学科的整合、优势互补、融合等方面都要做大量的工作。另外，北京市组织开展了新增博士学位授予单位项目建设工作，我们将做好新增博士学位授予单位立项申请、建设等工作。近期将开会组织专家论证，我们有信心，一定要在三年内做好建设工作，确保2020年成功申报博士点。

第五，服务“一带一路”战略，提升国际化办学水平。积极开拓国际学生招生渠道，扩大招生数量，提高留学生办学层次。重点发展学历教育，2018年将学历留学生的招生数量提高25%。根据学校发展，继续推进与莫斯科电子科技大学中外合作办学项目的申报，这项工作也正在进展过程中，希望能有零的突破。此外，要以“111基地”建设为抓手，加大海外高端人才的引进力度，助力学校的学科建设和转型发展。如何将海外高端人才“不求所有，但求所用”？我们也将出台一些政策。信息与通信工程学院已经有了示范，去年我们做了一些工作。

第六，坚持问题导向，加强和改进学生工作。要加强顶层设计，继续深化六大平台-三个结合-三大载体的学生工作模式，推进辅导员校院两级管理。突出辅导员队伍专业化建设，明晰职业发展，修订大学生思政系列教师职务聘任办法。2018年要成立学业辅导中心，完善校院两级学业辅导体系，有的高校，比如北京交通大学2011年以前就已经成立了。此外，要优化学生奖励体系，加强校风学风建设，做好心理健康教育和少数民族学生工作，进一步提升研究生思想教育工作和网络思想教育工作。

第四大方面，聚焦重点领域建设，夯实条件支撑和资源保障

第一，推进落实“放管服”改革，提升管理水平。这里面包括科研政策、内控政策、财政经费使用等方面。首先，推进科研领域“放管服”改革，提高科技管理与服务的能力和水平，优化管理流程，为科研人员创造优良环境。其次，继续加强内部控制建设工作，持续完善《内部控制手册》，形成更加完整、科学、有效的内部控制体系，有效预防和控制风险。此外，要按照市财政、市教委对财政经费以及从严控制人员经费的要求，做好2018年度预算经费的执行、监督和管理，全力保障重点工作的资金需求。今年还要启动全校国有资产清查，规范管理，并配合做好新校区搬迁准备工作。

第二，启动大数据基础建设，加快信息化建设步伐。我们学校是以“信息特色”为办学特色的学校，但是我们信息化还有很长的路要走。2018年，要在确保数据安全的前提下，促进信息化与教学、科研、管理的融合与创新，启动全校数据中心建设，实现数据共享。通过信息化和大数据工程建设，提高教育资源整合力度，提升学校信息特色办学定位的影响力。此外，新校区智慧校园、信息化图书馆规划等都要开展相应工作。

第三，抓好基础设施建设，推动民生工程落地。推进食堂、公寓、教学楼、设施设备、校园环境等5个标准化建设，2018年部分建设项目向市教委申请第一批达标验收。今年要改造健翔桥校区和小营校区停车场，校医院、校工会在普惠性福利保障方面，都要推进一些工作。

第四，打造特色校园文化，构建和谐师生情感环境。落实“五个环境建设”，落实以文化人的实践，加强大学文化内涵建设。要营造良好的情感环境，有效化解矛盾，建设和谐校园文化。此外，围绕校史工作，反映学校80年办学历史的丰硕教育教学成果，举办“八秩耕耘，奋发前行”主题校史展，增强广大师生对学校文化的认同感和归属感。继续做好文化艺术节和科技创新节，营造健康和谐、积极进取的校园文化氛围。

第五，加强民主政治建设，发挥群团组织的优势和作用。推进依法治校，继续推进学校规章制度的“废改立”工作，我们一直在做，但是这方面工作还未做到位。今年要召开第二届教职工代表大会和工会会员代表大会，共青团工作、校友工作等，都要发挥出优势和作用来，都是围绕中心、促进中心的重要工作。

第六，做好统战和离退休工作，凝聚党内外人士合力。新一届党中央在统战工作和离退休工作方面，有很多新的要求，尤其是思政会后要求统战部门单设，我们已经单设了统战部，但是单设以后要做好相关工作，构建“大统战”工作格局。此外，离退休干部思想政治引领，落实离退休干部的各项待遇和政策，要用心用情做好服务工作。我们学校的离退休老同志比较多，高水平的干部也比较多，我们学校历史上是五个单位合并而成，要搭建平台促进离退休干部为学校发展增添正能量。

以上我从四个方面对学校 2018 年重点工作做了部署，希望大家认真贯彻执行。新的一年里，希望全校师生在校党委的领导下，以“五个环境建设”为引领，贯彻党的十九大精神，做好工作落实，谢谢大家！

在 2018 年学校全面从严治党工作会议上的讲话

校党委书记 王传亮

2018 年 3 月 28 日

同志们：

这次会议，主要是研究部署学校 2018 年全面从严治党工作，把全面从严治党引向深入，营造风清气正的育人环境，努力开创建设信息特色鲜明高水平大学的新局面。今年，我们学校重点工作很多，特别是上半年的本科教学审核评估，还有基层党建，师德建设、学风建设等，要把工作协调好。刚才，王校长在主持中已经提到今年这个会的重要变化。这个变化，不单是名称的变化，而是更加突出了“全面”和“从严”，更加突出了党委管党治党、全面从严治党的主体责任，**并且释放出一个强烈的信号，**这就是越往后，执纪只会越严，不会有丝毫松懈。这需要引起我们足够的重视。会上，陈清华纪委书记对 2017 年学校全面从严治党工作作了总结，并就 2018 年学校全面从严治党重点工作作了部署，我们要认真抓好贯彻落实。

当前，党和国家发生了巨大的变化，我们国家正在逐渐走进世界舞台的中央。党的十九大召开后，明确了我们党的核心，特别是今年“两会”，形成了一系列重要的决议，大家一定要充分认清并适应当前的形势。近两年来，我们学校经过艰苦的努力，取得了一系列的重大进展，学校的前景是非常美好的，我们国家队的基因再次显现出来。我们提出了“五个环境建设”，提出了“三步走”，提出了“三大任务”，提出了超常规、跨越式发展，学校的发展目标逐渐清晰，几个瓶径问题，特别是新校区建设、办学环境、治理环境、育人环境、情感环境建设都有了实质性的突破。但是我们的任务还很艰巨，比如我们的博士点申报，我们能否在 2020 年通过努力实现目标，需要我们继续努力。我们的干部队伍建设、后备干部建设，人才队伍建设，也都面临很多难题，尽管已经向好的方向发生变化，有了很好的前景，但是涉及个人的利益、诉求的问题还没有太多的改变，比如说我们的干部队伍建设，现在满满当当，每一步向前发展都牵扯到各种掣肘和各种遗留问题。我常说“相濡以沫”不如“相忘于大海”，大家在一个小小的桶里营养太少，作为领导干部，要向桶里输送营养，蛋糕越大，利益才更多，个人利益才能够得到更好的改善，但是一定要分清先后顺序，首先学校要发展起来，个人才能好起来。我们学校现在是最困难的时候，越是接近成功时，对每一个人的觉悟越是考验。因为这个时候，对每个人利益的改善还不明显，个人诉求还没有达成，个人利益还没有满足。有的人把个人利益和诉求没有得到满足而上升到对学校和上级的不满，导致学校和我们的中层干部承担了巨大的压力，走过这两年来越发的感觉到这种压力的巨大，如果不把这种压力卸下去，我们开展各项工作都会非常难。怎么才能卸下压力，就是要发展，而在发展的过程中，我们每个人就是要讲奉献、讲正气，要勇于承担，不要过于爱惜羽毛。如果在这个过程中，对党委有意见，我个人表态，我们承担。同时我们对大家的要求一样要严格起来，“失责必追究”，每个人都有自己的职责，希望大家在学校最困难的时候，配合学校的工作，配合大局，发扬我们的光荣传统。我们这支队伍是有素质的，我们是国家队出身，我们有国家队的基因，在这个过程中，需要大家有奉献精神，不计个人得失，我们就能实现历史性转折。

我们还要大力提倡人文精神。我们讲治理环境、情感环境建设，就是要配合学校的中心工作。在推动中心工作的时候，一定会有这样那样的摩擦，一定会有这样那样的利益的不平衡，一定会有局部的，看起来对于某些人的的不公平。这就要求我们一定要有奉献精神，正确看待得与失。我们工科学校需要有一定的人文精神，大家要为学校增加一些人文精神，要学会在“道”的层面和“术”的层面相结合去考虑和解决问题。中国人讲究把握平衡，把握分寸、把握总体，我们布置工作一定要有总体规划，要有综合考量，不能无限增加，要用宏观的、综合的、立体的、动态的、关联的、精神的、情感的去把握事物的方法和逻辑的、实证的、科学的、线性深入的方法相结合，我们就一定能渡过难关。希望大家支持学校，也希望大家更加严格的要求自己，每个人都做出各自应有的贡献。我刚才代表班子表了态，我们领导班子个人没有利益，也不想谋求什么利益，只是希望能够为这个学校作出贡献，这个学校不属我们个人，我们每个人都属于这个学校。

刚才，先讲了一些**工作方法的问题。**

下面，针对把全面从严治党引向深入的主题，我着重再讲三点意见。

一、提高政治站位，坚决贯彻党中央全面从严治党的战略部署

旗帜鲜明讲政治，是第一要求。党的十九大明确提出新时代党的建设总要求，对全面从严治党做出了总体的战略部署。习近平总书记在十九届中央纪委二次全会上的讲话指出，全面从严治党是统揽“四个伟大”（**伟大斗争、伟大事业、伟大梦想、伟大工程**）的根本保证，进入新时代，要有新气象新作为，首先是全面从严治党要开创新局面。习近平总书记指出，党的十八大以来，党中央以“六个从严”（**思想从严、管党从严，执纪从严、治吏从严、作风从严、反腐从严**），推动党和国家事业取得历史性成就、发生历史性变革，对党、对国家、对民族都产生了不可估量的深远影响，形成了“六个统一”的重要经验（**坚持思想建党和制度治党相统一，坚持使命引领和问题导向相统一，坚持抓“关键少数”和管“绝大多数”相统一，坚持行使权力和担当责任相统一，坚持严格管理和关心信任相统一，坚持党内监督和群众监督相统一**）。在此基础上，习近平总书记坚持问题导向，深入分析了全面从严治党面临的严峻形势，发出了**“重整行装再出发”**的动员令，明确了坚持以党的政治建设为统领、锲而不舍落实中央八项规定精神、全面加强纪律建设、深化标本兼治、健全党和国家监督体系、加强纪检监察干部队伍建设等六项重点任务。**这是党的十九大之后对全面从严治党的再动员、再部署。**按照这个再动员、再部署，教育部党组、北京市委、市委教工委分别召开会议，提出明确的要求和具体的部署，我们要切实提高政治站位，坚定“四个自信”，提高“四个意识”，切实与以习近平总书记为核心的党中央保持高度一致，围绕“五个环境建设”落地见效和实现我们的奋斗目标，全力以赴抓好贯彻落实，坚定不移地把学校全面从严治党引向深入。

深刻领会和贯彻执行党中央全面从严治党的战略部署，我着重强调三点内容：

一是加强党委对学校工作的全面领导。党政军民学，东西南北中，党是领导一切的。加强党的全面领导，是中国特色社会主义的最本质特征和最大优势，是全面从严治党的根本，也是大趋势。今年“两会”，宪法的修改、监察法的颁布、监察体制改革，包括上周中央印发的《深化党和国家机构改革方案》，都充分体现了加强党的全面领导这个根本。特别是党和国家机构的改革，“改革力度之大，影响面之广，触及的利益关系之复杂，都是少有的，是一场系统性、整体性、重构性的变革”，**但加强和深化党的领导是贯穿始终的一条红线。**在这种趋势下，根据中央、市委有关部署，以及《基本标准》检查反馈意见，今年，**校级层面，**要制定好党委领导下的校长负责制的实施细则，认真贯彻执行《“三重一大”决策制度的实施办法》，进一步完善党委领导下的校长负责制，加强学校党委对学校工作的全面领导。**院级层面，**要建立健全院级党组织会议和党政联席会制度，完善议事规则（**上级要求：有关党的建设，包括干部任用，党员队伍建设等工作，由党组织会议研究决定，涉及办学方向、教师队伍建设、师生员工切身利益等重大事项，应由党组织先研究再提交党政联席会议决定**）。**支部层面，**推进党支部规范化建设，充分发挥师生党支部的战斗堡垒作用，特别是要建立健全在教职工聘用、晋职晋级、评奖评优中征求党支部意见的工作机制。

二是层层压实责任。要推动管党治党全面覆盖、层层传导，形成一级抓一级、层层抓落实的良好局面。各级党组织要切实履行主体责任，各级党组织书记要认真履行第一责任人责任，领导干部要带头强化“党政同责，一岗双责”意识，纪委要坚持同级党委、上级纪委双重领导制度，发挥好党内监督专责机关作用，切实担负起协助党委推进全面从严治党的政治责任。今年市委要求重点抓好二级学院党的建设、支部建设，我们在抓这些重点工作的时候一定要配合好中心工作，更好的完成教学科研任务。**林克庆书记提到的教育系统还存在落实机制空转、压力层层递减、存在“上热、中温、下凉”等问题，我们学校也存在。**要加强监督检查，用好问责利器，克服压力传导层层递减现象，推动工作延伸到基层、责任落实到基层。

三是突出向基层延伸。《基本标准》检查反馈意见，指出了十个方面的问题，这些问题都必须整改到位。市委教工委下半年还要进行检查。其中，有党风廉政建设向基层延伸不够的问题。**习近平总书记强调，正风反腐，人人有责，要当参与者，不当旁观者，要坚决抛弃“看戏”心态。**这次《监察法》的颁布实施、国家监察体制的改革，将对所有行使公权力的公职人员实现全覆盖的监察。这就涉及到每一个教职员工，全面从严治党、党风廉政建设必须向基层延伸。学校党委已经决定在 4 月份开展全面从严治党宣传教育月活动，这是提升师生员工廉洁意识和自律精神、净化校园政治生态和育人风气的重大举措，也是推进全面从严治党向基层延伸的重大举措。**今天这个会，也是开展全面从严治党宣传教育月的动员会。**

二、坚持问题导向，自觉增强全面从严治党的紧迫感

我们学校这两年，在全面从严治党上，特别是在专项巡视整改、党风廉政建设专项检查、《基本标准》检查等方面，取得了明显的成效。但同时，我们也要清醒地看到，与中央、教育部、市委的要求和广大师生员工的期待还存在一定的差距。习近平总书记在十九届中央纪委二次全会上指出了 5 个方面的突出问题，蔡奇书记在全市领导干部警示教育大会上指出了 12 类共性问题、在十二届市纪委三次全会剖析了 5 个方面的问题，以及林克庆书记在北京教育系统全面从严治党会议上指出4个方面的问题，都表明反腐败斗争依然严峻复杂，全面从严治党依然任重道远，需要以永远在路上的执着把全面从严治党引向深入。

对标对表中央、市委的有关要求，特别是专项巡视反馈意见、《基本标准》检查反馈意见，以及近年来学校查处的案件，我们还存在着以下亟待解决的问题和不足。

第一，治理环境建设还要进一步推进。我们在制度建设、矛盾化解方面取得了可喜的进展，但也还存在着一些问题。**制度建设上需要进一步查缺补漏。**比如，党委领导下的校长负责制的实施细则未制定。同时，学校的制度很多，比如财务、科研、人事管理的制度，宣传力度不够，大家未必都能记得住，弄不好就违规。去年，负面舆情大幅下降，但由于历史遗留问题、信息不对称等造成的**误解、谣言包括不实的信访举报，**还是给个人造成较多的不必要的纠结，给学校带来不必要的矛盾。

第二，意识形态工作还有差距。现在，从中央到地方，对意识形态工作特别是高校意识形态工作都高度重视，抓得很紧。应该说，我们在落实意识形态工作责任制、建立健全意识形态会商研判、落实落细意识形态工作上，得到上级的肯定。但同时，我们也还有意识形态工作存在薄弱环节，“四个纳入”落实不够扎实，基层工作不平衡的不足。这需要我们更加绷紧意识形态这根弦，不可掉以轻心。在意识形态工作上，我们的领导干部要敢于担当，敢于碰硬，从组织上，要保护那些敢于承担的人。

第三，师德师风建设还存在不足。抓教师队伍建设特别是师德师风建设是今年的一项重点工作，下半年，上级要师德师风建设和学风建设进行检查，这些工作都要落细落小落实，教师工作部和相关部门要做好工作。从教育系统来说，网络曝光的教师“性骚扰”、“红黄蓝”幼儿园等事件，一度成为社会热点。就我们学校来说，**个别教师学术不端、自我约束不严等现象，**造成了负面影响，也反映出我们在师德师风长效机制建设上还存在不足。

第四，对“四风”反弹的警醒还不够。“四风”反弹回潮隐患犹存，新的隐形变异问题特别是形式主义、官僚主义的新表现还时有发生。对“四风”问题，一些党员干部还仅仅是“不敢”，远没有达到“不能”，更没有达到“不想”。

第五，严明纪律、挺纪在前还需加大力度。从中央到地方到高校，违纪问题还时有发生。3月14日，在市委教育工委召开的全面从严治党工作会议上，郑吉春书记通报了2017年线索案件处置情况，高校和驻两委纪检监察组全年处置四种形态问题920人次，处理问题线索1116件，新立案90件，处分80人。这些案件，主要有以下四个特点：**从涉案主体看，**主要集中在管钱管物和科研人员等群体；**从涉案性质看，**违反廉洁纪律和组织纪律问题较为突出；违反中央八项规定精神的案件占比较高，主要涉及私设小金库、滥发津补贴和公款超标接待、旅游、购物等方面。

在这受处分的80人中，包括了我校的2人，借今天机会，向大家进行通报警示：一个是某教师党员在科研项目经费使用中，虚列劳务费支出骗取科研经费，存在违法违纪行为，经校纪委研究并报党委批准，给予该同志“严重警告”党纪处分、行政“记过”处分。另一个是某教师党员在纵向科研项目经费使用中，存在违反财经纪律违规报销行为。经校纪委研究并报校党委批准，给予该教师党员“严重警告”党纪处分。

除上述2个案件外，十八大以来，学校还对存在违反党纪（生活纪律、工作纪律）行为的其他3名党员干部**（1名处级干部、2名科级干部）**分别给予了“严重警告”和“警告”党纪处分；对违反社会主义道德、廉政准则、财经纪律等行为的5起责任主体**（3名处级、2个处级行政班子）**分别给予了组织处理或通报批评。另外，**行政方面对存在违反政纪或学术规范行为的其他5人给予了相应行政处分。**

以上事例说明，我们的工作中还存在薄弱环节，全面从严治党决不能松劲。2016年巡视后，学校针对巡视反馈的问题进行了一系列整改工作，取得了一定工作成效。但巡视反馈中的问题没有根绝，还时有发生。今年元旦、春节前，我们发布了“持续推进作风建设，严防四风问题反弹回潮”监督检查的通知，提醒党员干部廉洁过节。在节后，在对遵守八项规定情况的监督抽查中，发现在各类经费的使用方面仍然存在一些问题：

一是违规使用经费的问题。有个别人存在法定节假日（大年三十到初五、10月1日到5日）期间到外地出差调研的虚假行为；有个别人存在把回家探亲费用作为调研差旅费报销的行为；有个别人存在违规安排非课题组成员回家乡去调研的行为。

二是项目组成员构成不规范的问题。有个别人存在把校外的亲属甚至配偶作为项目组成员的行为。

三是违规发放咨询费、劳务费的问题。有个别人存在给项目组成员发放专家咨询费的行为；有个别人存在给校外的亲属发放劳务费的行为。

四是规避监管程序、打制度擦边球的现象。例如，在材料费使用上，存在着同一时间同一地点多次购买限额5千元以内的材料的现象**（制度规定5千元以上验收，而这样做就规避了验收）。**

上述现象有的已经违纪，有的处于违纪的边缘。这些问题和现象只是发生在个别人身上，涉及的金额看似不算大，但反映出以下几方面需要加强：**首先，规矩意识还要加强。**纪律和规矩是高压线不可触碰，要经常反省我们的行为是否遵守了各项纪律和制度，是否符合师德师风的要求；**其次，宣传教育还要加强。**各项规章制度一定要让每个人清楚、明白。即将开展的全面从严治党宣教月活动中有一项重要内容，就是相关部门要加强制度宣讲，要让每个人明白规矩和制度；**再次，日常监管还要加强。**管理还要细化，各个主责部门都要加强日常监管力度，抓早抓小，防微杜渐。国家的、北京市的形势都发生了变化，我们不能再习惯于以前的模式，现在只要是制度规定的就一定要执行。各二级学院会后，都要把这次大会的要求传达到每名教职工。以上这些问题和现象一定要引起我们的高度重视，案件和问题离我们不远，可能就发生在我们身边，必须保持警钟长鸣。学校鼓励大家搞科研，但同时一定要提高纪律规矩意识，必须讲纪律守规矩，遵纪守法，远离红线。

第六，基层党建工作还存在一些薄弱环节。例如，基层党组织把好政治关的运行机制还不健全，党支部书记配备不够强，党支部作用发挥还不够，等等。

这些问题，有些是高校的共性问题，有些是我们自己的问题，但都需要我们认真思考，坚持问题导向，落实工作责任，狠抓难点、重点问题，切实把全面从严治党引向深入。

三、强化责任担当，坚定不移把全面从严治党引向深入

我们已经明确了奋斗目标，从近期也就是到 2020 年，**要基本完成新校区一期建设、全力争取博士点突破、教学科研水平再上新台阶，实现历史性的转折。**三大任务**（包括今年的新校区全面开工、本科教学审核评估、全面从严治党）**，是我们学校最大的政治，必须全力以赴做好。如果有人出于私利，影响阻止学校发展，制造新的矛盾，党的组织不会坐视不管。在这个过程中，我们要紧紧围绕坚持和加强党的全面，紧紧围绕维护党中央权威和集中统一领导，把全面从严治党引向深入，不断增强学校各级党组织的创造力、凝聚力、战斗力，为实现我们的奋斗目标，把北京信息科技大学建成北京市最好的市属大学提供坚强保证。

第一，把政治建设放在首位。习近平总书记强调，“四个服从”，最根本的是全党各个组织和全体党员服从党的全国代表大会和中央委员会，“四个意识”，最根本的是坚决维护党中央权威和集中统一领导。陈宝生部长强调，没有离开业务的政治，更没有离开政治的业务。蔡奇书记也强调“看北京首先从政治上看”，把“四个意识”转化为听党指挥、为党尽责的实际行动。我们要将学校发展的全局、自身的工作，自觉放在党中央和北京市委、教育系统的工作大局中来考量和部署。这也是我们将**基本完成新校区一期建设、全力争取博士点突破、教学科研水平再上新台阶三大任务视为最大的政治的原因。**新校区建设、博士点突破、教学科研水平再上新台阶既是几代信息科大人的殷切期待，同时更是我们**服务京津冀协同发展战略、服务非首都功能疏解、“四个中心”建设、落实立德树人根本任务、肩负培养民族伟大复兴时代新人**重大使命的集中体现。全校上下必须从政治的高度，加强党委对学校工作的全面领导，以“五个环境建设”为统领，以服务北京市“四个中心”建设、京津冀协同发展、“一带一路”建设为导向，不折不扣地完成好这三大任务。

第二，持之以恒抓好作风建设。中央出台“八项规定”以来，反“四风”的成效显著，但滋生“四风”的土壤依然存在，而且新的隐形变异层出不穷。当前，从中央到地方到高校，持续释放越往后执纪越严的强烈信号，不能放松，必须紧盯不放，抓好作风建设，巩固和拓展作风建设成果。要严格执行习近平总书记关于进一步纠正“四风”、加强作风建设的重要批示精神、北京市委的实施办法和学校的实施细则，大兴调研之风，深入师生当中听取意见，找准问题，找准症结，拿出措施。这里，我想突出强调三点：**一是按制度、按程序办事。**我们有一系列的法律、制度、程序、规范，还是那句话，要让大家形成有事情找制度、找程序、找组织，而不是找个人，要发挥各级委员会的职能，最终形成一个治理有方、管理到位、风清气正，强调规矩和程序的治理环境。**二是加强师德师风建设。**师者，无冕之王。我们要推崇师道尊严。我们已经成立教师工作部，开展了新入职教职工岗前培训、教师荣休仪式等活动，并且根据习近平总书记提出的**“四有”、“四个引路人”、“四个相统一”的要求**，明确了我们对教师的导向：即**“政治坚定、专业领先、素养全面、敬业包容、勤信仁爱”。**要以师德师风建设为重点，落实立德树人根本任务，把正确的政治方向贯穿人才培养全过程。**三是牢牢把握意识形态工作的领导权。**管阵地、把导向，加强思政课、课思政建设，按照“学术研究无禁区、课堂讲授有纪律”原则，落实落细意识形态工作。**上午，就意识形态工作，学校党委召开新学期第一次意识形态工作会商会，已经做了部署。**

第三，严明纪律，挺纪在前，执纪必严，违纪必究。党的十九大把纪律建设摆在更加突出的位置，纳入党的建设总体布局，表明了用严明的纪律管党治党的坚定决心。**一是要突出抓好经常性教育。**结合信访举报、专项治理、内部审计等发现的问题，抓好示范教育、警示教育和廉政教育。今年，特别强调，要用身边事教育身边人，以案例明示纪律，吸取教训，抛弃“看戏”心态。**二是要突出抓好监督检查。**学校纪委在重要节假日，都要对**公车私用、公款吃喝、公款旅游，违规收送礼品、礼金、消费卡等行为进行专项抽查，**一旦查实，严肃处理，推动形成党风正、校风清、学风好的校园生态。**三是要突出运用好监督执纪“四种形态”。**对发现的苗头性问题，要经常咬耳扯袖，红脸出汗，综合运用批评教育、诫勉谈话、组织处理等多种形式，早提醒，早改正，真正起到惩前毖后、治病救人的效果；对严重违纪问题，要坚决给予纪律处分并严肃问责。

第四，重点在向基层延伸上抓好落实。十九届中央纪委二次全会明确将“坚决整治群众身边腐败问题”作为 2018 年一项重点工作。国家监察体制改革后，监察对象全覆盖到所有行使公权力的公职人员。这都要求我们要在推进全面从严治党向基层延伸上下足功夫。**这里，以下三点值得注意。一是，**近期，中央部署，将将扫黑除恶同反腐败结合起来，同基层拍蝇结合起来，严厉打击村霸、宗族恶势力和黄赌毒背后的腐败行为，既抓涉黑组织，也抓背后的保护伞。动作很大，力度也很大。实际上，**学术不端、滥发补贴、违规报销等“微腐败”**离师生最近，既损害师生切身利益，又造成严重影响，必须强化日常监督，将触角向基层各领域、各部门、各岗位延伸。**二是**林克庆书记在高校领导干部会上，要求各高校今年要把工作重心放在基层，攻难点，补短板，固底板，强化基层党的领导，健全院级工作机制。**三是**对专项巡视整改任务，要一抓到底，全面抓好整改落实。

第五，树立正确的选人用人导向。学校党委在今年的工作要点中提出了要开展优秀年轻干部人才库的动态补充工作。为此，学校党委专门成立了 6 个工作组，马上要进到各学院，对干部人才工作进行综合调研。这次调研的目的是按照十九大对干部队伍建设提出的“高素质专业化”要求，全面了解学校干部人才队伍建设现状，分析干部人才队伍特点，拓宽选人用人视野，广泛听取意见建议，发现储备一批政治过硬、工作优秀、热爱学校、勤勉实干的人才和干部，为推动学校发展提供人才支撑。通过这项工作，要充分体现坚持党管干部原则，树立五湖四海、任人唯贤，德才兼备、以德为先，注重实绩、群众公认，不唯票，不简单以年龄、学历划线颂的选人用人导向。这项工作即将启动，各单位、各部门要认真配合组织部门，严格按照要求，做好这项工作。

同志们，全面从严治党永远在路上，任务艰巨，使命光荣。2018 年是贯彻党的十九大精神的开局之年，让我们紧密团结在以习近平总书记为核心的党中央周围，以更加积极的姿态、更加优良的作风、更加有力的举措，撸起袖子加油干、不计个人得与失，把学校全面从严治党引向深入，创造出一流的工作业绩，为把北京信息科技大学建成北京市最好的市属大学奠定坚实的基础。

谢谢大家！

以迎接审核评估为契机，落实立德树人根本任务
强化人才培养中心地位，全面提高教育教学质量

——在 2018 年本科教学工作会议上的报告

王永生

2018 年 5 月 30 日

老师们，同学们：

大家下午好！

从 2016 年开始，我们每年都要召开一次本科教学工作会议，今年已经是第三年了。今年的会议主题是**“以迎接审核评估为契机，落实立德树人根本任务，强化人才培养中心地位，全面提高教育教学质量”。**回顾前两年，我们 2016 年的会议主题是“以优化培养方案为契机，科学构建人才培养体系，全面提高教育教学质量”；2017 年的主题是“以本科教学工作审核评估为契机，突出内涵建设，坚持特色发展，全面提高人才培养质量”；对比这三个主题，可以看出，“育人”永远是学校的核心工作，“提高人才培养质量”永远是学校的第一要务。

围绕今年的会议主题，我主要讲三个方面的内容：一是分析近一年来国家高等教育发展形势，学习中央和北京市关于高等教育的最新精神，进一步落实立德树人根本任务；二是根据学校审核评估工作进展情况尤其是自评情况，明确定位，聚焦问题，强化人才培养的中心地位；三是针对学校在自评过程中发现的问题，进一步凝聚共识，统筹推进，全面提高教育教学质量。

一、深刻理解人才培养工作面临的新形势，落实立德树人根本任务

今年 5 月 2 日，在北京大学师生座谈会上，习近平总书记从党和国家事业发展全局的高度，深刻阐明了高校“培养什么样的人、怎样培养人”这两个根本问题，为新时代高等教育事业发展指明了前进方向。总书记指出，进入新时代，各项事业发展对高等教育的需要比以往任何时候都更为迫切，对优秀人才的需求比以往任何时候都更加强烈。十年树木，百年树人，培养社会主义建设者和接班人，是我们党的教育方针，是我国各级各类学校的共同使命。高校只有抓住这个根本，才能办好、才能办出中国特色世界一流大学。

党的十九大明确了新时代我国高等教育的目标和历史使命，把高等教育的地位提高到了前所未有的新高度。十九大报告中提出的 7 个战略，即科教兴国战略、人才强国战略、创新驱动发展战略、乡村振兴战略、区域协调发展战略、可持续发展战略、军民融合发展战略，每个战略都与高等教育密切相关，同人才培养密不可分。十九大报告还提出建设科技强国、质量强国、航天强国、网络强国、交通强国、数字中国、智慧社会等，这些建设目标都需要高质量的人才作为支撑。一句话，新时代的国家战略和目标需要高等教育完成好立德树人根本任务，不断提升人才培养水平，这是各高校肩负的重要历史使命。只有准确地分析形势，才能清晰地聚焦努力方向，对照总书记重要讲话和党的十九大精神，我讲四个方面内容：

1. 明确一项任务：立德树人，培养德智体美全面发展的社会主义建设者和接班人。立德树人是高校的根本任务，总书记对于“培养什么样的人、怎样培养人”提出了明确要求，就是要“培养德智体美全面发展的社会主义建设者和接班人。”进入新时代，高校要深入贯彻党的教育方针，以培养担当民族复兴大任的时代新人为着眼点，帮助学生树立正确的世界观、人生观、价值观，培养具有坚定理想信念、勇担时代重任的社会主义建设者和接班人。我们要着力加强思想政治工作体系建设，充分发挥思政教育的积极作用，加强爱国奉献主旋律宣传教育，强化价值引领，筑牢精神高地，建立全员、全过程、全方位育人机制，将思想政治教育融入学

生的学习、生活、就业等各个方面。

2. 确立两个标准：把立德树人作为检验学校一切工作的根本标准，把师德师风作为教师评价的第一标准。总书记指出，教育必须培养社会发展所需要的人，即培养社会发展、知识积累、文化传承、国家存续、制度运行所要求的人。高校在具体实践中必须真正做到以文化人、以德育人，不断提高学生思想水平、政治觉悟、道德品质、文化素养，把立德树人内化到大学建设和管理各领域、各方面、各环节，做到"以立德为根本，以树人为核心"。总书记还强调，人才培养关键在教师。教师队伍素质直接决定着大学办学能力和水平，老师的一言一行都给学生以极大影响，所以要把师德师风作为评价教师队伍素质的第一标准。要坚持教育者先受教育，让教师更好担当起学生健康成长指导者和引路人的责任。在具体落实中，既要有严格制度规定，又要有日常教育督导，引导教师把教书育人和自我修养结合起来，做到以德立身、以德立学、以德施教。

3. 打好三个基础：坚持办学正确政治方向，建设高素质教师队伍，形成高水平人才培养体系。作为社会主义大学，必须把坚持正确政治方向作为办学第一要义，我们的任务是培养社会主义建设者和接班人，必须要保持马克思主义这一最鲜亮的底色，坚持不懈培育和弘扬社会主义核心价值观。总书记将高素质的教师队伍概括为三大特征，即"政治素质过硬"、"业务能力精湛"、"育人水平高超"，建设这样一支教师队伍是我们办好社会主义大学的根本保证，也是我们立德树人的保证。总书记非常强调人才培养体系的重要作用，他说，人才培养体系涉及学科体系、教学体系、教材体系、管理体系等，而贯通其中的是思想政治工作体系，学生在大学里学什么、能学到什么、学得怎么样，同人才培养体系密切相关。以上这三项基础性工作，构成了一个完整的理论与实践体系，回答了办社会主义大学最根本的几个问题：坚持办学正确政治方向回答了"为谁培养人"的问题，建设高素质教师队伍回答了"谁来培养人"的问题，形成高水平人才培养体系回答了"怎样培养人"的问题。

4. 做到四个回归：回归常识、回归本分、回归初心、回归梦想。教育部部长陈宝生指出，立德树人要落实在提高教学水平上。他根据高校工作实际，提出了高等教育要做到"四个回归"，即：回归常识、回归本分、回归初心、回归梦想。回归常识，教育的常识就是学生读书；回归本分，教师的本分就是教书育人；回归初心，教育工作者的初心就是培养人才；回归梦想，教育梦就是报国梦、强国梦。陈部长提出的这"四个回归"，是对高等教育发展基本规律和基本逻辑的通俗表达，是对习近平总书记关于高等教育系列讲话和论述的高度概括，对我们深化高校教学改革、提高教学水平具有深刻的指导意义。

"明确一项任务、确立两个标准、打好三个基础、做到四个回归"，这四方面的内容都强调了立德树人的重要性，都是告诉我们要不忘初心，方得始终。我们要始终把立德树人作为学校立身之本，办好人民满意的高等教育，培养更多更好的社会主义建设者和接班人。

二、明确目标，找准方向，进一步强化人才培养中心地位

2017 年，根据教育部、北京市教委对审核评估工作的部署安排，学校正式启动了我校的本科教学审核评估工作。一年来，在学校党委的统一领导下，在全体师生的共同努力下，各教学单位和相关职能部门齐心协力，齐抓共管，迎评各项工作取得了重要进展。我们制订了《本科教学工作审核评估工作方案》，确定了审核评估工作的组织机构、主要职责、工作阶段、重点任务，完成了教学基本状态数据采集与填报、自评报告撰写及各教学单位的自评工作。这些任务的完成标志着学校自评阶段圆满结束，审核评估工作进入了迎接专家进校考察的关键阶段。

通过前期自评工作，我们更加明确了立德树人的重要性和紧迫性，更加清楚了人才培养在学校事业发展各项工作中的地位和作用，更加增强了提高教育教学质量的信心和决心。下面，我结合学校工作实际和自评报告主要内容，从六个方面总结经验、查找不足、聚焦问题、厘清思路，为进一步强化人才培养工作打下坚实的基础。

1. 明确办学定位，强化信息特色，凝聚人才培养共识。在"十三五"规划中，学校确立了"建设信息特色鲜明、国际知名、国内一流的高水平大学"办学目标，提出了"三步走"的发展战略，明确了 2020 年要基本建成教学研究型大学，即基本建成新校区、全力争取博士点突破、教学科研师资队伍再上新台阶。在这一定位指导下，学校明确了"培养具有较强实践能力、创新意识与国际化意识的高素质应用型人才"的人才培养目标。这个定位和目标，是在学校党委提出"五个环境建设"战略思考的统领下，经过全面调研、精心梳理、深刻讨论后形成的共识，是对学校办学方向的高度凝练，也是对学校发展目标的精准刻画。现在，这个定位已经深入人心，成为全校师生耳熟能详的努力目标。但通过这一阶段的自评工作，我们发现学校在办学定位与目标方面仍然存在着一定的问题，比如，人才培养整体协同育人机制不够健全，个别专业目标对人才培养总目标支撑不够，还存在着信息不对称、沟通协调不够等现象。这就要求我们必须继续统筹推进"五个环境建设"，合理配置现有资源，加强校级统筹，优化人才培养方案，不断强化人才培养的中心地位。

2. 完善机制，多措并举，打造高素质的师资队伍。2016 年，学校召开了人才工作会，提出要全面优化师资队伍结构，提高师资队伍建设水平，提升师资队伍能力素质，推进人事管理制度改革。为此，学校出台了多项人事制度，引导激励广大教师主动投身教育教学，提升教研教改水平。经过几年的发展，我们欣喜地看到学校的师资队伍状况有了明显改善，广大教师的教学能力不断增强、学术水平稳步提升，为全面提高人才培养质量打下了坚实的基础。但是居安思危，与国家高等教育形势对我们提出的要求相比，与兄弟高校的快速发展相比，我们在师资队伍建设方面还存在众多的问题。比如，缺乏高端人才和高层次团队，难以满足教学科研上水平的需要；师资结构不合理，现有高层次人才年龄普遍偏大，学科分布不均匀；具有工程背景的教师偏少，教师普遍缺乏工程实践能力；教师发展机制不健全，对广大教师的发展和服务还有许多需要改进的地方。这些问题的形成，有的是国家政策方面的原因，但更多还是学校自身积累的原因。应该说，师资队伍建设问题已经成为制约学校上层次上水平的短板，我们必须直面问题，以时不我待的精神、舍我其谁的决心、开拓进取的气魄，抢抓机遇，迎难而上，把人才培养中心地位落到实处。

3. 坚持特色，凸显优势，持续加大教学资源投入。大学，永远离不开“育人”这个核心。为了提高育人质量，我们强化保障，重点倾斜，优先满足教学经费的需求；强化管理，统筹集约，完善教学设施，优化空间环境，保障本科教学的正常进行；强化信息特色，凸显实践优势，不断推进课程资源建设，提升专业建设水平。但是，由于历史原因，学校的办学空间和教学设施先天不足，影响了教学质量的提升；专业结构需要进一步优化和调整，课程资源需要进一步充实和完善，有效的社会资源需要进一步挖掘和加强。彻底解决办学空间的问题，有待于新校区的建成和启用，但现阶段，我们还是可以通过挖掘自身潜力，在调整专业结构、充实课程资源、有效利用社会资源方面下功夫，把人才培养的中心地位落到实处。

4. 更新观念，创新机制，优化人才培养过程。为了做好本科教学工作，学校分别在 2009 年、2015 年举办过两次大讨论，2016、2017、2018 连续召开本科工作会议，形成了重视课程教学、强化实践培养、促进全面发展的人才培养思路。在实践过程中，我们通过校企协同、院际联合，开展了卓越计划、大类培养、专项培养等模式改革；认真落实交叉培养计划，发挥技术优势，搭建信息化教学平台，增强课堂教学效果；强化 OBE（基于学习产出的教育模式）理念，优化教学过程，推进教考分离，构建了大工程理念引领下的实践教学体系；注重第二课堂建设，提升第二课堂实效，为学生成长成才提供全方位的服务。应该说，在这些举措的推动下，我们的人才培养质量有了明显提高，毕业生颇受用人单位的好评。但仔细斟酌，我们还存在着人才培养模式改革落实不到位、广大教师的积极性没有调动起来、部分教师的教育教学水平亟待提高、人才培养过程的国际化程度较低等问题。这些问题，有的是局部性问题，有的却是全局性、普遍性问题。这就要求我们必须更新观念，创新机制，规范管理，重视过程，把人才培养中心地位落到实处。

5. 坚持学生为本，强化目标导向，促进学生长远发展。我们立足学生成长和发展需要，拓展思想政治教育途径，完善学生发展辅导体系。通过改进招生就业工作，强化组织条件保障，营造良好的育人环境。近年来，学校的生源质量持续提升，学生指导和服务成效明显，学生综合素质不断增强，就业质量不断提升，并且涌现出众多的创业典范。但是，我们清醒的认识到，我们在促进学生发展方面也有很多问题。例如，在招生方面，部分专业的生源质量不均衡；在学业指导方面，对学生提供的个性化指导与其实际需求还有一定差距；在学生管理方面，有相当一部分学生的学习动力不足，学习效果不佳；在就业创业指导方面，学校的指导策略不够灵活、指导方法陈旧，学生接受指导的热情也有待于进一步提高。这些问题的存在，都影响着人才培养的质量，这就要求我们牢固树立“以学生为本”的工作理念，加强统筹，精准施策，因材施教，把人才培养中心地位落到实处。

6. 完善标准，规范管理，健全人才培养质量保障体系。学校注重教学质量保障与监控，围绕人才培养目标、培养方案和培养过程，加强质量标准建设，完善教学质量监控体系、信息采集分析手段、反馈改进机制与配套措施，已经形成“全员参与、内外结合、多方联动、持续改进”的教学质量保障体系，确保人才培养质量不断提升。但在实践过程中，我们还需要进一步加强分类指导，完善质量标准体系建设；加强探索，切实提高实践教学质量监控的精确性；加强引导，充分发挥院级教学单位的质量监控主体作用；加强分析，进一步改进教学质量信息的综合利用，把人才培养中心地位落到实处。。

以上这六个方面就是学校通过自评梳理出来的内容，也是我们已经提交的自评报告的主要内容。希望全体员工要高度重视，正确认识，聚焦方向，直面问题，真正通过全员、全过程、全方位的努力，常思为师之道，常存育人之责，牢固树立人才培养中心地位。

三、坚定信心，统筹推进，全面提高教育教学质量

习近平总书记强调，只有培养出一流人才的高校，才能够成为世界一流大学，培养一流人才的关键是提高教育教学质量。下面我从思想政治工作、学科建设、科学研究、队伍建设、文化建设、国际化建设等六个方面，就如何促进教育教学质量的提高提几点意见。

1. 进一步夯实思想政治工作基础，把准人才培养方向。习近平总书记在考察北京大学时的重要讲话和党的十九大对高校人才培养提出了明确的要求，我们学校人才培养目标能否实现，首先要明白我们要“培养什么样的人、如何培养人以及为谁培养人”这个根本问题。因此要坚持把立德树人作为中心环节，把思想政治工作贯穿教育教学全过程，牢固树立“以学生为本”的理念，实现全员、全过程、全方位育人，切实增强思想政治教育实效。近年来，我们认真贯彻落实全国和北京高校思想政治工作会议精神，做了很多有益的探索和实践，制订了《关于加强和改进新形势下学校思想政治工作的实施方案》等系列文件。在学校党委统一领导下，各职能部门、各教学单位协同配合，持续构建“大思政”工作格局。为了进一步讲好思想政治理论课，有序推进课程思政，学校出台了《关于进一步推进“课程思政”建设的实施意见》，把思想政治工作贯穿教育教学全过程。成立教师工作部，持续加强师德师风建设，引导教师以德立身、以德立学、以德施教，不断提升教育教学水平。

2. 进一步扩大学科建设对本科生培养的引领作用，提高创新人才培养水平。综观国内大学的品牌特色专业，一般都有实力雄厚的学科资源作为支撑，学科建设的水平越高，专业发展的后劲就越大。我们要充分利用学科建设的优势与特色，拓宽口径，促进学科交叉融合，培养学生的创新能力和发展潜力。**一是**依托优势学科，不断优化专业布局和结构，按照“学科群”专项、“信息 +”专项和常规项目等三个类别，统筹推进“高精尖仪器与智能制造”、“新一代信息技术与控制”、“大数据下循环经济与知识管理”3 个学科群的建设。**二是**结合学科领域建设成果对传统专业进行调整与改造，围绕博士学位授权单位申报，重点建设仪器科学与技术、控制科学与工程、机械工程、管理科学与工程等四个学科，进一步带动相关专业的发展建设和水平提升，在更高的起点上设置和改造本科专业，在光纤传感器件与视觉检测、导航制导与控制、机电测控与机器人、智能感知与信息处理、大数据下循环经济与知识管理决策等领域形成的鲜明学科特色，在设立推动机器人工程、数据科学与大数据技术等新兴交叉学科专业的同时拓展其他特色专业，形成具有学校“个性”的特色专业。**三是**以学科建设成果促进课程改革，在本科专业培养方案中增开相关理论课和课程设计，毕业设计选题也多围绕相关领域设置，并通过真实工程案例教学，丰富新兴专业内涵，并编写成教材，优化课程体系，提升课程教学的前沿性。

3. 进一步推动科研反哺教学，充分发挥科研对人才培养的支撑作用。科学研究是社会创新的重要源泉，科研能力是社会发展对创新人才提出的迫切要求。为了培养锻炼本科生的科研能力，必须将教学活动与科研活动有效结合：**一是**遴选一批代表学科最新发展和学术动态前沿的科研项目或科研成果转化为本科实验项目或毕业论文题目，通过科研实践，本科生可以初步掌握科研方法，提升科学研究和科技创新的能力。**二是**根据学科专业特点组建分层次、分模块的实验教学平台体系，包括基础实验室、专业实验室、工程训练中心、实训基地、学生课外创新基地和学生就业创业基地等，有计划地加强教学科研的资源共享，提升教学硬件和教学手段的现代化水平。**三是**以“创新”大赛、全国“挑战杯”科技大赛等竞赛活动为契机，鼓励本科生参与教师的科研团队，通过科研训练强化他们的科研能力，以课外训练强化课内实验，培养学生的创新能力。**四是**邀请中外专家为本科生开设专题讲座，以科普性的语言传递学科前沿知识，让大学生了解科技最新发展和学术前沿动态，激发科研兴趣，启迪科研思维。**五是**开设与科研能力培养相关的课程，如文献检索、科研基本技能训练、数据归纳和处理及科技论文写作等，让学生对科学研究的基本思路和过程有所理解，了解科研的目的和意义。

4. 进一步加强队伍建设，不断巩固人才培养根基。我们要围绕办学定位和发展目标，建设一支德才兼备、结构合理、富有创新精神和国际竞争力、与学校发展目标相适应的高水平师资队伍。**一是**以引进高端人才为突破口，加大学科引才力度，依托北京市 2018-2020 博士点建设规划项目，为引进高端人才和培养高层次人才创造条件。**二是**坚持把师德教育摆在首位，健全师德教育培训考核监督体系，引导教师潜心治学、立德树人。**三是**不断完善激励机制，坚持“多劳多得，优劳优酬”，激励广大教师投身人才培养、教育教学的积极性和主动性，实现教研相长。**四是**拓宽学习渠道，搭建成长平台，促进教师们不断提升学术水平和教学水平，让那些勤于钻研业务、勇于在教学领域开拓创新的年轻人脱颖而出。**五是**进一步完善课堂教学、实践环节教学质量标准和各主体听课评价标准，细化相关工作要求与流程，健全教师教学质量的长效评价机制。**六是**提升干部围绕人才培养开展工作的能力水平，选拔一批眼界开阔、年富力强具有创新意识的优秀干部充实到教学管理干部队伍中来，不断加强人才培养工作的科学化管理。

5. 进一步加强大学文化建设，提升人才培养的精神内涵。大学文化是大学的灵魂所在，弘扬大学精神，追求大学理想，锻造大学文化，为人才培养注入精神内涵，健全学生人格，塑造学生品格。**一是**进一步深化社会主义核心价值观教育，将社会主义核心价值观的基本要求融入学校工作全过程，努力建设崇尚勤信，宽容善意，相互欣赏，团结协作，倡导成人之美，充满人文精神的情感环境。**二是**加强校训文化建设，开展校训精神教育，大力践行“勤信”精神，宣传师生员工的突出业绩，增强校训文化的认同感。**三是**加强学术规范教育，努力培养创新求实、积极向上、不畏艰难、刻苦攀登的科学精神和尊重知识、尊重人才、尊重劳动、尊重创造的人文精神，大力营造自由宽松、勤于思考、扎实钻研、勇攀高峰的学术氛围。**四是**立足大学本质、学校优势特色及学科差异等，有针对性地对现有几个校区和建设中新校区各类楼宇、场馆进行特殊的标识设计，建设典雅、庄重、创新、智慧的大学校园标识、景观，实现环境育人。**五是**汲取国内外校友文化建设经验，制定我校校友文化建设专题规划，深入沟通校友与学校之间的联系，初步形成校史研究大纲，为进一步对我校校史进行系统研究奠定坚实基础。**六是**深入研究大学校园文化特点，继续办好文化艺术节和科技创新节活动，陶冶师生员工文化情怀，将科学精神和人文精神有机结合、相得益彰。

6. 进一步推进国际化办学，开阔人才培养的国际视野。国际化是世界高等教育发展的趋势，“国际化意识”也是我们的人才培养目标之一，为了培养具有国际视野和国际意识的高水平学生，我们必须加快国际化办学的步伐。**一是**以人才培养为引领，整合全校优质办学资源，联合国外大学，积极寻求与国际知名高校对接与合作，力争实现中外合作办学项目“零”的突破。**二是**围绕国家“一带一路倡议”实施，积极寻求海外合作对象，探索境外合作办学可能性。**三是**提升校内教育的国际化水平，课程设置要有利于学生的境外交流与学分互认。**四是**加强学生的多元文化教育，开拓国际化视野。**五是**改革英语教学，突出学生的国际交流能力培养，鼓励开设“双语”或全英文专业课程，为学生的国际交流与学习打下良好的专业基础和语言基础。**六是**进一步扩展国际交流渠道和规模，加强与国外高校的科研和人才培养，扩大师生赴国外高校参加培训和交流的比例。**七是**积极发展留学生教育，扩大长短期留学生人数。

老师们，同学们，6 月 11 日到 15 日，专家组将进驻我校开展审核评估，这是我校今年工作的一件大事，也是检验我校人才培养工作的一次难得的机会。通过审核评估，有助于我们进一步强化顶层设计，突出办学特色，增进师生共识，全面提高教育教学质量。希望全体师生要系统、全面、认真地做好各项准备工作，以饱满的热情和高度负责的精神全力投入到迎评工作中去。一会儿王书记还要代表学校党委提出工作要求，大家要认真领会，全面贯彻落实。

最后，预祝审核评估进校考察工作顺利进行！预祝本次教学工作会议圆满成功！

谢谢大家！

在 2018 年科技工作会议暨新学期工作部署会议上的讲话

（根据录音整理）

校党委书记 王传亮

2018 年 9 月 7 日

老师们，同志们：

大家辛苦了，刚开学我们就进入到了一个紧张的工作状态。很多人跟我说过，一到开学人们就会有开学综合症，心里忐忑。实际上，人如果有一段时间不见，尽管在假期我们有很多部门、很多同志在努力的工作，但是由于沟通的减少，会心生一些这样或那样的想法，甚至可能由于信息不对称，产生一些这样或那样的说法。信息不对称，最后它就容易产生误解，有误解以后就容易消磨我们一个团队的力量。我们抓五个环境建设，其中很重要的一条就是把治理环境和情感环境连在一起，就是为了让大家放心，让大家有上进心，所以大家一定要放心，我们从上到下已经形成了一个很好的态势，学校已经进入了一个跨越式超常规发展的良好的趋势当中，尽管有这样、那样的问题，上午董院长一句话很启发我，我也很赞成，我们的很多问题一定要在发展当中去解决，要通过发展把我们的成果做得更大，把蛋糕做得更大，使每一个人能分到更多利益。那么，蛋糕要做更大、要求发展，就需要我们每一个人投入奉献。所以在这种状态下，我们的口号就应该更加明确，就是我们要团结协作求和谐，集中精力谋发展。只有发展才能解决我们的问题，只有发展才能让我们看到光明。中午，我们整个领导班子去揭幕新校区沙盘，尽管大家都知道沙盘的形象，但是揭开的一瞬间依然振奋人心。我们几代人，全校的师生员工共同期盼的新校区，终于有了初步的形象，大家可以到图书馆前厅去看一看，很让人振奋！学校还是大有希望的，希望大家能够把信心提起来，而且各个方面有利的条件正向学校聚集。我们需要学校的每一个人把自身的潜力、自身的积极性挖掘出来，而不是消极的等、靠、要、看。尤其当我们很久没见的时候，更容易产生误解，这个时候需要我们用一些正面的、公正的渠道来宣讲形势、任务、目标，宣讲学校的发展理念、发展措施和我们每一个人即将要努力的任务。下半年我们的工作任务很重，我们要实现历史性转折，2020 年博士点突破，新校区建设，我们的教学科研上新台阶，教师队伍的建设等等。那么从今天开始，也就是从这个学期开始，就进入了深水区、一个关键性的时期。一会我后面还要讲很多我们的工作任务，我再展开来讲。

今天这个会议是按照惯例每年召开一次的专题工作会议，同时也是新学期的工作部署会，这之前我与王校长和我们班子成员都进行了沟通，形成了一个意见。上午的会上，王校长作了一个很好的工作报告，既总结了成绩，梳理了问题，也分析了形势，提出了工作思路和举措。内容很翔实，也很具体，我都同意。希望全校上下认真贯彻落实，很多问题不在于我们说意见，而在于努力的想好如何去办，同时要投身去做。我相信同志们都会有觉悟，今天上午的会上，三位代表，一位代表学院，一位代表项目，一位代表个人，分别从不同的层面做了很好的交流发言，很有启发意义。此外，会议还进行了分组讨论，大家对学校科技工作乃至整体工作的理念、思路、任务与举措等都提出了很好的意见与建议，希望大家把这些成果都梳理好，能够积极的加以运用和推进我们的工作。学校党委将积极汲取大家提出的建设性意见，持续优化科技工作顶层设计，并以“五个环境建设”为统领，以“双一流”建设为导向，团结带领广大师生不懈奋斗，努力把我校建设成为信息特色鲜明的高水平大学！我们任重道远，尽管负重前行，但我们的前途光明。我还是那句话，各方面的资源正在向我们学校云集而来，希望大家有信心。下面，结合今天会议的主题，我讲四个方面的内容，供大家参考。

一、明大势，深刻认识科技工作的地位与意义

习近平总书记反复强调，要“善于观大势、谋大事，自觉在大局下想问题、做工作”。大势明，才能方向定，才能做到因势而谋、应势而动、顺势而为。实际上，这与我们一直强调的“跳出自身看自身”的方法是一致的。“跳出自身”

观大势，就是要看清大势所趋，看清党和国家、北京市的政治要求、战略需求、发展导向，并立足“自身”，看清我们“自身”有什么样的基础、潜力和实力，其实我们大家都很清楚学校原有的基础，刚才我们参加讨论，有的同志还提出了，我们有很多好的技术，看来就是利用得不够，所以下一步就要把它的潜力挖出来，利用起来。关键是看我们，怎么能够更好地落实党和国家、北京市的政治要求、战略需求、发展导向，进而更好地凸显我们的特色、实力和贡献度，实现超常规、跨越式发展。刚才，王校长在报告中，已经就我们科技工作面临的从中央到北京市再到学校内部的形势作了简要的分析。确实，党的十八大以来特别是近期以来，党中央高度重视科技创新工作，并提升到战略的高度。这充分体现在习近平总书记2016年5月30日在“科技三会”上的重要讲话以及今年5月28日在两院院士大会上的重要讲话当中。此外，从北京市来看，京津冀协同发展是与“一带一路”、长江经济带并列的三大国家战略之一，“四个中心”的功能定位已经明确，其中之一就是全国科技创新中心。为此，北京市委市政府相继出台了《关于统筹推进北京高等教育改革发展的若干意见》、《加快科技创新构建高精尖经济结构系列文件》等文件，其中，战略意图、战略需求、战略导向与战略举措非常明确，我们要认真学习领会，做好对接工作，将我们自身的发展特别是科技创新工作融入到党和国家、北京市的战略部署和要求之中，贡献我们的力量，带动我们的发展。

这里，我想着重强调三点：

一是从政治的高度，深刻认识科技创新工作的重要意义，强化“四个意识”，增强“四个自信”。要深入学习领会习近平总书记关于科技创新工作的重要讲话精神，自觉向党中央看齐，将思想和行动统一到党的十九大精神上来，统一到党中央对科技事业的部署上来。特别是要贯彻落实好习近平总书记强调的坚持党对科技事业的领导的要求、通过科技创新从根本上保障国家经济安全、国防安全和其他安全的要求，例如：前一阵“中兴事件”所反映出来的我国在芯片等领域存在的亟待攻克的“卡脖子”技术，不掌握核心技术，必将受制于人。同时，要深入贯彻中央《关于分类推进人才评价机制改革的指导意见》等系列文件，深入贯彻北京市《关于统筹推进北京高等教育改革发展的若干意见》等系列文件，与中央、市委步调一致，积极推进科技领导体制、管理体系改革，强化政策引导，更好地推进学校科技创新工作。

二是从国家战略的高度，深刻认识科技创新工作的重要意义，主动融入国家和北京市创新体系。着眼创新型国家建设，着眼实现中华民族伟大复兴的中国梦和人民群众对美好生活的期待，党和国家加快实施创新驱动发展战略，例如，启动实施一批体现国家战略意图的重大科技专项，系统布局综合性国家科学中心（北京、上海、合肥），深入推进军民协同创新等。北京市也聚焦全国科技创新中心建设，着力推进“三城一区”建设（中关村科学城、怀柔科学城、未来科学城、北京经济技术开发区）。我们作为党和国家举办的高校，作为党和国家实施创新驱动发展的重要主体，要积极响应和主动对接国家、北京市发展战略需求，整合优势资源，凸显特色实力，提高科技创新能力，服务战略需求，做出与我们国家队出身相匹配的贡献。

三是从学校全局的高度，深刻认识科技创新工作的重要意义，有力支撑信息特色鲜明高水平大学的建设。我们以“五个环境建设”为统领，在“十三五”规划的基础上，以审核评估为契机，进一步明确了“三步走”的发展战略。刚才讲到了到2020年要基本完成新校区一期建设，全力争取博士点突破、教学科研水平再上新台阶三大历史性任务。大家一会看看沙盘，沙盘有颜色的区域，就是我们的一期工程，基本上形成了一个现代化大学的雏形。此外，北京市《关于统筹推进北京高等教育改革发展的若干意见》出台后，我们的定位是高水平特色型大学。可以说，当前，新校区建设、博士点突破是长期制约我们学校发展的瓶颈问题，也是广大师生的殷切期盼，是我们提升办学层次的历史性任务。我们在全力以赴推进新校区建设的同时，要落实以信息特色为主线，贯穿新一代信息技术、智能制造、国防军工、人文社科等相关学科群，形成以工为主、多学科协调发展的学科体系的工作思路，全力争取博士点突破。这需要我们在科技创新特别是科技成果、服务国家和北京市战略需求上做出更多的努力，正像有的同志说，我们是通过奉献来谋求发展。我们要获得更多的认可和支持，让北京市也感觉到北京信息科技大学是有贡献的，才能更好的支持和帮助我们，来支撑我们的超常规跨越式发展。

二、促改革，持续激发科技创新的潜力与活力

今年是改革开放40周年。改革开放已经走过40年的艰辛历程，进入深水区。面对改革攻坚要解决的一系列深层次矛盾、困难和问题，习近平总书记在2018年新年贺词中发出号召，“我们要以庆祝改革开放40周年为契机，逢山开路，遇水架桥，将改革进行到底。”其实就像我们学校，有很多的困难不断的涌现，有很多人的问题不断的出现，但是我们就是要逢山开路，遇水架桥，不要被困难吓倒，也不能气馁，我们负重，但是要前行。在十九届中央全面深化改革领导小组第一次会议上，习近平总书记更发出了坚定不移将改革推向深入的号令，“过去几年来改革已经大有作为，新征程上改革仍大有可为。”可以说，改革作为我们党的鲜明旗帜和当代中国的时代特征更加鲜明。

从北京市来说，市委市政府印发了《关于统筹推进北京高等教育改革发展的若干意见》，明确了五项改革任务，落实立德树人根本任务，巩固人才培养中心地位；改革人事制度，强化教育教学主业；创新育人机制，建设一流培养体系；完善科研政策，构筑科技创新高地；健全管理体制，释放高等学校办学活力和六项基础工作，聚焦城市战略定位，优化高等教育布局结构；加强宏观引导，推动高等学校分类发展；建设一流师资，夯实高等教育发展基础；加强教学保障，提升人才培养质量；加强平台建设，提升科技创新能力；推进

"双一流"建设，提升高等学校综合实力，改革的指导思想、主要目标、基本原则都非常明确，是指导我们当前改革发展的一个纲领性文件，我们要抓紧制定落实《意见》的工作方案，切实推进全面深化改革，增强超常规、跨越式的动力。下半年我们还要继续推进教师职务聘任制改革、绩效工资深化改革等重点工作。这一点大家很重视，也很关心，因为它已经成为了制约我们，包括科研发展在内的一个问题，但是如何把它改好，需要大家都参与进来，在上级对我们这些大事给予非常明确和细致的指导下，学校也会积极的引导，所以我们还是要遵照上级的政策精神和意见。

结合学校的情况，就科技工作来说，着眼"破除体制机制障碍，最大限度解放和激发科技作为第一生产力所蕴藏的巨大潜能"，这也是老生常谈，怎么才能克服这些障碍，刚才说的那些重点，需要一个一个去解决，有的看起来很难解决，但是经过我们上下一条心的去努力，我相信总有办法，办法总比困难多。自2015年党中央、国务院出台的《深化科技体制改革实施方案》以来，相继出台《关于深化中央财政科技计划（专项、基金等）管理改革的方案》等一系列重大改革方案，完成了143条改革任务中的110多条。改革力度之大前所未有，在为科研人员"松绑"等方面取得了实质性突破。我们离中央似乎远一点，但是实际上我们和中央，和整个北京市同时处于高速运转当中，我们像一个已经启动了高速发展的发动机一样，在行进中走向一个跨越式的发展进程。我想，就我们学校科技工作的改革来说，要着力做好以下三项工作。

第一，就是根据大家提的意见和建议，要完善科技工作的领导体制。这一点中央也有要求。习近平总书记强调，我们要坚持和加强党对科技事业的领导，坚持正确政治方向，动员全党全国全社会万众一心为实现建设世界科技强国的目标而努力奋斗。新中国成立以来，从向科学进军，到科学技术是第一生产力，到实施科教兴国战略，再到创新型国家建设，实践表明，坚持党的领导是中国特色科技创新事业不断前进的根本政治保证。要深入学习习近平新时代中国特色社会主义思想，把党的领导贯穿到科技创新全过程，不断提高党把方向、谋大局、定政策、促改革的能力和定力。要充分发挥科技人员的积极性，尊重科技创新规律，尊重科技管理规律，为广大科研人员创造良好环境，激发广大科研人员的智慧和活力，多出成果，再创辉煌，这是我们办学环境建设、治理环境建设、情感环境建设的应有之义。

二是深化科技管理改革。前面已经提到，自习近平总书记2014年6月9日在两院院士大会发表重要讲话，提出"最紧迫的是要破除体制机制障碍，最大限度解放和激发科技作为第一生产力所蕴藏的巨大潜能"以来，中央出台了《深化科技体制改革实施方案》，后来又相继出台了《关于深化中央财政科技计划（专项、基金等）管理改革的方案》等一系列配套改革文件，深化科技管理改革的决心和力度前所未有。在这点上，要结合治理环境建设特别是结合规章制度"废改立"，主动对接和落实好中央、北京市的政策。首先要坚持以人为本，以激发活力为出发点，为广大教师从事科研工作"松绑 + 激励"，增强教师的获得感；其次要坚持遵循规律，完善管理政策，优化管理流程，适应广大教师从事科研工作的实际需要，包括我们空间环境的条件，政策的一些调整，实际上我们非常希望能调整到最优的政策，但是它是一个过程，总有一些条件限制，我们会不断的努力，大家要有信心，现在不能做的，可能下一步就能做，我们一定要把正能量树立起来。再次要坚持问题导向，针对制约广大教师从事科研工作的"痛点"和"盲点"，切实加以解决；还有要坚持"放管服"，进一步推进政策措施的细化实施，放管结合，优化服务，同时加强事后监管，为广大教师从事科研工作营造良好环境，构建有序竞争的学术平台，我们一直倡导"各美其美，美美与共，美人之美，成人之美"这样的一种氛围，一种文化。这种人文精神说起来容易做起来难，但是说还要不断的说，有一天当我们发现我们中的一部分人，甚至于大部分人能做到美美与共，甚至于做到了美人之美、成人之美的时候，我们就达到一个哲学的概念，叫做"在一起，做自己"。我们大家是在一起的，是一个大家庭，构建完美的团队，创造完美的事业，需要我们用完美的眼光去看待每一个人。我们每一个人不敢说自己更完美，但是我们可以共同的做好一个完美的事业，建立一个完美的团队，我们相互之间要能够用完美的眼光去欣赏对方，也只有如此，我们才能共同走好下一步的路。如果不是这样的话，可能我们的路上会荆棘丛生。我曾经就比喻我们的情感环境，就像"发动机"里面的机油，"发动机"要高速地运转，离不开优质的机油。可怕的是什么？是一些阻挠我们机器运转的一些东西，比如说一些负面的影响、负面的言论，他可能就构成一种沙子，混到我们的"发动机"当中成了障碍，甚至会造成破坏。我们如果眼睛里只看到别人的优点，看到别人的长处，你满眼都是阳光，心里会很愉快，当然我们的缺点要改正。我们学校遭遇磨难，或者说遭遇艰难的时间已经不短了，该我们翻身了；该我们共同努力走向一个光明的大路。所以希望大家都能给予这个学校更多的正能量。

三是健全内涵发展的统筹机制。我们已经明确，以信息特色为主线，贯穿新一代信息技术、智能制造、国防军工、人文社科等相关学科群，形成以工为主、多学科协调发展的学科体系的工作思路，全力争取博士点突破。在这个过程中，要坚持内涵发展、特色发展、差异化发展，围绕申报博士点的目标，凸显信息特色，通过学科群、信息 + 专项，统筹好学科、专业、团队、科研的协同发展和良性互动，并匹配好相应的政策、资源支持，进一步整合优化学科专业布局，构建团队，凝练特色，以高水平的科研实力支撑学科建设，反哺教学，推动教学科研再上新台阶，全力争取博士点突破。困难再大，我们也要背水一战。

三、强特色，整体提升学校的实力与水平

特色就是质量，就是竞争优势，就是一流的基础。这次市委市政府出台的《关于统筹推进北京高等教育改革发展的若干意见》，坚持内涵发展、特色发展、差异化发展的原则，提出“推动高校分类发展”的导向，重要的一条就是将市属高校的定位分为四类，即高水平研究型大学、高水平特色型大学、高水平应用型大学和高水平技能型大学四类。我们学校即将出台落实《意见》的工作方案。我们的定位是高水平特色型大学。大家要有这个概念，我们就是朝着这个方向努力，这并不影响我们以前的说法，努力从教学型向教学研究型发展，这是在梳理我们的办学历史、摸清我们的办学现状、谋划我们的未来发展的基础上提出的，就是我们所说的“建设信息特色鲜明的高水平大学”的定位和目标。我们完全有足够的潜力、实力和信心将我校建设成为信息特色鲜明的高水平大学。

一是从 80 多年的办学历史看，我们已经形成自己的办学特色，也是我一直以来反复强调的信息特色、高智能制造特色、军工特色以及高素质应用型人才培养特色。这是我们的历史沉淀，是我们的发展基础。这一点，在上半年完成的本科教学审核评估当中，得到了专家组的高度认可的，我们不能妄自菲薄，应该感到自豪和充满自信。

二是从近几年的发展来看，我们也取得了很好的成绩。我们的新校区建设取得重大突破，即将全面开工，大家的具体工作有很多，有些不是学校能左右的，我们在非常积极地推进，努力攻克一个一个的困难。不仅仅是刚开始的批准的情况，我们要把它建成，需要很强劲的动力，所以我说我们是个在不停运转的大型“发动机”，我们的这台车已经走上了一条康庄大道，希望大家努力往里加机油。我们的教师高级职务比例大幅提升，人才引进和培养空间大幅拓展。我们在科研上取得很大的进展，成绩也是可圈可点的，仅就科技工作来说，在高水平科研平台建设上，我们就新增了光电测试技术、高动态导航、绿色发展大数据决策等北京市重点实验室，光电信息与仪器工程研究中心和光纤传感与系统北京实验室等。此外，在高水平项目、国家级奖励、科研领军人才等方面也都取得了很好的成效，我们完全有能力、有信心进一步整合凝练和丰富强化传统的优势和特色，使之更加鲜明，从而形成我们自己的优势。

三是我们已经明确以信息特色为主线，贯穿新一代信息技术、智能制造、国防军工、人文社科等相关学科群，形成以工为主、多学科协调发展的学科体系的工作思路，2020 年要全力争取博士点突破。这是我们强化信息特色的基本思路。一旦实现，我们的办学层次就将实现跃升，就将实现历史性的转折。

四是我们提出了服务京津冀协同发展、北京市“四个中心”建设、“一带一路”建设的发展导向，并将我们的优势、资源与国家、北京市的战略需求紧密结合起来，与央属高校的优势资源紧密结合起来，也就是说我们要响应服务社会的号召，这是高等学校的职责，我们是国家出钱办的学校，不是哪个个人出钱筹办，所以我们要为国家作出贡献。比如，响应习总书记提出的国家品牌战略和有关市区战略合作等等，与央属高校优势资源紧密结合起来，例如，与央属高校共建的材料基因工程北京高精尖创新中心、生物医学检测技术及仪器北京实验室，新能源汽车北京实验室、北京电动车辆国家级 2011 协同创新中心、国家经济安全预警工程北京实验室等，还有，“先进光电子器件与系统创新引智基地”获批国家外专局和教育部的“111”计划，等等。通过这些合作和服务战略需求，我们将能够更好地做强做大自己，做优做特我们的学科专业，也提升学校的对外影响力和声誉，也让我们的信息特色得到市里的认可，在高水平特色型大学的建设中获得一席之地。

四、抓落实，全面推动“五个环境建设”落地见效

在学校领导班子务虚会讨论研究的基础上，下面我就下半年的重点工作作简要的部署。

第一，持续深化落实，把贯彻落实党的十九大精神和全国高校思想政治工作会议精神引向深入。按照学校党委制定的工作方案，结合开展“不忘初心、牢记使命”主题教育，推进“两学一做”学习教育常态化制度化，继续深入学习宣传贯彻习近平新时代中国特色社会主义思想和党的十九大精神各项工作，深化贯彻落实全国和北京市高校思想政治工作会议精神，推动学校迈向新征程，创造新辉煌。

第二，强化贯彻执行，确保中央和北京市决策部署落实到位。一是贯彻落实全国宣传思想工作会议精神，围绕举旗帜、聚民心、育新人、兴文化、展形象的使命任务，扎实开展宣传思想政治工作，特别是做好意识形态工作、校园文化建设、大学生思想政治教育、思政课和课思政建设等相关工作，这些都很重要，要求都很细，需要落实，可能涉及到每个老师。二是贯彻落实全国和北京市组织工作会议精神，围绕实现学校 2020 年的奋斗目标，谋思路、定措施，出实招、破难题，建机制、抓落实，重点抓好基层党组织建设，强化基层党的领导，健全院级工作机制，积极落实中央即将出台的党支部工作条例，深入推进党支部规范化建设；继续推进干部队伍建设和人才队伍建设。上学期我们成立了几个调研小组，由老同志带队，去发现新人及各个专业的领军人物，其实我们这个学校，无论是老同志，还是青年干部，谁也离不开谁。老同志为这个学校做了那么多年的贡献，我们应该非常的尊重；新的年轻同志有朝气，有精力，也有水平，有潜力，因此在这种情况下，一定要互相配合才能够在新的道路上发挥出更大的优势。中华民族是一个很懂得“传帮带”的民族，郑板桥有首诗，“新竹高于旧竹枝，全靠老干来扶持。明年更有后来者，十丈龙孙绕风驰。”作为老同志要有风格，我发现我们有很多老同志，非常优秀，不仅仅自己领先，做奉献，还带队伍，我们有很多年轻的骨干力量，也都承认这一点，并感觉这一点非常好。但是年轻的同志要虚心学习，一定要尊重这些老同志付出的努力，还是那句话，我们都有自己的不足之处，但是我们要想办法取长补短，相互学习。特别是年轻同志，你的成长还是需要老同志来扶持。我们学校的干部队伍建设和人才队伍建设，现在都到了一个关键节点上。前一段我们在职称评定，人才队伍建设上，出台了一些包括绿色通道在内的很多好的措施，那么下一步还要继续努力在人事工作政策上向有利于我们建设的方向发展。但是我们干部又面临着一个大问题，今年年底换届，大家都很关心，怎么能够公正、公平、公开，能够选出大家公认的有利于学校发展又能够胜任重要工作的干部人才；怎样能够制定出我们党要求的忠诚、干净的制度，这是很大的课题。我们每一个直接的，或者间接的分管这些方面工作的同志要努力。我们要相信正常的渠道，所以我们的这些分管的领导都要发挥自己的作用。我们在选人用人这个问题上，有党的政策；有统一的程序；有每一个人的责任，只要全心投入其实不愁做不好。我在这里表态，我们作为学校的领导，不会根据个人的好恶，不会说你认识我，你认识他，你跟他好，就影响到我们干部的选拔认定。所以谣言止于智者，在组织上没有出台正式的决议之前，希望大家敢于建言献策，相信会有好的结果。我还是那句话，人不是完美的，没有百分之百的完美，那么一旦形成了我们组织的意志以后，就要坚决地贯彻，要坚定地在这个方面形成良性的互动，大家一定要相信我们这个组织，还是会通过各方面去考虑每一个人的实际情况，包括我们的老同志，我们的年轻同志，希望大家各得其所，各尽责任，充分挖掘出每个人的特长。一个人用对了，可能就会产生非常好的影响。在北京信息科技大学，每一个人都会有希望，所以我们要建立素质培养、知事识人、选拔任用、从严管理、正向激励五大体系，以“适应转型发展，优化组织结构，明晰职责职权，强化工作执行，提高办学效益”为原则，开展党政管理部门、直属机构、群团组织和教学科研机构设置调整工作。抓紧研究制定工作方案，做好新一轮干部聘任工作，在确岗定责的基础上进行干部民主推荐工作，坚持把政治标准放在首位，注重选拔具有专业素养、专业精神和国际视野、战略思维、创新能力的干部，系统推进忠诚干净担当的高素质干部队伍建设。我们一切工作，一切的一切都要靠人。干部工作就是牵一发动全身，我们还是要团结协作求和谐，集中精力谋发展。围绕申报博士点，落实学校人才工作会议精神，抓紧高层次人才引进和培养工作，为打造信息特色提供强有力的人才支撑；三是贯彻落实北京高校安全稳定专项工作会议精神，推进平安校园建设工程，做好敏感时间节点安稳工作，切实维护安全稳定局面。这些工作都需要我们发挥主体责任。四是继续开展以“做新时代‘四有’好老师和‘四个引路人’”为主题的学习实践教育活动，召开师德建设推进大会暨教师节表彰大会，出台相关政策文件，强化党委对教师“政治坚定、专业领先、素养全面、敬业包容、勤信仁爱”的导向，对学生“坚定理想信念，攀登专业高峰，全面提升素养，追求高尚境界，创造诗画人生”的导向，做好迎接上级对我校师德学风建设的专项督导检查工作。

第三，推进改革创新，全面推进内涵、特色、差异化发展。市委市政府日前出台《关于统筹推进北京高等教育改革发展的若干意见》，要抓紧制定学校落实《意见》的工作方案，突出做好以下重点工作：一是扎实推进本科教学审核评估反馈意见整改工作，以此为契机，扎实推进新专业申报、工程认证、人才培养方案制定等工作；二是按照以信息特色为主线，贯穿新一代信息技术、智能制造、国防军工、人文社科等相关学科群，形成以工为主、多学科协调发展的学科体系的工作思路，落实学校学科工作会议精神，推进学科群、信息＋专项建设，夯实冲博基础；三是落实本次科技工作会议精神，整体提升科技创新实力和水平，支撑申报博士点，服务国家和北京市战略需求；四是继续推进教师职务聘任制改革、绩效工资深化改革等重点工作。

第四，落实主体责任，坚定不移推进全面从严治党向纵深发展。切实提高政治站位，按照习近平总书记“重整行装再出发”的动员令，以及以党的政治建设为统领、锲而不舍落实中央八项规定精神、全面加强纪律建设、深化标本兼治、健全党和国家监督体系、加强纪检监察干部队伍建设等六项重点任务的部署，坚持问题导向，按照学校 2018 年全面从严治党工作会议精神，重点抓好学习贯彻新修订的《中国共产党纪律处分条例》，严明纪律，挺纪在前，为全面从严治党提供坚强纪律保证；这个重要性其实对于我们学校来讲，更重要。我们要把这件事情抓好，要抓到形成我们学校的正能量。有利于学校荣誉的，有利于学校发展的，有利于学校取得新成果的，这样的言和行要多做，不利于学校发展的，不利于学校团结的，不利于工作开展的，不说不做，也只有这样，我们学校才能在新的发展道路上走向光明。所以无论制定出什么政策，都要鼓励那些愿意干事，勇于干事，勇于承担的人才。我们的政策也是这样，这是一个管控能力。我们持续深化专项巡视整改任务和《党建基本标准》检查整改任务，全面抓好整改落实，推动党建和思想政治工作再上新台阶，我还得再强调，根据 2016 年巡视组对学校提出的整改要求，直至目前，还有一些我们要解决还没解决的问题，所以希望大家能够积极配合，努力以最好的方式去解决。对于党建的基本标准检查，尽管有些方面确实做得不错的，但是也存在一些问题，也要按照整改的任务，抓好落实，让党建党风廉政建设和思想政治工作都能够再上新台阶。下半年学校纪委还要按照工作安排，在资产管理、科研经费使用等方面开展专项监督检查，特别是对巡视整改工作进行再检查，对检查出的问题要严肃问责。这都是根据上级要求提出的，学校要求大家要重视起来。我相信这些检查从总体上来看，说明学校是在向一个非常好的趋势发展，但是如果以一种挑剔的眼光去看待，就可能会有这样或那样的问题，我们共同努力去改进，凡事要形成一个良好的正能量的运行。全面推进治理环境建设，在党委领导下，充分发挥学术委员会、工会、教代会、共青团、校友会等组织作用，特别是做好工会、教代会、校友会换届工作，努力维护教职工权益，推进民主管理，增进情感认同，凝心聚力共同推进学校发展；继续推进制度的“废改立”工作，让每项工作都能按照制度、规矩、纪律来开展，营造风清气正的校园环境；不断强化新校区建设的全过程监督，使新校区建设工程在保进度、保质量、保安全的同时，成为一项精品工程、廉洁工程；这个非常重要，我们必须坚持我们所制定出来的行之有效的领导体制和监督机制，新校区建设是一个国家投资巨大的项目，实事求是的讲，从历史上看就有很多人盯着它，我们的上级也盯着它，我们的纪检部门也盯着它，有人说你们这些学校的领导就是被人围猎的目标，所以大家一定要认识到它的严重性，在这个过程中，我们一定要严格要求自己，每一个步骤一定要严格按照监督机制进行，我们就是要克服很多困难，把它做成一个廉政工程。我们持之以恒地抓好作风建设，特别是要防范四风反弹，做好警示教育，持续释放越往后执纪越严的强烈信号，紧盯不放，巩固和拓展作风建设成果；落实落细师德师风建设、干部日常管理、经费报销等重点领域的监督管理，执纪必严，违纪必究；巩固发展统一战线工作，努力构建大统战工作格局，不断汇聚改革发展正能量；坚持落实总体国家安全观，统筹发展和安全，严格执行保密制度，切实履行保密责任，做好保密工作，有效保障和支撑学校超常规、跨越式发展。

第五，坚持上下联动，全力以赴推进新校区全面开工建设。按照已经明确的时间表，重点做好可研调整、招投标、智能化建设、新校区文化建设等工作，特别是对接工作，要从现在开始，大家要积极主动提出自己好的意见建议，智能化建设、新校区文化建设，这些工作都要开展。要把握好工程进度，确保新校区建设成为优质工程、精品工程、廉洁工程。

第六，以点带面，整体推动，落实学校年度工作要点以及年初工作部署会上明确的相关重点工作。

我一开始的时候就说，我们接下来的工作任务很繁重，恰恰这本身又涉及到我们每个人的切身利益，可能很多人很关心，关心是好事，通过这样一个克服重重困难的过程，最终促成我们能够团结协作求和谐，集中精力谋发展。我们要在发展当中解决一切困难，让每一个人的获得感得到落实。我们希望北京信息科技大学有一个辉煌的未来，每一位北京信息科技大学的师生员工都有希望。

同志们，老师们，我们已经进入新时代，我们学校正处于实现历史性转折的关键时期，希望我们大家以更加积极的姿态、更加优良的作风、更加有力的举措，切实推进学校科技创新工作乃至整体工作取得新的成果，创造新的辉煌，顺利实现我们到 2020 年的奋斗目标。让我们携手共进，创造出无愧于我们这一代信息科大人的一流工作业绩！

谢谢大家！

主动作为 聚焦内涵 突出特色 改革创新 努力提升我校科技工作水平

——在 2018 年科技工作会议暨新学期工作部署会议上的报告

校长 王永生

2018 年 9 月 7 日

老师们，同志们：

大家好！

根据学校工作安排，今天我们在这里召开 2018 年科技工作会议。会议的主题是**“主动作为、聚焦内涵、突出特色、改革创新，努力提升我校科技工作水平”**。会议的目的是，在全面梳理总结近年来我校科技工作成绩、查找问题的基础上，按照市委市政府《关于统筹推进北京高等教育改革发展的若干意见》的要求，以“五个环境建设”为统领，进一步统一思想、凝聚共识、广泛动员、汇聚力量，加快推进学校科技工作改革，促进内涵建设，强化信息特色，全力以赴冲博，努力提升我校科技创新水平。为加快建设信息特色鲜明的高水平大学，为北京市建设科技创新中心和构建高精尖经济结构提供科技支撑。

下面，我分四部分来与大家交流讨论。

一、五年来我校科技工作取得的成绩

过去五年，在全校上下的共同努力下，科技工作取得了显著成效，为学校实现更高水平发展、实现向教学研究型大学转型提供了有力支撑，也为国家和北京市经济社会发展做出了应有的贡献。

（一）人才队伍建设初见成效，科技领军人才和科研团队不断涌现

大力加强人才队伍建设和科研团队建设，目前具有博士学位教师 447 人，占专任教师的 52.7%，已超过新增博士学位授权单位申请基本条件中关于博士比例不低于 45% 的下限。五年来，学校新增教育部“长江学者与创新团队”1 个，北京市“北京学者”2 名，北京市百千万人才 1 名，北京市“长城学者”5 名，北京市“新世纪百千万人才”2 名，“科技北京百名领军人才”1 名，中国科协青年托举人才 3 名，北京市科技新星 3 名，北京市高层次创新创业人才支持计划杰出人才 2 名等。“光电信息与仪器”教育部创新团队考评为优秀，获得教育部滚动支持，徐小力、祝连庆当选“全国优秀科技工作者”，成为我国广大科技工作者的优秀代表。

（二）高层次科研平台大幅增加，协同创新能力不断提升

有效整合学校资源，加强重点实验室等基础条件建设，在光纤传感与光电器件、机电系统测控与信息化、导航制导与控制和智能决策建模与评价等领域形成发展特色；重点科研基地数量逐年递增，2010 年前省部级重点科研平台仅 5 个，

截至 2017 年底已达 18 个，科研平台建设呈现良好发展势头；**紧密围绕申博学科开展科研平台建设**，新增的光电测试技术、高动态导航、绿色发展大数据决策等北京市重点实验室，光电信息与仪器工程研究中心和光纤传感与系统北京实验室等，成为学校申博学科的重要支撑；与北京科技大学、清华大学、北京理工大学、北京交通大学等重点院校合作，共建材料基因工程北京高精尖创新中心、生物医学检测技术及仪器北京实验室，新能源汽车北京实验室、北京电动车辆国家级 2011 协同创新中心、国家经济安全预警工程北京实验室等，高层次科研平台不断扩大，协同创新能力不断提高。

（三）承担高水平项目能力持续提升，国家级科研立项取得突破性进展

经过全体科研人员的不懈努力，五年来，**高水平科研项目的质量和数量得到了显著提升**，科研项目综合指标居全国同类院校前列。科研到款额每年以约 20% 增速稳步上升，人均实到科研项目经费约 11 万元，年度科研总经费最高达 1.55 亿元；**国家级科研立项取得突破性进展，牵头开展的**“服务价值与文化传播评估理论与技术”获国家重点研发计划项目（基础研究类），与企业合作在量子通信前沿领域项目获批市科委重点科技计划项目；承担省部级以上科研项目 245 项，其中国家自然科学基金等国家级项目 107 项，合同额 100 万以上的重大横向 33 项，其中获得合同额 2547 万元的中央支持地方科研基金项目，获得合同额 2265 万元重大军工项目。

（四）科技成果质量和数量不断提高，科技创新显示度和贡献度不断增强

发明专利授权数年均超过 50 项，一批科研成果实现产业化，校办科技产业资产总额最高时超过 9 亿元。近 5 年来，获省部级及社会科技奖励 31 项，其中省部级以上科技奖励 14 项，2017 年，科研成果再获国家技术发明二等奖，今年我们有望再获北京市科学技术奖。**发表学术论文 5100 篇，**其中 SCI 期刊检索 294 篇，EI 期刊检索 381 篇，CSSCI 检索 161 篇，中科院 1 区论文 6 篇，2 区 38 篇，Top 期刊 35 篇；出版专（译）著 160 部，获得各类知识产权授权、登记 890 项。

（五）科研改革政策深入落实，科技工作环境不断优化

大力推进科研经费管理制度改革，先后出台《科研纵 / 横项目管理办法》、《纵向科研项目间接费用管理细则》、《财政科研项目经费预算调整管理办法》等一系列政策，优化整合科研管理工作流程，推进管理的规范化建设。在保证科研管理有效、到位、规范的前提下，将知识产权申请、横纵项目管理等 6 类常规性科研管理业务的**审批权限下放**到科技处，简化审批流程和环节，为科研人员松绑、减负，让财政科研项目资金真正成为科技创新的催化剂和助推器。**制定学校《科技成果转化管理办法》，**先后完成 34 项产业化成果的筛选论证工作，支持 5 个项目进行了中试，筹集各类成果转化资金 4200 万元，扶持成立 15 家新技术企业，多方努力营造有利于创新创业的孵化孵育环境，吸引团队入园创业。

（六）军工科研特色不断强化，国防研究优势持续巩固

国防军工是我校的科研特色之一，市属高校中军工四证齐全的单位只有我校和北工大。我们长期致力于传感器、光电、高动态导航技术等方面的基础研究，研制成果已应用于现役武器装备，为我军武器装备现代化和国防科技工业做出了重要贡献。“抗高过载陀螺、气流式惯性传感器及压电传感器系列产品”已列装多项国防、军工重点工程；“光纤传感”卫星载荷测试已应用在“湘江新区号”等卫星上，取得良好的社会效益。近年来，学校军工科研经费连年稳定增长，国防军工的实力和影响力不断扩大，2016 年获得国防科学技术一等奖、二等奖各 1 项。为了进一步推动军工国防科技工作发展，目前正在积极筹备申报**“国防科技重点实验室”**。军工研究已经逐渐成为学校科技工作的突出特色和亮点。

（七）国际合作水平不断提高，引智力度进一步加大

依托重点科研平台，加大与国际著名高校的科技交流和合作。联合清华大学、英国剑桥大学，成立先进光电子技术国际合作联合实验室，并在此基础上成功获批先进光电子器件与系统北京市国际科技合作基地；2017 年“先进光电子器件与系统创新引智基地”获批国家外专局和教育部的“111”计划，成为第二家入选该计划的市属高校。五年来学校累计获批国家外专局高端人才项目 20 余项，连续 6 年获北京市外专局重点引智项目支持，与 10 所国外大学签署了联合培养博士的合作协议。聘请以诺贝尔经济学奖获得者美国哥伦比亚大学罗伯特 · 蒙代尔教授、英国皇家工程院院士剑桥大学常务副校长 Jan White 教授等为代表的一批世界知名学者为学校的荣誉教授，聘请近 20 位合作大学的校长作为学校荣誉学术委员会委员，国际交流合作的深度和广度不断加强。

老师们、同志们，高水平的科学研究是建设高水平大学的重要支撑，也是一所高校形成特色和核心竞争力的关键因素。过去五年，学校大力提升科研管理和服务水平，科学研究和科技成果转化工作取得明显成效，有力支撑了“十二五”规划的圆满完成和“十三五”规划的顺利实施，为学校发展做出了重要贡献。借此机会，我代表学校向多年来为学校建设和发展做出重要贡献的广大科研工作人员和广大的教师们、向辛勤工作在科研管理和服务第一线的同志们，表示衷心的感谢！

二、科技工作存在的问题和不足

同志们，我们在看到成绩的同时，也要清醒认识到，无论是与国家和北京市对高校科技创新的期待和要求相比，还是与国内同类高校相比，我们的科技工作还存在很多不足和短板。

（一）科研领军人才匮乏，高水平科研队伍建设滞后

我校近年涌现出了一批科研骨干，尤其是出现了不少青年才俊，这是非常可喜的事情。但**教师整体队伍建设滞后，学术水平不高，在北京市和国内有重要影响的学者不多，在国际有重要影响的著名学者几乎没有，学科团队缺乏重量级的领军人物。**有相当多的教师科研意识不强，安于现状，缺乏危机感和竞争意识，没有主动进行科学研究的积极性。也有部分教师，科研有一定积极性，但整体观念不强，缺乏合作精神，不能很好融入科研团队，又没有独立进行科学研究的能力和条件，难以取得像样的科研成果。近年来新引进的部分博士，还**不能快速融入所在团队的研究工作**。我们知道科学研究如果没有团队，没有梯队，没有接班人，就很难延续下去。存在这些问题的另一个重要原因是，我们的许多学科团队缺少重量级的领军人物，构不成高水平的学科平台，在科研上常常是“拉郎配”式的临时组团，没有聚焦具体的学术方向，科研缺乏可持续性。

（二）信息特色聚焦度不强，学科声誉有待提高

通常，信息领域的主要学科有 4 个，分别是电子科学与技术、信息与通信工程、控制科学与工程、计算机科学与技术。北京市属高校中，只有北工大、北方工大和我们同时拥有上述 4 个一级学科。北工大进一步整合相关学科，于 2016 年组建了信息学部。**在教育部第四轮学科评估**中，信息 4 个学科全部是 A- 以上的只有清华和上海交大，有 2 个 A+ 成绩的，只有清华、电子科大和浙大。北工大 4 个学科全部入围，最好成绩是 B+；北方工大 2 个学科入围，最好成绩 B-；我们 2 个学科入围，成绩都是 C-。通过分析表明，我校上述 4 个学科在**科研项目上相对成绩较好，而科研成果弱，**特别对于发挥学术影响力的高被引论文，我校信息领域无人上榜。另外，我校的授权专利数有明显增长，但经过**科技成果转化的专利很少**。这些专利绝大多数“沉睡”在持有人的抽屉里，没有为社会的经济发展带来效益，所以近年来，我们高水平科研奖励也偏少，也在一定程度上影响了我们的学科声誉。

（三）拥有科研项目教师占比偏低，承担重大项目能力偏弱

通过分析近五年核定科研编制的项目经费年均到款，可以看出大部分教师的科研业绩偏低，教师科研业绩不均衡，科研编制排名前 20% 的人科研编制贡献率约 86%，**“二八定律”表现突出。**众所周知，国家自然科学基金是目前受众面最大的国家级项目，近五年，在集中接收期间，我校总计获资助 78 项，年均约 16 项，每年的申报数约 82 项，申报率 9.7%。对比兄弟高校，我们的**申报率和资助数均有待提高。**数据分析表明，我校获得国家自然基金面上项目资助的大多数人的职称为教授，副教授偏少，**青年科学基金的资助比例很低**，这与国家基金面上（一般）项目主要资助高级职称、青年基金主要资助讲师的一般规律不符。另外，我们**承担国家级重大重点项目能力弱**，例如，十二五期间，学校只有 1 项国家自然科学基金重点项目，1 项 863 计划课题项目，1 项国家社科基金重大项目，3 项国家科技支撑计划项目。

（四）国家级科研平台成为缺憾，成果显示度有待加强

没有高层次的科研平台，就不可能汇聚高层次的人才团队，就不可能开展高水平的科学研究，高层次科研平台的建设对于学校科技创新工作非常重要。我校目前拥有省部级重点科研平台 18 个，但**缺少国家级科研平台**。我校以传感器为主导的军工特色的显示度较高，可以进一步加强各学科的资源整合，有望冲击国防科技重点实验室；我们国际科技合作交流日益增强，依托“111”引智基地和北京市国际科技合作基地，有望冲击**国家国际科技合作基地**；我们在大数据、人工智能领域有很好的研究基础，相关成果先后获得北京市科技和教学奖励，可以进一步加强与企业深入合作，**有望冲击校企联合国家工程研究中心和国家新一代人工智能开放创新平台。**我们去年在国家科技奖励上再次取得突破，成果来之不易，希望我们一鼓作气，取得更多的标志性成果，进一步凝练科研特色，争取早日在国防科技重点实验室、国家国际科技合作基地、校企合作的国家科技创新平台等国家级科研平台上取得突破。

三、科技工作面临的形势

党的十八大以来，党中央察大势，谋全局，抓重大，抓尖端，抓基础，推动科技事业发生了历史性变革、取得了历史性成就。进入新时代，创新驱动发展战略的持续落实、科技创新体系的日益完善、科技管理改革的深入推进，带来了前所未有的深刻变化，也对我们的科技创新工作提出了新的更高的要求。

（一）国家层面

今年 5 月 28 日，习近平总书记在两院院士大会上发表了重要讲话。讲话内容十分丰富，主要有以下几个要点：

一是新一轮科技革命和产业变革的特征。习近平总书记指出，当前全球科技创新进入空前密集活跃的时期，新一轮科技革命和产业变革正在重构全球创新版图、重塑全球经济结构。其中，以人工智能、量子信息、移动通信、物联网、区块链为代表的新一代信息技术加速突破应用，世界正在进入以信息产业为主导的经济发展时期，要把握数字化、网络化、智能化融合发展的契机，要优先培育和大力发展一批战略性新兴产业集群，要推进互联网、大数据、人工智能同实体经济深度融合，等等。这些与我们学校的学科专业布局、科研特色凝练都非常契合，是难得的契机。

二是全面推进科技体制改革。近年来，国家先后出台《深化科技体制改革实施方案》、《关于深化中央财政科技计划（专项、基金等）管理改革的方案》、《关于进一步完善中央财政科研项目资金管理等政策的若干意见》、《关于实行以增加知识价值为导向分配政策的若干意见》、《关于分类推进人才评价机制改革的指导意见》、《关于深化科技奖励制度改革的方案》，涉及面很广，改革力度很大。这些需要我们在实际工作中加以落实，特别是“放管服”工作，近期又先后出台了强调对科研人员“以信任为前提”的《国务院关于优化科研管理提升科研绩效若干措施的通知》、改进科技评价机制和体制的《关于深化项目评审、人才评价、机构评估改革的意见》等系列文件，以更好地激发广大教师的科研热情和活力，健全科研管理体系，优化科技工作环境，产出更多的科研成果。

三是牢固确立人才引领发展的战略地位。习近平总书记指出，要营造良好创新环境，加快形成有利于人才成长的培

养机制、有利于人尽其才的使用机制、有利于竞相成长各展其能的激励机制、有利于各类人才脱颖而出的竞争机制，培植好人才成长的沃土，让人才根系更加发达，一茬接一茬茁壮成长。要尊重人才成长规律，解决人才队伍结构性矛盾，构建完备的人才梯次结构，培养造就一大批具有国际水平的战略科技人才、科技领军人才、青年科技人才和创新团队。要加强人才投入，优化人才政策，营造有利于创新创业的政策环境，构建有效的引才用才机制，形成天下英才聚神州、万类霜天竞自由的创新局面。在这方面，我们已经开过人才工作会议，出台了一系列人事政策，但在高层次人才培养与引进、人才梯队建设等方面还有很多工作要做。

（二）北京市层面

着眼“四个中心”建设，特别是全国科技创新中心建设，北京市也先后出台了一系列重大改革意见和方案。例如，市委市政府刚出台的《关于统筹推进北京高等教育改革发展的若干意见》、《加快科技创新构建高精尖经济结构系列文件》（包括《北京市加快科技创新发展新一代信息技术产业的指导意见》、《北京市加快科技创新发展集成电路产业的指导意见》等十个文件）、《北京市属高等学校科技创新能力提升计划》，等等。这里，我着重讲一下市委市政府刚出台的**《关于统筹推进北京高等教育改革发展的若干意见》的要点：**

一是关于市属高校的定位。《意见》将市属高校分为高水平研究型、高水平特色型、高水平应用型三类，并提出要探索分类拨款、学科专业拨款、绩效拨款及生均拨款有机结合的**差异化拨款方式**。按照《意见》，结合我们的实际，我们怎样去定位？我们的考虑是**建设高水平特色型大学**，着重凸显我们的信息特色，但特色的凝练还有很多工作要做。

二是内涵发展、特色发展和差异化发展。内涵发展，就是要从注重规模、数量的发展转变为注重结构、质量、效益和创新，其核心是提高人才培养质量，科学研究要为提高人才培养质量提供强有力的支撑。特色发展、差异化发展就要通过与其他高校的比较，寻找差异，形成突破口和增长点，错位发展，强化我们的信息特色、行业特色和国防军工特色。

三是加强与央属高校的合作。《意见》鼓励央属高校和市属高校携手共建，我们已参与了北科大材料基因工程高精尖创新中心，并拥有牵头的光纤传感与系统北京实验室，“卓青”正在准备答辩，科技成果转化中心、人文社科研究中心和高精尖学科正在筹备申报，“仪器科学与技术”学科与清华大学签订《北京高校学科共建方案》，下一步，要做好落实和建设工作。总之，要通过贯彻落实《意见》等一系列文件精神，提升能力，凸显特色，创建一流，更好地服务首都“四个中心”建设。

综合国家和首都科技政策与发展形势，随着国家科技体制改革的不断深入，以大项目、大交叉、综合集成和协同创新为特征的大科技发展趋势已日益凸现，高校之间的科研竞争变得更加激烈。面对新形势和新问题，我们要准确把握学校科技工作内外环境的变化，对照“建设信息特色鲜明的高水平大学”要求，主动服务全国科技创新中心建设，顺应国家和北京市科技体制改革，切实提升自主创新能力。

四、未来科技工作的思路与举措

为了将学校建成高水平特色型大学，未来我们将在：面向国家和首都经济社会发展需求，提升服务能力；加强科研内涵建设，提升科技创新能力；聚焦信息特色，提升学校核心竞争力；加快科研机制改革，激发科研活力等四个方面进行不懈的努力。

（一）主动融入国家和首都经济社会发展需求，努力提升科技服务能力

我们的科技工作必须适应国家和北京市经济发展需求，瞄准国际发展前沿，注重与国内外技术发展接轨，发挥科研优势，主动融入、对接好国家和北京市经济社会发展需求，这不仅可获得优势的资源与政策支持，更重要的是可充分发挥科技成果服务社会的作用。我们要着重把握好以下几点：

1. 面向“大工程”，主动了解国家和区域发展需求。国家和区域正在开展的“大工程”，成果显示度高，科技贡献率大，是国家和社会发展需求的集中体现。我校以工为主的学科特点，决定着科技工作必须面向工程，科研成果要源于工程，服务于工程。**一是**要依据当前国家和区域经济社会发展形势，准确把握“大型标志性工程”项目的方向和需求，抓住“大工程”机遇。**二是**要根据“大工程”项目的需求准确对接自身学科和专业优势，找准创新点和研究方向，同时根据需求调整自己的研究方向，借助“大工程”的东风，不断调整和明确科研方向，获得更多资源，去赢得更多的科研成果。

2. 积极作为，主动对接国家和区域发展需求。我们的科技工作要面向国民经济和社会发展主战场，切实解决国家、区域经济社会发展实践中大量的科技问题。**一是**部分学术领军人才和科研团队要瞄准国家重大需求，全力争取国家重大科技专项、“973”计划、“863”计划、国家支撑计划重大项目、国家自然科学基金重大项目、国际合作重大项目、重大军工项目等，努力解决国家在发展战略性新兴产业、高新技术产业和国防军工中的重大科学理论和关键技术问题，争取获得更多的国家级科技奖励；**二是**科研人员要主动面向国民经济和社会发展主战场，研发新技术，解决行业、企业的技术难题，促进科技成果的工程化和产业化，进一步提高我校在区域创新体系中的地位。

3. 加强科研组织，主动服务国家和区域发展需求。科研人员主动对接国家和北京市战略需求的同时要加强科研管理队伍建设。**一是**增强组织、参与重大项目的能力，帮助科研人员对接项目需求，为科研人员提供便捷、高效的服务。**二是**科技处以及各级科技管理人员要经常深入科研一线，了解科研现状，了解服务需求，解决具体困难。同时要积极“走出去”，对接社会需求，帮助科研人员承接科研项目，加强与项目主管单位的对接和沟通，拓展项目渠道。

（二）加强科研内涵建设，努力提升科技创新能力

科研内涵建设包括团队建设、平台建设、科教融合、人才培养等内容，其关键在于提高科研的质量。我们要全力提升科研和人才培养的创新能力和水平，着力加强以下几个方面的工作。

1. 着力培养优秀青年骨干，加强科研人才和团队建设。要进一步加大培养人才、引进人才力度，加大科研骨干的培养力度，加大优秀青年人才培育支持力度，加大学科团队的建设力度，尽力为优秀人才提供多方面的支持。**一是**通过鼓励教师外出学习，与高水平大学进行科研协作、学术交流，参加学术会议、举办学术讲座、组建科研团队等方式，提高现有教师的科研水平；**二是**继续加大引进校外优秀人才，特别是重量级高精尖人才的力度，同时增加一定数量的学科带头人，努力形成几个有全国影响的学科群；**三是**科研团队建设要围绕学校学科发展战略目标，明确研究方向和发展目标，团队负责人要具有战略眼光和很强的协调能力，尽早把团队成员推出到学术环境中去、推出到国内的竞争环境中去，让他们和团队一起成长，共同发展。**四是**要构建适度的人员规模、合理的队伍结构，建立科学合理的考核、评价、激励政策，形成团结协作的机制和追求创新的文化。

2. 着力加强科研平台建设，夯实科技工作基础。实施“科研平台建设工程”，加强已有重点科研基地的建设，统筹规划新增平台建设，力争早日获批教育部重点实验室。**一是**加强现有科研基地的考核，设定合理的基地考核指标，引导科研基地面向国家和北京市重大需求，夯实科技工作基础，产出高质量科研成果，特别是国家级科学技术奖励。**二是**加强军工科研基地建设，发展军民融合技术，推进学校军工科技与军委装备发展部、海军装备部、教育部、军工企业集团合作，提升重大军工科技任务服务能力，依托学校信息特色和军工特色，争取组织申报国防科技重点实验室。**三是**加强国际合作科研基地建设，主动与世界高水平大学广泛建立国际交流合作科研平台，依托“111”引智基地和北京市国际科技合作基地，加强国际科技合作，争取 2019 年申报国家国际科技合作基地，提升学校国际影响力。

3. 着力提升科研在人才培养中的作用，加强“科教融合”。将科研成果转化为人才培养资源，是科研反哺教学的重要途径，也是提升人才培养质量的重要举措。**一是**要将科技创新与人才培养更紧密结合起来，不断深化教育教学改革，创新教育理念、内容、方法、手段和模式。细化科研成果进课堂、进教材，本科生进实验室、进团队的相关办法，鼓励学生参与教师课题研究，强化科学研究反哺人才培养的职能。**二是**要进一步深化寓教于研的改革举措，大力加强学生科技工作的组织领导。学校将进一步加大大学生科研立项经费投入，鼓励更多学生参与教师的科研项目和开展研究性学习。**三是**要大力实施研究生创新工程，切实提高研究生教育质量，特别是提高研究生的创新能力，在用高水平的科技创新活动培养高质量的创新人才的同时，充分发挥优秀研究生在学校科技创新中的重要作用。

（三）聚焦信息特色，努力提升学校的核心竞争力

我们要以需求为导向，进一步凝练我校科技工作的信息特色，加强学科交叉融合，促进传统学科与新一代信息技术深度融合，产生新的信息特色增长点，充分发挥信息特色在优势学科的影响力和辐射度，努力提升学校的核心竞争力；同时，我们要进一步强化科技成果转移转化，增强服务国家、区域经济社会发展的意识和能力，相关重点工作如下：

1. 着力加强信息学科建设，不断凝练学科特色和研究方向。第四轮学科评估相关数据表明，我们在信息领域的主干学科整体实力偏弱，信息特色的聚焦度有待加强。特别是要加强控制、计算机和通信等引领学科的信息特色显示度。**一是**要以国家和北京市的需求和发展战略为导向，着力凝练信息特色的研究方向。研究方向是影响学校科研特色形成的首要因素，只有选准了研究方向，才能尽快形成科研特色。既要有效继承我校传统学科的优势领域和特色，又要扬长避短，紧密结合世界科技和国家社会经济形势的转变调整研究方向。要根据国家和北京市科技发展规划，围绕国家和北京市的目标、需求与发展战略，选择最急需的重大科学前沿领域再确定科研方向。**二是**要进一步凝练方向，同时在人才引进，科研经费的投入、科研空间环境的改善等方面向科研特色领域倾斜。即人、财、物要与科研特色匹配，努力做到人无我有，人有我强，人强我新，切实加强信息领域主干学科信息特色的显示度，在人工智能等新一代信息技术领域突出我们的信息特色，提高人才培养质量，通过点上的突破带动面上的整体发展。

2. 着力加强现有学科交叉融合，不断凸显信息特色。科技创新的突破点往往产生在学科交叉点上，学科交叉融合不仅是促进科研整体发展的动力所在，而且是科研工作中信息特色形成的关键。今年我们先后完成了学科群、信息 + 等规划，今后要更加重视科研队伍和科研方向的融合。**一是**通过深化科研体制改革，不断打破院系分割和行政壁垒，努力促进学科交叉，建立相关科研机构，为教师进行学科交叉研究创造条件，让拥有不同学科背景的科研人员合作，从而准确而敏锐地把握学术发展的前沿和方向。**二是**充分发挥优势学科领域的辐射带动作用，在学科的交叉地带培育新的研究方向，寻找新的突破口。有目的地实现学科的交叉、渗透和融合，在融合过程中形成新的科研方向和培育信息特色，通过学科交叉、渗透克服科研力量弱、科研方向分散、科研优势不明显等现象。按照惯例，2020 年将组织第 5 轮学科评估，成果统计时间为 2016 年 1 月至 2019 年 12 月；同时也将进行 2020 年博士学位授权审核工作，成果统计时间为 2015 年 1 月至 2019 年 12 月。希望大家牢记上述时间节点，进一步增强责任感和使命感，坚持问题导向，聚焦标志性成果，特别是国家级学术成果奖励，抓基础增强源动力，抓协同增强创新力，抓人才增强支撑力，抓服务增强贡献力，全面提升学校科技工作水平。

3. 着力加快科技成果转移转化，不断强化社会服务中的

信息特色。在科技创新的全链条工作中，科技成果转化是其中非常重要的一环。科技成果转化，才能真正实现科技创新的价值，才能使科技创新从实践中不断得到可持续发展的动力和源泉。**一是**要主动参与产业技术联盟建设，加强与我校参股的“拓尔思”公司合作力度，全面发挥大学科技园在转化科技成果、推动创新创业和创新性人才培养方面的核心作用；**二是**建立更有效的校企合作技术转移平台和体系，与企业建立联合实验室，成立校企联盟，力争与大型信息通讯类行业领军企业建立联合研发基地或技术创新中心，实现校企双赢；**三是**加强制度创新，不断探索激励科研成果转化的有效措施，完善科研项目考核评价机制，促进科研成果的转化。总之大家要充分利用好相关政策，提高专利申报质量，加快推进科技成果转移转化，不断强化社会服务中的信息特色。

（四）加快制度建设和机制改革，努力激发科研活力

科研机制改革是学校综合改革的重要组成部分，改革将以“机制、项目、团队”为重点，紧紧围绕提升自主创新能力、服务社会发展能力以及激发广大科研人员积极性、主动性、创造性等方面进行更深层次的体制机制改革，破除制约科技创新能力提升的机制障碍，激发科技创新活力。未来，我们将重点进行如下工作：

1. 着力完善工作制度，为科研人员“松绑、减负”。在规范化管理的同时加强制度建设，努力解决管的太死、管的太多、简单操作等影响效率和活力的问题。**一是**修订规章制度，努力建立科学规范、充满活力、运行高效的现代科研管理机制。全校要一盘棋做谋划，各部门要相互衔接配合，建立健全以创新能力、质量、贡献、绩效为导向的科技人才评价体系，修订科研评价奖励等制度，完善激励机制，充分调动教师开展科技工作的积极性、主动性和创造性，把科研人员引导到加强基础研究提升原始创新能力上来，引导到加强技术创新服务经济社会发展上来，引导到促进教学提升教育质量上来。**二是**探索在部分学院开展科研团队整体考核试点工作，把注重个人考核与团队整体考核有机结合起来，对团队负责人以把握研究发展方向、学术造诣水平、组织协调和团队建设等为考核重点，探索科研团队管理办法，使其适应科技协同创新和跨学科、跨领域发展等特点，实行以合作解决重大科技问题为重点的科研团队整体评价和考核。

2. 着力加强科研项目和资金管理的改革，提升科研效率。按照国家和北京市最新文件精神，进一步对学校科研项目管理办法等规章制度进行修订和完善。**一是**强化科研项目分类管理、经费预算、结余经费使用、劳务费开支、科技成果处置收益、项目承担单位法人责任等方面工作，解决科技工作中“重申报、轻管理”的现象，不断完善科研监管体系等。广大科研人员和科技管理工作者都要认真参与研究，主动谋划我校科研管理体制的改革完善。**二是**大力推进校内协同创新。积极探索协同创新机制下科研资源配置的有效方式，加强各学科之间、学院之间、教授之间多种资源的协调互动，通过推动各学科、各平台、各基地创新要素与资源由封闭、分割向开放、协同的转变，最大限度地发挥学校创新系统的整体效应，通过校内各类创新主体和创新力量的紧密合作，真正做到优势互补、资源共享、共同发展，最终实现学校创新发展方式的根本转变。

3. 着力加强科技创新平台建设，提升自主创新能力。科技创新平台是科技创新体系的重要支撑，我校已有的几个科研平台已成为学校科技工作的排头兵，为学校整体科技实力的提升作出了很大贡献。**一是**加强现有科研平台建设，召开科研平台建设工作会议，认真总结检查科研平台近年来的建设情况，听取平台负责人意见，制订学校科研平台建设管理办法，调动平台依托单位参与平台建设的积极性，全力解决平台建设过程中的实际问题。**二是**继续围绕国家和区域重大战略和产业创新需求，整合学科、学院和科研团队的优势与资源，继续组织申报一批科技创新平台，力争在国家级科研平台申报中有所建树；继续与清华、北理工、北交大、北科大等央属高校合作建设科研平台，积极拓展与北航、北邮的科研和学科合作；各学院也要结合自身特点，找准学科的发展方向和突破点，瞄准经济社会发展需求，成立相应的院级科研机构，在全校形成科技创新工作的新格局。

老师们、同志们！新时代呼唤新担当，新使命需要新作为，加快首都科技创新中心建设，“为建设世界科技强国而奋斗”是我们每个人的光荣使命。希望广大教职员工、全体科研工作者以高度的责任感和历史使命感，进一步解放思想、改革创新、团结拼搏、勇攀高峰，不断开创我校科技工作新局面，为建设信息特色鲜明的高水平大学做出更大的贡献！

谢谢大家！

在第二届教职工代表大会暨第二届工会会员代表大会上的讲话

校党委书记 王传亮

2018 年 11 月 14 日

各位代表、同志们：

学校第二届教职工代表大会暨第二届工会会员代表大会，在大家的共同努力下，圆满完成了各项议程，即将胜利闭幕。今天，代表到会率很高，充分体现出了我们的精神面貌，令人欣喜。我代表学校党委和领导班子，向大会的成功召开表示热烈的祝贺！向各位代表和广大教职员工的共同努力表示崇高的敬意！

这次大会很重要，开得很成功，广泛凝聚了广大教职员工以“五个环境”为统领建设信息特色鲜明高水平大学的发展共识和聪明才智。大会听取了王永生校长所作的非常好的工作报告，听取了学校财务工作报告，审议了学校工会财务工作报告和第一届工会经审委员会工作报告，审议通过了第一届教代会工会工作报告、第一届教代会提案工作报告，以及《教职工代表大会工作规程》、《工会工作条例》、《二级教代会工作规程》等制度。大会还选举产生了学校第二届教职工代表大会执行委员会和各专门工作委员会，第二届工会委员会、经审委员会、女职工委员会和各专门工作委员会。此外，大会还收到了各类提案和建议共 88 件，内容涉及学校改革发展和教职员工切身利益的方方面面，总体看提案质量比较高，建议很中肯，充分反映出广大教职员工在校为校的主人翁意识、爱校荣校的深厚情感，充分反映出广大教职员工对学校未来发展的殷切期盼和投身“五个环境建设”的积极姿态。这种意识、这种情感、这种期盼和姿态，正是我们这所大学“负重前行”的精神支撑，正是我们未来发展的内在动力！我们坚信，如果我们的新校区建设好了（刚才看的宣传片），我们如果条件改善了，水平提高了，依靠我们的广大教职员工，我们这所大学一定能够有更大的作为，实现学校再创新辉煌、大家共享发展的共同夙愿！

第一届“双代会”以来，在历届学校领导班子和党委的领导和北京市教育工会的关心、支持下，学校第一届教代会、工会在组织动员教职员工建功立业、维护教职员工合法权益、保障教职员工参与民主管理与监督等开展了大量富有成效的工作，教代会、工会作为学校治理体系的重要组成部分和办学治校的重要力量的作用进一步彰显。

当前，我们已经进入新时代。新时代新征程，习总书记的报告，以及在全国高校思想政治工作会议、全国教育大会上的重要讲话，都为我们扎根中国大地办好人民满意的中国特色社会主义大学指明了方向，提供了根本遵循。北京高校思想政治工作会、北京市教育大会、《关于统筹推进北京高等教育改革发展的若干意见》，以及市教委专家组即将进校进行分类办学指导等等，都对北京高校的改革发展提出了一系列新要求，推出了一系列新举措。面对新时代、新形势、新要求、新任务，我们要有新担当、新作为，在新的历史起点上开启建设信息特色鲜明的高水平大学的新征程。

借这个机会，我讲三个方面的内容。

一、新形势落实新要求

当前，贯彻落实全国和北京市教育大会精神，是我们的一项重大任务。这部分内容，既是讲我们面临的宏观形势，也是对全国和北京市教育大会精神的一次简要的宣讲、回顾。

党的十八大以来，以习近平总书记为核心的党中央，从教育是国之大计、党之大计的战略高度，从实现“两个一百年”奋斗目标的全局高度，统筹谋划，明确了教育的战略定位，系统论述了立德树人、尊师重教、深化改革等一系列战略举措。习总书记指出，要以“凝聚人心、完善人格、开发人力、培育人才、造福人民为工作目标，培养德智体美劳全面发展的社会主义建设者和接班人，加快推进教育现代化、建设教育强国、办好人民满意的教育。”习总书记在全国教育大会上的重要讲话，顺应了历史潮流，总结了教育规律，呼应了民生关切，明确了教育的顶层设计，也做出了重要的工作部署，开启了加快教育现代化的新征程。这次全国教育大会规格很高，是一次能够写入历史、进入人心、改变生活、开启未来的大会，对中国教育事业的发展具有历史性、划时代的里程碑意义。北京市委日前也召开了全市教育大会，部署落实全国教育大会精神，将以一系列重大举措，围绕首都城市战略定位，奋力谱写新时代首都教育发展新篇章。近期，在此前出台《关于统筹推进北京高等教育改革发展的若干意见》和高校制定落实方案的基础上，市教委将派高层次的专家组进驻学校指导分类办学。这些是我们当前面临的宏观形势，对我们办学治校提出了一系列新要求。我们必须紧密围绕建设信息特色鲜明高水平大学的目标，围绕实现 2020 年基本完成新校区一期建设、申报博士点成功、教学科研水平再上新台阶三大历史性任务的奋斗目标，推进落实全国和北京市教育大会精神。

学校党委已经印发通知，对学习宣传贯彻全国和北京市教育大会精神做出了部署。我们强调三点内容：

一是深入学习习总书记提出的“九个坚持”和“六个下功夫”。不具体讲，大家可以去深入的学习。“九个坚持”和“六个下功夫”系统总结了我国教育事业发展的有益经验，深化了对我国教育事业规律性的认识，是我们今后工作的根本遵循。

二是深入学习蔡奇书记提出的“十个深刻理解和把握”和“五点强调”。“十个深刻理解和把握”和“五点强调”是我们立足于北京实际，贯彻落实全国教育大会精神，围绕首都城市战略定位，以首善标准推进教育现代化，办好人民满意的教育，奋力谱写新时代首都教育发展新篇章的根本要求。作为市属的高校，我们要围绕既定的发展目标，结合本科教学审核评估整改、市教委专家组进校指导工作，全面贯彻好落实好。

三是深入学习教育部长陈宝生同志在北京市教育大会上强调的“五个走在前列”。要求北京的教育要走在前列。这是对北京教育的要求，我们作为市属高校，作为“国家队”出身的高校，更要有“走在前列”的意识和责任。

我们要自觉增强“四个意识”，坚定“四个自信”，落实“两个维护”，把广大教职员工的思想和行动统一到全国和北京市教育大会精神上来，加强党对学校工作的全面领导，落实立德树人根本任务，坚定推进改革创新，把我们的发展蓝图和广大教职员工的殷切期盼转为现实。

二、新时代展现新作为

王校长的报告，全面总结了过去几年我们学校取得的主要成绩。我们明确了“五个环境建设”的战略思考，编制了“十三五”事业发展规划，顶层设计得到优化；我们聚焦内涵发展，在人才培养、学科建设、队伍建设、科技创新等领域取得了一系列重大进展；我们坚持攻坚克难，在新校区建设、历史遗留问题化解等方面实现一系列重大突破；我们回应民生关切，在推进沙河安置房公租房配租配售、提高工资收入等方面让教职员工逐渐地有更多的获得感；我们高质量完成了专项巡视，高质量完成了基本标准检查、本科教学审核评估等一系列重要工作，全校“五个环境”都得到了明显的提升，为学校超常规、跨越式发展奠定了坚实基础。这些可喜的成绩，是广大教职员工凝心聚力、苦干实干、共同努力的结果，特别是在长期比较艰难的条件下取得的成果，非常不容易，充分展现了我们这支队伍干事创业的精神风貌和积极姿态。

当前，我们学校处在超常规、跨越式发展的关键时期，结合贯彻落实全国和北京市教育大会精神，我想我们要在以下几个方面展现出我们的新作为。

一是在凝练办学特色上要有新作为。特色就是竞争优势。从全国和北京市教育大会、“双一流”建设、《关于统筹推进北京高等教育改革发展的若干意见》看，主要导向是特色办学、特色发展。我们也一直强调，我们在 80 多年的办学历程中，已经形成了比较鲜明的信息特色、智能制造特色、国防军工特色和高素质（的）应用型人才培养特色。在这点上，我们有深厚的历史积淀，有足够的自信。同时，我们要结合本科教学审核评估整改工作、这次市教委专家组（来的专家层次很高）进校进行分类办学指导工作，进一步凝练我们的办学特色。特别是要以信息特色为主线，贯穿新一代信息技术、智能制造、国防军工、人文社科等相关学科群，全力推进学科群和“信息 +”专项建设，积极整合学科资源，突出优势，做大做强、做优做特我们的学科专业，让我们的信息特色更加鲜明，更能适应和满足国家、北京市的重大战略需求，更好地凸显出我们学校存在和发展的独特优势和核心竞争力。

二是在落实立德树人上要有新作为。立德树人是高校的根本任务，培养什么样的人，是教育的首要问题。习近平总书记指出，我国是中国共产党领导的社会主义国家，这就决定了我们的教育必须培养社会主义建设者和接班人，并以此为根本任务，培养一代又一代拥护中国共产党领导和我国社会主义制度、立志为中国特色社会主义奋斗终身的有用人才。这是教育工作的根本任务，也是教育现代化的方向目标。“六个下功夫”为我们围绕培养德智体美劳全面发展的社会主义建设者和接班人，坚持把立德树人作为中心环节，把思想政治工作贯穿教育教学全过程，实现全员育人、全过程育人、全方位育人提供了根本遵循。应该说，近年来我们在高素质应用型人才培养上，做了大量的工作，取得了很好的成果。我们突出育人环境建设，整合相关资源，成立学生管理委员会、学籍管理委员会等等，建立了招生、教学、就业、创业联动机制，大教育理念更加深入人心，大教育格局更加健全；我们逐步形成了以机器人大赛为标志的一系列大学生创新创业教育的丰硕成果；我们培养的学生就业竞争力比较强，受到就业市场的青睐和用人单位的好评，起薪高，我们现在排名很靠前，等等。今后，要紧密围绕我们的人才培养目标，聚焦聚力，持续优化学科体系、教学体系、教材体系和管理体系、服务体系，进而构建起德智体美劳全面培养的教育体系，推进立德树人整体水平再上新台阶。

三是在“四个服务”上要有新作为。习总书记提出的“四个服务”，即为人民服务，为中国共产党治国理政服务，为巩固和发展中国特色社会主义制度服务，为改革开放和社会主义现代化建设服务，是一个完整的体系，相互衔接，辩证统一，体现了我们的价值取向、目标追求和道路选择。我们已经明确当好服务北京“四个中心”、京津冀协同发展、“一带一路”建设排头兵的发展导向。我们要“跳出自身来看自身”，瞄准国家和北京市的重大战略、重大需求，积极聚焦，主动对接，既把国家和北京市的重大需求转化为我们学校创新发展的动力，又主动以高质量的成果服务国家和北京市的重大需求，让需求与服务无缝对接，并通过做出更多的贡献与服务，彰显出我们的特色与优势，彰显出我们在社会中的美誉度，进而获得更多来自全国和首都的资源和支持，支撑我们的超常规、跨越式发展。在这点上，我们已经开始做了，我们要在现有与其他高校共建协同创新中心、高精尖中心、国际联合实验室等基础上，要大胆地走出去，主动寻求校地合作、校企合作、校校合作的新机会、新途径、新资源，在科技成果转化、高端智库建设、构建文化高地等领域都能够做出自己的新的成果。

四是在聚才引智上要有新作为。人才是我们凝聚特色、创建一流、赢得竞争的第一资源。习近平总书记强调，在新时代，要赢得竞争，赢得未来，必须聚天下英才而用之，不断开创人人渴望成才、人人努力成才、人人皆可成才、人人尽展其才的新境界。这点对于我们来说也是非常重要的，我想强调四个重点。第一也就是我经常说的“就料做菜”。我们一直强调，我们现有的队伍，尽管还有这样那样的不足，但是这是一支有水平、有潜力、有实力的队伍。我们要“就料做菜”，就是主要依靠我们现有的人才为主，挖掘潜力，释放活力，激发干劲，做出新业绩，再创新辉煌。我相信，我们这支队伍的潜力还是可以再进行挖掘。第二是推进干部人事制度改革。我们要“就料做菜”，就得让人才有发展的空间，有施展才华的舞台。只有坚定不移地推进干部人事制度改革，敢于动真碰硬、破立并举，才能形成“人人皆可成才，人人尽展其才”的局面。在这点上，学校党委、学校行政、学校的方方面面都做了大量工作，在大幅度提高教师高级职务结构比例的基础上，出台了包括“绿色通道”在内的一系列人才政策，开始逐步解决了长期以来的要进人没指标、要晋升没空间的问题。目前，我们正在积极推进处级干部到期聘任工作。这个事情大家也很关心。那么这是一项系统性、整体性，甚至是局部重构性的工作。大家也知道，十八大以来，特别是十九大以来，提出了党的一系列新的精神和新时代的要求。我们现在做的这项工作，涉及面广，政策性强，关注度高，关系学校未来发展的大局，关系学校的整体利益，也关系到干部的个人发展和切身利益。我们多次在会上反复讲，我们力争做到“各得其所、各展其才、各展其长”。当然，涉及这三个利益，首先要考虑国家利益和集体利益。当然，也要考虑到个人利益。这次聘任工作涉及一些权力和利益，也可能会出现比较多的进退留转，也可能会出现不能满足个人最大愿望的情况。那么有些个人的最大愿望，也可能没有被最大满足，但这只是一个过程，不是终点。学校党委本着实现我们的奋斗目标、提高治理体系和治理能力的现代化、建设一支高素质专业化干部队伍的需要，我们没有回避矛盾，而是坚决地迎难而上，推进改革调整，这本身就表明了学校党委想做事、敢做事、负责任、敢担当的一个积极的姿态。这也是我们要向大家讲明白的一点，也希望大家能够积极支持。这次聘任工作我们没有采取竞争上岗的方式，没有搞形式上的答辩等环节，这是根据中央、北京市委关于干部工作的新精神采取的干部推荐考核的方式。十八大以来，实际上从中央到地方都发生了一系列的变化。这里面，关于组织路线、关于干部政策，我们有两点需要注意。也就是说这次的干部到期聘任工作，有两个重点。一个是要突出干部历次考核结果的应用，就是要把历次的考核结果应用起来，我们这次应用了，至少四年以上，我们这次是根据历次考核结果。二是要突出组织的考核、考察和把关，这是中央的一再强调。特别是对政治标准、业务素质、品德作风等方面的要求。这两点是基础。那么还有一个“三个结合”，要把组织的考核、考察，和民主推荐（民意测验），和个人意愿（个人报名）等有机地结合起来，广泛征求意见。那么这次的聘任工作方案，也经请示了市委组织部、市委教育工委批准同意，也是学校党委根据中央和北京市委有关决策部署，经过大量工作调研、反复沟通、凝聚共识、通盘思考、慎重决策的结果。我们就是要通过这次聘任工作，进一步完善治理体系，提高治理能力，树立正确的选人用人导向，要通过组织选人、制度选人，把合适的干部放到合适的岗位，这是相对的，因为我们是“就料做菜”，合适的岗位、合适的干部。要做到量才使用，用其所长。同时，要聘出团结奋进的好班子，聘出担当尽责的好干部，聘出心齐气顺的好风气。我们还有很多优秀的教师，上半年党委开展了人才队伍综合调研，就有一大批对学校有感情、有想法、有干劲的干部教师涌现出来了，让我们看到了希望，让党委看到了希望。我们鼓励和欢迎更多的有意愿从事管理工作的高素质、专业化的优秀教师积极报名，参加这次聘任，为学校做出更大的贡献。我们相信，过一段时间，我们再回头看，这次聘任工作对学校事业发展产生的历史性作用，将能够更加充分地彰显出来。我们一再讲我们的治理环境要和情感环境相结合，我们的治理环境就是要告诉我们有问题、有诉求、有想法、有建议，找组织、找制度，要通过程序。那么我们在沟通的过程当中，要追求科学的精神，同样也要有情感环境的人文精神。当然，干部调整工作，就像全面从严治党一样、就像党风廉政建设一样，不会毕其功于一役，而是永远在路上。干部的成长也是一个过程，我们会根据事业发展的需要和个人成长的实际，不间断地、动态地、综合地来考量，不是到了一个岗位就不动了。聘任之后，我们还要把从严管理重在日常、经常，正向激励强化干事导向，旗帜鲜明地为敢于负责、勇于担当、善于作为、实绩突出、清正廉洁的干部撑腰鼓劲，让我们这支队伍中的每个人都有干劲、有奔头、有希望。我们有些事情是需要沟通的，我们要有一个良好的沟通，恰恰是我们工会、教代会和各级组织要起到的一个重要作用。如果没有良好的沟通，很可能我们互相不了解。大家由于各自都很忙，很有可能缺乏有效的沟通，可能就会产生这样那样的误解。要消除这些误解，我们的工会组织、教代会组织，我们的党组织和各级组织就是要起到正能量的作用。有效的沟通首先要充满善意，相互的理解。实际上，我们很多的制度都在那儿，已经有了，我们只要按照规矩和程序去做。沟通要善意、不着急，实际上都有一个时间、过程。最终我们相信，不论从组织也好、个人也好、上级也好、下级也好，都能够相互理解。我们要互相关照。我们的情感环境是相互欣赏、相互沟通，也不光是组织上或者上级对下级的关照，那么下级对上级的理解也是一种关照。当然我们是以整个公众的利益、以学校的利益作为我们共同的基础。此外，我还想再强调一下，这次干部聘任工作必须严肃各项工作纪律，严格执行中纪委、中组部“5 个严禁、17 个不准、5 个一律”的纪律规定，坚决杜绝影响干扰聘任工作的各种消极因素，确保风清气正。这是全面从严治党特别是党风廉政建设的要求，全面从严治党、党风廉政建设永远在路上，而且越往后只会越严。大家最近可能听到关于秦岭北麓西安境内违建别墅问题，总书记进行了批示，非常严。很多干部有一些敷衍、两面派的作风，给予了严肃处理。必须挺纪在前，加强警示教育（周四下午要召开全市领导干部警示教育大会，全体校领导和各部门、各单位负责人参加），要推动全面从严治党向纵深发展、向基层延伸，取得成效。第三是引进高层次人才。我们现在按照每年 100 人左右的规模，加大人才引进的力度，取得较好成效。但是高层次人才还是比较缺乏，还远远不够，还要继续努力。第四是构建充满温暖、宽容、善意的环境。我们建设治理环境和情感环境，源于中华传统文化当中的多样性、开放性、包容性。我们倡导有序竞争，“物不自美，因人而彰”，只要努力，我们就有干事创业的空间，就能够得到认可。我们倡导“和而不同”，“各美其美、美美与共，美人之美、成人之美”，只有宽容善意，相互欣赏，相互补台，我们的校园才能够充满情感的力量，充满正能量。我们倡导公道正派，讲政治、讲纪律、讲规矩，有事情找制度、找程序、找组织，而不是找个人，走后门。只有这样，我们这支队伍的潜力和实力才能公道地充分发挥出来，我们的超常规、跨越式发展才能顺利实现。

五是在攻坚克难上要有新作为。我们已经明确到 2020 年基本完成新校区一期建设、申报博士点、教学科研水平再上新台阶的三大任务。尽管我们已经取得了一系列重大的进展和阶段性成果，但困难依然很多，过程依然艰辛，压力还是很大，不仅仅需要领导班子，还需要我们全体的师生员工，拿出“逢山开路、遇水架桥”的勇气，担当尽责，攻坚克难，善做善成。要敢于担当，在这个时候，为了我们学校的利益，可能要担当一些各方面的意见。有的时候，在沟通的过程当中，可能因为这样那样的不畅，可能会由于信息不对称产生相互的猜忌、不理解，甚至一些攻击等等。各位领导干部，我们的大部分同事、教师，在需要你担当的时候，有的时候人们对你有意见，这种担当也是一种担当。相信历史会还给历史的真实。也相信我们大家最终都会相互理解。当然我们现在氛围都很好，所以希望我们共同努力。

三、新起点发挥新作用

工会、教代会是学校治理体系的重要组成部分，是学校办学治校的重要力量。新时代、新形势、新起点，新一届工会、教代会肩负着凝聚广大教职员工智慧与力量，全面推进“五个环境建设”落地见效的重要使命。

一是推进民主法治，优化治理环境。建设和谐稳定、有序活泼、公正公开、依法治校、充满民主与法治精神的治理环境，是实现学校超常规跨越式发展的重要保障和前提。工会、教代会在治理体系中扮演非常重要的角色，发挥着重要的作用。工会、教代会要充分发挥桥梁纽带作用，引导广大教职员工讲政治、顾大局，积极参与民主管理、民主监督，积极为学校未来发展建言献策，提高学校科学民主决策水平。要进一步健全教职员工行使民主权利的机制，畅通渠道，强化民主意识，增强法治观念，进一步构建公平公正、风清气正的治理环境。要进一步保障教职员工的知情权、参与权、表达权和监督权，加强沟通，我们反复强调，特别是善意的沟通，要畅通诉求表达渠道，有效调节化解矛盾（中国文化其实是一种最有效的化解矛盾的一种方法），增进校园的和谐稳定。

二是凝聚思想共识，增进情感认同。建设崇尚勤信、宽容善意、相互欣赏、团结协作，倡导成人之美，充满人文精神的情感环境，需要每一位教职员工的共同努力。工会、教代会能够最广泛地把教职员工组织起来、动员起来、团结起来，发挥无形的情感的强大力量，为学校实现“三步走”的奋斗目标砥砺前行。“五个环境建设”的目的，是每个人都能找到干事创业的立脚点，是要推动学校再创新辉煌、每个人共享新发展。工会、教代会就是要把关注民生、改善民生放在重要位置，把教职员工的需要作为第一选择，把教职员工的满意作为第一标准，切实关心和解决教职员工工作、生活中的困难和问题，并通过关心和服务教职员工，增进情感联系，促进情感融合，汇聚情感力量。要多做统一思想、凝聚人心、化解矛盾、增进情感、激发动力的工作，更好地强信心、聚民力、暖人心。要多办实事，实实在在为教职员工谋福祉，共享发展成果，不断增进广大教职员工的获得感与幸福感。

三是持续广开言路，形成良性互动。我一直强调，充分的、有效的沟通，是化解矛盾的主要途径。信息沟通不充分、不对称，就容易产生误解，有的时候谣言就由此产生，产生“负能量”。但是我相信，每一个教职员工都不希望这些“负能量”的存在。工会、教代会是教职员工行使民主权利的渠道，也是一条正常的信息沟通的渠道。就是要通过工会、教代会健全善意沟通、畅顺沟通、有效沟通的渠道，最大限度地消解各种非正常渠道的“小道消息”、误解或谣言，最大限度地凝聚共识，凝聚人心，要让我们的校园充满正能量，充满着团结协作求和谐、集中精力求发展的精神。

各位代表、同志们！我们已经明确了“三步走”发展战略和到 2020 年的奋斗目标，需要我们全体信息科大人认准路、铆足劲，撸起袖子加油干，以新姿态迎接新挑战，打开新格局，开创新未来。我们相信，新时代，我们必将交出一份让时代满意、让信息科大人满意的亮丽成绩单！大家共同努力！

谢谢大家！

凝心聚力 开拓进取 为建设信息特色鲜明的高水平大学而努力奋斗

——在第二届教职工代表大会暨第二届工会会员代表大会上的报告

校长 王永生

2018 年 11 月 14 日

各位代表，老师们，同志们：

今天，我们在这里隆重举行学校第二届教职工代表大会暨第二届工会会员代表大会。首先，我代表王传亮书记和学校领导班子向大会的胜利召开表示热烈的祝贺！向付出辛勤努力的筹备组成员表示诚挚的慰问！向各位代表对学校工作的关心和支持表示衷心的感谢！下面，我代表学校向大会作工作报告，报告的主题是“凝心聚力，开拓进取，为建设信息特色鲜明的高水平大学而努力奋斗”，请各位代表审议。

自 2010 年第一次教代会召开以来的八年，是学校发展历史上不平凡的八年，是适应高等教育新常态、赢得学校新发展的八年，是学校经受重重考验、战胜诸多困难的八年。在这八年里，国家提出了京津冀协同发展战略、中国制造 2025、“互联网 +”行动计划、创新驱动发展战略、“双一流建设”等与高等教育息息相关的新理念、新战略、新举措。面对新的形势、新的要求，学校党委坚定落实立德树人根本任务，牢固树立人才培养中心地位，以“五个环境建设”为统领，依靠并带领广大师生员工，大力加强内涵建设，坚持质量立校、人才强校、特色兴校，围绕首都“四个中心”功能定位，服务行业与京津冀协同发展，各项事业取得全面进步。特别是近年来，全校上下凝心聚力，用扎实的工作和卓有成效的发展实现了“十二五”的圆满收官和“十三五”的有序推进，呈现出了蓬勃发展的良好局面。

一、工作回顾

（一）坚持立德树人，强化思想引领，党建和思想政治工作取得新成效

1. 全面加强党的建设和思想政治工作。学校始终坚持社会主义办学方向，强化扎根中国大地办好中国特色社会主义大学意识，全面围绕第一次、第二次党代会确立的发展目标，加快推进学校的科学发展、创新发展、特色发展。坚持党委对学校工作的全面领导，全面贯彻全国和北京思政会精神，制订了加强学校思想政治工作的一系列文件，成立了党委教师工作部和党建与思想政治教育学术分委员会，单独设立党委统战部，设置专职组织员，全面推进学校思想政治工作改革创新。学校连续多年获评“首都精神文明单位”，并获北京市党建和思想政治工作先进校提名奖。

2. 大学生思想政治教育取得新成效。学校围绕立德树人根本任务，加强大学生思想政治教育的顶层设计和统筹规划，形成了“六大平台—三个结合—三大载体”的思想政治教育新模式，保证了学生日常思想政治教育的全覆盖。先后成立了学生工作委员会和学籍管理委员会，完善了学生管理的机构设置和运行机制。先后开展了学生党员先锋工程、新生引航工程、校领导邀约日等活动、设立了“校长奖学金”、实施养正计划等十余个大学生思想政治教育项目，提升了大学生思想政治教育质量，学风建设项目获首都大学生思想政治教育工作实效奖三等奖。以国家和首都重大活动为契机，组织学生参与校内外志愿者活动超过 10 万人次，大学生合唱、舞蹈、管乐、话剧、钢琴等艺术团体获市级以上奖励 145 项，大大提升了我校艺术教育的水平。

3. 扎实推进师德师风建设。近年来，学校党委把师德建设放在教师队伍建设的首要地位，夯实了师德建设的顶层设计、组织框架和制度建设等三大关键环节，提升师德建设水平。成立师德建设委员会、党委教师工作部，校内各基层党组织也相继成立了师德建设分委员会。出台了《建立健全师德建设长效机制实施细则》、《师德考核实施办法》等七个规章制度，强化考核监督，严格“一票否决”。学校还充分发挥师德的价值引领和榜样激励作用，对涌现出的一大批先进工作者、优秀教育工作者、师德榜样，通过举办勤信人物（团队）评选等活动进行表彰，增强了教师的光荣感和使命感。

（二）优化顶层设计，突出办学特色，找准学校发展方向

1. 推进内部治理体系改革，不断健全现代大学制度。学校持续优化顶层设计，党政工作机制和内部治理结构更加完善。修订了“三重一大”制度，完善了党委全委会、常委会、校长办公会等议事规则，全面贯彻落实党委领导下的校长负责制，形成了党委统一领导、党政分工负责、协调配合的工作机制。切实推进依法治校，在北京市属高校中首批制定并颁布了《大学章程》。不断健全学术、群团、社团等各类组织机构，充分发挥学术委员会在学术事务中的职能和作用。自 2016 年起实施二级单位综合考核，进一步发挥二级单位的主体作用，引导全校教师向学校工作重点和战略发展方向发力，增强了学校的办学活力。

2. 优化顶层设计，编制并顺利完成中长期发展规划。根据第二次党代会确定的发展目标，学校持续推进由教学型向教学研究型转变。近年来，提出了统筹推进“五个环境建设”战略思考，科学编制并实施了“十二五”、“十三五”事业发展规划，明确了“建设信息特色鲜明、国内一流、国际知名的高水平大学”的发展目标和“立足北京、面向全国、服务行业与京津冀协同发展”的服务理念，进一步强化了信息、行业、军工方面的办学特色，并提出了“三步走”的发展路径实现中长期发展目标的战略部署。

3. 充分凝练办学特色，提升学校的核心竞争力。特色是一所大学生存和发展的灵魂，近年来，学校在凸显优势、聚焦特色上下功夫。在充分继承和发掘学校办学优势的基础上，进一步聚焦新形势下我校的办学特色和人才培养特色，使信息特色更加突出、更加鲜明。在办学过程中，积极推动信息特色向人才培养、专业设置、科技创新等多方面渗透和融合，力促所有院系、所有专业、所有教学实践环节都围绕信息特色梳理思路、开展工作，初步形成了围绕信息特色、打造信息特色、凸显信息特色的办学模式。

（三）聚力内涵发展，全面提升核心竞争力，取得一系列突破性进展

1. 招生就业形势良好，人才培养质量社会认可度逐渐提高。截至 2018 年，学校共在 30 个省份招收本科生，其中一本招生的省份达到 29 个，2018 年一本线以上新生占全校新生总数的 77.6%。近三年，学校专项投入 500 万元用于就业创业工作，每年举办 10 余场大型综合招聘会。高度重视少数民族学生就业，加强对就业困难群体的技能培训，引导毕业生志愿服务西部、服务基层。多年来，学校毕业生就业率均保持在 99% 以上，长期位居市属高校前三名，其中考研率、出国率、签约率等核心就业数据逐年提升，就业质量明显提高，毕业生和用人单位对学校就业工作满意率保持在 94% 以上。

2. 强化人才培养特色，高标准通过本科教学审核评估。学校紧密契合办学定位，明确人才培养特色，全面修订培养方案，着力培养创新能力较强的高素质应用型人才。近五年，我校学生在学科科技竞赛中获得市级以上奖励 4625 人次，市级奖励 20 余项，“Water 队”自 2010 年以来五次荣获中型机器人足球世界杯赛冠军。学校有效推动教改立项制度化，近五年 75% 以上的教师参与到教研教改项目中。持续做好教学团队建设和名师培育，涌现出国家和北京市优秀教学团队10个，各类教学名师62人，各类教学成果31项，各类精品课程和精品教材59部，形成了教学改革的良好发展态势。每年召开一次本科教学工作会，专题研讨本科教学重大方针政策。持续加大本科教学经费投入，近三年生均本科教学运行支出增长率为20.51%。在全校师生员工的共同努力下，今年学校以较高水平顺利通过了本科教学审核评估。

3. 主动适应社会需要，专业和课程建设得到加强。学校紧密结合经济社会发展需求，以稳定办学规模、提高教育质量、促进内涵发展为核心，稳步推进专业建设。经过十年的不断调整，现有学校专业39个，工科专业占比56.4%，形成了以工为主、工管理经文法协调发展的专业布局。学校现有国家级和北京市特色专业建设点、教育部卓越工程师教育培养计划专业等共计18个。4个专业相继通过国家工程教育专业认证，1个专业入选北京高校首批一流专业。同时，坚持科学谋划、提前布局、充分论证，建设新兴学科和交叉学科新专业。2017年，机器人工程、数据科学与大数据技术专业获批，学校以两个新专业为试点，整合优质教学资源，建立校内外协同育人机制，取得了良好成效。

4. 科技创新能力进一步增强，服务社会水平不断提高。学校有效整合资源，加强基础条件建设，高层次科研平台不断扩大，重点科研基地数量逐年递增，省部级重点平台从5个增长至23个。紧密围绕申博学科开展科研平台建设，新增光电测试技术、高动态导航、绿色发展大数据决策等北京市重点实验室，2017年学校牵头成立了光纤传感与系统北京实验室，2018年牵头成立了光电测试技术与仪器教育部重点实验室，成为学校申博学科的重要支撑。协同创新能力不断提高，积极与中央高校合作，共建了4个北京实验室和高精尖创新中心。承担高水平项目能力持续提升，近五年，科研到款额每年以大约20%的速度稳步上升，年度科研总经费最高达1.55亿元。国家级科研项目立项取得突破性进展，首次获国家重点研发计划项目，承担省部级以上科研项目245项，2017年再度获得国家（技术）发明二等奖。军工科研经费连年稳定增长，获得合同额2265万元重大军工项目，2016年获得国防科学技术一等奖、二等奖各1项，国防军工的实力和影响力不断扩大。先后完成了34项产业化成果的筛选论证工作，筹集各类成果转化资金4200万元，扶持成立了15家新技术企业，努力营造有利于创新创业孵化孵育的环境。近5年，发明专利授权数年均超过50项，一批科研成果实现产业化，校办科技产业资产总额超过9亿元。

5. 学科建设水平不断提升，研究生教育发展良好。学科实力不断增强，从2016年起，启动了对22个一级学科及专业（领域）硕士学位授权点的自评工作，不断强化学科建设和研究生培养质量。进一步整合资源，做大做强优势科研方向，重点打造仪器科学与技术、机械工程、控制科学与工程、管理科学与工程4个具有冲博实力、特色鲜明的一级学科。成功入选2018-2020年博士学位授予立项建设单位，为我校申博奠定了良好基础。学科队伍不断充实，确定了一级学科及专业（领域）负责人，现有博士生导师22人，专兼职硕士生导师410人。研究生规模与培养质量取得了长足发展，国际交流步伐不断加快，现有全日制硕士研究生1210人，与13所国（境）外高校签订了协议联合培养研究生，其中与7所国（境）外高校签署了联合培养博士生的协议。2015年开始录取国外留学生来我校攻读硕士学位，实现了零的突破。

6. 人才队伍建设初见成效，领军人才和科研团队不断涌现。实施人才强校战略，初步建成一支规模适度、结构合理、能力较强的师资队伍。近年来，学校陆续出台了《关于教师职务岗位晋升聘任绿色通道的办法》、《高层次人才引进与支持计划》等10余个人才引进和培育文件，开辟了教师职务岗位晋升聘任的绿色通道，增加了高级职称的岗位数，为教师发展提供了广阔的空间。专任教师总体规模由796人增加到901人，占教职工总量比例由58.7%提高到61.8%，具有博士学位的教师占专任教师的比例达到了57.2%；年龄结构趋向合理，45岁以下教师占57.7%；学缘结构更加优化，具有外校学缘关系的教师达98.3%。近五年，学校新增国家和省部级高层次人才17人，教育部“长江学者与创新团队”1个，徐小力、祝连庆当选“全国优秀科技工作者”，成为我国广大科技工作者的优秀代表。

7. 国际合作项目不断拓展，引智力度进一步加大。外事工作发展迅速，合作层次日渐提升，目前，国（境）外合作高校已达83所，提前完成了“十三五”目标。重点引进具有海外教育背景的高层次人才，“十三五”以来引进长短期外国专家133人，通过选派优秀教师留学、短期进修访学、与国外高校开展交流合作等形式，培育了一批适应国际化办学需要的优秀教师。此外，学校依托重点科研平台，加大与国际著名高校的科技交流与合作。2015年，联合清华大学、英国剑桥大学，成立了先进光电子技术国际合作联合实验室，并在此基础上成功获批北京市国际科技合作基地。2017年，该实验室获教育部和国家外专局的“111”引智基地计划，成为北京市属高校第二家入选的学校。近五年，学校累计获批国家外专局高端人才项目20余项，连续6年获北京市外专局重点引智项目支持，国际交流合作的深度和广度不断加强。

（四）坚持攻坚克难，新校区建设取得新突破

新校区建设工作是一件载入学校发展史册的大事，也是我们“十三五”规划中的重中之重。全体领导班子成员敢于担当、攻坚克难，校内各部门全力支持、积极配合，形成了上下同心、全力以赴共建新校区的良好局面。

自2015年新校区建设正式破土动工以来，学校把新校区建设工程作为重大的政治任务和头号建设工程，积极推动新校区建设进入快车道。2016年在市委、市政府的大力支持下，新校区工程项目建议书获得市发改委批复，并纳入市政府扩大内需重大项目绿色审批通道。2017年，完成新校区学生宿舍A组团建设任务，并达到了市级绿色安全工地标准。2018 年，学生宿舍 B 组团封顶。自 2017 年底以来，新校区建设指挥部每周都要召开工作推进会，加快工作进度，以新的节奏投入到新校区建设过程中，力争实现今年年底全面开工，2020 年基本建成。今年 9 月 7 日，新校区规划的整体沙盘正式亮相，我们相信，在不远的将来，一座具有“国际标准、世界眼光、北京风格”的高水平校园即将呈现在广大师生面前。

（五）关注民生，积极回应师生对美好生活的向往

1. 完成沙河安置房公租房分配工作，极大地改善了教职工住房条件。多年来，学校坚持为教师办好事、解难题、谋福祉，积极争取北京市支持，分得沙河高教园区安置房 40 套和公租房 289 套，切实解决了无房教职工的住房问题，缓解了部分教职工的住房压力。此外，学校还较大范围实施了教职工集体宿舍维修改造，并于 2016 至 2017 年完成了三个校区 14 个公寓，共计 2059 间宿舍的空调安装工程，极大地改善了教师和学生的住宿环境。

2. 克服资金压力，较大幅度地提高教职工收入。2015 年，学校积极筹措资金 2770 余万元，高效率地完成了校内绩效工资的调整工作，调增幅度达到 25%。2017 年起，北京市财政对经费预算进行了改革和调整，学校努力克服资金压力，多方筹措，保证了在职人员每月工资按时发放、离退休人员工资福利正常发放和社会保险管理缴纳工作。

3. 坚持管理服务教学，以精细化管理促进学校发展。为了更好、更便捷地为全校师生服务，近年来，学校在精细化管理方面下功夫、出实效。编制完成了《内部控制手册》，形成了一套较为科学、规范的，涵盖财务管理、资产管理、政府采购、建设工程以及合同管理等各方面的制度体系。深化“放管服”改革，制定一系列科研经费管理办法，为科研人员“松绑、减负”。积极探索劳务用工方式改革，平稳推进劳务派遣工作。落实重点领域审计全覆盖，有效预防了工程项目建设风险。教学运行服务中心、学籍与学务中心、学生资助事务服务中心、后勤事务服务中心相继建立，为广大师生提供了全天候、一站式的服务。积极推进“数字校园”建设，建立校级数据中心共享平台并投入使用，为师生提供更便捷的服务。设立“后勤服务热线”，增设牙科门诊、理疗康复等科室，有效提升了师生的幸福感。

4. 坚持预防为主、综合治理，有效维护了校园的安全稳定。近年来，学校通过完善工作体系、健全领导责任制、配齐训强工作队伍等工作，维稳成效显著，连续五年被评为北京市“人民防线”先进集体，连续五年获得北京市和海淀区交通安全管理先进单位。经过多年的精心建设，学校的综合防控体系更加完善、安全保密教育管理持续加强，2013 年，学校首批通过“平安校园”建设验收并被评为示范学校，2016-2017 年连续两年获得北京市属高校社会治安综合治理工作优秀奖。

同志们，从第一届双代会召开以来，在学校党委的领导下，各项事业取得了显著成绩，尤其是以优异的成绩通过了党建和思想政治工作基本标准检查和本科教学工作审核评估、时隔多年再获国家级科技奖励、新校区建设获得重大突破、人事制度改革取得了重大进展，这一系列重大事件与重要成绩都将作为最绚丽的篇章载入学校的史册。同时，学校工会、教代会、共青团等群团工作也开展得有声有色，取得了很多新成果，创造了很多新亮点。这些成绩的取得，是全校师生员工共同奋斗的结果，借此机会，对在教学、科研、管理和服务一线辛勤工作、默默奉献的全体师生员工表示崇高的敬意和衷心的感谢！

各位代表，在回顾成绩的同时，我们也必须看到，新时代、新形势对我们提出了新要求，我们的工作还面临许多困难，存在一些不足。要解决这些问题，需要在实践中不断探索、不断改进，需要进一步凝心聚力、开拓进取，以时不我待的精神推动学校各项事业再上新台阶。下面我汇报一下第二个方面的工作，对下一阶段工作的设想。

二、下一阶段工作

当前和今后一个时期，学校总体工作目标是：以习近平新时代中国特色社会主义思想为指导，全面贯彻党的教育方针，紧紧围绕首都城市战略定位，以“五个环境建设”为统领，以推动重大专项工作的实施为抓手，全面实现学校新蓝图下的内涵发展、质量发展、特色发展，开创“建设信息特色鲜明的高水平大学”的新局面。

（一）全面贯彻落实党的十九大精神，加强党对学校工作的全面领导

坚持和加强党的全面领导不是一句空话，而是要具体地落实到办学工作中，努力办好人民满意的中国特色社会主义大学。目前，我国高等教育在校生规模成为世界第一，2017 年高等教育的毛入学率已经达到了 42.7%，有望在 2020 年前后进入 50% 的普及化阶段。党中央把“立德树人”作为教育的根本任务，我们要继续全面贯彻全国和北京思想政治工作会议精神，遵循规律，不断提升高校思想政治工作科学化水平。“实干之要，贵在行动，重在落实”，每个部门、每个师生员工都应积极地投身其中，找到自己的岗位与学校重点工作相契合的发力点，积极作为、主动作为，推动各项任务落地见效。

（二）聚力特色办学，建设信息特色鲜明的高水平大学

特色办学是我们学校当下和今后一个时期重要的发展方式。在我国的高等教育体系中，地方高校在全国 2500 多所普通高校中占比超过 95%，是我国高等教育的主体部分和中坚力量，肩负着为地方经济社会发展培养高层次应用型人才的历史重任。我们的“十三五”目标很宏伟、任务很重大，但如何才能实现这些目标，并从这 2500 多所地方高校中脱颖而出？这是摆在我们面前的一道严肃的考题。值得关注的是，根据第四轮学科评估，一些地方高校，比如上海中医药大学、南京林业大学、西北大学、云南大学等，因特色学科的卓越表现脱颖而出，成为拥有 A+ 学科的高水平特色型大学，为我校的发展指明了方向。每一所学校都有自己的历史，也都在创造着学校新的历史。在长达 80 余年的办学历程中，我们学校依托行业而生、服务行业而发展，信息类学科专业布局较全、优势明显、特色鲜明，“十三五”计划，我们凝练出了“信息特色、行业特色、军工特色”，希望全校师生从人才培养、科学研究、学科建设等方方面面的工作上，向特色靠拢，传承弘扬我们的特色，不断推动学校实现科学发展、创新发展、特色发展。

（三）回归大学教育本位，进一步聚焦人才培养

人才培养是大学的根本任务。在今年 6 月召开的“新时代全国高等学校本科教育工作会议”上，教育部部长陈宝生强调，高等学校一定要把本科教育放在人才培养的核心地位、教育教学的基础地位、新时代教育发展的前沿地位，本科院校要“以本为本”，推进“四个回归”。大学办学无论怎么改革，人才培养的根本任务不会变。今后，我们要进一步聚焦人才培养工作，继续突出人才培养的中心地位，从顶层设计、体制机制、资源配置等各个方面给予保障。此外，每年一次的本科教学工作会议要继续举行，专题研讨本科教学重大方针政策。目前，北京高等教育正在进行全面改革，北京市教委专家组即将进校，对市属高校分类办学情况进行指导，这是影响我们学校长远发展的一件大事，对下一步确定我校的办学类型至关重要，希望大家高度重视。

（四）提升学科建设水平，全力以赴争取获得博士点

学科建设要适应国家和社会的重大需求，国家的战略发展方向往往就是学科的发展机遇，我们要立足国家建设急需，在服务北京、服务社会过程中谋划我校的学科发展。博士点是衡量一所高校学科建设和办学层次的重要指标。2018 年，我们通过整合资源，做大做强优势科研方向，成为 2018-2020 年博士学位授予立项建设单位，这为我校冲博奠定了良好基础。今后几年，我们要继续寻找学科建设的“发力点”，重点建设具有冲博实力、特色鲜明的 4 个一级学科，进一步强化在信息技术与智能制造领域的学科特色与优势。积极改造传统学科，寻找与信息特色相契合的交叉融合点，使各学科之间互利共生、互为促进。在资源整合上要“动真格”，打破院系壁垒，设立学科特区，在队伍建设、经费保障等方面有所倾斜，力争在 2020 年实现博士点的突破。

（五）对接国家和区域发展战略，推进科研水平提升和科研平台建设

充分发挥信息特色的影响力和辐射度，进一步明确科研主攻方向，努力在智能制造与机器人、光电检测与系统、动态导航与传感器、大数据与信息安全、知识管理与循环经济等优势研究领域，积极追踪国际前沿，取得突破性成果。在新材料、新能源、智慧城市、人文社会科学等领域形成新的增长点。同时，我们要进一步强化科技成果转移转化，解决行业、企业的技术难题，增强服务国家、服务区域经济社会发展的意识和能力。要主动与国外高水平大学建立国际交流合作科研平台，依托“111”引智基地和北京市国际科技合作基地，争取 2019 年申报国家国际科技合作基地。依托学校信息特色和军工特色，加强军工科研基地建设，发展军民融合技术，争取申报国防科技重点实验室。

（六）深化人事制度改革，建设高水平人才队伍

人才是第一资源，是国家发展的战略资源，更是高校跻身一流行列最重要的支撑力量。学校把高水平人才队伍建设作为重中之重，将继续完善现有人才培育政策，调整和优化人才引进政策，重点做好高层次人才的引进和培育，用于支撑学校的创新团队建设、一流学科建设和提升人才培养质量；积极推进教师职务聘任制度改革，制定专业技术职务岗位晋升聘任和分级聘任实施办法，为教师成长拓展更加广阔的空间；继续推进分配制度改革，完善薪酬分配体系，出台绩效工资实施方案，强化聘期考核与激励，激发人才队伍活力；切实把好人才成长的政治关，把师德师风建设作为人才队伍建设的首要任务和关键环节，确保社会主义办学方向和立德树人根本任务。

（七）积极作为迎难而上，全力以赴完成新校区建设任务

新校区建设是市委市政府作出的重要决策部署，是疏解非首都功能的重大战略工程，更是全校师生万众期盼、时不我待的一个民心工程。2018 年我们即将实现新校区的全面开工建设，未来几年里，我们还将充分利用“疏解工程”、市政府重点工程和“一会三函”的优势政策，加速加快、保质保量地推进新校区建设。下一步，学校将按照已经确定的新校区建设进程表，积极推进可研报告调整、绿色节能设计、园林景观设计、智慧校园建设等工作，提前布局谋划老校区搬迁工作。新校区建设部门要以良好的精神面貌和工作状态，保证新校区建设指挥到位、调度到位，及时、准确、全面地向全校师生、广大校友及社会各界展示新校区建设的进度及成就，向全体师生交出一份满意的答卷。

各位代表、老师们、同志们，在过去的几年里，学校党委带领全体师生员工，求真务实、锐意进取，学校党建和思想政治工作、教学科研、管理服务等各个方面都取得了显著成绩。今后几年是我们统筹推进“五个环境建设”落地见效、全面落实“十三五”事业发展规划、推动实现学校长远发展目标的关键时期，任务艰巨，责任重大，使命光荣。我们要在学校党委的领导下，以习近平新时代中国特色社会主义思想为指导，统一思想，凝心聚力，主动作为，开拓进取，为建设信息特色鲜明的高水平大学而努力奋斗！

谢谢大家！

2018 年工作要点

2018 年学校工作总体思路是：全面贯彻习近平新时代中国特色社会主义思想和党的十九大精神，把政治建设放在首位，加强党对学校领导，落实全面从严治党新部署，推进学校“十三五”规划落实，以推动重大专项工作实施为抓手，全力推进学校新蓝图下内涵发展、质量发展、特色发展目标任务，继续开创信息特色鲜明大学建设新局面。

一、贯彻落实党的十九大精神，加强党对学校全面领导

1. 深入学习宣传贯彻习近平新时代中国特色社会主义思想和党的十九大精神。把政治建设摆在首位，树立“四个意识”，坚决维护以习近平同志为核心的党中央权威和集中统一领导，落实中央和市委决策部署，确保各级党组织和党员干部做到“三个一”“四个绝不允许”，保证办学治校正确政治方向。举办深入学习贯彻习近平新时代中国特色社会主义思想和党的十九大精神专题培训班、系列报告会，用习近平新时代中国特色社会主义思想武装头脑、指导实践、推动工作，培养担当民族复兴大任时代新人。学习贯彻维护党章，严肃党内政治生活。按照中央和市委统一部署和要求，开展“不忘初心、牢记使命”主题教育，继续推进“两学一做”学习教育常态化制度化。

2. 落实全国和北京高校思想政治工作会议精神。发挥学校党委领导核心作用，贯彻落实党委领导下校长负责制，完善规章制度。加强大学生思政工作，落实把大学生思政工作贯穿教育教学全过程，实现三全育人。推进《关于加强和改进新形势下学校思想政治工作的实施方案》等三个文件及任务清单落实工作和《关于加强和改进新形势下大学生思想政治教育工作的实施意见》等五个文件落实工作，确保文件内容落地。加强师德师风建设，提升教师政治思想水平和教师队伍整体素质。制定马克思主义理论学科建设规划，加强思想政治理论课程建设，推进马克思主义理论研究和建设。

3. 把握新时代党的建设总要求，统筹推进基层党的建设。全面落实中共中央组织部、中共教育部党组《高校党建工作重点任务》。压实党建工作责任，完善基层管理体制和运行机制，突出基层党组织政治功能，按照中央关于党的一切工作到支部鲜明导向，把思想政治工作落到支部，把从严教育管理党员落到支部，把群众工作落到支部。探索党支部设置和发挥作用途径，以提升组织力为重点，全面加强党支部建设，加强党务工作者队伍建设，推进基层党建全面进步、全面过硬。做好《北京普通高等学校党建和思想政治工作基本标准》入校检查重点问题整改落实工作。

4. 筑牢意识形态安全防线，维护校园和谐稳定。把握意识形态工作领导权主动权，落实意识形态工作责任制，健全意识形态工作会商研判、情况通报、风险防控、管控处置、督查考核等机制，把意识形态工作责任落细落实，加强意识形态阵地管理，为学校实现超常规、跨越式发展提供思想保证、精神动力和舆论环境。做好保守国家秘密工作，持续深化定密管理、网络保密管理和涉密人员管理等保密重点工作。推进“平安校园建设工程”，以科技创安为载体，做好综合防控体系建设和校园防恐防暴，以及重大活动、重要时期、重点领域安全稳定工作。做好涉校矛盾纠纷排查化解工作，加强工作指导和应急响应，维护好广大师生员工生命财产安全和校园和谐稳定。

5. 履行党风廉政建设主体责任。加强二级单位党风廉政建设主体责任，强化责任担当。重视巡视中发现问题，持续抓好整改落实工作。以制度建设为重点，推进党风廉政建设，做好重要部门、重点领域、关键环节监督和廉政风险防控，抓好新校区建设全程执纪监督工作，形成全方位、立体化监督工作体系。聚焦主责主业，抓好领导干部等关键少数，执纪监督问责。畅通监督主渠道，发挥民主监督在党风廉政建设中重作用，在领导干部和师生群众中树立正风正气。

二、推动重大专项工作实施，力争关键领域取得显著进展

6. 完成本科教学工作审核评估。统一思想，凝心聚力，集全校力量做好迎评促建准备工作，全面完成本科教学工作审核评估各项任务。认识审核评估工作重要意义，借助审核评估传承弘扬办学传统，凝练办学特色，夯实办学基础，挖掘发展优势，强化内涵发展和质量建设，全面提升人才培养能力和水平。以本科教学工作审核评估为契机，查找办学治校存在问题，深化教育教学改革和校内管理体制改革，提高学校办学水平和办学声誉，推动学校事业跨越式发展。

7. 做好新增博士学位授予单位项目建设工作。结合学校办学特色和第四轮学科评估结果，整合资源，做大做强优势科研方向，重点打造机械工程、仪器科学与技术、控制科学与工程、管理科学与工程 4 个具有冲博实力、特色鲜明一级学科，为 2020 年成功申报博士学位授权打好基础。结合北京市组织开展新增博士学位授予单位项目建设工作，以建设高水平博士学科为导向，以科研基地建设、团队建设为抓手，做好立项申请和授权学科建设规划、支撑学科建设规划、公共服务体系建设规划等。

8. 提升科技创新能力，开展项目对接合作。召开科技工作会议，总结“十三五”以来科技工作情况，结合国家科技政策调整，谋划科技工作发展方向，提升科技工作水平。加大创新团队、重大项目及高水平科研成果培育力度，提升国家自然科学基金、国家社科基金等项目申报数量和质量。投入学校参与“材料基因工程”北京高精尖中心工作，完成承担建设任务。加大已有基地建设力度，支持北京实验室、北京市重点实验室等重点科研机构建设以及各级科研基地建设，提高培育力度，创造条件申报省部级及以上科研基地，力争新增 1~2 个校内基地获批北京市重点实验室。围绕国家重大战略、京津冀协同发展和北京市“四个中心”定位，与政府、

高校、企业、科研院所等开展符合产业发展方向项目合作。

9. 深化干部人事制度改革，加强人才队伍建设。加强干部、教师队伍建设，通过培训、选拔、教育、管理等工作，提高领导班子、干部队伍和教师队伍水平。规范校内机构设置，建设高素质专业化干部队伍，做好优秀年轻干部人才库动态补充和新一轮干部聘任工作。继续推进实施“人才强校”战略，按照2018年人才引进计划，全力做好人才引进和培育工作。坚持高端引领，调整优化人才引进政策，紧密结合学校发展新蓝图下内涵发展、质量发展、特色发展需要，重点做好有助于构建有重大影响力创新团队、提升科技创新能力、支撑博士学位授予单位项目建设高层次人才引进和培育。继续深化人事制度改革，优化教师职务岗位晋升管理办法，完善校内绩效考核体系及薪酬分配体系。

10. 加快推进新校区全面开工建设。继续推动改善空间环境，利用“疏解工程”、市政府重点工程和“一会三函”政策优势，加快推进新校区建设，2018年实现新校区全面开工。贯彻落实市委市政府协调机制，解决河道改移、渣土清运、项目资金、市政道路建设等问题。加快推进踩河新村宅基地拆除，完成新校区范围内全部拆迁收尾工作。完成单体设计深化工作。合理划分施工标段，根据进度安排分阶段、分批次开工，做好过程控制，全面加强规范管理，保障施工质量、安全和时间。及时、准确、全面地向全校师生、校友及社会各界展示新校区建设进度及成就。

三、继续加强内涵建设，提升办学综合水平

11. 开展“十三五”中期检查，谋划布局学校未来发展。按照学校“十三五”事业发展规划及各项子规划确定发展目标，加强过程管理，适时对阶段性任务和推进实施情况开展中期检查。总结“十三五”时期主要任务完成情况、进展情况、主要成果，并根据国家发展最新形势，谋划布局学校未来发展。

12. 提高招生就业质量和人才培养水平。总结招生就业工作经验，完善工作机制，推动招生就业工作与人才培养环节相衔接，继续保持招生就业工作零差错、高水平。以北京市一流专业建设为契机，建立健全专业动态调整管理机制，培育一流专业，组织开展校级一流专业建设。开展多学科交叉融合机器人工程、数据科学与大数据技术等专业建设工作。深化卓越计划等试点改革，探索应用型新工科专业建设与发展模式。优化创新创业教育工作机制，落实专业教育与创新创业教育有机融合教育体系。加强课程建设、实践教学建设和质量监控体系建设，完善“高水平人才交叉培养计划”人才培养机制。做好研究生教育、留学生教育和继续教育工作。

13. 改革科研管理体制，提升综合科技实力。实现科研经费投入、成果产出等科研指标稳定增长，力争科研总经费超过1.6亿元，其中项目经费超过1亿元；公开发表学术论文1100篇以上；力争获得省部级以上科技奖励3项。发挥科研政策导向和激励作用，探索校内科研成果评价及工作激励机制，加大科研基础条件建设经费投入，创造良好科研氛围和条件，提升科技创新能力。促进国家政策落地，出台学校科技成果转化办法，建立项目储备库，加快推进科技成果转化和产业化，提高服务经济社会贡献率。加强科技产业资产统筹管理，实施相关校办企业改制，保障国有资本权益。继续做好大学科技园和“北京高端信息产业技术研究院”建设，提高孵化水平。

14. 优化学科布局，开展学科群项目和“信息+”项目建设。以服务北京市“高精尖学科”建设为核心，配合北京市新增博士学位授予单位项目建设，打造“新一代信息技术与控制”“高精尖仪器与智能制造”“循环经济与知识管理”3个学科群和一定数量交叉学科，提升现有一级学科信息特色，促进传统学科转型升级，产生面向国家或北京经济社会发展急需新学科增长点。力争通过几年持续工作，构建起一个结构合理、有特色、符合研究型大学建设要求多层次学科体系。

15. 服务“一带一路”倡议，完善国际化办学战略布局。开拓国际学生招生渠道，扩大招生数量，提高留学生办学层次。重点发展学历教育，2018年将学历留学生招生数量提高25%。完善留学生教学、管理体系，制定新增专业留学生培养方案，培养高素质应用型国际人才。继续推进与莫斯科电子科技大学中外合作办学项目申报。以“111基地”建设为抓手，加大海外高端人才引进力度，助力学校学科建设和人才培养工作上水平上层次。

16. 坚持问题导向，加强和改进学生工作。落实育人环境建设思路，整体构建、分类建设，加强顶层设计，继续深化六大平台—三个结合—三大载体学生工作模式，推进实施辅导员校院两级管理体制。突出辅导员队伍专业化建设，明晰职业发展，修订大学生思政系列教师职务聘任办法。成立学业辅导中心，完善校院两级学业辅导体系，优化学生奖励体系，加强校风学风建设，做好心理健康教育和少数民族学生工作，提升研究生思想教育工作和网络思想教育工作。

四、聚焦重点领域建设，夯实条件支撑和资源保障

17. 推进落实“放管服”改革，提升管理水平。围绕国家科技体制改革和“双一流”建设要求，立足提高科研活力，推进科研领域“放管服”改革，提高科技管理与服务能力和水平，优化管理流程，为科研人员创造优良环境。继续加强内部控制建设工作，持续完善《内部控制手册》，力争形成更加完整、科学、有效内部控制体系，预防和控制风险。按照市财政、市教委对财政经费以及从严控制人员经费要求，做好2018年度预算经费执行、监督和管理，全力保障重点工作资金需求。启动全校国有资产清查，规范管理，提高使用效益，并配合做好新校区搬迁准备工作。

18. 启动大数据基础建设，加快信息化建设步伐。在确保数据安全前提下，促进信息化与教学、科研、管理融合与

创新，启动全校数据中心建设，构建支持统计查询、分析评估、咨询建议和决策支持等应用服务大数据平台，实现关键数据共享。通过信息化和大数据工程建设，提高教育资源整合力度，提升学校信息特色办学定位影响力。启动新校区智慧校园规划设计咨询，完善新校区智慧校园顶层设计，推进相关建设工作，为提高新校区数字化、智慧化水平奠定基础。推进人事、学工、科技、财务、审计、后勤、资产管理信息化建设工作。按照建设信息特色鲜明专业化图书馆定位和发展方向，做好现有图书馆建设工作，推进新校区图书馆信息化规划及相关工作。

19. 抓好基础设施建设，推动民生工程落地。实施现有校区基础设施改造工程，统筹推进各校区空间环境规划与设计，提高现有校区空间环境质量。做好食堂、公寓、教学楼、设施设备、校园环境等 5 个标准化建设，2018 年力争部分建设项目向市教委申请第一批达标验收。改造健翔桥校区停车场。做好普惠性福利保障，推进教职工健康幸福工程，提升精准服务教职工能力水平。加大对教职工社团支持力度，开展文体活动，满足教职工身心健康和精神文化需求。

20. 打造校园文化，构建和谐师生情感环境。培育和践行社会主义核心价值观，落实“五个环境建设”以文化人实践，加强大学文化内涵建设。营造良好情感环境，化解矛盾，建设和谐校园文化。立足“体现学校文化内涵、传承办学历史根脉、凸显校园信息化特色”目标，推进新校区文化建设。举办“八秩耕耘，奋发前行”主题校史展，反映学校 80 年办学历史丰硕教育教学成果，增强广大师生对学校文化认同感和归属感。继续做好文化艺术节、科技创新节和“4 · 23”世界读书日系列活动，营造健康和谐、积极进取校园文化氛围。

21. 加强民主政治建设，发挥群团组织优势和作用。推进依法治校，完成学校规章制度“废改立”。做好教代会各项制度修订和制定，规范教代会工作机制和工作程序，保障教职工依法参与民主管理和民主决策。召开第二届教职工代表大会和工会会员代表大会，发挥教代会下设委员会在代表群众利益、加强信息沟通作用。加强共青团工作，发挥共青团组织青年、引导青年、服务青年、维护青少年权益职能。召开校友代表大会和系列秩年校友返校聚会活动，搭建校友联络服务平台，探索校友服务母校发展广阔渠道。

22. 做好统战和离退休工作，凝聚党内外人士合力。构建“大统战”工作格局，建设党外代表人士和后备人才数据库，完善工作制度，引导各民主党派、无党派人士增强“四个自信”，在思想上政治上行动上与以习近平同志为核心党中央保持高度一致，为学校“五个环境建设”贡献力量。坚持把政治建设摆在首位，加强离退休干部思想政治引领，落实离退休干部各项待遇和政策，推进文化养老，成立老干部党校，加强老年课堂建设，搭建平台促进离退休干部为学校发展增添正能量。

附表 北京信息科技大学 2018 年折子工程一览表

北京信息科技大学 2018 年折子工程一览表				
序号	目标名称	主责部门	配合部门	完成时限
1	发挥学校党委领导核心作用，进一步贯彻落实党委领导下的校长负责制，制定《党委领导下的校长负责制的具体实施细则》。完成规章制度“废改立”	党委办公室	校长办公室	12 月
2	实施“折子工程”，做好学校党政重要决策及重点工作的督办落实，定期通报学校党政重点工作进展情况	校长办公室	党委办公室	12 月
3	重点加强二级单位党风廉政建设主体责任。推动领导班子成员落实分管领域研究部署党风廉政工作纪实制度	党委办公室	纪委办公室（监察处）	12 月
4	落实巡视组反馈意见整改任务，抓好整改落实工作	党委办公室	纪委办公室（监察处）	12 月
5	全力以赴完成本科教学工作审核评估	审核评估各组织机构	教务处、相关部门	6 月
6	举办深入学习贯彻习近平新时代中国特色社会主义思想暨十九大精神专题培训班、系列报告会	党委组织部 党委宣传部	党校办、研工部、学工部、各院级党组织	12 月
7	制定关于加强党支部规范化建设的文件制度，进一步健全基层党组织把好政治关的运行制，加强在教职工聘用、晋职晋级、评奖评优中征求党支部意见的工作	党委组织部	人事处院级党组织	12 月
8	进一步完善院级党政联席会议制度、党组织会议制度，完善教学单位党组织在干部队伍、教师队伍建设中发挥主导作用的工作机制	党委组织部	人事处院级党组织	12 月
9	举办党务工作者专题培训班，进一步提升队伍的能力素质。认真开展“不忘初心 牢记使命”主题教育，扎实推进“两学一做”学习教育常态化制度化	党委组织部	宣传部、统战部、教师工作部、院级党组织	12 月
10	制定文件制度，全面实施教师党支部书记“双带头人”培育工程，为 3 年内使教师党支部书记普遍成为“双带头人”奠定基础	党委组织部	人事处院级党组织	12 月

续表

序号	目标名称	主责部门	配合部门	完成时限
11	开展干部人才队伍调研，启动校内机构设置和处级干部集中调整工作	党委组织部	纪委办公室	
12	做好学校重点工作的专项宣传，推进重要决策、办学成果、学科建设、典型人物等宣传报道计划	党委宣传部	相关部门	12月
13	及时、准确、全面地展示新校区建设进度及成就，开展新校区楼宇、道路、名称征集工作，拍摄新校区建设宣传片	党委宣传部	党校办新校区建设办公室	12月
14	加强意识形态工作督导，出台《北京信息科技大学校园宣传思想阵地管理规定》，更换校园宣传橱窗	党委宣传部	党校办、科技处、国际交流处、基建处、安稳处、校团委、健翔桥及清河校区办	6月
15	积极构建“大统战”工作格局，成立学校港澳台侨工作领导小组，建立学校统战工作部际联席会议制度。制定《党外知识分子联谊会章程》，成立学校党外知识分子联谊会。建设完善党外代表人士及后备人选数据库	党委统战部	党委办公室、组织部、院级党组织	12月
16	突出抓好新校区建设的全程执纪监督工作，落实《2018 年新校区建设监督工作方案》	纪委办公室（监察处）	新校区建设关组织机构	12月
17	制定学校《贯彻落实中央八项规定精神监督检查暂行办法》，加强对执行情况的日常监督检查	纪委办公室（监察处）	党委办公室党委组织部	12月
18	将选人用人情况作为监督重点，把好党风廉政意见回复关，严把选人用人政治关、廉洁关、形象关	纪委办公室（监察处）	党委组织部	12月
19	推进专业建设与发展，积极培育一流专业，开展校级一流专业建设，建立健全专业动态调整机制	教务处	招就办	12月
20	开展多学科交叉融合的机器人工程、数据科学与大数据技术的专业教学负责人招聘、教学条件建设等专业建设工作	教务处	各相关学院	12月
21	促进提高教师教学水平，开展新一届校级教学名师、优秀主讲教师评选，青年教师教学基本功比赛、青年教师教案设计比赛	教务处	人事处、校工会等	12月
22	加大课程建设力度，评选不少于 10 门校级优质课程，评选并完成不少于 10 门精品在线开放课程建设，开设不少于 5 门全英文课程，健全在线开放课程管理机制	教务处	各二级学院	12月
23	落实专业教育与创新创业教育的有机融合，开展创新创业教育课程建设，完成“互联网 +”大学生创新创业大赛、华北五省（市、自治区）大学生机器人大赛等重要赛事及实践创新创业项目的组织工作	教务处	相关部门	12月
24	完善“高水平人才交叉培养计划”的人才培养机制，完成首届双培学生（2015 级）的课程对接和学生回校后课程开设、实践环节条件建设等各项工作	教务处	各相关学院	12月
25	召开科技工作会议，系统总结科技工作情况，谋划科技工作发展方向	科技处	党校办、各学院	12月
26	做好国家自然科学基金、国家社会科学基金等高级别科研项目的组织和申报工作，争取申报数量超过 110 项，获批 20 项以上	科技处	各科研单位	12月
27	出台高精尖中心建设方案，高标准完成我校承担的“材料基因工程”北京高精尖中心建设任务	科技处	计算机学院	12月
28	提高培育力度，力争新增 1~2 个省部级科研平台	科技处	相关学院	12月
29	力争获得省部级以上科技奖励 3 项，争取申报国家级科技奖励	科技处	相关学院	12月
30	开发并试运行科研项目信息发布系统，拓宽科研项目来源渠道。进一步优化简化科研审批事项及程序，为激发科研人员积极性创造性创造良好环境	科技处	信息与网络管理中心	12月
31	成立学校科技成果转化机构，出台学校科技成果转化办法，建立项目储备库，加快推进科技成果转化和产业化	科技处（产业与经营性资产管理办公室）	相关单位	12月
32	做好大学科技园和“北京高端信息产业技术研究院”建设，争取政府、学校、社会各方资源支持，提高孵化水平，支持 1~2 项产业化项目完成中试	科技处（产业与经营性资产管理办公室）	相关单位	12月
33	完成新增博士学位授予单位立项工作。按照博士学位授权标准，重点做好机械工程、仪器科学与技术、控制科学与工程、管理科学与工程 4 个一级学科建设	研究生院	相关单位	12月
34	出台《学科建设总体方案（2018-2020）》，服务北京高校“高精尖学科”建设和博士点项目建设，开展学科群项目和“信息 +”项目建设，重点打造“新一代信息技术与控制”“高精尖仪器与智能制造”“循环经济与知识管理”3 个学科群和一定数量的交叉学科	研究生院	财务处、科技处、人事处、相关学院	12月
35	做好硕士学位授权点复评工作	研究生院	相关学院	12月

续表

序号	目标名称	主责部门	配合部门	完成时限
36	改革研究生招生名额分配制度，开展第一次硕士学位论文答辩后盲审抽查工作	研究生院	相关学院	12月
37	重点推进新校区建设及基础设施改造项目全过程审计、经济责任审计、预算执行情况及决算审计、财务收支审计工作	审计处	基建处（新校区建设办公室）、招标办、组织部、财务处、后勤处	12月
38	结合教委对审计工作评价结论，修订《审计质量控制管理办法》《审计整改工作实施办法》《委托中介机构审计管理办法》，梳理工程项目审计业务流程和经济责任审计业务流程，加强审计队伍建设人员，建设工程审计管理信息系统，提高内部审计工作质量与效率	审计处	基建处（新校区建设办公室）、党校办、招标办、组织部、网管中心	12月
39	调整优化人才引进政策，出台《年薪制人员管理办法（试行）》《关于引进博士研究生导师的意见（试行）》，争取实现第一、二、三高层次人才引进的突破。组织申报市级以上高水平人才项目	人事处	科技处、研究生院、财务处	12月
40	推进教师职务聘任制度改革，制定出台《专业技术职务岗位晋升聘任办法（试行）》《专业技术职务岗位分级聘任实施办法（试行）》，优化岗位晋升管理办法。修订思想政治教育系列教师专业技术岗位聘任办法，推动实现职务（职称）评审“单列计划、单设标准、单独评审”。制定《专业技术人员创新创业管理暂行办法（试行）》	人事处	教务处、科技处、研究生院；党校办、组织部、宣传部、统战部、学生处、马克思主义学院等	7月
41	完成2017年教师职务岗位晋升聘任工作、其他专业技术和科技成果转化岗位晋升聘任工作和2018年处以下管理岗位补充聘任工作。启动2018年教师及其他专业技术职务岗位晋升聘任工作和2018年教师及其他专业技术职务岗位分级聘任工作	人事处	教务处、科技处、研究生院	12月
42	继续推进实施“人才强校”战略，积极落实2018年100名左右博士（后）招聘计划	人事处	各用人单位	12月
43	出台《2019绩效工资实施方案（试行）》，完成校内绩效工资分配体系改革。落实上级关于国家基本工资调整、养老保险待遇调整及社保政策	人事处	教务处、科技处、研究生院、财务处	12月
44	加强青年教师思想政治工作力度，推进师德师风建设，开展教师培训，提升教师的政治思想水平和教师队伍的整体素质	人事处（党委教师工作部、教师发展中心）	相关部门	12月
45	推广运行采购和房产管理信息系统	资产处	网管中心	12月
46	修订《北京信息科技大学大型精密贵重仪器设备管理办法（试行）》	资产处	相关部门	12月
47	启动全校国有资产清查，分批推进学校无效资产的报废，规范管理，提高使用效益，并配合做好新校区搬迁准备工作	资产处	相关部门	12月
48	按照市财政、市教委对财政经费以及从严控制人员经费的要求，做好2018年度预算经费的执行、监督和管理。在确保办学基本需求的情况下，全力保障新校区建设、本科教学审核性评估工作和二级学院运行经费三项重点工作的资金需求	财务处	相关部门	12月
49	加强内部控制建设工作，修订《预算管理办法》《差旅费管理办法》等规章制度，进一步规范各类经济活动	财务处	相关部门	12月
50	落实《关于加强和改进新形势下大学生思想政治教育工作的实施意见》《关于进一步加强和改进共青团工作的意见》《关于加强辅导员班主任队伍建设的意见》《辅导员管理办法》《班主任管理办法》文件精神，分解任务，明确责任，推动文件内容和有关要求落地	学生处 校团委 研工部	人事处、 国际交流学院	12月
51	继续深化六大平台—三个结合—三大载体的学生工作模式，打造思政工作品牌	学生处、校团委、研工部	招就办各二级学院	12月
52	推动落实辅导员岗位配备要求，按师生比不低于1：200的比例设置专职辅导员岗位。加强研究生教育管理队伍建设	学生处、研工部、人事处	各二级学院	12月
53	成立学业辅导中心，完善校院两级学业辅导体系，推动学院结合学科专业特点形成品牌和特色	学生处	校团委、研工部、教务处、国际交流处、研究生院、招就办	12月
54	整合本科和研究生两套体系，修订《校长奖学金评定办法》。捋顺研究生奖助体系，进一步修订相关文件，调整奖励项目，理顺奖励机制，简化流程，提高效率	学生处 研工部 校团委	各二级学院	12月
55	好“文化艺术节”和“科技创新节”活动	研工部 校团委	学生处 各二级学院	12月
56	继续推进青年骨干工程，举办第四期研究生骨干培训班	研工部	各二级学院	12月
57	出台《学生暑期社会实践调研方案》，重点围绕首都建设、京津冀协同发展、精准扶贫等主题，做好有针对性的社会实践调研工作	校团委	各二级学院	12月
58	优化招生方案，加强招生宣传，以建设北京生源基地校为重点，力争增加5个以上生源基地校，提高生源质量	招生就业工作处	各二级学院	12月

续表

序号	目标名称	主责部门	配合部门	完成时限
59	加强与校内学生培养部门沟通，构建招生—培养—就业联动机制	招生就业工作处	教务处、研究生院、学生处、研工部等	12月
60	结合“一带一路”建设、京津冀协同发展、长江经济带发展，大力开拓就业市场，确保本科毕业生就业率稳定在98%以上。继续做好新疆、西藏专招生选拔推荐工作	招生就业工作处	各二级学院	12月
61	打造就业指导品牌，举办第四届《专家面对面》就业创业指导咨询系列活动，提升就业服务工作精准化水平	招生就业工作处	相关部门	12月
62	推进与莫斯科电子科技大学中外合作办学项目的申报	国际交流处	相关学院	12月
63	做好“111基地”建设，加大海外高端人才的引进力度	国际交流处	相关学院	12月
64	推进学生因公出国交流工作上水平，修订《学生出国（境）专项奖学金管理办法》，做好学生因公出国“异域学习”成果汇编	国际交流处	相关部门	12月
65	全力推进食堂、公寓、教学楼、设施设备、校园环境等5个标准化建设，2018年力争部分建设项目向市教委申请第一批达标验收。争取完成校医院B超室的增设工作	后勤处	基建处	12月
66	改革考核方式方法，进一步完善后勤绩效考核制度	后勤处	相关单位	12月
67	全力配合新校区建设，做好水电气暖等后勤建设工作的对接	后勤处	新校区建设办公室	12月
68	升级改造校园技防系统，实现校园重点部位、重要场所和重点安全管理领域数字监控全覆盖。改造健翔桥校区停车场	安稳处	基建处、资产处、财务处	12月
69	推进“平安校园”建设提升工程，确保“两会”等重大活动和重要敏感期的校园安全稳定，做好校园突出矛盾纠纷事前化解稳控和安全隐患整治消除工作	安稳处	各二级单位	12月
70	贯彻落实市委、市政府协调机制，协调解决河道改移、渣土清运、项目资金、市政道路建设等问题。严格落实新校区建设工作简报、周报以及重点工程月报制度	新校区建设办公室	相关部门	12月
71	加快推进踩河新村宅基地拆除，完成新校区范围内全部拆迁收尾工作	新校区建设办公室	相关部门	12月
72	科学规划，合理分配，平衡可研批复和学校发展需求，完成单体设计深化工作	新校区建设办公室	相关部门	12月
73	充分利用京津冀协同发展重大战略、北京市政府重点工程和“一会三函”的政策优势，加快推进新校区建设，2018年实现新校区建设全面开工。根据进度安排分阶段、分批次开工，严格过程控制，全面加强规范管理	新校区建设办公室	相关部门	12月
74	推进文化养老，成立老干部党校，加强老年课堂建设，力争新开设3~4门课程	离退休工作处	组织部（党校）宣传部	12月
75	按照建设信息特色鲜明的专业化图书馆的定位和发展方向，完成新校区图书馆信息化建设、功能布局、特色资源建设顶层设计论证工作。开展4.23世界读书日、“勤读者”系列活动	图书馆	新校区建设办公室网管中心	12月
76	启动大数据基础建设，推进数据中心整合，初步构建支持统计查询、分析评估、咨询建议和决策支持等应用服务的大数据平台，实现关键信息数据共享	信息与网络管理中心	人事处、科技处、财务处、资产处、教务处、学生处	12月
77	启动北京信息科技大学新校区智慧校园的规划设计咨询工作，出台新校区智慧校园建设方案，完善学校智慧校园的顶层设计，推进相关建设工作。完成新校区与现有校区的光纤互联工程。争取落实新校区学生公寓A组团信息化基础设施建设	信息与网络管理中心	新校区建设办公室相关部门	12月
78	提升校园一卡通服务质量，完善一卡通运行管理模式，全面实现一卡通窗口无现金支付，增加学生公交折扣优惠卡功能，实现学生公交折扣优惠卡在校内办理及校内自助充值，通过多种方式改善用户上网体验	信息与网络管理中心	财务处、后勤处	12月
79	开展“十三五”中期检查，总结“十三五”时期主要任务的完成情况、进展情况、主要成果，谋划布局学校未来发展	高教研究室（发展战略研究室）	相关部门	12月
80	召开校友会第二次会员代表大会和系列秩年校友返校聚会活动。举办“八秩耕耘，奋发前行”主题校史展，反映学校80年办学历史的丰硕教育教学成果	校友校史办	相关部门	12月
81	召开第二届教职工代表大会和工会会员代表大会。修订《教职工代表大会工作规程》及《院级教代会工作规则》，规范校院两级教代会职责与工作机制。建立部门工会工作考评制度，年内开展试点	校工会	相关部门	12月

续表

序号	目标名称	主责部门	配合部门	完成时限
82	制定马克思主义理论学科建设规划，加强思想政治理论课建设，推进马克思主义理论研究和建设	马克思主义学院	研究生院	12月
83	积极开拓国际学生招生渠道，扩大招生数量，提高留学生办学层次。重点发展学历教育，2018年将学历留学生的招生数量提高25%	国际交流学院	国际交流处	7月
84	完善留学生教学、管理体系，制定新增专业留学生培养方案，培养高素质的应用型国际人才	国际交流学院	国际交流处	12月

2018 年工作总结

2018 年，在北京市委、市政府正确领导下，学校全面贯彻习近平新时代中国特色社会主义思想和党的十九大精神，落实全面从严治党新部署，围绕学校确定六项重点工作，把政治建设放在首位，全力推进新蓝图下内涵发展、质量发展、特色发展，推动学校“十三五”事业发展规划全面落实，各项工作取得新进展。

一、贯彻落实党的十九大精神，加强党对学校工作全面领导

1. 深入学习宣传贯彻中央和市委重要会议精神。精心组织、层层推进，举办党的十九大精神专题培训班、系列报告会，学习宣传贯彻习近平新时代中国特色社会主义思想和党的十九大精神、全国和北京高校思想政治工作会议精神，落实立德树人根本任务，实践案例被评为北京高校学习宣传贯彻党的十九大精神优秀项目。学习贯彻全国、全市教育大会精神、纪念马克思 200 周年诞辰大会、庆祝改革开放 40 周年大会等重要讲话精神，校领导开展宣讲对谈、调查研究，切实把广大党员干部和师生员工思想和行动统一到会议精神上来。落实《校院两级理论学习中心组学习规范》，制订校级理论学习中心组、处级理论学习中心组、党支部、党员等四个学习计划，全年安排各类学习专题 13 个，提升理论学习规范性和实效性。

2. 党建和思想政治工作全面加强。健全师德考核监督规章制度，出台《教师职业道德规范》《师德考核实施办法》《师德“一票否决”实施细则》等规章制度，强化师德考核监督。召开师德建设暨 2018 年教师节表彰大会，完成北京市政府教育督导室师德学风专项督导。继续推动落实学校《思想政治工作实施方案》任务清单，制定并落实学校“三全育人”方案。制定学校“课程思政”建设实施意见，遴选 50 门课程进行“课程思政”试点，用“大学第一课”引领“课程思政”建设，推动各类课程与思想政治理论课同向同行，把思想政治工作贯穿教育教学全过程和各环节。

3. 统筹推进基层党的建设。贯彻新时代党的建设总要求和组织路线，落实全国和北京市组织工作会议精神，推进“两学一做”学习教育常态化制度化。落实党建工作责任制，规范二级学院党组织会议和党政联席会议制度，出台党支部书记“双带头人”培育工程规划，加强“示范党支部”建设。宣传部党支部入选首批“全国党建工作样板支部”培育创建单位。实现党务工作者培训全覆盖，设路专职组织员，推动全面从严治党向基层延伸。

4. 筑牢意识形态安全防线，维护校园和谐稳定。把握意识形态工作领导权主动权，将意识形态工作纳入年度宣传工作要点和党建工作考核评价体系，制定意识形态工作专题整改方案，持续推动意识形态工作责任制落细落小。探索会商研判、情况通报、风险防控、管理处臵、督查考核以及联席会议等 6 个意识形态工作机制，全年意识形态领域未出现意识形态问题。坚持全天候监控网络舆情，学校全年舆情总体平稳，未发生重大舆情事件。统筹推进“平安校园”建设提升工程，修订完善《“十三五”期间推进“平安校园”建设提升工程实施方案》，完成敏感期安保维稳任务。持续加强危化品日常安全监管，完成《危险化学品安全综合治理三年行动计划（2017—2020 年）实施方案》年度工作任务。

5. 推动全面从严治党向纵深发展。贯彻落实中央和北京市委全面从严治党各项决策部署，持续强化管党治党政治责任，完善全面从严治党制度体系，明确校、院两级党组织主体责任，细化院级班子成员个体责任，推动全面从严治党主体责任向基层延伸。召开全面从严治党工作会议，出台《2018 年全面从严治党工作主要任务分工》并组织实施。制定《巡察工作实施办法（试行）》等文件，聚焦党的领导弱化、党的建设缺失、全面从严治党不力三大问题，完成第一轮校内巡察工作。落实中央“八项规定”，制定《对贯彻落实中央八项规定精神监督检查的暂行办法》，紧盯重要节点，严纠“四风”问题。推进治理环境建设，完成新校区建设、低值易耗品使用、物资采购、经费使用等重点领域风险防控和执纪监督工作。针对处级岗位聘任工作选人用人重点环节进行监督和把关，保证干部换届工作风清气正。

二、推动六大专项工作实施，关键领域成效显著

6. 完成本科教学工作审核评估。2018 年，学校召开“以

迎接审核评估为契机，强化人才培养中心地位，落实立德树人根本任务，全面提高教育教学质量”为主题的本科教学工作会议。6 月 11 日至 15 日，北京市本科教学工作审核评估专家组对学校进行为期五天审核评估工作，全面完成本科教学工作审核评估各项任务。一年来，以评促建成效显著，提升本科人才培养工作整体水平，学校将以本次审核评估为契机，落实立德树人根本任务，突出人才培养中心地位，加快实施“三步走”发展战略，争取早日建成信息特色鲜明高水平大学。

7. 入选博士学位授予立项建设单位。2018 年，学校持续加强申博学科及支撑学科建设规划，组织申报 2018—2020 年博士学位授予建设单位并成功入选，为 2020 年申请博士学位授权点单位奠定基础。按照新增博士学位授予单位申请基本条件，依托已有学科平台和科研基地，提出并实施《2018—2020 年学科建设总体方案》，重点打造仪器科学与技术、控制科学与工程、机械工程、管理科学与工程 4 个具有冲博实力、特色鲜明一级学科。围绕“高精尖仪器与智能制造”“新一代信息技术与控制”“大数据下循环经济与知识管理”等领域集群进行建设，设立“信息 +”项目和常规项目对学科群提供有力支撑，办学环境优化，办学特色凸现。

8. 科研能力和基地建设取得重要突破。2018 年，召开全校科技工作大会，明确今后科技工作思路和举措。学校牵头承担国家重点研发计划项目——“服务价值与文化传播评估理论与技术”启动，该项目是学校首次作为主持单位承担国家重点研发计划项目。2018 年，光电测试技术与仪器教育部重点实验室获得教育部批准认定，现代测控技术实验室教育部重点实验室通过教育部评估，北京市知识管理研究基地入选中国智库索引来源智库，基地建设成效显著。

9. 攻坚克难稳步推进人事与薪酬制度改革。2018 年，学校继续深化人事制度改革，优化教师职务岗位晋升管理办法，完善校内绩效考核体系及薪酬分配体系，制定完成《专业技术职务岗位晋升聘任实施办法（试行）》《专业技术职务岗位分级聘任实施办法（试行）》《实施绩效工资的指导意见（试行）》三个文件，并于第二届教代会二次会议以较高票数表决通过，体现教职工利益和愿望。这三个文件实施，是学校深化人事制度改革重要成果，是科学实施分类管理与评价、规范专业技术职务评聘流程、建立与学校发展相适应分配体系重要举措，对激发二级单位创新活力、调动教职工积极性和创造性、提升学校管理科学化水平具有重要意义。

10. 完成校内机构设置调整和处职干部聘任。学校党委根据中央和北京市委有关决策部署，结合学校工作实际和未来发展需要，凝聚共识，通盘思考，慎重决策，形成 2018 年校内机构设臵调整方案和处职岗位聘任工作实施方案，完成机构调整和干部聘任工作。机构调整坚持优化组织结构、完善职能配臵，促进工作执行、提高办学效益，适应转型发展、完善治理体系目标原则，调整后处级机构共 61 个；干部聘任树立选人用人正确导向，加大干部交流力度，坚持政治标准、事业为上、群众路线、实事求是、挺纪在前，共计提任正处级干部 16 人（含正处级转任正处职 1 人），提任副处级干部 30 人，干部队伍年龄结构、知识结构、专业结构优化。

11. 落实“疏整促”要求，加快新校区建设进度。2018 年，市委、市政府高度重视学校新校区建设工作，有关领导多次现场调度指挥。学校党委将新校区建设作为学校工作重中之重，从服务北京“四个中心”建设政治高度出发，建立新校区建设政府统筹协调机制，调整充实工作队伍，实施全过程监督。书记校长靠前指挥，相关部门支持，一线人员全力以赴，基本实现全面开工建设目标，为 2020 年完成新校区主要建设任务奠定坚实基础。

三、内涵建设持续加强，办学综合水平提升

12. 特色发展总体思路得到高度认可。2018 年，学校党委贯彻落实上级精神，立足学校发展实际，继续完善顶层设计，明确特色发展总体思路，即“以信息特色为主线，贯穿新一代信息技术、智能制造、国防军工等相关学科群，形成以工为主、多学科协调发展学科体系，建成信息特色鲜明、国际知名、国内一流高水平大学”。11 月 27 日至 28 日，北京市分类发展工作考察组对学校分类发展定位进行实地考察。专家组认为，在学校党委领导下确定以信息为特色高水平特色大学发展定位、“三步走”发展目标，以及为此实施改革措施得到全校高度认可，符合发展实际。

13. 生源质量和核心就业率提升。2018 年，学校一本招生省份增加至 29 个，实现所有专业一本招生省份增加至 28 个。京外录取一本线比例为 99.6%，比去年提高 2.6 个百分点。全日制研究生招生计划完成率 100%，招生指标增幅达 11.8%，创历史新高，全校共录取研究生 541 人，比 2017 年增长 7.34%，在校研究生规模达 1430 名。本科毕业生一次性就业率为 99.19%，硕士毕业生一次性就业率继续保持 100%，均位于市属高校前列。本科毕业生继续深造率达 22.91%，核心就业率提升 1 个百分点；硕士毕业生继续深造率达 9.93%，核心就业率提升 4.12 个百分点。

14. 人才培养质量稳步提升，态势良好。学校明确办学定位，落实人才培养目标，制定本科教学改革发展规划。“多学科交叉融合大数据应用型人才培养模式探索与实践”入选教育部首批“新工科”研究与实践项目。以第一完成单位获得 7 项北京市高等教育教学成果奖，其中一等奖 4 项。启动校内一流专业评选，培育国内一流专业，支持机器人工程、数据科学与大数据技术新专业发展，网络工程专业完成工程教育认证现场考查。推动“以学为中心”教学范式转型，启用“勤信学堂”网络教学平台，建设《大学生创业基础与实训》等创业课程。承办第六届华北五省（市、自治区）大学生机器人大赛，在校学生获得各类学科及科技竞赛省部级以上奖励 500 余项，获奖 1100 余人次。

15. 科研工作与学科建设成效明显。2018 年，学校科研

经费到款额1.78亿元，同比增长23.61%；新增各类科研项目345项，同比增长26.37%，新增合同额100万元以上重大横向4项。全校教师共发表学术论文968篇，出版学术专著25部，获各类知识产权授权、登记254项，其中发明专利96项，同比增长37.14%。此外，获得5项社会科技奖励，其中一等奖2项。截至2018年年底，学校拥有校办科技产业6家，启动将北信工程改制组建学校资产管理公司工作。出台《科技成果转移转化管理办法》，成立技术转移转化中心，以北京京信科高端信息产业技术研究院有限公司（技术转移转化中心市场化运营平台）为主体，获批市科委科技成果转化机构支持资金。军工科研项目保密工作、质量体系认证、装备承制单位许可证、武器装备科研生产许可证年审等有序进行，在北京市高校保密检查工作中获评优秀。完成仪器科学与技术、机械工程、管理科学与工程三个高精尖学科申报工作，与清华大学签约开展“仪器科学与技术”学科共建，开展硕士学位授权点自评估复评工作，调整优化学科结构。

16. 高层次人才队伍建设。2018年，学校依托产业技术研究院申报设立博士后科研工作站正式获批挂牌，为优化高层次人才培养体系、推动学校与市场深度对接与合作创造有利条件。全年共计引进博士（博士后）106人，较往年在数量和水平层次上均有大幅提升。高层次人才引进工作取得新进展，新增兼职院士4人，兼职青年千人2人，特聘教授1人；4名教师入选新一届高校教学指导委员会，14人分别入选中国科协“青年人才托举工程”项目、市级百千万人才工程、长城学者、青年拔尖人才培育计划项目、国家留学基金委国外高级访问学者项目；3人分别获北京市高创计划教学名师、北京市高等学校教学名师奖，1个团队获北京市属高校高水平教师队伍建设支持计划创新团队项目。继续加强研究生导师队伍建设，新增兼职博士生导师3名，新增硕士研究生导师50名，截至2018年年底，兼职博士生导师达到28名，硕士生导师数达到323名。

17. 国际交流与合作渠道不断拓展。2018年，学校与国外合作院校新签、续签合作协议16项，与6所高校新建立合作关系，共开展校际交流项目30项，派出长、短期交流学生共计194人次，开展项目数及派出人数均创历史新高。开发大批信息特色鲜明高水平交流项目，信息领域学科专业学生外出交流人数占全校出国（境）交流总人数62.9%。全年共接待来访团组16个，来访人员44人次。入选第二批北京市“一带一路”国家人才培养基地项目，首次向美国堪萨斯大学、加州大学伯克利分校，日本东京大学、早稻田大学、上智大学，澳大利亚詹姆斯库克大学、越南河内国立大学等院校派出交流学生，研究生出国交流人数较2017年增长2.56倍。

18. 文化育人和实践育人。开展大学生思想政治教育，紧紧围绕学风建设总目标，全面开展学业辅导和学风建设工作。着力建设特色校园文化和品牌，涵育“勤信”文化精神，持续举办第二届“文化艺术节”和“科技创新节”，涵盖75项文化科技活动，服务学生成长成才。坚持以美育人，依托以高雅艺术活动、艺术选修课、大学生艺术团建设为主要内容美育教育平台，开展系列文化活动，全年各类大学生艺术社团在市级以上艺术比赛中共计获奖26项。组织各类主题社会实践活动和志愿活动，荣获“青年服务国家”首都大中专学生暑期社会实践百强团队和阳光使者专项百强团队。完善服务机制，形成健全学生心理健康教育工作体系。组织实施“彩虹之路——少数民族学生综合能力提升计划”，提高对少数民族学生管理教育水平。学校关工委以育人为主线“四共”品牌项目建设得到上级单位认可。

四、管理工作开拓创新，民生保障不断完善

19. 推进落实“放管服”改革，提升管理水平。加强内部控制建设工作，完善财务规章制度，修订出台《预算管理办法》《差旅费管理办法》《促进高校内涵发展项目及经费管理办法》《新校区基本建设财务管理规定》等系列文件，财务管理工作水提升。加强统筹，全力保障新校区建设等重点工作资金需求、资金使用安全和使用效益。按照新《个人所得税法》做好教职工个人所得税纳税工作。推进内控制度建设，起草修订《资产分级管理办法》《大型仪器设备管理办法》《低值设备及易耗品使用管理办法》《无形资产管理办法》等文件，完成征求意见环节。

20. 加快信息化建设步伐，提高管理效率。全面统筹，推进学校信息化建设，出台《落实〈北京教育信息化三年行动计划（2018—2020年）〉实施方案》。升级综合信息门户，启动学校大数据基础平台预研项目，逐步推动信息系统建设和数据共享应用。开展新校区智慧校园规划和建设，完成新校区与现有校区光纤互联。全面升级网上预约报销系统，引入微信支付功能，推行网上预约报销与无现金报销模式，提高财务服务水平和工作效率。加强资产采购和房产管理信息化建设，初步形成采购管理系统、资产管理系统和房产管理系统三位一体工作模式。打造工会智慧云平台，拓展工会工作空间，更直接、更便捷地服务职工。

21. 抓好基础设施建设，推动民生工程落地。改造小营校区中控室，实现全校高清监控全覆盖。协调推进健翔桥校区和小营校区停车场建设，新增车位近80个，缓解停车难问题。4栋学生公寓和学生食堂项目通过市教委专家组第一批达标验收，标志着学校后勤管理服务规范化和专业化水平建设迈上新台阶。出台《北京信息科技大学传染病防控工作实施方案》和《防控艾滋病工作实施方案（试行）》，传染病防控工作成效明显。完成344名外聘员工劳务派遣工作。交通管理工作通过海淀区高校系统年度验收，被评为海淀区交通管理先进单位。

22. 打造校园文化，构建和谐师生情感环境。落实“五个环境建设”，以文化人实践，举办“勤〃信”文化大讲堂，讲好信息科大故事，培育社会主义核心价值观，持续推动情感环境建设，荣获“首都文明单位”称号。召开校友会第二届会员代表大会，选举产生第二届理事会理事、监事会监事、理事会会长。加强校史工作顶层设计，出台《加强校史工作的实施方案》，完成校史大纲初稿。发展群众体育活动、教职工文体协会，丰富教职工业余文化生活，学校教职工之家通过北京市教育工会“合格教职工之家”验收。首创“勤读者”读书分享会活动平台，承办召开全国通信电子类高校图书情报工作委员会 2018 年学术年会。

23. 召开第二届“双代会”，推进民主建设。11 月 14 日，学校召开第二届教职工代表大会暨第二届工会会员代表大会。全面总结第一届“双代会”以来教代会和工会工作，明确今后五年工作任务，选举产生第二届教职工代表大会执行委员会、工会委员会、工会经费审查委员会、工会女职工委员会和各专门工作委员会，通过《教代会工作规程》《工会工作条例》《二级教代会工作规程》，在民主管理与监督、发挥群团组织优势和作用、维护教职工合法权益等方面取得进展。

24. 做好统战和离退休工作，凝聚党内外人士合力。按照“夯实基础、完善机制、构建大统战格局”工作思路，强化对党外知识分子思想政治引领，加强党外代表人士队伍建设。调整学校统一战线工作领导小组、民族宗教工作领导小组，成立学校港澳台侨工作领导小组，建立统战工作部际联席会议机制，发挥民主党派和党外代表人士作用。加强对离退休干部思想引领，持续完善离退休干部理论学习和思想教育环境。以提升组织力为重点，突出政治功能，切实加强离退休干部党支部党组织建设。坚持和完善老干部政治待遇各项制度，精准服务离休干部，围绕立德树人，引导老同志发挥优势作用。

2018 年十大新闻

1. 认真学习宣传贯彻中央和北京市精神加强理论武装。2018 年，全校深入学习宣传贯彻习近平新时代中国特色社会主义思想和党的十九大精神，举办党的十九大精神专题培训班、系列报告会，用习近平新时代中国特色社会主义思想武装头脑、指导实践、推动工作；深入学习宣传贯彻全国和北京高校思想政治工作会议精神，扎实推进相关文件及任务清单的落实工作，以 50 门试点课程为抓手，统筹推进全校“课程思政”建设，把思想政治工作贯穿于教育教学全过程；认真学习宣传贯彻全国全市教育大会精神，校党委书记王传亮，校党委副书记、校长王永生等学校领导深入开展宣讲对谈、调查研究；全校上下聚力特色办学、聚焦人才培养、提升学科建设水平，推动习近平新时代中国特色社会主义思想在学校落地生根、开花结果。

2. 特色发展的总体思路得到高度认可。2018 年，学校党委贯彻落实上级精神，立足学校发展实际，继续完善顶层设计，明确了特色发展的总体思路：以习近平新时代中国特色社会主义思想为指导，深入贯彻落实党的十九大精神和全国教育大会精神，坚持社会主义办学方向，全面贯彻党的教育方针，以立德树人为根本任务，以“五个环境建设”战略思考为统领，以信息特色为主线，贯穿新一代信息技术、智能制造、国防军工等相关学科群，形成以工为主、多学科协调发展的学科体系，建成信息特色鲜明、国际知名、国内一流的高水平大学。11 月 27 日至 28 日，北京市分类发展工作考察组进驻我校，对学校的分类发展定位进行了实地考察。专家组认为，在学校党委领导下确定的以信息为特色的高水平特色大学的发展定位、“三步走”的发展目标，以及为此实施的改革措施得到了全校的高度认可，符合发展实际。

3. 圆满通过本科教学审核评估。2018 年 6 月 11 日—15 日，北京市本科教学工作审核评估专家组对学校进行为期五天的审核评估工作。专家组一致认为，学校高度重视本科教育，思想共识广泛，工作思路清晰，推进措施得力，以评促建成效显著。本年度在教育教学方面，学校以第一完成单位的 7 项成果获得了北京市高等教育教学成果奖；在校学生参加各类学科及科技竞赛共获得省部级以上奖励 400 余项，获奖 1100 余人次，创新成果不断涌现。与此同时我们在文化育人实践育人方面也取得丰硕成果，各类艺术社团在各项国家级、市级艺术比赛中成绩优异，学生在“青年服务国家”首都大中专学生暑期社会实践中表现突出。关工委以育人为主线的“四共”品牌项目建设得到上级关工委的高度认可。生源质量核心就业率进一步提升，毕业生就业薪酬和竞争力第三方排名优势明显。人才培养中心地位更加突出，育人环境进一步优化提升。

4. 首次作为主持单位承担国家重点研发计划项目。2018 年，学校召开了科技大会深入谋划和部署落实学校科技工作，努力提升学校科技工作水平。7 月 17 日，由学校牵头承担的国家重点研发计划项目“服务价值与文化传播评估理论与技术”（基础研究类）项目正式启动，本项目是学校首次作为主持单位承担的国家重点研发计划项目。本年度，光电测试技术与仪器教育部重点实验室获得教育部批准认定，现代测控技术实验室教育部重点实验室顺利通过教育部评估，北京市知识管理研究基地入选中国智库索引来源智库。学校作为第二单位完成的研究成果荣获国家技术发明二等奖。学校还获得了 5 项社会科技奖励，全年科研经费到款额 1.78 亿元，在全市高校保密检查工作中获评优秀。科研军工综合实力稳步前进，有利于学术发展、创新和服务社会的办学环境不断改善。

5. 入选博士学位授予立项建设单位。2018 年学校成功入选 2018—2020 年博士学位授予立项建设单位，这为学校 2020 年申请博士学位授权点单位奠定了良好基础。本年度，学校按照新增博士学位授予单位申请基本条件，齐心协力加大冲博学科建设力度，出台学科建设总体方案，进一步整合资源、凝练特色，做大做强优势方向；重点打造仪器科学与技术、控制科学与工程、机械工程、管理科学与工程 4 个具有冲博实力、特色鲜明的一级学科；围绕“高精尖仪器与智能制造”“新一代信息技术与控制”“大数据下循环经济与知识管理”等领域集群进行建设；与清华大学签约开展“仪器科学与技术”学科共建，包括学科布局在内的办学环境进一步优化，办学特色进一步凸现。

6. 开展校内巡察试点推动全面从严治党纵深发展。2018年10月17日，校党委巡察组分别进驻两个学院开展为期三周左右的集中巡察。巡察组按照深化政治巡察的要求，坚持问题导向，紧扣坚持党的全面领导、新时代党的建设总要求和全面从严治党，聚焦党的领导弱化、党的建设缺失、全面从严治党不力等“三大问题”，重点对学院党组织及领导班子成员、党组织主要负责人进行巡察监督。本年度，学校党委认真贯彻落实中央和北京市委全面从严治党各项决策部署，持续强化管党治党政治责任，推动全面从严治党向纵深发展。除了校内巡察试点外，还在落实中央八项规定，推进治理环境建设特别是制度建设，专项巡视整改，新校区建设、经费使用、物资采购等重点领域的风险防控等方面开展了大量工作。学校党委以提升组织力为重点，全面加强党支部建设，继续开展“示范党支部”创建活动，实施教师党支部书记“双带头人”培育工程，推进基层组织全面进步全面过硬。12月，宣传部党支部入选首批“全国党建工作样板支部”，这是我们持续强基固本、推动全面从严治党向基层延伸的重要成果，也是学校治理环境建设落地见效的具体体现。

7. 稳妥推进校内机构设置调整和处职干部聘任。2018年11月—12月，学校深入贯彻中央和市委有关精神，围绕建设信息特色鲜明的高水平大学建设目标，积极稳妥推进学校机构设置调整和处职岗位聘任工作。机构调整坚持优化组织结构、完善职能配置，促进工作执行、提高办学效益，适应转型发展、完善治理体系的目标原则。处职岗位聘任工作严把德才标准，坚持公正用人，拓宽用人视野，激励干部积极性。特别是要以干部日常和多年年终考核结果作为知事识人的重要依据，注重历史性的考核积累、注重组织考察、注重纪检监察部门监督、注重群众意见和口碑，在聘任工作中把工作需要、干部考核情况、组织调研考察、群众测评意见以及干部个人意愿有机结合。学校党委要求稳妥推进校内机构设置调整和处职干部聘任工作，以此进一步健全治理体系、加强治理环境建设，增进人文关怀、建设情感环境，为建设信息特色鲜明的高水平大学提供有力保障。

8. 第二届“双代会”胜利召开。2018年11月14日，学校隆重举行第二届教职工代表大会暨第二届工会会员代表大会。大会全面总结第一届“双代会”以来的教代会和工会工作，明确今后五年的工作任务，校党委副书记王秀彦当选校工会主席；大会选举产生了学校第二届教职工代表大会执行委员会、工会委员会、工会经费审查委员会、工会女职工委员会和各专门工作委员会。9月，学校召开校友会第二届会员代表大会第一次会议，推动校友会换届选举工作，学校党委书记王传亮当选为校友会第二届理事会会长。6月，学校出台了《师德“一票否决”实施细则》等规章制度，完善师德考核体系，强化师德考核监督。本年度，在学校党委的正确领导下，学校在民主管理与监督、完成学校规章制度的“废改立”、推进依法治校、维护教职工合法权益、发挥群团组织的优势和作用等方面做了大量扎实有效的工作，有力推进了治理环境和情感环境的建设。

9. 产业研究院获批设立博士后科研工作站。2018年12月，学校依托产业技术研究院申报设立的博士后科研工作站正式获批挂牌。授牌后，学校将通过产业技术研究院每年招收和培养20名左右博士后研究人员进入博士后工作站，作为学校师资补充的重要来源，推动学校与市场的深度对接与合作，优化高层次人才培养体系，为学校人才培养和科技创新能力的提升创造条件、奠定基础。本年度，学校入选第二批北京市“一带一路”国家人才培养基地项目，积极服务“一带一路”倡议。新增一批兼职院士、兼职青年千人、特聘教授；青年才俊们大显身手，纷纷入选中国科协“青年人才托举工程”项目、市级百千万人才工程、长城学者、青年拔尖人才培育计划项目、国家留学基金委国外高级访问学者项目；4名教师入选新一届高校教指委，2人获北京市高创计划教学名师，1个团队获北京市属高校高水平教师队伍建设支持计划创新团队项目；引进博士（博士后）106人，21名教师通过校内“绿色通道”晋升为副教授。学校坚持问题导向，深化人事制度改革，起草相关文件并面向广大师生征求意见建议，加强人才队伍建设，提升办学环境，促进内涵发展。

10. 新校区基本实现全面开工年度目标。2018年市政府工作报告将学校新校区建设列为北京市重点疏解任务，市委、市政府高度重视，有关领导多次到校调研指导工作，学校将新校区建设作为学校工作的重中之重，学校党委书记王传亮，校党委副书记、校长王永生亲临现场，靠前指挥，指导建设。在校内各部门积极参与和通力配合下，新校区各项工作进展顺利：拆迁工作基本完成，校园总体规划取得批复；主要建筑完成图纸设计，规划设计体现智慧校园、绿色建筑先进理念；各项手续办理顺利，先后取得规划、施工、人防、园林等审批手续；施工场地完成各项准备工作，使新校区具备全面开工建设的基础条件；各标段工程陆续开工建设，开展可研修订工作；新校区文化建设工程启动，主要建筑、道路面向广大师生、社会征集命名。新校区基本实现全面开工年度目标，为实现2020年完成新校区主要建设任务奠定坚实基础，是学校空间环境建设取得的重大突破。

4

机构与队伍

BEIJING
INFORMATION
SCIENCE & TECHNOLOGY
UNIVERSITY

INSTITUTIONS AND TEAMS

机构与队伍

专门委员会和专门工作组

中共北京信息科技大学委员会

党委书记：	王传亮					
党委副书记：	王永生	刘筱毅	王秀彦			
党委委员：按姓氏笔画排序	马綮鸿	王久和	王永生	王传亮	王兴芬（女）	王秀彦（女）
	卢玲军（女）	邢济收	刘　勇	刘筱毅	苏　中	杜世智
	李　宁	李　忱	陈　刚	陈清华（女）	林国策	栾忠权
	鲁　雷					
党委常委：	王传亮	王永生	刘筱毅	王秀彦（女）	刘　勇	陈　刚
	马綮鸿	陈清华（女）	鲁　雷（2月5日任）			

中共北京信息科技大学纪律检查委员会

纪委书记：	陈清华（女）			
纪委副书记：	牛志英			
纪委委员：（按姓氏笔画排序）	戈新生	牛志英	刘永成	孙　晨（女）
	陈清华（女）	徐　燕（女）	韩俊彦	谢瑞峰
	滕功清（已于2017年10月退休）			

各机构领导小组、各委员会负责人及成员名单

新校区总体规划工作小组和专家咨询委员会

（校党发〔2010〕16号 2010年6月1日）

新校区总体规划工作小组					
组　长：	校　长				
副组长：	主管基本建设工作副校长				
成　员：	学校办公室主任	基建处处长	财务处处长	审计处处长	教务处处长

续

	科技处处长	研究生部主任	图书馆馆长	网管中心主任	体育部主任
	监察处处长	后勤管理处处长兼后勤服务集团总经理			
（一）协调组					
组　长：	学校办公室主任				
组　员：	基建处处长	教务处处长	科技处处长	研究生部主任	
	后勤管理处处长兼后勤服务集团总经理				
（二）招标组					
组　长：	基建处处长				
组　员：	财务处处长	审计处处长			
（三）监督组					
组　长：	监察处处长				
新校区总体规划专家咨询委员会					
成　员：	市国土局分管副局长		昌平区分管副区长		市教委分管副主任
	市发改委社会处处长		市发改委环资处处长		市教委基建处处长
	市建筑质量安全监督总站站长		市规委相关处处长		
	说明：另拟聘请国内外 15 人以内有关规划、建筑设计领域专家				

校务公开工作组织机构

（校党发〔2017〕12 号 2017 年 3 月 10 日）

校务公开工作领导小组				
组　长：	王传亮	王永生		
成　员：	校领导班子其他成员			
校务公开工作办公室				
主　任：	分管学校日常工作的校领导			
副主任：	党委办公室主任	校长办公室主任		
成　员：	党委组织部	党委统战部	纪委办公室（监察处）	教务处
	科技处	研究生院	人事处	财务处
	资产管理处	学生处	招生就业工作处	审计处
	后勤管理处	基建处	校工会	校团委等单位负责人
校务公开工作监督小组				
组　长：	校纪委书记			
副组长：	监察处处长			
成　员：	审计处处长	校工会常务副主席	教代会代表 2 人（由教代会执委会推荐）	
	民主党派和无党派代表 2 人（由党委统战部推荐）			
	学生代表 2 人（由学生工作部和研究生工作部各推荐 1 人）			

思想政治理论课建设工作领导小组

（校党发〔2017〕40 号 2017 年 7 月 10 日）

组　长：	学校党委书记			
副组长：	分管宣传思想政治工作的校领导		分管教学工作的校领导	
成　员：	党委办公室主任、校长办公室主任	党委宣传部部长	教务处处长	科技处处长
	研究生院院长	人事处处长	财务处处长	党委学生工作部部长
	校团委书记	马克思主义学院负责人		
说明：领导小组下设办公室，办公室设在马克思主义学院				

北京信息科技大学党建和思想政治工作研究会

（校党发〔2017〕8 号 2017 年 3 月 10 日）

理事会			
会　长：	王传亮		
副会长：	校党委副书记		
秘书长：	党委组织部部长		
副秘书长：	党委办公室主任、校长办公室主任	党委宣传部部长	
成　员：	各院级党委（党总支、直属党支部）书记		
	纪委办公室、党委学生工作部、党委研究生工作部、党委安全稳定工作部、校工会、校团委负责人		
秘　书：	党委组织部工作人员		
党建工作组（挂靠党委组织部）			
主　任：	分管党建工作的校领导		
副主任：	党委组织部部长		
成　员：	纪委办公室主任	党委办公室主任	党委组织部分管党建工作的副部长
秘　书：	党委组织部工作人员		
思想政治工作组（挂靠党委宣传部）			
主　任：	分管宣传思想政治工作校领导		
副主任：	党委宣传部部长		
成　员：	党委研究生工作部	党委学生工作部	校团委负责人
秘　书：	党委宣传部工作人员		

党风廉政建设责任制领导小组

（校党发〔2017〕10 号 2017 年 3 月 10 日）

组　长：	王传亮	王永生		
副组长：	校纪委书记			
成　员：	校领导班子其他成员			
说明：领导小组办公室设在纪委办公室（监察处）				

学校信访工作领导小组

（校党发〔2017〕17 号 2017 年 3 月 10 日）

组　长：	王传亮		王永生	
副组长：	分管组织工作的校领导		校纪委书记	
成　员：	校领导班子其他成员	党委办公室、校长办公室主要负责人	纪委办公室主要负责人	学生处主要负责人
	离退休工作处主要负责人	教务处主要负责人		
说明：信访工作领导小组下设办公室，办公室设在党委办公室、校长办公室				
信访工作领导小组办公室				
主　任：	党委办公室主任、校长办公室主任			
成　员：	党委办公室、校长办公室分管信访工作的副主任			
	党委办公室、校长办公室和纪委办公室负责信访的工作人员			

学校党校校务委员会

（校党发〔2017〕14 号 2017 年 3 月 10 日）

党校校务委员会主任：	王传亮		
党校校务委员会副主任：	校党委副书记		
党校校务委员会委员：	党委办公室、校长办公室主要负责人	党委组织部主要负责人	党委宣传部主要负责人
	党委学生工作部主要负责人	党委研究生工作部主要负责人	党委安全稳定工作部主要负责人
	党委老干部工作部主要负责人	纪委办公室主要负责人	校工会主要负责人
	校团委主要负责人	高教研究室主要负责人	马克思主义学院党总支主要负责人
党校校长：	王传亮		
党校常务副校长：	党委组织部分管党校工作的副部长		
党校副校长：	马克思主义学院党总支书记		
说明：党校日常工作机构设在党委组织部			

学校人才工作领导小组和工作组

（校党发〔2017〕16 号 2017 年 3 月 10 日）

校人才工作领导小组					
组　长：	王传亮	王永生			
副组长：	分管干部工作的校领导		分管人事工作的校领导		
成　员：	组织部部长	人事处处长	研究生院常务副院长		教务处处长
	科技处处长				
校人才工作组					
组　长：	分管干部工作的校领导		分管人事工作的校领导		
成　员：	党委组织部部长	人事处处长	研究生院常务副院长		教务处处长
	科技处处长	党委学生工作部部长			各学院院长

学校党的建设工作领导小组

（校党发〔2017〕31号 2017年6月26日）

组　长：	王传亮（党委书记）	
副组长：	刘筱毅（常委常务副书记）	王秀彦（党委副书记）
	冯晓春（纪委书记）	鲁　雷（党委组织部部长）
成　员：	李华涛（党委办公室主任）	王　蕾（党委宣传部部长兼统战部部长）
	牛志英（纪委副书记、纪委办公室主任）	姜伟华（党委组织部副部长兼党校常务副校长）
	李祥贵（党委研究生工作部部长）	郭银辉（党委学生工作部部长）
	胡　滔（党委安稳部部长）	贺　芳（党委老干部工作部部长）
	刘永成（马克思主义学院院长）	
说明：领导小组设办公室，负责领导小组的日常工作。办公室设在党委组织部，鲁雷兼任办公室主任		

学校民族宗教工作领导小组

（校党发〔2018〕26号 2018年6月27日）

组　长：	主管统战工作的校领导		
副组长：	主管学生工作的校领导	主管安稳工作的校领导	
成　员：	党委统战部负责人	党委办公室负责人	党委组织部负责人
	党委宣传部负责人	党委研究生工作部负责人	党委教师工作部（人事处）负责人
	党委学生工作部负责人	党委安全稳定工作部负责人	后勤管理处负责人
	马克思主义学院负责人	国际交流学院负责人	校团委负责人
	信息与网络管理中心负责人	国际交流合作处（港澳台事务办公室）负责人	
说明：领导小组下设办公室，负责领导小组的日常工作。办公室设在党委统战部，党委统战部主要负责人任办公室主任。			

学校保密委员会成员

（校党发〔2017〕46号 2017年9月8日）

主　任：	王传亮		王永生				
常务副主任：	陈　刚						
委　员：	王久和	王兴芬	王丽坤	王　蕾	卢　静	田杨萌	许　波
	李华涛	邢济收	吉莉莉	苏　中	陈　昕	麦　苗	郑召义
	胡　滔	祝连庆	高国伟	龚汉明	鲁　雷	谢新伟	

学校老干部工作领导小组

（校党发〔2017〕15 号 2017 年 3 月 10 日）

组　长：	王传亮	王永生		
副组长：	分管离退休工作的校领导			
成　员：	党委办公室、校长办公室主要负责人	党委组织部主要负责人	党委宣传部主要负责人	人事处主要负责人
	党委老干部工作部（离退休工作处）主要负责人		财务处主要负责人	后勤管理处主要负责人
说明：老干部工作领导小组办公室设在党委老干部工作部（离退休工作处）				

安全稳定工作领导小组

（校党发〔2017〕13 号 2017 年 3 月 10 日）

组　长：	王传亮	王永生	
副组长：	分管安全稳定工作的校领导	分管学生工作的校领导	
成　员：	校领导班子其他成员	党委办公室、校长办公室主要负责人	安全稳定处（党委安全稳定工作部）主要负责人
	纪委办公室主要负责人	研究生院（党委研究生工作部）主要负责人	党委宣传部（党委统战部、新闻中心）主要负责人
	财务处主要负责人	学生处（党委学生工作部）主要负责人	国际交流合作处主要负责人
	国际交流学院主要负责人	后勤管理处主要负责人	离退休工作处（党委老干部工作部）主要负责人
	信息与网络管理中心主要负责人	继续教育学院主要负责人	各校区办公室主要负责人
	校工会主要负责人	校团委主要负责人	
说明：安全稳定工作领导小组下设办公室，设在党委办公室、校长办公室			
办公室主任：	党委办公室、校长办公室主任		

国家安全工作领导小组

（校党发〔2017〕13 号 2017 年 3 月 10 日）

组　长：	王传亮			
副组长：	分管安全稳定工作的校领导		分管宣传思想政治工作的校领导	
	分管学生工作的校领导		分管保密工作的校领导	
成　员：	党委办公室主要负责人	校长办公室主要负责人	党委安全稳定工作部主要负责人	党委组织部主要负责人
	党委宣传部（党委统战部、新闻中心）主要负责人		学校保密工作办公室主要负责人	科技处主要负责人
	党委研究生工作部主要负责人	人事处主要负责人	党委学生工作部主要负责人	国际交流合作处主要负责人
	国际交流学院主要负责人	信息与网络管理中心主要负责人	继续教育学院主要负责人	校团委主要负责人
说明：学校国家安全工作领导小组下设办公室，设在党委办公室、校长办公室				
办公室主任：	党委安全稳定工作部部长			

社会治安综合治理委员会

（校党发〔2017〕13 号 2017 年 3 月 10 日）

主 任：	分管安全稳定工作的校领导		分管学生工作的校领导	
委 员：	党委办公室主要负责人	校长办公室主要负责人	财务处主要负责人	资产管理处主要负责人
	学生处主要负责人	后勤管理处主要负责人	继续教育学院主要负责人	各校区办公室主要负责人
	校工会主要负责人		校团委的主要负责人	
	安全稳定处（党委安全稳定工作部）主要负责人		党委宣传部（党委统战部、新闻中心）主要负责人	
	研究生院（党委研究生工作部）主要负责人		各院级党委（党总支、直属党支部）书记主要负责人	
说明：社会治安综合治理委员会下设办公室，设在党委办公室、校长办公室				
办公室主任：	安全稳定处（党委安全稳定工作部）处（部）长			

处理“邪教”问题领导小组

（校党发〔2017〕13 号 2017 年 3 月 10 日）

主 任：	分管统战工作、宣传工作的校领导		分管安全稳定工作的校领导	
委 员：	党委办公室主要负责人	校长办公室主要负责人	党委安全稳定工作部主要负责人	党委组织部主要负责人
	党委统战部主要负责人	党委研究生工作部主要负责人	人事处主要负责人	党委学生工作部主要负责人
	继续教育学院主要负责人	校区联合党总支的主要负责人		相关单位党组织主要领导主要负责人
说明：处理“邪教”问题工作领导小组下设办公室，设在党委办公室、校长办公室				
办公室主任：	党委安全稳定工作部部长			

防火安全委员会

（校党发〔2017〕13 号 2017 年 3 月 10 日）

主 任：	分管安全稳定工作的校领导				
副主任：	安全稳定处和后勤管理处主要负责人				
委 员：	党委办公室主要负责人	校长办公室主要负责人	党委宣传部（新闻中心）主要负责人	教务处主要负责人	科技处主要负责人
	资产管理处主要负责人	学生处主要负责人	研究生院（党委研究生工作部）主要负责人	各校区办公室主要负责人	
	基建处（新校区建设办公室）主要负责人		安全稳定处安全科科长主要负责人	派住健翔桥校区负责人	
	后勤管理处分管饮食服务和分管学生公寓负责人				
说明：防火安全委员会下设办公室，设在安全稳定处					
办公室主任：	安全稳定处处长				

交通安全委员会

（校党发〔2017〕13 号 2017 年 3 月 10 日）

主　任：	分管安全稳定工作校领导	
副主任：	安全稳定处主要负责人	后勤管理处主要负责人
委　员：	党委办公室、校长办公室分管公务用车副主任	安全稳定处主要负责人
	党委宣传部（新闻中心）	党委研究生工作部主要负责人
	学生处（党委学生工作部）主要负责人	离退休工作处（党委老干部工作部）主要负责人
	继续教育学院主要负责人	各校区办公室主要负责人
	校工会负责人	校团委负责人
	国际交流学院主要负责人	安全稳定处副处长、安全科科长
说明：交通安全委员会下设办公室，设在安全稳定处		
办公室主任：	安全稳定处处长	

外来人口管理领导小组

（校党发〔2017〕13 号 2017 年 3 月 10 日）

组　长：	分管安全稳定工作的校领导		
副组长：	安全稳定处主要负责人	后勤管理处主要负责人	
成　员：	人事处主要负责人	各校区办公室主要负责人	后勤管理处分管副处长
	安全稳定处分管副处长、治安科科长		各校区家委会负责人
说明：外来人口管理工作领导小组下设办公室，设在安全稳定处			
办公室主任：	安全稳定处处长		

应急管理工作领导小组

（校党发〔2017〕13 号 2017 年 3 月 10 日）

组　长：	王传亮	王永生		
副组长：	分管安全稳定工作的校领导	分管学生工作的校领导		
成　员：	校领导班子其他成员	党委办公室、校长办公室主要负责人	安全稳定处（党委安全稳定工作部）主要负责人	
	党委宣传部（党委统战部、新闻中心）主要负责人		研究生院（党委研究生工作部）主要负责人	
	学生处（党委学生工作部）主要负责人	国际交流合作处主要负责人	国际交流学院主要负责人	
	后勤管理处主要负责人	信息与网络管理中心主要负责人	校工会主要负责人	校团委主要负责人
说明：应急管理工作领导小组下设办公室				
办公室主任：	分管安全稳定工作的校领导（兼）			
办公室副主任：	党委长办公室和安全稳定处（党委安全稳主要负责人			
说明：党委办公室、校长办公室和安全稳定处（党委安全稳定工作部）主要负责人				

反恐防暴工作领导小组

（校党发〔2017〕13 号 2017 年 3 月 10 日）

组　长：	王永生			
副组长：	分管安全稳定工作的校领导		分管学生工作的校领导	
成　员：	党委办公室、校长办公室主要负责人		安全稳定处（党委安全稳定工作部）主要负责人	
	党委宣传部（党委统战部、新闻中心）主要负责人		研究生院（党委研究生工作部）主要负责人	
	学生处（党委学生工作部）主要负责人		国际交流合作处主要负责人	国际交流学院主要负责人
	后勤管理处主要负责人	信息与网络管理中心主要负责人	各校区办公室主要负责人	校团委主要负责人
说明：反恐防暴工作领导小组下设办公室，设在安全稳定处				
办公室主任：	安全稳定处（党委安全稳定工作部）处（部）长			

学校大学生思想政治教育工作领导小组

（校党发〔2017〕9 号 2017 年 3 月 10 日）

组　长：	王传亮		王永生	
副组长：	校领导班子其他成员			
成　员：	党委办公室、校长办公室主任		党委组织部部长	党委宣传部部长
	纪委办公室主任	教务处处长	科技处处长	党委研究生工作部部长
	人事处处长	财务处处长	党委学生工作部部长	招生就业工作处处长
	后勤管理处处长	安全稳定处处长	校工会常务副主席	校团委书记
	马克思主义学院党总支书记		信息与网络管理中心主任	
说明：1. 领导小组下设办公室，办公室设在党委学生工作部				
2. 大学生思想政治教育工作领导小组工作职责按校党发〔2011〕58 号确定工作职责执行				

学校招标工作领导小组

（校党发〔2014〕22 号 2014 年 7 月 28 日）

组　长：	校党委书记、校长		
成　员：	分管纪检监察校级领导	分管财务资产校级领导	
	分管后勤工作校级领导	分管基建工作校级领导	
说明：领导小组下设办公室，物资采购招标工作组、服务外包招标工作组、修建工程招标工作组			

高水平人才交叉培养计划专项工作机构

（校发〔2017〕2 号 2017 年 3 月 10 日）

高水平人才交叉培养计划领导小组				
组　长：	王永生			
副组长：	分管学生工作校领导	分管教学工作校领导		
成　员：	教务处主要负责人	学生处主要负责人	财务处主要负责人	后勤管理处主要负责人

续表

	校团委负责人	招生就业工作处主要负责人	国际交流合作处主要负责人
高水平人才交叉培养计划教学工作小组			
组　长：	分管教学工作校领导		
副组长：	教务处处长		
成　员：	教务处相关副处职领导		各相关教学单位分管教学工作副院长
高水平人才交叉培养计划学生工作小组			
组　长：	分管学生工作校领导		
副组长：	学生处处长		
成　员：	学生处相关副处职领导	研究生工作部相关副处职领导	相关教学单位分管学生工作副书记

体育工作委员会

（校党发〔2015〕42 号 2015 年 12 月 30 日）

主　　任：	分管体育工作校领导			
副 主 任：	分管教学工作校领导	分管工会工作校领导	分管学生工作校领导	
秘 书 长：	体育部主任			
副秘书长：	学工部负责人	研工部负责人	工会负责人	团委负责人
委　　员：	体育部负责人	学校办公室负责人	教务处负责人	学工部负责人
	研工部负责人	工会负责人	团委负责人	后勤处负责人
	学生会负责人	研究生会负责人	各学院负责人	

学校定密小组成员

（校密发〔2017〕12 号 2017 年 6 月 7 日）

组　长：	田杨萌					
组　员：按姓氏笔画排序	吕　勇	许　波	李华涛	陈　昕	陈雯柏	郭司琴

保密资格审查认证工作机构

（校密发〔2017〕3 号 2017 年 4 月 6 日）

领导小组							
组　长：	分管科研副校长						
副组长：	田杨萌（国防科技研究院（筹）常务副院长）			许波（保密办主任）		曹林（科技处副处长）	
成　员：按姓氏笔画排序	王丽坤	李邓化	李华涛	苏　中	祝连庆	龚汉明	胡　滔
说明：领导小组下设工作小组 2 个							
管理工作小组							
组　长：	许　波（保密办主任）						
成　员：按姓氏笔画排序	王智勇	龚汉明	吴细宝	张　伟	张京华	徐　铭	

续表

技术工作小组								
组　长：	田杨萌（国防科技研究院（筹）常务副院长）							
副组长：	曹　林（科技处副处长）							
成　员：按姓氏笔画排序	李　彬	刘力双	闫　光	范军芳	郑小博	杨　安	胡　滔	郭司琴

毕业生就业工作领导小组

（校发〔2009〕6号 2009年5月18日）

组　长：	校党委书记、校长		
副组长：	分管毕业生就业工作校领导	分管教学工作校领导	
成　员：按姓氏笔画排序	招生就业办主任	研究生部主任	学生处处长
	教务处处长	宣传部部长	团委书记
说明：毕业生就业工作领导小组下设办公室			
办公室主任：	招生就业办主任（兼任）		

大学英语四、六级考试管理工作领导小组

（校发〔2015〕46号 2015年6月1日）

组　长：	许宝杰							
副组长：	王兴芬							
成　员：按姓氏笔画排序	王　蕾	牛志英	任维平	闫　健	李华涛	李祥贵	张广奇	赵立胜
	胡　滔	郭银辉	龚汉明					

学校工勤技能岗位聘任委员会和学校工勤技能岗位聘任考核推荐组

（校发〔2015〕22号 2015年12月14日）

工勤技能岗位聘任委员会						
主任委员：	刘　勇					
委　　员：按姓氏笔画排序	王兴伟	王兴芬	李华涛	陈　昕	赵立胜	滕功清
工勤技能岗位聘任考核推荐组						
组　　长：	许宝杰					
组　　员：	李万福	李荣华	英树志	郑　军	孟创立	赵立胜

学校公用房屋使用管理工作领导小组

（校发〔2017〕3号 2017年3月10日）

组　长：	王永生				
副组长：	分管科技工作校领导		分管学科建设工作校领导	分管教学工作校领导	
	分管资产管理工作校领导		分管后勤工作校领导		
成　员：	教务处处长	科技处处长	研究生院常务副院长	资产管理处处长	后勤管理处处长

续

说明：领导小组下设办公室，办公室设在资产管理处				
办公室主任：	资产管理处处长（兼任）			
说明：领导小组及办公室主要职责按校发〔2011〕22号确定的工作职责执行				

学校经营性资产管理委员会和大学科技园管理委员会

（校发〔2017〕10号 2017年3月10日）

主　任：	王永生			
副主任：	分管科技工作校领导	分管财务工作校领导		
成　员：	科技处处长	产业与经营性资产管理办公室主任	财务处处长	审计处处长
	后勤管理处处长			
说明：1. 学校经营性资产管理委员会办事机构是产业与经营性资产管理办公室				
2. 大学科技园管理委员会下设科技园管理办公室				
3. 科技园管理办公室与产业与经营性资产管理办公室合署办公				

招生工作领导小组及有关工作机构成员

（校发〔2017〕9号 2017年3月10日）

组　长：	王永生	
副组长：	校纪委书记	分管招生工作校领导
成　员：	招生就业工作处	纪委办公室（监察处）主要负责人
说明：1. 招生工作领导小组下设办公室		
办公室主任：	招生就业工作处处长（兼任）	
2. 招生工作领导小组下设监察办公室		
办公室主任：	纪委办公室（监察处）主任（处长）（兼任）	

北京信息科技大学预算管理委员会

（校发〔2017〕8号 2017年3月10日）

主　任：	王永生				
副主任：	分管财务工作校领导				
委　员：	党委办公室、校长办公室负责人		高教研究室（发展战略研究室）负责人		财务处负责人
	教务处负责人	研究生院负责人	学生处负责人	科技处负责人	人事处负责人
	基建处负责人	后勤管理处负责人	校工会负责人	教授代表4人（由财务处推荐）	
说明：1. 预算管理委员会主要职责按校发〔2012〕14号确定的工作职责执行					
2. 预算管理委员会办公室设在财务处					
办公室主任：	财务处分管预算工作副职				
秘　书：	财务处负责具体预算工作人员				

学校审计工作领导小组

（校发〔2018〕7号 2018年7月12日）

组　长：	王永生			
副组长：	分管组织工作校领导	分管纪检工作校领导	分管资产工作校领导	分管财务工作校领导
成　员：	组织部主要负责人	党校办主要负责人	纪委办公室（监察处）主要负责人	
	人事处主要负责人	审计处主要负责人	财务处主要负责人	资产处主要负责人
说明：审计工作领导小组办公室设在审计处				

学校基础设施改造定额管理经费管理使用工作领导小组

（校发〔2017〕4号 2017年3月10日）

组　长：	王永生			
副组长：	分管基建工作校领导	分管财务工作校领导		
组　员：	党委办公室、校长办公室主要负责人		招标工作领导小组办公室主要负责人	
	教务处主要负责人	科技处主要负责人	资产管理处主要负责人	财务处主要负责人
	监察处主要负责人	审计处主要负责人	后勤管理处主要负责人	基建处主要负责人

学校支持中小学发展工作组

（校发〔2015〕1号 2015年3月6日）

组　长：	许宝杰		
副 组 长：	林国策	王兴芬	
成　员：	李祥贵	郭银辉	贾　斌

国防科技专家委员会

（校发〔2015〕8号 2015年5月11日）

主　任：	苏　中							
副主任：	田杨萌	王丽坤						
委　员：按姓氏笔画排序	王立勇	吕　勇	李邓化	李　擎	张　伟	祝连庆	高国伟	高晶敏
说明：国防科技专家委员会下设办公室，设在国防科技研究院（筹）								
办公室主任：	田杨萌							

内部控制规范建设组织机构

（校发〔2017〕5号 2017年3月10日）

内部控制规范建设领导小组				
组　长：	王传亮	王永生		
副组长：	校纪委书记	分管财务工作校领导	分管资产管理工作校领导	
成　员：	校领导班子其他成员			

续

说明：领导小组办公室设在党委办公室、校长办公室				
内部控制规范建设工作小组				
组 长：	王永生			
副组长：	校纪委书记	分管财务工作校领导	分管资产管理工作校领导	
成 员：	部门负责人			
	党委办公室、校长办公室负责人		财务处负责人	资产管理处负责人
	基建处负责人	审计处负责人	监察处负责人	
	专家			
	张志凤	刘 春	杨闻萍	高 英
说明：1. 工作小组办公室设在财务处				
2. 部门需指定联络员 1 人				

学校其他专业技术职务聘任委员会和学校其他专业技术职务聘任考核推荐组

（校发〔2015〕13 号，21 号 2015 年 12 月 14 日）

学校其他专业技术职务聘任委员会								
主任委员：	许宝杰							
委 员：按姓氏笔画排序	王兴芬	邢济收	陈 昕	赵立胜	龚汉明	康 劲	韩秋实	谢瑞峰
	谢新伟	滕功清						
学校其他专业技术职务聘任考核推荐组								
组 长：	陈 昕							
组 员：按姓氏笔画排序	才秀芬	张玉忠	刘 伟	刘桂礼	徐 燕	曹 林		

学校学位评定委员会

（校发〔2015〕18 号 2015 年 11 月 3 日）

主 席：	王永生							
副主席：	韩秋实	许宝杰	葛新权					
委 员：按姓氏笔画排序	王久和	王兴芬	刘永成	任维平	孙江宏	苏 中	李 宁	李 忱
	汪毓铎	吴秋新	林慕义	杨孔雨	杨毅恒	周亚丽	杨大利	唐五湘
	康海燕	郭阳宽	董明利					
说明：学位评定委员会办公室设在研究生院								
办公室主任：	王久和（兼）							

大学生学科竞赛管理委员会

（校教发〔2011〕23 号 2012 年 3 月 19 日）

主 任：	许宝杰							
副主任：	王兴芬							
委 员：按姓氏笔画排序	于肇贤	王久和	曲 立	回世勇	刘建兰	刘桂礼	李华涛	邱国旺

续表

	陈　昕	陈雯柏	徐晓敏	郭春燕	黄　民	彭书华		
秘　书:	李忠刚							

大学生科技创新计划领导小组

（校教发〔2013〕36 号 2013 年 4 月 19 日）

组　长:	主管教学校领导			
副组长:	教务处处长			
组　员:	学生处处长	校团委书记	机电工程学院教学副院长	仪器科学与光电工程学院教学副院长
	自动化学院教学副院长		信息与通信工程学院教学副院长	计算机学院教学副院长
	经济管理学院教学副院长		信息管理学院教学副院长	人文社科系教学副系主任
	外国语学院教学副院长		理学院教学副院长	教务处主管实践教学副处长

大学生创新创业教育领导小组

（校教发〔2017〕12 号 2017 年 3 月 29 日）

北京信息科技大学大学生创新创业教育领导小组				
组　长:	校　长			
副组长:	主管学生工作副书记		主管教学工作副校长	
成　员:	党委办公室、校长办公室负责人		党委宣传部负责人	教务处负责人
	产业与经营性资产管理办公室负责人		人事处负责人	财务处负责人
	学生处负责人	招生就业工作处负责人	校友校史工作办公室负责人	校团委负责人
北京信息科技大学大学生创新创业教育工作小组				
组　长:	教务处处长			
副组长:	产业与经营性资产管理办公室主任		招生就业工作处处长	
组　员:	机电工程学院教学副院长		仪器科学与光电工程学院教学副院长	
	自动化学院教学副院长		信息与通信工程学院教学副院长	
	计算机学院教学副院长		经济管理学院教学副院长	
	信息管理学院教学副院长		公共管理与传媒学院教学副院长	
	外国语学院教学副院长		理学院教学副院长	
	国际交流学院副院长		教务处主管创新创业教育副处长	

本科生“机器人”特长班教学工作小组

（校教发〔2015〕44 号 2015 年 5 月 14 日）

组　长:	许宝杰							
副组长:	王兴芬							
成　员: **按姓氏笔画排序**	王红军	吕　勇	米　洁	李学华	张　伟	陈雯柏		

学术委员会

（校技发〔2014〕3号 2014年9月19日）

主　任：	叶声华							
副主任：	苏　中（常务）		祝连庆	张　健				
委　员：按姓氏笔画排序	王　斌	王久和	王红军	王丽坤	尹春华	朱希安	任维平	刘永成
	牟永敏	李　忱	李邓化	李淑琴	张仰森	张奇志	周金和	侯军岐
	施水才	娄小平	黄　民	梁冬梅	谢冬秀			
说明：学术委员会下设办公室，设在科技处								
办公室主任：	邢济收							

第一届研究生教育教学专家组

（校研发〔2015〕5号 2015年7月2日）

组　长：	李邓化					
成　员：按姓氏笔画排序	牟永敏	刘　宇	何深思	杨庆东	祝连庆	谢冬秀

北京信息科技大学校友企业家联谊会

（校友会发〔2015〕1号 2015年1月30日）

北京信息科技大学校友企业家联谊会第一届理事会会长：					张敬东		
北京信息科技大学校友企业家联谊会第一届理事会常务副会长：					刘　博		
北京信息科技大学校友企业家联谊会第一届理事会副会长：按姓氏笔画排序							
万卫国	王明华	孙　冰	成　勇	张　晖	张献华	杨海飞	陈　斌
唐济扬	郭　林	熊　平	杨　劲	林国策			
北京信息科技大学校友企业家联谊会第一届监事会监事长：					蔡　兵		
北京信息科技大学校友企业家联谊会第一届监事会监事：按姓氏笔画排序					王海鹏	李艳波	蔡　兵
北京信息科技大学校友会第一届理事会秘书长：					李华涛		
北京信息科技大学校友会第一届理事会副秘书长：按姓氏笔画排序							
刘云风	回世勇	陈立刚	邱明晓	黄兴红	曹晋红	董燕丽	詹国勇
北京信息科技大学校友企业家联谊会第一届理事会理事：按姓氏笔画排序							
万卫国	马建明	孔凡东	王大勇	王明华	王振宇	王雁茂	史文禄
刘　铮	刘　博	刘可欣	刘海涛	刘铁峰	刘漾水	孙　冰	孙　勇
孙德玉	成　勇	邢　立	何　辉	宋　军	宋　杰	宋子明	宋国伟
张　晖	张文心	张立新	张敬东	李　川	李　挺	李　斌	李　超
李东辉	李学文	杨　洋	杨海飞	陈　斌	陈士正	陈利君	周庆军
易振金	林春雨	范成先	赵亮亮	唐济扬	郭　林	郭晨东	高周宏
梁振华	梅卫平	韩　野	雷　洪	熊　平	熊　刚	穆东辉	

学校现代测控技术教育部重点实验室建设管理委员会

（校人发〔2017〕4 号 2017 年 3 月 10 日）

主　任：	王永生				
副主任：	分管科技工作校领导	分管学科建设工作校领导			
成　员：	研究生院负责人	科技处负责人	人事处负责人	财务处负责人	资产管理处负责人
说明：现代测控技术教育部重点实验室建设管理委员会下设办公室，设在科技处					
办公室主任：	科技处处长（兼）				

教师资格专家审查委员会

（校人发〔2016〕13 号 2016 年 10 月 16 日）

主　任：	许宝杰						
副主任：	陈　昕						
委　员：	王兴芬	黄　民	苏　中	王久和	李　宁	张　健（经管学院）	任维平
	王学文	郭银辉					
说明：教师资格专家审查委员会委员任期为 3 年，自 2016 年 10 月 20 日起至 2019 年 10 月 20 日止							

北京信息科技大学学生工作委员会

（校党发〔2017〕7 号 2017 年 3 月 15 日）

主　任：	分管学生工作校领导				
副主任：	分管研究生教育工作校领导		分管本科教学工作校领导		
	分管后勤工作校领导		分管安全稳定工作校领导		
成　员：	教务处负责人	研究生院负责人	研工部负责人	财务处负责人	学生处负责人
	招就处负责人	后勤处负责人	安稳处负责人	校团委负责人	国际交流学院负责人

北京信息科技大学防汛应急指挥部

（校勤发〔2016〕1 号 2016 年 5 月 23 日）

总 指 挥：	刘　勇（副校长）			
副总指挥：	后勤管理处处长	学校办公室主任	安稳处处长	后勤管理处负责人
主要成员：	学校办公室负责人	学生处负责人	安稳处负责人	宣传部负责人
	财务处负责人	基建处负责人	资产处负责人	各校区办负责人
说明：防汛应急指挥部办公室设在后勤管理处				

学校绿化工作委员会

（校勤发〔2011〕12 号 2011 年 12 月 25 日）

主　任：	刘　勇
副主任：	后勤管理处处长兼后勤服务集团总经理

续表

成　员：	学校办公室主任	党委宣传部部长	教务处处长	学生处处长
	保卫处处长	机关党委书记	后勤服务集团副总经理	
说明：学校绿化工作委员会办公室设在后勤服务集团				
办公室主任：	后勤服务集团副总经理（兼任）			

学校爱国卫生运动委员会

（校勤发〔2011〕13 号 2011 年 12 月 25 日）

主　任：	刘　勇			
副主任：	后勤管理处处长兼后勤服务集团总经理			
成　员：	学校办公室主任	党委宣传部部长	教务处处长	学生处处长
	保卫处处长	机关党委书记	后勤服务集团副总经理	
说明：爱国卫生运动委员会办公室设在后勤服务集团				
办公室主任：	后勤服务集团副总经理（兼任）			

学校住房补贴工作领导小组

（校勤发〔2011〕14 号 2011 年 12 月 25 日）

组　长：	刘　勇			
副组长：	后勤管理处处长兼后勤服务集团总经理			
成　员：	学校办公室主任	监察处处长	财务处处长	离退休工作办公室主任
	工会常务副主席	人事处主管劳资工作副处长		后勤管理处副处长
	健翔桥校区管理办公室主任		清河校区管理办公室主任	
	金台路校区管理办公室主任		酒仙桥校区管理办公室主任	
说明：住房补贴工作领导小组监察办公室设在监察处				
办公室主任：	监察处处长（兼任）			

学校能源管理体系和碳排放管理体系建设工作小组

（校勤发〔2015〕1 号 2015 年 1 月 28 日）

学校能源管理体系和碳排放管理体系建设工作领导小组				
组　长：	刘　勇			
副组长：	赵立胜			
成　员：	学校办领导 1 人	财务处领导 1 人	后勤处领导 1 人	基建处领导 1 人
	理工科学院主管行政工作副院长	体育部负责人	教辅单位负责人	
能源管理体系和碳排放管理体系建设工作小组				
组　长：	李荣华			
副组长：	孙　伟			
组　员：	有关基层单位节能工作小组成员或兼职节能管理员			

《北京信息科技大学年鉴》编纂委员会和编辑部成员

（办发〔2017〕1 号 2017 年 3 月 10 日）

年鉴编委会机构组成				
主　任：	王传亮	王永生		
副主任：	校领导班子其他成员			
委　员：	学校副处级及以上独立设置机构党政负责人			
年鉴编辑部机构组成				
主　任：	党委办公室、校长办公室主任			
副 主 任：	党委办公室、校长办公室分管年鉴编辑工作副主任			
责任编辑：	党委办公室、校长办公室负责年鉴编辑工作工作人员			
编　辑：	学校副处级及以上独立设置机构具体负责年鉴组稿工作人员名单（各部门指定）			
说明：1. 编辑部设在党委办公室、校长办公室				
2. 年鉴编辑部的职责按办发〔2011〕14 号确定的工作职责执行				

北京信息科技大学综合改革领导小组

（校党发〔2016〕38 号 2016 年 7 月 5 日）

组　长：	王传亮	王永生						
成　员：	刘筱毅	冯晓春	韩秋实	刘　勇	许宝杰	陶志红	栾忠权	林国策

网络安全与信息化领导小组

（校党发〔2017〕53 号 2017 年 10 月 30 日）

组　长：	校党委书记		校　长	
常务副组长：	分管信息化工作校领导班子成员			
副组长：	分管综合协调校领导班子成员	分管宣传工作校领导班子成员		分管安全稳定工作校领导班子成员
成　员：	信息与网络管理中心主任	党校办主任	宣传部部长	安全稳定工作部部长
	财务处处长	资产管理处处长	基建处处长	后勤管理处处长

“新翼事工”专项工作领导小组

（校党发〔2016〕48 号 2016 年 9 月 29 日）

组　长：	分管学生工作校领导			
副组长：	分管统战工作校领导	分管安全稳定工作校领导		
成　员：	统战部部长	学生工作部部长	安全稳定工作部部长	研究生工作部部长
	校团委书记	各院级党委（党总支、直属党支部）书记		

学校师资工作领导小组

（校发〔2016〕2号 2016年4月29日）

组　长：	校　长			
副组长：	主管人事工作副校长	主管教学工作副校长	主管科研工作副校长	主管学科与研究生教育工作副校长
成　员：	人事处主要负责人	教务处主要负责人	科技处主要负责人	研究生院主要负责人
说明：办公室设在人事处				

预防艾滋病宣传教育工作组

（校勤发〔2016〕3号 2016年5月31日）

组　长：	分管学生工作校领导	分管后勤工作校领导		
成　员：	宣传部负责人	教务处负责人	学生处负责人	研究生工作部负责人
	校团委负责人	后勤管理处负责人	财务处负责人	图书馆负责人

科级干部人事档案专项审核工作组织机构

（校人发〔2016〕6号 2016年6月22日）

领导小组								
组　长：	王永生							
副组长：	陈　昕							
组　员：	李华涛	鲁　雷	牛志英	李万福				
干部人事档案专项审核工作办公室								
主　任：	李万福							
副主任：	葛春会							
成　员：	沈　平	李　哲	张京华	王　鑫	孙佳秋	孙　坚	权铁汉	郭　颖
	房　圆	董　亮	王雨濛	杜　平	唐　斌	裴鹏程	周海亮	

学校资产清查及产权登记工作领导小组

（校资发〔2016〕1号 2016年5月12日）

组　长：	栾忠权			
成　员：	学校办公室负责人	监察处负责人	教务处负责人	科技处负责人
	研究生部负责人	人事处负责人	财务处负责人	资产管理处负责人
	审计处负责人	后勤管理处负责人	基建处负责人	图书馆负责人
	各学院负责人	校区办负责人		
说明：学校资产清查及产权登记工作领导小组办公室设在资产管理处、财务处				

继续教育教学指导委员会

（校继教发〔2017〕1号 2017年3月24日）

主任委员：	分管继续教育工作校领导	
常务副主任委员：	继续教育学院院长	
副主任委员：	继续教育学院副院长	
委　　员：	机电学院分管教学工作副院长	光电学院分管教学工作副院长
	自动化学院分管教学工作副院长	通信学院分管教学工作副院长
	计算机学院分管教学工作副院长	经管学院分管教学工作副院长
	信管学院分管教学工作副院长	公管传媒学院分管教学工作副院长

学籍管理委员会

（校教发〔2017〕25号 2017年3月8日）

主　任：	分管本科教学工作校领导			
副主任：	分管学生工作校领导		分管研究生教育工作校领导	
成　员：	教务处负责人	研究生院负责人	研工部负责人	学生处负责人
	招就处负责人	国际交流学院负责人	继续教育学院负责人	
说明：1. 学籍管理委员会负责审议学生学籍管理制度文件，研究、处理学生修业年限内学籍相关事宜				
2. 委员会下设办公室，设在教务处，负责学籍管理委员会日常工作				
办公室主任：	教务处负责人（兼任）			
办公室副主任：	研究生院负责人（兼任）			

一流专业建设工作领导小组

（校教发〔2017〕35号 2017年3月24日）

组　长：	校　长		
副组长：	主管教学工作副校长		
成　员：	教务处主要负责人	科技处主要负责人	人事处主要负责人
	国际交流与合作处主要负责人		招生就业处主要负责人
说明：一流专业建设工作领导小组下设建设办公室，办公室设在教务处，负责一流专业建设的组织实施及日常管理工作			

第三届校级本科教学督导组

（校教发〔2017〕79号 2017年6月16日）

组　　长：	刘小河					
专职督导：	王科社	厉　虹	李　东	杨兴林	何深思	崔　巍
兼职督导：	王宏伟	李淑琴	周金和	徐雅斌		

学生公寓管理委员会

（校勤发〔2017〕2号 2017年6月16日）

主　任：	主管后勤工作副校长		主管学生工作校党委副书记	
成　员：	研工部主要负责人	学生处主要负责人	财务处主要负责人	资产处主要负责人
	国际交流学院主要负责人	后勤处要负责人	安稳处要负责人	校团委要负责人
	各学院分管学生工作党委（党总支）副书记		各学院学生代表	
说明：学生公寓管理委员会下设办公室，办公室设在后勤管理处，负责相关部门之间学生公寓工作协调和日常管理				

学校住宅类房屋资源管理委员会

（校勤发〔2017〕7 号 2017 年 7 月 4 日）

主任委员：	分管后勤工作校领导			
副主任委员：	分管国有资产工作校领导			
委　　员：	党校办主要领导	监察处主要领导	教务处主要领导	科技处主要领导
	人事处主要领导	财务处主要领导	资产处主要领导	学生处主要领导
	后勤处主要领导	离退处主要领导	校工会主要领导	教代会代表 2 人
说明：房屋管理委员会下设办公室，办公室设在后勤管理处				
办公室主任：	后勤管理分管处房产管理工作处领导（兼任）			

学校出售部分老旧公有住房工作小组

（校勤发〔2017〕8 号 2017 年 10 月 31 日）

组　长：	分管后勤工作校领导			
副组长：	后勤管理处分管房产工作处领导			
成　员：	党校办主要负责人	监察处主要负责人	人事处主要负责人	财务处主要负责人
	资产处主要负责人	后勤处主要负责人	离退休工作处主要负责人	健翔桥校区办主要负责人
	清河校区办主要负责人	东部校区办主要负责人	校工会主要负责人	教代会代表 2 人
说明：工作小组下设办公室，设在后勤管理处				
办公室主任：	分管后勤管理处房产工作处领导（兼任）			

机器人工程、数据科学与大数据技术专业教学工作小组

（校教发〔2017〕25 号 2017 年 6 月 26 日）

机器人工程专业教学工作小组		
组　长：	主管教学工作副校长	
副组长：	教务处处长	
成　员：	教务处副处长	机电工程学院主管教学工作副院长
	仪器科学与光电工程学院主管教学工作副院长	自动化学院主管教学工作副院长
	信息与通信工程学院主管教学工作副院长	计算机学院主管教学工作副院长
数据科学与大数据技术专业教学工作小组		
组　长：	主管教学副校长	
副组长：	教务处处长	

续表

成　员：	教务处副处长	计算机学院主管教学副院长
	信息与通信工程学院主管教学副院长	经济管理学院主管教学副院长
	信息管理学院主管教学副院长	理学院主管教学副院长
说明：1. 教学工作小组下设教学管理办公室，负责组织教学实施及其他日常管理工作		
2. 机器人工程专业教学工作小组办公室设在机电工程学院		
办公室主任：	机电工程学院主管教学副院长	
3. 数据科学与大数据技术专业教学工作小组办公室设在计算机学院		
办公室主任：	计算机学院主管教学副院长	

党建与思想政治教育学术分委员会

（校教发〔2017〕7 号 2017 年 11 月 9 日）

主　任：	卫　灵		
副主任：	刘永成		
委　员：按姓氏笔画排序	肖　念	张云筝	胡　飒
说明：分委员会下设办公室，设在科技处。			
办公室主任：	邢济收		

学校关心下一代工作委员会分会

（校党关〔2017〕2 号 2017 年 10 月 26 日）

机电工程学院		
主　任：	王吉芳	
副主任：	张　艳	张怀存
仪器科学与光电工程学院		
主　任：	王　鹰	
副主任：	邱明晓	尚德培
自动化学院		
主　任：	曹晋红	
副主任：	陈红英	赵　刚
信息与通信工程学院		
主　任：	李　健	
副主任：	程立军	甄同树
计算机学院		
主　任：	韩俊彦	
副主任：	杨　菁	曹　珺
经济管理学院		
主　任：	曲　立	
副主任：	崔　凯	王信东

续

信息管理学院		
主　任：	张　虹	
副主任：	张　健	张祖荫
马克思主义学院		
主　任：	郭春燕	
副主任：	于　洋	悦　再
公共管理与传媒学院		
主　任：	郭严俊	杨孔雨
副主任：	吕丽峰	陈亚菲
外国语学院		
主　任：	李相豸	
副主任：	王　瑾	刘　悦
理学院		
主　任：	韩　光	
副主任：	张景波	王裕民

北京信息科技大学信息公开领导小组

（校发〔2017〕7 号 2017 年 3 月 10 日）

组　长：	王永生			
副组长：	分管学校日常工作校领导			
成　员：	党委办公室、校长办公室负责人		党委组织部负责人	党委宣传部负责人
	新闻中心负责人	保密工作办公室	监察处负责人	教务处负责人
	科技处负责人	研究生院负责人	人事处负责人	财务处负责人
	资产管理处负责人	学生处负责人	招生就业工作处负责人	国际交流合作处负责人
	后勤管理处负责人	基建处负责人	安全稳定处负责人	校工会负责人
	图书馆负责人	信息与网络管理中心负责人		
说明：1. 学校信息公开领导小组下设信息公开办公室和信息公开监督办公室				
2. 信息公开办公室设在党委办公室、校长办公室				
办公室主任：	党委办公室、校长办公室主任（兼任）			
3. 信息公开监督办公室设在监察处				
办公室主任：	监察处处长（兼任）			

新校区建设指挥部相关机构

（校新建指发〔2018〕1 号 2018 年 11 月 1 日）

新校区建设指挥部	
总指挥：	校　长
常务副总指挥：	分管新校区建设工作校领导

续表

副总指挥：	新校区建设办公室主任		
总工程师：	外聘（负责技术咨询）		
新校区建设指挥部工作小组成员			
党委办公室、校长办公室主要负责人	教务处主要负责人	科技处主要负责人	财务处主要负责人
信息与网络管理中心主要负责人	资产管理处主要负责人	安稳处主要负责人	基建处主要负责人
后勤管理处主要负责人			
说明：工作小组成员根据需要，参与新校区建设相关工作			
新校区建设指挥部副总指挥			
计划总监	工程总监	财务总监	行政总监
总监下设 8 个部门			
前期工作部	规划设计部	施工管理部	基建财务部
造价管理部	合约管理部	综合办公室	档案资料部

劳务派遣工作小组

（校人发〔2018〕1 号 2018 年 1 月 8 日）

工作小组								
组　长：	刘　勇	栾忠权						
成　员：	陈　昕	谢新伟	赵立胜	赵爱玲	英树志	李万福		
说明：1. 工作小组负责统筹协调非事业编制员工实施劳务派遣改革事宜，研究解决劳务派遣工作中出现矛盾及问题，审定劳务派遣公司招标文件，审定劳务派遣协议等文件 2. 工作小组下设办公室，办公室设在人事处								
工作小组办公室								
主　任：	陈　昕							
副主任：	李万福							
成　员：	戴长林	胡庆华	陈国迎	史三军				
说明：工作小组办公室承担拟订学校劳务派遣工作实施方案、劳务派遣公司招标文件、劳务派遣协议等文件，编制劳务派遣预算，在工作小组领导下负责日常沟通协调工作，承办工作小组会议等任务								

定密工作领导小组

（校密发〔2018〕3 号 2018 年 6 月 4 日）

组　长：	王传亮	王永生						
副组长：	陈　刚	刘筱毅	刘　勇					
成　员：按姓氏笔画排序	王久和	王兴芬	王智勇	田杨萌	邢济收	许　波	苏　中	李华涛

“材料基因工程高精尖创新中心”建设领导小组

（校发〔2018〕4 号 2018 年 6 月 25 日）

组　长：	王永生		
副组长：	陈　刚		

续表

成　员：	人事处负责人	科技处负责人	财务处负责人
	研究生院负责人	国际交流处负责人	计算机学院负责人
说明：建设领导小组设办公室，挂靠科技处			
办公室主任：	科技处处长		

“材料基因工程高精尖中心”监督委员会

（校发〔2018〕5 号 2018 年 6 月 25 日）

主　任：	陈清华		
委　员：	审计处负责人	财务处负责人	

科技成果转移转化领导小组

（校发〔2018〕17 号 2018 年 10 月 24 日）

组　长：	王永生			
副组长：	陈　刚			
成　员：	科技处负责人	资产管理处负责人	财务处负责人	人事处负责人
	产业与经营性资产管理办公室负责人		监察处负责人	审计处负责人
说明：领导小组下设技术转移转化中心，挂靠科技处。中心作为学校科技成果转移转化管理归口部门，具体负责科技成果转化日常管理服务工作				

师德建设委员会

（校党发〔2018〕12 号 2018 年 5 月 17 日）

主　任：	王传亮	王永生						
副主任：	王秀彦	刘筱毅	许宝杰	陈　刚	陈清华			
成　员：	鲁　雷	王　蕾	牛志英	陈　昕	王兴芬	邢济收	王久和	郭小兵
	苏　中							
说明：1. 师德建设委员会下设办公室，设在党委教师工作部								
2. 师德建设委员会负责师德师风建设总体规划和统筹协调工作，研究解决师德师风建设重大问题								
办公室主任：	教师工作部部长陈昕（兼任）							

学校港澳台侨工作领导小组

（校党发〔2018〕27 号 2018 年 6 月 27 日）

组　长：	主管统战工作校领导	主管外事工作校领导
成　员：	党委统战部主要负责人	党委宣传部主要负责人
	党委研究生工作部主要负责人	党委学生工作部主要负责人
	党委教师工作部（人事处）主要负责人	党委安全稳定工作部主要负责人
	港澳台事务办公室主要负责人	校团委主要负责人
说明：领导小组下设办公室，设在党委统战部		
办公室主任：	党委统战部主要负责人	

学校外事工作领导小组

（校党发〔2018〕36 号 2018 年 9 月 18 日）

组　长：	王传亮	王永生			
副组长：	陈　刚				
成　员：	组织部部长	人事处处长	教务处处长	科技处处长	学生处处长
	财务处处长	纪委办公室主任	研究生院常务副院长	国际交流合作处处长	
说明：1. 领导小组对学校国际化发展战略、对外交流与合作重要问题、外事管理工作重要事项等进行审议或决策，重大事项提交校党委常委会集体研究决定					
2. 领导小组下设办公室，设在国际交流合作处					
办公室主任：	国际交流合作处处长（兼任）				

领导干部名单

北京信息科技大学校长、副校长、校长助理

校　　长：	王永生			
副 校 长：	刘　勇	许宝杰	陈　刚	马綮鸿
校长助理：	栾忠权	林国策		

校级领导班子成员分工

领导职务	领导姓名	负责工作
党委书记	王传亮	主持党委全面工作
党委副书记、校长	王永生	主持行政全面工作，负责审计工作。代管人事工作；自 6 月 21 日起代管学科建设与研究生教育
党委副书记	刘筱毅	自 6 月 21 日起协助党委书记、校长负责党委办公室、校长办公室日常工作；负责宣传工作、老干部与离退休工作、思想政治理论课建设工作；自 6 月 21 日起负责校友工作、校史工作；1 月 1 日至 6 月 21 日期间负责组织工作、干部工作、统战工作、党校工作、保密工作
党委副书记	王秀彦	自 6 月 21 日起协助党委书记负责党建工作；自 6 月 21 日起负责组织工作、干部工作、统战工作、党校工作；负责教师工作，工会、教代会工作；1 月 1 日至 6 月 21 日期间负责学生工作、就业工作、体育工作、共青团工作
副校长	刘　勇	1 月 1 日至 6 月 21 日期间协助党委书记、校长负责党委办公室、校长办公室日常工作；负责安全稳定工作、后勤工作（6 月 21 日止）、校区工作（6 月 21 日止）；自 6 月 21 日起负责财务工作、资产管理工作
副校长	许宝杰	负责本科教学工作、本科招生工作、继续教育工作、留学生教育工作、高教研究工作（发展战略规划工作）、图书馆工作；自 6 月 21 日起负责体育工作
副校长	陈　刚	负责科技工作、科技产业工作、外事工作（港澳台事务工作）；自 6 月 21 日起负责学生工作、就业工作、保密工作、共青团工作
副校长	马綮鸿	负责基建工作、新校区建设工作
纪委书记	陈清华	负责党风廉政建设和反腐败工作、纪律检查工作、监察工作
党委常委、组织部部长	鲁　雷	自 6 月 21 日起协助分管党建、组织、干部工作
校长助理	栾忠权	自 6 月 21 日起负责后勤工作；自 11 月 8 日起负责新校区管理委员会日常管理工作；1 月 1 日至 6 月 21 日期间负责财务工作、资产管理工作；6 月 21 日至 11 月 5 日期间负责校区工作
校长助理	林国策	负责信息化建设工作、校友工作（6 月 21 日止）、校史工作（6 月 21 日止）、法律事务工作、招投标工作

党政组织机构设置及负责人名单

部　门	职　务	姓　名
党委办公室	主　任	李华涛（1月1—11日）
		王智勇（11月30日任）
	副主任	王智勇（1月1—11日）（1月11日—11月30日主持工作）
		贾　斌（5月10日—11月30日）
		许　波（兼）
党委组织部（党校）	部　长	鲁　雷（兼）
	正处级组织员	孙　晨（1月1日—11月8日）
		张景波（11月30日任）（兼党校常务副校长）
	副部长	魏元燃（5月10日任）
		卢玲军（11月8日兼）
党委宣传部	部　长	王　蕾（1月1日—11月8日）
		刘筱毅（11月8日兼）
	常务副部长（正处职）	杜世智（11月8日任）
	副部长	谌　兵
		王学文（12月26日任）
党委统战部	部　长	王秀彦（11月8日兼）
	常务副部长（正处职）	姜伟华（11月30日任）
	副部长	姜伟华（1月1日—11月30日主持工作）
		谌　兵（12月11日兼）
纪委办公室	主　任	牛志英
	正处级纪检监察员	徐　燕
	副主任	王红琦
党委教师工作部	部　长	陈　昕（兼）
	副部长	张景波（9月18日—11月30日）
党委研究生工作部	部　长	李祥贵（1月1日—11月8日）
		王兴芬（11月8日兼）
党委学生工作部	部　长	郭银辉（1月1日—11月20日兼）
		贾　斌（11月30日任）
	副部长	刘云风（1月1日—12月11日兼）
		陈红英（12月11日任）
		马绍辉（1月1日—5月10日兼）
		崔　凯（9月18日—11月30日）
		程立军（12月11日任）
		贾　斌（1月1日—5月10日兼）
		马绍辉（5月10日兼）
党委学生武装部	部　长	郭银辉（1月1日—11月20日兼）

续

部门	职务	姓名
党委学生武装部	部长	贾　斌（11月30日任）
	副部长	马绍辉（1月1日—5月10日兼）
		崔　凯（9月18日—11月30日）
		程立军（12月11日任）
党委安全稳定工作部	部长	胡　滔（1月1日—11月8日兼）
		崔　凯（11月30日任）
	副部长	魏元燃（1月1日—5月10日）
		金宝东（12月26日任）
		李丛建
党委老干部工作部	部长	贺　芳（1月1日—11月8日兼）
		吴俊法（11月30日任）
校长办公室	主任	李华涛
	副主任	王智勇（1月1—11日）
		贾　斌（5月10日—11月30日）
		许　波（兼）
教务处	处长	王兴芬（1月1日—11月8日）
		米　洁（11月30日任）
	副处长	吕　勇（1月1日—12月11日）
		闫　健（1月1日—12月11日）
		吉莉莉（12月26日任）
		米　洁（1月1日—11月30日）
科技处	处长	邢济收（1月1日—11月8日）
		张　健（男）（11月8日任）
	副处长	曹　林（1月1日—6月21日）
		王红军（12月11日任）
		穆　婕（1月1日—12月11日）
		闫　健（12月11日任）
		钟　玲（1月1日—11月20日兼）
		刘桂礼（11月30日兼）
		田杨萌（11月20日兼）
研究生院	常务副院长（正处职）	王久和（1月1日—11月8日）
		王兴芬（11月8日任）
	副院长	李祥贵（1月1日—11月8日兼）
		彭书华（1月1—11日）
		崔新红
人事处	处长	陈　昕
	副处长	刘桂礼（1月1日—11月30日）

续

部 门	职 务	姓 名
人事处	副处长	李万福
发展战略研究室（10.31 撤销）	主 任	杨兴林（1 月 1 日—1 月 11 日兼）
	副主任	王学文（1 月 1 日—1 月 11 日兼）（1 月 11 日—10 月 31 日主持工作）
发展战略规划处（10.31 成立）	处 长	邢济收（11 月 8 日任）
	副处长	王学文（10 月 31 日—12 月 26 日主持工作）
		王立民（12 月 11 日任）
财务处	处 长	谢新伟
	副处长	郭慧峰（1 月 1 日—12 月 11 日）
资产管理处	处 长	郑召义（1 月 1 日—11 月 8 日）
		胡 滔（11 月 8 日任）
	副处长	艾志刚（1 月 1 日—12 月 11 日）
		穆 婕（12 月 11 日任）
学生处	处 长	郭银辉（1 月 1 日—11 月 20 日）
		贾 斌（11 月 30 日兼）
	副处长	刘云风（1 月 1 日—12 月 11 日）
		陈红英（12 月 11 日兼）
		马绍辉（1 月 1 日—5 月 10 日）
		崔 凯（9 月 18 日—11 月 30 日兼）
		程立军（12 月 11 日兼）
		贾 斌（1 月 1 日—5 月 10 日兼）
		马绍辉（5 月 10 日兼）
招生就业工作处	处 长	杜世智（1 月 1 日—11 月 8 日）
		王 蕾（11 月 8 日任）
	副处长	刘 斌（1 月 1 日—5 月 10 日）
		刘云风（12 月 11 日任）
国际交流合作处	处 长	卢 静
学校港澳台事务办公室	主 任	卢 静（兼）
审计处	处 长	张 莉（11 月 30 日任）
	副处长	张 莉（1 月 1 日—11 月 30 日主持工作）
		郭慧峰（12 月 11 日任）
监察处	处 长	牛志英（兼）
	副处长	王红琦（兼）
后勤管理处	处 长	赵立胜（1 月 1 日—11 月 8 日）
		郑召义（11 月 20 日任）
	副处长	吴俊法（1 月 1 日—11 月 30 日）
		邱明晓（12 月 11 日任）
		王明涛

续

部门	职务	姓名
基建处	处长	英树志（1月12日任）
	副处长	英树志（1月1—12日主持工作）
	副处长	邱绪君
安全稳定处	处长	胡　滔（1月1日—11月8日）
		崔　凯（11月30日兼）
	副处长	魏元燃（1月1日—5月10日）
		金宝东（12月26日兼）
		李丛建（兼）
离退休工作处	处长	贺　芳（1月1日—11月8日）
		吴俊法（11月30日兼）
	副处长	周连跃（1月1日—12月26日）

直属单位、校区负责人名单

单位	职务	姓名
学校保密工作办公室	主任	许　波（1月1日—12月11日）
		王智勇（11月30日兼）
	副主任	许　波（12月11日任）
		田杨萌（11月20日兼）
图书馆	馆长	赵爱玲（1月12日任）
	副馆长	赵爱玲（1月1—12日主持工作）
		张玉忠（1月1日—12月11日）
		朱亚媛（12月11日任）
		叶　超（1月1日—11月20日兼）
信息与网络管理中心	主任	龚汉明
	副主任	郑小博（1月1日—12月26日）
继续教育学院	院长	赵晓林（5月10日任）
	副院长	李侃卓（1月1日—5月10日主持工作）
		盛炎平（1月1日—9月18日）
		麻　力（12月26日任）
		吉莉莉（1月1日—12月26日）
		杨　菁（12月11日任）
高教研究室	主任	杨兴林（1月1—11日）
		邢济收（11月8日兼）
	副主任	王学文（1月1—11日）
		（1月11日—12月26日主持工作）
		王立民（12月11日兼）

续

单 位	职 务	姓 名
对外联络办公室（10.31 成立）	主 任	刘 斌（11 月 30 日任）
	副主任	张 艳（12 月 11 日任）
校友校史工作办公室	主 任	赵晓林（1 月 1 日—5 月 10 日）
		刘 斌（11 月 30 日兼）
	副主任	刘 斌（5 月 10 日—11 月 30 日主持工作）
		王立民（1 月 1 日—12 月 11 日）
		张 艳（12 月 11 日兼）
产业与经营性资产管理办公室	主 任	钟 玲（1 月 1 日—11 月 20 日）
		刘桂礼（11 月 30 日任）
国防科技研究院（10.31 成立）	院 长	张 健（男）（11 月 8 日兼）
	常务副院长（正处职）	田杨萌
北京高校教师党员在线管理中心（10.31 成立）	主 任	包立辉
新校区建设办公室	主 任	英树志（1 月 12 日兼）
	副主任	英树志（1 月 1—12 日主持工作）
		朱亚媛（1 月 1 日—12 月 11 日）
		麻 力（1 月 1 日—12 月 26 日）
		邱绪君
新校区招投标办公室（10.31 成立）	主 任	林国策（11 月 8 日兼）
	副主任	艾志刚（12 月 11 日任）
新校区管理委员会办公室（10.31 成立）	主 任	栾忠权（11 月 8 日兼）
	常务副主任（正处职）	赵立胜（11 月 8 日任）
	副主任	李侃卓（12 月 26 日任）
健翔桥校区管理办公室（10.31 撤销）	主 任	王兴伟（1 月 1 日—9 月 18 日）
		回世勇（9 月 18 日—11 月 20 日兼）
清河校区管理办公室（10.31 撤销）	主 任	回世勇（1 月 1 日—5 月 10 日）
	副主任	李侃卓（5 月 10 日—12 月 26 日主持工作）
东部校区管理办公室（10.31 撤销）	主 任	孟创立（1 月 1 日—5 月 10 日）
		赵晓林（5 月 10 日—11 月 8 日）
	副主任	金宝东（1 月 1 日—12 月 26 日）

群团组织负责人名单

部 门	职 务	姓 名
校工会	主 席	王秀彦（11 月 14 日）
	常务副主席	郭小兵（11 月 14 日任）
	工作负责人	李荣华（1 月 1 日—5 月 10 日）
		郭小兵（5 月 10 日—11 月 14 日主持工作）

续

部门	职务	姓名
校工会	副主席	薛承军
校团委	书记	贾　斌（1月1日—5月10日）
		马绍辉（5月10日任）

学院（系、部、中心）行政负责人名单

单位	职务	姓名
机电工程学院	院长	黄　民
	副院长	王红军（1月1日—12月11日）
		林慕义（1月1日—12月11日）
		郑　军（12月11日任）
仪器科学与光电工程学院	院长	董明利
	副院长	周哲海
		娄小平
自动化学院	院长	王久和（1月1日—6月21日兼）
		苏　中（6月21日任）
	副院长	陈雯柏
		张奇志（1月1日—12月11日）
		高晶敏（12月11日任）
信息与通信工程学院	院长	苏　中（1月1日—6月21日）
		曹　林（11月30日任）
	副院长	曹　林（6月21日—11月30日主持工作）
		李学华
		朱希安
计算机学院	院长	李　宁
	副院长	张　伟
		张仰森（1月1日—11月30日）
		郑小博（12月26日任）
经济管理学院	院长	张　健（男）（1月1日—11月8日）
		曲　立（11月8日任）
	副院长	金春华
		尹洁林（9月18日任）
信息管理学院	院长	李　忱（1月1日—11月8日）
		张仰森（11月30日任）
	副院长	蒋文保（1月1日—12月11日）
		徐晓敏（1月1日—12月11日）
马克思主义学院	院长	刘永成（1月1日—11月8日）

续

单　位	职　务	姓　名
马克思主义学院	院　长	张　健（女）（11月30日任）
	副院长	刘建华
公共管理与传媒学院	院　长	杨孔雨（11月20日任）
	执行院长	杨孔雨（1月1日—11月20日）
	副院长	伊　强
	副院长	梁冬梅（1月1日—12月11日）
外国语学院	院　长	任维平
	副院长	张广奇（1月1日—12月26日）
		王朝晖（12月26日任）
	副院长	王朝晖（1月1日—12月26日）
理学院	院　长	谢瑞峰
	副院长	薛春艳
		杨毅恒（1月1日—6月21日）
国际交流学院	院　长	王兴芬（1月1日—11月8日兼）
		卢　静（11月8日兼）
	副院长	蔡　英
体育部	主　任	张世忠（1月1日—12月26日）
		钟　玲（11月20日任）
	副主任	张世忠（12月26日任）
计算中心(10.31划入计算机学院管理,保留牌子)	主　任	周长胜（1月1日—12月11日）
机电实习中心（10.31划入机电工程学院管理，保留牌子）	主　任	郑　军（1月1日—12月11日）
电子信息与控制国家级实验教学中心（10.31划入自动化学院管理，保留牌子）	副主任	高晶敏（1月1日—12月11日）

基层党组织负责人名单

部　门	职　务	姓　名
机电工程学院党委	书　记	王吉芳
	副书记	张　艳（1月1日—12月11日）
仪器科学与光电工程学院党委	书　记	王　鹰（1月1日—11月20日）
		郭银辉（11月20日任）
	副书记	邱明晓（1月1日—12月11日）
自动化学院党委	书　记	曹晋红
	副书记	陈红英（1月1日—9月18日）
信息与通信工程学院党委	书　记	李　健
	副书记	程立军（1月1日—12月11日）

续

部门	职务	姓名
计算机学院党委	书记	韩俊彦
	副书记	杨　菁（1月1日—12月11日）
经济管理学院党委	书记	曲　立（1月1日—11月8日）
		李相豸（11月20日任）
	副书记	崔　凯（1月1日—9月18日）
		陈红英（9月18日—12月11日）
信息管理学院党委	书记	张　虹
	副书记	张　健（女）（1月1日—11月30日）
马克思主义学院党总支	书记	郭春燕（1月1日—11月8日）
		叶　超（11月20日任）
	副书记	于　洋
公共管理与传媒学院党委（10.31由公共管理与传媒学院党总支更名）	书记	郭严俊
	副书记	吕丽峰
外国语学院党总支	书记	李相豸（1月1日—11月20日）
		贺　芳（11月8日任）
	副书记	王　瑾
理学院党委（10.31由理学院党总支更名）	书记	韩　光
	副书记	张景波（1月1日—9月18日）
机关党委	书记	卢玲军
	副书记	魏元燃（12月11日兼）
离退休党委	书记	贺　芳（1月1日—11月8日兼）
		吴俊法（11月30日兼）
	副书记	孙毓仁
后勤党总支	书记	刘　伟
图书馆直属党支部（10.31成立）	书记	赵爱玲（11月8日任）
体育部直属党支部	书记	郭小兵（1月1日—5月10日）
		张世忠（5月10日—12月26日兼）
		钟　玲（11月20日兼）
教辅单位党总支（10.31撤销）	书记	叶　超（1月1日—11月20日）
校区联合党总支（10.31撤销）	书记	王兴伟（1月1日—5月10日）
		回世勇（5月10日—11月20日）
计算中心直属党支部（10.31撤销）	书记	张曼萍（1月1日—12月11日）

5

学科与研究生教育

3 个学科群

打造“高精尖仪器与智能制造”“新一代信息技术与控制”“循环经济与知识管理”3 个学科群

19 项

研究生科技创新项目立项 19 项，全部通过结题验收，获评优秀项目 9 项

2301 万元

学科立项 54 项，项目金额总计 2301 万元

79 项

研究生以第一完成人获专利和软件著作权 79 项

71 篇

研究生以第一作者发表高水平论文 71 篇，其中

- 北大中文核心期刊 44 篇
- EI 检索 4 篇
- SCI 检索 23 篇

6 月 11 日，学校入选北京市教委公布“北京 2018—2020 年博士学位授予立项建设单位”

BEIJING
INFORMATION
SCIENCE & TECHNOLOGY
UNIVERSITY

SUBJECT AND POSTGRADUATE EDUCATION

学科与研究生教育

学科建设

概况

1405 万元

完成学科群项目立项 4 项，合计 1405 万元

542 万元

“信息 +”项目立项 20 项，合计 542 万元

324 万元

常规项目立项 11 项，合计 324 万元

30 万元

研究生科技创新项目立项 19 项，合计 30 万元

北京信息科技大学学科建设工作由研究生院（研工部）承担，负责贯彻执行国家、学校有关学科政策和规定；负责学校学科规划的论证、制定、实施与调整，负责学科论证与评估，负责起草学科建设工作规章制度并组织实施等工作。研究生院（研工部）下设学科与学位办公室，办公地点位于小营校区三号办公楼 152 室。2018 年，研究生院（研工部）根据《学科建设总体方案（2018—2020）》，学科与研究生教育专项项目立项充分体现择优资助并向申博学科倾斜原则，在完成 2017 年学科与研究生教育专项项目验收工作基础上，经自主申报、学院初审、专家评审，完成学科群项目立项 4 项，合计 1405 万元；“信息 +”项目立项 20 项，合计 542 万元；常规项目立项 11 项，合计 324 万元；研究生科技创新项目立项 19 项，合计 30 万元；总计 2301 万元。

（陶东梅　阎为民）

布局与结构

2018 年，学校制定《学科建设总体方案（2018—2020）》，加强学科建设顶层设计，对标博士学位授予单位申请基本条件及相关学科博士学位申请基本条件，开展学科群项目和“信息 + 项目”建设。打造“高精尖仪器与智能制造”“新一代信息技术与控制”“循环经济与知识管理”3 个学科群，促进学科与战略产业、新兴产业及首都经济社会融合发展。启动共建学科和高精尖学科申报工作。7 月中旬，校党委副书记、校长王永生与清华大学党委书记陈旭在北京高校学科共建签约仪式上，就两校共建“仪器科学与技术”学科交换签约文本。10 月，完成仪器科学与技术、机械工程和管理科学与工程 3 个高精尖学科申报工作。

表 1　一级学科一览表

序号	学科名称
1	机械工程
2	光学工程
3	仪器科学与技术
4	控制科学与工程
5	电气工程
6	信息与通信工程
7	计算机科学与技术
8	网络空间安全

续表 1

序号	学科名称
9	电子科学与技术
10	管理科学与工程
11	工商管理
12	应用经济学
13	数学
14	马克思主义理论

表 2 一级学科和专业（领域）学位一览表

序号	类别	专业（领域）名称
1	一级学科	机械工程
2	一级学科	光学工程
3	一级学科	仪器科学与技术
4	一级学科	控制科学与工程
5	一级学科	电气工程
6	一级学科	信息与通信工程
7	一级学科	计算机科学与技术
8	一级学科	网络空间安全
9	一级学科	电子科学与技术
10	一级学科	管理科学与工程
11	一级学科	工商管理
12	一级学科	应用经济学
13	一级学科	数学
14	一级学科	马克思主义理论
15	专业学位	机械工程（领域）
16	专业学位	仪器仪表工程（领域）
17	专业学位	车辆工程（领域）
18	专业学位	控制工程（领域）
19	专业学位	电子与通信工程（领域）
20	专业学位	计算机技术（领域）
21	专业学位	工业工程（领域）

续表 2

序号	类别	专业（领域）名称
22	专业学位	物流工程（领域）
23	专业学位	工商管理硕士（MBA）
24	专业学位	新闻与传播硕士
25	专业学位	会计硕士

表 3 引领学科一览表

序号	类别	学科名称
1	一级学科	机械工程
2	一级学科	仪器科学与技术
3	一级学科	控制科学与工程
4	一级学科	信息与通信工程
5	一级学科	计算机科学与技术
6	一级学科	管理科学与工程

（陶东梅）

学科队伍

2018 年，学校加强导师队伍建设，提升导师队伍整体素质水平。修订校内外硕士研究生导师遴选相关文件和规定，对具有博士学位讲师遴选条件、科研成果要求进行调整，将具有较高学术能力水平博士讲师和企业技术人员吸收到硕士研究生导师队伍中。开展 2017 年度硕士研究生导师遴选和培训工作。新增硕士研究生导师 50 人，导师数量达 323 人；开展专业学位校外兼职导师遴选工作，遴选企事业单位专业学位校外兼职导师 58 人，并颁发聘书，聘期 5 年。开展 2018 年度硕士研究生导师遴选工作，申报 20 余人。2018 年，新增博士生导师 3 人，兼职博士生导师达 28 人。

323 人

新增硕士研究生导师 50 人，导师数量达 323 人

58 人

遴选企事业单位专业学位校外兼职导师 58 人

28 人

新增博士生导师 3 人，兼职博士生导师达 28 人

表 4 兼职博士生导师一览表

序号	导师姓名	从事学科门类	所在学科	任兼职博导单位	备注
1	韩秋实	工学	机械工程	机械科学研究总院	
2	徐小力	工学	机械工程	北京理工大学 中国农业机械化科学研究院 贵州大学	

续表 4

序号	导师姓名	从事学科门类	所在学科	任兼职博导单位	备注
3	黄民	工学	机械设计及理论	中国农业机械化科学研究院 中国矿业大学（北京）	
4	杨庆东	工学	机械设计及理论	辽宁工程大学	
5	陈勇	工学	车辆工程	北京理工大学	
6	祝连庆	工学	精密仪器及机械	合肥工业大学 天津大学 长春理工大学	
7	吕乃光	工学	电子科学与技术	北京邮电大学	退休
8	苏中	工学	控制科学与工程	北京理工大学	
9	李邓化	工学	交通信息工程及控制	北京交通大学	
10	王久和	工学	电气工程	北京交通大学	
11	葛新权	管理学	企业管理	北京交通大学 社科院	
12	侯军岐	管理学	农业经济管理	西北农林科技大学	
13	李祥贵	工学	系统工程	辽宁工程技术大学 湘潭大学	
14	谢冬秀	理学	数学	湖南大学	
15	王丽坤	工学	电子科学与技术	北京邮电大学	
16	戈新生	理学	一般力学	北京交通大学	
17	王永生	工学	光学工程	北京交通大学	
18	王秀彦	管理学	管理科学与工程	北京工业大学	
19	董明利	工学	机械工程	北京工业大学	
20	陈昕	工学	计算机科学与技术	燕山大学	
21	吕学强	中国语言文学	语言智能	首都师范大学	
22	宋建丽	工学	材料加工工程	太原科技大学	
23	张健	工学	农业工程	山东理工大学	
24	王红军	工学	机械工程	机械科学研究总院	
25	张仰森	工学	计算机科学与技术	北京交通大学	
26	易军凯	工学	控制科学与工程	北京化工大学	
27	李宁	工学	计算机科学与技术	北京科技大学	
28	王兴芬	工学	管理科学与工程	北京科技大学	

表 5 硕士研究生导师一览表

机电工程学院（46 人）									
徐小力	韩秋实	杨庆东	戈新生	许宝杰	侯悦民	邢济收	栾忠权	郝南海	贺敬良
王吉芳	高炳学	张志强	林慕义	黄　民	王国权	王红军	陈　勇	童　亮	刘　泉
龚国庆	李天剑	张瑞乾	钟建琳	陈秀梅	李启光	孙江宏	朱春梅	米　洁	郝育新
谷玉海	王少红	王立勇	吴国新	张君华	李　乐	彭宝莹	左云波	马　彬	苏　鹏
李凤莲	赵　理	马　超	刘相权	唐长亮	霍为炜				

续表 5

仪器科学与光电工程学院（52 人）									
李 东	马牧燕	祝连庆	刘桂礼	郭阳宽	王晓飞	董明利	刘国忠	张晓青	王晓玲
娄小平	燕必希	陈青山	王艳林	周哲海	吕 勇	贾豫东	牛春晖	王 君	刘力双
孙 婷	闫 光	吴思进	孔全存	孟晓辰	张 帆	刘 锋	张钰民	辛璟焘	何 巍
张 雯	段文睿	何彦霖	陈少华	宋言明	李 红	曹 阳	孟 阔	牟涛涛	孙广开
贺 庆	朱桂贤	刘 超	司娟宁	牛海莎	孟凡勇	李伟仙	司宾强	姚齐峰	赵 爽
李晓英	秦 雷								
信息与通信工程学院（24 人）									
汪毓铎	朱希安	罗 倩	焦瑞莉	周金和	吴韶波	李红莲	缪 旻	崔英花	李学华
曹 林	张月霞	王亚飞	徐 湛	姚彦鑫	王占刚	解迎刚	张小咏	张 涛	朱 翠
赵 凯	段中钰	卓智海							
自动化学院（34 人）									
李邓化	王久和	厉 虹	艾 红	苏 中	杨秀媛	张奇志	高国伟	胡平平	李 擎
恒庆海	曹荣敏	马 洁	朱嘉林	高晶敏	周亚丽	管 萍	李 娟	付兴建	陈雯柏
彭书华	吴迎年	杨鸿波	范军芳	侯 明	刘 琼	胡敬芳	李庆奎	刘 宁	李玉梅
李 慧	张巧杰	王丽婕	李建国						
计算机学院（35 人）									
牟永敏	周长胜	任维平	张仰森	徐雅斌	李淑琴	刘建宾	杨大利	侯凌燕	李 宁
殷 旭	李宝安	陈 昕	施水才	肖诗斌	蔡 英	都云程	施运梅	吕学强	刘旭红
侯 霞	焦 健	张 伟	苗 军	朱敏玲	李 卓	黄宏博	蒋玉茹	刘秀磊	孟 坤
郑丽伟	李淑琴	陈海涛	牛 科	范艳芳					
经济管理学院（59 人）									
田肇云	孙 静	李 莉	王宗水	倪 渊	齐 林	陈进东	张长鲁	王 宁	唐五湘
张志凤	卢 静	谢瑞峰	侯军岐	梁栩凌	谭祖卫	曲 立	李静文	员晓哲	黎 枫
岳宝宏	周秀玲	杭建平	刘文涛	王 晖	廉串德	程桂枝	张 健	金春华	李晓非
尹洁林	王 莹	崔 瑜	张 雯	颜 瑞	庄飞鹏	李鸿磊	李建良	葛新权	李雁玲
刘 春	周脉伏	徐文彬	孙 凯	王 斌	谢 群	周 觉	周飞跃	孙玉霞	徐 颖
孟海亮	杨颖梅	刘 伟	张 舒	王建国	杨 慧	任丽明	张品一	杨翠芬	
信息管理学院（22 人）									
李 忱	孙若莹	卢华明	徐晓敏	赵 刚	尹春华	杨孔雨	王兴芬	蒋文保	康海燕
蒋洪伟	张 莉	朱 阁	任俊玲	卢益清	胡 敏	谷晓燕	张 虹	吴丽花	赵庆聪
梁力军	杜惠英								
马克思主义学院（10 人）									
刘永成	敖云波	郭春燕	胡 飒	张云筝	赵爱玲	陈建成	王英红	韩剑英	舍娜莉
理学院（38 人）									
邹小平	田文杰	王丽坤	田杨萌	于肇贤	杨 虹	吴秋新	王宏伟	朴林华	王彩霞
王小妮	李 涵	殷树娟	马余全	黄文奇	廖擎玮	李 严	杨毅恒	谢冬秀	薛春艳
盛炎平	侯吉成	李国成	张炳江	程希明	李祥贵	邱 钧	冯美强	闻小永	王爱文

续表 5

王　昕	王灯山	孟祥花	陈　芳	黄静静	赵明镜	亢芳圆	张　伟		
公共管理与传媒学院（3 人）									
丁　宁	王圣华	刘庆振							

（陶东梅）

学科评估

表 6　第四轮学科评估部分一级学科评估结果统计表

序号	学科名称	参评学科数	评估档次	排名段位
1	仪器科学与技术	73	C+	40%~50%
2	机械工程	189	C	50%~60%
3	管理科学与工程	187	C	50%~60%
4	计算机科学与技术	238	C-	60%~70%
5	控制科学与工程	162	C-	60%~70%

（陶东梅）

硕士学位授权点

表 7　硕士学位授权点一览表

序号	类别	学科或专业（领域）
1	一级学科	机械工程
2	一级学科	光学工程
3	一级学科	仪器科学与技术
4	一级学科	控制科学与工程
5	一级学科	电气工程
6	一级学科	信息与通信工程
7	一级学科	计算机科学与技术
8	一级学科	网络空间安全
9	一级学科	电子科学与技术
10	一级学科	管理科学与工程
11	一级学科	工商管理
12	一级学科	应用经济学
13	一级学科	数学
14	一级学科	马克思主义理论
15	专业学位	机械工程（领域）
16	专业学位	仪器仪表工程（领域）
17	专业学位	车辆工程（领域）
18	专业学位	控制工程（领域）
19	专业学位	电子与通信工程（领域）
20	专业学位	计算机技术（领域）
21	专业学位	工业工程（领域）
22	专业学位	物流工程（领域）
23	专业学位	工商管理硕士（MBA）
24	专业学位	新闻与传播硕士
25	专业学位	会计硕士

（陶东梅）

入选申博立项建设单位

2018 年，学校根据国务院学位委员会和北京市学位委员会相关要求，启动博士学位授予立项建设单位申报工作。按照新增博士学位授予单位申请基本条件整合资源，在重点建设仪器科学与技术等 6 个引领学科基础上，依托信息特色、行业特色和军工特色，紧扣北京“四个中心”－全国政治中心、文化中心、国际交往中心、科技创新中心战略定位和北京优化提升首都核心功能、京津冀协同发展等战略需求，确定以仪器科学与技术、机械工程、控制科学与工程、管理科学与工程等优势学科为申博学科并开展相应建设工作。6 月 11 日，学校入选北京市教委公布的“北京 2018—2020 年博士学位授予立项建设单位”。

（陶东梅）

与清华大学签约开展“仪器科学与技术”学科共建

4月下旬，校党委副书记、校长王永生一行赴清华大学就学科共建事宜，与清华大学副校长、中国工程院院士尤政等进行交流，双方拟在教师队伍共建、研究生培养、科研合作等方面加强合作。7月18日，校党委副书记、校长王永生与清华大学党委书记陈旭在北京会议中心举行的北京高校学科共建签约仪式上，就“仪器科学与技术”学科共建交换签约文本。

（陶东梅）

研究生教育

概况

北京信息科技大学研究生教育工作由研究生院（研工部）承担。负责研究生招生、培养、学位授予、思想教育等工作，下设研究生招生办公室、研究生培养办公室、学科与学位办公室、研工部学生工作办公室。办公地点分别位于小营校区三号办公楼150室、152室、153室、157室、153室。2018年，学校录取硕士研究生541人，环比增加7.34%，其中，非应届生219人、应届本科生322人；全日制529人、非全日制12人。研究生毕业401人、结业12人；授予硕士学位453人；评选优秀硕士学位论文33篇。截至2018年年底，在校硕士研究生1430人。研究生以第一作者发表高水平论文71篇，其中，北大中文核心期刊44篇、EI检索4篇、SCI检索23篇；以第一完成人获专利和软件著作权79项；研究生科技创新项目立项19项，全部通过结题验收，获评优秀项目9项。

401人
研究生毕业401人

453人
授予硕士学位453人

1430人
在校硕士研究生1430人

（阎为民）

研究生招生

2018年，学校扩大研究生教育规模，优化招生指标动态调整机制，提高招生质量。

表8 2018年研究生招生情况一览表

招生学院	学科专业代码	学科专业名称	录取人数	考生来源		考生学历		学习方式	
				非应届人员	应届本科生	本科	本科以下	全日制	非全日制
机电工程学院	080200	机械工程（学术学位）	24	7	17	24		24	
	085201	机械工程（专业学位）	44	22	22	44		44	
	085234	车辆工程（专业学位）	10	2	8	10		10	
仪器科学与光电工程学院	080300	光学工程（学术学位）	5	2	3	5		5	
	080400	仪器科学与技术（学术学位）	23	7	16	23		23	
	085203	仪器仪表工程（专业学位）	59	18	41	59		59	
自动化学院	0181101	控制理论与控制工程（学术学位）	9	7	2	9		9	
	0181102	检测技术与自动化装置（学术学位）	5	2	3	5		5	
	0181104	模式识别与智能系统（学术学位）	6	3	3	6		6	
	0181105	导航、制导与控制（学术学位）	5	2	3	5		5	
	085210	控制工程（专业学位）	51	24	27	51		51	
信息与通信工程学院	081000	信息与通信工程（学术学位）	13	5	8	13		13	
	085208	电子与通信工程（专业学位）	47	13	34	47		47	
计算机学院	081201	计算机系统结构（学术学位）	5	1	4	5		5	

续表 8

招生学院	学科专业代码	学科专业名称	录取人数	考生来源		考生学历		学习方式	
				非应届人员	应届本科生	本科	本科以下	全日制	非全日制
计算机学院	081203	计算机应用技术（学术学位）	10		10	10		10	
	0812Z1	网络信息检索与内容理解（学术学位）	3	1	2	3		3	
	085211	计算机技术（专业学位）	61	24	37	61		54	7
经济管理学院	020201	国民经济学（学术学位）	2	1	1	2		2	
	020204	金融学（学术学位）	3	1	2	3		3	
	020209	数量经济学（学术学位）	3		3	3		3	
	120201	会计学（学术学位）	3	1	2	3		3	
	120202	企业管理（学术学位）	3	1	2	3		3	
	120204	技术经济及管理（学术学位）	2	2		2		2	
	085236	工业工程（专业学位）	18	8	10	17	1	18	
	125100	工商管（MBA）（专业学位）	27	27		20	7	22	5
	120100	管理科学与工程（学术学位）	18	9	9	18		18	
信息管理学院	085240	物流工程（专业学位）	21	10	11	21		21	
	120100	管理科学与工程（学术学位）	13	1	12	13		13	
理学院	070101	基础数学（学术学位）	3	2	1	2	1	3	
	070102	计算数学（学术学位）	6	1	5	6		6	
	070103	概率论与数理统计（学术学位）	3	1	2	3		3	
	070104	应用数学（学术学位）	8	3	5	8		8	
	080901	物理电子学（学术学位）	4	1	3	4		4	
	080903	微电子学与固体电子学（学术学位）	12	4	8	12		12	
	080904	电磁场与微波技术（学术学位）	1		1	1		1	
马克思主义学院	030500	马克思主义理论（学术学位）	11	6	5	11		11	
合计			541	219	322	532	9	529	12

（伦艳华）

研究生培养

2018 年，学校强化研究生培养过程管理及培养质量监控，优化课程设置，信息化管理教学过程。加大学院研究生培养自主权，依据学院、学科特色自主确定论文评审院校、送审模式及评优标准。完善硕士学位论文质量监督体系，加强答辩前盲审工作，开展硕士学位论文答辩后盲审抽查工作，重点抽查近几年无主持课题、指导研究生数量较多和担任领导职务导师所指导的研究生学位论文，其中论文复制比在 10% 以下毕业生占 83.5%。加强论文盲审覆盖面和力度，盲审率 92.25%，环比提高近 10 个百分点。加大研究生国际交流力度，提升研究生学术与创新能力。研究生院会同国际交流处及相关学院，遴选 2 批次共计 52 名硕士研究生，分别赴日本早稻田大学和越南河内大学开展学术交流活动。

表 9　2018 年研究生毕业、结业情况一览表

毕业研究生：401 人									
光电学院（50 人）									
刘宇航	王兴丽	李成宇	王德钊	周　平	王　睿	吴　晗	李　波	高　洁	谭泽祥
李　达	张恒飞	张俊康	张开宇	李　凯	徐馨荷	褚连胜	樊夏辉	齐春晨	李　丽
仝丽君	张鑫鹏	张巧云	贺凯丽	易　敏	贾俊博	张　悦	徐晓凤	杨三三	禹隆隆
马国峰	郭振黎	魏玉欣	魏钰柏	李磊伟	郝东洋	史艳侠	王海月	王思宇	徐紫艳
胡腾飞	杨　颖	丁军浩	张彦军	王伟丽	骆荣坤	李　冉	冯金磊	上官春梅	
章　东									
机电学院（59 人）									
孙国跃	罗　盼	王四松	孙　委	马士然	奚鹏程	曹逸凡	刘锴圣	耿巧曼	吴雅朋
何林锋	张　龙	刘玉龙	陈志华	闫　坤	赵　旭	张婷婷	杨志达	朱秀芳	马　钊
张胜金	石青鑫	崔一峰	夏欣雨	杜　祯	魏晓旭	彭　峰	杜　晨	孟祥梁	刘　洋
黄彦盟	王丛政	杨俊杰	彭毓敏	曹　洲	金　秋	付胜华	姚亚航	仝玉冲	崔锡龙
付　晶	陈江松	张　骞	高秀慧	高杨杰	张祥启	邹安南	刘　贝	马建刚	黄喜淦
顾晓军	段密克	吕文秀	鹿昆磊	孙　康	王志明	夏建华	刘　洋	王　葵	
通信学院（47 人）									
郑鑫臻	可飞龙	赵盼盼	郭　杰	马语晗	杨亚旗	刘鹏成	胡变香	李　茜	修　超
李昕冉	殷生旺	刘河源	郑佳瑶	万　韶	王　帅	章兵兵	朱星嘉	陈　行	邱中原
胡　峰	徐国权	位明扬	景裕文	于芳源	郭鹏飞	沈　琛	周思洋	宋莎莎	段肖洋
董大年	杨瑞琪	王文琪	欧　莹	金文斌	陈　丹	杨超群	乔元新	常兴远	张　浩
白　枭	雷　欧	刘　兴	杨　昊	张　朋	徐亚峰	杜仁杰			
自动化学院（72）									
朱立夫	王　帅	陈　硕	王　涛	丁旭东	刘振涛	赵国宁	项　伟	王英剑	齐京申
罗　奇	王　玺	孟庆桐	雪晓菲	江宇萌	吴彦欣	宫振杰	祝　贺	李玥琪	黄　璐
袁鑫全	岳雅茹	姬芳芳	耿仕强	郭宝峰	彭桂武	白万涛	金鑫城	张栋梁	吴冰洋
崔晓丽	梅　迪	张　英	宋晓宇	解　爽	员乾乾	杨　坚	陈　萍	郝亚东	白　晗
李孟楠	李　星	王世峰	高彬彬	吴东东	贾文浩	李银银	于　飞	李　同	李世川
王志方	何孟凡	王　刚	陶子涵	刘　虹	崔领袖	李小雷	李　军	张世先	于士贤
吴楠京	周阮坤	杨凤满	党浩明	朱加华	熊晶晶	宋　阳	田文龙	李利苹	姚其家
张　磊	朱凤杰								
计算机学院（53 人）									
许婷婷	马洋春	杜　冰	秦博宏	雷　洋	赵　雪	张小鹏	侯林清	徐　硕	郝　蓓
邬丽君	刘其源	袁从灏	叶　子	王文超	田　敏	赵　欢	张亦鹏	郭　昊	郑国伟
李　欢	贾渊渊	蒋俊弛	魏天珂	李长磊	杨亦松	朱万祥	贾珊珊	张　凯	黄姝婧
徐华俊	贺泽宇	张蜀男	张永真	吴　萌	郑　佳	王　健	张庆伟	王　建	杨　林
曹　勇	肖圣龙	夏　冰	徐　哲	李　胜	季逸超	薛炜明	郭晓敏	王宇璐	高　莹
孙　冉	张耀荣	郭正斌							

续表 9

经管学院（53 人）									
孟　萍	邱秀娜	马　然	聂立峰	贾文俊	张　艳	侯　奕	陈　晨	王　静	刘　旭
刘潇雨	徐　渊	刘爱华	贾　斌	郎　倩	赵　蕊	王春玲	侯　琴	熊雪洋	潘　坤
孙　懿	赵德虎	李海松	张艳娟	赵刚刚	蔡佳迎	刘春玲	韩丽丽	米　妍	孙　睿
马东惠	于少杰	程　丽	杨万里	张齐娟	赵嘉茵	罗晓璐	付　莉	王亚涛	郭丽用
李晶博	黄聪艳	余　娜	余　伟	张雪娇	韩　铁	张　静	桑　丹	文　婧	孟家丞
郝　珅	郭　涛	倪润通							
信管学院（49 人）									
陈　晓	李　庙	王陆娅	武婉婉	张海丽	毛泽天	郭　慧	赵文辉	董裕琼	张建平
陈峥欣	王纪元	梅　灵	李　凡	宋四宾	马承君	黄美霞	杨思雨	初　睿	李　飞
毛　欣	朱志军	赵建欣	康瑞瑞	邹雅迪	王　伟	史文慧	张亚敏	刘奥彬	吕佳玮
张欣然	王甜甜	苏照力	王　碰	郭金明	苏晓玲	王　蓉	贾倩倩	程凤姣	高宇游
陈天英	邱燕芳	杨　萍	潘馨如	应志恒	魏美荣	李　达	孙浩博	欧阳甫宣	
理学院（13 人）									
王伟豪	刘　聪	王腾飞	王　强	汪星星	陈鸿燕	张建宽	吴丽娜	张静静	高　姗
王敏敏	张文英	李　倩							
马克思学院（5 人）									
杜明夏	何玉清	王梦晨	王　珊	关月盈					
结业研究生：12 人									
光电学院（2 人）		陈　欣	樊绍桐						
机电学院（2 人）		张　琦	邱玉彬						
计算机学院（2 人）		王　燊	高学信						
经管学院（2 人）		姚海峰	张丹丹						
通信学院（1 人）		章庆汉							
信管学院（1 人）		宋月明							
自动化学院（2 人）		宋亚信	杨　逸						

（苏　芳）

硕士学位授予

2018 年，学校加强学位授予管理工作，严把学位授予关。授予硕士学位 453 人，其中，工学硕士学位 130 人、管理学硕士学位 33 人、管理学同等学力硕士学位 1 人、经济学硕士学位 16 人、理学硕士学位 13 人、法学硕士学位 5 人、全日制工程硕士学位 192 人、在职工程硕士学位 40 人、全日制工商管理硕士学位（MBA）学位 23 人。

表 10　2018 年硕士学位授予情况一览表

工学（130 人）									
王　葵	孙　康	刘　洋	夏建华	王志明	奚鹏程	刘锴圣	张　龙	曹逸凡	耿巧曼
闫　坤	吴雅朋	刘玉龙	陈志华	何林锋	鹿昆磊	顾晓军	黄喜淦	段密克	吕文秀
马建刚	李利苹	姚其家	王四松	孙　委	罗　盼	孙国跃	马士然	贺　彬	王德钊
刘宇航	王兴丽	李成宇	周　平	樊夏辉	高　洁	张鑫鹏	张俊康	张开宇	李　波

续表 10

吴　晗	褚连胜	仝丽君	张恒飞	王　睿	李　凯	李　达	徐馨荷	谭泽祥	王　涛
刘振涛	丁旭东	陈　硕	朱立夫	王　帅	杨瑞琪	王文琪	欧　莹	董大年	段肖洋
张　磊	朱凤杰	徐亚峰	杨　昊	杜仁杰	张　朋	吴楠京	周阮坤	李小雷	李　军
于士贤	张世先	耿仕强	郭宝峰	黄　璐	李玥琪	岳雅茹	袁鑫全	熊晶晶	宋　阳
党浩明	杨凤满	朱加华	王英剑	齐京申	赵国宁	项　伟	罗　奇	孟庆桐	雪晓菲
王　玺	江宇萌	祝　贺	吴彦欣	宫振杰	田文龙	姬芳芳	吴　萌	贺泽宇	张永真
张蜀男	徐华俊	李　胜	季逸超	曹　勇	王　建	徐　哲	郑　佳	肖圣龙	王　健
夏　冰	张庆伟	杨　林	张耀荣	孙　冉	郭正斌	高　莹	王宇璐	薛炜明	郭晓敏
刘　兴	雷　欧	金文斌	乔元新	杨超群	张　浩	白　枭	陈　丹	常兴远	宋亚信
管理学（33 人）									
康瑞瑞	朱志军	张亚敏	邹雅迪	李　飞	刘奥彬	王　伟	孙浩博	李　达	米　妍
马东惠	孙　睿	韩丽丽	张雪娇	张　静	桑　丹	余　伟	韩　铁	于少杰	赵嘉茵
罗晓璐	杨万里	程　丽	张齐娟	柳迎春	张欣然	吕佳玮	毛　欣	史文慧	赵建欣
魏美荣	欧阳甫宣		WAIEL HOURIEH						
经济学（16 人）									
赵刚刚	蔡佳迎	李海松	刘春玲	张艳娟	余　娜	李晶博	王亚涛	郭丽用	黄聪艳
郝　珅	倪润通	文　婧	孟家丞	郭　涛	付　莉				
理学（13 人）									
汪星星	王　强	张建宽	陈鸿燕	王伟豪	刘　聪	王腾飞	李　倩	张文英	张静静
吴丽娜	高　姗	王敏敏							
法学（5 人）									
杜明夏	何玉清	王梦晨	王　珊	关月盈					
（全日制）工程硕士（192 人）									
高秀慧	高杨杰	张祥启	邹安南	陈江松	夏欣雨	金　秋	魏晓旭	曹　洲	刘　洋
张婷婷	姚亚航	马　钊	崔锡龙	付　晶	杨俊杰	赵　旭	孟祥梁	彭　峰	崔一峰
仝玉冲	付胜华	杜　祯	黄彦曌	王丛政	杜　晨	刘　贝	杨志达	张　骞	朱秀芳
张胜金	彭毓敏	石青鑫	张彦军	王伟丽	骆荣坤	李　冉	冯金磊	王思宇	禹隆隆
杨三三	易　敏	齐春晨	魏钰柏	贾俊博	胡腾飞	张　悦	徐紫艳	张巧云	郭振黎
魏玉欣	郝东洋	史艳侠	章　东	李磊伟	贺凯丽	马国峰	丁军浩	杨　颖	徐晓凤
王海月	李　丽	于芳源	沈　琛	郑鑫臻	郑佳瑶	马语晗	刘鹏成	邱中原	景裕文
李　茜	修　超	位明扬	可飞龙	刘河源	王　帅	宋莎莎	徐国权	杨亚旗	赵盼盼
李昕冉	郭　杰	章兵兵	朱星嘉	胡　峰	殷生旺	胡变香	陈　行	周思洋	郭鹏飞
万　韶	崔领袖	郝亚东	梅　迪	贾文浩	解　爽	彭桂武	李银银	陶子涵	吴冰洋
李世川	宋晓宇	李孟楠	员乾乾	李　星	刘　虹	白　晗	金鑫城	张栋梁	陈　萍
吴东东	何孟凡	崔晓丽	王世峰	白万涛	王　刚	王志方	李　同	高彬彬	杨　坚
张　英	于　飞	李长磊	杨亦松	朱万祥	贾珊珊	张　凯	黄姝婧	马洋春	王文超
刘其源	邬丽君	魏天珂	李　欢	侯林清	郑国伟	张亦鹏	袁从灏	张小鹏	蒋俊弛

续表 10

叶　子	秦博宏	杜　冰	赵　雪	雷　洋	田　敏	郝　蓓	徐　硕	贾渊渊	许婷婷
郭　昊	赵　欢	陈　新	马承君	黄美霞	杨思雨	初　睿	赵文辉	张建平	张海丽
王纪元	陈　晓	郭　慧	武婉婉	董裕琼	陈峥欣	王陆娅	李　庙	梅　灵	宋四宾
毛泽天	李　凡	蔡伊君	潘馨如	应志恒	陈天英	高宇游	王甜甜	程凤姣	贾倩倩
苏照力	邱燕芳	苏晓玲	郭金明	王　蓉	杨　萍	王　碰	樊绍桐	章庆汉	高学信
宋月明	上官春梅								
（在职）工程硕士（40 人）									
张丽萍	杨　霄	董志安	李　凯	郭　翼	舒　适	张　麟	郝澄宇	张童玉	倪　茜
彭　夷	刘　猛	李晅旻	钱晓明	张　扬	孙　浩	赵有秋	姚　莉	李孟芳	郑　印
周志坚	林学梁	马天佳	任　磊	乔浩然	王占军	韩　超	阮伟娟	张肖勇	袁世龙
张长均	王运方	杨　超	刘　鹏	尹艳瑾	郑远博	田家臣	贾春红	董　磊	刘　旭
（全日制）工商管理硕士（MBA）（23 人）									
马　然	侯　奕	陈　晨	王　静	刘　旭	刘潇雨	徐　渊	刘爱华	贾　斌	郎　倩
赵　蕊	王春玲	侯　琴	熊雪洋	孙　懿	赵德虎	潘　坤	张　艳	贾文俊	聂立峰
邱秀娜	孟　萍	张丹丹							
管理学同等学力（1 人）									
王明涛									

（陶东梅）

研究生政治思想教育

2018 年，学校推进研究生校、院两级政治思想教育与学生事务管理工作。以主题教育活动为核心，为加强研究生学生干部队伍建设；增强学生干部责任意识、团结意识和服务意识，提高研究生骨干分子政策理论水平、业务素质和工作能力，发挥示范引领作用；组织开展第五期研究生骨干培训班活动。加强研究生党团社会实践活动，定期组织研究生志愿者到北京市海伦聋儿康复中心、北京新希望学校、龙岗社区、马坊社区等地开展支教和敬老爱老志愿活动。指导研究生会开展文体活动，促进各学院研究生交流，丰富课余文化生活；举办“朗读者”中华传统文化分享会、研究生英语演讲比赛、研究生会年度颁奖典礼等活动 30 余项。开展研究生心理健康教育，关注学生心理健康状况，对发现问题进行干预和治疗；配合学校心理健康教育中心，完成研究生班级心理委员培训工作，开展研究生新生心理排查等活动；开展班级心理委员间心理知识学习心得和工作经验交流活动，提高班级心理委员工作水平。

（毕　蕊）

研究生科技创新及成果

2018 年，学校加强研究生科技创新意识和创新能力培养，提升科技学术氛围。组织师生学习国家科技创新需求与支持政策，鼓励研究生参加科技创新活动，举办第二届科技创新节。获省部级以上科技竞赛奖 24 项；获“挑战杯”等全国性科技竞赛奖 15 项。

（毕　蕊）

研究生奖助

25 人
研究生国家奖学金 25 人

1 人
研究生双百奖学金 1 人

1302 人
评选研究生学业奖学金 1302 人

2018 年，学校评选研究生国家奖学金 25 人、研究生“双百”奖学金 1 人。评选研究生学业奖学金 1302 人，其中，2016 级一等 39 人、二等 101 人、三等 220 人；2017 级一等 46 人、二等 121 人、三等 253 人；2018 级 522 名研究生全覆盖。评选研究生校长奖学金 2 人，研究生科技成果专项奖学金 100 人。评选校级优秀毕业生 44 人。

（毕　蕊）

人才培养

5 个

机械设计制造及其自动化、光电信息科学与工程、电子信息工程、软件工程和信息安全 5 个专业申请 2019 年工程教育认证并被受理

77.6%

一类本科招生省份数量 29 个，一类本科招生计划占比 77.6%

10892 人

全日制在校本科生 10892 人

4 项

以第一完成单位获北京市高等教育教学成果奖一等奖 4 项、二等奖 3 项

99.19%

本科毕业生宽口径就业率 99.19%

100%

硕士毕业生宽口径就业率 100%

BEIJING
INFORMATION
SCIENCE & TECHNOLOGY
UNIVERSITY

TALENT CULTIVATION

人才**培养**

本科教育

概况

39 个

设置本科专业 39 个

1077 门次
392 门次
730 门次
376 门次

开设公共必修课程 1077 门次、公共选修课 392 门次、专业基础课 730 门次、专业选修课 376 门次

2304 人

本科生毕业 2304 人、结业 291 人

北京信息科技大学本科教学管理工作由教务处承担。负责全日制普通高等教育本科学生专业、教学和培养管理，包括专业建设与培养方案管理、课程和教材建设、教学改革与教学建设研究、教学运行管理、教学质量监控、学籍和学务管理、实践教学环节建设与管理、电教中心管理、教学管理规章制度制（修）订、各项教学工作及教学人员评优与奖励、教学管理人员培训等工作。办公地点位于小营校区三号办公楼 119 室、121~123 室、125~133 室、一教教学运行服务中心、图书馆电教中心及健翔桥校区电教中心。2018 年，学校设置本科专业 39 个。全年开设公共必修课程 1077 门次、公共选修课 392 门次、专业基础课 730 门次、专业选修课 376 门次。本科生毕业 2304 人、结业 291 人。截至 2018 年年底，学校全日制在校本科生 10892 人。

（白菁　李玥）

专业建设

2018 年，学校启动校内一流专业评选工作，加强本科专业内涵建设与发展。落实测控技术与仪器市级一流专业建设方案。为机器人工程、数据科学与大数据技术 2 个新专业公开招聘教学负责人各 1 人，配备专职教学秘书负责专业建设及特长班日常管理工作。网络工程专业完成工程教育专业认证专家现场考查。机械设计制造及其自动化、光电信息科学与工程、电子信息工程、软件工程和信息安全 5 个专业申请 2019 年工程教育认证并被受理。

表 11　国家级特色专业建设点一览表

序号	专业名称	所属学院
1	电子信息工程	信息与通信工程学院
2	车辆工程	机电工程学院
3	计算机科学与技术	计算机学院
4	自动化	自动化学院

表 12　北京市级特色专业建设点一览表

序号	专业名称	所属学院
1	电子信息工程	信息与通信工程学院
2	通信工程	信息与通信工程学院
3	测控技术与仪器	仪器科学与光电工程学院

续表 12

序号	专业名称	所属学院
4	计算机科学与技术	计算机学院
5	软件工程	计算机学院
6	自动化	自动化学院
7	信息管理与信息系统	信息管理学院
8	车辆工程	机电工程学院
9	机械设计制造及其自动化	机电工程学院

（李玥）

教学运行

2018 年，学校实施高水平人才交叉培养计划。选派 242 名机械电子工程等 14 个专业“双培”计划学生到北京理工大学、北京邮电大学等 6 所央属高校进行为期 3 年的学习。264 名首批“双培”计划学生在央属高校学成归来，全部进入各学院专业学习。8 名“外培”计划学生前往美国奥克兰大学进行 1~2 年学习。接收北京铁路电气化学校“贯通”培养学生 74 人，制定专业培养方案，派专人负责学生管理。完成“实培”计划三类项目，其中，毕设（科研）项目 35 项、毕设（创业）项目 33 项、大创深化项目 13 项，参与学生数共计 161 人。完成教务管理系统升级维护和教务自助服务系统平台升级，实现教务基础数据与财务系统对接，促进基础数据共享互通，为学生提供便捷服务。开展毕业设计（论文）2562 项，包括在实验、实习、工程实践和社会调查等社会实践中完成课题 2223 项，占毕业设计总数的 86.77%。学生已发表或拟发表论文 68 篇，包括 EI 收录 9 篇、SCI 收录 2 篇、中文核心 20 篇；申请专利及软件著作权 4 项。

（陈伟　孙彦超　戴长林）

教学改革与教学管理

1 项
获批教育部新工科研究与实践项目 1 项

10 项
获批教育部产学合作协同育人项目 10 项

148 项 53 项
完成校级教改、课改项目结题验收 148 项，新批准立项 53 项

2018 年，学校根据《关于统筹推进北京高等教育改革发展的若干意见》文件精神，制定本科教学改革发展规划。获批教育部新工科研究与实践项目 1 项。获批教育部产学合作协同育人项目 10 项。完成第二批北京市级教改项目结题验收。完成校级教改、课改项目结题验收 148 项，新批准立项 53 项。以第一完成单位获北京市高等教育教学成果奖一等奖 4 项、二等奖 3 项。

（李玥）

教学质量管理与评价

2018 年，学校完成本科教学审核评估工作。召开以“以迎接审核评估为契机，强化人才培养中心地位，落实立德树人根本任务，全面提高教育教学质量”为主题的本科教学工作会议，制定评估方案，明确任务。完成学校自评报告撰写与定稿，组织教学文档检查，开展本科教学工作审核评估预评估工作。完成审核评估专家组进校考察工作。

加强本科教学质量常态化监控，开展期初、期中、期末三段式教学检查。加强校、院两级教学督导体系建设，在新开课试讲工作中，校、院两级督导协同配合，发挥“导”作用，对试讲教师提出意见和建议。聘请学生教学信息员 341 人，覆盖教学单位 10 个、专业 39 个。完成教师第二轮评价工作，参与教学效果评价教师 292 人。编制完成《2017—2018 学年本科教学质量报告》，上报市教委。

（白菁）

课程和教材建设

2018 年，学校启动精品在线开放课程建设项目 17 项，通过项目中期检查，3 门课程开展线上线下混合教学。培育校级精品课程，评选优质课程 11 门。选派 6 名骨干教师赴美国进行为期 3 个月全英文课程培训，学习美国 ABET 认证理念与方法及教学经验，3 名教师已回校开设全英文课程。推动“以学为中心”教学范式转型，构建教、学、管、控一体“勤信学堂”（含移动端）网络教学平台，建成智慧教室 2 间，为教师开展混合式教学、翻转课堂等教学新模式提供硬件支撑，促进教育教学观念转变，培养学生自主学习能力。

表 13　北京市级精品课程一览表

序号	课程名称	负责人	所属学院
1	机械原理	郝静如	机电工程学院
2	工程制图	王建华	机电工程学院
3	数据库系统基础	崔　巍	信息管理学院
4	数字电路与逻辑设计	王久和	自动化学院
5	高等数学	许晓革	理学院
6	运营管理	曲　立	经济管理学院
7	机械制造技术基础	王红军	机电工程学院
8	软件工程	刘建宾	计算机学院
9	电机与拖动	厉　虹	自动化学院

表 14 北京市级高等教育精品教材一览表

序号	教材名称	主编	单位
1	工程制图	高俊亭 毕万全	理学院
2	软件工程导论（第四版）	张海藩	计算机学院
3	信息系统的开发与管理教程（第二版）	左美云 邝孔武	信息管理学院
4	高等数学实验	许晓革	理学院
5	操作系统	孟庆昌	计算机学院
6	电工电子实验教程	王久和	自动化学院
7	电力电子技术实验	栗书贤	自动化学院
8	80 × 86 汇编语言程序设计	马力妮	计算机学院
9	数据库系统及应用	崔　巍	信息管理学院
10	C++ 面向对象程序设计教程（第二版）	陈维兴	信息管理学院
11	信息系统开发与管理	邝孔武 王晓敏	信息管理学院
12	会计信息系统教程	王永生	经济管理学院
13	矩阵理论与方法	吴昌悫	理学院
14	傅里叶光学（第二版）	吕乃光	仪器科学与光电工程学院
15	Linux 教程（第二版）	孟庆昌 牛欣源	计算机学院
16	面向对象程序设计实用教程（第二版）	张海藩 牟永敏等	计算机学院
17	金融学	徐文彬 王斌等	经济管理学院
18	汽车测试技术	陈　勇	机电工程学院
19	机械制图与计算机绘图（第二版）	王建华 毕万全	机电工程学院
20	人工智能教程	张仰森	计算机学院
21	C++ 面向对象程序设计教程（第三版）	陈维兴 林小茶	信息管理学院
22	Linux 基础教程	孟庆昌	计算机学院
23	国际贸易理论与实务	李雁玲	经济管理学院
24	电子商务概论	孙若莹	信息管理学院
25	智能检测技术及仪表	李邓化	电子信息与控制国家级实验教学中心
26	计算机控制系统	李　擎	自动化学院
27	数据库系统及应用（第 3 版）	崔　巍	信息管理学院

（李玥）

实践教学基地建设与管理

16 个 新增校外人才培养基地 16 个

95 个 校外实习实训基地增至 95 个

2018 年，学校实验开出率 100%。推进实验室安全建设及环境改善，不定期进行实验室安全检查，关注实验室危险化学品使用情况，提醒相关实验室做好日常管理；寒暑假、重大活动前向教学实验室发送实验室安全温馨提示，配合安稳处完成实验室安全检查工作；组织实验人员参加 2018 年北京实验室安全管理培训班，并颁发“2018 年北京实验室安全管理培训班结业证书”。开展校企深度合作，新增校外人才培养基地 16 个，校外实习实训基地增至 95 个。推进卓越联盟开放实验室建设，2018 年全年共开设学院路共同体选修课 5 门次。将学科竞赛及科研成果融入本科实践教学体系，发挥学校在机器人技术方面特色，为机器人特长班及北京市卓越联盟各高校提供实践教学平台。

（张靖梅　刘玉威）

创新创业教育

235 项 获批大学生科技创新计划项目立项 235 项

529 项 学生获省部级（含）以上奖励 529 项

2018 年，学校获批大学生科技创新计划项目立项 235 项，其中，国家级 40 项、市级 159 项、校级 36 项，参与项目在校本科生 700 余人。开展开放性实验、实物毕业设计等实践创新项目，6 个学院完成实物毕业设计 218 项；12 个学院（中心）共设立开放性实验项目 116 项，供学生自主选择。学生获省部级（含）以上奖励 529 项，其中，一等奖 105 项、二等奖 172 项、三等奖 252 项。在第四届中国“互联网 +”大学生创新创业大赛北京赛区比赛中，获得二等奖 5 项、三等奖 10 项。建设“大学生创业基础及实训”通识教育课程，开展系列创新创业培训，形成创新创业教育、竞赛路演及创业服务等为一体创新创业工作体系。成立第三届大学生创新创业基地委员会，与中关村软件建立合作关系，举办第二届优秀创业项目推介会，组织创业交流会、拆书会、培训沙龙等 10 余次。组织开展“青年红色筑梦之旅”活动，“基于互联网 + 的蜜蜂养殖”等项目惠及当地农民。“基于足球机器人的中小学科技教育”创业项目被评为北京地区高校大学生优秀创业团队。北京信息科技大学大学生创新创业基地获评“北京高校大学生创业园（高校分园）”。

表 15 国家级实验教学示范中心

序号	示范中心名称	所属教学单位
1	电子信息与控制实验教学中心	自动化学院
2	机械工程实验教学中心	机电工程学院

表 16 国家级工程实践教育中心建设单位

序号	建设单位名称	共建学校
1	中兴通讯股份有限公司	北京信息科技大学

表 17 国家级大学生校外实践教育基地

序号	建设单位名称	共建学校
1	中国电子科技集团公司第十五研究所	北京信息科技大学

表 18 北京市级实验教学示范中心

序号	示范中心名称	所属学院
1	电工电子实验教学中心	自动化学院实验教学中心
2	机械工程实验教学中心	机电工程学院
3	文管综合实践教学中心	经济管理学院、信息管理学院、人文社科系、外国语学院共建
4	计算机实验教学中心	计算机学院
5	仪器与光电工程实验教学中心	仪器科学与光电工程学院

表 19 学校教学实验室、校内实习基地、创新创业基地建制一览表

序号	教学单位	实验教学中心名称	实验室名称
1	机电工程学院	机械工程实验教学中心	机械设计实验室
2			(院级)
3			先进制造技术实验室
4			工业工程实验室
5			车辆工程实验室
6			工业设计实验室
7			新能源科学与工程实验室
8	仪器科学与光电工程学院	仪器与光电工程实验教学中心	测控技术与仪器实验室
9			(院级)
10			现代电子技术实验室
11	自动化学院	控制工程与智能技术实验教学中心	自动化实验室
12			(院级)
13			智能科学与技术实验室

续表 19

序号	教学单位	实验教学中心名称	实验室名称
14	信息与通信工程学院	信息与通信工程实验教学中心	电子信息技术实验室
15			(院级)
16			物联网工程实验室
17	计算机学院	计算机实验教学中心	
18	(院级)	经济管理实验教学中心	会计与财务实验室
19			(院级)
20			经济与贸易实验室
21			人力资源管理实验室
22	信息管理学院	信息系统与信息安全实验教学中心	信息系统实验室
23			(院级)
24			信息安全实验室
25			计算机审计实验室
26			企业信息化实验室
27	公共管理与传媒学院	公共管理与传媒学院实践教学中心	公共管理实验室
28			(院级)
29			数字录音实验室
30	外国语学院		英语实验中心
31	理学院		大学物理实验室
32			理综实验室
33	计算中心	计算中心(校级)	计算机实验室
34	机电实习中心	机电实习中心(校级)	
35	电子信息与控制国家级实验教学中心	电工电子实验教学中心(校级)	
36	学校	卓越工程师联盟开放实验室	
37	学校	大学生创新实践教学基地	
38	学校	北京信息科技大学大学生创新创业基地(北京地区高校大学生创业园高校分园)	

表 20 北京市级校外人才培养示范基地

序号	基地名称	依托单位
1	信息类专业校外实践教学基地	中国电子科技集团公司第十五研究所
2	电子信息与控制类校外实践教学基地	中兴通讯股份有限公司
3	机械类校外实践教学基地	北京京城机电控股有限责任公司
4	自动化校外人才培养基地	北京研华兴业电子科技有限公司

续表 20

序号	基地名称	依托单位
5	信息通信类校外人才培养基地	悦成移动互联网孵化基地（北京尚嘉悦成科技有限公司）

表 21　北京市级高校示范性校内创新实践基地

序号	基地名称	所在学院
1	大学生创新实践教学基地	教务处
2	机械工程大学生创新实践基地	机电

（白菁）

学科竞赛

表 22　2018 年各类学科竞赛获奖一览表

获奖项目（人）	所在教学单位	等级
全国大学生机械创新设计大赛	机电工程学院	市级二等奖
全国三维数字化创新设计大赛	机电工程学院	国家级二等奖、三等奖
中国机器人大赛暨 RoboCup 公开赛	机电工程学院	国家级一等奖 1 项、三等奖 1 项
	仪器科学与光电工程学院	国家级三等奖 2 项
	自动化学院	国家级一等奖 5 项、二等奖 3 项、三等奖 2 项
	信息与通信工程学院	国家级一等奖 1 项、二等奖 1 项、三等奖 5 项
	电子信息与控制国家级实验教学中心	国家级一等奖 1 项、二等奖 3 项、三等奖 5 项
	机电实习中心	国家级三等奖 2 项
全国大学生光电设计大赛	仪器科学与光电工程学院	国家级二等奖
中国机器人大赛暨 FIRA 世界杯机器人大赛	仪器科学与光电工程学院	国家级三等奖 3 项
	自动化学院	国家级一等奖 8 项、二等奖 5 项、三等奖 4 项
全国大学生智能汽车竞赛	自动化学院	国家级三等奖
华北五省（市、自治区）大学生机器人大赛 / 北京市大学生机器人大赛	自动化学院	市级一等奖等（多项）
	计算机学院	市级一等奖等（多项）
	信息与通信工程学院	市级一等奖、三等奖
	机电实习中心	市级一等奖
	仪器科学与光电工程学院	市级二等奖

续表 22

序号	基地名称	依托单位
全国大学生电子设计竞赛——嵌入式系统专题赛	信息与通信工程学院	国家级二等奖
全国大学生嵌入式物联网设计大赛	信息与通信工程学院	市级一等奖
“大唐杯”全国大学生移动通信技术大赛	信息与通信工程学院	国家级二等奖
ACM 程序设计大赛	计算机学院	市级二等奖
计算机博弈竞赛	计算机学院	国家级一等奖
全国软件专业人才设计与开发大赛	计算机学院	国家级二等奖
“大智慧杯”全国大学生金融精英挑战赛	经济与管理学院	国家级二等奖
中国大学生创意创业大赛	经济与管理学院	市级一等奖
全国大学生沙盘模拟经营大赛	经济与管理学院	市级一等奖
中国大学生计算机设计大赛	信息管理学院	国家级三等奖
北京高校思想政治理论课社会实践优秀论文评选	马克思主义学院	市级一等奖
全国大学生广告艺术大赛（北京赛区）	公共管理与传媒学院	市级一等奖
全国大学生英语竞赛	外国语学院	国家级一等奖
全国大学生数学竞赛（北京赛区）	理学院	市级一等奖
北京市大学生数学建摸与计算机应用竞赛	理学院	市级一等奖、二等奖
全国部分地区大学生物理竞赛	理学院	市级一等奖
北京市大学生物理实验技能竞赛	理学院	市级一等奖
北京市大学生电子设计竞赛	电子信息与控制国家级实验教学中心	市级二等奖

续表 22

序号	基地名称	依托单位
“挑战杯”首都大学生课外学术科技作品竞赛	校团委	市级二等奖
第三届中国“互联网+”大学生创新创业大赛	教务处	市级二等奖

（刘玉威）

教师教学发展中心建设

56 人
新入职教师申请接受导师制培养 56 人

35 人
通过导师制培养考核青年教师 35 人

2018 年，学校搭建青年教师导师制培养、青年教师基本功比赛、年度优秀主讲教师评选、教学名师评选等教师教学成长培养体系。落实青年教师导师制，新入职教师申请接受导师制培养 56 人，通过导师制培养考核青年教师 35 人。举办北京信息科技大学第十一届青年教师教学基本功比赛暨第五届教学新星评选工作，获奖教师 13 人。完成 2017 年度优秀主讲教师评选，获评 2017 年度优秀主讲教师 9 人。启动 2018 年度优秀主讲教师评选工作。启动第七届教学名师奖暨首届青年教学名师奖评选工作。完成市级教学名师推选。自动化学院教师马洁获第十四届北京市高等学校教学名师奖。

表 23　2017 年度优秀主讲教师一览表

教学单位	姓名	当选年度
信息管理学院	王　磊	2017
信息管理学院	任俊玲	2017
外国语学院	汤　萌	2017
信息与通信工程学院	李红莲	2017
电子信息与控制国家级实验教学中心	杨　飞	2017
电子信息与控制国家级实验教学中心	杨鸿波	2017
仪器科学与光电工程学院	张晓青	2017
计算中心	周淑一	2017
理学院	徐军京	2017

（白菁）

承办第六届华北五省（市、自治区）大学生机器人大赛

11 月 9—11 日，由学校承办，华北五省（市、自治区）教育厅主办的第六届华北五省（市、自治区）大学生机器人大赛在小营校区举行。大赛以“智能 · 创新 · 服务”主题，优化项目结构，引导学生自主创新。学校代表队获一等奖 19 项、二等奖 15 项、三等奖 18 项。来自北京、天津、河北、山西、内蒙古五大赛区及台湾地区共 87 所高校 660 余支队伍、2000 余名师生参赛。

（刘玉威）

招生与就业

概况

2719 人
录取本科生 2719 人，其中，理工类 2385 人；文史类 334 人

3006 人
毕业学生 3006 人，其中，本科毕业生 2593 人，硕士毕业生 413 人

99.19%
本科毕业生宽口径就业率 99.19%

100%
硕士毕业生宽口径就业率 100%

北京信息科技大学本科生招生就业及研究生就业工作由招生就业工作处（以下简称“招就处”）承担。负责全校全日制普通高等教育本科学生招生和本科毕业生、硕士毕业生就业相关工作办公地点位于小营校区三号办公楼 113 室、115 室、118 室、122 室及气膜馆就业指导中心办公室。招就处设处长 1 人、副处长 1 人、工作人员 6 人。下设招生科和就业科，招生科负责本科生招生计划编制，招生咨询和招生宣传，本科生录取及招生数据汇总统计等其他后续工作；就业科负责应届毕业生就业指导与咨询，日常就业事务管理与服务，组织就业招聘，开拓就业市场，推进学生创业及其他后续工作。在 2018 年度学校二级单位考核工作中，被评为优秀单位。2018 年，学校 39 个本科专业面向全国 30 个省（自治区、直辖市）计划招收本科生 2700 人，环比减少 30 人，其中，北京地区计划招生 1512 人，占比 56%；京外省份计划招生 1120 人；其他类别计划招生 68 人，其中，预科转入 31 人、内地新疆高中班 26 人、内地西藏高中班 11 人。实际录取本科生 2719 人，其中，理工类 2385 人；文史类 334 人。毕业学生 3006 人，其中，本科毕业生 2593 人，占比 86.26%；硕士毕业生 413 人，占比 13.74%。本科毕业生宽口径就业率 99.19%，硕士毕业生宽口径就业率 100%。就职于信息传输、软件和信息技术服务业毕业生占全部就职毕业生 40.92%。

（夏帆）

招生工作

2018 年，学校一类本科（以下简称“一本”）招生省份数量 29 个，一本招生计划占比 77.6%，环比提高 1 个百分点。计算机专业实行大类招生，首次在北京招收机器人工程、数据科学与大数据技术 2 个专业本科生。除北京、湖南以外，全国 28 个省份所有专业实现一本招生。湖南理科二本实际录取线超过一本线 36 分。北京理科一批录取平均分 545 分，高于一本线 13 分；理科二批录取平均分 522 分，低于一本线 10 分；文科二批录取平均分 563 分，低于一本线 13 分。京外录取 1182 人，一本线（含）以上考生 1177 人，占比 99.6%，环比提高 2.6 个百分点。在 28 个理科一批录取省份中，平均录取线高于各省平均一本线 47 分，考生平均分高于各省平均一本线 55 分；录取线高于当地一本线 50 分以上省份 13 个，河北、黑龙江 2 省录取线均高于当地一本线 90 分以上。13 个文科一批录取省份中平均录取线高于各省平均一本线 31 分，考生平均分高于各省平均一本线 35 分；录取线高于当地一本线 20 分以上省份 9 个，高于当地一本线 50 分以上省份 2 个。参加各类招生咨询活动 36 场，较 2017 年增加 8 场。以首批高校成员身份加入北京市首个“中学生职业生涯规划”联盟，参加教育机构、新闻媒体、重点中学组织招生研讨会。加强生源基地校建设，截至 9 月，与京外 7 所、京内 5 所中学达成合作协议。来自北京生源基地校新生 54 人，占北京生源比例 3.6%。新生报到率 97.02%，未报到 81 人。

（夏帆）

录取情况

表 24　2018 年理工类普通本科各地录取情况一览表

招生地区	当地控制线		录取批次	最高分	最低分	平均分	招生人数	男生人数	女生人数	高考满分
	一本线	二本线								
北京	532	432	双培计划	599	532	565	226	162	64	750
			外培计划	577	533	555	16	11	5	750
			农村专项	551	532	541	23	13	10	750
			一批	587	532	545	491	320	171	750
			二批	552	517	522	575	334	241	750
天津	527	—	一批	590	570	577	32	23	9	750
河北	511	—	双培计划	627	612	619	4	2	2	750
			一批	652	610	617	44	24	20	750
山西	516	—	一批	569	546	552	29	23	6	750
			贫困专项	579	551	562	6	3	3	750
内蒙古	478	—	一批	581	518	550	33	22	11	750
辽宁	517	—	一批	602	584	588	35	13	22	750
吉林	533	—	一批	586	558	568	17	10	7	750
黑龙江	472	—	一批	580	562	571	27	13	14	750
			贫困专项	558	548	552	5	4	1	750
江苏	336	—	一批	354	344	347	20	13	7	480
浙江	588	—	普通批	626	585	597	30	17	13	810
安徽	505	—	一批	593	576	579	35	26	9	750
福建	490	—	一批	556	534	540	27	18	9	750
江西	527	—	一批	590	581	584	26	21	5	750
			贫困专项	590	571	578	16	14	2	750

续表 24

招生地区	当地控制线		录取批次	最高分	最低分	平均分	招生人数	男生人数	女生人数	高考满分
	一本线	二本线								
山东	517	—	一批	604	587	589	47	29	18	750
河南	499	—	一批	624	578	582	38	28	10	750
河南	499	—	贫困专项	585	565	571	10	8	2	750
湖北	512	—	一批	585	574	577	30	19	11	750
湖南	-	450	二批	560	549	553	5	4	1	750
广东	500	—	本科批	541	508	514	20	12	8	750
广西	513	—	一批	572	540	547	55	30	25	750
海南	602	—	一批	687	630	650	25	15	10	900
重庆	524	—	一批	590	561	568	28	21	7	750
			贫困专项	575	568	572	2	2	0	750
四川	546	—	一批	618	600	605	42	27	15	750
贵州	484	—	一批	601	532	540	73	46	27	750
			贫困专项	586	540	547	20	11	9	750
云南	530	—	一批	613	570	578	35	26	9	772
西藏（汉）	445	—	一批	523	519	521	2	0	2	750
西藏（民）	327	—	一批	362	344	353	3	2	1	750
陕西	474	—	一批	577	551	557	32	22	10	750
甘肃	483	—	一批	546	533	536	38	24	14	750
			贫困专项	561	543	548	17	9	8	750
青海	403	—	一批	476	437	450	25	17	8	750
			贫困专项	481	456	462	5	4	1	750
宁夏	463	—	一批	541	506	514	32	19	13	750
			贫困专项	537	527	532	3	2	1	750
新疆	467	—	一批	548	532	536	13	9	4	750
			贫困专项	483	472	476	6	5	1	750
新疆南疆单列	437	—	一批	478	478	478	1	1	0	750
内地西藏班	—	—	内高班	417	272	329	7	4	3	—
内地新疆班	—	—	内高班	576	396	461	21	15	6	—
贵州预科	456	—	一批	515	498	503	7	5	2	—
云南预科	500	—	一批	555	537	544	7	2	5	—
新疆预科	374	—	一批	441	399	422	19	8	11	—
合计	**—**	**—**	**—**	**—**	**—**	**—**	**2385**	**1512**	**873**	**—**

表 25　2018 年文史类普通本科各地录取情况一览表

招生地区	当地控制线		录取批次	最高分	最低分	平均分	招生人数	男生人数	女生人数	高考满分
	一本线	二本线								
北京	576	488	二批	575	556	562	204	61	143	750
天津	554	—	一批	582	561	568	8	1	7	750
河北	559	—	一批	631	620	625	12	3	9	750
吉林	542	—	一批	564	559	562	8	2	6	750
黑龙江	490	—	一批	555	541	546	8	2	6	750
安徽	550	—	一批	594	589	591	10	3	7	750
福建	551	—	一批	583	568	574	8	1	7	750
江西	568	—	一批	590	587	588	8	1	7	750
山东	550	—	一批	589	586	588	13	3	10	750
河南	547	—	一批	605	590	594	12	7	5	750
四川	553	—	一批	588	581	583	8	2	6	750
贵州	575	—	一批	601	596	598	8	2	6	750
陕西	518	—	一批	566	559	562	8	3	5	750
甘肃	502	—	一批	539	525	529	10	0	10	750
内地西藏班	—	—	内高班	402	347	368	4	2	2	—
内地新疆班	—	—	内高班	482	425	466	5	2	3	—
合计	—	—	—	—	—	—	334	95	239	—

就业工作

760 家
举办大型招聘会 11 场，参会单位 760 家

117 场
举办专场宣讲会 117 场

2018 年，学校贯彻落实就业工作“一把手”工程，成立校、院两级就业工作领导小组，形成“一把手统一领导、招就处统筹协调、职能部门通力配合、二级学院层层落实、教职工人人参与”就业工作格局。健全完善就业工作保障机制，加强就业工作队伍建设，增加就业创业经费投入。强化就业信息平台建设，利用就业信息网、就业微信公众号等媒体平台，做好就业信息推送、就业政策宣传和就业手续办理等工作。引导和鼓励毕业生到基层工作，组织并实施“新疆、西藏专项招录计划”“志愿服务西部计划”“大学生村干部（选调生）”等基层服务项目，推动就业工作精细化和就业服务优质化。关注并开拓长三角、珠三角、京津冀等地区市场，派出就业工作队伍赴京外地区走访调研。举办大型招聘会 11 场，参会单位 760 家。举办专场宣讲会 117 场。加强与校友校史办联系，利用校友单位资源做好校友单位入校招聘工作。各学院针对毕业生专业特点联系用人单位，组织学院招聘会和宣讲会。组织开展“大学生就业‘2+2’党支部结对共建活动”，完善就业创业体系，投入资金定制毕业生就业创业教育微课堂系统服务项目 32 万元，形成“就业指导必修课为主导，网络指导课堂为辅助，就业实践活动为补充”就业、创业指导课程体系。学院建立毕业生就业工作台账，重点关注特殊群体毕业生就业工作。向 205 名困难群体毕业生发放求职补贴，合计 20.5 万元。动员和鼓励残疾群体毕业生参加专场招聘会，向有残疾毕业生需求单位推荐毕业生。

（夏帆）

表 26 2018 届毕业生就业情况一览表

学院	专业名称	毕业生数	签三方协议		劳动合同		考研		申请出国		志愿服务西部		入伍参军		核心就业		灵活就业		就业比例	生源		性别	
			人数	比例	人数	比例	人数	比例	人数	比例	人数	比例	人数	比例	人数	比例	人数	比例		北京	外地	男	女
机电学院	机械设计制造及其自动化	107	28	26.17%	27	25.23%	18	16.82%	5	4.67%	2	1.87%	1	0.93%	81	75.70%	26	24.30%	100.00%	46	61	92	15
	车辆工程	56	11	19.64%	19	33.93%	8	14.29%	5	8.93%	0	0.00%	0	0.00%	43	76.79%	13	23.21%	100.00%	24	32	47	9
	工业设计	53	15	28.30%	13	24.53%	2	3.77%	6	11.32%	1	1.89%	0	0.00%	37	69.81%	16	30.19%	100.00%	44	9	29	24
	工业工程	50	16	32.00%	13	26.00%	3	6.00%	5	10.00%	0	0.00%	0	0.00%	37	74.00%	13	26.00%	100.00%	44	6	44	6
	新能源科学与工程	27	5	18.52%	12	44.44%	2	7.41%	2	7.41%	0	0.00%	0	0.00%	21	77.78%	6	22.22%	100.00%	17	10	21	6
	机械电子工程	54	9	16.67%	14	25.93%	12	22.22%	3	5.56%	0	0.00%	1	1.85%	39	72.22%	15	27.78%	100.00%	15	39	38	16
	学院小计	347	84	24.21%	98	28.24%	45	12.97%	26	7.49%	3	0.86%	2	0.58%	258	74.35%	89	25.65%	100.00%	190	157	271	76
光电学院	测控技术与仪器	79	11	13.92%	26	32.91%	21	26.58%	4	5.06%	0	0.00%	0	0.00%	62	78.48%	17	21.52%	100.00%	19	60	51	28
	光电信息科学与工程	53	23	43.40%	9	16.98%	4	7.55%	5	9.43%	0	0.00%	0	0.00%	41	77.36%	12	22.64%	100.00%	44	9	40	13
	学院小计	132	34	25.76%	35	26.52%	25	18.94%	9	6.82%	0	0.00%	4	3.03%	107	81.06%	19	14.39%	95.45%	63	69	91	41
自动化学院	自动化（信息与控制系统）	155	37	23.87%	36	23.23%	31	20.00%	8	5.16%	1	0.65%	0	0.00%	113	72.90%	41	26.45%	99.35%	49	106	115	40
	电气工程及其自动化	87	54	62.07%	10	11.49%	8	9.20%	4	4.60%	0	0.00%	0	0.00%	76	87.36%	11	12.64%	100.00%	73	14	77	10
	智能科学与技术	37	15	40.54%	11	29.73%	0	0.00%	3	8.11%	0	0.00%	0	0.00%	29	78.38%	8	21.62%	100.00%	27	10	26	11
	学院小计	279	106	37.99%	57	20.43%	39	13.98%	15	5.38%	1	0.36%	0	0.00%	218	78.14%	60	21.51%	99.64%	149	130	218	61
通信学院	通信工程	141	32	22.70%	38	26.95%	33	23.40%	9	6.38%	0	0.00%	1	0.71%	113	80.14%	27	19.15%	99.29%	50	91	101	40
	电子信息工程	110	22	20.00%	29	26.36%	34	30.91%	5	4.55%	0	0.00%	0	0.00%	90	81.82%	19	17.27%	99.09%	35	75	76	34
	物联网工程	28	10	35.71%	6	21.43%	4	14.29%	3	10.71%	0	0.00%	0	0.00%	23	82.14%	5	17.86%	100.00%	20	8	23	5
	学院小计	279	64	22.94%	73	26.16%	71	25.45%	17	6.09%	0	0.00%	1	0.36%	226	81.00%	51	18.28%	99.28%	105	174	200	79
计算机学院	计算机科学与技术	195	31	15.90%	63	32.31%	35	17.95%	14	7.18%	0	0.00%	0	0.00%	143	73.33%	47	24.10%	97.44%	69	126	155	40
	软件工程	90	11	12.22%	32	35.56%	17	18.89%	9	10.00%	0	0.00%	1	1.11%	70	77.78%	18	20.00%	97.78%	29	61	62	28
	网络工程	64	13	20.31%	15	23.44%	4	6.25%	2	3.13%	0	0.00%	0	0.00%	34	53.13%	28	43.75%	96.88%	26	38	57	7
	学院小计	349	55	15.76%	110	31.52%	56	16.05%	25	7.16%	0	0.00%	1	0.29%	247	70.77%	93	26.65%	97.42%	124	225	274	75
经管学院	会计学	30	11	36.67%	5	16.67%	6	20.00%	1	3.33%	0	0.00%	0	0.00%	23	76.67%	7	23.33%	100.00%	17	13	10	20
	会计学（注册会计师）	102	23	22.55%	20	19.61%	11	10.78%	8	7.84%	0	0.00%	0	0.00%	62	60.78%	40	39.22%	100.00%	42	60	31	71
	财务管理（证券与投资）	22	9	40.91%	1	4.55%	3	13.64%	3	13.64%	0	0.00%	0	0.00%	16	72.73%	6	27.27%	100.00%	14	8	5	17
	财务管理（公司财务）	59	11	18.64%	13	22.03%	6	10.17%	6	10.17%	0	0.00%	0	0.00%	36	61.02%	23	38.98%	100.00%	23	36	12	47
	市场营销	43	16	37.21%	5	11.63%	0	0.00%	5	11.63%	0	0.00%	0	0.00%	26	60.47%	17	39.53%	100.00%	40	3	21	22
	工商管理	85	27	31.76%	14	16.47%	2	2.35%	8	9.41%	0	0.00%	0	0.00%	51	60.00%	34	40.00%	100.00%	59	26	37	48

续表 26

学院	专业名称	毕业生数	就业情况																就业比例	生源		性别	
			签三方协议		劳动合同		考研		申请出国		志愿服务西部		入伍参军		核心就业		灵活就业			北京	外地	男	女
			人数	比例	人数	比例	人数	比例	人数	比例	人数	比例	人数	比例	人数	比例	人数	比例					
经管学院	工商管理（服务运营管理）	56	18	32.14%	9	16.07%	1	1.79%	7	12.50%	0	0.00%	0	0.00%	35	62.50%	20	35.71%	98.21%	47	9	24	32
	经济学	55	9	16.36%	9	16.36%	5	9.09%	8	14.55%	0	0.00%	0	0.00%	31	56.36%	23	41.82%	98.18%	13	42	14	41
	经济学（国际贸易）	56	5	8.93%	14	25.00%	2	3.57%	8	14.29%	0	0.00%	0	0.00%	29	51.79%	27	48.21%	100.00%	18	38	16	40
	人力资源管理	56	12	21.43%	11	19.64%	3	5.36%	2	3.57%	0	0.00%	0	0.00%	28	50.00%	27	48.21%	98.21%	38	18	17	39
	学院小计	564	141	25.00%	101	17.91%	39	6.91%	56	9.93%	0	0.00%	0	0.00%	337	59.75%	224	39.72%	99.47%	311	253	187	377
信管学院	信息管理与信息系统	184	27	14.67%	61	33.15%	21	11.41%	31	16.85%	0	0.00%	1	0.54%	141	76.63%	41	22.28%	98.91%	67	117	89	95
	信息安全	60	8	13.33%	16	26.67%	12	20.00%	8	13.33%	0	0.00%	0	0.00%	44	73.33%	15	25.00%	98.33%	25	35	39	21
	审计学（计算机审计）	38	14	36.84%	6	15.79%	6	15.79%	8	21.05%	0	0.00%	0	0.00%	34	89.47%	4	10.53%	100.00%	20	18	12	26
	电子商务	26	8	30.77%	9	34.62%	1	3.85%	6	23.08%	0	0.00%	0	0.00%	24	92.31%	2	7.69%	100.00%	24	2	12	14
	管理科学	20	7	35.00%	4	20.00%	0	0.00%	7	35.00%	0	0.00%	0	0.00%	18	90.00%	2	10.00%	100.00%	19	1	13	7
	学院小计	328	64	19.51%	96	29.27%	40	12.20%	60	18.29%	0	0.00%	1	0.30%	261	79.57%	64	19.51%	99.09%	155	173	165	163
公管传媒学院	行政管理	37	23	62.16%	3	8.11%	0	0.00%	3	8.11%	2	5.41%	0	0.00%	31	83.78%	6	16.22%	100.00%	25	12	10	27
	行政管理（电子政务）	30	15	50.00%	4	13.33%	2	6.67%	5	16.67%	0	0.00%	0	0.00%	26	86.67%	4	13.33%	100.00%	19	11	12	18
	传播学	33	8	24.24%	6	18.18%	4	12.12%	11	33.33%	0	0.00%	0	0.00%	29	87.88%	4	12.12%	100.00%	23	10	7	26
	网络与新媒体	28	10	35.71%	7	25.00%	0	0.00%	3	10.71%	0	0.00%	0	0.00%	20	71.43%	8	28.57%	100.00%	16	12	16	12
	学院小计	128	56	43.75%	20	15.63%	6	4.69%	22	17.19%	2	1.56%	0	0.00%	106	82.81%	22	17.19%	100.00%	83	45	45	83
外国语学院	英语（商务）	52	7	13.46%	23	44.23%	0	0.00%	11	21.15%	0	0.00%	0	0.00%	41	78.85%	11	21.15%	100.00%	39	13	5	47
	英语（翻译）	27	5	18.52%	7	25.93%	2	7.41%	6	22.22%	0	0.00%	0	0.00%	20	74.07%	7	25.93%	100.00%	22	5	5	22
	学院小计	79	12	15.19%	30	37.97%	2	2.53%	17	21.52%	0	0.00%	0	0.00%	61	77.22%	18	22.78%	100.00%	61	18	10	69
理学院	信息与计算科学	46	8	17.39%	5	10.87%	4	8.70%	7	15.22%	0	0.00%	0	0.00%	24	52.17%	20	43.48%	95.65%	34	12	33	13
	电子信息科学与技术	37	21	56.76%	4	10.81%	2	5.41%	2	5.41%	0	0.00%	0	0.00%	29	78.38%	7	18.92%	97.30%	29	8	31	6
	应用统计学	25	8	32.00%	6	24.00%	4	16.00%	5	20.00%	0	0.00%	0	0.00%	23	92.00%	2	8.00%	100.00%	19	6	7	18
	学院小计	108	37	34.26%	15	13.89%	10	9.26%	14	12.96%	0	0.00%	0	0.00%	76	70.37%	29	26.85%	97.22%	82	26	71	37
合计		**2593**	**653**	**25.18%**	**635**	**24.49%**	**333**	**12.84%**	**261**	**10.07%**	**6**	**0.23%**	**9**	**0.35%**	**1897**	**73.16%**	**669**	**25.80%**	**98.96%**	**1323**	**1270**	**1532**	**1061**

（盛立国）

召开2018届毕业生就业工作推进会

5月7日，学校在小营校区第四会议室召开2018届毕业生就业工作推进会。党委副书记王秀彦参加会议并讲话。王秀彦就毕业生就业工作提出要求，要贯彻落实就业工作“一把手”工程，注重提高就业指导服务水平，加大毕业生就业精准帮扶力度。招就处处长杜世智通报2018届毕业生就业进展情况，并部署后续工作。各学院党委（党总支）副书记作会议交流发言，各自分析学院毕业生情况，指出学院就业工作存在的问题并提出相应对策。会议同时进行创业教育微课堂系统使用培训。各学院主管毕业生就业工作党委（党总支）副书记、毕业年级辅导员、招生就业处有关负责教师参加会议。

（夏帆）

学校“招生布局新高考”被《中国教育报》报道

5月21日，学校招生布局工作被《中国教育报》头版刊登的题为《新高考来了，高校招录政策变化几何》报道收录。文章特别报道学校为适应新高考改革所作出提前布局。在报道中，招就处处长杜世智介绍，2018年学校新增机器人工程和数据科学与大数据技术2个新专业，专业变化主要结合学校信息特色、行业特色、国防军工三大办学特色，主动服务“中国制造2025”“大数据、云计算”等国家战略，提高在京招生计划中热门专业比例，解决招生专业结构性矛盾。以此次北京高考改革为契机，学校优化学科专业结构，建立和完善专业预警、准入及退出机制。调整和更新专业内涵，构建信息特色鲜明，适应国家、行业、首都发展战略需求专业体系，以提高招生核心竞争力。

（夏帆）

召开2018年本科招生录取工作动员会

7月9日，学校在小营校区招生录取工作现场召开2018年本科招生录取工作动员会。副校长许宝杰主持会议。2018年录取工作时间为7月10—27日。招生工作领导小组组长、校长王永生对招就处2018年在总结往年经验基础上采取改革措施给予肯定，并对2018年招生录取工作提出纪律要求。许宝杰希望全体人员严把录取程序，各相关部门加强协作，做好后勤保障、技术保障、安全保障。招就处处长杜世智对2018年招生录取工作做具体部署。纪委副书记、纪委办公室主任牛志英组织校领导和全体工作人员逐级签署《北京信息科技大学全日制普通本科招生工作责任书》。招就处、监察处及参加招生录取全体工作人员参加会议。

（夏帆）

召开本科招生工作总结研讨会

10月17日，学校在小营校区召开本科招生工作总结研讨会。副校长许宝杰主持会议并作总结讲话。招就处处长杜世智对2018年本科招生工作作总结汇报。各学院结合该院具体情况和工作实际开展交流研讨，为学校招生工作建言献策。许宝杰在总结讲话中肯定2018年本科招生工作取得成绩。他指出，招生工作是学校综合实力体现，是各项工作抓手，能带动全面工作发展。他要求各学院利用招生就业处提供信息，对大类招生、设立实验班招生等相关工作进行思考和谋划。各学院教学副院长，招就处、教务处等职能部门负责人及部分招生工作人员参加会议。

（夏帆）

举办2019届毕业生首场大型校园招聘双选会

10月26日，2019届毕业生首场大型校园招聘双选会在小营校区大学生文化艺术中心举行。副校长陈刚到双选会现场检查指导工作。参加此次招聘双选会单位涉及机械、电子、通信、计算机、设计、管理、金融、教育等行业领域，为2019届毕业生提供就业岗位千余个，部分毕业生与招聘单位达成初步聘用意向。下午，机电学院和信管学院分别组织用人单位29家、37家，为毕业生提供求职岗位和应聘机会，实现毕业生“高质量就业和充分就业”工作目标。

（夏帆）

学生思想政治教育

概况

北京信息科技大学本科生日常思想政治教育、服务管理及国防教育工作由党委学生工作部（武装部）、学生处（以下简称“学工部”）承担。负责对学生开展理想信念、爱国主义、思想道德和心理健康教育，培养学生正确世界观、人生观、价值观和成才观，促进学生成长成才和全面发展。学工部下设综合科、学生思政教育科、学生事务管理科、国防教育科、学业辅导中心办公室、学生资助事务管理中心、心理健康教育中心。办公地点分别位于小营校区三号办公楼142室、140室、149室、139室、140室，一教107室、109室。2018年，党委武装部被北京市教育委员会高校国防教育协会评为“国防教育先进单位”。

（孟李辛）

思想政治教育

2018年，学校推进日常思想政治教育工作。3月28日下午，以“翘首企盼拓新域，全面开工铸新篇”为主题第23期校领导邀约日活动在小营校区第四会议室举行，副校长马綮鸿邀请16名学生代表就新校区规划与建设进行交流；

5月16日下午，以“心牵评估促建设，情系学校求发展”为主题的第24期校领导邀约日活动在小营校区图书馆108室举行，副校长许宝杰邀请13名学生代表就学校本科教学工作审核评估有关工作及教育、教学方面意见和建议进行交流；10月17日下午，以“走向属于你的诗与远方”为主题的第25期校领导邀约日活动在小营校区沁馨苑举行，副校长陈刚邀请15名2018级新生代表进行交流。全年编辑印制《学生信息》3期，收集整理特约学生信息员报送信息83条，信息类型涵盖校风学风建设、教育教学管理、学业就业指导、学生工作、图书馆、后勤管理、校园治安、校园设施与条件8个方面；提请至学校领导及相关部门负责人答复，并通过橱窗、学校官方微博、学工部官方微博发布，将回复信息反馈给学生。加强艾滋病防控工作，提高艾滋病防控教育的警示性、针对性和有效性，探索预防艾滋病知识普及教育与干预服务相结合模式，保障学生身体健康；规范艾滋病防控工作，制定《北京信息科技大学防控艾滋病工作实施方案（试行）》。根据北京市教工委和学校工作要求，在1月、9月、11月，分别完成《北京信息科技大学2018年春季开学学生思想动态调研报告》《北京信息科技大学2018年秋季开学学生思想动态调研报告》《北京信息科技大学2018年新生引航工程总结》整理编辑工作，上报学校和北京市教工委。

（张晓莹）

学生党建工作

2期

举办校党课学习班2期

40学时

学员共计学习40学时

2018年，学校推进青年先锋工程，加强学生党员党性与先进性教育工作。4月、10月，分别举办校党课学习班2期。党课采用开班典礼集中辅导、在线学习、讨论交流相结合方式进行，学员共计学习40学时，组织结业考试，学员结业并获颁党课结业证书695人。3月20日下午，党委组织部（党校）、党委学生工作部在小营校区报告厅联合召开2019年学生党支部书记培训会，启动2019年学生党支部书记培训工作。培训会邀请北京市委讲师团专家团成员、首都师范大学教授郭海燕和校党委组织部教师刘莹作报告。各学生党支部书记和支部委员参加培训200人。11月26日下午，学生党支部书记培训会在小营校区报告厅举行。活动主题为“如何召开讨论接收预备党员的支部大会”。校党委常委、组织部部长鲁雷对培训内容和观摩活动进行把关和指导。参训人员现场观摩“经济管理学院党委本科生人力专业党支部讨论接收预备党员支部大会”。全校学生党支部书记，各学院组织员及有关院级党组织党务秘书参加培训。面向2017年“百名时代先锋”开展“十大先锋人物”评选工作。经学院推荐、学校审核，提名“十大先锋人物”候选人13人。经现场答辩，评选出学生黄美霞等10人，由学校发文进行表彰。39个优秀学生党支部参加红色“1+1”共建活动，活动主题为“发挥党员模范作用，服务首都建设发展”。组织申报共建示范项目14项，获二等奖1项、三等奖4项、优秀奖9项；学校获北京高校红色“1+1”示范活动优秀组织奖。4月19日下午，北京信息科技大学学生通气会在小营校区报告厅召开。副校长许宝杰、各相关职能部门负责人、学院副书记及各学院学生代表，共200余人参加会议。校学生会主席宫光霖以《学生权益工作》为题作报告。职能部门负责人分别围绕各自工作，向学生代表通报所在部门服务学生举措及取得成果。现场学生代表书面提问交流环节，各职能部门领导与学生进互动，对学生提出问题作答。5月28日，组织师生参加“首都百万师生同上一堂课”活动400余人，学习习近平总书记“5•2”和“5•4”重要讲话精神。6月6日下午，组织师生前往中国国家博物馆参观“真理的力量——纪念马克思200周年诞辰主题展览”200余人。11月、12月，按照北京市教工委要求，组织近1000名学生和学生党员分2批次前往国家博物馆参观“伟大的变革——庆祝改革开放40周年大型展览”。

（张晓莹）

校风学风建设

2018年，学校加强校风学风建设工作。举办主题为“辉煌四十载 筑梦新时代”大学生阅读演讲比赛，报名学生8人，赛后推荐学生参加北京市阅读演讲比赛1人。在新生入学教育中，开展“读书读经典”系列活动，培养学生“多读书、读好书、好读书”习惯。在2018级新生开学典礼上，校党委书记王传亮向新生推荐哲学家冯友兰著作《中国哲学简史》，勉励全体新生在今后学习生活中注重提升人文素养。组织开展以“阅读经典，读懂中国，提升自我”为主题2018级新生读书征文比赛。举办新生校情校规知识竞赛，从10个学院随机抽取415名学生代表在3个校区进行笔试，经济管理学院获一等奖，自动化学院、机电工程学院获二等奖，信息与通信工程学院、理学院、仪器科学与光电工程学院获三等奖。面向2018级新生开设《大学生职业规划》课程，完成课程编排录入等工作。依托校内职业规划专项，组织2018级新生做职业规划测评。6月，按照北京市教工委《第六届北京高校法治动漫微电影征集展映活动》要求，组织学生参与该项活动，上报作品2件，分获二等奖、入围奖。10月，根据北京市教委要求，组织学生前往中关村国家自主创新示范区展示中心参观2018年全国“双创”周北京会场主题展200人。10月，根据北京市教工委要求，组织200余名学生观看2018年全国科学道德和学风建设宣讲教育实时直播报告会。10月，根据北京市教委要求，下发《2018年北京市教育系统控烟主题创意大赛的通知》，汇总上报作品30件。根据《北京信息科技大学防控艾滋病宣传教育工作实施方案

（试行）》文件要求，组织 2018 级新生学习网络课程《艾滋病、性与健康》。制定并下发《关于开展 2018 年“勤信”班集体创建与评比工作的通知》。11 月 26 日，“2018 年先进班集体评选暨北京高校优秀学生基层组织推荐答辩会”决赛在小营校区国际学术交流教室举行，推荐参与创建班集体 188 个。经学院初步审核，参加“勤信班集体”创建班集体 20 个，入围决赛答辩班集体 12 个。经过决赛，机器人 1701 班、通信 1601 班、外国语 1701 班、物联 1601 班获一等奖；大数据 1701 班、财务 1502 班、审计 1601 班、人力 1601 班获二等奖；自控 1601 班、自控 1701 班、测控 1601 班、电技 1701 班获三等奖。

（张晓莹　孟李辛）

学生心理素质教育

1594人 1596人
开设公共必修课《大学生心理健康》，覆盖 2016 级学生 1594 人，2018 级新生 1596 人

300余篇
微信平台推出心理类图文 300 余篇

2018 年，心理健康教育中心围绕“优化师生心理品质，创建和谐健康校园氛围”指导思想，推进各项工作。开设公共必修课《大学生心理健康》，覆盖 2016 级学生 1594 人，2018 级新生 1596 人。利用微信平台、网站、宣传册及小礼品等多种形式进行心理健康知识宣传。微信平台推出心理类图文 300 余篇。心理健康教育网站设多个栏目，面向大学生宣传心理健康知识。分别在小营校区、健翔桥校区、清河校区，开展面向全校学生个体心理咨询服务，全年接待学生约 450 余人次。为军训学生、受处分学生、留级学生及退学学生等特殊群体提供心理咨询服务。11—12 月，开展面向各校区学生骨干心理工作坊 12 场，通过团体互动架起学生间沟通桥梁，通过故事分享和活动帮助学生树立健康世界观和人生观。3 月，印发全体学生春季心理危机排查工作文件，制定筛查标准，指导各学院开展排查工作。对于筛查出存在严重心理问题学生，组织专家进行约谈，为其建立心理危机档案，并向学院下发危机处理单；对于有自杀倾向和严重精神疾病学生，指导学院进行转介和预后工作。举办“5 · 25”大学生心理健康节和“新生心理健康节”系列活动，包括名家心理讲座、“新时代 心梦想 心健康”心书笺大赛、“绘心绘意”点亮校园心理绘画大赛、“我与我的 VIP”照片征集活动和户外“心理体验”等。6 月，开展毕业年级学生心理危机排查工作，加强对学业困难学生、家庭经济困难学生、患有精神类疾病学生等群体关注，指导各学院在排查时注重对毕业生情绪疏导和人文关怀。10—12 月，制定新生心理普查工作方案，统筹安排具体实施，普查新生 2709 人，并为每名新生建立电子心理档案。根据普查结果，约谈“可能存在自杀倾向或精神病性症状”学生 269 人，向学院发放“重点关注学生名单”，针对不同问题学生群体，采取不同方式进行干预。通过课堂、日常咨询、学院报告等渠道监测发生心理危机学生，进行危机风险评估，进行危机干预 40 余人次。执行学生心理健康信息月报制度，根据情况进行反馈、指导和干预。10—11 月，举办性健康讲座 14 场，向学生普及性健康知识，提高学生性健康意识，覆盖 2018 级全体学生。在 3 个校区设心理社团，固定成员 30 余人。加强对学生心理社团工作指导，在社团内部开展团队建设活动 5 次。加强心理健康教育工作队伍专业培训，举办专兼职心理咨询师督导活动 4 场。10 月，组织全体学生工作队伍参加素质拓展训练。11 月，中心举办“学工队伍心理学知识大讲堂”活动，面向全体学生工作队伍普及心理学知识。

（郭芳芳）

学生助学体系建设与管理

1464人
家庭经济困难本科生学生 1464 人，其中，特殊困难学生 546 人、一般困难学生 918 人

94.37万元
160 名学生通过银行审批，共计发放贷款 94.37 万元

153.989万元
为学生提供与其专业相关勤工助学固定岗位 532 个、临时岗位 124 个，发放勤工助学劳务费 153.989 万元

451.65万元
发放奖励资助共 451.65 万元

2018 年，学校从物质支撑和精神引导“两个层面”为学生成长提供支持。整合国家和学校“奖、助、贷、勤、补、免”6 项资助政策，细化分类家庭经济困难学生，针对不同类型学生所适用奖励措施或资助措施进行组合，优化配置资助资源，使其发挥出经济和社会效益；针对家庭经济困难学生思想状况，进行“感恩”“诚信”“成才”等主题指导。发挥资助服务在学生成长发展过程中辅助支持作用。依据《北京信息科技大学家庭经济困难学生认定工作实施办法》，规范家庭经济困难学生认定工作，保证每名家庭经济困难学生得到资助。经认定，家庭经济困难本科生学生 1464 人，其中，特殊困难学生 546 人、一般困难学生 918 人。家庭经济困难学生占全校本科学生总数 13.52%，家庭经济特殊困难学生约占全校本科学生总数 5.04%。

助学贷款分为（校园地）国家助学贷款和生源地信用助学贷款。（校园地）国家助学贷款方面，印发《北京信息科技大学校园地国家助学贷款实施细则》，坚持“公平、公正、公开”原则。做到“四个主动”，即主动开展助学贷款工作、主动加强对学院贷款指导、主动与经办银行配合、主动承担学校在助学贷款办理过程中应尽义务。严把贷款材料审核关，夯实放款基础。严格审核贷款学生资格和条件，确保报送材

料的准确性，为银行放款打下基础。2017—2018 学年，全校共有 160 名学生通过银行审批，共计发放贷款 94.37 万元。将 2018—2019 学年 127 名学生材料报送银行，预计申请贷款金额 77.02 万元。开展诚信还款教育，做好贷后管理工作。搭建学生与银行之间平台。6 月，邀请银行到校指导贷款毕业生，讲解还款操作流程和具体办法，印发《国家助学贷款还款指南》。通过还款协议签订会等形式，解答学生疑问，宣传全国个人征信系统。在 2018 届毕业生中，学生获校园地助学贷款 63 人，其中，研究生 18 人、本科生 45 人；12 人在毕业前还清贷款，11 人办理考研延长贴息；还款签订及告知率达 100%。生源地信用助学贷款方面，大部分学生在国家开发银行进行生源地贷款。学校配合生源地贷款银行，完成 468 名学生续贷审核工作。完成 733 名学生 2018—2019 学年贷款回执录入工作，协助财务处完成对其中 726 名学生贷款到帐情况核对工作，共计贷款 395.96 万元。完成 35 名其他生源地信用助学贷款学生回执审核工作。做好贷后引导工作。4 月，印发《国家开发银行生源地信用助学贷款还款指南》，向 253 名 2018 届贷款毕业生宣传还款知识和要求，敦促学生诚信还款，签订还款承诺书。维护网上系统中学生在校信息，推进生源地信用助学贷款向良性循环方向发展。

勤工助学工作。为学生提供与其专业相关勤工助学固定岗位 532 个、临时岗位 124 个。学生参加校内勤工助学活动 3667 人次（1198 人），发放勤工助学劳务费 153.989 万元。

学生资助项目管理工作。发放副食补贴 745.1522 万元。为 1732 名家庭经济困难学生发放三费补贴 32.2085 万元。学生获国家奖学金 22 人、国家励志奖学金 372 人；获国家助学金 1429 人，其中，一等 559 人、二等 870 人；发放奖励资助共 451.65 万元。

校园爱心工程建设工作。为 6 名受突发性事件影响家庭经济困难学生发放一次性困难补助共 1.385 万元；发放新春送关爱、献血补贴等困难补助金额共 17.0271 万元；为 14 名符合学费减免条件家庭特困学生减免学费共 6.366 万元；协助宁夏燕宝慈善基金会完成 76 名受助学生信息核对、银行卡发放工作。推进少数民族家庭经济困难学生资助工作，完成新疆籍少数民族家庭经济困难学生专项补贴评定及管理工作，为 60 名新疆籍少数民族学生发放专项补贴共计 6.3 万元。完成与北京慈善协会的资助对接工作，组织动员家庭经济困难学生申请爱心成就未来资助项目，根据北京市慈善协会相关要求，对提出申请的学生进行遴选评定，50 名学生享受资助共 15 万元。

新生入学绿色通道。完成新生入学前期准备工作，随录取通知书向每位新生发放《高等学校学生资助政策简介》、申请助学贷款指南等宣传材料；开通资助咨询电话，做好政策解读、问题解答工作；设计制作资助政策宣传展板和《2018 级本科生入学绿色通道简介》；制做爱心礼包。在 9 月 11 日新生报到当天，学生通过“绿色通道”入学 252 人；向学生发放爱心校园一卡通充值券 205 人、爱心行李 17 人、爱心教材 38 人、爱心耳机 218 人，爱心体检卡 240 人，发放总金额 8.862 万余元。

学生学费补偿贷款代偿。落实《北京信息科技大学边远山区基层就业学费和国家助学贷款代偿实施细则》《北京信息科技大学退役士兵学费资助实施细则》《北京信息科技大学直招士官学生国家资助实施细则》《北京信息科技大学学生应征入伍服义务兵役国家资助实施细则》。完成 63 名服义务兵役学生学费补偿贷款代偿材料审核、网上报送、发放工作，其中，服义务兵役学生 39 人、退役复学生 24 人，发放总金额 57.459 万元。为 1 名学生申请退役士兵全日制教育学费资助 4600 元。

诚信教育主题活动。开展“助学 · 筑梦 · 铸人”主题系列宣传活动。5—6 月，印发《关于在全校开展“助学 · 筑梦 · 铸人”主题系列宣传活动的通知》，各学院学生中宣传国家资助政策，倡导学生树立诚实守信观念，弘扬爱国主义教育。根据活动开展情况，向北京市学生资助事务管理中心报送征文 10 篇、资助宣传画 2 幅、视频作品 1 部，参与全市评选。11 月 22 日，组织受资助学生参加在北京邮电大学举行，由北京市慈善协会、中共北京市委教育工作委员会、北京市教育委员会联合举办的 2018 年爱心成就未来圆梦行动——大学生助学款发放仪式。

（刘瑞　梅淼）

国防教育

2018 年，学校结合夏秋季征兵等工作，开展国防教育活动。7 月 7—20 日，组织 2017 级本科生军训，2593 名学生完成教学大纲规定军事理论课学习和军事技能训练任务。开展国防教育讲座、征兵宣传、军训动员等系列活动，在学生中宣传军事和国防知识。召开入伍学生欢送会和退伍学生座谈会，开展入伍和退伍学生教育工作。将退伍学生纳入军事爱好者协会统一管理，完成协会换届选举工作。参加由北京市教育委员会高校国防教育协会组织北京高校国防教育研讨会、国防教育网络知识竞赛、北京高校定向越野系列比赛等活动。在北京市高校国防教育社团评比及军事论文评比活动中获优秀奖。首次获北京市高校军事特训营最佳组织奖。首次参与全国国防教育特色校评选。

（马骏）

学生工作队伍建设

2018 年，学校建设“辅导员空间站”平台，开展专题报告、培训交流、素质拓展等活动 6 次。推荐辅导员参加北京高校辅导员研修基地和教育部等开展专题培训 15 人次。暑期，组织辅导员赴台湾地区高校学习交流 7 人。完成 2017 年度大学生思想政治教育系列教师职务聘任工作，晋升副高级职称 1 人、晋升中级职称 3 人。开展 2017—2018 学年辅导员、班主任考核工作，评选出优秀辅导员 12 人、合格辅导员 24 人、优秀班主任 66 人、合格班主任 274 人。开展新入职辅导员座谈培训，举办第三届辅导员职业能力比赛。建设“启创未来”学生创新素养养成辅导员工作室、“未来职通车”生涯规划与就业指导工作室、“美美与共”民族学生教育与管理工作室、“心坐标”生命教育工作室、“e 来 e 往”工作室共 5 个培育辅导员工作室，建设期 3 年，为每个工作室每年支持经费 2 万元。申报、立项校内学工专项 11 项，即《我校全员育人思想政治教育体系建构研究》《我校毕业生就业工作质量提升计划探索研究》《学工系统工作内部整合研究》《高校网络思想政治工作改革的研究》《学生教育管理服务大数据》《全面从严治党下高校学生党建工作若干实践探索——以北京信息科技大学为例》《我校学生学业辅导工作体系的研究》《研究生思想政治教育中导师第一责任人工作体制机制研究》《北京信息科技大学奖励体系研究工作探讨》《思政文件任务分解》《北京信息科技大学辅导员队伍建设方案研究》，合计经费 400 万元。完成辅导员岗位补贴和班主任津贴报表编制工作，发放辅导员岗补 565750 元、班主任津贴 826060 元。

（郭辉）

举办 2018 年度学生颁奖典礼

12 月 26 日下午，2018 年度学生颁奖典礼在小营校区大学生文化艺术中心举行。副校长陈刚主持颁奖典礼。校党委书记王传亮，党委副书记、校长王永生等校领导及各职能部门、学院负责人分别为获得表彰和荣誉个人、集体颁奖。校民舞团表演作品《汉风踏鼓 · 子衿》，民乐团合奏曲目《新赛马》，合唱团无伴奏合唱曲目《Havana》。所有在校校级领导，相关职能部门、学院负责人，师生代表参加颁奖典礼。

（马骏）

体育教育

概况

教职工 33 人
体育部有教职工 33 人，其中，专任教师 30 人、行政人员 2 人、场地管理人员 1 人

教授 1 人
专任教师中，教授 1 人、副教授 6 人、讲师 21 人、助教 2 人，国家级裁判 2 人、国家一级裁判 11 人

北京信息科技大学体育教育教学工作由体育部承担。2006 年 12 月，在原北京机械工业学院体育教研室和原北京信息工程学院体育教研室、基础二部体育组基础上组建体育部。负责全校体育教学、运动训练、群体活动及体育科研等工作。体育部下设第一体育教研室、第二体育教研室、部办公室、场地器材管理室。2018 年，体育部有教职工 33 人，其中，专任教师 30 人、行政人员 2 人、场地管理人员 1 人。专任教师中，教授 1 人、副教授 6 人、讲师 21 人、助教 2 人，分别在小营、健翔桥、清河 3 个校区授课；国家级裁判 2 人、国家一级裁判 11 人；具有研究生学历教师 13 人，占比 43%；21 名中级职称教师中，90% 以上已完成研究生主要课程学习。

（钟玲　任立群）

教学工作

11992 学时
完成本科体育教学工作量 11992 学时

2018 年，学校完成本科体育教学工作量 11992 学时，完成 1~4 年级 560 个班《国家学生体质健康达标》测试及上报工作。完善体育教学大纲，修订教学计划，调整教学内容。在教学过程中实行多重管理模式，加强学生体能锻炼监控，增加学生体能素质科目，加大练习强度。开展 2 个学期期中教学检查工作，所有教师采取抽签形式进行听课。加强教学质量管理和监控，教学督导组新增具有高级职称年轻教师。督导组成员平均看（听）课 3~4 次，并有针对性地对听课内容、方法进行总结、研讨。

（张世忠　任立群）

科研工作

9 篇
发表论文 9 篇

2 项
课程建设结题项目 2 项，教改立项 2 项

2018 年，体育部教师张宏宇获学校青年教师基本功大赛二等奖。体育部发表论文 9 篇，参加教育部、北京市教委举办的体育科学报告会，6 篇论文获奖。课程建设结题项目 2 项，教改立项 2 项。

（张世忠　任立群）

群体竞技

2018 年，学校举办 2018 年校田径运动会、2018 年新生运动会。组织学生参加北京市大学生田径运动会、首都高校秋季学生田径运动会、北京市大学生越野攀登比赛、首都高校大学生毽球比赛、首都高等学校乙组足球赛、北京市速度轮滑比赛、北京市大学生定向越野锦标赛、首都高校龙舟锦标赛及跆拳道、游泳、毽绳、滑雪、铁人三项、篮球、排球、台球、五人制足球、网球等北京市大学生体育竞赛活动 17 项，获第一名 3 人次、第二名 1 人次、第三名 4 人次、第 4 名到第 8 名 23 人次。以学校“五个环境建设”发展理念为统领，

培养学生“终身体育”意识，加快校园体育文化建设，营造校园体育文化氛围。检修并维护健翔桥校区、清河校区、东部校区场馆场地灯光，更新健翔桥校区室外篮球架和健身器材，改善体育场地和器材使用环境。

（张世忠　任立群）

党建工作

2018 年，体育部直属党总支部有教职工党员 21 人。按照“常规工作抓规范，重点工作求突破，创新工作出特色，整体工作上水平”工作思路，结合体育部实际，学习贯彻习近平新时代社会主义思想和党的十九大精神。以构建和谐体育部为主线，以培养高素质人才为目标，以组织建设、制度建设、思想建设为重点，加强党风廉政建设，遵守“三重一大”制度。以学习、活动为载体，围绕教育教学开展党建工作，创新党建工作形式，丰富党建工作内涵，拓展党建工作外延，落实“平安校园”网格化管理。探索新形势下党支部工作新思路，组织主题党日活动，召开支部专题会议，发挥党支部战斗堡垒作用和党员先锋模范作用。

（钟玲　任立群）

艺术教育

概况

4人
艺术教育中心
有教师 4 人

北京信息科技大学艺术教育工作由校团委下设文化艺术部承担。负责组织开展校园活动，整合校内艺术资源，审核学校文化艺术活动，对外宣传学校文化艺术教育工作成果。以丰富校园文化生活为宗旨，引导全校学生参加文化艺术活动，发展和培养校内艺术人才，营造校园文化氛围。办公地点位于小营校区三号办公楼 145 室、149 室、151 室。2018 年，艺术教育中心有教师 4 人。

（马绍辉）

教学工作

4门
开设全校公共选修课 4 门

24 学时
每学期 24 学时，1.5 学分

2018 年，艺术教育中心开设全校公共选修课《合唱艺术欣赏与实践》《器乐艺术欣赏与实践》《舞蹈艺术欣赏与实践》《形体》4 门。涉及 3 个校区 300 余名学生，每学期 24 学时，1.5 学分。

（郭颖　肖潇　孙豆豆）

艺术教育工作

2018 年，学校推进艺术教育工作，组织开展艺术活动，组织学生参加演出及比赛。3 月，成立校民乐团。5 月，组织民乐团参加学校“传统文化之夜”晚会演出。3 月 22 日，合唱团、国标舞蹈团、民族舞蹈团、话剧团参加学校第二届文化艺术节开幕式演出。5 月 3 日，钢琴艺术团在大学生文化艺术中心举办“初夏印象”专场音乐会。5 月，话剧团在大学生文化艺术活动中心举办经典话剧《雷雨》专场演出。6 月 7—14 日，合唱团 70 名学生参加 2018 北京市大学生音乐节声乐组别比赛，演唱曲目《Northern Lights》和《蒲公英》获混声合唱组金奖；《Short People》获重唱、小合唱组金奖；《Havana》《时间都去哪儿了》分别获得人声乐团组金奖、银奖；艺教中心主任郭颖获最佳指挥奖和优秀指导教师奖；学校获 2018 北京市大学生音乐节精神风貌奖。6 月 12 日，管弦乐团举行“致敬经典 · 青春不散场”成立 15 周年专场音乐会暨北京信息科技大学第二届文化艺术节闭幕式演出。6 月 26 日、12 月 18 日，钢琴艺术团在小营校区图书馆教工之家举行音乐沙龙。7 月，团委文化艺术部、民族舞蹈团、国标舞蹈团部分学生赴云南进行“走进云南人文社会实践调研”活动，获校 2018 暑期社会实践三等奖。10 月，国标舞团部分学生参加 2018 中东欧国家国际标准舞展演活动，教师孙豆豆受邀担任评审。11 月 8 日，民乐团参加 2018 北京市大学生音乐节器乐组别比赛，演奏曲目《新赛马》《月上玉泉》获银奖。11 月，管乐团参加 2018 北京市大学生音乐节器乐组别比赛，演奏曲目《古代英雄的传奇》《幸福的格物》获银奖。12 月，国标舞团参加国家大剧院 11 周年院庆公众开放日艺术节活动，钢琴艺术团参加国家大剧院“角色兼职活动”。12 月 26 日，合唱团、民族舞蹈团、民乐团参加北京信息科技大学 2018 年度学生颁奖典礼演出。

（郭颖　肖潇　孙豆豆）

7

科学研究与产业工作

◎ 1017篇

教师发表学术论文 1017 篇，包括北大中文核心期刊 283 篇、三大检索收录论文 274 篇、CSSCI 收录 18 篇

◎ 1.55亿元

人均实到科研项目经费约 11 万元，年度科研总经费最高达 1.55 亿元

◎ 18个

拥有省部级重点科研平台 18 个

- 获批纵向项目经费 5953 万元
- 横向项目经费 2672 万元
- 国防项目经费 2591 万元
- 平台建设及科研水平提高经费 6601 万元

- 新增纵向项目 184 项
- 横向项目 140 项
- 军工项目 26 项

BEIJING
INFORMATION
SCIENCE & TECHNOLOGY
UNIVERSITY

SCIENTIFIC RESEARCH AND INDUSTRIAL WORK

科学研究与产业工作

科学研究

概况

345 项

新增科研项目 345 项，环比增长 26.37%

1.78 亿元

新增项目经费 1.12 亿元，科研总经费 1.78 亿元，环比增长 23.61%

1 项

获省部级科研成果奖 1 项、社会力量设奖 5 项

北京信息科技大学科学技术研究及科学技术创新发展管理与服务工作由科技处承担。负责组织编制并实施学校科技发展规划；组织争取并管理各级纵向科研项目与各类横向科研项目。下设创新发展科、项目管理科、综合管理科，学报编辑部，有工作人员 15 人。办公地点位于小营校区三号办公楼 101 室、102 室、103 室、105 室、106 室、108 室。2018 年，学校新增科研项目 345 项，环比增长 26.37%。新增项目经费 1.12 亿元，科研总经费 1.78 亿元，环比增长 23.61%。光电测试技术与仪器教育部重点实验室获教育部批准认定；现代测控技术教育部重点实验室以“良好”成绩通过教育部评估。获省部级科研成果奖 1 项、社会力量设奖 5 项。

（张日颖）

科研项目

2018 年，学校新增纵向项目 184 项、横向项目 140 项、军工项目 26 项，包括国家自然科学基金项目 18 项、国家社科基金获资助 2 项；包括合同额 100 万元以上重大横向项目 4 项。学校首次作为主持单位承担国家重点研发计划项目“服务价值与文化传播评估理论与技术”。

（王子）

科研经费

2018 年，学校获批纵向项目经费 5953 万元、国防项目经费 2591 万元、横向项目经费 2672 万元、平台建设及科研水平提高经费 6601 万元。

（张日颖）

科研基地

科研机构共计 64 个

科研机构共计 64 个，其中，省部级研究机构 24 个、校企联合实验室 8 个、军民融合共建实验室 1 个、校级实验室 31 个

2018 年，学校科研机构共计 64 个，其中，省部级研究机构 24 个、校企联合实验室 8 个、军民融合共建实验室 1 个、校级实验室 31 个，基本形成以重点科研机构为龙头、校级科研机构为骨干、科技创新团队为基础、科技创新平台为支撑科研机构体系。省部级研究机构中，教育部重点实验室 2 个、北京实验室 1 个、北京市重点实验室 6 个、北京市（高等学校）工程研究中心 1 个、北京市国际科技合作基地 1 个、北京市哲学社会科学研究基地 1 个、北京市“2011”协同创新中心 1 个、参与建设国家“2011”协同创新中心 1 个、参与建设北京高精尖中心 1 个、参与建设北京实验室 3 个、原部委重点实验室 6 个。

表 27 北京信息科技大学 2018 年主要科研机构一览表

序号	科研机构名称	机构属性	依托学院	负责人
1	现代测控技术教育部重点实验室	教育部重点实验室	机电学院	徐小力
2	光电测试技术与仪器教育部重点实验室	教育部重点实验室	光电学院	祝连庆
3	光纤传感与系统北京实验室	北京实验室	光电学院	祝连庆
4	传感器北京市重点实验室	北京市重点实验室	理学院	高国伟
5	机电系统测控北京市重点实验室	北京市重点实验室	机电学院	徐小力
6	网络文化与数字传播北京市重点实验室	北京市重点实验室	计算机学院	李　宁
7	光电测试技术北京市重点实验室	北京市重点实验室	光电学院	祝连庆
8	高动态导航技术北京市重点实验室	北京市重点实验室	自动化学院	苏　中
9	绿色发展大数据决策北京市重点实验室	北京市重点实验室	经济管理学院	葛新权
10	光电信息与仪器北京市工程研究中心	北京高校工程研究中心	光电学院	祝连庆
11	先进光电子器件与系统北京市国际科技合作基地	北京市国际科技合作基地（清华、剑桥）	光电学院	祝连庆
12	北京知识管理研究基地	北京市哲学社会科学研究基地	经济管理学院	葛新权
13	北京世界城市循环经济体系（产业）协同创新中心	北京市协同创新中心	经济管理学院	张　健
14	北京电动车辆协同创新中心（共建）	协同创新中心（牵头单位：北京理工大学）	机电学院	陈　勇
15	材料基因工程北京高精尖创新中心（共建）	北京高精尖创新中心（牵头单位：北京科技大学）	计算机学院	李　宁
16	新能源汽车北京实验室（共建）	北京实验室（牵头单位：北京理工大学）	机电学院	陈　勇
17	生物医学检测技术及仪器北京实验室（共建）	北京实验室（牵头单位：清华大学）	光电学院	祝连庆
18	国家经济安全预警工程北京实验室（共建）	北京实验室（牵头单位：北京交通大学）	计算机学院	张仰森
19	高端装备智能感知与控制国际合作实验室	国际合作实验室	机电学院	王红军
20	智能决策与大数据应用国际合作实验室	国际合作实验室	经济管理学院	张　健
21	多轴复合机床关键部件研究应用技术实验室	机械工业重点建设实验室	机电学院	杨庆东
22	现代光电测试技术实验室	机械工业重点建设实验室	光电学院	李　东
23	TRS 软件开放实验室	财政部与北京市共建开放实验室	计算机学院	施水才
24	计算机系统开放实验室	财政部与北京市共建开放实验室	计算机学院	牟永敏
25	信息与通信系统实验室	原信息产业部重点实验室	通信学院	苏　中
26	信息获取与检测实验室	原信息产业部重点实验室	理学院	高国伟
27	数字化设计与制造研究所	校级	机电学院	张志强
28	智能机器人研究所	校级	机电学院	李天剑
29	精密测试技术与仪器研究所	校级	光电学院	刘国忠
30	光电技术研究所	校级	光电学院	吕　勇
31	智能控制研究所	校级	自动化学院	李　擎
32	电力电子技术研究所	校级	自动化学院	王久和
33	检测技术研究所	校级	自动化学院	李邓化
34	先进医用泵技术联合实验室	校企联合	自动化学院	高晶敏
35	网络数据安全检测联合实验室	校企联合	自动化学院	易军凯
36	信息微系统研究所	校级	通信学院	缪　旻
37	通信新技术研究所	校级	通信学院	李学华

续表 27

序号	科研机构名称	机构属性	依托学院	负责人
38	电磁信息技术与煤层气开发研究所	校级	通信学院	朱希安
39	微纳米集成硬件智能制造联合实验室	校企联合	通信学院	缪　旻
40	计算智能研究所	校级	计算中心	黄宏博
41	数据恢复研究所	校级	计算机学院	张京生
42	虚拟现实与系统仿真研究所	校级	计算机学院	申闫春
43	智能信息处理研究所	校级	计算机学院	张仰森
44	软件工程研究中心	校级	计算机学院	刘建宾
45	数据智能联合实验室	校企联合	计算机学院	侯　霞
46	睿至、信息科大 -- 企校联合实验室	校企联合	计算机学院	牟永敏
47	数据科学与情报分析联合实验室	校企联合	计算机学院	刘秀磊
48	知识管理研究所	校级	经济管理学院	葛新权
49	创新创业研究院	校级	经济管理学院	李建良
50	循环经济研究中心	校级	经济管理学院	葛新权
51	城市可持续发展与服务质量建设研究院	校级	经济管理学院	曲　立
52	品牌管理研究所	校级	经济管理学院	金春华
53	信息化与乡村振兴发展研究所	校级	经济管理学院	侯军岐
54	新媒体大数据智能创新联合实验室	校企联合	经济管理学院	张　健
55	信息系统研究所	校级	信息管理学院	李　忱
56	网络空间安全联合实验室	校企联合	信息管理学院	蒋文保
57	公共管理研究所	校级	公共管理与传媒学院	伊　强
58	跨文化研究所	校级	公共管理与传媒学院	梁冬梅
59	翻译研究所	校级	外国语学院	李淑琴
60	英语语言文学研究所	校级	外国语学院	肖　滨
61	应用语言学研究所	校级	外国语学院	王朝晖
62	应用数学研究所	校级	理学院	邱　钧
63	数学物理研究所	校级	理学院	李祥贵
64	海洋信息与科学计算联合实验室	校级	理学院	邱　钧
65	国际教育研究所	校级	国际交流学院	王兴芬

（李彬）

科研成果与获奖

5 项
学校作为第一完成单位获科研奖项 5 项

2018 年，学校作为第一完成单位获科研奖项 5 项，其中，自动化学院完成“盲环境智能导航关键技术研究及应用”项目获北京市科学技术二等奖；计算机学院完成“智能化中文文本校对系统关键技术及应用”项目获钱伟长中文信息处理科学技术一等奖；经济管理学院完成“中国本土动漫产业原创竞争力构建机制研究”项目获中国商业联合会科技技术奖全国商业科技进步二等奖；信息与通信工程学院完成“智能边缘云制造系统柔性协同服务机理及技术应用”项目获第八届吴文俊人工智能科学技术发明三等奖；经济管理学院完成“电子商务与物流配送技术现状与应用前景”项目获中国物流与采购联合会科学技术三等奖。仪器科学与光电工程学院参与完成“航天器姿态与编队组网间方位的高精度一体化感知测量系统”项目，获中国仪器仪表学会科学技术一等奖，学校为第二完成单位。

（刘飞）

知识产权

2018 年，学校获各类知识产权授权、登记 264 项，包括发明专利 96 项，环比增长 37.14%。

（李彬）

《北京信息科技大学学报》

发表学术文章 111 篇
《北京信息科技大学学报》出版 6 期，发表学术文章 111 篇，吸引校外稿件 10 篇

《北京信息科技大学学报》（自然科学版）为双月刊，每刊 96 页。2018 年出版 6 期，发表学术文章 111 篇，吸引校外稿件 10 篇。在 2018 北京市属报刊集中审读中，获“编校质量优秀奖”。

（康劲）

科技产业

概况

2.5 亿余元
校办科技产业 6 家，资产总额 2.5 亿余元

190 万元
各企业向学校上交利润 190 万元

北京信息科技大学科技产业管理工作由科技处承担。负责科学管理学校科技成果与知识产权；负责科技成果转化；组织申报各级、各类科技奖励。2018 年，学校有校办科技产业 6 家，资产总额 2.5 亿余元；各企业向学校上交利润 190 万元，其中，拓尔思公司分红 147 万元、华育昌公司分红 33 万元、科信所上交 10 万元。

（王占武）

科技产业管理

2018 年，学校完成年度国有资产产权年检、变动工作。北信工程、科信所、京信科公司、意康公司办理产权年检登记，拓尔思办理产权变动登记；协助后勤管理处完成宏利公司产权登记工作。启动将北信工程改制组建学校资产管理公司工作，制定《改制工作方案》并向市教委提交启动校办企业改制工作请示；在校长办公室、审计处、财务处、国资处等部门配合下，启动公司改制相关清产核资、专项审计、资产评估工作，已形成初稿。

（王占武）

科技成果转化

150 万元
获批市科委科技成果转化机构支持资金 150 万元

2018 年，学校开展产业化项目储备库入库项目梳理工作，组织产业化成果参加项目路演、展览展示等对接活动。配合教务处开展大学生创新创业项目服务工作。落实参与发起的“首都高校众筹联盟”和“北京高校技术转移联盟”有关工作。制定《科技成果转移转化管理办法》，推动技术转移项目合同签订工作。成立技术转移转化中心，并以技术转移转化中心市场化运营平台——北京京信科高端信息产业技术研究院有限公司为主体，申报并获批市科委科技成果转化机构支持资金 150 万元。

（王占武）

学术论文与专著

1017 篇
教师发表学术论文 1017 篇，包括北大中文核心期刊 283 篇、三大检索收录论文 274 篇、CSSCI 收录 18 篇

27 部
出版学术专著 27 部

2018 年，学校教师发表学术论文 1017 篇，包括北大中文核心期刊 283 篇、三大检索收录论文 274 篇、CSSCI 收录 18 篇。出版学术专著 27 部。

表 28　2018 年度出版学术专著一览表

序号	著作名称	第一作者	所属单位	出版单位	出版时间
1	油气管道输送及泄漏检测	王军茹	自动化学院	四川大学出版社	2018-04-01
2	光学分析与光谱分析技术研究	李 响	仪器科学与光电工程学院	黑龙江教育出版社	2018-09-01
3	基于复杂网络分析的信息空间研究	王宁宁	信息管理学院	河北科学技术出版社	2018-12-03
4	基于认知科学的煤矿安全可视化管理效应研究	李光达	信息管理学院	河北科学技术出版社	2018-11-01

续表 28

序号	著作名称	第一作者	所属单位	出版单位	出版时间
5	基于社会物理学的网络舆情演化研究	司夏萌	信息管理学院	河北科学技术出版社	2018-11-01
6	面向纠纷避免的电子商务交易主体	王兴芬	信息管理学院	清华大学出版社	2018-11-01
7	包法利夫人	宋 颖	外国语学院	江苏凤凰文艺出版社	2018-06-01
8	病者生存：疾病如何延续人类寿命	程纪莲	图书馆	中信出版集团	2018-08-01
9	高校教师循证评价与科研评估	张日颖	科技处	辽海出版社	2018.3.1
10	Non-driven Micromechanial Gyroscopes and Their Applications	张 伟	理学院	Springer, 国防工业出版社	2018-03-03
11	中国种业调研报告	侯军岐	经济管理学院	中国农业出版社	2018-05-28
12	高等院校高绩效工作系统研究	廖赣丽	经济管理学院	经济管理出版社	2018-10-08
13	食品价格上涨对我国城乡居民社会福利的影响	张品一	经济管理学院	经济管理出版社	2018-10-01
14	刘强东：持正行远	崔 瑜	经济管理学院	中国友谊出版公司	2018-05-01
15	商业模式创新与企业绩效影响：案例与实证	李鸿磊	经济管理学院	经济管理出版社	2018-04-01
16	大城市生活垃圾减量化的差别责任分析与路径研究	葛新权	经济管理学院	经济科学出版社	2018-03-01
17	软件工程导论	崔展齐	计算机学院	机械工业出版社	2018-09-01
18	机械类专业人才培养研究	王红军	机电工程学院	北京航空航天大学出版社	2018-11-30
19	设计的观念：设计问题读本	张 黎	机电工程学院	江苏凤凰美术出版社	2018-04-01
20	新媒体时代艺术设计创新研究	李 晋	公共管理与传媒学院	北京日报出版社	2018-09-01
21	统一电能质量调节器及其无源控制	王久和	自动化学院	机械工业出版社	2018-9-10
22	微电影导演手册	向璐舜	公共管理与传媒学院	中国广播影视出版社	2018-1-1

博士后科研工作站

379.4 万元

教师依托研究院公司承担科研项目 8 项，实到项目经费 379.4 万元

2018 年，学校依托产业技术研究院申报设立博士后科研工作站获批挂牌。2016 年 4 月，启动该项工作；2018 年 5 月，向北京市人社局提交设立申请；其间，成立由人事处、科技处、产业与经营性资产管理办公室等部门组成工作小组，负责申报材料撰写和组织协调等工作；主管校领导牵头开展博士后科研工作站设站论证，邀请有关领导和专家到校指导工作。授牌后，学校将通过产业技术研究院每年招收和培养博士后研究人员进入博士后工作站约 20 人，同时作为学校师资补充来源。加强研究院科研项目管理工作，学校教师依托研究院公司承担科研项目 8 项，实到项目经费 379.4 万元。

（王占武）

◎ 6所

与6所国外院校新签署校际合作协议，建立合作关系

国际及港澳台交流与合作

◎ 256%

专门为研究生设立前往日本早稻田大学、越南河内国立大学短期交流项目；全年派出82人次，环比增长256%

BEIJING
INFORMATION
SCIENCE & TECHNOLOGY
UNIVERSITY

International and Hong Kong, Macao and Taiwan **Exchanges and Cooperation**

国际及港澳台**交流与合作**

国际交流与合作

概况

30 项

与 10 个国家 22 所院校开展长、短期交流项目 30 项，派出学生 194 人

18 项

新签或续签项目协议 18 项

21 人

向国外院校派出交流时长 1 年长期访问学者 21 人

41 人

接待校际访问团组 15 个，到访人员共计 41 人

北京信息科技大学国际交流与合作工作由国际交流合作处承担。负责学校国际化发展战略规划起草工作；与国（境）外大学联系、协调和沟通，校际合作协议起草和翻译；校际交流计划统筹管理，交流项目协调和落实；全校性外事活动策划、组织、和实施；“111 基地”及国（境）外高端人才引智项目申报和管理；国（境）外长短期专家聘请、来华手续办理和日常管理；学校因公出国（境）管理及其制度制定，因公出国（境）计划编制、出国（境）手续办理，及因公护照和港澳台通行证保管等；学生因公出国（境）管理办法起草和落实；学校对外交流项目信息发布，学生对外交流项目联系、协调和管理，学生公派出国（境）学习奖学金评审和管理等。国际交流合作处是执行涉外政策、协调学校国际交流与合作事务职能部门，下设外事科、出国出境科、外专科（兼综合办公室）。办公地点位于小营校区三号办公楼 248 室、251 室、252 室、253 室、133 室。2018 年，学校与 10 个国家 22 所院校开展长、短期交流项目 30 项，派出学生 194 人。新签或续签项目协议 18 项，包括与澳大利亚詹姆斯库克大学的“2+2”本科双学士学位项目、与美国威斯康星大学帕克赛德分校“3+1+1”本硕连读项目等。支持引领学科建设和博士点建设工作，加大对教师出国交流支持力度。向国外院校派出交流时长 1 年长期访问学者 21 人。接待来自美国、英国、德国、爱尔兰、爱沙尼亚、瑞典、及中国台湾地区等校际访问团组 15 个，到访人员共计 41 人，包括校长、副校长级人员 9 人；办理因公出国（境）团组 84 个、164 人次；教科研人员因公出访团组数量达 57 个、96 人次，环比增长 34 个、59 人次。发布英文新闻 136 篇，实时更新校级中文新闻。

（张伊凡）

对外交流与合作办学

6 所

与 6 所院校新签署校际合作协议，建立合作关系

2018 年，学校与澳大利亚詹姆斯库克大学、俄罗斯莫斯科电子技术大学、日本上智大学、日本南山大学、澳大利亚墨尔本理工学院、爱沙尼亚塔林大学 6 所院校新签署校际合作协议，建立合作关系。围绕国家“一带一路”倡议实施，加强与一带一路沿线国家院校合作，参加“一带一路”中波大学联盟各项工作；派出学生团队参加以色列本古里安大学“数据挖掘与商务智能”暑期短期项目；首次开展“‘一带一路’倡议之越南访学”短期交流项目。

（王琛）

引智与外专

160 万元
获批国家外国专家局和北京市科委引智项目 6 项，引智经费共计 160 万元

28 人次
聘请国（境）外高校长短期国（境）外专家到校开展学术交流和科研合作 28 人次

2018 年，学校获批国家外国专家局和北京市科委引智项目 6 项，引智经费共计 160 万元。其中，国家外专局“地方高校学科创新引智基地”1 项，国家外专局高端外国专家项目（文教类）3 项，北京市科学技术委员会国际科技合作专项联合研发课题 1 项，北京市科学技术委员会国际科技合作专项国际人才交流工作任务 1 项。聘请来自美国匹兹堡大学、奥克兰大学、堪萨斯州立大学、威斯康星大学帕克赛德分校、密苏里大学（堪萨斯市），加拿大温莎大学，爱尔兰国立科克大学，瑞典皇家理工学院、哈姆斯塔德大学等国（境）外高校长短期国（境）外专家到校开展学术交流和科研合作 28 人次，为经管学院、信管学院、自动化学院、计算机学院等师生开展专题讲座，协助学院完善学科建设、师资培养、教学科研等；聘请国（境）外专家作为学校荣誉教授 4 人。

（张伊凡）

因公派出

2018 年，学校完善因公临时出国（境）工作细则，管理出国经费使用情况，避免违反相关政策和纪律。在中长期出国人员回国后，组织与北京市安全局例行开展安全稳定回访工作。7 月 15 日至 8 月 4 日，经国家外专局立项批准，组织教师赴英国剑桥大学参加“基于大数据技术的信息安全应用培训”15 人，旨在培养在大数据网络与信息系统安全保障服务方面具有创新能力高级应用型专门技术人才，加强大数据技术下网络和信息技术安全创新研究和开发应用。加强向“一带一路”国家推广与合作，赴阿尔巴尼亚、马其顿、俄罗斯、印度尼西亚、马来西亚、泰国等国家参加教育展。

（王俊威）

学生公派出国（境）交流学习

2018 年，学校首次选派学生赴美国加州大学伯克利分校、美国堪萨斯大学、美国威斯康星大学拉克罗斯分校、日本早稻田大学、日本上智大学、越南河内国立大学等院校开展交流活动。为支持引领学科建设及博士点申报工作，加大对研究生出国（境）交流支持力度，专门为研究生设立前往日本早稻田大学、越南河内国立大学短期交流项目；全年派出 82 人次，环比增长 256%。加大对信息类及信息类相关学科专业对外交流支持力度。信息领域学科专业学生外出交流 122 人，占全校出国（境）交流总人数 62.9%。开展高水平交流项目，与剑桥大学联合开展“人工智能方向”暑期学术提升项目，与以色列本古里安大学联合开展“网络安全应用中的数据挖掘与商业智能”暑期项目，与爱尔兰科克大学联合开展“大数据与商业”暑期项目，与澳大利亚詹姆斯库克大学合作开展“智慧物联”暑期项目。

（王琛）

港澳台地区交流与合作

概况

北京信息科技大学涉港澳台地区交流与合作工作由港澳台事务办公室承担。办公地点位于小营校区三号办公楼 133 室。2018 年，学校加强与台湾地区高校交流与合作。承办第十二届海峡两岸信息科学与技术学术交流研讨会，邀请台湾东华大学、淡江大学专家学者到校进行学术交流、分享研究成果。接待参加第六届华北五省（市、自治区）大学生机器人大赛台湾建国科技大学师生代表团。

（王琛）

许宝杰会见台湾建国科技大学机器人代表队

11 月 9 日，学校副校长许宝杰会见参加 2018 年华北五省（市、自治区）大学生机器人大赛的台湾建国科技大学机器人代表队师生。许宝杰对到校参赛建国科技大学代表队表示欢迎。为表彰台湾建国科技大学对机器人大赛支持，大赛组委会特授予建国科技大学优秀组织奖，许宝杰代表组委会向建国科技大学代表团颁发奖牌。会后，台湾建国科技大学代表团与学校机电工程学院副院长王红军和自动化学院副院长陈雯柏及教师代表进行会谈，双方就工业工程和机器人等专业人才培养、两校实验室之间深度合作、产学研相结合和应用型人才培养等议题进行探讨。

（王琛）

王传亮会见台湾铭传大学副校长

12 月 3 日，学校党委书记、校务委员会主席王传亮在小营校区 101 会议室会见台湾铭传大学副校长王金龙。副校长陈刚主持两校会谈。王传亮介绍学校近年来发展情况，着重介绍学校“五个环境建设”战略思考。王金龙分享铭传大学及台湾高等教育在信息化方面做法及经验，表示铭传大学愿意在商学院认证、工程认证方面为学校开展相关培训工作。人事处、网管中心和计算机学院分别就未来两校在师资交流与互访、学校信息化建设及计算机相关专业联合培养等方面进行交流和磋商，就合作具体落实情况达成一致。

（王琛）

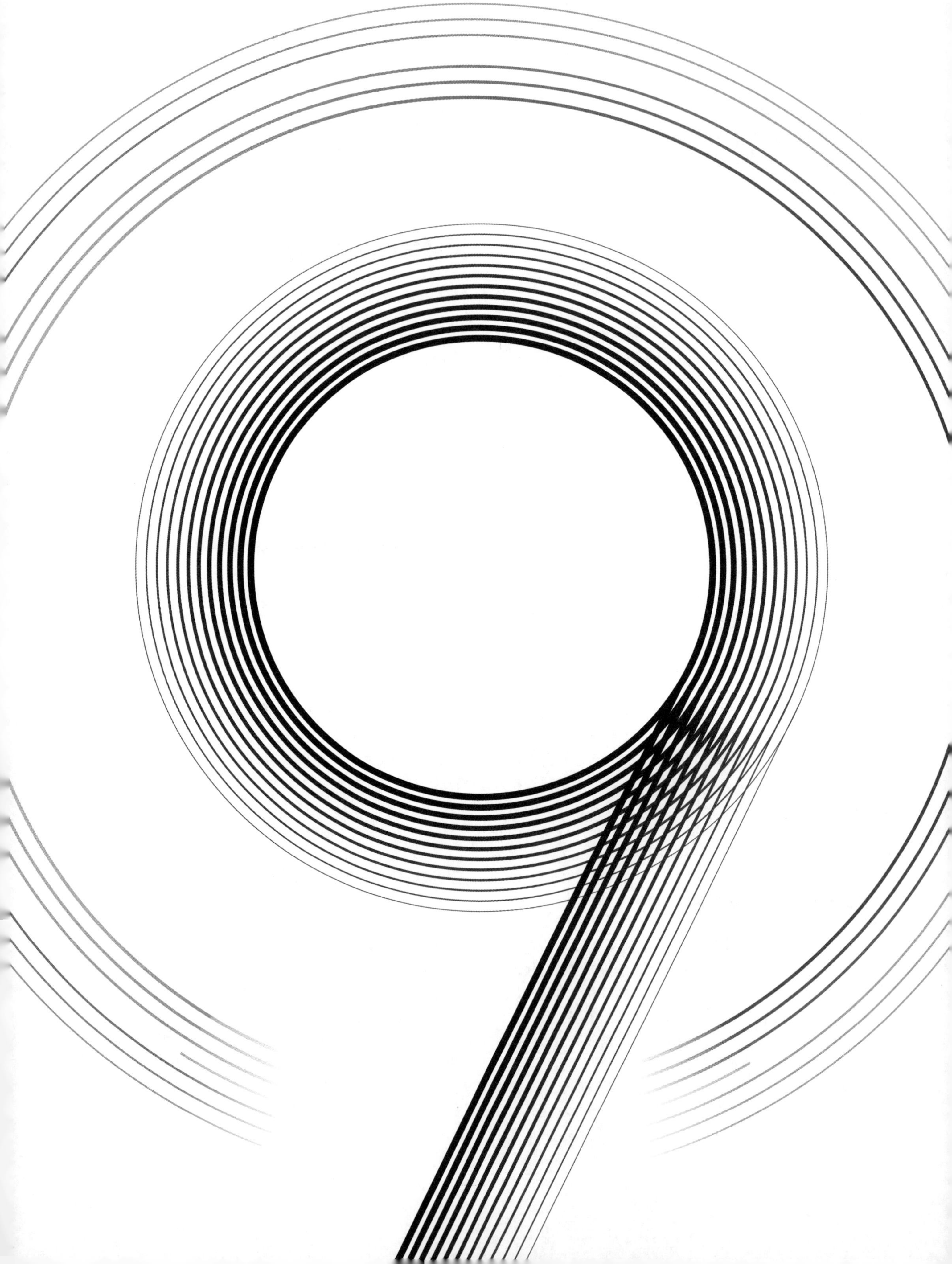

行政管理

160个 97个

召开党委常委会 30 次 160 个议题，校长办公会 25 次 97 个议题

1486人

在编教职工 1486 人，包括在岗教职工 1444 人，其中，专业技术岗位 913 人、管理岗位 330 人、工勤技能岗位 64 人、其他专技 137 人

115239.48万元

财政总收入 115239.48 万元，总支出 115474.84 万元

3人

在站博士后 3 人。获批设立“北京市京信科高端信息产业技术研究院有限公司”博士后工作站

108405.58万元

签订新校区建设合同 75 份，合同金额 108405.58 万元

339.57万元

发放 2017—2018 学年奖学金共计 339.57 万元

BEIJING
INFORMATION
SCIENCE & TECHNOLOGY
UNIVERSITY

PUBLIC ADMINISTRATION

行政管理

综合管理

概况

1402 件

接收和处理上级各类公文1402件，电子政务内网收文529件，接收处理上级各类传真通知183份

185 份

审核制度性文件19份、审核合同185份

50000 余个

完成高基报表填报工作，内容涉及表格42张、项目700余项、数据50000余个

37 个

组织新校区建设领导小组会13次、37个议题

北京信息科技大学党政综合性事务管理与服务工作由党委办公室、校长办公室（以下简称“党校办”）承担。党校办是学校党委和行政合署综合办事机构，负责综合协调工作、文秘工作、印章和机要管理工作、信息工作、档案和综合统计工作；负责群众来信来访接待和协调处理工作；负责各类信息收集和编发工作；负责归口管理、协调法律事务工作；负责党务公开、校务公开、信息公开工作；负责党代表大会代表联络服务相关工作；负责党政机关办公经费和一般办公设备费分配及办公电话管理等工作。办公室有主任2人、副主任2人、工作人员20人。办公地点位于小营校区三号办公楼221室、209室、228室、223室、218室、226室、222室、261室、230室、136室及一号办公楼103室、108室，图书馆801室。2018年，党校办接收和处理上级各类公文1402件，电子政务内网收文529件，接收处理上级各类传真通知183份。办理诉讼案件8起，组织校内重大案件及重要事项律师会商会议10次，为校内单位提供法律事务咨询42次，出具法律意见书16份。审核制度性文件19份、审核合同185份。完成高基报表填报工作，内容涉及表格42张、项目700余项、数据50000余个。完成2017年度二级单位考核、表彰和奖励工作。完成二级单位考核指标体系修改工作。组织新校区建设领导小组会13次、37个议题。向上级报送新校区建设进展情况48次，协调相关单位和部门到新校区现场督查工作。

（孙旭）

综合协调与服务

2018年，学校组织迎新、开学典礼、毕业典礼、校运动会、干部大会、表彰大会、情况通报等常规活动。全员参与本科教学审核评估、北京市高校师德与学风建设、政治生态检查、华北五省机器人大赛、学校第二届“双代会”、迎接分类发展考察组专家入校、处级岗位聘任大会等专项工作。牵头撰写分类办学规划方案、本科教学评估整改方案等文件。协调各部门时间，安排会务近千次。牵头召开各类协调会、组织协调学校工作近百项。完成各部门电话调整安装、名称变更、电话表信息更新及机关职能部门办公设备申请、购买、分配工作。完成行政用印审核、登记、管理工作，全年用印10万余人次。完成申请部门公章审批审核及刻制工作。完成各单位固定资产购置和协调各单位固定物资调拨等工作。完成行政公函和介绍信、证明信管理工作。完成会议室管理、每周会议安排、节假日排班等工作。

（孙旭）

机要管理及公文处理

2018 年，学校对收到密级文件和参照密级文件管理内部刊物，按照机要管理要求登记、传阅、存档、借阅。加强机要室、保密办等部门安防工作。

（孙旭）

文秘工作

60 万字
起草撰写文稿 50 余份、近 60 万字

2018 年，党校办起草撰写文稿 50 余份、近 60 万字，向上级报送各种材料 73 次、近 30 万字，向兄弟高校和友好单位发信发函近 20 封。

（孙旭）

信息报送工作

2018 年，学校设立信息专报岗，对接上级部门，完成教学、科研、管理和服务等方面信息收集、整理和报送工作。加大对外报道信息源，提高信息质量。重点向市教委宣教之窗、《北京教育信息》《京津冀教育协同发展工作简报》报送学校信息及新校区工作进展情况。报送专题汇报材料 12 篇，被采用 4 篇。增强紧急重要信息敏锐意识，把握紧急信息上报时间点和关键点，下发《关于进一步加强紧急重要信息报送工作的通知》。

（孙旭）

依法治校工作

2018 年，党校办为职能部门工作提供咨询服务，就咨询过程中发现其他相关问题提出建议，推进职能部门工作规范化、法治化。代表学校处理涉诉案件，保障办学秩序。

（孙旭）

年鉴工作

2018 年，学校为《北京教育年鉴 2018 卷》提供概述 1682 字、重点工作 4283 字、典型性条目 23 条、图片 18 幅。完成《北京信息科技大学年鉴（2018）》校内各单位稿件组稿和编辑工作。

（孙旭）

综合统计工作

2018 年，学校完成统计分析工作，更新录入 2018—2019 学年统计台账数据 200 余项。与教育部标准比对、分析学校基本办学条件和检测办学条件指标 30 余项。组织完成海淀统计月报、季报、年报工作，涉及表格 15 张。完成统计分析报告 1 篇，参评北京市高校教育事业统计先进集体和先进个人。承担或协助其他部门完成科普统计、本科教学质量数据采集、国防动员潜力数据采集等专项统计工作。完成学校主页简介中各项统计数据更新工作。

（孙旭）

信访工作

43 件次
处理群众信访 43 件次

30 余次
接听信访电话 30 余次

2018 年，党校办处理群众信访 43 件次，其中，上级转办 6 件，领导批示处理 12 件，信访办公室直接处理 25 件。接听信访电话 30 余次。

（孙旭）

党务公开、校务公开、信息公开工作

2480 条
公开各类信息 2480 条

2018 年，学校落实《高等学校信息公开办法》，撰写《2018 年度信息公开报告》。通过学校网站、党务公开网站、校报、办公系统、广播、电子屏幕、公开栏、会议、信息平台、文件等形式，公开各类信息 2480 条。

（孙旭）

校内外联络沟通工作

2018 年，学校接待北京市委市政府、市教工委市教委及驻地区领导等视察检查 25 次，南阳理工学院等兄弟高校和友好单位到访调研 12 次。安排校领导外出访问和校内调研 19 次，完成前期联络、筹划、行程安排、现场接待、后续报道、差旅报销等接待和联络工作。

（孙旭）

办文、办会、办事工作

626 份
审核、制作校级文件 626 份

4296 份
印制纸质文件 4269 份

58 份
印发规章制度 58 份

2018 年，党校办审核、制作校级文件 626 份，其中，党委文件 178 个、行政文件 448 个。印制纸质文件 4269 份。印

发学科建设、人才培养、科技创新、队伍建设、规范管理秩序、新校区建设等规章制度58份，其中，新制定41份、修订17份。新成立专门委员会和工作组12个，调整专门委员会和工作组2个。

（孙旭）

督察督办工作

2018年，学校召开党委常委会30次、160个议题，校长办公会25次、97个议题。处理校内请示144件，制作季度督查督办统计表。

（孙旭）

全面从严治党工作

86项
废止制度44项，修订96项，新制定86项

2018年，学校召开全面从严治党工作会议，组织班子成员和中层干部、各院级党组织签订个性化责任书和承诺书。协调各职能部门，组织上报日常检查支撑材料，完成年度全面从严治党主体责任日常检查上报工作，并分别向市委和市纪委报送总结报告。开展校内巡察试点工作，出台《中共北京信息科技大学委员会巡察工作实施办法（试行）》《中共北京信息科技大学委员会关于开展第一轮校内巡察工作的方案》等文件，明确巡察范围、内容、工作方式和程序，提出工作要求。完成对信息管理学院、外国语学院巡察监督工作。起草《关于对全面从严治党突出问题开展专项整治的意见》及学校党委整改自查情况报告。落实政治生态专项检查工作，完成市纪委政治生态专项检查材料组织、文稿撰写等工作。结合制度“废改立”工作，废止制度44项，修订96项，新制定86项。配合纪委开展“低值易耗品专项检查”“科研项目经费管理和使用专项检查”。

（孙旭）

公车管理工作

2018年，学校加强公车改革后，剩余6部车辆管理工作。完成学校北京市公务车辆车载终端设备安装及车辆标识化管理工作，完成海淀区高校交通安全委员会等到校检查验收接待工作。完成车辆使用统计、车辆运行台账管理、车辆维修维护等工作。为各部门租赁车辆80余次。

（孙旭）

人事管理

概况

1486人
在编教职工1486人，其中，在岗1444人、不在岗42人

3人
博士后进站1人、出站0人，在站博士后3人

69人
退休教职工69人，为54名职工办理退休手续

北京信息科技大学人力资源管理和师德建设工作由人事处（党委教师工作部）承担。负责贯彻执行国家、上级主管部门和学校颁布有关人事干部、劳动、工资等方面法律、法规、政策和规定；负责全校师德师风建设与考核；负责人事管理政策研究与制定；负责人员编制、岗位设置和校内津贴发放；负责师资队伍建设与人才引进；负责行政科级机构设置；负责人事调配与管理、劳动工资管理、专业技术职务岗位聘任、人才交流和编外人员管理；负责职工培训、考核、奖惩；负责办理退休、保险福利等工作。人事处（党委教师工作部）有处长（部长）1人、副处长（副部长）3人、其他工作人员11人。下设师资管理科、人事科、职工发展科、劳资科、人事档案室。办公地点分别位于小营校区三号办公楼109室、110室、107室、111室，主教楼123室、125室。2018年，学校在编教职工1486人，其中，在岗1444人、不在岗42人；在岗教职工中，专业技术岗位913人、管理岗位330人、工勤技能岗位64人、其他专技137人。博士后进站1人、出站0人，在站博士后3人。退休教职工69人，为54名职工办理退休手续；截至2018年底，学校退休人员1105人、离休人员36人。

（王颖）

师资和教职工队伍

2018年，学校组织教师参加2018年度春季、秋季教师资格认定2期，获高校教师资格证书85人。教师外聘参加一线教学工作6人。在编教职工中，按专业技术职务（职称）统计，正高级专业技术职务（职称）133人、副高级专业技术职务（职称）344人、中级专业技术职务（职称）398人、初级专业技术职务（职称）15人；按学位统计，博士学位566人、硕士学位437人、学士学位384人。

表 29 高级专业技术职务岗位任职人员一览表

机电工程学院（52 人）									
教　授：									
王红军	王国权	孙江宏	杨庆东	陈　勇	林慕义	郝南海	郝育新	贺敬良	高炳学
黄　民	钟建琳	刘　泉	王吉芳	童　亮	王立勇				
副教授：									
朱春梅	刘　芳	祁志生	严　乐	李天剑	李　乐	李启光	杨　莉	张志强	张　艳
张君华	张瑞乾	陈秀梅	赵秋玲	侯悦民	龚国庆	盖雨聆	戴丽萍	马　彬	李凤莲
赵　理	彭宝营	刘相权	李洪海	蒋周翔	张　黎	苏　鹏			
高级实验师：									
王雪雁	王　准	刘国庆	邓春芳	黄小龙	韩凤霞	孟玲霞			
副研究员：									
马　超	唐长亮								
仪器科学与光电工程学院（48 人）									
教　授：									
王晓飞	刘国忠	李　东	吕　勇	娄小平	祝连庆	郭阳宽	董明利	陈青山	宋建丽
张晓青	周哲海								
副教授：									
马牧燕	王　君	王艳林	王晓玲	刘力双	牛春晖	赵　爽	贾豫东	燕必希	刘　锋
张钰民	李晓英	何　巍	闫　光	吴思进	辛璟焘	孙　婷	张　帆	刘　超	陈少华
李伟仙	孙广开	姚齐峰	张　雯	牟涛涛	朱桂贤				
副研究员：									
乔道鄂	贺　庆	孟晓辰	孟　阔	宋言明	孟凡勇				
高级实验师：									
刘　刚	郎晓萍	赵双琦	孔全存						
信息与通信工程学院（27 人）									
教　授：									
朱希安	苏　中	汪毓铎	周金和	缪　旻	李学华	曹　林	崔英花		
副教授：									
李红莲	吴韶波	罗　倩	张月霞	姚彦鑫	徐　湛	焦瑞莉	潘建军	解迎刚	王占刚
段中钰	张　涛	朱　翠	赵　凯	厉夫兵	冷俊敏	卓智海			
高级实验师：									
王亚飞	李振松								
自动化学院（33 人）									
教　授：									
厉　虹	马　洁	张奇志	李　擎	周亚丽	恒庆海	曹荣敏	艾　红	胡平平	杨秀媛
陈雯柏									
副教授：									
付兴建	刘丽华	李　娟	李　慧	吴迎年	范军芳	张巧杰	张　利	管　萍	张　芳

续表 29

王军茹	冯清娟	刘 琼	刘 佳	王丽婕	李庆奎	李建国			
高级实验师：									
白雪峰	关静丽	李 萍	侯 明						
副研究员：									
胡敬芳									
计算机学院（47 人）									
教 授：									
申闫春	刘建宾	牟永敏	李 宁	李淑琴	李宝安	张仰森	徐雅斌	侯凌燕	侯 霞
副教授：									
王铁峰	牛欣源	刘旭红	刘均梅	刘京志	刘城霞	刘雪飞	杨大利	杨 菁	何玉洁
沈美娥	张志华	岳 清	张 伟	胡信裕	胡景凡	施运梅	殷 旭	彭克勤	徐 莉
焦 健	朱敏玲	李 卓	孟 坤	宋 莹	蒋玉茹	刘秀磊	苗 军	郑丽伟	范艳芳
崔展齐	陈 莹								
高级实验师：									
田英爱	高 卓	黄改娟	张冬慧						
研究员：									
吕学强									
经济管理学院（73 人）									
教 授：									
王 斌	刘 春	佘晓哲	李雁玲	曲 立	张志凤	张 健	周脉伏	唐五湘	徐文彬
葛新权	谢瑞峰	谢 群	岳宝宏	侯军岐	梁栩凌	谭祖卫	孙玉霞	徐 颖	
副教授：									
于生生	王建梅	王 慧	王 莹	王 晖	尹洁林	叶小玲	田淑英	田肇云	任丽明
刘文涛	孙 静	孙 凯	李红娟	李建良	李晓非	李静文	李慧思	杨颖梅	沈银萱
周飞跃	周秀玲	周 觉	彭 燕	孟海亮	杭建平	侯风萍	贾香萍	段文军	赵 伟
程桂枝	韩之怡	廉串德	黎 枫	陈玉保	赵 淼	聂铁力	曹晋红	倪 渊	张 舒
杨 慧	王建国	李 莉	王宗水	姜 雨	李 洁	张长鲁	颜 瑞	张品一	张 雯
高级实验师：									
刘 青	刘 伟	王 琪							
副研究员：									
陈进东									
信息管理学院（36 人）									
教 授：									
尹春华	李 忱	徐晓敏	蒋文保	康海燕	赵 刚	张 莉	孙若莹		
副教授：									
王晓敏	于瑛英	卢华明	朱 阁	任俊玲	孙志恒	何文君	卢益清	刘亚辉	吴丽花
陈立南	郁红英	胡 炬	赵庆聪	高 英	蒋洪伟	张 虹	王晓波	车 蕾	谷晓燕
胡 敏	臧玉洁	李 楠	梁力军	杜惠英	黄 胜	王 磊			

续表 29

高级实验师：									
宋燕林									
公共管理与传媒学院（18 人）									
教　授：									
王　媛	李　钢	梁冬梅	杨孔雨	李　仙					
副教授：									
丁　宁	牛新权	伊　强	张英杰	郭严俊	谢保杰	阎建国	沈春雷	杨成虎	张　笑
王圣华	刘永林								
高级实验师：									
高　平									
马克思主义学院（21 人）									
教　授：									
刘永成	胡　飒	敖云波	张云筝	何深思					
副教授：									
王英红	陈建成	刘建华	齐治兰	杨玉珍	吴慧芳	汪　帆	庞淑萍	舍娜莉	曹　霞
曾毅红	郭春燕	韩剑英	石桂芳	田丽娜	赵雅沁				
外国语学院（35 人）									
教　授：									
任维平	李淑琴								
副教授：									
马月英	王朝晖	王　霞	王　瑾	方　元	尹祝辉	刘　颖	李　萍	李伟宏	孙力华
肖　滨	宋　芳	张广奇	张晓蔓	张群星	陈晓飞	陈海涛	陈　燕	郝永辉	赵　彬
郭丽萍	董利晓	程京艳	程　莲	顾　红	赖　瑜	蔡　莉	谭胜国	丁剑仪	杨韩钰
史学冬	丁晓蔚	吕国燕							
理学院（60 人）									
教　授：									
于肇贤	李国成	邱　钧	侯吉成	戈新生	冯美强	程希明	谢冬秀	薛春艳	吴秋新
王宏伟	王灯山	杨　虹	张炳江	闻小永					
副教授：									
王爱文	王彩霞	王晶杰	王小妮	王　昕	田　茹	孟祥花	徐茂林	华冬英	庄建红
刘凤敏	刘　玲	李　涵	吴光旭	张丹萍	钟新华	倪晓明	殷树娟	黄小丽	雷纪刚
解文龙	陈　芳	黄静静	马余全	李　严	亢芳圆	肖　玮	苏　农	赵明镜	左　军
杨　洁	邱镜亮	郑永红	王茂发						
研究员：									
王丽坤	田文杰	朴林华	邹小平						
高级实验师：									
胡纪平	黄文奇								
副研究员：									

续表 29

张　伟	谷传欣	秦　雷	解炳昊	廖擎玮					
体育部（7 人）									
教　授：									
王慧丽									
副教授：									
王　睿	刘守君	张世忠	陈永存	席　军	徐　涛				
国际交流学院（2 人）									
教　授：									
蔡　英									
副教授：									
戴东红									
电子信息与控制国家级实验教学中心（6 人）									
教　授：									
李邓化	高晶敏	朱嘉林	杨鸿波						
副教授：									
魏　英									
高级实验师：									
任小军									
科研单位（10 人）									
教　授：									
徐小力	田杨萌								
研究员：									
髙国伟	吴国新	谷玉海							
高级工程师：									
王　涛	都云程								
副研究员：									
王小川	王少红	左云波							
直属单位（27 人）									
教　授：									
盛炎平									
副教授：									
刘梅彦	周长胜	贾艳萍	崇美英	方炜炜	董丽萍	黄宏博			
副研究员：									
王学文	马　丁	陈　萍	杨志耘						
副研究馆员：									
马铭锦	应红燕	陶靖中	王培凤						
高级工程师：									
郑小博	伍　银	杨厚云	金培欣						

续表 29

高级实验师：									
李　沛	李桂芝	郑　军	侯晓霞	胡延平	赵玉双	宋晓娜			
党政机关（31 人）									
教　授：									
王久和	王兴芬	卢　静	刘桂礼	许宝杰	李祥贵	韩秋实	金春华	米　洁	陈　昕
赵爱玲									
副教授：									
刘云风	郭银辉	倪　海	彭书华	王海龙	郭　颖	孟李辛			
高级工程师：									
李　旭	黄　芳	孙彦超	马静静	秦顺红					
主任医师：									
才秀芬									
副主任医师：									
黄月仙									
高级会计师：									
权菊娥	郑丽珠	王素容							
编辑正高级：									
康　劲									
编辑副高级：									
黄宁军									
高级审计师：									
包育红									

（李伟彪　陈若瑶）

高层次人才队伍建设

2人 引进全职高层次人才 2 人

4名 新增 4 名双聘院士

12名 新增 12 名兼职教授

2018 年，学校引进全职高层次人才 2 人，其中，第三层次 1 人、第四层次 1 人。完善高层次人才管理机制，完成高层次人才入职、待遇、住房、科研启动经费发放和管理等服务工作。新增柴天佑、包为民、闫楚良、尤政 4 名双聘院士，完成双聘院士日常管理、协调沟通及津贴发放工作。新增单雷、孙立新、胡师彦、康跃军、马星、郭劲宏、欧建臻、任光辉、陶然、罗铁坚、杨申仲、杨金生共 12 名兼职教授，完成兼职教授、客座教授聘任、管理及部分兼职教授津贴发放工作。完成“北京市海外高层次人才”日常管理工作；配合北京市海外学人中心及所聘学院，完成与高层次人才沟通协调及津贴发放工作；完成第十三批“海外高层次人才外专短期项目”引进人才市政府奖励奖金领取工作。完成海外高层次人才引进专项计划调查工作；组织开展北京学者科研工作进展情况调查工作；配合市人社局完成对享受国务院政府津贴人员信息核查、上报和特殊信息变更工作。

（刘晓英）

教师职务岗位聘任

15人

晋升聘任到正高级岗位 15 人、副高级岗位 52 人、中级教师职务岗位 5 人

2018 年，学校完成 2017 年度教师职务岗位聘任工作。申报晋升教师职务岗位 89 人，经过聘任工作程序，晋升聘任到正高级岗位 15 人、副高级岗位 52 人、中级教师职务岗位 5 人。12 月 18 日，发布《北京信息科技大学关于 2017 年教师职务岗位晋升聘任工作的通知》，启动 2018 年教师职务岗位晋升聘任工作。下达正高级岗位 32 个、副高级岗位 77 个，通过绿色通

道晋升聘任教师职务岗位下达数无指标限制。

（李伟彪）

其他专业技术职务岗位聘任

3人

晋升聘任副高级其他专业技术职务岗位人员3人、中级其他专业技术职务岗位人员6人

2018年，学校完成2017年度其他专业技术职务岗位聘任工作。申报晋升副高级其他专业技术职务岗位6人、申报晋升中级其他专业技术职务岗位6人，经过聘任工作程序，晋升聘任副高级其他专业技术职务岗位人员3人、中级其他专业技术职务岗位人员6人。

（李伟彪）

工勤技能岗位人员聘任

2018年，学校完成2018年度工勤技能岗位人员晋升聘任工作。晋升聘任技师2人、高级工4人。

（李伟彪）

岗位管理

144名

完成144名新入职员工聘用合同签订工作

2018年，学校完成144名新入职员工聘用合同签订工作。完成教学单位及学院二级机构负责人聘任工作，聘任14人次。为教授办理延长退休年龄申请2人。按照《返聘人员管理办法》，明确校内返聘人员条件和程序，办理返聘手续65人次。开展2018年工作考核工作。依据2017年12月颁布《北京信息科技大学处级以下教职工2017年年度考核实施办法》，全校应参加考核处级以下教职工1308人，实际参加考核1308人；考核等次优秀教职工261人、考核等次合格教职工984人、参加考核不确定等次教职工63人。

（王贺　许晓芸）

教师培养

2018年，学校推进新入职教职工培训、教师国内进修培训、教师境外进修与交流等工作。10月，组织新入职教职工岗前培训系列活动。培训内容包括师德教育、民族宗教政策、校情校史介绍及教学、科研和管理能力专题培训及参观实践活动。参加培训教职工122人；组织新入职教职工到河南红旗渠参加师德教育主题社会实践活动66人；组织新入职教师参加由北京市高等学校师资培训中心举办岗前培训89人。落实全校教职工培训进修学习计划，资助在职攻读博士学位2人、在职攻读博士后6人、国内访问学者4人；组织教师参加“超星教师发展直播讲堂”、2018年北京市大学英语教师专业化能力发展专题研修班，累计培训教师51人；组织教职工参加由教育部全国高校教师网络培训中心组织各学科专业精品课程及教学、科研、管理技能研修培训，累计培训教职工94人次；组织骨干教师到安徽小岗干部学院参加师德师风建设专题研修活动23人；举办教职工素质拓展培训，培训教职工103人；利用校内培训专项经费，资助后勤集团各类上岗培训及财务审计等岗位继续教育，累计培训近60人。组织教师申报国家留学基金委国外高级访问学者项目，入选3人；组织骨干教师到境外高校开展为期1年访学研修23人；组织骨干教师赴英国剑桥大学开展专题培训15人；组织骨干教师赴香港理工大学开展学术交流6人；协助教师办理赴境外参加国际学术会议手续12人。

（吕航　王颖）

人事调配

2018年，学校调出人员4人。按人员身份统计，教师3人、管理人员1人；按学位统计，博士学位3人、硕士学位1人。校内调动16人。

（王贺　许晓芸）

劳资与福利

33709.1万元

在职职工工资总额33709.1万元，其中，在岗职工工资32922.7万元、其他从业人员劳动报酬44.3万元、劳务派遣人员劳动报酬742.1万元

18.8万元

发放不在岗职工生活费18.8万元

651.8万元

发放离休人员离休费651.85万元

2069.88万元

发放退休人员非统筹校内部分退休费2069.88万元

2018年，学校在职职工工资总额33709.1万元，其中，在岗职工工资32922.7万元、其他从业人员劳动报酬44.3万元、劳务派遣人员劳动报酬742.1万元。发放不在岗职工生活费18.8万元。发放离休人员离休费651.85万元（含离休人员1—3月抗战补贴），发放退休人员非统筹校内部分退休费2069.88万元（含提租、校内、节日、物业及供暖补贴）。根据社会保险有关规定，参照学校实际情况，以参保职工本人2017年1—12月社保统计项目平均月工资核定各类保险新缴费基数。根据北京市人力资源与社会保障局统一安排，在编正式职工需正常缴纳养老保险、职业年金、医疗保险、生育保险、失业保险和工伤保险；非事业编制职工需缴纳企业职工养老保险、医疗保险、失业保险、生育保险和工伤保险。全年为各类职工缴纳养老保险5469.80万元、职业年金

2272.51 万元、医疗保险 2904.81 万元、生育保险 156.70 万元、失业保险 179.10 万元、工伤保险 117.44 万元。根据《残疾人就业条例》《北京市按比例安置残疾人就业办法》等规定，各类用人单位均应按照单位在职职工总数不少于 1.7%比例安排残疾人就业，未按规定完成安排残疾人就业任务，应缴纳残疾人就业保障金。全年实际安排残疾人就业 9 人，实际缴纳残疾人就业保障金 373.3 万元。

（马铁键　徐炜东）

思想政治工作人员资格审核工作

2018 年，学校完成 2018 年思想政治工作人员任职资格评审审核工作，组织申报并通过北京市政工职评高级政工师资格审核 2 人。

（刘晓英）

评优推荐

2018 年，学校组织开展北京市第十四批海外高层次人才申报工作，推荐 1 人申报，并组织参加海聚人才答辩。组织开展 2018 年青年北京学者申报工作，推荐 2 人，获批 1 人。组织开展 2018 年北京市级百千万人才工程人选推荐工作,推荐 4 人,获批 1 人。组织开展 2018 年国家“千人计划”申报工作，推荐 1 人。组织开展 2018 年度长江学者奖励计划青年项目候选人推荐工作，推荐 2 人。组织 2018 年享受政府特殊津贴人员选拔推荐工作，推荐 2 人，获批 1 人。

（刘晓英）

人才引进

144 人
招聘教师、其他专技人员、学生工作及行政管理人员共 144 人

5 人
招聘非事业编职工 5 人，包括硕士学位 2 人

2018 年，学校面向社会公开招聘。经公开发布招聘岗位信息，应聘者报名，简历筛选、面试、笔试，组织体检等环节，招聘教师、其他专技人员、学生工作及行政管理人员共 144 人，其中，博士学位 106 人，包括应届博士毕业生 50 人；硕士学位 36 人，包括应届硕士毕业生 23 人；本科生 2 人。经审核材料，为应届毕业生办理进京落户手续 72 人。此次招聘中，接收调入人员 70 人，其中，博士后 27 人、博士学位 30 人、硕士学位 13 人；接收留学人员 8 人；接收军转干部 2 人。完成 2018 年非事业编制职工招聘入职等工作。经过笔试、面试（试讲）、英语水平测试、心理测试等环节，招聘非事业编职工 5 人，包括硕士学位 2 人。

（王贺　许晓芸）

人才项目管理

2018 年，学校组织开展“万人计划”青年拔尖人才项目推选工作，推选青年拔尖人才 1 人。开展北京市委组织部 2018 年度青年拔尖项目推选工作，推选青年拔尖人才 3 人、青年拔尖团队 1 个。开展 2019 年度北京市属高校高水平教师队伍建设支持计划项目申报工作，推选特聘教授支持计划项目 1 个、长城学者培养计划项目 1 个、高水平创新团队建设计划项目 2 个、青年拔尖人才培育计划项目 6 个。协调实施 2018 年度北京学者项目 2 个、特聘教授项目 1 个、长城学者项目 1 个、高水平创新团队项目 2 个，涉及经费总计 739 万元；人事处组织实施 2018 年度人才类项目中北京市属高校青年拔尖人才，北京信息科技大学勤信学者、勤信拔尖人才、勤信英才、师资队伍补充支持计划项目工作，开展经费报销审核工作，涉及经费总计 373 万元。开展北京信息科技大学“勤信人才”培育计划项目 2018、2019 年度经费预算工作，涉及勤信学者 2 人、勤信拔尖人才 5 人、勤信英才 13 人，经费总计 260 万元；开展师资队伍补充支持计划 2018、2019 年度经费预算工作，涉及 A 类项目 4 个、B 类项目 9 个，经费总计 111 万元；开展教师队伍建设项目 2019 年度经费预算工作，涉及北京学者 2 人，高水平创新团队 2 个、特聘教授 1 人、长城学者 1 人、北京市属高校青年拔尖人才 12 人 ，经费总计 930 万元；开展北京市新世纪百千万人才工程经费申请工作，经费总计 15 万元。配合北京市教委开展学校 2015 年度入选教师队伍建设系列项目结题工作，涉及 9 个项目全部结题。

（吕航　王颖）

教师发展中心工作

2018 年，学校推进教师发展中心工作。基于教发中心线上培训开展及线下培训支持需要，建设教师发展中心信息化平台；撰写申报北京市教委 2019 年度信息化项目《信息科大 - 教师发展平台建设项目》1 项，项目经费 50 万元；4 月 11 日，该项目经北京市经济和信息化局批复通过，即将开展项目招投标。组织教师参加第五届高校教师发展网络年会（CHED 2018）、2018 年高教博览会、北京市教发年会；开展北京联合大学教师发展中心调研、各学院走访调研，学习领会国内高校教师发展中心建设现状、存在主要问题、应对策略，了解教师发展现状及需求；编制完成《促进高校内涵发展—市教委指定任务—教师教学发展中心项目申报文本》《教发中心 1~5 年工作计划》《2019 年北京信息科技大学教发中心建设框架》。开展全校 1148 名专业技术人员职称备案补报工作。对 12 月花名册 1486 名教师进行全员梳理，依据岗位类别、技术级别等信息，确定备案人员共计 1148 人；依据 12 月花名册信息，完成 1148 名员工备案信息完善、核对工作；整理出学校 2005—2019 年发布［校人发］相关红头文件 103 份，确定、

补充1148名员工职称信息；基于个人填报、花名册、红头文件核对情况，针对备案信息中学历、职称、从事专业等信息，梳理出需要核查档案教师共计578人，依据档案情况完成信息确认工作；完成已确定备案信息系统录入工作。

（张晓丹　陈若瑶）

人事档案工作

2018年，学校加强干部人事档案建设与管理，推进干部人事档案信息化建设。截至年底，在职人员档案1623卷、离休人员档案37卷、退休人员档案1068卷、离职人员档案50卷、出国人员档案102卷、代存及其他人员档案50卷、死亡人员档案313卷。制定《干部人事档案管理部门职责》《干部人事档案保管制度》《干部人事档案检查核对制度》《干部人事档案查借阅制度》《干部人事档案鉴别归档制度》《干部人事档案转递制度》《干部人事档案材料的归档工作制度》《干部人事档案保密制度》《干部人事档案管理工作示意图》等人事档案制度。推进鉴别整理归档工作，接收工资变动审批表1617份、新入职人员档案135份、教师职务岗位聘任材料43份、年度考核表2273份、教职工在职进修学习材料14份、聘用合同书58份、干部履历表82份；接收进京审批材料、先进个人材料、转正定级材料、延长退休年龄审批材料等其它各类需要归档材料。协助工会开展2018年荣休和50岁集体生日主题活动。开具各类证明84份，转出档案7份，校内外人员查借阅档案558人次。

（万岚）

博士后工作站

2018年，学校开展“大容量高强度光纤传感系统研究产品化”项目博士后工作站相关工作，博士后进站1人。申报新设博士后科研工作站，获批设立“北京市京信科高端信息产业技术研究院有限公司”博士后工作站，完成授牌仪式。

表30　博士后在站人员一览表

序号	姓名	性别	博士毕业学校	进站时间	一级学科
1	李　红	女	合肥工业大学	2017.06.30	控制科学与工程
2	牛海莎	女	北京航空航天大学	2017.12.22	控制科学与工程
3	何彦霖	女	北京理工大学	2018.01.23	控制科学与工程

（刘晓英）

财务管理

概况

115239.48万元
财政总收入115239.48万元，总支出115474.84万元

33048.06万元
收到北京市教委下达专项经费33048.06万元，结转2017年专项经费83002.90万元

33093.82万元
专项经费支出33093.82万元，其中，当年项目支出9896.13万元、以前年度项目支出23197.69万元

北京信息科技大学财务管理工作由财务处承担。负责贯彻执行国家和北京市有关法律、法规、财经政策及财务规章制度；依法组织和领导全校财务管理和会计核算工作；根据学校事业发展计划，编制年度预算，协调预算执行，组织编制决算；依照财务制度规定，办理学校各项经费收支核算；建立健全学校财务规章制度，规范校内经济秩序；依法多渠道筹措资金，满足学校运行和发展需要。财务处设处长1人，副处长1人，高级会计师4人；在职职工24人，分别在清河小营校区、健翔桥校区和昌平新校区办公；办公地点位于小营校区一号办公楼财务中心。2018年，学校财政总收入115239.48万元，总支出115474.84万元。收到北京市教委下达专项经费33048.06万元，结转2017年专项经费83002.90万元，包括结转2016年、2017年国家发改委下达北京信息科技大学新校区项目58584.05万元。专项经费支出33093.82万元，其中，当年项目支出9896.13万元、以前年度项目支出23197.69万元。学校获北京市教委2017年度决算编报工作先进单位，财务处获学校2018年度“三育人”先进集体。

（刘晓妮）

财务收支状况

2018年，学校财政拨款收入97020.87万元、事业收入17442.24万元、附属单位上缴收入95.03万元、其他收入681.34万元。基本支出75991.83万元、项目支出39483.02万元。截至年底，全校资产总额445713.88万元，其中，流动资产144224.29万元、长期投资463.55万元、固定资产

130368.62万元、在建工程资产160800.41万元、无形资产9857.01万元；全校负债总额24915.28万元，其中，流动负债5641.88万元、长期应付款19273.40万元；全校净资产合计420798.59万元，其中，事业基金15800.09万元、非流动资产基金301489.58万元、专用基金4448.57万元、财政补助结转83028.16万元、非财政补助结转16032.19万元。

（郑彩云）

财务计划工作

2018年，学校完成财政预算及校内预算编报工作。在资金安排上，优先保证人员经费、水电气暖费用等刚性支出，满足教学、科研等中心工作需求，统筹安排重点工作支出，为新校区建设等发展建设事项提供资金保证。完成年度预算分配、调整和追加等工作，完成校内项目立项及预算下达工作。9月，发布《关于做好2019年度财政预算编报工作的通知》，组织人员参加预算编报系统培训；启动预算编报工作，汇总教务处、研究生院、人事处、后勤管理处等部门基础数据，完成2019年度财政预算测算和申报工作。11月，发布《2019年度校内预算编报通知》，启动校内预算编制工作；11月下旬至12月下旬，组织2019年校内预算布置、汇总、平衡工作，上报预算管理委员会审议、校长办公会审批、党委常委会审定。完成预算执行管理及监控分析等工作。协调管理日常预算执行中遇到问题，解答全校经费支出管理要求；维护全校各部门项目基本信息变更、调整明细预算，协助归口部门进行预算执行情况查询；监督预算执行进度及项目支出合规性，统计预算执行数据、考核评价部门预算执行情况、撰写财务报告，为领导决策提供依据。完成年度财务决算编制工作。1月，制定决算编报任务分工安排，协调、指导全校各部门填报决算信息，完成2017年决算编报及决算分析报告撰写工作；1月上旬，组织填报《2017年度财务决算报表》《2017年度财务决算分析报表》，完成《2017年度财务决算分析报告》撰写工作；1月中旬，将决算数据上报北京市教委并通过审核。在校园网公开市教委批复《2017年度财务决算报表》《2018年度财务预算报表》及各类财经文件。

（郑彩云）

会计核算工作

2018年，学校完成会计核算、公务卡结算、劳务费和专家咨询费发放管理、会计凭证复核工作，推广网上预约和无现金报销系统，加强财务档案管理工作。编制记账凭证31533张，分录151390笔，附件331289张。签发银行支票、办理汇款10596笔，办理收款2444笔；现金付款893.72万元，现金收款891.40万元。编制公务卡业务凭证9923张，报销公务卡刷卡21628笔，还款金额共计1630.13万元。优化劳务费发放流程，取消发放劳务费对银行卡发卡行限制。发放劳务费2375.41万元，处理未发放成功劳务费56.63万元。网上预约报销单据32135张，无现金报销系统编制凭证9811笔，总金额970.24万元。每月完成银行对账工作，对未达账项分析原因并处理，按月编制银行存款余额调节表。完成银行回单整理工作，将已入账回单放入对应凭证内，未入账回单相关责任人做到及时入账，确保会计资料完整性。完成记账凭证整理装订工作，全年装订记账凭证481册。

（刘海苹）

专项经费管理

2018年，学校加强专项经费管理工作。3月初，发布《关于2018年度专项经费预算指标的批复》，将2018年年初专项经费额度下达至各归口管理部门，启动专项经费支出工作。4月，学校在北京市教委组织开展2015年度至2017年度专项项目“学生资助——研究生学业奖学金”预算绩效考评工作中，综合得分83.74分，项目综合绩效评定结论为“良好”。聘请北京中平建华浩会计师事务所召开专家评价会，对2017年度抽取20个财政专项项目进行简易程序绩效评价工作；成立校内绩效跟踪评价工作小组，主管财务校领导担任组长，财务处牵头，各归口管理部门领导及相关项目负责人为成员；抽取项目绩效评价优秀8项、良好9项、一般3项。9月，聘请北京中平建华浩会计师事务所召开专家评价会，对2017年度抽取5个财政拨款项目进行普通程序校内绩效考评，绩效考评结果优秀1项、良好4项。10月中旬，完成2019年专项经费预算申报工作，申报项目34项，申报金额共计31621.43万元。

（李小鹭）

收费管理工作

2018年，学校完成学费收缴工作，非税收入共计7496.91万元，其中，本科生学费4951.60万元、研究生学费1166.21万元、高职生学费43.8万元、继续教育学生学费172.82万元、留学生学费198.85万元、住宿费963.63万元。完成返校重修生培训费收缴工作，收费共计18.71万元。完成继续教育学院合作办学和函授费收缴工作，收费共计221.72万元。完成收费系统、账务系统和财政系统收费数据核对工作，数据核对无误，保证收费工作账证相符。

（廉莉莉）

科研经费管理

2018年，财务处配合科技处完成科研立项工作。办理科研立项324项，实际到款9165.21万元。配合项目负责人办理结题审计50余项。完成增值税专用发票申领和开具工作，开具增值税票1146张；缴纳增值税153.72万元；申请科研减免税24项，免税金额38.18万元，涉及免税科研经费金额共计 763.6 万元。完成企业所得税、城市维护建设税、教育费附加、地方教育费附加及印花税申报及缴纳工作。

（杨文静）

财经制度建设

2018 年，学校加强财务规章制度建设，强化财务管理风险防控意识，提升财务管理工作水平。修订并出台《北京信息科技大学预算管理办法》《北京信息科技大学差旅费管理办法》《北京信息科技大学促进高校内涵发展项目及经费管理办法》《新校区基本建设财务管理规定》。协助基建处修订完善与财务相关制度性文件 10 余项。

（刘晓妮）

内部控制

2018 年，学校加强内部控制信息化系统建设，升级网上预约报销系统，解决电子发票认证及重复报销、市内交通费明细项报销、多窗口进入等问题，提高财务处服务水平和工作效率。3 月中旬，组织编报《北京信息科技大学 2017 年内部控制报告》并上报北京市教委，评价结果为“良”。

（李小鹭　杨文静）

保密工作

2018 年，财务处落实上级及学校保密工作制度和安排，落实涉密人员责任制。组织财务人员参加保密教育和培训。5 月，开展保密工作自查自评并提交工作报告。加强涉密计算机使用管理，确保涉密计算机安全。6 月、12 月，分别组织全处人员安装“天桥非密机检查工具网络版”。开展非涉密计算机自查，严禁非涉密计算机处理存储涉密信息。

（李小鹭　杨文静）

资产管理

概况

8.2 万平方米

校区占地面积约 8.2 万平方米，有教一楼、教二楼、教三楼 3 栋教学楼

北京信息科技大学土地、房产和固定资产产权管理工作由资产管理处承担。负责贯彻执行国家资产管理法规，结合学校实际建立健全资产管理办法及规章制度，监督检查国家和学校资产管理办法及规章制度落实情况；负责土地和房产管理、固定资产管理、招投标管理、物资采购管理；负责资产信息库建设和维护等工作。资产管理处有处长 1 人、副处长 1 人、管理干部 5 人；下设条件装备科、资产管理科；办公地点位于小营校区三号办公楼 255~258 室。2018 年，学校新增资产 119183465.53 元，报废资产 19986101.37 元。

（翟韦西）

党风廉政建设

2018 年，资产管理处组织全处人员学习财务处提供《经费使用风险提示及财务处管理工作的新规定和新要求》等党风廉政材料。加强重点岗位和风险岗位工作人员教育和督促，将廉政建设纳入全处目标管理责任。与学校签订《2018 年北京信息科技大学党风廉政建设责任书》，将党风廉政责任制与岗位目标责任相结合。完成北京市党员在线网站理论学习任务。4 月、11 月，资产处党支部和财务处党支部联合组织全体党员赴昌平区十三陵“明镜昭廉”明代反贪尚廉历史文化园和首都博物馆开展党日活动。

（翟韦西）

固定资产管理

2018 年，学校新增专用设备 189 台（件），价值 18461776.19 元；新增通用设备 2780 台（件），价值 93867606.45 元；新增文物和陈列品 7 台（件），价值 151638 元；新增图书、电子课件 38487 册（套、G），价值 3695162.89 元；新增家具、用具 1778 台（件），价值 2703691 元；新增土地房屋构筑物总价值 303591 元。报废专用设备 260 台（件），价值 1739746.89 元；报废通用设备 894 台（件），价值 16931335.48 元；报废文物和陈列品 11 台（件），价值 806128 元；报废家具、用具 551 台（件），价值 492866 元；报废土地房屋构筑物价值 16025 元。

（翟韦西）

采购管理信息系统和房屋管理系统

2018 年，学校资产工作形成采购管理系统、资产管理系统和房产管理系统工作模式。上线采购管理系统，组织专项研讨会 3 次，优化采购流程，完善系统。强化项目负责人为采购第一责任人，审批程序由原来 5 个缩减至 2 个，且全部为线上审批，通过微信向项目负责人推送消息，使相关人员实时掌握采购状态，缩短采购周期，提高采购效率。对接采购基础数据与财务预算数据，采购全过程系统留痕迹，防范项目化整为零，规避招标采购、项目无预算或超预算采购等采购风险。完善数据查询统计功能，使系统不同角色实时掌握项目执行情况，为部门决策提供数据支持。上线房产系统，通过信息系统摸清全校公用房产家底，完成房产清查工作，完成系统基础数据库建设工作。

（翟韦西）

普查低值易耗品使用及管理

6—11 月，学校资产管理处、纪检监察处、财务处、科技处等部门成立专项检查组，对全校低值易耗品日常管理工作进行专项检查。向发现问题部门下达整改落实通知书，修订相关制度。

（翟韦西）

内控制度建设

2018 年，学校规范资产管理工作，加强内控制度。在前期大型仪器设备和低值易耗品专项检查基础上，组织相关教师召开专项座谈会。起草、修订《北京信息科技大学资产分级管理办法（讨论稿）》《北京信息科技大学大型仪器设备管理办法（修订）》《北京信息科技大学低值设备及易耗品使用管理办法（修订）》《北京信息科技大学无形资产管理办法（讨论稿）》，已完成征求意见环节。

（翟韦西）

房屋资源整合

2018 年，学校通过“财政立项基础设施改造”项目，将小营校区车库改造为二号办公楼。制定分配方案，完成二号办公楼分配工作。

（翟韦西）

招标采购工作

2018 年，学校开展社会招标 31 次，校内招标 6 次，签订合同共计 195 份，合同金额共计 87117763.52 元。签订社会招标合同 189 份，合同金额共计 85167963.52 元；签订校内招标合同 6 份，合同金额共计 1949800 元。完成协议采购合同 713 份，合同金额共计 28301035.87 元。完成零星采购合同 7400 份，合同金额共计 38558562.84 元。参与监督验收 74 次，收取《北京信息科技大学物资设备采购验收报告单》1340 份，其中，招标采购 186 份、协议采购 244 份、零星采购 910 份。

（杨波）

进口设备审批材料备案工作

1323.2265 万元

通过招标采购进口设备总价值 1323.2265 万元，进口图书资源总价值 85 万元

2018 年，学校完成进口免税年审办理、进口产品采购申报、进口设备报关工作。配合使用单位，办理进口免税审批工作，审核并留存进口设备报批材料。通过招标采购进口设备总价值 1323.2265 万元，进口图书资源总价值 85 万元，包括涉及办理海关免税设备总价值 824.7645 万元。

（翟韦西）

资产管理系统

2018 年，学校按照资产清查统计表，变更完善资产管理系统中领用人和存放地点信息等资产数据 424 条，涉及设备总价值 7840670.67 元。更改全校部门台账信息 41 个，共计 438 条。更新资产管理系统中经费项目号、人员工号信息，清理退休人员挂账设备，在资产管理系统中注销并退休备注其工号。完成数据治理、折旧管理模式构建工作，完成固定资产帐务和信息管理工作。

（翟韦西）

安全稳定和平安校园建设工作

1690256.69 元

新增安防设备 77 件，总价值 1,690,256.69 元

2018 年，资产管理处配合安稳处完成各校区安防改造项目，对接安防设备台账情况，加快监控系统及设备采购进度，新增安防设备 77 件，总价值 1690256.69 元。配合安稳处完成各校区教学楼、办公楼安全通道及地下空间安全检查工作。学期末，在地下室进出口大门及房间粘贴封条。

（翟韦西）

审计工作

概况

788876.06 万元

完成各类审计项目 130 项，审计资金总额 788876.06 万元，审减金额 214.93 万元，审定金额 788661.13 万元

北京信息科技大学内部工作由审计处承担。负责依照国家法律、法规和政策及学校规章制度，对学校及所属部门、单位财务收支及其有关经济活动真实、合法和效益情况，依法实施内部审计监督。审计处是学校处级建制单位，有处长 1 人、副处长 1 人、专职审计人员 4 人。办公地点位于小营校区三号办公楼 148 室、158 室、159 室、160 室 。2018 年，学校完成各类审计项目 130 项，审计资金总额 788876.06 万元，审减金额 214.93 万元，审定金额 788661.13 万元。

（张博文）

预算执行与收支审计

617791.48万元
开展财务收支审计项目9项，审计资金总额617791.48万元

2018年，学校开展财务收支审计项目9项，审计资金总额617791.48万元。开展2017年度预算执行与决算审计；开展2017年后勤饮食服务科财务收支审计；开展校医院药品管理专项审计；开展宏利综合商业公司、宏利综合商业公司招待所、北京科信机电技术研究所、北京京信科高端信息产业技术研究院、北京市北信计算机系统工程公司共5个所属单位2017年度财务收支审计；开展北京市宏利综合商业公司招待所2018年1—6月财务收支审计。出具审计报告9份、管理建议书1份；发现5大类36个问题，提出审计建议27条、管理建议4条。完成科研项目审签44项，审签总金额1670.67万元。

（张博文）

基建工程、修缮工程项目审计

2018年，学校完成年度新校区二期勘察设计，学生宿舍A、B、C、D组团，第一、二、三教学组团及其他零星工程等项目全过程跟踪审计工作。审结零星项目17项，送审资金1602.61万元，审定金额1565.33万元，审减金额37.28万元。出具审计报告13份，审计意见4份，提出审计建议18条。全过程跟踪审计实施未结项目374项，出具审计意见374份，审计建议632条。审计修缮及改造项目41项，已审结27项。送审金额3919.59万元，审定金额3741.94万元，审减金额177.65万元。出具审计报告53份，包括结算报告27份）；出具审计意见60份，提出审计建议146条。

（张博文）

领导干部经济责任审计

2018年，学校依据《北京市属市管高等学校处级领导干部任期经济责任审计操作指南》《北京信息科技大学处级干部经济责任审计实施办法》有关规定，对处级干部进行经济责任审计26人，审计金额150515.58万元。出具审计报告26份，提出审计建议2条。出具管理建议书1份，提出管理建议9条。

（张博文）

内部控制审计

2018年，学校对经济管理学院、基建处、图书馆3个重点部门开展内部控制审计。出具审计报告3份，发现6大类11项内控缺陷，提出审计建议8条。完成学校产业办所属全民所有制企业北京市北信计算机系统工程公司、北京科信机电技术研究所改制审计工作，开展清产核资审计、企业改制专项审计。出具审计报告4份，审计总金额13376.13万元。审计处、财务处、监察处共同对2017年9月至2018年9月学校收费情况进行检查。督促被审计单位整改42项，其中，已对账销号38项，未销号4项。

（张博文）

完善内部审计工作规章制度

2018年，学校制定《北京信息科技大学审计整改工作实施办法》《北京信息科技大学建设工程项目管理审计指南（试行）》《北京信息科技大学委托社会中介机构审计管理办法》《北京信息科技大学审计例会及月报、年报工作制度》《北京信息科技大学审计质量控制管理办法》《审计处落实“三重一大”制度实施办法》《北京信息科技大学审计处公章管理办法》《审计处固定资产管理办法》8项处内制度。

（张博文）

审计业务信息化

2018年，学校将财务收支审计、科研经费等日常审计业务与信息化结合，建设审计信息化平台。平台实现预算执行审计、科研经费审计、工程项目审计管理、审计整改及对账销号等功能。

（张博文）

基本建设

概况

北京信息科技大学基础设施建设及管理工作由基建处（新校区建设办公室）承担。负责校园基本建设建设工作，包括学校基本建设管理；校园环境、基础设施规划与改造工作；工程建设实施工作；工程竣验及固定资产移交工作；建设资金管理工作；建设项目档案管理工作；制度管理工作等。新校区建设办公室作为新校区建设指挥部下设机构，与基建处合署办公，负责新校区建设工作，包括执行新校区建设指挥部关于新校区规划建设的方针政策和决议决定；组织、协调有关单位（部门）和专家完成新校区建设重大事项、重要工作的论证，为学校决策提供意见和建议；负责制订新校区建设目标、发展规划和工作计划；负责开展新校区建设指挥部制度建设，贯彻落实工作要求和规章制度；负责新校区建设项目的可行性研究和论证，做好前期论证、评估手续和立项审批等工作，办理建设相关手续；负责新校区建设项目规划、勘察及设计工作，组织编制校

园规划，组织开展单体建筑、基础设施、景观环境等的勘察及设计工作；负责新校区建设项目的合约管理、造价管理、资金管理及施工管理，控制项目投资，保证工程质量；负责沟通联系和宣传统筹工作，加强与校内外相关单位（部门）沟通联系，做好新校区建设的宣传统筹工作；负责新校区建设项目的档案管理、内部控制、廉政建设、安全稳定、人员管理及其他日常工作。基建处（新校区建设办公室）下设办公室、计划科、工程科、修缮科 4 个科室。有处长 1 人、副处长 3 人、其他管理人员 14 人，包括高级职称 3 人、中级职称 5 人。办公地点位于小营校区教一楼 116 室，体育场看台下北侧第 3、4 间办公室；新校区建设办公室位于新校区临时办公楼 101~108 室、113 室、116~122 室、125 室、201 室、211 室、212 室、214 室。2018 年，完成校内招标项目工程量清单及预算编制工作。完成合同签订，工程预付款、进度款支付，质保金收交工作。完成基础设施改造项目清标工作。配合审计处及审计单位完成各项工程审计工作。配合各部门入校稽察检查。学校新校区建设项目作为北京市“疏解整治促提升”重点项目，被写入 2018 年政府工作报告。

（梁希　吕顺）

新校区建设招投标工作

49 项
完成工程类招标项目 49 项，其中，新校区建设项目 32 项、基础设施改造项目 17 项

111576.85 万元
签订合同（协议）121 份，合同总金额 111576.85 万元

新校区招投标办公室成立于 2018 年，是学校工程类新建、修缮项目招投标职能部门。负责贯彻执行国家招标工作管理法规，结合学校实际建立健全相关规章制度及管理办法；负责工程建设相关勘察、规划、设计、造价、施工、监理、审计项目及与工程建设有关设备、材料、相关评估论证服务等全部招投标工作。有主任 1 人、副主任 1 人、管理干部 2 人。2018 年，学校完成工程类招标项目 49 项，其中，新校区建设项目 32 项、基础设施改造项目 17 项。签订合同（协议）121 份，合同总金额共计 111576.847699 万元，其中，新校区建设 75 份、合同金额 108405.581028 万元；基础设施改造 46 份，合同金额 3171.266671 万元。

（孙　坚）

新校区设计工作

2018 年，学校完成新校区 39 万平方米初步设计、28 万平方米施工图设计工作。完成第一教学组团、第二教学组团、第三教学组团、图书信息与教育中心、风雨操场等公共用房项目所有单体强审工作。完成 28 万平方米地基处理设计工作，配合完成 10 万平方米地基设计强审工作。完成燃气工程设计工作。完成图书馆、大学生活动中心、风雨操场及行政办公楼夜景照明设计等专项设计工作。开展小市政管线、道路、景观设计工作；配合完成可研调整单体设计方案工作。配合完成各组团方案复函办理工作。配合完成各标段清单编制及招标工作。

（李旭　龚菁）

新校区前期工作

2018 年，学校取得学生宿舍 C、D 组团、第一教学组团规划意见复函和第二教学组团、第三教学组团、研留生组团、图书馆、风雨操场等公共用房项目、总体规划等设计方案审查意见。取得新校区建设项目地籍状况图成果和普通测量成果报告书。完成申报并取得土地权属审查告知书。完成土地划拨申请并取得使用国有建设用地批复。取得学生宿舍 C、D 组团和第一教学组团施工登记意见函。完成学生宿舍 B 组团施工登记意见书延期工作。完成天然气工程和电力工程报装工作，取得天然气供应规划方案。取得通信基础设施规划方案，施工临时用电咨询方案，高压新装、增容供电方案。完成一、二、三区项目考古勘探和一、三区项目考古发掘工作，取得北京市文物研究所关于新校区建设工程一区、二区项目地下文物保护工作函。取得水影响评价报告批复。

（李旭　郑重强）

新校区临时道路工程

2018 年，学校启动新校区临时道路建设工程。6 月 15 日，工程开工，工程包括沙河西区九号路、沙河西区十七号路、信息大学九号路、信息科技大学路、指挥部等临时道路。12 月 19 日，完成清表、夯实、水泥稳定层、沥青混凝土层铺装、管涵等工程，实现工程竣工。

（于东洋　白凡）

新校区建设工程学生宿舍 A 组团

2018 年，学校完成新校区建设工程学生宿舍 A 组团瓷砖空鼓、墙面开裂、卫生间渗漏、专项检测等工程整改作业。11 月 21 日，进行五方验收。启动结算工作。

（于东洋　白凡）

新校区建设工程学生宿舍 B 组团

2018 年，学校完成新校区建设工程学生宿舍 B 组团地基处理、主体结构、二次结构、室内粉刷、屋面施工等工程。召开监理例会 22 次、专题会议 5 次。组织安全联检 15 次、消防安全演练 2 次。下发工作联系单 3 次。组织结构长城杯验收 2 次。2017 年 12 月 6 日，项目开工。建筑

面积 29417 平方米，包括地上 6 层、地下 1 层。8 月 30 日，项目封顶。

（于东洋　白凡　梁希　吕顺）

新校区建设工程学生宿舍 C、D 组团

2018 年，学校完成新校区建设工程学生宿舍 C、D 组团土方工程、地基处理、主体结构工程施工工程。6 月 8 日，举行启动仪式。6 月 20 日，工程开工。总建筑面积 69200 平方米，其中，地上六层，建筑面积 57700 平方米，建筑高度 22.85 米；地下一层，建筑面积 11500 平方米。组织召开监理例会 21 次、安全与文明施工例会 21 次、安全施工专题例会 2 次。下发工作联系单 9 次。

（于东洋　白凡　梁希　吕顺）

新校区建设工程第一教学组团

2018 年，学校完成新校区建设工程第一教学组团土方工程，施工单位为北京城建集团有限责任公司。10 月 25 日，举行项目启动仪式。12 月 6 日，项目开工。第一教学组团工程包括理学院、人文楼、基础教学楼、学一食堂单体工程 4 个，总建筑面积 59318 平方米，其中，第三建筑面积 53765 平方米、地下建筑面积 5553 平方米。完成现场方格网测量和复测 2 次。召开监理例会 5 次。组织安全联检 4 次。考察砼搅拌站 3 家、实验室 1 家、为解决基坑换填相关问题，与设计及地勘单位沟通 6 次。

（于东洋　白凡）

新校区建设工程第三教学组团

12 月 28 日，举行第三教学组团项目启动仪式。项目包括科研与实验楼、综合办公楼、信管学院、经管学院、计算机学院、通信学院。科研与实验楼地上 7 层，建筑面积 19384 平方米，建筑高度 35.28 米。综合办公楼地下 1 层，建筑面积 3340 平方米；地上 6 层，建筑面积 11040 平方米，建筑高度 29.55 米。第三教学组团（信管学院、经管学院、计算机学院、通信学院）地下 1 层，建筑面积 1068 平方米；地上 6 层，建筑面积 38775 平方米，建筑高度 29.7 米。

（于东洋　白凡）

新校区建设工程造价管理

2018 年，学校完成新校区建设工程学生宿舍 C、D 组团、第一标段、第二标段、第三标段工程量清单编制，招标控制价编制，投标文件清标工作。配合新校区建设招标工作办公室进行相关文件审核、招标工作。组织完成第二地块场地清表、考古配合工程量清单、招标控制价编制及相关招标配合工作。完成工程款项支付审核、送审、流转 64 份。完成变更洽商费用审核、送审、流转 34 份。组织学生宿舍 A 组团工程结算资料送审工作。完成学生宿舍 B 组团总承包范围内 CFG 桩和碎石桩复合地基、太阳能及热水系统、直饮水系统工程等暂估项目招标工程量清单、招标控制价审核、招标文件审核及招标相关工作。

（李旭　王玄）

新校区建设工程合约管理

2018 年，基建处配合签署合同 69 份，合同总金额近 69105 万元。其中，配合新校区招标工作办公室完成合同及补充协议签署 39 份，合同总金额 68843 万元；完成指挥部权限范围内委托项目比选、谈判、合同起草、报审及配合签署 30 项，合同总金额 263 万元。完成 2004 年以来，新校区 203 份合同及部分合同相关签署文件、招投标文件及款项支付文件整理工作，完成合同资料归类、复印、整理存档、核对支付信息等工作。完成新校区建设工程款项支付申请审核 85 笔，总金额 21539 万元。

（朱剑蕤　马学飞）

新校区建设工程行政管理

2018 年，学校完成新校区建设相关制度“废改立”工作。修订后升格为指挥部层级文件 3 个，修订处级制度 41 项，新增 6 项，废止 7 项，汇编各级制度共 61 项。编制用印审批单、发文审批单、新校区前期咨询服务类项目委托事项转签单、变更项目竣工结算审批单等。完成新办公区（原骨伤医院）装修改造、设备采购等工作。建立外围保安与施工单位联动机制，完成安保各类制度和应急预案制定、落实工作，完成临时入住骨伤医院参建单位人员管理工作，处理各类安全事件 20 余起。协调指挥部锅炉供暖、水箱保温改造工作。完成王宁副市长现场会、可研修订专家评审会、总规设计专家评审会等会议会务工作 15 次。完成处务会纪要 33 份、指挥部例会纪要 59 份、领导办公会纪要 21 份、其他会议纪要 18 份。完成教工委报告 47 份、校内外工作报告 60 份、校内外请示 16 份、校内外工作函件 31 份、新校区简报 29 期。完成新校区工程进度月报表上报工作。整理完成新校区建设大事记。举行学生宿舍 C、D 组团、第一教学组团、第三教学组团开工仪式和新校区沙盘揭幕仪式。举行“我的新校园”小营校区图书馆展览等仪式 5 次。组织赴外地 7 所高校学习，参观调研大型施工企业 10 家。建设完成新校区网站，撰写宣传稿 29 篇。配合党校办完成京津冀教育协同发展工作简报。配合市发改委、财政局等部门对新校区建设进行专项稽察 2 次。配合市纪委对个别事项进行调查。

（梁希　吕顺）

现有校区基础设施改造项目

2018 年，学校推进现有校区基础设施改造项目。完成小营校区视频监控升级改造工程，学生公寓及食堂标准化综合改造工程，教学、实验用房，行政生活用房等修缮改造工程。完成清河校区综合修缮改造工程、健翔桥校区综合修缮改造工程、金台路校区综合修缮改造工程、东部校区电力增容改造工程、东部校区综合修缮改造工程、校园网络布线改造工程。按照学校要求，对相关项目进行调整。保证后勤处通过教委对清河校区学生公寓和小营校区食堂标准化验收。2017 年基础设施改造项目通过市教委绩效考核。

（梁希　吕顺）

现有校区零星修缮工程

2018 年，学校完成现有校区零星修缮工程。完成为迎接本科教学审核评估工作下达校园环境美化与整治工程 7 项，包括小营教七楼改造工程，小营校区实验室改造工程，小营校区教四楼粉刷工程，小营实验楼及教二楼室内、公共区域粉刷工程，自动化学院、办 1 阶梯教室、外国语学院粉刷工程，小营校区教一东西阶梯教室及其他区域粉刷工程，健翔桥校区、清河校区实验室改造工程。完成后勤处申报零星修缮工程 5 项，包括小营校区集体宿舍装修工程，健翔桥校区集体宿舍装修工程，小营校区 2 号办公楼西侧围墙修复工程，小营 1 号家属楼采暖改造入户部分工程，清河食堂室外管线工程。完成科技处申报小型、零星修缮工程 5 项，包括东部校区科研楼三层装修改造工程，超净间项目，酒仙桥校区飞机库房增项工程，酒仙桥校区 3 号科研楼一层光纤传感与系统北京实验室和学生浴室改造修缮工程，酒仙桥飞机实验机库内部装修工程。新校区申报原骨伤医院装修改造工程，原骨伤医院监控系统，新校区指挥部网络改造共 3 项零星修缮工程。完成团委申报小营校区大学生文化艺术中心消防改造工程。完成光纤传感与系统北京实验室修复设计和预算工作，完成健翔桥校区停车场改造设计和预算工作。

（梁希　吕顺）

预结算及配合招标工作

2018 年，学校完成年度改造修缮项目工程量清单及招标控制价编制工作。配合招标办公室完成招标文件修改和合同签订工作共计 14 项。完成小型修缮项目结算审核工作。配合审计部门完成年度改造修缮工程全过程审计、结算审计工作。完成全部项目合同款支付及工程质量保证金收交工作。

（梁希　吕顺）

工程财务管理

2018 年，学校新校区投资支出 26457.79 万元，包括建安投资 17528.20 万元。新设立学生宿舍 C、D 组团、第一教学组团 2 个共管资金账户，审核已签订共管账户学生宿舍 B、C、D 组团资金外拨。参与发改委 2019 年预算资金编报工作，申请预算资金 70000 万元。完成市财政 2019 年专项资金申报工作，申请预算资金 10000 万元。完成 2019 年校内配套经费预算工作，申请预算资金 974 万元。完成市发改委对新校区稽查工作。完成老校区基础设施改造及修缮资金支付工作。完成 2018 年度全国教育基建统计报表填报工作。完成北京市投资项目监管系统、固定资产投资项目表、重点项目月报表编制工作。

（梁希　吕顺）

2019 年基础设施改造项目申报

2018 年，学校编制并向教委上报“2019 年基础设施改造——定额管理项目”8 项，预算金额共计 2215 万元。包括小营校区食堂燃气管道改造工程，小营校区综合改造工程，清河校区综合改造工程，健翔桥校区综合改造工程，学生食堂排油烟设备改造工程，酒仙桥校区综合改造工程，新校区监控系统安装工程，新校区综合改造工程。

（梁希　吕顺）

配合招标工作

2018 年，基建处配合招标工作办公室完成新校区各类合同策划、起草，合同谈判，合同文件编制、合同审核工作。配合签署合同及补充协议 39 份，涉及金额共计 68843 万元，包括学生宿舍 C、D 组团项目施工及监理、第一教学组团项目施工及监理、园林景观设计、燃气设计、渣土清运等合同。完成约 28.4 万平方米工程量清单、招标控制价编制及投标文件清标工作。完成现有校区招标文件修改、完善及合同签订 14 项。

（梁希　吕顺）

接受北京市委副秘书长郑登文调研指导新校区建设

3 月 13 日，学校接受北京市委副秘书长郑登文调研指导新校区建设工作。郑登文听取新校区建设进展情况汇报，了解存在问题，提出建议，并要求各方按照市委市政府既定工作体制和机制，按预期目标建设好新校区；各方按照责任分工，解决存在问题。市委办公厅督查协办处处长孙舫、市教委基建处处长张龙、昌平区沙河高教园区管委会主任王冰，学校党委书记王传亮，校党委副书记、校长王永生，副校长马綮鸿，纪委书记陈清华，校长助理林国策参加会议。

（梁希　吕顺）

北京市副市长王宁召开新校区现场工作协调会

3月27日上午，北京市副市长王宁到新校区召开现场工作协调会。王宁听取新校区建设进展情况汇报，了解存在问题及建议；询问各委办局、昌平区相关工作推进情况及存在困难。会议决定新校区内道路建设、新校区建设资金、拆迁安置补偿资金、幸福河河道改移填埋、新校区周边道路及大市政等问题解决方案和推进办法；确定由市教委牵头，各委办局、昌平区统一协调工作机制，要求由市教委牵头，各委办局、昌平区共同参加，每月召开工作协调会1次。市政府副秘书长尹培彦，市教委主任刘宇辉，市教委副巡视员张永凯，市发改委副主任王强，市财政局副局长王婴，市规划国土委、市住房城乡建设委等相关市委办局领导，昌平区委副书记、区长张燕友，副区长吴彬，区政府办公室、振邦承基公司等相关单位领导，学校党委书记王传亮，校党委副书记、校长王永生，副校长马綮鸿，校纪委书记陈清华，校长助理栾忠权、林国策参加会议。

（梁希　吕顺）

第一教学组团项目初步设计方案通过专家审查

3月29日，新校区建设工程“第一教学组团”项目初步设计专家审查会在健翔桥校区图书馆会议室召开。与会专家对新校区“第一教学组团”初步设计方案进行审查，最终通过初步设计方案。副校长马綮鸿、专家审查组成员、中设建科（北京）建筑工程咨询有限公司专家团队、华通设计顾问工程有限公司专家团队、北京博思堂建筑设计事务所设计团队、北京市建筑设计研究院有限公司（三院）设计团队及概算编制人员、华通设计顾问工程有限公司设计团队及概算编制人员、北京市建筑设计研究院有限公司（五院）设计团队及概算编制人员、中京华（北京）工程咨询有限公司审计人员、北京东方华太工程咨询有限公司造价编制人员及新校区建设办公室相关人员参加会议。

（梁希　吕顺）

召开单体设计深化对接会

4月26日，由新校区建设指挥部主办的单体设计深化对接会在小营校区第四会议室召开。会议完成新校区单体设计方案深化对接收尾工作，全校27个单位和牵头部门签字确认设计方案。2017年11月23日，学校召开新校区单体设计深化对接工作动员会，启动深化对接工作。

（梁希　吕顺）

举办新校区文化工程建设启动仪式

5月11日，新校区文化工程建设启动仪式在小营校区图书馆举行。启动仪式由副校长马綮鸿主持。校党委书记王传亮发表讲话。仪式以展览形式发布新校区主要建筑设计方案，启动新校区主要建筑物及道路命名征集活动，对新校区教学实验和行政用房、生活辅助用房、主校门、广场、运动场、道路等开展命名征集。所有在校校级领导、相关职能部门负责人、部分师生代表参加启动仪式。

（梁希　吕顺）

取得新校区总体规划批复

6月13日，学校取得新校区总体规划批复。新校区总体规划方案在原国际方案征集成果基础上，经专家论证和学校党委、行政集体研究讨论通过。方案在深化过程中，贯彻“五个环境建设”总体要求，汇集环保、交通、市政、绿化、人防等专项设计成果，形成新校区总体规划方案。

（梁希　吕顺）

取得新校区水影响评价报告批复

7月20日，学校取得《北京市水务局关于北京信息科技大学新校区建设工程水影响评价报告的批复》。2016年6月，学校启动编制新校区水影响评价报告。2018年5月25日，通过由北京市水影响评价中心组织召开《北京信息科技大学新校区建设工程水影响评价报告书》技术审查会。2018年6月5日，取得由北京市水影响评价中心批复《北京信息科技大学新校区建设工程水影响评价报告书》技术审查报告。

（梁希　吕顺）

上报新校区可研报告修订版

7月31日，学校将可研报告修订版上报市教委。新校区建设指挥部与可研报告修订单位召开工作对接会7次，先后提交各类支撑材料40余份，覆盖新校区建设有关政策、规范、前期、规划、设计、方案、建筑等内容和成果。

（梁希　吕顺）

召开新校区可行性研究报告（修订版）专家评审会

9月6日，学校新校区接受由市发改委委托投资北京公司和北京国金管理公司专家团队实地调研，现场召开可行性研究报告（修订版）评审会。在评审会上，专家组听取新校区建设项目基本情况和可研报告修订情况介绍，评审专家针对报告及设计中问题提出意见和建议。校党委副书记、校长王永生，副校长马綮鸿，新校区建设指挥部、可研报告编制单位及各专业设计单位参加评审会。

（梁希　吕顺）

接待北京市教委副巡视员张永凯到新校区检查指导

10 月 17 日，学校接待北京市教委副巡视员张永凯、市教委基建处处长张龙一行到新校区检查指导。检查组实地考察施工现场，了解建设情况，听取新校区建设进展和财务状况工作汇报。张永凯要求，学校要根据实际情况，科学统筹，做好各委、办、局、昌平区协调工作，加快办理相关手续，并安排好下一步工作，保证各项工作开展。校党委副书记、校长王永生，副校长刘勇、马綮鸿及相关职能部门负责人陪同检查并汇报工作。

（梁希　吕顺）

举行新校区第一教学组团建设启动仪式

10 月 25 日，新校区第一教学组团建设启动仪式在新校区工地举行。第一教学组团位于新校区中心教学区，建筑面积约 5.9 万平方米，包括学一食堂、基础教学楼、人文楼和理学楼。学校师生实地参观正在建设学生宿舍 C、D 组团，到新校区建设指挥部观看新校区沙盘，询问了解新校区各项目工期进度及学生宿舍、教学楼、图书馆功能布局等情况。副校长马綮鸿、校长助理林国策，第一组团及建设单位、监理单位、设计单位领导参加开工仪式。相关职能部门和学院负责人、部分师生代表，建设单位、监理单位、设计单位员工代表参加启动仪式。

（梁希　吕顺）

举行第三教学组团建设启动仪式

12 月 28 日，新校区第三教学组团建设启动仪式在新校区工地举行。第三教学组团位于新校区中心教学区，建筑面积约 7.3 万平米，包括综合办公楼、科研与实验楼、信管学院、通信学院、经管学院、计算机学院和计算机中心等。校党委副书记刘筱毅，副校长马綮鸿，校长助理林国策，第三组团教学组团施工单位、监理单位、设计单位、审计单位领导参加开工仪式。相关职能部门和学院负责人、部分师生代表、建设单位和监理单位员工代表参加启动仪式。

（梁希　吕顺）

8.2 万平方米

校区占地面积约 8.2 万平方米，有教一楼、教二楼、教三楼 3 栋教学楼

2898 人

校区在校学生共计 2989 人，其中，本科生 2533 人、硕士研究生 448 人、博士研究生 8 人

校区管理

· 健翔桥校区

概况

北京信息科技大学健翔桥校区位于朝阳区健翔桥东北角，西临 G6 高速，南临北四环。校区综合协调管理工作由校区管理办公室承担，负责校区内部服务、管理与协调；负责与地方政府、当地社区联系和沟通；负责校区家委会日常管理与服务；完成学校交办的其他工作。管理办公室下设综合办公室、家委会办公室。有工作人员 10 人。办公地点位于健翔桥校区教一楼东侧 111 室、113 室、115 室、117 室、125 室；家委会办公室位于健翔桥校区原车队院内西一办公室。2018 年，校区占地面积约 8.2 万平方米，有教一楼、教二楼、教三楼 3 栋教学楼，教二楼、教三楼为一体楼。校区图书馆设阅览室 4 个。学生活动场地包括大学生活动中心 1 处、带有 300 米跑道足球场地 1 块，标准篮球场地 8 块，排球场地 3 块。办学单位有计算机学院、信息与通信工程学院、国际交流学院及科研机构若干。截至 2018 年底，校区在校学生共计 2989 人，其中，本科生 2533 人、硕士研究生 448 人、博士研究生 8 人。

（张雨）

党建工作

2018 年，校区党支部在党员中开展学习十九大精神和全国及北京教育大会精神专题教育活动。以推进全面从严治党为主线，以“三会一课”等党的组织生活为基本形式，完成新党章、系列讲话、中国共产党纪律处分条例等主题内容学习。推进学习型党组织建设，加强理论武装。管理办公室全体党员完成“北京高校教师党员在线平台”“北京长城网”相关学习任务。

（张雨）

安全稳定工作

2018 年，校区不定期开展校园安全隐患排查工作，重点排查存在火灾隐患区域，对发现问题进行督促整改。汛期加强校园安全检查，确保排水系统通畅。定期巡查家属楼安全状况，保证楼道安全畅通。4 月、10 月，分别协调家委会 15 所，共同清理家属区卫生死角，消除安全隐患。

（张雨　周京华）

综合协调工作

2018 年，校区配合亚运村街道城管部门，完成校园环

境卫生整治工作。为丝竹园社区协调提供会议室、运动场等服务。阶梯礼堂提供场地服务 81 次，图书馆报告厅及多功能厅、第一会议室、第二会议室提供场地服务共计 149 次。

（张雨）

迎新接待

9 月 11 日，计算机学院和信息与通信工程学院接待新生共计 700 余人。制定工作预案，安排联合办公场地。设计、放置校区平面图、指路标志。协调各职能部门和相关学院，对迎新工作进行部署和准备，完成迎新工作。

（张雨）

固定资产管理

2018 年，校区完成管理办公室固定资产清查工作。依照使用情况，梳理部门各项固定资产，完成管理办公室机构调整固定资产专项审计工作。

（张雨）

学生管理

2018 年，校区完成管理办公室勤工助学岗位上岗管理与日常考核工作。完成每月劳动报酬表制作及报送工作。协调宣传部、校团委、计算机学院和信息与通信工程学院，确保校区办管辖范围内宣传橱窗、报刊栏正常使用。受理学生借用活动场地使用申请，完成备案管理工作。

（张雨　周京华）

家委会日常管理

2018 年，校区完成丝竹园社区和校内外来访人员接待工作。开展“共建”活动，支持并配合丝竹园社区开展居民活动，动员和鼓励校区家属参加社区举办会议及公益活动。完成校区居民装修备案工作。配合完成节日期间居民志愿者服务工作。

（周京华）

校区离退休人员日常管理

2018 年，学校支持校区离退休办公室举办各类会议及特色活动。定期提供场地，开展老同志“开心聊天”系列活动。开展计算机学院及信息与通信工程学院相关学生党支部和校区离退休党支部老少结对共建交流活动。

（张雨）

· 清河校区

概况

43431.19 平方米
校区占地面积 43431.19 平方米，校舍建筑面积 49321.4 平方米

1451 人
全日制在校学生 1451 人；贯通教育学生 74 人

126 人
固定工作教职工 126 人，其中，在编教职工 42 人（不包括任课教师）、不在编教职工 84 人

北京信息科技大学清河校区位于海淀区清河昌平路南段 26 号。校区综合协调管理工作由校区管理办公室承担。2018 年，清河校区管理办公室下设部门清河校区家委会，有工作人员 1 人，办公地点位于南家属院内。11 月 5 日，学校下发《北京信息科技大学 2018 年党政管理部门、院级党组织、直属机构、群团组织教学单位机构设置调整方案》，撤消清河校区管理办公室。校区设有校区联合党总支、安全稳定处办公室、校友校史工作办公室、高教研究室（发展战略研究室）、离退休工作处办公室、电教中心、计算中心、信息与网络管理中心、心理健康教育（咨询）中心、家委会和后勤管理处所属各科室、饮食服务、公寓服务、医疗服务、节能、物业管理服务等部门。校区教学工作由驻校区各学院统一安排。校区占地面积 43431.19 平方米，校舍建筑面积 49321.4 平方米，其中，教学用房 8955.46 平方米、办公用房 2436 平方米、学生公寓 10014 平方米、其他用房 8219.78 平方米、校区家属楼总建筑面积 19696.16 平方米。2018 年，校区本科新生 523 人、研究生新生 79 人、首批贯通教育新生 74 人。截至 2018 年年底，校区全日制在校学生 1451 人；贯通教育学生 74 人。校区固定工作教职工 126 人，其中，在编教职工 42 人（不包括任课教师）、不在编教职工 84 人；临时工及外聘人员 84 人；离退休人员 183 人。

（徐红卫）

基础设施

8.8 万册
图书馆藏书 8.8 万册

2018 年，校区内设教一楼、教二楼，图书馆藏书 8.8 万册。建有塑胶田径运动场，塑胶篮球、排球、羽毛球场，木结构气膜馆。有小超市、浴室、锅炉房、报刊服务亭、工商银行和北京银行自助取款机。校区经济管理学院、国际交流学院、理学院、研究生院（研究生工作部）、自动化贯通教育、体育部等院（部）设有教学、管理和学生工作办公室，各类

教室、机房、实验室设施齐全。

（徐红卫）

综合协调工作

2018 年，校区完成公共建筑和设施给排水、电、暖、消防维修，校园绿化，公共卫生清理工作。加强公务电话管理，按时交纳电话费，联系中国联合网络通信有限公司北京市分公司清河营业厅，对电话出现线路故障进行维修，保障各部门办公电话使用通畅。开启校区校长信箱 2 个，向相关部门转交信件，完成校区信访工作。节日期间，按校工会要求，与校区联合党总支配合，为三校区内工会成员领取或购置、运输、发放生活物品。完成校区工会教工活动室使用管理工作。加强安全维稳，坚持校区巡视。配合安稳处对各部门安全及消防进行检查，强化各类安全稳定排查工作。做好寒、暑假及节日假期间值班和记录工作。按照学校保密部门要求，对电脑进行不定期自查，防止泄密事件发生。“十一”期间，在校区南门及西门悬挂国旗。完成向小营村鲲鹏物业公司缴纳校区操场租金工作。遵照校领导安排，派工作人员借调到新校区规划设计部开展工作；4 月 26 日，新校区规划建筑物设计方案全部对接签字。支持配合校区联合分工会改选工作，参与校区联合党总支、校区联合分工会活动，完成学校第二届“双代会”代表选举工作。

（徐红卫）

迎新工作

2018 年，校区完成本科新生、研究生新生、贯通教育新生迎新工作。9 月 11 日，2018 级本科新生、研究生新生入学；按照《北京信息科技大学迎接 2018 年新生入学工作实施方案》要求，校区办全体人员提前进入操场布置、划分各学院和部门迎新生接待区，设置新生家长休息室，联系后勤部门排放桌椅，张挂横幅，放置和粘贴标示牌，插彩旗，上报雨天处置方案和工作流程；新生报到当天，进行交通疏导，为参加接待新生各部门教职工提供饮水和工作午餐。9 月 17 日，校区首批贯通教育新生入学；提前在木膜馆布置迎新场地，张贴导向标，排放桌椅；新生报到当天，对新生进行导向服务，为参加接待新生各部门教职工提供饮水和工作午餐。

（徐红卫）

学生管理协调

2018 年，校区推进学生管理工作。注重学生意见并反馈学校。配合学生部门开展工作，应对突发事件，化解矛盾。协调教学单位、职能部门，为学生及社团提供服务。加强对校区阅报栏、宣传栏管理，安排勤工助学学生更换当日报纸，做好政治宣传工作。推进贯通教育及管理工作，与贯通教育学生原学校师生座谈，组织贯通教育新生开学典礼；为 2 个贯通教育班级安排班主任，对贯通教育学生宿舍进行安全卫生检查，组织贯通教育学生参与勤工助学活动。

（徐红卫）

家委会日常管理工作

2018 年，学校加强家委会日常管理工作。完成家属区防火、防盗、安全用电管理工作，向居民宣传预防诈骗知识。加强家属区卫生管理，安排专人每天定时打扫家属楼及家属院卫生，采取收押金方式管控业主装修垃圾，定期清理无主垃圾、自行车等杂物。安排门卫值班，车辆需凭证出入家属院。配合社区开展活动，处理居民反映各类问题，化解邻里矛盾。配合市政府各对口部门，对家属院自来水进行施工改造，更换部分家属楼燃气表及老旧阀门和软管进行。针对街道办事处拟对校区北家属院 3 号住宅楼安装室外电梯一事，配合社区完成民意调查，向街道和社区反馈 3 号楼业主意见和诉求。

（石梅华）

28000 余平方米

占地面积 28000 余平方米，地上建筑面积约 30000 平方米

15 人

校区有职工 15 人，其中，管理干部 7 人、工勤人员 8 人

7 人

校区设有党支部，有党员 7 人

· 东部校区

概况

北京信息科技大学东部校区由原金台路校区和酒仙桥校区合并而成。金台路校区位于朝阳区金台西路 2 号，占地面积 28000 余平方米，地上建筑面积约 30000 平方米；校区内设后勤集团所属宏利招待所、校医务所医务室、离退休办公室及老干部活动中心、继续教育学院及与继续教育学院合作办学英圣时装教育学院等单位；有居民住户 320 余户。酒仙桥校区位于朝阳区酒仙桥地区，占地面积约 3400 平方米，地上建筑面积约 5600 平方米；学校部分科研机构在校区内开展工作，包括光电信息与仪器北京市工程研究中心、北京国科舰航传感技术有限公司等。东部校区综合协调与管理工作由校区管理办公室承担，负责与当地街道、社区及地方政府相关部门联系与沟通；承担后勤保障和安全稳定工作；负责校区公共设施管理及使用安排；负责居民房租、水电费和相关单位取暖费查收；负责校区水、电、供暖费缴纳及办公电话统一管理、话费缴纳；负责校区离退休老同志协调服务及家委会日常管理；配合学校各职能部门，协调完成相关工作；发现并通报校区有关安全稳定相关工作等。2018 年，

校区有职工15人，其中，管理干部7人、工勤人员8人。校区设有党支部，有党员7人。

（夏建军　程飞）

综合协调工作

2018年，校区支持、协调、配合属地政府各相关部门工作，加强同周边单位、居民联系和沟通，为校区内教学与科研机构师生及居民住户提供后勤、物业管理及保障工作。5月下旬起，酒仙桥综合管理办公室组织开展实验用飞机运进酒仙桥校区工作，提前同属地街道、公安、社区等部门制定预案，做好应急准备工作；6月2日，校区人员和街道综治办领导、交警及协警共同完成飞机进场工作；协调应对区网格办、街道、城管等部门针对酒仙桥校区飞机库责令改正等工作，保障飞机科研项目开展。同光电学院共同进行校区学生用餐问题方案论证和校区周边市场调研，共同向学校提交论证建议。参与校区建筑物外立面整体形象改造设计论证工作。到酒仙桥旧城改建征收指挥部，对涉及酒仙桥校区问题进行调研和沟通。参与资产处房产信息管理工作，清理报废资产，做好固定资产日常记录、核查和管理。协助安稳处完成各类安全检查、隐患排除整改及监控、消防设施维护和更新工作。协助网管中心做好校园网络维护和代管工作。完成校区档案归档和年鉴编纂工作。与属地街道、城管、公安、安监、消防、环保、社区、周边居民等有关单位、人员协调联系，完成接待对接；与属地水、暖、电、气、电话、互联网等单位协调联系，完成接待对接；组织落实属地相关要求，参与各项社会活动。配合、协助区政府，完成校区内住宅抗震加固工作。为社区居民提供服务，参加街道社区组织公益活动。与朝阳法院执行庭沟通金台路失火饭馆后续问题。

（程飞）

后勤保障

657185.46元
全年统计及收缴各类水、暖、电、房租等费用共计657185.46元

2018年，校区完成基础设施日常修缮及水、电、暖、房租等费用收取清缴工作。更换、维修给水、暖气系统61项。疏通下水管、更换污水管线、更换污水井盖等39项。更换、维修电线、灯管、开关、门窗等643项。修缮房屋8项。汛期排水、苫盖12项。校区绿化22项。完成校区室内外卫生保洁工作。论证、编制“2019年校区基础设施改造项目”并上报学校。酒仙桥校区签订新装500千伏安变压器代维护服务合同，交付第一年维护服务费用。全年统计及收缴各类水、暖、电、房租等费用共计657185.46元。

（程飞）

安全稳定

2018年，校区完成辖区内治安、防火、防汛、交通等安全检查和监督落实工作。定期督促检查实验室危化品及办公室、实验室和学生宿舍等各类安全问题。每月定时检查灭火器，定期更换所有灭火器。春节期间，强化禁放烟花宣传与巡视。雨季前，组织疏通雨水井等排水设施，组织地面、屋顶、树坑等处树叶类易燃物清扫和洒水等。节假日及社会重要活动期间，安排校内、校外值班、安保工作。寒暑假、重要节日、重要会议期间，加大巡视检查力度，以温馨提示方式宣传学校有关管理要求，张贴并发放到校区内各单位。配合后勤处、安稳处，甄别校区居民身份，房屋归属、建筑物基本情况。配合地方政府和行政部门，完成门前三包、流动人口普查、节假日及“两会”期间红袖标流动巡逻等工作。

（程飞）

金台路家委会日常管理

2018年，金台路家委会参加社区党委换届选举工作，完成社区党支部换届选举工作。完成节日慰问特困居民工作，走访老干部43人次、困难户94人次。发放老年卡107人次，发放90岁补贴4人次，发放“两会”及节日值班补贴67人次，走访党员、看望居民病人89次，发放蟑螂药154户，发放独生子女费13户，发放燃气报警器67户，进行走访问卷调查40户。

（夏建军）

离退休工作

2018年，校区配合学校离退处工作，为离退休老同志提供服务。通知、组织老同志赴体检中心体检。为老同志上报特病申请，上报享受爱心救助金人员材料。组织安排校区离退休人员参加学校组织疗养活动。为身患重病、家庭生活困难老同志申请特困补贴。看望生病、住院及家中出现困难老同志。春节前，慰问看望老同志。慰问去世人员家属，协助处理后事。组织老同志座谈会、参观游览等活动。组织校区离退休人员参加离退休管理处组织春、秋季参观活动。组织离退休党员参加党员参观学习活动。

（程飞）

学生事务管理

概况

北京信息科技大学本科生事务管理与服务工作由党委

学生工作部（武装部）、学生处下设学生事务管理科承担，负责实施学生事务管理，提供助学服务。办公地点位于清河小营校区三号办公楼143室。在2018年北京高校红色“1+1”示范活动评比中，学校获“北京高校红色“1+1”示范活动优秀组织奖”；电信专业第一、二、三学生党支部获二等奖；信管专业第一学生党支部、行政管理专业第二学生党支部、工业工设专业学生党支部获三等奖。在2018年北京高校优秀学生基层组织创建展示中，机器人1701班获2018年“北京市优秀示范班集体”称号。在北京市教委主办的2018年北京市教育系统控烟主题创意大赛中，学校获优秀组织奖；计算机学院学生杨洁获创意设计类（高校组）二等奖；公管传媒学院学生蔡博宇获视频创作类（高校组）二等奖。在市委教育工委、市教委主办的第六届北京高校法治动漫微电影征集展映活动评比中，外语学院作品《邂逅》获微电影作品二等奖；通信学院作品《年少不知事》获微电影作品入围奖。

（张晓莹　宫光霖　孟李辛）

学生日常管理

46875.32元
学生参加平安保险1263人，学生获理赔共计46875.32元

339.574万元
获奖学生2963人次，发放奖学金共计339.574万元

2018年，学校强化管理育人环节，推进学生事务管理工作规范化和精细化。完成学生平安保险投保及理赔工作，与保险公司沟通协调，简化办事流程。学生参加平安保险1263人，学生获理赔共计46875.32元。完成2017—2018学年奖学金评定工作，获奖学生2963人次，发放奖学金共计339.574万元。依照《北京信息科技大学本科生校内奖学金管理办法》，经学生自愿申请、学院审核及公示、学校审核公示等程序，获2017—2018学年校长奖学金8人；学习优秀奖学金1458人，其中，特等奖22人、一等奖223人、二等奖534人、三等奖679人；文体优秀奖学金123人次，其中，个人项目83人（特等奖0人、一等奖64人、二等奖19人）、集体项目40人；社会贡献奖学金810人次，包括校团委97人、教务处3人、宣传部6人；科技创新奖学金572人次，其中，一等奖25人、二等奖115人、三等奖432人。推进学生违纪处分流程规范化管理，分析学生违纪成因及学生违纪典型案例，编纂题为《知止》宣传教育材料，发挥违纪处分教育警示作用。全年发现各类违纪学生111人，包括因考试违规受到相应处分86人。经审查，按规定流程报主管校领导审批后，解除学生在校期间所受处分66人。

（马骏　刘瑞）

新生和毕业生教育管理

149人
评选出市级优秀毕业生149人，校级优秀毕业生197人

3000余人
入学新生3000余人

2018年，学校开展“守望母校情，建功新时代”毕业季教育活动，活动由忆青春岁月、惜母校师恩、逐家国之梦和开建功之门4个模块组成。根据毕业生教育和文明离校工作方案，制作毕业生视频和毕业生纪念册等。在2018届本科毕业生和研究生毕业中开展优秀毕业生评选工作，评选出姚其家等市级优秀毕业生149人，姚其家等校级优秀毕业生197人。6月29日，2018届本科生、研究生毕业典礼暨学位授予仪式在小营校区大学生文化艺术中心举行。9月，按照学校《关于开展2018级新生教育工作的通知》要求，制作《新生入学指南》等教育材料，指导协助各学院开展以“励志勤学 扬帆起航”为主题新生教育系列活动。9月12日，2018级新生开学典礼在小营校区运动场举行，入学新生3000余人。9月14日，由校党委副书记、校长王永生主讲的大学第一课在小营校区大学生文化艺术中心举行，通过网络在小营、健翔桥、清河3个校区直播。

（孟李辛）

少数民族学生教育管理

2018年，学校加强少数民族学生入学教育、日常管理工作、心理辅导工作。新生报到时期，利用学生骨干、信息联络员等资源，配合学院完成新生接待工作。组织新疆籍少数民族学生新生见面会，讲解校规校纪、学业规划、勤工助学等，开展安全教育工作。走访各学院，传达相关文件精神，传达有关部门对于新疆籍少数民族学生管理新要求，要求各学院按照相关要求落实少数民族学生管理相关工作。组织新疆籍少数民族学生参加心理团体辅导项目“彩虹之路——少数民族学生综合能力提升计划”，组织部分学生赴京外参加社会实践活动。

（阿布）

家庭经济困难学生综合能力提升计划

2018年，学校实施家庭经济困难学生综合能力提升计划，探索家庭经济困难学生资助模式。开展大学生综合能力测评工作，面向报名学生开展团体辅导2次。聘请校外专家举办关于前沿科技、学术文化、心理适应、学业规划与职业发展等讲座。注重学生间朋辈教育和团队建设，开展全员参与大型团体辅导和以小组为单位小型团体辅导。遴选并组织家庭经济困难学生赴贵阳市进行社会实践8人，加强爱国主

义教育、社会责任教育、感恩励志教育。调研活动结束后，每名家庭经济困难学生撰写并提交个人社会实践报告。

（刘瑞　梅淼）

离退休工作

概况

1140人

学校离退休职工 1140 人，其中，离休干部 36 人（含代管离休干部 1 人）、退休职工 1104 人

北京信息科技大学离退休教职工管理与服务工作由离退休工作处承担。负责贯彻落实党和政府关于离退休工作有关政策和规定，制定实施办法，落实离退休人员政治、生活待遇；组织离休干部政治学习、阅读文件；建立健全离退休人员基本信息，关心离退休人员、生活和健康状况，做好探望、慰问工作，帮助离退休人员解决实际困难；组织开展文化娱乐活动；拓展离退休人员服务项目；组织老年节、春节等节日庆祝慰问活动；负责离退休人员同校领导之间沟通与联系，做好离退休人员来信来访工作，并向学校反映离退休人员合理要求与建议，维护离退休人员合法权益；引导离退休人员为学校发展及关心下一代等工作发挥作用；负责去世离休干部善后工作，配合有关单位办理去世退休人员善后事项。2014 年 11 月，离退休工作办公室更名为离退休工作处，下设办公室、离退休教职工活动室，挂靠单位有关工委秘书处。办公地点位于小营校区离退休工作处办公室。2018 年，离退休工作处有工作人员 7 人。离退休党委下辖离退休党支部 18 个、在职党支部 1 个，有中共党员 598 人。截至 2018 年底，学校离退休职工 1140 人，其中，离休干部 36 人（含代管离休干部 1 人）、退休职工 1104 人。

（祁长青）

离退休干部管理服务工作

2018 年，学校落实老干部“两项待遇”，推进“两项建设”。从“政治上尊重老干部，思想上关心老干部，生活上照顾老干部”，发挥离退休干部党员在学校改革发展和校园建设中作用。1 月 9 日上午，举行 2018 年离退休干部新春团拜会，学校领导班子集体向离退休老同志拜年，党委书记王传亮代表学校向戊戌本命年老同志赠送吉祥物并合影留念。春节前，党委书记王传亮、纪委书记陈清华、副校长刘勇等领导走访慰问离退休老领导、老教师，询问老同志身体和生活情况，向其通报学校事业发展情况，征求意见和建议。3 月 31 日上午，召开 2018 年关工委工作会议。关工委常务副主任孙毓仁主持会议。校党委副书记、关工委常务副主任刘筱毅参加会议并讲话。3 月 26 日上午，老干部工作领导小组召开 2018 年老干部工作部署会。老干部工作领导小组副组长、校党委副书记刘筱毅主持会议。会议学习贯彻习近平新时代中国特色社会主义思想和党的十九大会议精神，传达学习北京市老干部工作会议精神，安排部署 2018 年老干部工作。校老干部工作领导小组成员参加会议。6 月 20 日上午，接待北京教育系统关心下一代工作委员会主任张雪一行到校检查指导关工委工作。校党委副书记、校长王永生会见张雪一行。校党委书记王传亮参加调研会议。校党委副书记、关工委常务副主任刘筱毅及学校关工委相关负责人汇报工作。6 月 22 日、12 月 12 日，离退休特困基金工作小组会议在清河小营校区老干部活动室召开。会议专题研究离退休老同志困难补助问题。离退休工作处处长贺芳主持会议。按照《学校离退休职工特困补助实施办法》，各校区离退休工作人员分别汇报该校区老同志申请困难补助情况。经综合分析、评议老同志困难情况，决定对全校 136 名离退休老同志给予不同额度困难补助共计 12 万元。参加会议各校区离退休工作人员和离退休老同志代表共计 13 人。

（祁长青）

关心下一代工作委员会工作

2018 年，学校推进关心下一代工作。5 月 8 日，通信学院开展以“全面从严治党，从我们做起”为主题党课学习活动。健翔桥校区退休第二、三党支部老党员及通信学院师生党员参加党课。5 月 30 日，通信学院电信系学生党支部与健翔桥退休教师党支部联合举办“新时代，不忘初心”十九大关键词主题学习会，学生党员与退休老党员共同学习十九大关键词。6 月 19 日上午，由经济学学科研究生党支部、管理科学与工程研究生党支部与小营校区退休党支部联合举办红色“1+1”活动支部共建研讨座谈会在小营校区召开。经济学学科、管理科学与工程学科研究生党员、入党积极分子及退休党支部老党员参加座谈会。6 月 27 日，由清河校区退休党支部和公管传媒学院行政管理专业第一学生党支部联合举办“贯彻落实党的十九大精神 做一名合格共产党员”座谈会在清河校区召开。清河校区第二党支部书记刘景怀主持座谈会。4 月 18 日下午，研究生骨干培训班学员代表与关工委离退休老干部举行“不忘初心 牢记使命”座谈会。原机械工业学院学生处处长王文兰，原马克思主义学院副教授董术，校关工委秘书长、原计算机学院党委书记赵刚发言。学生代表黄艳庭、郭华、张迪代表学员发言。孙毓仁作总结讲话。校关工委常务副主任孙毓仁、校关工委秘书长赵刚、小营校区退休第二党支部书记王芹芳等 9 名离退休老干部及 20 余名研究生骨干培训班学员代表参加座谈会。9 月 19 日上午，小营校区退休党支部与经管学院研究生党支部共同前往李大钊烈士陵园，开展以“新时代新担当新作为”为主题支部共建活动。小营校区退休第一、第二党支部，经管学院研究生党支部党员和部分入党积极分子参加活动，共计 30 余人。

10月31日，健翔桥校区退休第三党支部和计算机学院计算科学专业学生第一党支部召开庆祝改革开放40周年、红色“1+1”师生座谈会。退休党支部书记曹珺主持座谈会。退休老党员王邦宁、孙福友、刘挺，学生党员付雪、董良晨等发言。参加座谈会党员40余人。11月26日上午，小营校区退休第一、第二党支部与经管学院经济学研究生党支部开展以“研究生党员如何在新时代有所作为”为主题一对一共建谈心活动。退休第二党支部书记王芹芳主持座谈会。10名退休党员分别与10名研究生党员“一对一”谈心，交流思想，共同加强党员思想建设。学校关心下一代工作委员会常务副主任、退休第一党支部书记孙毓仁参加座谈会。12月19日上午，关心下一代工作委员会在小营校区召开学习与经验交流座谈会。校关工委常务副主任孙毓仁主持会议。校党委副书记刘筱毅，校关工委秘书长，部分骨干，离退休党支部书记代表，离退休工作部门负责人，部分院级党组织负责人代表参加座谈会。

（祁长青）

老干部活动

2018年，学校举办老干部活动，丰富离退休老同志生活。3月6日，举办“三八”妇女节庆祝活动。活动分为猜谜和离退休女教职工座谈会2个部分，参加活动老同志50余人。离退休女教职工座谈会由离退休工作处处长贺芳主持，参加座谈会离退休女教职工30余人。4月24日上午，举办离退休教职工趣味运动会。运动会设置投篮、投包、保龄球、飞镖、套圈等6个项目。报名参加运动会老同志300余人。5月8日，开展离退休教职工春季健步走活动。活动分校区进行，报名参加活动离退休老同志400余人。6月13日，离退休老同志合唱团参加由北京市委教育工委、市教委主办“共筑中国梦 歌舞赞辉煌”——2018年北京老教育工作者分片文艺演出。活动在中国农业大学东校区报告厅举行，市北片区高校参加演出17所，校离退休老同志合唱团演唱曲目《不忘初心》。9月26—27日，分批组织老同志300余人，前往灵慧山风景区及红星二锅头酒博物馆开展“欣赏山间美景，学习美酒文化”秋季参观活动，参观位于怀柔区怀柔镇王化村北京红星二锅头酒博物馆。10—11月，组织离退休老同志前往河北易县领秀智慧幸福嘉园和海淀区爱暮家（香山）养老院进行参观体验3次。10月9—10日，分校区组织离退休教职工健步走活动300余人。10月17日，组织离退休教职工参加由北京市委教工委市教委举办2018年北京老教育工作者重阳节健步走活动和“翰墨颂改革丹青绘盛世”北京教育系统老同志书画展活动，分校区组织离退休党支部开展“新时代 新担当 新作为”主题党日活动。11月10—12日、17—19日，组织离退休老同志到北京市教工休养院进行为期5天健康休养活动100人。12月，向达到金婚年龄离退休老同志颁发贺信并送去慰问品19对。

（祁长青）

党建工作

2018年，离退休党支部加强党建工作。3月9日上午，2018年离退休党委扩大会在小营校区离退休活动室召开。离退休党委书记、离退休工作处处长贺芳主持会议。会议学习传达上级会议精神，安排部署近期党委工作，讨论确定2018年离退休党委工作要点。离退休党委委员、离退休党支部书记参加会议。4月17日，举办离退休干部“学习贯彻党的十九大精神”专题培训班。离退休党委委员、离退休党支部书记、支部委员、关工委骨干成员、党支部理论骨干和全体工作人员共计100余人参加培训。4月26日，组织离退休党员前往北京市通州区第五季生态农场开展“展示阳光心态、体验美好生活、畅谈发展变化”主题党日参观活动。6月28日上午，组织开展离退休老干部纪念建党97周年暨改革开放40周年座谈会。会议由离退休党委书记贺芳主持。参加座谈会各校区离退休老同志近20余人。9月26日至10月10日，计算机学院举行院级党课培训班。培训共计20学时，包含入党启蒙教育、理论导师专题讲座、专题学习讨论及结业考试4部分。特邀健翔桥校区退休第三党支部老党员曹珺、孙福友作为学院理论导师，结合“如何发挥党员的带头模范作用”“如何端正入党动机，树立正确的入党思想”主题，对学生讨论进行点评和指导。9月28日上午，新学期离退休党委扩大会议在小营校区离退休活动室召开。会议学习传达上级会议精神，总结离退休党委上半年工作，安排部署下半年工作任务。离退休党委书记、离退休工作处处长贺芳主持会议。11月7日，健翔桥校区3个退休党支部书记联合带领党员前往渤海镇田仙峪村开展主题党日活动约40人。

（祁长青）

获奖情况

3月14日，由学校选送“喜迎十九大 光影赞辉煌——北京教育系统老同志摄影作品展”，在市委教工委、市教委召开的北京高校离退休干部工作总结会、表彰会上获奖。张慧获个人优秀作品二等奖，吕乃光、王连程分别获个人优秀作品三等奖。

（祁长青）

举行离退休干部新春团拜会

1月9日上午，2018年离退休干部新春团拜会在小营校区报告厅举行。校党委副书记刘筱毅主持团拜会。校党委书记王传亮代表学校党委和领导班子向老同志通报2017年学校事业发展成绩、重点推进工作和未来奋斗目标。刘筱毅通报2017年学校学习宣传贯彻十九大精神、贯彻落实全国和北京市高校思想政治工作精神、全面加强党的建设主要情况。学校领导班子集体向离退休老同志拜年，王传亮代表学校向戊戌本命年老同志赠送吉祥物并合影留念。离退休老同志代表，全体在校校级领导，相关职能部门、校区负责人参加团拜会。

（祁长青）

召开 2018 年关工委工作会议

3 月 31 日上午，2018 年关工委工作会议在第四会议室召开。校关工委常务副主任孙毓仁主持会议。孙毓仁传达北京教育系统关心下一代工作会议精神、北京教育系统关工委 2017 年工作总结及 2018 年工作要点。校关工委秘书长贺芳汇报学校关工委 2017 年开展主要工作。与会人员听取学校 2018 年关工委工作安排，结合工作现状，就如何开展关工委工作进行研讨。党委副书记、关工委常务副主任刘筱毅对学校关工委工作给予肯定，并就做好关工委工作提出要求。校关工委成员、相关职能部门负责人参加会议。

（祁长青）

召开 2018 年老干部工作部署会

3 月 26 日上午，由老干部工作领导小组主办的 2018 年老干部工作部署会在第一会议室召开。老干部工作领导小组副组长、校党委副书记刘筱毅主持会议。会议学习贯彻习近平新时代中国特色社会主义思想和党的十九大会议精神，传达学习北京市老干部工作会议精神，安排部署 2018 年老干部工作。刘筱毅传达 2018 年北京市老干部工作会、北京教育系统离退休干部工作会会议精神，并对会议内容和会上领导讲话作介绍和解读。离退休工作处处长、离退休党委书记贺芳就学校 2017 年离退休干部工作和 2018 年工作要点作汇报。与会人员就新形势下如何做好离退休干部工作及离退休工作中重点和难点工作进行讨论，给出意见和建议。校老干部工作领导小组成员参加会议。

（祁长青）

举办离退休干部“学习贯彻党的十九大精神”专题培训班

4 月 17 日，由离退休党委主办的离退休干部“学习贯彻党的十九大精神”专题培训班在国际学术交流教室召开。培训采取专题辅导、交流发言、观看警示教育片《小官贪腐警示录》、参观圆明园反腐倡廉警示教育基地相结合方式进行。专题辅导环节，邀请校图书馆馆长、原马克思主义学院教授赵爱玲作题为《深入学习十九大——党章修改内容》专题报告。离退休干部代表刘建兰、陈亚菲和孙福友分别以《科学认识新时代》《浅谈对新时期我国文化战略发展的认识》《全面学习贯彻党的十九大精神》为主题作交流发言。校党委副书记刘筱毅听取老同志发言，与老同志交流学习体会。离退休党委委员、离退休党支部书记、支部委员、关工委骨干成员、党支部理论骨干和全体工作人员共计 100 余人参加培训。

（祁长青）

接待北京教育系统关心下一代工作委员会检查指导

6 月 20 日上午，学校接待北京教育系统关心下一代工作委员会主任张雪一行到校检查指导关工委工作。北京市委教育工委离退休干部处副处长（挂职）邓兴军随行调研。校党委副书记、校长王永生会见张雪一行。校党委书记王传亮参加调研会议并发言。调研会议上，校党委副书记、关工委常务副主任刘筱毅及学校关工委相关负责人汇报工作。张雪肯定学校关工委工作取得成绩和成效，并从 3 个方面对学校关工委下一步工作开展提出要求，一是加强把握二级关工委作用，在全覆盖同时，探索经验、进行推广，起到示范引领作用；二是拓展已有品牌活动，总结凝练特色，推动创新，做出新成绩；三是建议学校将现阶段关工委工作好做法纳入北京市教育系统关工委提出工作创新点中，实现融入。刘筱毅以“与时俱进适应时代新要求 齐心协力构筑育人新常态”为主题，结合关工委工作开展情况，特色活动、品牌活动开展情况，对关工委工作认识，今后工作思路 4 个方面，对校关工委工作整体情况和特色亮点进行汇报。与会人员就基层关工委建设及工作开展情况进行研讨交流。校关工委副主任孙福友、秘书长赵刚，自动化学院党委书记、关工委主任曹晋红，通信学院党委副书记、关工委副主任程立军，计算机学院党委副书记、关工委副主任杨菁，就基层关工委建设工作特色进行汇报。

（祁长青）

召开新学期离退休党委扩大会议

9 月 28 日上午，新学期离退休党委扩大会议在小营校区离退休活动室召开。离退休党委书记、离退休工作处处长贺芳主持会议。会议学习传达上级会议精神，总结离退休党委上半年工作，安排部署下半年工作任务，集体学习习近平总书记在全国教育大会上重要讲话精神。贺芳向与会人员通报学校相关学习工作开展情况，传达学习要求。根据学校组织部《北京信息科技大学“新时代新担当新作为”主题宣传教育及“弘扬爱国奋斗精神建功立业新时代”活动实施方案》精神与学习要求，贺芳带领老同志集体学习《中共中央关于追授郑德荣等 7 名同志“全国优秀共产党员”称号的决定》。贺芳向与会人员通报学校思想政治工作及党风廉政建设部署，邀请离退休党委纪检委员李燕和关桂元向与会人员传达校纪委专兼职纪检监察干部业务能力培训会会议精神。会议通报 2017 年度离退休党员民主评议结果。根据离退休党员 2018 年下半年理论学习计划，安排部署离退休党委党员理论学习和主题党日活动等党建工作。离退休党委委员、离退休党支部书记、部分离退休党支部委员和校区工作人员共计 20 余人参加会议。

（祁长青）

10

学校公共服务

◎ 1967 件

受理各类后勤业务 1967 件，环比上涨 24%

◎ 6337.6 万元

汇缴公积金 6337.6 万元、住房补贴 2405.86 万元

◎ 807 万元

投入 807 万元建设图书馆文献资源

◎ 35532350.2 元

各校区食堂全年销售总额约 35532350.2 元

- 印发《高教研究与发展战略参考》5 期，总计 30 万字
- 《高等教育研究》印发 2 期，总计 20 万字
- 《高教研究资料摘编》印发 1 期，总计 4 万余字

BEIJING
INFORMATION
SCIENCE & TECHNOLOGY
UNIVERSITY

SCHOOL PUBLIC SERVICE

学校公共服务

后勤保障

概况

443人

后勤处有职工443人，其中，在编人员87人、外聘人员341人、返聘人员11人、校聘非事业编4人

北京信息科技大学后勤管理和服务保障工作由后勤管理处（以下简称“后勤处”）承担。负责制定学校后勤工作发展规划、年度工作计划；建立和完善后勤管理制度；完善后勤经费预算，组织预算执行；校园环境规划与改造；房产日常管理和教职工住房补贴、住房公积金缴存和管理及教职工集体宿舍管理；学校节约能源和环境保护；受理相关工作投诉、来访和信访工作；完成学校交办其他工作任务。负责教学、科研和师生生活服务；加强管理，完善制度，优化服务流程，保证后勤服务正常运转；学校基础设施日常维护，包括地下管网、道路日常巡检、维护；给排水、供电、供暖、供气系统运行管理和维护；全校饮食服务、学生公寓管理、校园绿化、室内外卫生保洁、报刊信件收发、教室管理、商业网点管理等服务工作；师生医疗服务保障，包括公费医疗管理、教职工医保服务、教职工及学生体检、卫生健康知识教育和宣传、疾病预防及计划生育工作。后勤处下设党政办公室、人力资源科、房产管理科、校医院、能源管理科、公寓管理科、饮食服务科、物业服务科、资产管理科（与商业服务科合署办公）、校园管理科、东部校区物业服务科、社区管理科，办公地点分别位于小营校区第二办公楼、学五公寓、学生食堂二层、锅炉房二楼及金台路校区。截至2018年年底，后勤处有职工443人，其中，在编人员87人、外聘人员341人、返聘人员11人、校聘非事业编4人；包括副科级（含）以上管理人员28人（含处聘）。2018年，完成各类重大活动临时保障任务近30项。打造郁金香花园、修整“校友林”、铺种草坪、加强室内外保洁，迎接本科教学审核评估。校医院24小时候诊。调整延长浴室和开水房开放时间。暑期，完成学生校内军训住宿和餐饮服务保障。完成保障华北五省市机器人大赛参赛人员餐饮接待任务3300人。配合迎接市教委分类办学专家组入校检查，完成校园室内外环境清扫。完成市中小学教师资格证考试、英语四六级考试和人力资源师考试、各类文艺汇演、学校运动会、招聘会、校友返校联谊会等保障工作。受理各类后勤业务1967件，环比上涨24%，其中，维修量上涨5%、咨询量上涨75%。网上平台关注人数2069人，环比增加近千人。后勤服务热线“82426868”及微信报修平台受到师生关注，发挥管理与服务作用。

（张丽侠）

安全工作

2018年，学校后勤各项工作安全平稳运行。后勤处与各二级部门、二级部门与班组、各班组与各岗位人员逐级签订安全责任书。落实平安校园相关要求，后勤所属范围各区域分别落实安全责任人，各岗位工作进行登记、备案。公寓、食堂、物业、校医院和商业服务等部门，针对业务流程、消防安全、食品卫生安全等开展安全知识培训，执行安全制度，落实安全检查。饮食科实现“明厨亮灶”。公寓科引进技防

措施，规范人员出入登记制度。汛期，物业科加强防范，确保全校安全度汛。节假日，加大安全检查力度，在各种场合重申安全工作重要性。

（张丽侠）

增收节支

8205736.47元
上交收入 8205736.47 元

2018 年，后勤处上交收入 8205736.47 元，其中，水电暖收费、浴室茶炉收费、公寓学生超额电费等收入 5477964.43 元；研究生及新教职工入职体检收费 60200 元；校园各网点综合服务管理收入 950272.04 元（税后）；宏利招待所收入 1717300 元（税后，未抵扣电费）。

（张丽侠）

房产管理工作

607.3万元
发放物业补贴 607.3 万元、采暖补贴 609 万元

2018 年，学校为教职工办理已购公有住房上市出售审批手续或产权过户手续 27 户。发放物业补贴 607.3 万元、采暖补贴 609 万元。配合基建处装修改造宿舍 9 间。为集体宿舍配备家具 24 套。为教职工办理入住集体宿舍手续 51 人。

（张丽侠）

住房补贴与住房公积金管理工作

6337.6万元
汇缴公积金 6337.6 万元、住房补贴 2405.86 万元

129人
新建公积金账户 129 人，新建住房补贴账户 120 人

2018 年，学校汇缴公积金 6337.6 万元、住房补贴 2405.86 万元。为教职工办理支取公积金及变更个人信息业务 322 人。为教职工办理支取住房补贴及变更个人信息业务 401 人。新建公积金账户 129 人，新建住房补贴账户 120 人。

（张丽侠）

节约能源和校园环境保护工作

2018 年，学校综合能耗总量 6144.93 吨标准煤，环比增加 1.94%。生均能耗 49.772 千克标准煤，环比增加 0.79%。用电量 12085730 千瓦时，环比增长 3.43%。用水量 502025 吨，环比增加 11.51%。天然气使用量 3283858 立方米，环比增加 3.24%。供暖用天然气 2785984 立方米，环比增加 3.9%。碳排放量 14407.19 吨。为小营图书馆阅览室及计算中心教室更换 LED 节能灯管 2075 支，节约能耗近 40%。开展引导师生开启节能减排绿色生活方式等各类宣传活动 4 次。

（张丽侠）

公寓服务工作

2018 年，学校执行内部各项安全制度，落实安全卫生大检查。1 月 19 日、4 月 26 日、6 月 26 日、9 月 26 日，分别开展全校公寓安全卫生大检查；为小营校区女生楼学一、学二北侧一层，学六公寓外侧一层、健翔桥校区学二、学三背阴面一层安装防护网。5 月，提出校区转换方案；6 月，完成学生转换校区 1845 人。完成 200 名转专业学生、200 名留级学生住宿安排工作。6 月，送走毕业生 3100 余人。暑期，完成毕业生房间粉刷 700 余间，完成健翔桥学生公寓卫生间管道更新、吊顶修复、学五公寓东西两应急疏散门改造、地下室风扇安装工作；8 月底，完成新生房间卫生清扫、物品配备 700 余间。完成新生入住 3400 人。

（张丽侠）

饮食服务工作

35532350.2元
全年销售总额约 35532350.2 元，包括自营基本伙约 9882122.1 元

2018 年，学校统一采购原材料、检测上报，规范加工环节，增加食品留样程序，全年食堂无消防和食品安全事故。各校区食堂分别通过海淀区、朝阳区卫生局卫生检查，完成食品经营许可换证验收工作。三校区食堂通过厨师轮岗，保持各校区食堂主副食品种新鲜度。每月推出创新菜和粗粮细做食品。据不同时令，夏季增添打卤面、绿豆汤，冬季推出炖菜、汤菜。全年销售总额约 35532350.2 元，包括自营基本伙约 9882122.1 元，基本伙毛利率控制在 30% 左右；自营基本伙及总销售额均完成全年任务。

（张丽侠）

物业管理工作

2018 年，学校推进校园环境建设。打造郁金香园。培育、养护南阳理工学院赠送月季树百株。设计小营校区图书馆前绿地内景观“I ❤ BISTU”、节假日花坛景观。供暖季节前，检修各类设备、管线，启动试供暖，对有问题设备进行检查、抢修，确保正常供暖。全年为教师提供开水 2400 余壶、咖啡 46 包、糖果 13.5 千克。为师生收发各类报刊、邮件 338500 余件。

（张丽侠）

商业服务工作

1717300元
宏利招待所全年上交利润1717300元（未抵扣电费）

950272.04元
各营业网点全年向学校上交利润950272.04元

2018年，学校加强商业网点安全教育和检查力度。宏利招待所全年上交利润1717300元（未抵扣电费）。各营业网点全年向学校上交利润950272.04元。

（张丽侠）

党建工作

44人
后勤党总支有支部5个，党员44人

10余次
召开党政联席会议10余次

2018年，后勤党总支有支部5个，党员44人。出台《后勤党政联席会制度》《后勤管理处物资及服务采购管理办法（试行）》补充细则。修订完善《后勤管理处职工考勤管理办法》《后勤管理处劳务派遣员工管理办法》等制度。落实党员学习教育活动，坚持处级干部理论中心组学习和党员各类学习。开展后勤处级领导干部讲党课4次，主题参观教育活动4次。完成后勤所属5个支部换届选举，配齐配强支部骨干。与学生党支部联合开展支部共建活动5次。成立师德师风委员会，开展主题学习，落实“三全育人”理念。开展优质服务月、优秀党员服务岗活动。落实“三重一大”制度，召开党政联席会议10余次。

（张丽侠）

后勤部门工会工作

325人
后勤部门工会有工会小组11个，会员325人

2018年，后勤部门工会有工会小组11个，会员325人。推进后勤文化内涵建设，培训工会骨干分子队伍。完善后勤工会会员小家建设，利用“后勤管理者”和“勤信后勤人”微信群平台，促进后勤文化培养。撰写稿件78篇，被校园网采用7篇。推送微信18期，宣传后勤工作动态、好人好事、便民举措，展示职工精神风貌。组织后勤职工参加校运动会等活动4次，开展后勤工会秋游等活动4次。慰问职工及家属13次，为退休职工举办荣休座谈会并发放纪念品7人。

（张丽侠）

外聘员工转劳务派遣工作

1月，学校完成全体外聘员工转劳务派遣工作。根据学校深化人事制度改革要求，组织专题研究，完成人员情况摸底，确定工作方案。经过政策宣讲、全面动员、填报材料、签订合同、协议等环节，除1名患病员工外，其余344名外聘员工全部转劳务派遣，转化率99.7%。

（张丽侠）

开展扶贫调研工作

6月1日，后勤党总支组织后勤处领导班子成员及相关科室负责人赴学校定点扶贫村——延庆珍珠泉乡称沟湾村开展扶贫调研。后勤党总支一行人10人走访困难户吴迪和古相云2位老人，与村书记范长宇等座谈了解情况，表达调研目的、拟定帮扶计划。确定每户农家230千克小米认购帮扶计划。6月6日，后勤处46名党员完成全部230千克小米扶贫认购，为村民发放认购款3220元。

（张丽侠）

开展“优质服务月”活动

10月26日至11月30日，学校举行后勤“优质服务月”活动。活动以“关爱师生，敬业奉献，争做新时代后勤人”为主题，强化“三全育人”理念，围绕为师生办实事，党员干部带头担当作为等内容展开，旨在提升后勤服务保障质量和水平。各部门开展“三全育人”理念学习，物业科党支部、行政科室党支部与外国语学院学生党支部共同种植郁金香；公寓科引进学生楼长助理；饮食科选拔学生兼职服务监督员，冬季启动饭菜加热装置；各校区绿化保洁人员清扫校园落叶；各公寓楼开展灭蟑灭虫工作；校医院开展结核病等传染病防控宣传工作，将传染病防控宣传引进课堂；公寓科、饮食科、校医院等开展与学生座谈或师生满意度调查活动，针对性改进服务。活动获校先进个人和先进集体奖。

（张丽侠）

组织教职工健康体检

11月，学校完成2018年教职工健康体检2822人次。4月，启动体检工作，经体检项目确定、招标、合同签订、职工报名、教职工信息整理、集中体检正式进行等环节。5月，全校教职工参检2234人。11月，女职工专项体检参检588人。

（张丽侠）

后勤标准化建设项目通过验收

11月22日，“清河校区4栋学生公寓”和“小营校

区基本伙学生食堂”2个项目通过北京市高校后勤标准化达标验收。2017年初，成立由分管后勤工作副校长任组长、分管学生工作校党委副书记任副组长后勤标准化建设工作领导小组、相关专业工作委员会和后勤标准化建设工作组，推进2个项目涉及内部管理制度、机制体系、工作流程及硬件标准化建设，各项服务采取定量与定性相结合方式，推进服务升级。2017年4月，学校制定印发《北京信息科技大学后勤标准化建设实施方案》，启动学校后勤标准化建设工作。后勤干部职工学习研究、完善管理制度，梳理分析工作机制，走访调研兄弟高校，邀请专家入校指导，落实整改，最终，2项申报项目通过市教委专家组考核验收。

（张丽侠）

高等教育研究

概况

6人
高教研究室有工作人员6人，其中，正处级1人、副处级1人、专业技术人员4人

3人
专业技术人员中，副教授3人、助理研究员1人

北京信息科技大学高等教育理论研究工作由高教研究室承担，成立于2004年10月。负责开展高等教育理论研究，搭建高等教育研究平台，做好信息服务工作；作为学校高教研究会办事机构，负责处理研究会日常事务。2010年11月，学校成立发展战略研究室。2018年10月31日，撤销发展战略研究室，成立发展战略与规划处，正处级建制，与高教研究室合署办公。办公地点位于清河校区2教121室、123室、208室。发展战略与规划处负责学校发展战略和规划编制与督促落实工作；负责学校改革发展战略和宏观政策研究工作；负责学校章程实施督办与整体制度建设工作。2018年，高教研究室有工作人员6人，其中，正处级1人、副处级1人、专业技术人员4人；专业技术人员中，副教授3人、助理研究员1人。

（张文格）

高教研究工作

2018年，学校将原《发展战略研究资料》《高教研究资料摘编》2个摘编合并为《高教研究与发展战略参考》，印发5期，总计30万字。主办《高等教育研究》，编辑、印发2期，总计20万字，编发校领导讲话及教师科研论文31篇。主办《高教研究资料摘编》，编辑、印发1期，总计4万余字，内容涉及“双一流”建设、地方高校转型发展、大学内部治理、教师发展、教学研究，域外高校介绍、大学文化等。利用高教研究室网页，向全校师生、员工发布研究信息、摘编和参考资料及有关高等教育课题申报信息等。

（张文格）

发展战略研究工作

2018年，高教研究室完成北京市本科教学工作审核评估自评报告特色项目部分撰写工作。为落实北京市提出《关于统筹推进北京高等教育发展的若干意见》，学校开展北京信息科技大学《关于统筹推进北京高等教育发展的若干意见》实施方案撰写工作，撰写《学校分类发展实施方案》，高教研究室完成实施方案中第二部分“办学类别”、第三部分“发展目标”和第四部分“总体思路”撰写工作。开展“十三五”规划实施情况中期检查工作。

（张文格）

科研组织工作

12项
确定校级2017年度高教立项课题12项，包括重点课题1项

2018年，学校推进高教研究课题管理工作。推进2016年全国教育科学规划课题“地方普通本科院校学生在校体验研究”研究工作。完成2018年度北京市教育科学规划课题申报工作。完成2017年校内高教研究课题结题工作。完成2017年度校内高教研究课题中期检查工作。完成2018年校内高教研究立项工作，经专家匿名评审和会议评审，确定校级2017年度高教立项课题12项，包括重点课题1项。

（张文格）

高教研究室建设与研究工作

12篇
校级高教研究课题结题1项。发表学术论文12篇

2018年，学校推进高教研究室建设与研究工作。校级高教研究课题结题1项。发表学术论文12篇，包括发表在北大中文核心期刊4篇、发表在CSSCI来源期刊（含扩展版）3篇。

（张文格）

图书馆工作

概况

112.99 万册

新增中外文图书 3.61 万册，馆藏图书达 112.99 万册

北京信息科技大学图书资料管理与服务工作由图书馆承担。负责建设全校文献信息资源体系，为教学、科研及学科建设提供文献信息保障；建立健全全校文献信息服务体系，方便师生获取信息服务；参与资源共建共享，发挥信息资源和专业服务优势。下设办公室、采编部、流通部、图书阅览部、期刊服务部、参考咨询部、特色资源建设部、技术支持部共8个部门。3个校区图书馆舍总面积约9661平方米，有阅览座位1180个。截至2018年年底，图书馆有教职工45人，其中，馆长1人、副馆长1人、办公室3人、采编部7人（非编1人）、流通部8人、图书阅览部5人、期刊服务部4人、参考咨询部5人、特色资源建设部4人、技术支持部6人。2018年，图书馆新增中外文图书3.61万册，馆藏图书达112.99万册。

（张华杰）

文献资源建设

807 万元

投入资金建设文献资源 807 万元，其中，中外文图书 181 万元、中外文期刊 100 万元、中外文电子资源 526 万元

2018年，图书馆投入资金建设文献资源807万元，其中，中外文图书181万元、中外文期刊100万元、中外文电子资源526万元。订购中外文期刊1339种、1694册，报纸86种、157份，声像资料3922件，中外文数据库69个，电子图书、电子期刊共计296万余册。新增知网报纸、超星期刊、学习通3种中文资源库。新增电子资源利用及统计平台1个。试用数据库33个。

（刘春燕　孟微　王培凤）

读者服务

33520 册

借书量 33520 册，还书量 33553 册

801 册

接受委托借阅申请 1205 册，委托到书 801 册

857 人

馆际互借读者注册 586 人，使用人数 857 人，发送请求 254 册，接收请求 194 册

2018年，图书馆借书量33520册，还书量33553册。借阅量排名前五名图书分别为，T工业技术类13544册，占总借书量40.10%；I文学类6825册，占总借书量20.36%；H语言类3192册，占总借书量9.52%；O数理科学与化学类2572册，占总借书量7.67%；F经济类2122册，占总借书量6.33%。接受委托借阅申请1205册，委托到书801册，委托图书较多大类为T类、I类、F类。处理预约申请112册，预约图书较多大类为T类、I类、K类。馆际互借读者注册586人，使用人数857人，发送请求254册，接收请求194册，接收申请处理满足率72.38%，平均满足天数1.4天。原文传递系统新注册822人，向外校发送原文请求319篇，接收外校读者原文请求58篇，满足48篇，满足率83%。在58家参评成员馆中，总评成绩排名第19名。开展以“让阅读成为习惯，让生活溢满书香”为主题世界读书日系列活动12项，为读者搭建阅读平台。联合数据库方，举办系列讲座，提高读者对电子资源认知和利用率。首创“‘勤读者’系列读书分享会”活动品牌，组织活动6次，累计参与425人次。开展招新工作2次，招纳社团新成员34人。举办星光读书会6次、总结会2次。更新QQ空间记录176条，QQ说说总点击量约31600+次，平均每条阅读量180次左右，环比提高100%。完成文献检索课教学任务251学时，覆盖本科生和研究生862任，配合学院完成嵌入专业课教学任务。完成读者信息素养教育培训近900人次。组织专题培训9场，举办2018级新生培训讲座5场，接待到馆参观3场，累计培训900人。接收2018届硕士研究生学位论文电子版372篇，完成系统审核。接收2018届硕士研究生纸质版学位论文445本，完成加工编目。更新《信息科大硕士论文题录数据库》。健翔桥校区研讨室接待理学院、信息与通信工程学院和外语学院等课题组88场次，覆盖师生1056人次。小营校区研讨室接待师生研讨12场次。提供引用收录检索证明共计1845份，环比提高38%，其中，EI 658份、SCI 831份、SCI引用38份、CPCI 40份、JCR 173份、CSSCI 105份，并首次按学院、部门进行统计分析。编辑印刷馆刊《图书馆通讯》4期。运营图书馆微信公众号，推介馆藏资源，更新15个菜单栏内容，将微信自动回复内容调整为6个部分，分别做超链接。截至2018年年底，微信公众号用户数6272个，环比增长2239个。

（马铭锦　王培凤　孟微　牛润桃　黄立农）

图书馆建设

2018年，图书馆推进内部建设，加强内部管理。改进服务模式，试点、正式运行早8:00开馆工作机制。引进博士生、博士后学历馆员3人。修订《图书馆采编部工作流程及细则》《图书馆中外文期刊采购原则与流程》《图书馆数字资

源采购原则与流程》等制度规范 16 项。完成小营校区图书馆密集书库图书排架、典藏、数据采集、系统内状态变更共计 25 万册。图书馆桌面终端接入速度提升至千兆（1.0Gbps）；对接学校信息门户，实现单点登录并直接查阅读者借阅数据；申报《信息科大图书馆电子阅览室教学及业务基础硬件建设项目》获经信委批复意见。实施清河校区图书馆计算机网络改造升级。完成新校区图书馆建设论证工作，形成《北京信息科技大学图书馆的特色资源建设预研报告》《北京信息科技大学图书馆信息化建设预研报告》。

（赵爱玲　杨伟兵　牛润桃　孟微　黄立农　马铭锦）

特色资源建设

1358 种
完成 112 门课程信息和 1358 种教学参考书数据著录工作

3000 条
完成精品课程网站 3000 条站点链接、课程资源内容等信息检查工作

107 个
开展“视频点播数据库”建设工作，完成 107 个视频文件系统上传和编目审核工作

2018 年，图书馆完成纸本学位论文题录信息导入《北京信息科技大学硕士研究生学位论文题录数据库》工作，完成数据编目、审核和发布工作。完成 2018 年本科优秀毕业论文收集和编目工作，发布《信息科大本科优秀毕业论文数据库》。参与“数字教学参考信息资源共享网”项目建设工作。完成 112 门课程信息和 1358 种教学参考书数据著录工作；完成精品课程网站 3000 条站点链接、课程资源内容等信息检查工作。开展“视频点播数据库”建设工作，完成 107 个视频文件系统上传和编目审核工作，并通过图书馆主页发布“视频点播数据库”，读者在校园网内可在线观看世界经典电影 50 余部。

（马铭锦　孟微）

获奖获项目支持情况

2018 年，图书馆获学校 2018 年度特色工作奖。在 BALIS 原文传递中心年度评比中，获“BALIS 原文传递先进集体奖”。在 BALIS 馆际互借中心年度评比中，图书馆各项指标在 79 家成员馆中综合排名第 21 名，获先进集体三等奖。在人民邮电出版社评比中，获“优秀馆藏 . 钻石奖”。赵爱玲、徐双培获 2018 年度全国通讯类高校图书馆年会征文评比一等奖。李艳获北京地区高校图书馆文献资源保障体系 BALIS 管理中心“原文传递服务先进个人奖”。1 人获学校 2018 年高教研究重点项目支持。

（赵爱玲　牛润桃　王培凤　马铭锦）

信息与网络管理

概况

22 人
有工作人员 22 人，包括正处级挂职干部 1 人，其中，事业编 12 人、非事业编 6 人、劳务派遣职工 4 人

北京信息科技大学信息化建设、网络管理与服务工作由信息与网络管理中心承担。中心下设综合服务部、网络基础条件保障部和系统运行部 3 个二级机构。办公地点位于小营校区图书馆 807 室。有工作人员 22 人，包括正处级挂职干部 1 人，其中，事业编 12 人、非事业编 6 人、劳务派遣职工 4 人。2018 年，学校网络安全、校园网、校园卡管理与服务、信息化建设与应用等工作安全稳定运行。参与新校区建设、起草新校区信息化规划，基本满足学校建设、教学、科研、管理和服务等方面信息化需求。围绕《北京教育信息化三年行动计划》目标、要求和任务，组织完成北京信息科技大学落实《北京教育信息化三年行动计划（2018—2020 年）》实施方案，推进信息化建设。

（龚汉明）

信息安全工作

2018 年，学校在 4 个敏感时间段启动重点时期网络安全保障机制，实行 24 小时“零报送”，24 小时待机值守 . 年初，进行全校信息系统台账信息排查工作，对“双非”系统、停用系统、无人维护系统进行关停并转。全年多次进行全校信息系统网络安全自查。国家安全日与网络安全周期间，开展网络安全宣传教育活动，向全校师生普及网络安全知识。全年未发生重大网络安全事件。

（杨安）

校园网建设

2018 年，学校推进校园网建设工作。提升网络基础设施条件，完成全校师生 VPN 服务保障工作。按学号为全校研究生、本科生开通 VPN 账号，学生可在校外远程登录校园网，访问学校内网资源。多途径优化用户上网体验，提高网络使用用户满意度。通过策略路由实时调整出口路由，保障各运营商出口带宽利用率始终最优；通过流控技术分时段限制 P2P 下载等应用，优先保障师生教学科研等正常上网；调研测试流量缓存、智能 DNS 等系统，为升级设备改善用户上网体验做好技术准备。招标完成“新老校区互联光纤租赁服务”项目，租赁开通小营校区至沙河新校区全程管道 4 芯光纤，实现新老校区高速互联。建设完成酒仙桥校区光电学院科研基地无线网络需求。安装调试有线、无线高密度 AP 等设备，开通小

营校区大学生活动中心校园网。配合基建处完成新建楼宇综合布线工程验收移交工作，建设开通新建楼宇校园网。上半年，验收接手清河校区科研平房、小营校区二号办公楼综合布线工程，安装调试有线、无线网络设备，开通清河校区科研平房、二号办公楼校园网及招标办等部门财政专网。下半年，验收接手新校区骨伤医院办公楼综合布线工程，按规划设计方案，利用“新老校区互联光纤租赁服务”项目租赁校区互联光纤，开通新校区校园网节点；安装调试配套有线、无线网络设备，开通新校区骨伤医院办公楼校园网。

（伍银　金培欣）

校园“一卡通”建设

2018 年，学校完成校园“一卡通”系统升级改造工作。将“一卡通”系统由原来 C/S 架构升级为 B/S 架构，升级后可支持公交校园卡。利用校园内已有设备，通过增加市政交通模块，实现支持公交卡充值和换卡功能，打破原有“市政一卡通”+“校园一卡通”2 张卡应用模式，实现跨出校园一卡多用。公交校园卡学生卡带有市政公交“一卡通”功能，享受学生优惠 2.5 折。截至年底，全校在校本科生及研究生均已免费更换新版公交校园卡，教工换卡工作将在 2019 年完成。对接公寓通道系统，实现卡片数据实时交换，学生补办校园卡后无需再到公寓进行登记。推进无现金业务，校园“一卡通”支持银校转账、支付宝及微信企业号等多种自助充值方式；前台人工服务能够使用扫码方式收取充值款及补卡费，各校区前台通过扫码方式收取费用已占全部费用近 40%。微信企业号一卡通模块可为用户提供充值、挂失、缴费，消费明细查询等服务。

（金培欣）

信息技术服务

2018 年，学校加强信息化基础应用建设。升级原有信息门户，新上线综合信息门户对校园网内信息和应用系统进行整合，为师生用户提供集成访问入口。教职工和学生只要拥有 1 个全校唯一数字 ID（教工为工号、学生为学号），就能访问到权限范围内所有信息资源。新门户支持并提供移动端应用。落实学校“折子工程”，启动基础数据展示平台预研项目。梳理学校有关电子数据结构基本情况，收集各部门关于信息共享方面需求，初步建立基础数据展示平台。启动网站改版及网站群服务项目，规划、设计及开发实施中文主网站和新闻网。

（杨厚云）

保密工作

2018 年，学校加强兼职保密信息化队伍建设和人员培训，取得“三员”证书 2 人，1 人参加保密相关培训 2 次。为全校涉密人员提供涉密机安全保密防护产品使用技术支持，重建涉密信息设备、存储设备台账。按月对全校涉密信息设备进行保密检查并撰写《北京信息科技大学大学涉密计算机审计报告》，开展面向相关部门非涉密计算机保密检查工作，每次 1000 余台。做好安全保密日常技术支持工作。按照《军工保密资格认定工作指导手册（2017 年版）》，修订《保密信息化运维操作规程》《北京信息科技大学手机使用保密管理规定》，制定《涉密信息文件编号规则》《涉密信息设备编号规则》。

（龚汉明）

新校区智慧校园规划建设前期工作

2018 年，学校实施新校区智慧校园规划咨询项目，完成新校区智慧校园规划建设前期工作，包括新校区智慧校园建设需求调研分析、顶层规划设计、初步方案设计、综合管线系统设计等内容。需求调研分析以会议、问卷、访谈、实地调研和文献调研等方式，调研学校信息化现状，依据信息化需求梳理出新校区智慧校园建设理念。顶层规划设计以《智慧校园总体框架》（GB/T36342—2018）为标准，结合需求分析报告，规划智慧校园建设内容，即“两个基础、一个中心、一个大厅、六大支撑平台、六大智慧应用”。初步方案设计以《智能建筑设计标准》（GB50314—2015）为要求，结合新校区各建筑单体具体功能定位，进行智慧校园基础设施子系统初步方案设计，规划智能化子系统建设范围、系统功能、系统架构、系统点位设计原则等。综合管线系统设计基于各单体建筑设计图纸，分析各建筑单体功能定位、各功能空间信息化需求，进行各智能化子系统管线设计。

（龚汉明　伍银）

校友校史工作

概况

北京信息科技大学校友校史管理与服务工作由校友校史工作办公室（以下简称“校友校史办”）承担。2010 年 12 月 13 日，成立校友工作办公室，挂靠学校办公室，副处级建制。2014 年 10 月 22 日，撤销校友工作办公室，成立校友校史工作办公室，正处级建制。负责校友会建设、校友联系和沟通、校友日常管理工作；负责校史资料和校史档案收集、

14.6 万元

接受校友和校友企业捐赠 14.6 万元

19 批次

组织、接待校友值年返校 19 批次

208个

签订合作协议机构208个，其中，学术机构合作协议98个、行业机构和企业合作协议102个、地方政府合作协议8个

整理和服务工作。2018年11月，成立对外联络办公室，与校友校史办合署办公。办公地点位于清河校区校友之家二层201室、203室、204室、206室。办公室有主任1人、副主任1人、工作人员3人，其中，副高级专业技术职务人员3人、中级专业技术职务人员2人。2018年，学校接受校友和校友企业捐赠146000元。组织、接待校友值年返校19批次。编印校友期刊《信息科大人》第15、16期，1968届校友毕业50周年返校特刊1期，印发3000册。截至9月30日，全校签订合作协议机构208个，其中，学术机构合作协议98个、行业机构和企业合作协议102个、地方政府合作协议8个。截至2018年年底，学校有地区校友联谊会8个、行业校友联谊会3个。

（何婕）

建设校友联系分会

2018年，学校构建校内校友工作网络。推动成立学院校友联谊会并加强建设，设立学院校友联络员，形成校友工作网络和校友工作队伍。巩固和发展各地校友组织，形成校外工作网络。推动筹建继续教育学院校友联谊会等其他分会。

（何婕）

校友活动

2018年，学校举办多场校友活动。举行“喜迎校友重返母校欢聚，助力‘信息科大二代’健康成长”校友会第二届亲子活动。组织2家校友企业开展“亲子影音室”“亲子沙瓶画”“亲子羽毛球”3个部分亲子活动，参加活动校友和教师家庭30余组。指导各校友联谊会活动，举办校友创业、校友创业基金筹备、“互联网＋生态农业”模式探讨、创业项目投资、项目合作、高考与招生政策咨询、校友沙龙、球类比赛、年会等研讨与活动。在2018届毕业典礼上，完成“勤信礼物、一生相随”毕业礼品登记发放工作，优秀毕业生接受校领导授予校友会旗和校友徽章。新生入校时，邀请北京华映星球国际文化发展有限公司创始人之一、总导演总编剧、1996级英语专业校友刘可欣参加开学典礼并作演讲。举行“迎新生”系列服务活动，为新生发放根据21名校友成长事例编撰的校友成长手册《圆梦母校，勤信一生》。

（何婕）

校企合作

2018年，学校举办多场校企活动，推动校企合作。举办第二届科技创新节活动之第三届“校友杯”创业大赛，比赛分校友组和学生组，实战路演后决出校友组、学生组金、银、铜奖。大赛聘任创业导师6人，分别对相关参赛项目进行后期指导，并给予创业支持。联系校友企业举行“终于等到你”系列校友企业招聘活动。

（何婕）

校友信息化建设

2018年，学校推进信息化管理平台建设与维护，拓展校友交流沟通渠道。通过与“友笑”公司合作，构建校友工作信息化管理体系架构，提升校友管理工作效率、质量与服务水平，保证校友“组织性”。利用“友笑”邮件系统，联系、挖掘校友，使更多校友加入校友活动，关注学校和校友会发展。加强校友会微信公众号建设，开发小额捐赠等功能，策划主题，发挥聚集作用。通过微信手机周报，向校友、在校学生推送学校新闻、校友会动态、校友企业信息、校史钩沉等内容，全年编辑推送43期，关注数3000+人次，阅读量2万＋次。

（何婕）

校友捐赠

2018年，学校根据校友捐赠意向，设立海康平安校园建设基金、天鸿治安服务奖学金、宇视学生课外活动指导资助基金、计算机学院润宇科技奖学金。接受计算机学院教授程佩青捐赠《数字信号处理教程》等系列教材309本。校友利用值年返校机会，认养“校友林”树木，捐赠“校名石”等。

（何婕）

校友工作联络员及志愿者

2018年，学校完成第七届校友工作联络员聘任工作。新聘任2018届毕业生校友工作联络员130人。校友总会通过QQ群、微信群等通讯方式及秩年校友返校机会，获取校友信息，与校友保持经常性联络。加强校友工作志愿者协会建设，形成在校生工作网络。调整校友工作志愿者协会组织结构和岗位职责，完成第七届换届工作，招募学生志愿者34人。5月，接受对外经济贸易大学邀请，参加全国校友工作志愿者论坛。10月，被校团委评为优秀志愿团体。

（何婕）

校友会换届工作

7月14日，学校召开校友会第一届七次理事会会议。会议审议通过《北京信息科技大学校友会第一届理事会工作报告（草案）》等材料12项，同意提交第二届会员代表大会第一次会议审定。会议审议《北京信息科技大学校友会第二届理事会理事守则》，同意提交第二届理事会审议。会议审定

《北京信息科技大学校友会会员代表名册》《北京信息科技大学校友会第二届会员代表大会第一次会议议程（草案）》。9月15日，召开校友会第二届会员代表大会。大会选举产生第二届理事会理事、监事会监事；第二届理事会第一次会议选举产生理事会负责人，校党委书记王传亮当选校友会第二届理事会会长；第二届监事会第一次会议选举产生监事会负责人。会后，制作完成校友会换届文件汇编。

（何婕）

校友会制度建设

2018年，学校执行校友会章程、财务管理办法、公章管理办法及假期值班待班等规章制度，保证校友校史工作依法依章开展。执行走访校友制度、校友返校接待制度。走访、调研川渝地区校友联谊会、校友企业家联谊会和51CTO等校友企业。印发《北京信息科技大学校友会关于名誉任职人员的规定》《北京信息科技大学校友会监事会工作规程（试行）》《北京信息科技大学校友会理事会理事守则》等文件。

（何婕）

秩年校友返校

2018年，学校启动“缘聚母校，勤信一生”秩年返校活动。5月，组织1968届老校友返校活动，接待返校老校友250余人。组织学位成礼仪式、校名石捐赠仪式、认捐“校友林”仪式、校友联欢会暨主题班会、参观原北京机械学院旧址等活动。暑假和周末，分别协调和参加各学院接待其他年份返校校友工作。

（何婕）

校史工作

2018年，学校开展征集校史资料、老照片工作，推进校史资料整理工作。利用校友会理事会、校友值年返校、《信息科大人》、校友网站、校友公众号等渠道，向校友、离退休老干部征集校史资料，征集老照片389张。整理学校办学历史档案资料，翻录40565字。开展口碑资料整理，走访校友。完善针对老校友及中青年校友常规采访提纲，采访校友22人，初步整理文字资料33808字。搜集43名校友事迹材料，共计103755字。接收7个校友、教职工及校内单位校史资料及物件66件。通过校园网、信息门户及与相关部门沟通，收集2018年学校各类荣誉及成果类文字17172字。调查与研究办学历史，积累学校大事记。通过查寻有关文件档案、资料，查证、比对部分口碑资料，整理出北京精密机械制造学校、北京机器制造学校、北京机械学校、北京机械专科及北京机械工业管理专科学校、北大二分校及归属体制、陕西机械学院研究生部阶段大事记共计20985字。整理出校史沿革资料，为《信息科大人》提供史料文章2篇。结合本科教学审核评估工作，挑选照片108张、文字21146，制作“弦歌激昂 桃李华章——北京信息科技大学校史及优秀校友图片展览”。为庆祝1968届校友“缘聚母校 勤信一生”毕业50周年聚会活动，制作“流金岁月——原北京机械学院图片展览”。结合虚拟校史馆二期工程，对学校历史图片进行分阶段、分类分别排序，其中，序厅图片69张，包括历届校领导照片28张；北机及其支脉图片525张；北信及其支脉图片464张；新大学筹建时期图片175张；北京信息科技大学时期1247张。配合计算机学院40周年院庆、自动化学院即将举行的院庆，提供老照片及校史资料。完成北京市关于征编北京改革开放40周年资料资料搜集整理编辑上报工作。组织编纂上报学校历史发展典型事例3个、人物故事4个、发展故事4个、历史图片14张。草拟《北京信息科技大学校史大纲（征求意见稿）》，形成并经党委常委会讨论通过《北京信息科技大学关于加强校史工作的实施方案》。

（何婕）

校史信息化建设

2018年，学校完善“虚拟校史馆”第二期建设，丰富并改善结构和内容。维护校史馆网站，上传校史馆网站各栏目新档案。在触控一体机上对校史研究成果进行展示。

（何婕）

对外联络工作

2018年，学校开展调查研究和沟通联系，拓展与社会各界合作交流渠道。11月22日，联合继续教育学院，与北京教育学院进行框架合作沟通，初步达成两校在干部交流、学术交流、师资共享、培训合作等方面合作意向。12月12日，联合计算机学院，走访51CTO校友企业，开展青年教师实践锻炼、技术分享等方面合作探讨与交流。参与2018年本科教学基本状态数据采集工作，采集校内35个部门单位有关数据，完成《校友会与社会合作（时点）》统计工作。

（何婕）

举行第三届“校友杯”创业大赛决赛

12月14日，学校第三届助力梦想创新创业“校友杯”创业大赛决赛在小营校区国际交流教室举行。大赛作为学校第二届科技创新节活动之一，由校友会发起，对外联络办公室（校友校史工作办公室）、研究生工作部、校团委、教务处联合主办。大赛旨在为学校创业者提供资本对接、市场推广、政策申请、人才招聘等领域支持和服务。第二届比赛冠军得主、2011级机电学院校友唐荣宽主持比赛。大赛聘请5名校友企业家为校友创业导师并担任大赛评委。校园组3件作品和校友组4件作品入选决赛。决赛采用实战路演形式，评委按照评分表给出成绩。无损血糖检测项目获校园组一等奖，AI 非接触式扫描机器人项目获校友组金奖。校友导师为获奖项目颁发获奖证书。

（何婕）

档案工作

概况

2496 卷

归档各类纸质档案 2496 卷，包括涉密档案 25 卷，其中，秘密级 17 卷、机密级 8 卷

215 张

归档纸质照片 215 张

16000 条

电脑录入 2700 条，卷内文件目录 16000 条

北京信息科技大学档案建设与管理服务工作由综合档案室承担。负责学校各类纸质档案归档工作；负责各类档案电脑录入、数字化扫描工作；负责为师生提供档案查阅、复印工作；负责档案工作人员专业知识培养、管理工作。有专职档案管理人员 2 人，包括学校人事处专职人事档案管理人员 1 人；各学院和职能部门负责人为该单位档案管理工作负责人，另设兼职档案管理员，截至 2018 年年底，学校有兼职档案员 59 人。办公地点位于清河小营校区一号办公楼 108 室，清河小营校区图书馆楼 801 室，清河校区综合楼 111 室、113 室。2018 年，学校归档各类纸质档案 2496 卷，包括涉密档案 25 卷，其中，秘密级 17 卷、机密级 8 卷。归档纸质照片 215 张。电脑录入 2700 条，卷内文件目录 16000 条。提供档案服务 1759 卷次，接待 513 人次，复印档案资料 927 页，开据相关证明 181 份，传送电子文件 212 份。

（孙旭）

档案库藏

2018 年，学校库藏档案分 11 大类、共计 43787 卷，机读案卷级目录 36127 条，包括文件级目录 128674 条。

（孙旭）

档案管理

2018 年，学校对兼职档案员进行档案专业知识培训、定期巡访，下发“档案工作基本概念试题问答”，增强兼职档案员对相关档案知识了解与认知，强化档案管理意识。

（孙旭）

档案数字化建设

2018 年，学校完成教学类档案数字化扫描工作 4025 张，内容涵盖招生名册、学生成绩单、学生卡片等档案材料。针对 2017 年教学类档案数字化扫描项目核查出问题，完成补漏扫描。数字化扫描整理送出的教学类档案 126 卷。

（孙旭）

医疗服务

概况

47 人

校医院有医务人员 47 人，按校区分，小营校区 29 人、健翔桥 12 人、清河 6 人

北京信息科技大学医疗保健与服务工作由校医院承担，对内称呼校医院系。由北京信息科技大学门诊部、北京信息科大学医务室、北京信息科大学保健站 3 部分组成。门诊部位于小营校区，有内科、中医科、妇科、口腔科、检验科、放射科、预防保健科；医务室位于健翔桥校区，有内科、中医科、妇科；保健站位于清河校区，校区日常医疗保障不分科室。截至 2018 年年底，校医院有医务人员 47 人，按校区分，小营校区 29 人、健翔桥 12 人、清河 6 人；按编制分，正式员工 25 人、非事业编 2 人、返聘员工 6 人，外聘员工 14 人；按工作任务分，医生 20 人，护士 10 人，医技人员 7 人，收费员、公费医疗报销人员、医保工作人员，清扫员共 10 人。2018 年，校医院被评为校级“三育人”先进集体。

（张丽侠）

日常医疗服务

10420 人次

门诊接诊 10420 人次

5265 人次

完成毕业生、新生、研究生体检 5265 人次

2018 年，校医院门诊接诊 10420 人次。完成毕业生、新生、研究生体检 5265 人次。口腔科接诊 800 余人次，理疗室接诊 1033 人次。

（张丽侠）

计划生育工作

1737 人次

发放独生子女费、报销生育保险、发放儿童节福利费、解答政策咨询等 1737 人次

2018 年，学校发放独生子女费、报销生育保险、发放儿童节福利费、解答政策咨询等 1737 人次。开展计划生育、防艾、

禁毒宣传活动 6 次。计划生育工作由 1 名副院长主管，配有具体业务人员 1 人。负责与地方政府计划生育主管部门业务联系，落实其下达计划生育工作任务、检查、评比等。完成在职职工、外地来京育龄妇女计划生育报销工作。完成学生婚育证明工作。完成避孕药具发放工作。完成计划生育、禁毒、防控艾滋病宣传等工作。

（张丽侠）

传染病防控工作

2018 年，学校健全完善制度、落细日常管理、宣传普及传染病防控知识。出台《北京信息科技大学传染病防控工作实施方案》。完成麻风腮、乙脑及紧急疫苗接种 1453 人次，对发现传染病患者进行隔离、消毒 46 人，对异常患者或密接人员追访 490 人次。组织结核、禁毒防艾等宣传 6 次。举办宿舍卫生、害虫叮咬防治讲座 2 次。11 月下旬，学校传染病防控工作接受市教委专家组检查并受到肯定，检查内容包括制度建设、人员配备、措施落实、日常管理等方面。

（张丽侠）

新生体检工作

9 月 19 日，校医院完成 2018 级新生体检工作，体检历时 6 天，共计 2860 人。因增加结核菌素试验项目导致体检工作量和困难程度增加，提前制定方案、拟定场地、联系体检队伍、发放通知、领取药品。体检期间，校医院兼顾日常门诊服务、值班工作，全体医务人员共同参与维持秩序、导检、观察、抢救。此次体检发生晕厥现象 30 余起，均得到抢救。

（张丽侠）

军训医疗保障工作

2018 年，校医院完成学生军训医疗保障任务，14 天接诊患者 1621 人。开营当天，学生出现头晕现象 30 余人。全体医务人员 24 小时候诊，制作相关提示提醒学生严格作息、保持体力，并对学生进行心理辅导。

（张丽侠）

接受市教委检查

12 月 12 日，北京市教委专家组一行 3 人到学校检查传染病防控及食品安全工作。校长助理栾忠权、后勤处党政领导及相关部门负责人接待专家组一行。此次检查是市教委加强学校传染病防控和食品安全专项工作。汇报会上，栾忠权代表学校对专家入校检查和指导工作表示欢迎和感谢。专家组组长李天满介绍北京市诺如病毒等传染病流行情况，明确此行检查内容和要求。专家组实地走访检查小营校区校医院、学生食堂、学生公寓、浴室。专家组对学校传染病防控和食品安全工作给予肯定。

（张丽侠）

召开学校传染病防控工作部署会

12 月 20 日，学校传染病防控工作部署会在小营校区第四会议室召开。会议由校长助理栾忠权主持。学校传染病防控工作领导小组办公室主任、原后勤处处长赵立胜介绍北京市春冬季传染病防控形势、近期诺如病毒流行发生情况及市卫生部门相关工作要求，宣读《北京信息科技大学传染病防控工作实施方案》，并对方案中明确的各部门职责要求、学校传染病防控工作的具体措施作解读。校医院院长才秀芬介绍诺如病毒相关知识，旨在开展诺如病毒防控工作。与会人员进行交流和讨论，对部门职责要求进行确认。栾忠权作总结讲话，要求各部门重视学校传染病防控工作，将部门防控工作职责认真落实到位。党校办、宣传部、校医院传染病防控工作领导小组成员部门主要负责人、各学院分管学生工作副书记参加会议。

（张丽侠）

11

党建与思想政治工作

◎ 3532 人

全校党员 3532 人，其中，在岗教职工党员 1034 人，占党员总数 31.30%；离退休党员 592 人，占党员总数 17.91%；学生党员 1678 人，占党员总数 50.79%

◎ 59 个

完成全部 59 个处级正职岗位聘任工作，其中，留任原岗 28 人、交流任职 13 人、新增兼职 2 人、提任 16 人

◎ 61 个

处级机构调整至 61 个

◎ 5 起

处理师德警示事件 5 起

◎ 6 个

制定会商研判、情况通报、风险防控、管理处置、督查考核、联席会议 6 个意识形态工作机制

- 宣传部党支部入选教育部首批 559 个“全国党建工作样板支部”培育创建单位名单
- 提任正处级干部 16 人（含正处级转任正处职 1 人），提任副处级干部 30 人

BEIJING
INFORMATION
SCIENCE & TECHNOLOGY
UNIVERSITY

PARTY BUILDING AND IDEOLOGICAL POLITICAL WORK

党建与思想政治工作

组织工作

概况

656人

发展党员656人，其中，教职工3人、学生653人

202个

学校有院级党委11个、党总支3个、党支部202个（含直属党支部2个）

北京信息科技大学干部队伍建设和基层党组织建设工作由党委组织部（党校）承担。负责处级干部调配和管理，学院（教学部）领导班子调整，后备干部队伍建设，参与校级领导班子建设，受理干部因私出国（境）报备审查，受理干部遗留问题申诉；负责基层党组织建设，指导党的基层组织建设和党员发展，党员组织关系接转和入党志愿书审查，党费收缴和管理，党支部活动、党员教育、各类培训等经费划拨与管理；按照“党管人才”原则，负责人才队伍建设相关工作；负责干部、党组织和党员信息管理、维护及党内统计工作；负责各级各类干部、党务工作人员、党代表、党员及入党积极分子培训工作；组织协调党建理论研究工作；代管北京高校教师党员在线平台系统建设、课程开发与运行维护工作。组织部下设组织建设与党员管理科、党校与党员教育科、干部与人才工作科，代管北京高校教师党员在线管理中心。组织建设与党员管理科负责基层党组织建设、党员发展与党员教育管理、党员信息系统协调管理，参与处级领导干部年度考核、培训、思想政治建设；党校与党员教育科负责组织与实施党校日常管理和各类培训工作，组织党建研究活动，指导二级党组织开展入党积极分子和党员教育培训、部内日常公务管理工作，参与处级领导干部年度考核、思想政治建设等工作；干部与人才工作科负责领导班子和干部队伍建设、人才队伍建设、处级干部档案信息化管理、局级干部和处级干部年度考核及因私出境报备管理工作，参与处级和处级后备干部培训、思想政治建设等工作。北京高校教师党员在线管理中心负责在线平台系统建设、课程开发与运行维护等工作。组织部有部长1人、正处级组织员1人、副部长1人，组工干部7人；院级党组织专职组织员11人；由离退休老领导、老党员组成特邀组织员6人；北京高校教师党员在线管理中心工程师4人。现任处级干部112人，其中，正处级62人、副处级50人。办公地点位于小营校区三号办公楼235~239室。2018年，学校发展党员656人，其中，教职工3人、学生653人。截至2018年年底，学校有院级党委11个、党总支3个、党支部202个（含直属党支部2个），其中，在职教职工党支部95个、离退休党支部18个、研究生党支部48个、本科生党支部41个。全校党员3532人，其中，在岗教职工党员1034人，占党员总数31.30%；离退休党员592人，占党员总数17.91%；学生党员1678人，占党员总数50.79%。

（魏元燃　刘莹　李伟）

制度建设

2018年，学校严格执行上级和校党委关于组织工作规章制度。依据校党委《2018年党政管理部门、院级党组织、直属机构、群团组织、教学单位机构设置调整方案》《2018年处职岗位聘任工作实施方案》，推进处级干部岗位聘任工作。落实上级关于高校党建工作重点任务、党支部规范化建

设、《基本标准》反馈问题整改等工作要求，制定完善《院级党组织会议和党政联席会议实施办法（试行）》《院级党组织在本单位干部和教师队伍建设等工作中发挥主导作用把好教职工政治关师德关的实施办法（试行）》《关于教职工党支部在教职工聘用晋职晋级评奖评优等工作中把好政治关师德关的实施办法（试行）》《教师党支部书记“双带头人”培育工程工作规划（2018—2020）》《教学科研一线教师党支部书记考核激励实施办法（试行）》《党费收缴使用及管理规定（试行）》《党支部工作和活动经费使用及管理规定（试行）》等制度，推进基层党组织建设质量提升。汇编《发展党员工作线上全程纪实使用手册》《党组织关系管理和组织处置工作文件汇编》等，规范党员发展与管理工作。

（魏元燃　刘莹　李伟）

干部工作

2018 年，学校开展干部人才队伍建设综合调研，推进处职岗位聘任，强化培养考核，加强日常管理，建设高素质专业化干部队伍。4 月，开展干部人才队伍建设综合调研工作。由退休处级干部牵头组建工作组 6 个，采用个别谈话和问卷调查方式，听取 18 个院级党组织意见建议，发放调查问卷 450 余份，谈话 320 余人次。11 月 5 日，处职岗位聘任工作动员大会在小营校区报告厅举行。校党委副书记、校长王永生主持大会。党委书记王传亮作动员讲话。会议对《2018 年党政管理部门、院级党组织、直属机构、群团组织、教学单位机构设置调整方案》《2018 年处职岗位聘任工作实施方案》制定背景、依据和过程及处级机构设置调整和处级岗位聘任相关工作进行说明。会议在国际学术交流教室同步直播。全体校领导班子成员、全体现任处级干部和部分教职员工参加大会。11—12 月，开展处职干部聘任工作。坚持党管干部原则，坚持好干部标准，发挥党组织领导和把关作用，注重专业素养、专业能力。坚持集体酝酿干部，规范会议酝酿干部内容、程序和方法；坚持集体研究干部，分类逐人汇报干部情况；坚持集体决定干部，对讨论人选逐人进行表决。发挥干部教师作用，听取各方面意见，掌握干部群众公认度。召开民主推荐会 16 场，参加个别谈话推荐 190 人，参加会议推荐 846 人，民主推荐覆盖范围占学校总人数 58% 以上。组建考察工作组 20 个，对考察对象逐一进行组织考察 84 人，累计考察谈话和民主测评 1652 人次。截至年底，完成全部 59 个处级正职岗位聘任工作，其中，留任原岗 28 人、交流任职 13 人、新增兼职 2 人、提任 16 人；完成 48 个处级副职岗位聘任工作，其中，留任原岗 25 人、交流任职 23 人，剩余 34 个空岗聘任工作已进入公示阶段。严格执行中央、市委和学校党委关于严格管理干部各项规定，对全校处以上干部持有有效期内因私护照、港澳通行证、大陆居民往来台湾通行证进行集中管理。修订印发学校处级干部因私出国（境）管理办法，明确申请审批流程、落实管理监督工作责任。组织处级以上党员领导干部召开专题民主生活会，落实干部个人有关事项申报、外出请假报备等工作，完成干部个人有关事项录入数据库并随机抽查核实工作。

（魏元燃　焦丽华）

基层党组织建设

2018 年，学校贯彻落实全国和全市组织工作会议精神，落实中共中央组织部、中共教育部党组《高校党建工作重点任务》，落实党建工作责任，推进基层党建工作。3 月 30 日，召开党支部规范化建设专题培训会。6 月 21 日上午，举行第二批示范党支部建设点验收答辩会暨“加强规范化建设，提升党支部组织力”主题论坛。6 月 28 日，举行纪念建党 97 周年座谈会暨第二批“示范党支部”授牌仪式。6 月下旬至 7 月上旬，组织开展“共产党员献爱心”捐款活动，全校 460 人捐款共计 50,973.88 元，其中，共产党员 1323 人、流动党员 4 人、入党积极分子 100 人、群众 33 人。7 月 11 日，党委组织部将全部捐款汇至北京市慈善基金会指定账户。9 月 27 日，召开院级党组织负责人工作例会。12 月 13 日，召开 2018 年度党内统计工作部署会。部署完成院级党组织年度考评工作。1 月，完成 2017 年度院级党组织年度考评工作；12 月，部署 2018 年度院级党组织年度考评工作。部署完成党组织书记抓基层党建述职评议工作。2 月，完成 2017 年度党组织书记抓基层党建述职评议工作；12 月，部署 2018 年度党组织书记抓基层党建述职评议考核工作。部署完成党支部组织生活会与民主评议党员工作。3 月，完成 2017 年度党支部组织生活会与民主评议党员工作；12 月，部署 2018 年度党支部组织生活会与民主评议党员工作。宣传部党支部入选教育部首批 559 个“全国党建工作样板支部”培育创建单位名单。针对《基本标准》集中入校检查反馈意见，召开专题会议研究、分析原因并制定整改方案。成立整改工作领导小组及其办公室，10 月中旬，针对整改落实情况，开展专项工作检查，修订完善一系列制度措施。落实北京市“引智帮扶”、教育扶贫协作与支援合作工作要求，突出党建帮扶、产业帮扶、就业帮扶、为民办实事等内容，做好低收入村第一书记及结对帮扶工作。教师获“北京市有突出贡献的科学、技术、管理人才”称号 1 人。

（魏元燃　刘莹　李伟　焦丽华）

党校工作

100%

培训发展对象 700 余人、预备党员 400 余人、各类干部 2585 人次，处级以上干部在线学习完成率 100%

2018 年，学校以“学习贯彻习近平新时代中国特色社会主义思想和党的十九大精神”为主题，按照“分级负责、分类实施、条块结合”原则，优化分类分级培训体系，开展党校工作。全年培训发展对象 700 余人、预备党员 400 余人、各类干部 2585 人次，处级以上干部在线学习完成率 100%。4 月 8—12 日，组织开展处级干部“学习贯彻党的十九大精神”专题培训，学习领会习近平新时代中国特色社会主义思想和党的十九大精神。7 月 11—13 日，按照市委组织部《关于开展学习习近平新时代中国特色社会主义思想专题读书活动的通知》部署与要求，组织全体处级干部开展学习习近平新时代中国特色社会主义思想专题读书活动。活动采取集体自学方式，坚持读原著、学原文、悟原理，原原本本研读党章，集体学习《习近平谈治国理政》第一卷、第二卷。6 月 27—30 日，在纪念中国共产党成立 97 周年到来之际，党委组织部、党委宣传部、党委教师工作部共同组织 2018 年树人班全体学员到中国共产党诞生地—嘉兴，开展“不忘初心、牢记使命——弘扬红船精神培训”。开展“六个一”活动，即“听一次党课、瞻仰一次红船、看一次展览、学一次党章、观一次专题片、重温一次入党誓词”，重温建党历史，感悟“红船精神”，学习习近平新时代中国特色社会主义思想和党的十九大精神。8 月 31 日至 9 月 2 日，弘扬红旗渠精神专题培训班在河南林州红旗渠干部学院进行异地教学。学校“双带头人”教师党支部书记，“示范党支部”书记（含学生党支部书记），组织员、党务秘书、党建辅导员共 30 人参加专题培训班。10 月 19 日，在职教工党支部书记培训会在小营校区报告厅举行。培训主题为“如何做好党支部换届选举工作”。组织部正处级组织员孙晨主持培训会。参训人员现场观摩“教辅单位党总支图书馆党支部换届选举工作”。全校在职教工党支部书记及各学院组织员、有关院级党组织党务秘书参加培训。10 月 24 日，举行 2018 年第二期校级党课学习班开班式及专题报告。11 月 2 日，召开特邀组织员聘任会暨组织员工作培训会。11 月 26 日，党支部书记培训会在清河小营校区报告厅举行。活动主题为“如何召开讨论接收预备党员的支部大会”。组织部副部长魏元燃主持培训会。参训人员现场观摩“经济管理学院党委本科生人力专业党支部讨论接收预备党员支部大会”。全校学生党支部书记、各学院组织员及有关院级党组织党务秘书参加培训。承担市委教育工委党建难点项目《健全高校党建工作责任体系》，推动校内党建课题研究工作，全年立项党建课题 20 项。

（魏元燃　刘莹　李伟）

党员发展工作

2018 年，学校规范发展党员工作，汇编《发展党员工作线上全程纪实使用手册》，实行发展党员工作线上全程记实。落实各院级党组织专职组织员配备，加强发展党员工作队伍建设。5 月 11 日，2018 年发展党员工作会议在清河小营校区第四会议室召开。组织部正处级组织员孙晨主持会议。会议介绍发展党员工作流程和注意事项。校党委常委、党委组织部部长鲁雷，各学院党委（党总支）书记、副书记、党务秘书及党建辅导员参加会议。9 月 30 日，组织员工作培训会在清河小营校区第四会议室召开。组织部正处级组织员孙晨主持会议。会议对组织员工作内容、发展党员工作规范、北京市党建工作平台使用等业务进行培训。学院党组织组织员、非学院党组织党务秘书参加培训。

（魏元燃　刘莹　李伟）

召开党支部规范化建设专题培训会

3 月 30 日，学校党支部规范化建设专题培训会在小营校区报告厅召开。组织部正处级组织员孙晨主持培训会。会议传达市委组织部《关于加强党支部规范化建设的意见》和市委教工委《加强北京高校党支部规范化建设的实施方案》文件精神和要求。会议围绕“B（标准）+T（特色）+X（先进）”内容体系和“一规（党支部工作规范）、一表（党支部学习活动年度安排表）、一册（党支部工作手册）、一网（北京长城网、党员 E 先锋）”支撑载体使用，就推进党支部规范化建设背景、把握党支部规范化建设工作体系、推进党支部规范化建设重点任务、推进党支部规范化建设有关要求等进行专题培训，对党支部规范化建设和党员 E 先锋推广使用做工作部署。校党委常委、组织部部长鲁雷参加培训会。在职教工党支部书记、学生党支部书记、院级党组织党务秘书及党建辅导员参加培训。

（魏元燃　刘莹　李伟）

开展处级干部“学习贯彻党的十九大精神”专题培训

4 月 8—12 日，学校开展处级干部“学习贯彻党的十九大精神”专题培训。培训旨在学习领会习近平新时代中国特色社会主义思想和党的十九大精神。校党委副书记、校长王永生主持开班动员、论坛交流总结环节。校党委副书记王秀彦、纪委书记陈清华主持专题辅导报告环节。校党委书记王传亮作动员讲话。王传亮与王永生深入各研讨小组，与干部交流学习心得，听取关于学校改革发展思考与建议。全体校领导参与处级干部集体自学和分组研讨。全体处级干部参加培训。

（魏元燃　刘莹　李伟）

召开第二批示范党支部建设点验收答辩会

6 月 21 日上午，学校第二批示范党支部建设点验收答辩会暨“加强规范化建设，提升党支部组织力”主题论坛在小营校区报告厅召开。校党委常委、组织部部长鲁雷主持会议。会议旨在加强“学习型”“服务型”“创新型”示范党支部建设。会议围绕党支部规范化建设、提升支部组织力进行交流。由校党委在 2017 年确定的第二批 10 个“示范党支部”

建设点负责人作汇报。党委职能部门负责人和各院级党组织书记担任答辩会评委。全体党支部书记参加会议。

（魏元燃　刘莹　李伟）

举行纪念建党 97 周年座谈会暨第二批“示范党支部”授牌仪式

6 月 28 日，纪念建党 97 周年座谈会暨第二批“示范党支部”授牌仪式在小营校区第四会议室举行。校党委副书记王秀彦主持会议。校党委书记王传亮向第二批“示范党支部”代表授牌。第二批“示范党支部”书记代表张云筝、伍银、赵月娥作交流发言。校党委副书记刘筱毅，校党委常委、组织部部长鲁雷，相关职能部门负责人，院级党组织书记、院长代表，第二批“示范党支部”书记参加会议。

（魏元燃　刘莹　李伟）

召开院级党组织负责人工作例会

9 月 27 日，学校院级党组织负责人工作例会在小营校区第四会议室召开。校党委常委、党委组织部部长鲁雷主持会议。会议传达全国组织工作会议精神及北京市组织工作会议上，市委书记蔡奇、市委组织部长魏小东讲话精神，并对下半年重点工作进行部署。校党委副书记王秀彦参加并讲话。全校院级党组织主要负责人、党委相关职能部门负责人、校工会负责人参加会议。

（魏元燃　刘莹　李伟）

举行第二期校级党课学习班开班式

10 月 24 日，2018 年第二期校级党课学习班开班式暨专题报告在小营校区大学生文化艺术中心举行。校组织部副部长魏元燃主持开班式。会议介绍学习班具体安排，就学习纪律提出要求。学员听取《“强国一代”与习近平新时代中国特色社会主义思想》《共产党员的修养与青年大学生的成长》2 个主题报告。校党委学生工作部副部长刘云凤，马克思主义学院教授、图书馆馆长赵爱玲参加开班式，并作辅导报告。各院级党组织推荐发展对象参加培训。

（魏元燃　刘莹　李伟）

举行特邀组织员聘任会暨组织员工作培训会

11 月 2 日，学校特邀组织员聘任会暨组织员工作培训会在清河小营校区第四会议室举行。组织部正处级组织员孙晨主持会议。特邀组织员围绕发展党员材料预审工作进行交流。会议指出，特邀组织员发挥退休干部政治与经验优势，协助党委组织部规范学生党员发展工作各个环节及相关程序，加强对党员发展过程监督管理。会议要求，学院新配备专职组织员要将理论和工作实践相结合，规范工作程序、严把工作环节，开拓工作思路，探索工作方法，加强党员培养质量，做好新形势下发展大学生党员工作。校党委常委、组织部部长鲁雷参加会议。特邀组织员、学院专职组织员参加培训。

（魏元燃　刘莹　李伟）

召开 2018 年度党内统计工作部署会

12 月 13 日，学校 2018 年度党内统计工作部署会在小营校区第四会议室召开。校党委组织部副部长魏元燃主持会议。会议传达北京高校 2018 年党内统计年报工作会议精神，通报学校获北京高校“2017 年度党内统计报表优秀单位”考评结果。会议指出，党内统计工作是党的组织工作中一项经常性重要工作，是掌握党内基本状况、党员队伍和党组织发展变化情况及党内组织生活和党内法规执行情况渠道，是掌握组织动态、分析组织工作和指导基层党建工作手段，是研究制定有关党的建设方针政策和做好组织工作依据。各院级党组织组织员、党务秘书参加会议。

（魏元燃　刘莹　李伟）

宣传工作

概况

北京信息科技大学思想文化宣传工作由党委宣传部承担。负责统筹学校理论学习和思想政治建设工作，掌握教职工思想动态，指导和协调全校思想政治理论课和课程思政教学与研究工作；负责党委意识形态工作的组织、协调和落实工作；负责校园文化建设和文化阵地管理工作，开展舆情环境建设，培育弘扬文明风尚；负责新闻网、官方微信公众号、广播站等校内宣传媒体建设和运营维护工作；负责学校各类活动日常新闻宣传和重大活动专题新闻宣传报道；负责校内出版物管理、校报编纂工作；负责策划组织对外宣传报道工作；完成学校党委和上级领导交办的其他任务。办公地点位于小营校区三号办公楼 243 室、242 室、246 室、247 室、249 室。2018 年，党委宣传部有部长 1 人、副部长 1 人、宣传干部 6 人。学校获“首都文明单位”称号。

1 人

党委宣传部有部长 1 人

1 人

副部长 1 人

6 人

宣传干部 6 人

（郑珊珊）

理论学习

2018 年，学校贯彻落实党的十九大和全国全市教育大会精神、全国和北京市高校思想政治工作会议精神，推进、“五个环境建设”，完成理论学习和思想政治建设统筹和协调工作。组织师生学习宣传贯彻习近平新时代中国特色社会主义思想和党的十九大精神。与党校办、组织部、马克思主义学院等单位共同举办党的十九大精神专题培训班、系列报告会。申报实践案例《学习精神讲认识 率先垂范讲行动 结合实践讲落实——信息科大开展“三讲”活动学习宣传贯彻党的十九大精神》获评“北京高校学习宣传贯彻党的十九大精神优秀项目”。组织师生学习习近平在北京大学师生座谈会、纪念马克思 200 周年诞辰大会、全国教育大会、庆祝改革开放 40 周年大会等讲话精神，实现党员干部师生全覆盖。全国全市教育大会召开后，分别制定学习宣传贯彻会议精神方案，开展宣讲对谈、调查研究，落实会议精神。落实《校院两级理论学习中心组学习规范》，每学期制定校级理论学习中心组、处级理论学习中心组、党员、教职工 4 个学习计划；实行处级理论学习中心组“N+1”学习模式，安排学习专题 13 个；收集整理并上传校园网学习资料 47 万余字，发放学习材料 15 种；督查理论学习情况 2 次，提升理论学习规范性、实效性。落实《学校思想政治工作实施方案》任务清单，与相关部门制定并落实学校“三全育人”方案；制定“课程思政”建设实施意见，遴选课程进行“课程思政”试点 50 门，协助校领导主讲大学第一课；建设“课程思政”，推动各类课程与思想政治理论课同向同行。

（郑珊珊）

意识形态工作

2018 年，学校落实意识形态工作责任制。制定会商研判、情况通报、风险防控、管理处置、督查考核、联席会议 6 个意识形态工作机制。每个工作机制单独成文，明确具体内涵、工作内容、工作流程、责任单位等内容，明确规范学校意识形态工作机制。按照北京高校党建与思想政治工作达标检查整改要求，制定意识形态工作专题整改方案，明确院级党组织任务清单和责任清单。采取全面自查与重点检查相结合、书面督查与现场督查相结合方式，开展督导检查 4 次。强化校园宣传思想工作阵地综合管理，印发《校园宣传思想工作阵地管理规定》；加强学术报告厅和大型会议场所张挂横幅、宣传海报、宣传橱窗、报栏、公告栏、电子显示屏、广告栏、广告灯箱等管理工作；加强报告会、讲座、论坛、校内刊物、校园网站、新媒体等综合管理。明细校院两级管理权责，将管理情况纳入二级单位及领导班子年度考核；分级分类管理校内各单位举办形势政策、哲学社会科学报告会、研讨会、讲座等，坚持“谁主办，谁负责”原则，实行审批、备案制度，全年审批、备案各类讲座、报告 47 次，包括未批准 1 次；参与审批备案教室使用 201 次，使用校内场地举办各类活动 257 次；实施校内出版物备案和年检制度，加强校报校刊、校园网络广播电视、出版物内容审核。定期召开意识形态工作专题会、会商会、工作例会，加强意识形态工作会商与研判；全年召开会商会 8 次，举办桌面推演、案例分析、工作培训 5 次；做好网络舆情管控和引导工作；对舆情事件中相关单位、个人，分别进行谈话与教育，并在专项工作例会上通报相关情况。

（郑珊珊）

教职工思想政治工作

140 余万字
编辑并发布《一周高教要闻》
35 期，共计 140 余万字

2018 年，学校编辑并发布《一周高教要闻》35 期，共计 140 余万字。从高层动态、《人民日报》《光明日报》《中国教育报》、重点高校、地方高校、市属高校、网络热议、非常关注 9 个角度筛选、整理高教领域中发生有代表性新闻事件和主要观点。在学期初、全国全市教育大会、庆祝改革开放 40 周年大会召开后等时间节点，调研师生思想动态 4 次，并向上级提交调研报告。与组织部、教工部共同举办 2018 年“树人班”，制定培训方案，安排培训内容。组织 33 名青年骨干教师集中听取专题报告 8 个，赴浙江红船干部学院开展实践教学、课题研究。组织师生观看电影《青年马克思》和电视授课“首都百万师生同上一堂课”。完成首都大学生思政课题及基层课题、首都高校“双百行动计划”、中国电子教育学会思政分会优秀成果、北京高校师生马克思经典著作学术论文征文比赛等申报工作，选送教师参加北京高校教师“习近平新时代中国特色社会主义思想”理论培训班 10 人。

（郑珊珊）

文化建设

2018 年，学校开展文明校园创建活动，举办勤信文化大讲堂。完成创建全国文明校园材料申报工作。推进新校区文化工程建设，征集新校区主要建筑物、道路命名征集方案 19 套。利用校园媒体，展示新校区规划和形象，制作新校区 3D 宣传片。前往新校区现场调研文化建设，明确建设理念和路径。

（郑珊珊）

新闻宣传

2018 年，学校加强宣传工作队伍建设，开展网络评论员、通讯员培训。加大记者团、广播台和新媒体工作室指导。

1000 余条

新闻宣传网编撰、发布新闻 1000 余条

21000 余人

官方微信推送图文近 300 条，粉丝 21000 余人

251 小时

广播台播音 251 小时

250 余条

宣传橱窗刊布内容 14 期、共计 122 块，电子显示屏展示横幅 250 余条

360000 余字

《校报》出版12期(对开4版)，总计 360000 余字

利用新闻宣传网、官方微信、《校报》、广播、橱窗等校园媒体，完成学习宣传贯彻习近平新时代中国特色社会主义思想和全国全市教育大会精神、本科教学工作审核评估、科技工作会议、第二届“双代会”、新校区建设、庆祝改革开放 40 周年等新闻宣传工作。新闻宣传网编撰、发布新闻 1000 余条。开通第二届科技创新节、全面从严治党宣传教育月活动、2018 文化艺术节 3 个专题网站。推出“师生共话 40 年”系列人物报道，开展网页改版工作。官方微信推送图文近 300 条，粉丝 21000 余人，阅读人数近 500000 人，阅读次数 700000 余次，点赞量 13000 余次，转发量 50000 余次。广播台播音 251 小时。宣传橱窗刊布内容 14 期、共计 122 块，电子显示屏展示横幅 250 余条。为各部门、各单位提供摄影摄像服务 200 余次，拍摄照片 9000 余张，处理视频资料 520GB、约 3000 分钟。《校报》出版 12 期（对开 4 版），总计 360000 余字。

（郑珊珊）

对外宣传

2018 年，学校加强对外宣传工作。设置的新闻议题—黄大年教育团队、华北五省机器人大赛、庆祝改革开放 40 周年、信息特色助力学生创新创业、学风建设、对外交流与合作等受到社会媒体关注。新华社、中央电视台、北京电视台、《北京日报》、新浪网、凤凰网等媒体对学校工作进行报道百余次。

（郑珊珊）

师风师德建设

概况

5 起

处理师德警示事件 5 起

北京信息科技大学师风师德建设工作由党委教师工作部承担。负责贯彻落实校党委关于教师思想教育工作决议、决定和工作部署，统筹教师思想教育工作；加强教师思想政治教育和职业道德教育，增强教师立德树人、教书育人的责任担当；建立健全师德师风建设长效机制，组织开展师德师风教育、先进人物评选、师德典型宣传等活动；建立健全教师思想政治表现考察制度，加强教师思想教育管理，做好引进人才包括海外人才思想政治表现考察工作；指导二级单位开展教师思想教育和管理服务工作等。办公地点位于小营校区三号办公楼 112 室、117 室。2018 年，学校推进实施《2018 年“做新时代‘四有’好老师和‘四个引路人’”学习实践活动实施方案》，深化师德建设，落实立德树人根本任务。出台《教师职业道德规范》《师德考核实施办法》《师德“一票否决”制实施细则》等文件。全年处理师德警示事件 5 起。学校师德建设工作经验被《北京教育信息普刊》（第十六期）刊登推广。

（杨鸿波　周宇）

制度、机制建设

2018 年，学校成立师德建设委员会，推动各院级党组织建立健全该单位师德建设分委员会。完善师德建设制度体系，发挥师德考核与督导督查作用。5—6 月，上线党委教师工作部网站主页，公布师德问题举报平台，丰富师德规范教育、师德榜样宣传和师德工作网络渠道。7 月，面向全校师生开展师德师风网络问卷调查，形成 1 万字调查分析报告。9 月，完成北京市政府教育督导室师德学风专项督导调研工作，通过“以评促建、以评促改、评建结合”方式，规范师德建设工作。10 月，加强师德失范处理工作，设计问题处理通知单、程序单和登记表，开展师德问题警示教育。11—12 月，细化师德考核方案，拟定考核通知，充实二级单位考核师德建设指标内容，将师德纳入教师考核内容。强化对二级单位内部督导，提升师德建设整体工作水平。梳理师德工作模式，明确“思想引领、能力提升、暖心服务、督导督查”多部门共管协作“四位一体”工作模式。

（杨鸿波　周宇）

宣传教育

2018 年，学校开展以坚定理想信念为核心，以社会主义核心价值观为引领，以师德建设为重点系列宣传教育活动。引导教职工争做有理想信念、有道德情操、有扎实学识、有仁爱之心的“四有好老师”。营造“心中有红线，人人讲师德”师德建设氛围。9 月 10 日，召开师德建设暨 2018 年教师节表彰大会。9 月，印制《师德师风建设文件汇编》，发放至全校所有职能部门负责人、教学单位班子成员、教师党支部书记和新入校教职员工等各类人员。10 月，面向新入校教职工，开展师德宣誓承诺活动，组织师德专题培训。11 月，组织青年教师代表到金六环农业观光园开展“城乡体验日”社会实践。组织各院级党组织学习《新时代高校教师职业行为十

项准则》《教育部关于高校教师师德失范行为处理的指导意见》，规范教师履职履责行为，加强师德规范教育。

（杨鸿波　周宇）

统战工作

概况

北京信息科技大学统战工作职能由党委统战部承担。负责宣传、贯彻党的爱国统一战线理论、路线、方针和政策；制定、实施学校统战工作计划和各项规章制度；指导、协调、督查校内各单位、各部门统战工作；组织协调全校性统战活动；做好民主党派工作，及时通报情况，反映意见和建议；支持和帮助民主党派基层组织搞好自身建设；做好无党派人士思想教育和培训工作，提高参政议政能力；做好民族宗教工作，贯彻党的民族宗教政策，加强党的民族宗教政策宣传教育，引导师生正确认识和对待民族宗教问题；协助有关部门做好少数民族师生工作；做好党外知识分子工作，落实党的知识分子政策，密切同党外知识分子的联系；协助有关部门做好党外代表人士培养选拔和安排使用工作；加强与各级人大代表、政协委员联系，协助开展调研、考察活动，做好服务工作；加强统战理论研究调研和宣传工作，加强统战宣传信息工作，扩大统一战线影响。党委统战部工作人员 2 人（含处级干部职数）。办公地点位于小营校区 232 室、233 室。2018 年，学校印发《2018 年统一战线工作要点》《北京信息科技大学统战工作部际联席会议机制》《中共北京信息科技大学委员会关于调整学校民族宗教工作领导小组的通知》《中共北京信息科技大学委员会关于成立学校港澳台侨工作领导小组的通知》《中共北京信息科技大学委员会关于调整北京信息科技大学统一战线工作领导小组的通知》。

（单晴雯）

民主党派、无党派人士和党外知识分子工作

2018 年，学校推进民主党派、无党派人士和党外知识分子工作。1 月 4 日，组织民主党派、党外代表人士在小营校区图书馆召开学校领导班子征求意见座谈会，校党委副书记刘筱毅主持会议。5 月 24 日，组织各院级党委（党总支、直属党支部）书记（统战委员）、民主党派成员及党外代表人士赴中国政协文史馆参观“大道同行——从‘五一口号’到协商建国重要史事回顾展”。10 月 26 日，组织民主党派及党外代表人士开展“携手同行，感受祖国新变化”京郊实践活动。12 月 4 日，民盟信息科大支部一行在支部主委康劲教授带领下，赴中国原子能研究院进行参观学习。12 月 24 日，2018 年党外代表人士学校情况通报会在小营校区召开。12 月 27 日，组织民主党派、无党派等党外代表人士在小营校区召开关于对学校领导班子及成员意见、建议座谈会，校党委副书记王秀彦主持会议。

（单晴雯）

参政议政

表 31　北京信息科技大学担任各级人大代表、政协委员名单

序号	姓名	党派	职务职称	人大代表、政协委员
1	祝连庆	无党派人士	仪器科学与光电工程学院教授	全国政协委员（第 13 届）
2	王永生	中国共产党	校党委副书记，校长	北京市人大代表（第 15 届）
3	许宝杰	无党派人士	副校长，教授	海淀区人大代表（第 16 届）
4	胡纪平	九三学社	理学院高级实验师	海淀区政协委员（第 10 届）
5	苏 中	中国共产党	自动化学院院长，教授	朝阳区人大代表（第 16 届）
6	何深思	九三学社	马克思主义学院教授	朝阳区政协委员（第 13 届）
7	张 健	无党派人士	科技处处长兼国防科技研究院院长，教授	朝阳区政协委员（第 13 届）
说明：截至 2018 年 12 月				

（单晴雯）

民族宗教工作

2018 年，学校加强民族宗教工作。5 月 10 日，举办《内地高校少数民族学生的教育和管理》专题讲座。9 月 26 日，举办宗教工作专题培训。9 月下旬，学校党委收到《北京市属高校宗教工作督查方案的通知》；召开民族宗教工作领导小组会议、意识形态会商会、院级党组织书记例会、维稳会商工作例会，部署落实相关工作；10 月 15 日，完成并上报《北京市属高校宗教工作督查工作自查报告》。

（单晴雯）

统战宣传信息工作

2018 年，学校推进统战宣传信息工作。3 月 19 日，统战工作领导小组 2018 年第 1 次会议在小营校区第一会议室召开。校统战工作领导小组组长、党委书记王传亮主持会议。校统战工作领导小组常务副组长、党委副书记刘筱毅，副组长、党委副书记王秀彦及成员单位主要负责人参加会议。

（单晴雯）

其他工作

5 月 4 日，完成 2018“京穗港台”四地大学生实习交流

活动学校推荐人选上报工作。6月20日，完成北京高校统战理论与实践研究会2018年课题申报工作。

（单晴雯）

举办《内地高校少数民族学生的教育和管理》专题讲座

5月10日，由党委统战部、党委学工部、党校、马克思主义学院主办的《内地高校少数民族学生的教育和管理》专题讲座在小营校区国际学术交流教室召开。党委统战部副部长姜伟华主持讲座。讲座特邀北京邮电大学民族教育学院专职辅导员艾克热木•艾尔肯主讲。校统战工作领导小组成员单位负责人、民族宗教工作领导小组成员单位负责人，正处级组织员，院级党组织书记、副书记，辅导员，党务秘书，思政课教师等百余人听取讲座。

（单晴雯）

举办宗教工作专题培训

9月26日，由党委统战部、党委宣传部、党委组织部主办的宗教工作专题培训在小营校区报告厅召开。培训特邀北京科技大学马克思主义学院副院长刘丽敏作主题辅导报告。校党委宣传部部长王蕾主持报告。校院两级理论学习中心组成员、思政课教师、辅导员、组织员、党务秘书及相关职能部门工作人员参加培训。

（单晴雯）

2018年党外代表人士学校情况通报会

12月24日，2018年党外代表人士学校情况通报会在小营校区召开。校党委统战部常务副部长姜伟华主持会议。会议举行“民主党派活动室”揭牌仪式。校党委书记王传亮，校党委副书记王秀彦，校党委常委、组织部部长鲁雷参加会议。民盟、农工党、九三学社、民进等民主党派和无党派人士，相关职能部门负责人等共计30余人参加会议。

（单晴雯）

纪检（监察）工作

概况

1人

纪委办公室、监察处设纪委办主任、监察处处长1人，纪委办副主任、监察处副处长1人，正处级纪检监察员1人，正科级纪检监察员1人，正科级巡察员1人

北京信息科技大学纪律检查、党内监督、行政监督和内部审计管理与服务工作由纪委办公室、监察处承担。纪委办公室是学校纪律检查委员会办事、办案机构，负责纪委日常工作。负责起草纪检监察各类文件、材料；协助学校党委推进从严治党、加强党风建设和组织协调反腐败工作；加强党员遵规守纪教育；强化校、院两级党组织和校内党员领导干部履职用权监督；受理学校党员控告和申诉，保障党员民主权利；受理学校师生员工对违反党内纪律的党组织、党员检举、控告；负责校纪委会议，落实纪委全会做出的决定；接待群众来信来访，按照有关规定进行调查核实，查处违纪案件；负责部门网络信息、文件运转和督办、信访（包括监督执纪各项工作）材料立卷与归档，报送上级纪委要求的数据报表等工作。监察处负责对校内所有公职人员进行监察；配合校纪委制定并监督实施学校廉政建设和反腐败工作相关制度；对校内公职人员开遵纪守法、履行职责、廉洁从政教育，监督检查监察对象贯彻执行国家法律、法规和政策情况；监督检查学校决议、决定、规章制度在校内各部门贯彻执行情况；依据权限对职务违法和职务犯罪行为进行调查；对违法公职人员依法作出政务处分决定，受理监察对象不服政务处分申诉。纪委办公室、监察处合署办公。办公地点位于小营校区三号办公楼217室、259室、260室、262室。纪委办公室、监察处设纪委办主任、监察处处长1人，纪委办副主任、监察处副处长1人，正处级纪检监察员1人，正科级纪检监察员1人，正科级巡察员1人。2018年，学校出台《巡察工作实施办法（试行）》《关于开展第一轮校内巡察工作的方案》。成立以党委书记为组长巡察工作领导小组，下设办公室，成立巡察组2个，进驻2个学院开展首轮巡察工作。9月，启动第一轮校内巡察工作。

（郑晓明）

全面从严治党和党风廉政建设工作

2018年，学校开展全面从严治党主体责任年度考核工作。制定学校《2018年全面从严治党主体责任检查考核工作方案》，细化工作要求和考核指标体系，强化日常监督检查，强化考核结果运用。制定《2018年全面从严治党工作主要任务分工》，细化分工全年工作任务，明确主责单位和协助单位。3月28日，学校2018年度全面从严治党工作会议在小营校区报告厅召开；党委书记和校长就落实“全面从严治党”各项任务及完成年度全面从严治党工作，向全体处级以上领导干部提出明确要求；纪委书记代表学校党委作2017年度工作报告，对全年工作任务进行细化分工并明确主责单位和协助单位。修改并逐级签订《全面从严治党责任书》。修订2018年度《党风廉政建设责任书》《廉洁自律承诺书》，区分个性化责任内容，明晰全面从严治党主体责任部分。学校党委书记、校长与全体副校级领导干部，校领导班子成员与所分管部门正职，部门正职与副职间层层签订责任书，做到责任到人，落实到位。4—5月，下发《关于开展二级机

构负责人签订落实党风廉政建设承诺书工作的通知》，要求全校二级机构负责人与学院签订承诺书。1月，向全校处级以上党员领导干部配发《党风廉政建设工作记实手册》，该手册是领导干部履行主体责任和“一岗双责”情况全程纪实，强调一事一记、完整真实；向院级党组织和各职能处室配发《党风廉政建设履责台账》，要求党员领导干部和校、院两级党委履责到位，工作留痕。

（郑晓明）

反腐倡廉宣传教育

2018年，学校按照教育优先、警示优先、预防优先原则，开展反腐倡廉宣传教育工作。依托“大宣教”格局，针对不同层面开展党性党风党纪教育、法纪教育、警示教育、大学生廉洁教育等活动，强化廉洁从政、廉洁从教意识。3月，开展反腐倡廉教育，组织全体纪委委员及办公室人员集体观看警示教育片《变质的人生——张慧光警示录》。4月，开展全校全面从严治党宣教月活动。组织校、院两级单位围绕主题分别开展宣传教育活动，院级党组织通过“组织一次深入学习、开展一次党日活动、观看一部教育警示片、举办一次廉洁文化作品竞赛、进行一次宣讲活动”等形式开展宣教活动。通过制作展板、纪检干部到院级党组织宣讲等形式，开展“深化全面从严治党”和《中华人民共和国监察法》宣传教育。制作新修订《纪律处分条例》图解展板，在全校进行宣传。纪委工作人员在党支部会议、干部培训会上宣讲《纪律处分条例》修订亮点。向院级党组织发放教育光盘，开展警示教育，强化纪律规矩意识。邀请市纪委八室副主任段晓娟对全校处级以上领导干部进行《永葆清廉本色，争做廉洁教育人》专题讲座。

（郑晓明）

贯彻落实中央“八项规定”精神工作

2018年，学校出台《对贯彻落实中央八项规定精神监督检查的暂行办法》，加强日常监督检查，严防“四风问题”反弹回潮。节假日前，向全校发出纠正“四风”问题监督检查通知，强调纪律要求。节假日后，成立专项检查组，随机抽查校内各单位落实情况，重点检查工作餐费、调研差旅费及校内公车使用情况。针对发现不规范问题，校党委书记在学校全面从严治党工作会议上进行通报。整理汇总中纪委、市纪委公开通报违反“八项规定”精神典型案例，由纪委书记在党委常委会、纪委全委会上进行通报，并发布在校内公文系统，以警示教职工。在纪委办公室网站“工作动态”“警钟长鸣”栏目发布中央及北京市落实“八项规定”工作情况、市纪委公开通报违反“八项规定”精神典型案例，提醒各级干部严格廉洁自律有关规定，做到预防在前、警示在先。

（郑晓明）

专项治理工作

2018年，学校加强专项治理工作。6月下旬，下发《关于开展材料、低值品、易耗品专项检查工作的通知》（以下简称《通知》），要求二级单位按照《通知》开展自查工作，基本做到全覆盖。9月，会同科技处、审计处、财务处，开展2016年1月至2018年9月校内科研经费使用情况专项监督检查；专项检查组总体把握有关单位科研项目情况，每个学院随机抽选科研项目2个，通过对照项目计划任务书及相关文件，调阅财务记账凭证，核对科目开支预算等形式进行监督监察，将情况反馈给被检查项目负责人，督促限时整改。10月，纪委办公室（监察处）、资产管理处、财务处、审计处成立联合检查组，实地检查重点部门10个，针对发现问题提出整改意见和建议。

（郑晓明）

重点部位监督

2018年，学校加强重点部位和关键环节监督工作。9月，纪委办公室、财务处和审计处联合开展秋季校内教育收费专项检查，对有收费项目单位逐一进行现场检查，并对收费事项进行核对。经检查，学校按照审批标准收费并对收费项目进行公示，不存在乱收费情况，不存在“小金库”问题。改进监督方式，在招聘面试及基建、修缮、物资设备采购等领域实现“监督的再监督”。加强干部选拔任用重要环节监督工作，为拟提任处级干部出具书面廉政意见共计21件、449人次。监督2018年度本科招生工作，参与招生工作领导小组相关工作，集体研究重大事项；在全体招生工作人员培训会上，校长与纪委书记、主管招生工作副校长提出纪律要求；校长与主管招生工作副校长、招生部门负责人、招生工作人员层层签订《招生工作责任书》。根据市纪委八室对学校新校区有关制度的纪律检查建议，督促新校区建设指挥部整改；修订完善相关制度，加强日常管理；新校区监督工作委员会制订年度监督计划，定期对新校区工程建设和制度落实情况进行检查；发挥兼职纪检队伍作用，采取多种形式开展监督检查；组织新任干部岗前廉政谈话。

（郑晓明）

信访举报与案件办理工作

29 件次

收到信访举报29件次，包括重复13件、上级转交转办11件、业务范围外12件、申诉1件

2018年，学校坚持信访工作集体研究，严肃线索管理纪律，建立健全案件线索管理长效机制。针对发现重要问题，召开纪委全委会进行研究。全年发出纪律检查建议书3份，对相关部

门提出整改工作建议。收到信访举报 29 件次，包括重复 13 件、上级转交转办 11 件、业务范围外 12 件、申诉 1 件；经集体研判，形成问题线索 11 个；给予 1 名正处级干部严重警告处分，对 1 名副处级干部进行诫勉，对 1 名正处级干部进行批评教育；对 3 名正处级干部提醒谈话；立案 1 件，纪委全委会讨论研究该案件审查审理等工作情况，形成处理建议并上报学校党委研究审议，形成一致意见后报上级纪委批准。

（郑晓明）

业务培训

2018 年，学校加强纪检监察人员业务培训工作。3 月，组织纪委委员、党风廉政监督员参加兼职纪检干部座谈会。8 月，组织专职纪检监察工作人员参加高等院校纪委信访举报业务培训。9 月，组织纪委委员党风廉政监督员、院级党组织纪检委员参加纪检监察干部培训会。

（郑晓明）

保密工作

概况

72 人
新增涉密人员 15 人，涉密人员共计 72 人，确定涉密岗位 72 个

25 人次
审批涉密人员出国 25 人次，其中，因私出国 10 人次、因公出国 15 人次

北京信息科技大学保密工作由保密工作办公室承担。保密工作办公室是学校党委保密委员会日常办事机构。负责保密管理、保密监督检查工作；负责完善落实各项保密规章制度；组织开展保密宣传教育及对全校涉密人员进行管理等工作。办公地点位于小营校区三号办公楼 261 室。保密工作办公室有专职副主任 1 人、兼职主任 2 人、工作人员 2 人。2018 年，学校新增涉密人员 15 人，涉密人员共计 72 人，确定涉密岗位 72 个。组织全校性统一销毁 2 次，销毁各类载体 2690 公斤。开展保密专题学习 3 次，组织在岗在职教育培训 220 余人次。审批涉密人员出国 25 人次，其中，因私出国 10 人次、因公出国 15 人次。评选出 2016—2017 年度保密工作先进集体 10 个、先进个人 20 人。

（罗赛）

保密管理

2018 年，学校推进保密工作。向校党委常委会和校长办公会汇报保密工作 4 次，召开保密委员会议 2 次。开展涉密人员及岗位定密工作，上报《中共北京信息科技大学委员会保密委员会关于落实〈关于进一步加强和规范涉密人员确定工作的通知〉的报告》《中共北京信息科技大学委员会保密委员会关于学校保密工作的自查自评情况报告》《北京信息科技大学 2018 关于开展“传承红色基因，筑牢保密防线”系列宣传活动的报告》《2017 年度北京信息科技大学北京地区武器装备科研生产保密资格单位保密自检报告》等相关材料。完善、健全制度体系，修订基本管理制度 7 个，加强现有制度图表化、流程化设计。补充制定《中共北京信息科技大学委员会保密委员会关于定密责任人的通知》《中共北京信息科技大学委员会保密委员会关于成立定密工作领导小组的通知》《北京信息科技大学手机使用保密管理规定》等制度，形成完整保密制度体系。

（罗赛）

保密宣传教育

2018 年，学校开展“传承红色基因，筑牢保密防线”系列宣传活动。开展第三个全民国家安全教育宣传等活动。邀请专家到校对处级以上领导干部、涉密人员、专兼职保密干部进行定密专题培训。组织涉密人员进行涉密设备保密安全使用培训。组织专兼职保密工作人员参加北京市国家保密局组织保密法律法规教育培训和岗位业务培训。为《北京保密》撰稿，宣传学校保密工作。在节假日和会议活动前发送保密教育提醒短信 644 人次。开展保密工作宣传周活动，组织观看保密文献记录片《胜利之盾》。利用校内网、大屏幕、橱窗、展板等渠道开展保密宣传教育。组织涉密人员进行保密知识测试。

（罗赛）

保密审查审批

2018 年，学校强化保密审查审批全过程管理。严把涉密人员“出入关”，做到“科学分类、严格审查、分类管理、全程监督”。对校领导班子全体成员进行定密，实现全覆盖。执行涉密人员发表论文管理制度，涉密人员发表论文、论著按照要求进行保密审查。执行涉密人员因私出国境审批制度，签订保密承诺书，接受行前保密教育，将涉密人员报公安机关备案，严格审查携带资料物品。

（罗赛）

保密监督检查

8 次
开展专项检查 2 次、常规检查 8 次、全校范围网络自查 2 次

2018 年，学校开展专项检查 2 次、常规检查 8 次、全

校范围网络自查2次。检查计算机630余台次，发出整改通知书25份，做到立查立改、限期整改。综合考评保密工作落实情况、单位日常保密管理、自查自评、整改落实情况，并纳入学校二级单位年度考评体系。

（罗赛）

全市保密专项检查获评“优秀”

2018年，学校在全市保密专项检查中获评“优秀”。5月17日至6月26日，北京市保密局会同市教工委组成检查组5个，对全市55所高校进行专项检查，评出“优秀”高校9所。

（罗赛）

安全稳定工作

概况

16人

党委安全稳定工作部（安全稳定处），全员编制16人，包括正处级干部1人、副处级干部2人

18人

安全稳定处有保卫干部18人，其中，处长1人、副处长1人、在编职工15人、非事业编1人

北京信息科技大学安全稳定工作由党委安全稳定工作部（安全稳定处）承担。负责依据国家有关法律法规和学校规章制度，维护学校政治稳定、治安安定及安全生产秩序，确保师生员工生命财产及合法权益不受侵害，为广大师生员工教学、科研、生活、学习提供安全服务。下设信息调研科、安全科、治安科。办公地点位于小营校区三号办公楼135室、138室，二号办公楼101室、102室、106室，一教107室、112室；清河校区教二楼107室；健翔桥校区计算中心108室、109室、110室；酒仙桥校区教学楼102室；金台路校区综合楼413室。党委安全稳定工作部（安全稳定处）属正处级建制，全员编制16人，包括正处级干部1人、副处级干部2人。安全稳定处有保卫干部18人，其中，处长1人、副处长1人、在编职工15人、非事业编1人。2018年，学校获评北京市海淀区高校交通安全管理先进单位。李丛建、彭永和获评北京市2018年度海淀区高校系统交通安全先进个人。

（徐飞　崔凯）

安全稳定工作

2018年，学校加强安稳工作队伍建设、修订规章制度、完善保卫设施。安全稳定工作队伍由专职安全稳定工作队伍和兼职安全稳定工作队伍组成。专职安全稳定工作队伍由党委安全稳定工作部（安全稳定处）和签约北京市保安服务总公司文安分公司、北京华电荣华保安服务有限公司组成；文安分公司配备保安队员86人，负责小营校区、健翔桥校区、清河校区、原东部校区安全工作；北京华电荣华保安服务有限公司配备保安队员6人，负责新校区指挥部安全工作。兼职安全稳定工作队伍由大学生治安服务队、学生班级安全委员及公寓宿舍安全员、消防安全重点部位管理责任人、保洁员兼职安全员队伍、“平安校园”教职工兼职安全员队伍组成；大学生治安服务队中，小营校区和清河校区共计54人，健翔桥校区勤工俭学在校学生16人；学生班级安全委员及公寓宿舍安全员共计2113人；消防安全重点部位管理责任人158人；由安全稳定处和后勤管理处共同组建保洁员兼职安全员队伍57人；由安全稳定处和校工会共同组建“平安校园”教职工兼职安全员队伍62人。11月，更新网格化安全管理责任人68人次，更换重点部位公示牌89块。建立交通安全工作台账。配齐消防设施设备，校内配备消防水泵22台、室外消防井48处、消防接合器18处、灭火器3961具、墙壁消防栓及水龙带685套、喷淋泵2台、喷淋头544个、正压风机5台、正压风口36处、卷帘门37个、排烟机3台、排烟口39处、消防电梯6部。完善交通设施，校内建有电动道闸6套、保安岗亭7个、减速带28处、限速标志7块、禁停标志11块、黄网格12处、隔离栏12处、隔离墩30处、导向牌3块、禁鸣标志6块、停车位418个。加强技术防范，校内安装消防监控报警主机7台、电子感烟探头4414只、电子感温探头128只、消防手动报警按钮337只、防入侵报警系统7套、防盗报警探头637只、电子巡更系统3套44个点位；有监控室5个、监控电脑9台、监控显示终端42块、视频监控探头1156部，覆盖实验楼、教学楼、办公楼、图书馆、气（木）膜馆、大学生文化艺术中心、学生公寓、食堂、外国专家公寓、留学生公寓、家属区等部位。

（徐飞　崔凯）

“平安校园”建设

2018年，学校实施“平安校园”建设提升工程。修订《北京信息科技大学“十三五”期间推进“平安校园”建设提升工程实施方案》，下发《关于开展“平安校园”建设提升工程中期工作检查的通知》，细化各项任务指标及验收标准。召开2018年维护学校安全稳定工作会议，组织签订安全稳定工作责任书。在全国“两会”“中非合作论坛”北京峰会期间，提前谋划安保维稳工作，分阶段开展校园安全隐患排查整治、涉校涉生矛盾纠纷排查化解、校园周边治安综合治理等专项行动。开展化解稳控工作，落实领导包案、逐级检查、限时督办等工作机制。加强与属地沟通协调，建立联防联动机制和分级台账。优化应急分队力量，配备应急装备，定期开展校园反恐演练。加强校园巡逻，完成人员密集处和大项活动期间安保工作。细化网格化安全管理模式，根据处级领导干部聘任、科级干部补岗进度，对各级安全责任进行

衔接。完善突发事件应急预案，加强等级防控、应急预警建设。完成值班和信息报送工作，坚持安稳干部24小时住校值班。重要时间节点和敏感期，实行校带班、安稳干部双值班、学工系统待班、网络管理及舆情监控人员24小时待班等制度。加强龙岗路科研基地及新校区防控建设，为龙岗路科研基地配备安防专职人员1人。为新校区签约保安公司。推进“平安校园”管理服务中心建设，改装“一键式”报警系统。整合人防、物防、技防等防控资源与防控力量，强化各类数据利用和分析，发挥“六位一体”综合防控、应急处置和热线服务功能。

（徐飞　崔凯）

校园安全管理

2018年，学校制定《2018年安全生产月活动实施方案》《北京信息科技 大学关于开展全校安全大排查大清理大整治工作工作方案》《北京信息科技大电气火灾防控专项整治工作方案》《2018年今冬明春火灾防控工作实施方案》。加强重要时间节点、敏感期消防、治安、交通管理工作。定期组织安全隐患排查，建立安全隐患台帐45条，建立隐患整改回访机制，实行隐患整治逐级督导、逐项消账措施。建立3个校区微型消防站。联合科技处、教务处落实《北京信息科技大学危险化学品安全综合治理三年行动计划（2017—2020年）实施方案》各项任务。10月，组织开展危化安全管理中期自查。落实校园治安防范措施，处理校内偷盗、打架、诈骗等案件，跟进善后，开展案例分析和警示教育。在承办第三届华北五省大学生机器人大赛、迎新、英语四六级考试、校园招聘会等大型活动期间，制定安保方案，召开安保工作部署会，落实工件责任和保障措施，各项大型活动期间无安全事故。4月，开展“校园安全宣传月”专项活动。巩固属地与学校动态联动机制，常态化开展校园周边隐患整治工作。加强校内秩序维护，定期清理“僵尸”非机动车。5月，在小营校区采取限制外卖车辆进入校园措施。协调共享单车所属单位，共同做好管理工作。6月，组织人员到北京科技大学、北京林业大学进行调研。配合属地公安机关处置涉校涉生治安案件21起。

（徐飞　崔凯）

安全防范

2018年，学校开展高层建筑防雷安全监测，完成3个校区楼宇电气消防设施检测工作，更新消防疏散图，张贴警示提示图。更换3个区楼宇内部分老旧消防安全疏散标识。在全校公寓、实验楼、图书馆等重点部位安装投掷式新型灭火器。维护保养全校灭火器3961具。清洗小营校区学五公寓烟感报警器1115个。为酒仙桥校区安装、维修安全出口、消防标识。为健翔桥校区改造消防水泵，维修室外消防井、食堂消防管道，为女生公寓安装防刺网。

（徐飞　崔凯）

安全宣传教育

2018年，学校加强安全宣传教育工作。“4·15”全民国家安全宣传教育日期间，开展以“加强法治宣传教育，强化国家安全观念”为主题宣传教育活动，组织师生参观“护航亲爱时代”主题展览50人。5月，首次开展留学生安全教育培训，安全稳定处处长胡滔为小营校区留学生上安全教育课。成立“平安校园新媒体工作室”，上线“BISTU平安校园”官方微信公众号。7月，新生军训期间，邀请海淀区交通安全委员会警官李希宝为新生骨干讲课。面向2018级新生开展安全前置教育，调整优化课程内容。9月20日至11月20日，开展新生安全教育网络课程学习，全校新生参加学习2389人（不含双培生和外培生）。11月，组织开展2018级班级安全员CPR（心肺复苏）急救培训106人，参培学生均通过考核并获国际资格认证急救证书。12月，组织优秀新生抽奖活动。推进专兼职安稳人员激励机制建设，开展2017年度校园安全卫士评选表彰活动，表彰20人。开展“华成时代”平安校园奖学金评定工作，学生获奖学金40人。编辑发行《平安校园报》6期。加强法制教育，开展“七五”普法教育，利用2018级班级安全员培训和消防演练等时机，组织学习《消防法》。“国家安全宣传教育日”期间，开展《国家安全法》专题学习，张贴宣传彩页、制作宣传展板。全年制作预防电信诈骗、关注消防安全、交通安全等宣传横幅30余条，印刷发放相关提示卡片3000余张。加强消防教育，“11·9”期间，与西三旗街道联合举办以“关注消防安全，增强防范能力”为主题2018年消防安全文化节，首次引进逃生帐篷，开展消防逃生体验。组织消防设备静态展览，开展消防应急分队比武。组织2018级新生应急疏散演练和灭火器实际操作演练5次，参加演练新生共计2000余人。组织新生参加安全知识培训2000余人，实现新生安全教育全覆盖。加强交通安全教育，在交通安全宣传日、世界交通事故纪念日等时间节点，通过制作宣传展板、张贴交通宣传画、大屏幕播放交通事故警示视频、电子屏滚动播放交通宣传标语、交通专题讲座、慰问学校交通受害者职工、交通志愿者在学校大门外协助交协警维护交通秩序等方式，普及交通安全知识，倡导文明出行。开展“守法规、讲文明、我为缓堵做贡献”活动。在交通安全宣传日期间，组织慰问属地一线交通民警。

（徐飞　崔凯）

科技创安工作

2018年，学校推进科技创安工作。完成小营校区中控室改造工程，新增监控探头520个。将小营家属区、清河家属区监控探头改装成高清监控探头，实现全校高清监控全覆盖。在健翔桥校区南门、北门安装人脸识别系统，实现犯罪嫌疑人校内立体追踪。为健翔桥校区保密室加装摄像头4台，安装指纹密码锁和入侵报警系统。为清河校区学三、学四公寓加装监控摄像头10个。将3个校区视频监控系统进行联网，实现3个校区视频信息互联互通互享。将市教育工委视频会议系统迁移至图书馆消防值班室，整合应急资源。

（徐飞　崔凯）

集体户口管理

2018年，学校完成户口迁出、迁入和户籍清理工作。办理户口迁出706人、迁入524人。完成居住卡、居住证协助办理工作，为学生开具证明105份，为外聘员工开具证明3份。

（徐飞　崔凯）

家委会工作

2018年，学校加强家属区日常安全管理工作。加强防火、防盗、防诈骗、安全用气用电等宣传力度。配合机械学院联合社区工作，完成消防通道治理、合建楼垃圾清理等工作。配合西三旗街道，完成小营校区家属区改造工作。

（徐飞　崔凯）

工会、教代会工作

概况

1人

校工会有主席1人、常务副主席1人、副主席1人、兼职副主席2人、工会干部3人

15个

有部门工会15个，部门工会主席15人

北京信息科技大学工会是学校党政联系教职工桥梁、纽带，是教职工利益代表者和维护者。工会基本职责是维护教职工合法权益，服务教职工。校工会是教代会的工作机构，负责教代会日常工作。承担教职工代表大会各项会议筹备、会务工作；负责教职工代表大会日常工作，指导二级教代会工作，做好教职工代表大会各专门工作委员会协调工作。办公地点位于小营校区三号办公楼161室、162室、166室。校工会有主席1人、常务副主席1人、副主席1人、兼职副主席2人、工会干部3人；有部门工会15个，部门工会主席15人。2018年，学校教师李擎、周哲海获“北京市师德先锋”称号，杜佳楣获北京市“三八”红旗奖章。

（白莎莎）

教代会工作

2018年，学校推进教代会工作，完善民主管理与民主监督机制，加强基层民主建设。11月13—14日，召开第二届“双代会”。会议听取并审议学校工作报告、学校财务工作报告、教代会工会工作报告、提案工作报告等；选举产生新一届教代会执委会、工会委员会、工会经审委员会、工会女职工委员会及教代会和工会下设专门工作委员会；会议审议并通过《北京信息科技大学教职工代表大会工作规程》《北京信息科技大学二级教职工代表大会工作规程》《北京信息科技大学工会工作条例》。开展提案征集工作，特邀劳动关系学院教授潘泰萍为代表作专题培训讲座。第二届“双代会”提案征集阶段和会议召开期间，共收到代表提案和建议95件。第二届提案工作委员会召开专门会议，讨论、分类全部提案和建议。二级教代会落实年会制度，召开率100%。

（白莎莎）

工会工作

2018年，学校重视师德师风建设，助力提升教职工队伍能力素质。举办第十一届青年教师教学基本功比赛暨第五届教学新星评选。落实健康幸福工程，开展普惠福利保障，常态化、普惠制“生日送祝福”“节日送温暖”“特殊时期送慰问”等工作。在节日和会员生日期间，为全体会员送温暖与祝福；在天气恶劣时期，为全体会员发放口罩、防雾霾饮品等；为结婚、生育、父母去世教职工发放慰问金；看望生病住院教职工并送慰问品；在护士节、教师节、中秋节、国庆节等节日，走访慰问医护人员、从教30年教职工、劳模、优秀教师和中秋节、国庆节坚守岗位教职工；为教师休息室提供咖啡、茶点等；通过补贴方式为教职工集中办理公园年票。制定《北京信息科技大学教职工校内申诉管理规定（试行）》，校工会负责日常事务。为教职工协调北师大新校区实验幼儿园、北师大沙河高教园小学、永泰小学和清河中学入学渠道，解决青年教职工子女上学难题。维护和管理母婴关爱室，为女教职工解决实际困难。完成困难帮扶和互助保险投保、理赔工作，依据困难职工档案和帮扶工作台账，完成困难职工帮扶2次、爱心扶助金帮扶1次。为教职工办理《重大疾病互助保障》1547人，为女教职工办理《女职工特殊疾病互助保障》845人，为3名教职工办理保险理赔3万元，为1名教职工办理北京市总工会温暖基金扶助2万元。组织大型活动，活跃教职工文化生活。4月，在学校运动会开幕式上，组织360名教职工和440名学生组成15个方阵进行“同心杯”师生广播操表演。5月，组织“沁馨之韵”教职工歌手大赛。12月，举办教职工迎新年扑克牌比赛。开展多项群众体育活动，组织教职工参加全校运动会。4月、10月，分别组织春、秋季奥森户外健步走活动。在“三八”妇女节，组织女教职

工参观观复博物馆，组织女教授协会赴梅兰芳大剧院观看京剧。为年满 50 岁教职工过集体生日，校党委书记到场送祝福。为退休教职工举办荣休仪式。

（白莎莎）

工会自身建设

2018 年，学校加强工会内部管理，严格财经纪律。完成工会经费预决算，大额采购经主席办公会通过后，由资产处组织公开招标。小额零星采购由工会集体讨论决定。配合会计师事务所完成工会经费审查审计工作，设立固定资产定期盘查制度。制定《北京信息科技大学部门工会经费管理办法》。推进教职工之家建设工作，12 月，学校教职工之家通过北京市教育工会“合格教职工之家”验收。在全校范围内开展工会十七大精神知识问答活动。加强工会干部队伍建设，提升工作能力和水平。召开部门工会主席工作座谈会和工会干部工作交流会，交流工作心得，提高业务水平，强化为教职工服务工作意识。建设运行工会智慧云平台，拓展工会工作空间，提高服务效率，反馈教职工信息，提升工会网上工作水平，拓展线上线下联动新格局。

（白莎莎）

获奖情况

62 人

获评“三育人”先进集体 62 人

2018 年，学校选树表彰先进典型，营造“对标先进 见贤思齐”风气。在庆祝教师节大会上，表彰师德标兵和“三育人”先进集体、先进个人。教师李擎、周哲海、李国成、杨莉、徐湛获校师德标兵。机电工程学院、仪器科学与光电工程学院测控系、自动化学院电气工程系、信息与通信工程学院学生工作办公室、经济管理学院教学管理团队、理学院数学教学部、财务处获 2018 年学校“三育人”先进集体。获评“三育人”先进集体 62 人。

表 32 2018 年“三育人”先进个人名单（62 人）

马 洁	马月英	马德云	王 君	王 茂	王 贺	王圣华	王灯山	王欣媛	继 强
王麒淼	牛新权	方 元	尹洁林	孔德娟	厉 虹	曲 齐	回世勇	任俊玲	刘 畅
刘 锋	刘文涛	刘亚娟	齐 兵	江 群	孙力华	孙佳秋	杜 平	李 沛	李 卓
李 萍	李 擎	李东雁	李启光	李国成	李淑琴	杨 莉	杨伟兵	肖 静	沈 度
沈冰夏	张宏宇	张晓莹	陈若愚	陈国迎	陈颖聪	金培欣	周连跃	周哲海	郑 玮
赵志耘	徐 湛	徐军京	殷树娟	高 英	黄宏博	蒋玉茹	韩之怡	曾毅红	解迎刚
樊晓雪	颜婷婷								

表 33 2018 年从事教育工作满 30 年人员名单（23 人）

马 丁	尹春华	卢华明	权菊娥	刘 江	刘 青	刘国红	刘建华	刘春燕	关宏亮
孙永平	李文杰	杨志耘	张广奇	陈元凤	赵 华	赵 宇	赵丽君	赵秋玲	徐小力
徐雅斌	黄小杰	蒋秀茹							

表 34 2018 年度部门工会工作积极分子名单（359 人）

丁 宁	于 洋	于 莉	于 梅	万 妮	卫昕欣	马 众	马 骏	马 爽	马建军
马静静	马榕蔚	丰 硕	王 子	王 希	王 艳	王 莹	王 准	王 晗	王 辉
王 楠	王 颖	王 睿	王小妮	王亚林	王兴叶	王肖楠	王秀真	王茂发	王图宏
王金红	王俊威	王美群	王桂兰	王晓波	王晓玲	王梅娟	王瑛月	毛江一	仇海涛
从国民	尹可依	尹春华	孔德娟	邓春芳	艾 瑞	艾跃琴	左 军	石桂芳	卢华明
卢益清	卢献华	叶 亮	田 甜	田文杰	田林子	史文硕	史家俊	付军荣	白 龙
白 羽	白 兵	白雪峰	冯天赐	权铁汉	权菊娥	吕 菁	吕必双	吕军科	任小军
任立群	任丽明	任婧玲	伦艳华	华冬英	向璐舜	刘 刚	刘 伟	刘 江	刘 青

续表 34

刘 春	刘 莹	刘 娟	刘 锋	刘凤敏	刘文涛	刘为中	刘玉威	刘亚娟	刘国红
刘城霞	刘相权	刘昭君	刘香格	刘晓妮	刘翻民	汤洪涛	祁长青	孙 坚	孙 婷
孙 璇	孙力华	孙广开	孙玉霞	孙伟业	孙昭智	孙巍伟	杜 平	杜怀斌	李 冬
李 宁	李 英	李 洁	李 晋	李 萍	李 彬	李 硕	李 涵	李 颖	李 慧
李子录	李丹娜	李冬香	李光达	李伟仙	李伟彪	李华艳	李志远	李秀晟	李宏伟
李忠刚	李春强	李振华	李振英	李晓英	李淑琴	李湘蓉	李蒙丝	李静文	李德生
杨 华	杨 鎏	杨小宝	杨文龙	杨志耘	杨祎思	杨茜媛	杨颖梅	杨翠芬	肖 静
吴 伟	吴娟娟	吴晶晶	吴韶波	邱明晓	邱绪君	邱景红	何 撼	何晓琳	佟 岩
邹安娜	邹岩梅	冷俊敏	汪华仙	汪秀山	汪秀萍	沈 明	沈冰夏	宋 芳	宋 莹
宋言明	宋寒冰	张 志	张 芳	张 利	张 良	张 雨	张 函	张 晨	张 琼
张 雅	张 锐	张 颖	张万朋	张小红	张广奇	张天斌	张日颖	张凤江	张双彪
张世忠	张立新	张庆荣	张志华	张苍山	张宏宇	张君华	张奇志	张金晓	张学勇
张建英	张建明	张美英	张晓青	张晓莹	张钰民	张博文	张盟盟	陈 艳	陈 晓
陈 燕	陈 曦	陈 鑫	陈少群	陈东子	陈 伟	陈利源	陈若愚	陈建成	陈莲莲
陈晓东	陈雯柏	邵 飞	武 华	苗国华	范玲玲	范留军	卓奕君	金 冉	金卫红
金超琦	周 杨	周 含	周 萌	周立刚	周京华	周素华	周晓航	周海亮	郑 玮
郑晓明	郑富清	郎需强	孟 坤	孟祥花	赵 刚	赵 萍	赵 彬	赵 静	赵广宇
赵双琦	赵玉静	赵西伟	赵志耘	赵彦晓	赵锐锋	郝建臣	胡志华	胡苏丽	胡燕萍
战 岩	钟名扬	钟建琳	段瑞雪	侯风萍	侯晓霞	施运梅	姜 雨	姜 钧	姜燕扬
类 骁	娄小平	胥 静	姚媛媛	贺敬良	勇 刚	骆艳斌	秦 辉	秦 雷	莫 宇
莫亚如	贾 泰	夏 帆	夏丽莉	柴海莉	徐 莉	徐 涛	徐 铭	徐双培	徐军京
徐红卫	徐英慧	徐保勤	徐嘉楠	高 英	高 卓	高 爽	高立浩	高海涛	郭 旸
郭 凯	郭 静	郭春燕	郭祥云	郭慧峰	唐 斌	唐长亮	陶靖中	黄小龙	黄中原
黄立农	黄彦飞	曹 霞	曹玉平	曹彦彦	盛立国	常 城	崔宝才	盘湘龙	康 延
康伟泉	康爱英	章沁然	盖红艳	梁 希	梁冬梅	梁彦丽	梁栩凌	彭娟娟	彭淑花
葛春会	董 云	蒋玉茹	蒋秀茹	韩 冬	韩 萍	韩学娇	程 彬	程梦竹	焦丽华
曾毅红	谢 司	谢京泉	谢南贵	楚彦丽	甄 真	臧玉洁	管 萍	阚钊婧	谭德宏
熊 伟	熊显伍	樊晓雪	潘志康	燕必希	薛 虹	魏 英	魏 茗	瞿晓燕	

表 35 2018 年度学校工会工作积极分子名单（206 人）

丁 宁	于 莉	卫昕欣	马 众	马静静	马榕蔚	丰 硕	王 子	王 扬	王 希
王 莹	王 准	王 晗	王 琪	王 琰	王 楠	王小妮	王立新	王兴叶	王肖楠
王茂发	王图宏	王金红	王美群	王晓波	王瑛月	王智勇	仇海涛	尹春华	毋政印
左云波	卢华明	卢献华	田 甜	田文杰	史文硕	史家俊	白 兵	白雪峰	权菊娥
吕 菁	吕必双	吕军科	任小军	任立群	任丽明	任婧玲	向璐舜	刘 刚	刘 江
刘 青	刘 娟	刘 锋	刘凤敏	刘文涛	刘为中	刘守君	刘相权	刘昭君	祁长青
孙 坚	孙 璇	孙力华	孙玉霞	孙伟业	孙昭智	孙巍伟	贠立新	杜 平	李 英
李 萍	李 硕	李 涵	李冬香	李光达	李伟彪	李华艳	李秀晟	李宏伟	李忠刚

续表 35

李振华	李振英	李淑琴	李蒙丝	李德生	杨　飞	杨志耘	杨祎思	杨颖梅	肖　静
吴　伟	吴娟娟	吴晶晶	吴韶波	邱　东	邱明晓	邱景红	何晓琳	冷俊敏	汪秀山
汪秀萍	沈　平	宋　芳	宋言明	宋寒冰	张　利	张　良	张　雨	张　函	张　笑
张　琼	张　雅	张广奇	张世忠	张立新	张庆荣	张志华	张宏宇	张奇志	张金晓
张晓青	张盟盟	陈　玲	陈　艳	陈少群	陈东子	陈利源	陈莲莲	陈晓东	邵　飞
范玲玲	卓奕君	金　冉	金卫红	周　杨	周　萌	周晓航	鱼　涛	郑　玮	郑晓明
单晴雯	孟　坤	赵　刚	赵　萍	赵双琦	赵志耘	赵彦晓	胡苏丽	胡燕萍	战　岩
施运梅	姜　雨	姜　钧	姜伟华	姜燕扬	娄小平	胥　静	莫　宇	贾　泰	夏　帆
柴海莉	徐　莉	徐　涛	徐　铭	徐双培	徐军京	徐红卫	徐英慧	徐嘉楠	高　卓
高　爽	高海涛	郭　凯	郭春燕	唐　斌	陶靖中	黄小龙	黄中原	黄立农	黄彦飞
曹　霞	曹玉平	曹彦彦	常　城	崔宝才	麻　力	康爱英	梁　希	梁冬梅	梁彦丽
梁栩凌	彭娟娟	葛春会	董　云	韩　冬	程　彬	程会敏	程梦竹	谢　司	谢南贵
甄　真	雷纪刚	燕必希	薛　虹	戴长林	魏　英				

共青团工作

概况

1人

校团委有书记 1 人、副书记 1 人、校团委专职干部 1 人、艺术教育中心教师 4 人

北京信息科技大学各级团组织管理与服务工作由校团委承担。校团委是学校先进青年群团性组织，负责服务学校发展建设、服务学生成长成才。下设组织部、宣传部、创新实践部。创新实践部负责指导学生会、社团联合会、志愿者联合会、学术科技联合会、红十字会学生分会工作；以文化艺术部原有工作为基础，成立大学生艺术团，承担文化艺术部全部工作。办公地点位于小营校区三号办公楼 137 室、145 室、149 室、151 室。校团委有书记 1 人、副书记 1 人、校团委专职干部 1 人、艺术教育中心教师 4 人。2018 年，学校用习近平新时代中国特色社会主义思想武装全团，开展党的十九大精神宣传教育，推动共青团网络新媒体工作。深化团的机制改革，推动观念、方式、作风转变。学习并贯彻落实中国共产主义青年团第十八次全国代表大会精神，确保青年学生在思想上与党中央保持一致。举办第二届文化艺术节和第二届科技创新节。初步形成以主题教育为特色思想工作平台，以社会工作岗位锻炼为重点组织建设平台，以社会实践和志愿服务为主体课外实践教育平台，以 " 创新杯 " 为龙头课外科技创新创业平台，为构建学生第二课堂培养和教育体系提供保障和基础。

（马绍辉）

宣传思想政治教育

95%

“勤信青年”微信平台，粉丝量达 14000 余人，文章原创率达 95% 以上，平均阅读量保持在 1000 人次左右

2018 年，学校推进党团思想宣传工作。建设“勤信青年”微信平台，平台粉丝量达 14000 余人，文章原创率达 95% 以上，平均阅读量保持在 1000 人次左右。平台辅助开展团委工作，启用网络投票、网上征文等功能，增加与用户互动，添加小程序功能“小勤打卡”。在推送内容上，利用条漫、视频、动图、H5 等形式加强宣传。在宣传主题上，坚持团委工作宣传和成果展示及传播身边人正能量两条主线，在北京市团市委基层团组织微信公众号排行榜中居前列。完成团市委要求宣传工作，组建学校文明网络志愿者团队，加强网络信息宣传员队伍建设。完成日常新闻稿向团市委报送工作，全年在团市委网站发布新闻 18 篇。维护、更新校团委官方网站。完成校内团属橱窗规整工作，明确使用办法，制定相关条例。

（陈天宇）

组织建设工作

2018 年，学校加强基层团组织建设，完成发展团员、

团关系转入转出、团费收缴、团情统计等团务工作。开展“青春竞活力，梦想创十佳”第四届“十佳团支书，活力团支部”评选表彰活动。号召全校团员青年学习贯彻习近平新时代中国特色社会主义思想。组织开展北京信息科技大学“十大梦想、十大责任”主题宣讲会。组织开展“践行责任，追寻梦想”主题团日活动。校党委书记王传亮、校党委副书记王秀彦参加审计1601班团日活动，与学生共同学习习近平总书记5月2日在北京大学师生座谈会上重要讲话精神。开展2018年第九期初级团校，提升新生团学干部理论水平和工作能力。5月，开展校级和北京市级“优秀团员”“优秀团干部”“优秀团支部”评比表彰工作。12月，开展校级和北京市级“三好学生”“优秀学生干部”“先进班集体”评比表彰工作。

（马绍辉）

学生科技创新活动

2018年，学校开展多项学生科技创新活动。3月27日，由校学术科技联合会主办的第五期“创享论坛”——华为“枪林弹雨中成长”全国巡回公益讲座在健翔桥校区图书馆报告厅举行。10月5日，举办校第十三届“创新杯”大学生学术科技创新竞赛；10月17日，在小营校区举办赛前宣讲会；12月11日，在小营校区举办竞赛项目计划及路演指导会。12月1日，学校作品《翊牙科技策划书》参展第七届大学生科技创新作品与专利成果展示推介会，学术科技联合会获"最佳组织奖"。12月10日，学术科技联合会在小营校区图书馆召开全体大会，宣布第十四届主席团部长和副部长名单，并向部长颁发聘书。

（陈天宇）

学生会工作

2018年，学校加强学生会建设工作。3月16日，校学生会举办第一期一等奖学金培训班。3月29日，校学生会举办第二期一等奖学金培训班。4月7日，以“参与其中，服务大家”为主题的学生意见征集活动在小营校区、清河校区及健翔桥校区开展，征集意见单408份。4月18日，“金音天籁 麦动之声”主持人大赛在小营校区大学生文化艺术活动中心举行。崔之笑获冠军，王鸿缘、马寅翼并列亚军，朱麟宜获季军。5月10日，“品诗词美，承中华魂”第二届诗词大会决赛在小营校区大学生文化艺术活动中心举行，光电学院获冠军、信管学院获亚军、机电学院获季军。5月16下午，举行2018年“勤信杯”三球联赛决赛，光电学院获足球冠军、机电学院获篮球冠军、通信学院获排球冠军。5月23日，“心生而言立，言立而文明”先锋论坛辩论赛在小营校区报告厅闭幕，信管学院获冠军、计算机学院获得亚军、公管学院获季军。5月24日，“音为你 乐动听”十佳歌手大赛决赛在小营校区大学生文化艺术活动中心举行，韩骧获冠军、管梓煊和于逸群（组合）获亚军、马天傲获季军。6月13日，“吾爱吾师——信息科大毕业生最喜爱的老师”评选活动结束。10月21日，学生会在小营校区报告厅召开第三届第五任中期调整大会，大会选举主席团成员，宣布主席团部长和副部长名单，为主席团、部长颁发聘书。11月28日，举办2018年新生3v3篮球赛决赛，自动化学院获冠军、经管学院获亚军、外国语学院获季军。12月6日，举办“遇见大学遇见你”新生风采大赛决赛，决出歌舞组、语言组、其他组冠军奖项各一人。12月21日，“时间胶囊”活动在小营校区、健翔桥校区和清河校区同时开展，发送2017年时间胶囊400余份，收到2018年时间胶囊800余份。

（唐斌）

学生社团工作

67个

注册社团67个，分为学术类、公益类、理论类、技艺类、文艺类、科普类、体育类、实践类共8类社团

2018年，学校有注册社团67个，分为学术类、公益类、理论类、技艺类、文艺类、科普类、体育类、实践类共8类社团。4月19日，举办第二届文化艺术节之社团文化节开幕式暨游园会。5月15日晚，由校团委主办的第二届文化艺术节之传统文化之夜晚会在小营校区大学生文化艺术中心举行。5月21—27日，由摄影协会主办的“五月映像”影展在小营校区图书馆大厅举行。5月31日晚，由校团委主办、校社团联合会承办的第二届文化艺术节之“高雅艺术进校园”活动在小营校区大学生文化艺术中心举行。9月26—27日，社联招新活动分别在清河校区与小营校区开展。10月1—2日，校社联组织开展社团招新活动“百团大战”。10月9—15日，学校社团联合会参加在海淀区中关村国家自主创新示范区展示中心举办的“全国‘大众创业、万众创新’活动周”北京会场主体展。10月28日，举行“捐出一本书，成就一个梦”活动，47个社团捐赠图书111本。12月3日晚，社团联合会清河小营校区团建暨见面大会在小营校区大学生活动中心举行。12月13日，社团联合会开展第十一届社联换届暨社团代表大会。

（唐斌）

社会实践工作

2018年，学校推进学生社会实践工作。1月2日，学习实践部下发《关于组织开展2018年寒假社会实践活动的通知》，收到各学院上交社会实践成果3767份。3月25日，开展“2018北京信息科技大学寒假优秀社会实践”评选工作，评选优秀社会实践作品78份。4月19日，学习实践部举办2018“社会实践分享会”暨颁奖典礼。4月20日，申

报并获批“2018年首都高校师生服务‘四个中心’功能建设‘双百行动计划’”，暑假期间，组织开展社会实践。6月5日，向各学院团总支下发《关于开展2018年“青年服务国家”暑期社会实践“乡村振兴 青年作为”阳光使者专项活动的通知》。6月8日，各学院团总支下发《关于“青年服务国家”2018年首都大中专学生暑期社会实践工作的通知》。6月25日，完成“2018年‘青年服务国家’暑期社会实践‘乡村振兴 青年作为’阳光使者专项活动”申报工作，向团市委推荐优秀团队8支。6月26日，完成“‘青年服务国家’2018年首都大中专学生暑期社会实践”申报工作，学校团队申报32支，向团市委推荐优秀团队8支。11月8日，举办2018“社会实践分享会”暨颁奖典礼。12月4日，联合宣传部、网络信息部举办“国家宪法日”宣传外展，配合宣传部开展“国家宪法日”系列活动。

（陈天宇　孙豆豆）

志愿服务工作

8600余人次
志愿类学生社团22个，参与志愿服务工作学生8600余人次

2018年，学校有志愿类学生社团22个，参与志愿服务工作学生8600余人次。组织志愿学生社团深入西三旗等周边社区开展志愿服务。加强助残、科技馆等重点团队建设，建立中国科学技术馆、水立方国家游泳中心、北京科学中心、献血车等8个固定志愿服务项目、基地。开展“中国科学技术馆”长期志愿活动60余次。开展“助残”长期志愿活动30余次。开展“地铁引导”长期志愿活动30余次。开展“敬老院”长期志愿活动10余次。开展“献血车”长期志愿活动60余次。开展“北京科学中心”长期志愿活动10余次。1月3日，开展“记我最有意义的一次志愿活动”征文活动。2017年寒假至2018年1月12日，开展“温暖衣冬”志愿服务活动。2月28日，在健翔桥校区开展“2018FINA世界跳水系列赛（北京站）”志愿者面试工作。3月3—22日，在3个校区开展“雷锋月”外展宣传活动。3月4日，在健翔桥校区开展“2018FINA世界跳水系列赛（北京站）”志愿者培训工作。3月9—11日，组织志愿者参与“2018FINA世界跳水系列赛”志愿服务工作。3月15日，开展校园招聘会志愿服务工作。4月17—18日，开展“北京鸟巢半程马拉松”面试工作。5月6日，组织志愿者参与北京鸟巢半程马拉松大赛志愿活动。5月16日，开展“西部计划”活动面试工作。5月18日，与校友会共同组织“缘聚母校 勤信一生”志愿服务工作。5月22日，开展校园招聘会志愿服务工作。5月23日，开展学校国际文化节志愿服务工作。5月24日至6月6日，开展2018年度优秀志愿服务团队、优秀志愿者服务项目和优秀志愿者个人评选活动。6月3日，开展“2018年北京马拉松”志愿者面试工作。6月19日，参与北京第十二届“舞燃情”舞蹈大赛志愿服务工作。9月11日，开展北京西站迎新生志愿工作。9月18—25日，在3个校区开展志愿者招新工作。9月21日，组织志愿者参与“2018年北京马拉松”大赛志愿活动。10月22日，在健翔桥校区开展“2018国际泳联游泳世界杯系列赛（北京站）”志愿者面试工作。10月26日，开展校园招聘会志愿服务工作。10月28日，在健翔桥校区开展“2018国际泳联游泳世界杯系列赛（北京站）”志愿者培训工作。10月31日，举办第十届校志愿者联合会换届大会暨成立十周年纪念大会。11月1日，开展校园招聘会志愿服务工作。11月2—4日，组织志愿者参与“2018FINA国际泳联游泳世界杯系列赛（北京站）”志愿服务工作。11月10日，参与华北五省机器人大赛志愿服务工作。11月19日，开展大一新生班长志愿北京注册培训。11月22日，开展校园招聘会志愿服务工作。12月3—8日，举办“一二·五”国际志愿者日外展。12月5日，开展校园招聘会志愿服务工作。12月21日至寒假，开展“温暖衣冬”志愿服务活动。12月22日，参与国家大剧院建院11周年“公共开放日艺术节”志愿活动。12月27日，参与“伟大的变革——庆祝改革开放40周年”志愿活动。

（陈天宇　孙豆豆）

网上共青团工作

2018年，学校推进网上共青团工作。2月，完成2017年度团内统计工作，核对校共青云信息，完成团统数据网上确认。4月15日，开展国家安全教育日宣传活动之线上宣传及线下普及活动。5月，优化“信息科大共青团在线”手机APP，充实各大板块内容，加大宣传力度。9月，完成全校本科及研究生新生青春北京注册工作，推动全体共青团员成为注册志愿者，完成毕业生归档工作。12月，根据团中央完善团组织和团干部信息要求，完善并规范共青云系统内各项信息。

（马绍辉）

红十字会工作

2018年，学校推进红十字会学生分会工作。3—12月，红十字会学生分会志愿者参与清河敬老院志愿服务、阳光助残“温馨家园”志愿服务。3月27日，在小营校区、清河校区和健翔桥校区开展志愿服务大型外展，宣传志愿服务工作。3月28日，在健翔桥校区开展肺结核日宣传工作。4月中旬，举办健康文化月禁毒周活动。4月25日，组织观看禁毒电影《门徒》。4月18日，承办2018年夏季无偿献血活动，小营校区、清河校区、健翔桥校区共计218人参加活动，献血量共计43600毫升。4月24日，在小营校区、清河校区和健翔桥校区开展献血大型外展。4月28日，与公

安大学开展禁毒联谊活动。5月5日，组织手语社成员参加北京农学院手语社13周年社庆活动。5月8日，在小营校区、清河校区和健翔桥校区开展“世界红十字日”宣传活动。5月8日，在健翔桥校区举办以“手可语，爱无限”为主题手语公开课。5月16日，与首都医科大学联合举办中医防病健康知识讲座。5月17日，在小营校区开展艾滋病同伴教育活动。6月6日，在小营校区举办探索人道法瑞德十字活动。9月14日，参加红十字与红新月会联合会和中国红十字会总会联合开展的2018年首都高校“青春红丝带社团”社团负责人能力建设活动及2018年首都禁毒社会力量骨干培训班。9月26日，参加北京林业大学避孕日宣传活动。9月29日，与首都高校青春红丝带社团合作举办“‘艾’奉献，青春季，青春心动，为爱行动”主题外展活动，举办京津冀防控辩论赛大型外展宣传活动。10月12日，参加2018年探索人道法项目首都高校同伴教育培训班。10月14日，参加由北京市红十字会学校工作委员会主办，北京林业大学承办的第六届首都高校手语歌大赛。10月15—28日，开展YPE（青年同伴教育）6期。10月21日，承办2018年京津冀高校大学生艾滋病防控宣传辩论赛北京地区选拔赛培训及笔试活动；组织学生参加京津冀大学生防艾辩论赛。10月27日，参加由中国劳动关系学院承办的第十四届首都高校红十字会高峰论坛。10月27日，组织手语社成员参加首都师范大学手语队六周年社庆。10月30日至11月5日，举办青春善言行同伴教育培训活动4期。11月3日，参加由共青团北京地坛医院委员会举办的2018年度“2+1”红丝带高校行负责人培训活动。11月4日，参加由海淀区疾病防治艾滋病工作委员会举办的2018年北京市海淀区高校大学生防艾知识挑战赛。11月17—18日，参加由北京市红十字会主办的2018年首都红十字青年骨干能力建设培训班。11月23日，举办“谈谈性，说说艾”2018高校学子性健康与防艾倡导讲座，全校师生参加论坛。11月25日，与北京联合大学和首都医科大学合作举办的TOT高阶培训培训活动在小营校区举行。11月29日，在小营校区举办防艾灯光展活动。11月28—30日，在小营校区、清河校区和健翔桥校区举办以“121世界艾滋病日‘知艾防艾，主动检测’向零艾滋迈进”为主题的宣传活动。12月1日，参加由海淀区疾病预防控制中心主办的2018年北京市海淀区艾滋病日主题宣传活动；参加由中国传媒大学举办的“爱在红丝带”中传慈善夜活动。12月2日，参加由北京大学举办的首都高校红十字会第三届防艾知识定向越野竞赛。12月4日，与电影协会合作，组织学生观看防艾电影《每分钟120击》。12月7日，在小营校区举办以“让爱发声，无限沟通”为主题手语公开课。12月8日，邀请北京市红十字会专业讲师在清河校区开展应急救护培训活动，学员取得应急救护证98人。12月9日，参加由中央民族大学举办的“以爱击艾，责无旁贷”第五届首都高校防艾话剧大赛。12月14日，参加由北京市红十字会在怀柔举办的首都高校成分献血联动机制研讨会。12月15日，参加2018年首都高校“青春红丝带社团”社团工作总结会。12月16日，参加第二届首都高校红十字会十佳防艾活动颁奖典礼。

（陈天宇）

机关党委工作

概况

21个
机关党委有支部21个，覆盖处级部门26个

248人
新增党员35人，增至248人

6人
入党积极分子增至6人

3人
预备党员转正3人

北京信息科技大学机关党委（机关工会）成立于2004年9月，是在学校党委领导下、建立在学校党政机关职能部门的基层党组织（群众组织）。2018年11月5日，根据《北京信息科技大学2018年党政管理部门 院级党组织 直属机构群团组织 教学单位机构设置调整方案》，学校党委撤销教辅单位党总支设置，原教辅单位党总支所辖信息与网络管理中心、继续教育学院党支部划入机关党委。办公地点位于小营校区三号办公楼263室、266室 。机关工会挂靠机关党委，有23个工会小组，覆盖2个院级党委，27个处级部门。工会会员303人，非事业编新入会会员9人。2018年，机关党委有支部21个，覆盖处级部门26个。新增党员35人，增至248人。新增教职工入党积极分子5人，其中，递交入党申请书1人、确定入党积极分子2人、入党积极分子列入19年发展计划2人，入党积极分子增至6人。预备党员转正3人。机关党委宣传部党支部入选首批全国党建工作“样板党支部”培育创建单位名单。

（程梦竹）

党建工作

2018年，学校推进机关党建工作。通过处级理论中心组、党支部理论学习等途径，推进“两学一做”学习教育常态化制度化，提升机关党员干部党性修养，增强“四个意识”、坚定“四个自信”、落实“两个维护”，为机关各项工作开展提供思想和组织保证。落实学校党委学习部署，制订机关党委处级理论中心学习组学习计划，制定党员、教职工学习计划。50余名处级干部分成4个处级理论中心组，各党支部利用每月1个半天时间，组织党员和教职工集中学习。组织机关党员干部群众聆听学校党委副书记、校长王永生关于全

国全市教育大会精神主题宣讲会 100 余人。组织党员参加新《党章》学习答题活动 212 人。组织党员群众参加全国教育大会精神和《新时代高校教师职业行为十项准则》答题活动 302 人。组织教职工集中观看电视转播《首都百万师生同上一堂课》100 余人。组织全体党员观看主旋律影片《厉害了我的国》《青年马克思》。全部党员完成北京高校教师党员在线和长城网学习任务 216 人。

（程梦竹）

基层党建

2018 年,学校推进基层党建工作。通过组织民主生活会、组织生活会、民主评议党员、支部党建工作述职、党支部工作考核等方式，履行党建工作责任。宣传部党支部入选教育部“全国党建工作样板党支部”，安稳处党支部入选学校第二批示范党支部，将财务处党支部等 3 个党支部作为示范党支部进行培育。开展支部考评工作，检查党支部规范化建设、党支部工作台账建立情况，开展“三会一课”和党日活动，组织学习《党支部工作手册》。严肃党内政治生活，机关党委 50 余名处级干部分为 8 个小组召开民主生活会。各支部组织党员召开组织生活会。组织党支部书记党建工作述职，现场述职 10 人、提交书面述职报告 9 人。支部开展民主评议党员，评议“优秀”党员 67 人。落实意识形态工作责任制，在每学期开学、重大活动及敏感期时间节点，开展教职工思想状态调查，关注教职工思想动态。加强文化建设和情感环境建设，增强教职工对学校认同感和归属感。建立党内关怀帮扶机制，获北京市困难党员帮扶资金资助 1 人。完成党员“双报到”工作，机关 212 名党员全部报到，报到率 100%。开展“共产党员献爱心”活动，207 名党员、3 名积极分子、6 名群众捐款合计 7635 元。

（程梦竹）

师德建设

2018 年，学校开展“做新时代‘四有’好老师和‘四个　’”学习实践活动，增强立德树人意识、尊师重教氛围。成立机关党委师德建设分委员会。组织学习宣传贯彻习近平总书记在北京大学师生座谈会上重要讲话精神，学习《中共中央国务院关于全面深化新时代教师队伍建设改革的意见》，学习全国优秀教师陈琳先进事迹，学习全国全市教育大会精神，学习《新时代高校教师职业行为十项准则》《教育部关于高校教师失范行为处理的指导意见》。组织开展“新时代新担当新作为”主题宣传教育及“弘扬爱国精神、建功立业新时代”活动。以支部为单位，组织学习郑德荣等 7 名先进模范事迹。开展主题党日活动，宣传身边典型事迹。评选表彰“三育人”先进集体和个人，获评先进个人 8 人、先进集体 1 个。

（程梦竹）

全面从严治党向基层延伸

2018 年，学校推进全面从严治党向基层延伸。强化责任意识，机关党委与各党支部签订全面从严治党工作责任书。强化廉洁提醒，在重要时间节点前，向每个支部转发警示通知和违反中央八项规定典型案例，开展警示教育。强化廉洁从政教育，开展全面从严治党宣教月活动；开展“崇廉拒腐尚俭戒奢”主题党日活动，组织参观“明镜昭廉”明代反贪尚廉历史文化园、廉洁奥运主题文化园、双清别墅、追忆没有共产党就没有新中国纪念馆等廉政教育基地；组织观看《小官贪腐警示录》《最后的人生信条——张慧光警示教育片》等教育片；举办“不忘初心、砥砺前行”主题廉洁文化摄影征集。强化风险防范意识，邀请财务处和审计处领导宣讲学校财经制度和经济责任制度。强化《中国共产党廉洁自律准则》《中国共产党问责条例》学习，组织各党支部开展党内法规专题学习。开展安全教育，进行安全隐患排查整治，落实敏感期安全防控措施，遵守集体活动审批程序。成立统战领导小组，完善信息库建设。落实保密政策，指定兼职保密员，完成保密教育和计算机涉密安全检查工作。

（程梦竹）

工会工作

23 个
机关工会有工会小组 23 个，覆盖院级党委 2 个

303 人
工会会员 303 人，包括非事业编新入会会员 9 人

2018 年，机关工会有工会小组 23 个，覆盖院级党委 2 个，即机关党委、离退休党委；处级部门 27 个。工会会员 303 人，包括非事业编新入会会员 9 人。6 月 25 日下午，机关第一届工会会员代表大会第二次会议会议在小营校区报告厅召开；应到代表 82 人，实到代表 60 人，因病因事请假 22 人；大会通过无记名投票，选举增补卢玲军为机关工会委员会委员。6 月 25 日下午，机关工会委员会委员会议在清河小营报告厅召开，等额选举卢玲军为机关工会委员会主席。9 月 27 日下午，学校第二届教职工代表大会暨工会会员代表大会机关代表选举大会在大学生文化艺术中心召开；大会应到教职工（会员）293 人，实际到会 237 人，因事因病请假 56 人，到会人数超过应到会人数三分之二；大会通过无记名投票，差额选举产生在编教职工代表 24 人，分别为马绍辉、王兴芬、王红琦、王肖楠、王智勇、王蕾、牛志英、卢玲军、卢静、邢济收、杜平、杜世智、李华涛、李忠刚、陈昕、英树志、郑召义、胡滔、姜伟华、徐铭、郭小兵、郭银辉、鲁雷、谢新伟；选举李丝璐为非在编代表。各工会小组将生病住院、生活困难、结婚、生育、退休等职工情况上报机关工会，申请慰问金，进行看望和慰问。机关工会全年支出慰问金 2991.06 元，为机关工会教职工

送温暖 15 人。“三八”妇女节期间，组织女会员参观观复博物馆 56 人，组织女会员观看电影《红海行动》《三块广告牌》138 人。5 月，组织会员前往古北水镇开展春游活动 84 人。“六一”儿童节期间，组织会员前往北京三元食品股份有限公司开展教职工亲子活动 62 人。10 月，组织会员前往金山岭长城开展秋游活动 57 人；举办“我的工会小组——我的家”摄影活动，266 名会员提交个人摄影作品，16 个工会小组、共计 246 人提交创意集体照。11 月，开展学习全国教育大会精神和《新时代高校教师职业行为十项准则》答题活动，参与会员 301 人。12 月，举办“机关 · 家”扑克牌双升比赛，参与活动会员 302 人。

（程梦竹）

完成校工会工作部署

2018 年，机关工会配合校工会，落实部署工作。会员参加校“同心杯”广播操比赛 40 人。参加 2018 年校田径运动会 135 人，获团体第一名。动员会员参与 2018 年教职工“畅享春光，踏青赏花”健步走活动和“扶贫济困显真情 共同迈进新时代”秋季健步走活动。组织会员参与“沁馨之韵”教职工歌手大赛。通知全体会员进行 2018 年教职工健康体检，组织在编女职工进行专项体检 132 人。为机关工会职工办理在职职工重大疾病互助保障 284 人。为全体会员发放“五一”“十一”、新年慰问品，口罩、防雾霾饮品等累计 1483 人次。参与校工会新春扑克牌比赛，获第一名。组织推荐评选 2018 年校院两级工会积极分子 60 人。为机关会员办理公园年卡 135 人。

（程梦竹）

校区联合党总支及工会工作

概况

北京信息科技大学校区联合党总支成立于 2010 年 9 月，由健翔桥校区党支部、东部校区党支部、清河校区党支部 3 个支部组成。2018 年 11 月，根据《北京信息科技大学 2018 年党政管理部门 院级党组织 直属机构 群团组织 教学单位机构设置调整方案》，校区联合党总支撤销设置。2018 年，校区联合党总支学习贯彻习近平新时代中国特色社会主义思想和党的十九大精神，学习全国组织工作、宣传思想工作会议精神，宣传落实全国教育大会精神。围绕学校“五个环境建设”战略思考和“三大任务”目标，树立全面从严治党要求，将“两学一做”学习教育常态化制度化纳入总支管理党员责任清单，推进党风廉政建设“一岗双责”落实，发挥党支部战斗堡垒作用和党员先锋模范作用。

党的建设

10个	2次
处级理论中心组落实“N+1”学习模式，完成专题 10 个	开展大讨论 2 次

2018 年，学校加强校区联合党总支思想建设工作。处级理论中心组落实“N+1”学习模式，完成专题 10 个，即“N”内容，结合校区工作特点，开展大讨论 2 次，即“1”，内容。所属 3 个党支部开展理论学习，了解党员思想状况，提高工作实效性。落实意识形态工作责任制，担负起意识形态工作主体责任。

带领全体党员干部学习习近平新时代中国特色社会主义思想，宣传贯彻党的十九大精神。在校区联合工会会员中开展学习十九大精神有奖答题活动。利用校区联合党员活动群，转发学校学习文件和宣传资料，组织党员开展网上学习，领会把握党的十九大精神思想精髓、核心要义。在“学懂、弄通、做实”上下功夫，组织处级干部读原著读原文。9 月，围绕《中国共产党纪律处分条例》，组织开展专题学习交流研讨。按照《北京信息科技大学“新时代新担当新作为”主题宣传教育及“弘扬爱国奋斗精神、建功立业新时代”活动实施方案》，组织全体党员和教职工开展系列专题学习。

推进“两学一做”学习教育常态化制度化。结合《关于推进“两学一做”学习教育常态化制度化的实施方案》，按照党委、党支部、党员和党员领导干部 4 类主体，梳理并落实任务清单 50 项，将管党治党纳入量化责任化管理。领会并牢记十九大报告中对党章修改部分，以党章为根本遵循，牢固树立四个意识。

加强基层组织建设，提升党建层次和质量。强化总支主体责任，以制度建设为依托，按照总支制定“党建工作责任制”“党建工作计划”，明确总支成员和领导干部在党建工作中责任内容，强化总支成员和领导干部“一岗双责”履责意识；以考评体系为依托，依照《北京信息科技大学院级党组织工作 2018 年考评标准》，推进各支部党建工作规范化、制度化，激发各支部抓实党建工作内驱力。加强支部建设方面，以合格党支部建设规范为指引，将支部工作日程化、明细化；结合“三会一课”制度，细化党员教育管理，严肃和规范党内政治生活；指导各支部开展主题党日活动，组织参观“伟大的变革——庆祝改革开放 40 周年大型展览”，重温入党誓词。各支部结合自身实际开展活动，清河校区党支部推进环境治理和安全稳定；东部校区党支部召开党员民主生活会，注重人文关怀和心理疏导，化解矛盾；健翔桥党支部服务学院教师和学生，发挥区位优势，优化资源环境。各校区开展宣誓使命教育；10 月，各党支部围绕“新时代新担当新作为”主题，结合党支部规范化建设要求，围绕学习先进典型、学习爱国奋斗精神、发挥先锋模范作用，结合当前推动学校及首都改革发展任务要求和个人思想、工作实际，引导党员学精神、学品质、学方法，坚守理想信念，自觉做共产主义远大理想和中国特色社会主义共同理想坚定信仰者和忠实实践者，以实际行动践行初心、担当使命，推动学校“五个环境建设”落地见效。总支所属处级干部落实讲党课；所属党员按时足额上缴党费，党费管理符合规定要求。

落实党风廉政建设责任制，把纠正“四风”工作作为落实主体责任，加强党风廉政建设内容。履行“一岗双责”，落实“八项规定”精神。开展预防腐败教育。开展警示教育学习，推进廉政文化建设，加强总支党员干部廉政意识，提高党性修养和道德品质。推进党务公开工作，由专人负责定期在校园网更新党务公开内容，扩大党员群众知情权、参与权、监督权。

加强安全稳定、统战和保密工作。成立安全稳定、保密工作领导机构，配备兼职干部，将保密教育和校园安全稳定工作贯穿于日常工作中，落实学校网络安全管理相关要求，做到有制度、有检查、有预案。遵守保密法及学校保密规章制度，将保密工作与业务工作同计划、同部署、同检查、同总结。严格保密载体使用、保管，张贴学校统一标识“北京信息科技大学严禁处理存储涉密信息”。配备统战委员，成立院级统战工作领导小组，落实统战工作任务，组织教职工学习宣传民族政策、中国特色社会主义宗教理论，落实民族团结工作。

校区工会工作

2018 年，学校加强校区工会工作。健全工会委员会机构，补选工会委员，履行工会职能。组织教工疗养、体检。慰问退休干部职工，关心慰问家庭困难和老人病故职工。组织教工参加文化活动，提供生活福利品。11 月，组织全体职工开展登山比赛。配合学校完成“双代会”代表选举工作，完成“双代会”会议议程组织工作，组织职工参加由校工会组织运动会、健步走等活动。

教辅单位党总支工作

概况

北京信息科技大学教辅单位党总支成立于 2010 年 9 月，由图书馆、机电实习中心、信息与网络管理中心、继续教育学院 4 个党支部组成。2018 年 11 月，根据《北京信息科技大学 2018 年党政管理部门院级党组织 直属机构 群团组织 教学单位机构设置调整方案》，教辅单位党总支撤销设置。

党的建设

18 次

处级干部全部完成“北京干部教育网”学习任务，参加校院两级理论中心组集中学习 18 次

17.73 学时

全体党员完成“党员在线”学习任务，人均完成 17.73 学时

44 人

全年转出党员 18 人，转入党员 10 人，机构调整后，在册党员 44 人

2018 年，学校加强教辅单位党总支建设工作。加强思想建设，开展理想信念、核心价值观学习宣传教育。制定处级干部、党员、职工三层次理论学习计划，加强落实和督导；面向全体教职工开展社会主义核心价值观宣传教育、师德师风教育，组织学习全国和北京市思政会议精神、全国和北京市教育大会精神，督促学习学校党委书记王传亮在 2018 年学校全面从严治党工作会议上讲话，组织学习全国优秀共产党员、优秀教师先进事迹；指导各党支部联系党员实际，学习《中国共产党章程》《中华人民共和国宪法》等。处级干部全部完成“北京干部教育网”学习任务，参加校院两级理论中心组集中学习 18 次；全体党员完成“党员在线”学习任务，人均完成 17.73 学时；全体职工开展学习《宪法》答题活动和师德建设学习答题活动，组织观看电影《厉害了我的国》《青年马克思》《红海行动》等，组织观看电视授课“百万师生同上一堂课”，组织党员收看学习专题节目《榜样 3》。完成党务公开网站建设工作，各栏目更新内容 108 项；上传学习材料，宣传党总支工作进展，展示各党支部教职工精神风貌。参与学校主办“纪念改革开放 40 周年”作品征集活动，调查报告《昆山发展之路给我们的启示》和五言诗《全国文明村常熟蒋巷村参访有感》获诗文类作品一等奖。

加强组织建设，打牢基层党支部规范化建设基础。完成信息与网络管理中心党支部、图书馆党支部换届选举工作，图书馆换届选举大会成为全校党支部书记、党务干部现场观摩样本；根据继续教育学院人员变动频繁情况，确定党支部临时负责人。推进党员之家建设，全体党员完成党员“E 先锋”线上报到和到居住地社区、街道党支部现场报到“双报到”工作；完善党内信息管理系统和党员“E 先锋”数据，全年转出党员 18 人，转入党员 10 人，机构调整后，在册党

员 44 人。开展平安校园建设宣传教育，开展安全自查，加强节假日期间安全稳定工作，加强消防和治安防范，杨安被评为 2017 年度“校园安全卫士”；传达学校意识形态领域工作会议精神，春季和秋季进行职工思想状况调查，引导教职工思想政治工作。

落实保密工作“一岗双责”责任并向基层传导，与各党支部书记签订党建、意识形态、保密、平安校园、廉政建设“五项责任”承诺书，强化保密意识；完成保密工作自查和日常保密工作；完成非涉密计算机保密检查工作；组织参加“传承红色基因，筑牢保密防线”主题征文活动。加强统战工作，成立教辅单位党总支统战工作领导小组；确定各党支部书记分工负责党支部统战工作；与统战对象谈心，主动服务。完成处级干部年度考核、党总支党建工作述职考评、党内统计报表上报、党费收缴、固定资产清查工作；完成党总支年鉴、年度工作总结和计划等撰写和上报工作。配合组织部门开展干部人才队伍建设调研，推荐后备干部 4 人。对 5 名拟提任干部进行考察谈话和民意测评。申报学校党建和思想政治工作研究课题《提升基层党组织组织力建设研究》及《习近平新时代高校思想政治工作重要论述及启示研究》。将 2017 年课题成果《教师党支部书记“双带头人”培育机制研究》报送参选思政优秀成果论文。

加强作风建设，将从严治党和师德师风建设相结合。加强师德师风建设，成立教辅单位党总支师德建设分委员会，党总支书记作为师德师风建设第一责任人，将从严治党与师德教育相结合，督促教师党支部和党员教师在师德师风建设中发挥先锋模范作用，引导教师争做“四有好老师”和“四个引路人”。将师德建设相关文件纳入 2018 年理论学习计划，列为“N+1”自选项目重点，开展集体学习和自学；组织全体教职工学习贯彻全国和全市教育大会精神，学习贯彻《新时代高校教师职业行为十项准则》《教育部关于高校教师师德失范行为处理的指导意见》，组织撰写学习报告；围绕学校师德和学风自查报告、学校师德建设 7 个文件，在全体职工中开展师德建设学习答题活动。开展“新时代新担当新作为”主题宣传教育活动，推荐上报基层先进典型个人和基层先进典型集体。召开党总支委员会议，评优、选举等事项由会议民主讨论决定；召开处级干部民主生活会；督促加强处级干部和基层党支部联系；改进党员教育管理服务工作，通过微信群或 qq 群布置研讨工作，推送学习资料；深入各校区、各支部，了解关心困难教职工；开展共产党员献爱心活动，全年收到捐款 1330 元。

加强廉政和纪律建设，落实全面从严治党向基层延伸。落实党风廉政建设责任制；健全组织机构，成立全面从严治党工作领导小组并明确工作职责；与党支部书记签订“五项责任”承诺书，落实党风廉政建设等五项责任并传递到最基层；组织处级理论中心组相关专题学习及节前警示教育 13 次。开展全面从严治党宣教月活动，开展“学党章强党性，学宪法守规矩”知识竞答活动，实现《中国共产党章程》和《中华人民共和国宪法》学习教育在党员和群众中全覆盖；制作 PPT，集体学习宣讲学校考勤纪律、教职工处分暂行规定；各党支部开展主题党日活动、观看警示教育片；产生机电实习中心激光切割制作戒尺、图书馆微信公众号廉文专题推送、信息网络中心廉政摄影作品等廉洁文化作品，图书馆文创作品三句半《从严治党永远在路上》获学校第二届廉政文化作品比赛一等奖，机电实习中心制作戒尺获三等奖。完成党风廉政建设责任制自查工作；签订校院、党总支与党支部全面从严治党责任书；完成年节“八项规定”执行情况自查工作；组织全体党员学习《中国共产党纪律处分条例》；对党支部纪检委员进行规章制度学习培训。完成资产账目清查，设施设备维护工作；向相应委员会汇报公示党员活动经费、办公经费、工会活动经费收支明细表；2018 年预算执行情况良好，完成所有支出计划。

加强党支部建设，发挥基层党组织战斗堡垒作用。开展党支部年度考评，4 个党支部考评结果均为合格；开展党支部书记述职考核工作；督促党支部自查建立工作台帐；召开组织生活会，开展民主评议党员工作，党员合格率 100%；组织党员开展在线学习，完成学习任务。加强对党支部书记培训工作，组织党支部书记参加学校党支部规范化建设工作专题培训会，参加北京高校基层党组织负责人（教师党支部书记）示范培训班；干部人事调整前，4 个党支部均由处级干部或副高级职称教师担任党支部书记，党建、学术“双带头人”得以实现。各支部开展“两学一做”常态化学习教育，落实“三会一课”制度，开展学习宣传教育活动和主题党日活动；图书馆党支部组织全体党员赴恭王府接受反腐倡廉教育；信息与网络中心党支部组织党员赴明镜昭廉反腐教育基地、焦庄户地道战遗址纪念馆参观学习；机电实习中心党支部组织党员赴明镜昭廉反腐教育基地、冀热察挺进军司令部旧址陈列馆开展主题党日活动，开展红色摄影比赛；继续教育学院党支部赴鱼子山抗战纪念馆开展革命传统教育。信息网络中心党支部通过第二批“示范党支部”建设点验收并挂牌。

教辅工会工作

2018 年，教辅单位党总支推进工会工作。完成学校第二届“双代会”教辅单位代表推荐选举工作，8 人当选为正式代表。编制工会经费预算并就经费使用情况向工会委员会和工会小组长公开报告，会费收缴无差错。对全体会员开展学习教育，组织参加全国工会十七大知识学习答题活动，开展学习《宪法》答题活动和师德建设学习答题活动，组织观看爱国电影。推荐会员参加学校“三育人”先进集体和先进个人评选，李沛、金培欣、杨伟兵获评先进个人。在“三八”妇女节期间，制作“教辅单位工会女教职工风采电子影集”，完成女职工专项体检报名、女工特殊疾病互助保障计划等工作，协助符合条件女职工申请母婴关爱室。探望慰问生病住院、父母去世、婚育职工 14 人次。向退休职工发放荣誉证书和纪念品 7 人。协助校工会完成职工疗休养安排、京卡信息统计、30 年教龄职工统计、职工福利统计发放、50 岁生日活动、荣休活动、生日贺卡发放、适龄子女入学报名统计等工作。组织会员赴蟒山国家森林公园开展“乐享金秋，快乐健走”活动 70 余人。组织会员开展“快乐跳起来”跳绳比赛。组织教职工参与校工会组织各项文体活动，在 2018 年校运动会中，获教工团体第 5 名；在“同心杯”师生广播操比赛中，获第 3 名；在教职工“沁馨之韵”歌手大赛中，获优秀组织奖、个人奖第 2 名。组织教职工参与校工会组织春季、秋季奥森健步走及羽毛球比赛、扑克牌比赛等活动。

12

教学单位

16个

2018年，学校设有教学单位16个，其中，专业学院13个、计算中心1个、机电实习中心1个、电子信息与控制国家级实验教学中心1个

4个

4个专业通过国家工程教育专业认证，1个专业入选北京高校首批一流专业

39个

2018年，学校设置专业39个，工科专业占比56.4%，形成以工为主、工管理经文法协调发展专业布局

323人

新增兼职博士生导师3人、硕士研究生导师50人。截至2018年底，兼职博士生导师达28人，硕士生导师达323人

901人

专任教师增至901人，占教职工总量61.8%；具有博士学位教师占专任教师57.2%

入选2018—2020年博士学位授予立项建设单位

- 新增光电测试技术、高动态导航、绿色发展大数据决策等北京市重点实验室。
- 与北京科技大学、清华大学、北京理工大学、北京交通大学等院校合作，共建材料基因工程北京高精尖创新中心、生物医学检测技术及仪器北京实验室、新能源汽车北京实验室、北京电动车辆国家级2011协同创新中心、国家经济安全预警工程北京实验室等科研平台

BEIJING
INFORMATION
SCIENCE & TECHNOLOGY
UNIVERSITY

ACADEMIC INSTITUTION

教学单位

机电工程学院

概况

98人

专任教师98人，其中，正高级职称18人、副高级职称40人、具有博士学位62人、兼职博士生导师8人、硕士生导师52人

1715人

在校学生1715人，其中，研究生225人、本科生1490人

北京信息科技大学机电工程学院（School of Mechanical and Electrical Engineering，简称“机电学院”）成立于2006年。办公地点位于小营校区实验楼802室。学院下设机械工程系、车辆工程系、工业工程系、工业设计系、新能源科学与工程系、机械电子工程系、基础教学部、机电实习中心。2018年，学院设有机械设计制造及其自动化、车辆工程、工业设计、工业工程、新能源科学与工程、机械电子工程、机器人工程7个本科专业，车辆工程专业为国家级特色专业建设点、北京市品牌建设专业，机械设计制造及其自动化专业为北京市重点建设专业、北京市特色专业。学院拥有机械工程一级学科硕士学位授权点及机械工程领域、车辆工程领域2个专业硕士学位授权点，机械工程一级是北京市重点建设学科，下设5个研究方向：机电系统测控与信息化、智能制造、机械设计及理论、车辆系统动力学与控制、机器人技术。学院有教职工131人，包括专任教师98人。专任教师中，正高级职称18人、副高级职称40人、具有博士学位62人、兼职博士生导师8人、硕士生导师52人。毕业学生419人，其中，研究生66人、本科生353人。招生481人，其中，研究生78人、本科生403人。截至2018年底，学院在校学生1715人，其中，研究生225人、本科生1490人。学院在年度二级单位考核中考核等次为优秀，获学生工作排名第一单项工作奖。

（权铁汉）

学科建设与研究生教学

3项

完成研究生联合培养基地建设项目1项、研究生科技创新项目3项

4月，学院对照国务院学位委员会机械工程学科评议组设定申请博士学位授权点标准，制定“机械工程学科申报博士点建设规划”。5月，申报“学科群”建设项目1项、“信息+”建设项目5项。8月，完成北京市高精尖学科申报工作。9月，召开机械工程一级学科硕士学位授权点、机械工程及车辆工程专业硕士学位授权点自评估专家评审会，3个学位授权点通过自评估；按照国务院学位委员会文件精神，完成机械工程、车辆工程2个专业硕士学位授权点整合调整工作。4月，遴选9名研究生赴日本早稻田大学及越南河内大学参加国际交流项目。5月，完成78名研究生招生录取工作。6月，66名研究生毕业并获硕士学位，6名学生毕业论文获评优秀硕士论文；新增硕导7人，聘请校外兼职导师5人。7月，组织完成研究生科技创新项目3项；11月，完成校外兼职博士生导师校内备案工作。建设校外研究生联合培养基

地，承担完成研究生联合培养基地建设项目 1 项、研究生科技创新项目 3 项。

（安媛）

教学工作

7 项
获批教学改革项目 7 项，包括重点项目 2 项

1 项
获 2017 年北京市高等教育教学成果奖一等奖 1 项

2 项
获批 2018 年度精品在线开放课程建设项目 2 项

6 月，学院完成本科教学工作审核评估自评报告及迎评工作，6 个专业通过北京市本科教学工作审核评估。9 月，完成机器人工程专业招生咨询、报名、面试、遴选等工作。9 月，完成机械设计制造及其自动化工程教育认证复评申报书、年度改进报告；12 月，被中国工程教育专业认证协会受理。年内，整理院级教学管理制度，制定《机电工程学院生产实习管理办法》《机电工程学院教学文档归档办法》，修订《2018 年机电工程学院本科学生转专业实施细则》《机电工程学院教师教学效果评价工作实施细则》。参加学校教学改革项目申报工作，完成项目申报、专家外审工作，获批教学改革项目 7 项，包括重点项目 2 项。获 2017 年北京市高等教育教学成果奖一等奖 1 项。组织优质课程申报工作，申报优质课程 3 门。获批 2018 年度精品在线开放课程建设项目 2 项。申报 2018 年度国家虚拟仿真实验教学项目 1 项。发表教改论文 17 篇，包括核心论文 1 篇。出版教材 3 本。参加（中国）机器人大赛暨 RoboCup 公开赛、（全国、首都）大学生机械创新设计大赛、（全国）三维数字化创新设计大赛、全国大学生工业设计大赛（北京赛区）、2018 年首届全国大学生可再生能源科技竞赛等，获省部级以上奖项 27 项，获奖人次 83 人次。组织“机电之光”杯大学生机器人设计大赛比赛。申报并完成 42 项大学生科技创新计划项目，其中，国家级项目 8 项、市级项目 27 项、校级项目 7 项。申报并完成完成北京高等学校高水平人才交叉培养“实培计划”项目 3 项，申报并完成开放实验 17 项。依托众创空间孵化各类科技创新项目 7 项、科技创新团队 1 个，开展挑战杯、创新杯系列等学生科技创新讲座 8 场，累计参与 600 余人次。开展创新杯校内选拔赛，学生获校创新杯各类比赛一等奖 3 项、二等奖 3 项，三等 2 项。经众创空间孵化项目获校友杯创新创业大赛一等奖。新增北京工研精机股份有限公司校外实习基地、机科发展科技股份有限公司校外实习基地、中国工业文化创新创业基地校外实习基地。继续执行“双培计划”，选送机械电子工程和车辆工程 2 个专业 30 名 2017 级学生到北京理工大学交流学习。执行“外培计划”，从机械设计制造及其自动化和机械电子工程 2 个专业选拔 5 名学生参加外培计划。承担校级以上教改项目 9 项，高水平人才交叉培养“实培计划”项目 2 项。

（樊晓雪）

科研工作

562.2 万元
科研经费到款 562.2 万元，其中，纵向 398.9 万元、横向 163.3 万元

3 项
获批国家自然科学基金 3 项、国家社会科学基金 1 项、国家重点研发专项子课题 1 项、教育部人文社科项目 1 项

113 篇
发表学术论文 113 篇，包括核心期刊 40 篇、SCI 检索 20 篇、EI 检索 6 篇

2018 年，学院科研经费到款 562.2 万元，其中，纵向 398.9 万元、横向 163.3 万元。申报国家自然科学基金项目 8 项，获批国家自然科学基金 3 项、国家社会科学基金 1 项、国家重点研发专项子课题 1 项、教育部人文社科项目 1 项。发表学术论文 113 篇，包括核心期刊 40 篇、SCI 检索 20 篇、EI 检索 6 篇。授权发明专利 7 项、实用新型专利 6 项。对校内科研实验室给予运行经费资助并开展年考核，开展与校外科研基地及院所合作。发放科研编制奖励共计 60.7657 万元。完成 2019 年科研平台项目申报工作。完成学术标兵评选与科研成果奖励工作，年度院内科研成果奖励共 8.1 万元。9 月，举办智能制造与机器人学科前沿技术学术讲座，邀请瑞典皇家理工学院教授王立翚到校讲座。12 月，举办“与机器人和机械电子工程结缘 - 兼谈学习和成长”论坛，邀请上海大学教授钱晋武到校讲学。

（安媛）

实验室建设

707.80 万元
新增实验设备 220 台、新增固定资产 707.80 万元

1634.11 万元
新增设备和建设经费 1634.11 万元

2018 年，机械工程实验教学中心由工程训练中心、机械基础实验室和专业实验室、科技创新基地组成，使用面积 7500 平方米，仪器设备 3964 台（套），设备总值 9874.36 万元。包括 2018 年新增实验设备 220 台、新增固定资产 707.80 万元。新增设备和建设经费 1634.11 万元。1 月，完成 2017 年度机械工程实验教学中心国家级实验教学示范中心年度考

核报告。5月，完成实验室门牌信息规范工作；整理汇编实验指导书、实验室规章制度。9月，完成2017—2018学年实验室信息上报工作。申报本科教学基础设施修缮改造项目3项。12月，完成科研实验室安全隐患自查工作。

（樊晓雪　安媛）

党建工作

21个

学院党委下属党支部23个，其中，教工党支部11个、本科生党支部5个、研究生党支部7个

350人

有党员350人，其中，教职工党员100人、本科生党员148人、研究生党员102人，组织关系暂存学校党员38人

2018年，学院党委下属党支部23个，其中，教工党支部11个、本科生党支部5个、研究生党支部7个。有党员350人，其中，教职工党员100人、本科生党员148人、研究生党员102人，组织关系暂存学校党员38人。全年发展预备党员95人，其中，本科生预备党员71人、研究生预备党员24；转正预备党员98人，其中，教师预备党员2人、本科生预备党员71人、研究生预备党员25人。贯彻落实全国全市教育大会精神，在习近平新时代中国特色社会主义思想指引下，贯彻落实立德树人根本任务。开展"五个环境建设"为统领，召开学院学科建设研讨会、专业建设研讨会，推进完成十三五学科专业建设规划。制定处级中心组、党员和教师3个层次理论学习计划，组织完成学习任务。学院党委委员进行重新分工，党委副书记与书记签订党建工作责任书，党委所属全部党支部书记和院党委书记或副书记签订党建工作责任书。研究成立学院全面从严治党宣传教育月活动领导小组。组织教工党支部、本科生及研究生开展主题党日活动。组织教师支部签订《全面从严治党工作责任书》，处级领导签订《处级领导干部廉洁从政承诺书》。以"两学一做"为基本内容，以"三会一课"为基本制度，以党支部为基本单位，开展学习教育。开展党支部建设，建立党支部工作台账。开展学生党建工作，规范支部党员活动，开展抓党建促学风工作，开展青年思想引领工作。贯彻全国全市教育大会精神，建立健全学院师德建设机制。把师德教育列入学院处级中心理论组、党员教育、教职工理论学习计划。成立机电工程学院师德建设工作领导小组，统筹开展学院师德建设工作。开展师德负面清单自查和互查工作。将师德教育内容纳入教师培训计划方案，组织2名青年骨干教师参加《2018年北京高校教师"习近平新时代中国特色社会主义思想"理论培训班》，以师德教育为核心，开展二期教师论坛。执行党风廉政建设责任制，按照"一岗双责"，落实三级责任体系，层层签订责任书，开展经常性教育。执行党政联席会议制度和"三重一大"制度，推进院务公开、党务公开、制度公开。梳理学院教职员工和学生思想倾向，进行定期会商研判、情况通报、风险防控和管控处置。严格意识形态工作责任，明确学院相关领导干部抓意识形态工作基本遵循。开展统战、工会教代会、共青团、校友会相关工作。落实安全工作"党政同责、一岗双责、失职追责"责任制，进行安全稳定工作责任分解。开展安全教育和宣传工作，制定安全稳定突发事件处理办法，学院党政负责人学习保密法规，落实保密教育各项工作。

（郭峰）

学生工作

3月24日，学院机械专业学习小组被评为"百校千组学讲行"主题教育活动示范学习小组。4月18日，召开学生党员大会，开展党风廉政警示教育活动。4月19日，学院院级团校举行结课仪式，院党委副书记张艳参加仪式；院级团课历时半个月，学习内容涵盖团支部建设、班级建设、共青团干部和学生干部培养等方面。5月4日，机电1501团支部被评选为北京市五四红旗团支部。5月16日，在小营校区报告厅承办第二届文化艺术节之"逐梦新时代"青年演说家决赛。5月26日，本科生学生党支部在廉洁奥运主题馆开展"树廉洁心，做廉洁人"党日活动。6月8日，学生党支部在2018年"学党章、知党史、不忘初心、牢记使命"党章党史知识竞赛活动中获二等奖。6月20日，开展"感母校恩 立报国志"毕业生党员主题党日活动。6月26日，在小营校区大学生文化艺术中心举行"青春启航 栀子花开"毕业好声音晚会。6月28日，在小营校区大学生文化艺术中心举行2018届毕业生毕业典礼暨学位授予仪式，2018届本硕毕业生参加典礼。7月1日，车辆工程专业学生党支部获校示范党支部称号。7月5日，航天九院激光导航公司党支部成员与学院研究生党员开展红色"1+1"共建活动。9月15日，举行2018级新生班级团体建设系列活动。9月19日，邀请瑞典皇家理工学院教授王立犟开展《智能制造与机器人学科前沿技术》讲座，18级机器人专业学生参加讲座。10月17日，举行2017—2018学年勤信班集体创建考评暨团日活动答辩公开赛决赛，工设1601班获学院勤信班集体一等奖、主题团日活动一等奖。10月18日，党委书记王吉芳、副书记张艳、辅导员张婧梅、研1701学生党支部党员等一行赴航天九院激光导航公司开展红色"1+1"共建活动。9—10月，评选出国家奖学金3人、国家励志奖学金51人、校长奖学金1人、学习优秀奖学金198人（特等奖学金3人、一等奖学金32人、二等奖学金68人、三等奖学金95人）、科技创新奖学金46人、社会贡献奖学金111人、文体优秀奖学金16人、"华成时代平安校园"奖学金5人。11月11日，与学校启创未来辅导员工作室联合邀请中国农业大学信息与电气工程学院副教授赵然作题为《浅谈工业协作机器人

技术发展与创新》前沿讲座。11 月 19 日，举行“传承美德，唱响青春”2018 年班级文化节之新生合唱比赛。11 月 23 日，师生走访杭州杭叉集团股份有限公司。11 月 28 日，本科学生党支部到北一机床厂参观学习。11 月 29 日，学院师生走访南京金龙客车制造有限公司企业，与南京航空航天大学“东航 3+1”项目交流生开展“倾听心声，助力成长”主题座谈会。11 月 30 日，15 名共青团志愿者前往昌平区北七家镇桃园社区开展志愿服务对接及消防安全宣传志愿活动。12 月 1—2 日，学院指导设计作品《“袖箭”特种单兵多功能飞行器》，在首届全国武器创新设计大赛中获三等奖。12 月 2 日，与学校启创未来辅导员工作室联合举办《从中国航空发动机发展历程看青年发展之路》主题学生创新素养培训讲座，主讲人为学校 2003 级校友、中国航发上海商用航空发动机制造有限责任公司高级工程师于建华。12 月 19 日，机器人 1701 班参加 2018 北京高校“我的班级我的家”十佳班集体创建答辩评选会，获北京市优秀示范班集体称号。12 月 19 日，研究生党支部在学校“光辉岁月 40 年，砥砺奋进新时代”主题党日活动中获三等奖。12 月，工设工业学生党支部获 2018 北京高校红色红色“1+1”活动三等奖，研 1701 党支部获 2018 北京高校红色红色“1+1”活动优秀奖。2018 届毕业生宽口径就业率 100%、本科生考研率 13.26%、研究生考博率 12.70%。

（赵洁）

对外交流

2018 年，学院落实北京高校高水平人才交叉培养计划，参照工程教育认证标准和要求，保持与日本福井大学、德国耶拿应用科技大学和美国奥克兰大学合作办学关系，落实外培计划，完善双学位条例和办法，规范留学生选派、学分兑换、成绩认定和学位授予等管理办法，与国际知名高校开展对接与合作。执行“双培计划”，选送机械电子工程和车辆工程 2 个专业 30 名学生到北京理工大学交流学习。从机械电子工程专业选拔 1 名学生参加“外培计划”。参加日本福井大学“3+1”项目交流学生 2 人。暑期免费赴境外（美国）参加专业拓展实践 3 人。参加北京理工大学北京学院暑期集训项目 20 人。参加“北京市‘一带一路’国际大学生科技创新训练营”2 人。

（樊晓雪）

获北京市高等教育教学成果一等奖

4 月，学院教学成果“树立多维度大工程理念，创建机械工程国家级示范中心，强化实践创新能力培养”获北京市高等教育教学成果一等奖。教师团队针对高校工程应用型人才实践创新能力培养需求，提出“广开资源、延伸时空、拓展内涵”多维度大工程理念，指导创建机械工程实验教学示范中心，发展高校创新实践能力，培养大工程理念和体系。

（樊晓雪）

完成审核性评估自评报告及迎评工作

4—6 月，学院完成审核性评估自评报告及迎评工作。成立审核性评估领导小组，制定工作方案，从院领导、督导组、系主任、教学管理、教师层面检查、整改。落实教学文档和实验室工作，完成 2016—2017（2）、2017—2018（1）学期所有课程试卷文档、实践环节教学文档（包括课程设计、毕业设计、实验报告、生产实习报告等）整理和整改。检查整改实验室环境、安全、制度，整理和装订实验指导书和实验室制度。完成自评报告和迎评方案撰写，完成教材整理、教案整理、展板制作、学院制度整理等相关迎评工作。

（樊晓雪）

成立师德建设工作领导小组

5 月 17 日，学院成立师德建设工作领导小组。师德建设工作领导小组旨在贯彻《北京信息科技大学师德建设长效机制实施细则》文件精神，建立健全师德建设工作领导责任制和工作机制。学院党政主要领导任组长，落实领导主体责任和相关人员工作责任，将师德师风建设各项举措任务分解，统筹开展学院师德建设工作。

（郭峰）

学位授权点通过自评估

9 月 19 日，学院组织召开机械工程一级学科学位授权点、机械工程及车辆工程专业学位授权点自评估专家评审会。评审专家组长由中国工程院院士、国务院学科评议组成员、浙江大学机械学院谭建荣担任，专家组成员有中国矿业大学（北京）机电工程学院教授范迅，清华大学杰青基金获得者、机械工程学院教授褚福磊，北京航空航天大学机械工程及自动化学院教授于靖军，北京理工大学机械与车辆工程学院教授张春林。学校党委副书记、校长王永生参加会议，学院党政领导、全体教授、各系（部）主任及部分青年教师代表参加评审会。专家组听取自评估总结汇报、查阅相关资料、经讨论和质询，一致同意上述 3 个学位授权点通过自评估。

（安媛）

机器人 1701 班获评优秀示范班集体

12 月 19 日，学院机器人 1701 班参加在北京工业大学举行的 2018 北京高校“我的班级我的家”十佳班集体创建答辩评选会。25 所高校参与此次答辩。机器人 1701 班进入最终答辩。通过班级介绍展示和答辩，获北京市优秀示范班集体称号，此次获奖是继机电 1401 班、机电 1501 班后，学校连续三年获北京市优秀示范班集体称号。

（赵洁）

仪器科学与光电工程学院

概况

2个

学院设有测控技术与仪器、光电信息科学与工程 2 个本科专业

8000 余万元

教学科研仪器设备总值 8000 余万元

71 人

专任教师 71 人、教授 12 人、副教授 38 人

50 人

兼职博士生导师 3 人、硕士生导师 50 人

800 人

在校学生 800 人，其中，学术型硕士 79 人、专业型硕士 132 人、本科生 589 人

北京信息科技大学仪器科学与光电工程学院（School of Instrument Science and opto Electronics Engineering，简称“光电学院”）成立于 2012 年。办公地点位于小营校区实验楼 205 室。2018 年，学院设有测控技术与仪器、光电信息科学与工程 2 个本科专业。测控技术与仪器专业是北京市特色专业建设点和北京市应用型人才培养试点专业；2014 年、2017 年，2 次通过中国工程教育专业认证，是学校首个通过认证专业；2017 年，入选首批北京市一流专业。拥有仪器科学与技术、光学工程两个一级学科硕士学位授权点及仪器仪表工程领域专业硕士学位授权点。与相关高校联合培养博士生。“仪器科学与技术”是学校特色优势学科和引领学科，入选北京市高精尖建设学科，与清华大学仪器科学与技术学科共建，该学科二级学科“精密仪器及机械”是北京市重点学科，“测试计量技术及仪器”是北京市重点建设学科。学院拥有“光电测试技术及仪器”教育部重点实验室、“光纤传感与系统”北京实验室、“先进光电子器件与系统”学科创新引智基地（“111 基地”）、“光电信息与仪器”北京市工程研究中心、“光电测试技术”北京市重点实验室、“生物医学检测技术及仪器”北京实验室（与清华大学等共建）、“先进光电子器件与系统”北京市国际科技合作基地（与剑桥大学、清华大学共建）等科学研究基地。拥有“仪器与光电工程”北京市实验教学中心等本科教学实践基地，教学科研仪器设备总值 8000 余万元。学院曾获国家科技进步奖、北京市科学技术奖和北京市教学成果奖多项。学院与美国奥克兰大学以“2+2”和“1+1.5”方式联合培养本科生和硕士研究生，与英国、日本、澳大利亚等国高校建立合作关系。学院有教职工 82 人，包括专任教师 71 人、教授 12 人、副教授 38 人；兼职博士生导师 3 人、硕士生导师 50 人；学院兼职教授 17 人，包括双聘院士 7 人、海外高层次人才 3 人。毕业学生 211 人，其中，研究生 59 人、本科生 152 人。招生 239 人，其中，研究生 87 人、本科生 152 人。截至 2018 年底，在校学生 800 人，其中，学术型硕士 79 人、专业型硕士 132 人、本科生 589 人；与北京邮电大学联合培养博士生 2 人，与合肥工业大学联合培养博士生 5 人，与天津大学联合培养博士生 2 人，与长春理工大学联合培养博士生 1 人。学院在 2018 年度学校二级单位考核中获“勤信杯”。

（董明利）

学科建设与研究生教学

2018 年，学院以“仪器科学与技术引领学科全面达到博士授权点标准”为目标，以高精尖学科立项建设为依托，明确学科建设引领地位和建设举措。晋升副教授 12 人，引进青年教师 12 人，青年教师张雯入选中国科协“青年人才托举工程”。仪器科学与技术学科与清华大学签署共建协议并入选北京市高精尖建设学科；仪器科学与技术、光学工程、仪器仪表工程 3 个学位授权点通过合格评估。学院招收全日制硕士生 87 人，招收联合培养博士生 2 人，联合培养博士生授予学位 1 人，进站博士后 1 人。落实研究生二级管理制度，教学环节教学文件完备。2018 届 57 名全日制硕士生学位论文评审全部采用双盲方式，授学位率 100%，5 人获评校级优秀硕士论文，生均核心期刊以上学术论文录用率大于 1。

（娄小平）

教学工作

2018 年，学院开展教学改革，制定新版培养方案，优化课程体系，强化实践性教学环节。完成全年各项教学任务，无教学事故。完成本科教学工作审核评估、分类办学指导专家组进校检查等专项工作。测控技术与仪器北京市属高校一流专业建设方案通过北京市审批，完成 2018 年度和 2019 年度经费预算工作。光电信息科学与工程专业申请 2019 年度中国工程教育专业认证并被受理。2018 级学生参加“双培计划”39 人，参加“外培计划”4 人。33 名 2014 级学生、39 名 2015 级学生参与“实培计划”项目，获资助经费 186 万元。祝连庆教授入选 2018—2022 教育部仪器类专业教学指导委员会委员。周哲海教授获 2018 北

京市师德先锋称号。张晓青教授入选 2018 校级优秀主讲教师。张帆副教授获 2018 校级青年教师教学基本功比赛三等奖及优秀教案奖。学院获北京市教育教学成果一等奖 1 项。获批教育部仪器类专业教学指导委员会新工科建设项目 1 项、校级教改项目 4 项、校级精品在线开放课程建设项目 3 项、教改项目 2 项，6 项课程建设项目通过结题验收，发表教改论文 15 篇，出版教材 1 本。举办第六届全国大学生光电设计竞赛（北京赛区）暨第一届北京市大学生光电设计竞赛。完成大学生科技创新计划项目 38 项，包括国家级 8 项、市级 24 项。在 RoboCup 机器人世界杯、中国机器人大赛、全国光电设计竞赛等各类学科竞赛中，获一等奖 9 项、二等奖 16 项、三等奖 28 项。

（周哲海）

科研工作

3099.4 万元

科研到款总额 3099.4 万元，其中，纵向科研经费 1212.6 万元、横向经费 850.8 万元、军工项目 1036 万元

571 项

新增科研项目 57 项

2018 年，学院科研到款总额 3099.4 万元，其中，纵向科研经费 1212.6 万元、横向经费 850.8 万元、军工项目 1036 万元。新增科研项目 57 项。申报国家自然科学基金 26 项，获批 4 项，其中，面上项目 1 项、青年基金 3 项。获批北京市自然科学基金项目 3 项。发表论文 135 篇，包括 SCI 检索论文 47 篇。获授权中国发明专利 38 项、美国发明专利 2 项，申请国家发明专利近 100 项。“航天器姿态与编队组网间方位的高精度一体化感知测量系统”获中国仪器仪表学会科学技术奖一等奖。9 月，光电测试技术及仪器教育部重点实验室获批立项建设。集体组织教师、在校研究生参加校内外相关领域学术会议 10 余次；邀请英国、美国、澳大利亚等国高校、研究机构、企业等机构专家、学者 30 余人次来校访问、开展合作研究。协办国内外学术会议 3 次。

（娄小平）

实验室建设

2018 年，学院有仪器与光电工程北京市实验教学示范中心 1 个。中心面积约 700 平方米，下设实验室 7 个，可为本科生和研究生开设光、机、电、算各环节实验及综合类实践课程。实验中心承担国家级、市级、院级大学生电子设计大赛、虚拟仪器大赛、光电设计竞赛等各类学科竞赛，各类大学生科技创新计划项目、创新创业类项目及实验室开放项目等。在北京市一流专业建设项目和学校教学条件建设项目支持下，购置 970 余万元实验设备，包括白光干涉仪、光学虚拟仿真实验平台、液晶显示综合实验平台等。中心与上海讯技光电科技有限公司、德国 Wyrowski Photonics 公司成立 BISTU- 讯技 -Wyrowski 光学虚拟仿真联合实验室。

（周哲海）

党建工作

12 个

学院党委下属党支部 12 个，其中，教工党支部 4 个、本科生党支部 3 个、研究生党支部 5 个

206 人

有党员 206 人，其中，教职工党员共 63 人，学生党员 143 人

2018 年，学院党委下属党支部 12 个，其中，教工党支部 4 个、本科生党支部 3 个、研究生党支部 5 个。有党员 206 人，其中，教职工党员共 63 人，占比 71.6%，学生党员 143 人，占比 20.8%。推进党员发展“全程纪实”，落实在职党员社区报到工作。管理党员组织关系，完成党内年度统计、党费交纳统计。严格入党积极分子选拔培养，落实入党答辩制度，全年发展党员 53 人，预备期满按时转正党员 59 人。学习贯彻党的十九大、习近平总书记系列重要讲话精神，坚持“围绕中心抓党建、抓好党建促发展”思路，以“五个环境建设”为统领开展党建工作。推进“两学一做”学习教育常态化、制度化。引导师生学习贯彻习近平新时代中国特色社会主义思想，培育践行社会主义核心价值观，树立“四个意识”，增强“四个自信”。落实支部书记例会制度，签订支部书记党建责任书。坚持集体决策，落实《二级学院党组织会议和党政联席会议实施办法（试行）》，涉及学院重大问题及其政治事项，均由党政联席会、党委会研究决定。制定完善涉及安全稳定、科研提成、师德建设、统战和工会慰问等方面工作规章制度。落实学院理论中心组、党员和全体教职工三个层面理论学习制度。新入职教职工和学校签订《师德承诺书》，多层次开展师德教育。组织教师学习全国和北京市教育大会精神、全国和北京市高校思政会议精神、习总书记庆祝改革开放 40 周年大会讲话、师德师风建设系列法规制度等。开展做新时代“四有”好老师和“四个引路人”学习实践系列活动，教育引导师生政治上、思想上、行动上同以习近平同志为核心的党中央保持高度一致。落实意识形态工作责任制，将意识形态工作与中心工作同部署、同落实。以“两学一做”为契机开展基层党支部建设。党委书记向党员、积极分子讲党课 2 次，组织全院层面学习教育活动 5 次。各支部以“三会一课”为依托组织学习讨论，平均每月一次，覆盖党员群众。教师党支部落实党的教育方针，建设科研、教学团队。2 名青年教师进入学校“树人班”培训并结业，1 名教师获评北京市师德先锋和学校师德标兵。学院获评“三育人”先进集体 1 个，“三育人”先进个人 4 人。党委、党支部在涉及人员聘用、评职称、评奖评优等工作中严把政治关、师德关，确保政治综合素质过关。完成光电系党支部

委员会届中调整和教职工党支部委员会换届选举。开展党支部年度考核，进行综合考评，督促整改。组织支部书记党建述职，实现三年内现场述职全覆盖。测控专业第一学生党支部“示范党支部”建设点培育工作获通过，并获评北京市2018红色“1+1”支部建设优秀奖。1名学生党员获评2017年北京市先锋杯优秀团干部，学院暑期社会实践团获评北京市2018年社会实践优秀团队。测控1601班和研1701班获评校级先进班集体。学院党委落实二级党校有关制度，提高院级党课教学水平。迎接市属高等学校师德建设、学风建设督导调研，学院党委多次召开会议研究部署，完成一级指标6项、细化指标34项全面自查。9月13日，工作组专家进校，学院得到工作组专家肯定，完成迎检工作。开展全面从严管党治党“宣教月”系列活动为。学院党委履行全面从严治党主体责任，落实目标责任要求。学院与二级机构负责人签订廉政责任书，开展科研经费使用规范性自查。履行“一岗双责”，落实“三重一大”制度，有关事项均经过班子集体研究决策。按《北京信息科技大学党支部工作和活动经费使用及管理规定（试行）》《北京信息科技大学党费收缴 使用及管理规定（试行）》要求使用党内经费。推进“平安校园”建设提升工程，落实保密责任。开展“平安校园”建设提升工程中期工作自查，梳理检查安全稳定和保密工作责任落实情况。成立安全稳定工作领导小组，逐级签订责任书，落实网格管理责任。参加学校消防安全文化节，提升学生应急能力。积极预防和化解各类矛盾问题。贯彻执行保密政策。组织师生观看《雷霆行动》。积极参加学校各类保密培训，履行保密职责。开展工会、教代会和统战工作。开展“和谐之光”“健康之光”“文化之光”系列主题活动。组织、参与学校第二届“双代会”。成立学院统战工作领导小组，书记任统战委员，全面领导统战工作开展。2018年年初，学院党委决定在酒仙桥校区光电信息与仪器北京市工程研究中心组建测控系教师第二党支部，将党支部建设在科研基地上。控系教师第二党支部带领工程研究中心全体师生开展《文化自信与民族复兴》晨读，合唱《祖国颂》。年内，工程研究中心教师7人晋升为副教授，3人获批国家自然科学基金青年基金，3人获批其他重大课题立项资助，1人入选中国科协“青年托举人才”计划，青年教师发表SCI收录论文33篇。

（沈度）

学生工作

2018年，学院获评北京市“先锋杯”优秀团支部1个、优秀团干部1人，获评市级三好学生1人。红色“1+1”党支部共建活动获市级优秀奖。获评首都暑期社会实践优秀团队1个、先进个人1人。国家级学科竞赛获奖9项32人次，其中，一等奖1项、二等奖3项、三等奖5项。省部（市）级学科竞赛获奖1项2人次。在团员中开展“十梦十责”主题宣讲活动。组织学生观看《青年马克思》电影，开展国家安全教育日主题活动。组织参观国家博物馆“改革开放四十周年”展览、双清别墅、炎黄艺术馆等。获评百名时代先锋6人、校十佳活力团支部1个、十佳团支书1人。发展学生党员53人，转正58人。实施党员先锋工程，开展党员责任区、党员助学课堂、红色“1+1”共建、“新时代、新担当、新作为”“光辉岁月四十载，砥砺前行新时代”主题党日活动等。测控第一学生党支部示范党支部建设以第一名成绩通过答辩验收。党团组织赴杏林敬老院、金融街社区等地志愿服务。参加学校文化艺术节，承办“职为你来”生涯系列讲座和模拟应聘大赛，组织学生1200余人次参与34项活动，获校诗词大会冠军、主持人大赛亚军、朗读者第一名、三球联赛足球冠军、研究生篮球争霸赛冠军、勤信女生第一名等13个奖项。获文化艺术节最佳风采奖。举办学院第三届科技创新实践文化节、“乒羽联赛”“为凝而战”团支书风采展示、“光电朗读者”“光电青年分享”“心仪星光”年度颁奖典礼、校友“话就业、话成长”等活动。组织赴西安高校和企业，以“一带一路”为主题开展社会实践。以班级为单位开展“光电学院学风建设月”“勤信班集体”创建、“光电学院‘优学习’‘真温馨’‘爱卫生’优秀宿舍评比”等活动。测控1601班和研1701获评校先进班集体。开展“我要学习·共同成长”系列学业辅导活动。建立任课教师学工微信群，教师学工联动，落实考勤制度，推行学业导师制，组织“光电开讲了”助学课堂、考研辅导讲座、诚信考试专题教育等活动。开展“求真学堂”朋辈教育活动，邀请优秀学生分享经验。全年考试作弊零人次，学生不及格率下降，考研率提升。完善入学教育方案，开展新生引航工程。开办2018级新生初级党校，开展入党启蒙教育，组织新生观看影片《厉害了我的国》，参观中国航空博物馆。开展行为习惯养成教育活动，组织新生上晚自习。开展心理健康教育活动，开展心理团体辅导。认定家庭经济困难学生71人，包括特殊困难16人。评审一等助学金24人、二等助学金47人。评选国家奖学金4人（本科1人、研究生3人）、国家励志奖学金18人、校长奖学金1人、学习优秀奖学金70人、社会贡献奖学金31人、科技创新奖学金56人、文体优秀奖学金2人、华成时代平安校园奖学金2人、研究生学业奖学金197人。开展军训、征兵工作，征兵入伍2人。2018届本科生一次性就业率100%、核心就业率78.03%，居全校第二名；研究生

1个

获评北京市“先锋杯”优秀团支部1个、优秀团干部1人，获评市级三好学生1人

9项

国家级学科竞赛获奖9项32人次，其中，一等奖1项、二等奖3项、三等奖5项

1项

省部（市）级学科竞赛获奖1项2人次

一次性就业率 100%、核心就业率 98.28%，居全校第四名。本科生考研录取人数 25 人，考研率增至 19%，居全校第二名，出国率 6.8%，本科生总体深造率 25.8%，全校第三名。学院获北京高校就业工作突出贡献奖。运营十佳新媒体平台“光电之家”微信公众号，全年发布图文 178 篇，图文总阅读 87403 次，分享转发 1279 次。编印学院刊物《成长》。

（毛江一）

对外交流

2018 年，学院组织教师、在校研究生集体参加校内外相关领域学术会议 10 余次。先后邀请英国、美国、澳大利亚等国高校、研究机构、企业等单位专家、学者 30 余人次来校访问、开展合作研究。协办国内外学术会议 3 次。

（董明利）

自动化学院

概况

3 个

设有自动化、电气工程及其自动化、智能科学与技术 3 个本科专业

2 个

拥有一级学科硕士点 2 个、专业硕士学位授权种类 1 个、工程硕士授权领域 1 个

2 个

拥有北京市重点建设学科 2 个，教育部重点实验室 1 个、北京市重点实验室 1 个

北京信息科技大学自动化学院（School of Automation，简称“自动化学院”）始于 1974 年北京机械学校工业企业电气自动化专业，2007 年 10 月成立自动化学院，办公地点位于小营校区。设有自动化、电气工程及其自动化、智能科学与技术 3 个本科专业，包括国家级特色专业建设点 1 个、北京市特色专业建设点 1 个，1 个专业入选教育部“卓越工程师教育培养计划”，1 个专业通过工程教育专业认证，1 个专业获批教育部“地方高校本科专业综合改革试点专业”。拥有一级学科硕士点 2 个、专业硕士学位授权种类 1 个、工程硕士授权领域 1 个。拥有北京市重点建设学科 2 个，教育部重点实验室 1 个、北京市重点实验室 1 个，“控制科学与工程”一级学科为学校引领学科。拥有国家级实验教学示范中心 1 个、北京市实验教学示范中心 1 个、北京市校外人才培养基地 1 个。学院有专任教师 68 人，包括兼职博士生导师 5 人、硕士生导师 27 人；75% 具有博士学位，51% 具有高级职称；全国优秀教师 1 人、教育部教学指导委员会委员 1 人、北京市海外高层次人才 1 人、北京市特聘教授 1 人、北京市教学名师 5 人、北京市科技新星 1 人、北京市优秀教师 4 人、北京市优秀教学团队 1 个；北京市属市管高校创新团队 3 个、创新人才 3 人、青年拔尖人才 7 人、北京市人才强教深化计划骨干教师 4 人。毕业学生 341 人，其中，本科生 279 人、研究生 62 人。招生 361 人，其中，本科生 285 人、研究生 76 人。截至 2018 年年底，学院在校学生 1358 人，其中，全日制本科生 1148 人、研究生 210 人。学院获 2017 年国家技术发明二等奖 1 项，2018 年北京市科学技术二等奖 1 项。授权发明专利 10 项。学院获国家级教育教学成果二等奖 1 项。

68 人

专任教师 68 人，包括兼职博士生导师 5 人、硕士生导师 27 人

1358 人

在校学生 1358 人，其中，全日制本科生 1148 人、研究生 210 人

（苏中）

学科建设与研究生教学

1 项

获批北京市重点研发计划“一带一路”科技创新合作体系建设专项“控制与信息学科群国际科技合作水平提升计划”项目 1 项

100%

2018 届研究生核心就业率 100%、学位论文 100% 盲审

74 篇

研究生发表论文 74 篇，包括 SCI 期刊 1 篇、EI 期刊 2 篇、中文核心期刊 24 篇

2018 年，学院控制科学与工程、专业学位工程硕士（控制工程领域）学位授权点通过自评合格评估，承担新一代信息技术与智慧控制学科群和控制科学与工程学科博士点建设工作。获批北京市重点研发计划“一带一路”科技创新合作体系建设专项“控制与信息学科群国际科技合作水平提升计划”项目 1 项。承办第十二届海峡两岸信息科学与技术学术交流研讨会（CSCIST2018）。新增兼职博导 2 人、硕士生导师 4 人、企业导师 33 人。聘请 James Cook 大学教授 Xiang Wei 为兼职导师，年内，招生 1 人。学院与美国密苏里大学堪萨斯市校区、澳大利亚 James Cook 大学达成联合培养研究生协议。控制科学与工程一级学科按 4 个二级学科招收研究生，招收学术型硕士 24 人、工程硕士 51 人。2018 届研究生核心就业率 100%、学位论文 100% 盲审，5 名研

究生获学校2018届优秀硕士论文奖，7名研究生分别考取北京邮电大学、北京理工大学、中国科学院微电子研究所、华北电力大学博士生。研究生发表论文74篇，包括SCI期刊1篇、EI期刊2篇、中文核心期刊24篇。研究生获国际水中机器人大赛、中国机器人大赛、全国机器人锦标赛等科技竞赛奖励一等奖18项、二等奖7项、三等奖6项。

（易军凯）

教学工作

14篇

本科生全年发表论文14篇，包括SCI检索1篇、EI检索3篇、北大中文核心期刊4篇，1篇论文发表在《清华大学学报》

4项

获批校级教改项目4项，包括重点项目2项。公开出版教材1本；发表教改论文11篇，包括CSSCI期刊1篇、EI期刊1篇、北大中文核心期刊2篇

2018年，学院开展工程认证、本科专业审核性评估。自动化专业卓越工程师教育培养计划结题，学院与国内16所高校进入第一批卓越2.0（新工科）建设。创新创业课程全面融入人才培养方案，全覆盖、分层次创新创业工程人才培养体系在审核性评估工作中得到专家肯定。电气工程及其自动化专业承担“贯通计划”人才培养任务。7月，学院与北方工业大学、北京工业大学等兄弟院校及数十家企业发起成立地方高校电气自动化类新工科联盟，探索在新工科“北京指南”和建设一流本科教育“成都宣言”背景下，构建长效合作平台和育人机制。11月，学院承办2018全国人工智能与机器人青年学者论坛。39名毕业生考取国内研究生，15名毕业生出国留学深造。4名本科生入选瑞典中瑞典大学和美国密苏里大学堪萨斯市校区国际交流计划。2014级自动化专业本科生何人天被北京大学录取，攻读研究生。组织学生参加全国及北京市智能车竞赛、机器人竞赛、电子设计大赛、大学生物理竞赛、数学建模竞赛等大学生学科竞赛。在华北五省市大学生机器人大赛等省部级以上学科竞赛中获一等奖16项、二等奖10项、三等奖8项。获2018全国高校人工智能创新大赛二等奖2项、三等奖1项，获2018水下机器人目标抓取大赛三等奖1项。学院加强与英国工程师协会合作，举办“IET全球英语演讲竞赛（Present Around the World，PATW）——北京信息科技大学校园赛”，资助本科生参加国际会议。本科生全年发表论文14篇，包括SCI检索1篇、EI检索3篇、北大中文核心期刊4篇，1篇论文发表在《清华大学学报》。学院与美国德州仪器合作，开展技术交流与人才培养。学院3个专业开展微处理器系列课程改革，开展基于TI微处理器平台专业综合实战训练；微处理器系列课程改革与专业综合实战训练教学模式作为创新实践课程优秀案例在德州仪器（TI）中国教育者年会分享。获批校级教改项目4项，包括重点项目2项。公开出版教材1本；发表教改论文11篇，包括CSSCI期刊1篇、EI期刊1篇、北大中文核心期刊2篇。学院将创新创业课程《专业引领创新实践》《专业综合实战创新实践》纳入人才培养方案。学院在首届中国AI+创新创业大赛暨第二十届中国机器人及人工智能大赛上获一等奖1项、二等奖2项、三等奖1项。“无损血糖检测系统团队”获“创青春”首都大学生创新创业大赛银奖，获批入驻北京市创新创业北京信息科技大学基地。学院创新实践团队入选第四届全国青年人工智能创新创业大会路演，获一等奖1项、二等奖1项。

（陈雯柏）

科研工作

30项

学院新增科研项目30项

1605万元

到校科研经费1605万元

2018年，学院新增科研项目30项，包括国家自然科学基金面上项目1项、青年项目2项及北京市自然科学基金项目2项、北京市科技计划项目1项、“十三”五预研分承包1项。到校科研经费1605万元，包括高动态导航技术北京市重点实验室经费987万元。1名教师获2017年国防科学技术进步一等奖1项，4名教师获2018年北京市科学技术奖1项，编制国家JJF计量技术规范1项。重点实验室2人获批2018年国家自然科学基金项目2项。发表学术论文121篇，包括SCI期刊3篇（含1区1篇）、EI期刊13篇、中文核心期刊53篇。授权中国发明专利10项，出版专著2部。

（易军凯）

实验室建设

2018年，学院开展面向一流专业建设与中国制造2025背景下创新型人才培养模式改革实验室条件建设工作。该项工作在自动化专业通过2017国家工程教育“专业认证”基础上开展，建成先进双创智慧工厂实训平台，为提高学生解决复杂工程问题能力提供条件。

（陈雯柏）

党建工作

2018年，学院党委设党支部17个，其中，教师党支部6个、学生党支部11个。学院有党员252人。其中，正式党员184人、预备党员68人。教职工党员75人，其中，正

17 个

学院党委设党支部 17 个，其中，教师党支部 6 个、学生党支部 11 个

252 人

学院有党员 252 人。其中，正式党员 184 人、预备党员 68 人

式党员 74 人，预备党员 1 人，党员人数占教职工人员总数 70.8%。学生党员 177 人，其中，正式党员 110 人、预备党员 67 人，党员人数占学生总数 13%；本科生党员 91 人，占本科生总数 7.90%，研究生党员数 86 人，占研究生总数 40.95%。全年发展党员 66 人，转正 69 人；参加党课 265 人，结业 153 人，递交入党申请书 185 人。完成教师党支部书记及支部委员改选。组织教师支部书记和支委党务工作培训。完成 2017 年党委和党支部工作考评、2017 年各系工作汇报会。学院党委组织学习贯彻习近平新时代中国特色社会主义思想和党的十九大精神，执行党的政治路线，树立“四个意识”，确保两个“维护”，保证学院各项工作政治方向。学院确立自动化专业导论、自动化专题讲座、工程技术创新导论、电机学、智能科学技术导论、数字电子技术 6 门校级课思政建设课。教师党支部组织师生党员观看《首都百万师生同上一堂课》，开展课思政研究。电气系教师党支部开展“课程思政”集体备课。制定三级政治理论学习方案，推进各类学习。中心组成员参加校院两级学习 22 次。学院党委组织学习贯彻习总书记在全国教育大会、全国宣传工作会议、两院院士会议、北大师生座谈会和纪念马克思诞辰 200 周年等会议讲话精神。组织师生党员观看电影《厉害了，我的国》《青年马克思》。学生党员参观“改革开放四十年成就展”。电气系、办公室和学生党员代表参观抗日战争纪念馆和卢沟桥、圆明园遗址公园，17 级研究生党员和积极分子参观航空博物馆。“七一”之前和 12 月初，学院党委组织新党员入党宣誓活动和党员诚信考试承诺活动。开展“全面从严治党宣传月活动”，落实“五个一”要求。组织学习理论，观看廉洁案例视频，邀请财务处、国资处和纪检工作人员进行纪律教育，组织师生党员到“明镜昭廉”明代反贪尚廉历史文化园参观学习。开展处级干部管理，节假日前加强主动提醒与警示。组织党支部签署全面从严治党工作责任书。组织师生党员和积极分子学习新版《中国共产党纪律处分条例》。鉴于 1 名学生党员考试作弊，学院在加强教育基础上，组织所有学生党员专门开展党员考试行为承诺。新修订自动化学院党委“平安校园”建设提升工程工作方案、关于成立自动化学院统战工作领导小组的通知、关于新形势下切实开展统一战线“心桥工程”的实施办法、关于成立自动化学院党委师德建设分委员会的通知、关于自动化学院领导班子成员工作分工的通知、关于自动化学院领导班子成员调整联系教学系的通知等制度。完成 2018 年学院安全稳定最小单元格责任书签订。建立师德师风建设分委员会，完成学院师德师风建设督察自评报告和支撑材料。完成保密工作检查自评报告和学院非涉密机构自查组织工作。组织并参与完成学院新宣传栏建设。召开学院第一届教代会第二次代表大会，完成学校两代会代表选举及会议工作，收集并上报提案 9 件。组织“从以教为中心到以学为中心”为主题青年教师教学技能提升培训与交流活动。春季运动会学院教工团体组获第四名。组织女教工开展“辨析疑惑智慧生活”主题活动，组织教职工野鸭湖古崖居秋游，组织“欢欢乐乐一家人”团建和“包饺子促共建”活动。学院教师李擎被评为北京市师德先锋。电气系被评为校级三育人先进集体。学院教师李擎、马洁、厉虹、孔德娟被评为校级“三育人”先进个人。

（曹晋红）

学生工作

10 个

学生党支部围绕 10 个主题开展党日活动

6 次

组织专题集中学习 6 次

8 次

红色 1+1 共建活动 8 次

3 场

举办校友返校纪念活动 3 场、校友论坛 1 场、校友讲座 1 次

2018 年，学院入党启蒙覆盖全体新生，261 人参加院级党课，177 名优秀团员确定为入党积极分子，发展党员 65 人、转正 69 人。学生党支部围绕 10 个主题开展党日活动、组织专题集中学习 6 次、红色“1+1”共建活动 8 次。党员思想引领小组组织学生党员、积极分子阅读书籍 10 余本，全体党员完成在线学习任务。开展新生专业教育、安全教育、朋辈教育等，组织骨干培训、班级素质拓展、主题班会、晚自习等活动。开展“薪火相传”旧书捐赠、考研学子寄语等“追梦人”毕业季系列活动，举办毕业典礼。组织“践行新思想 拥抱新时代”团支部主题组织生活会，开展“好书伴成长”主题团日活动。组织学生观看庆祝改革开放 40 周年大会视频。开展国防教育，7 人入伍。“自动化心动传媒”微信平台推送文章近 200 篇，就业创业服务微信平台推送信息 500 余条。学院召开诚信考试教育主题班主任工作会 2 次，组织全体学生签订承诺书。召开家长会，探索家校共建机制。助学小课堂围绕专业核心课程授课 7 门共计 90 课时，帮扶结对 100 余对。举办 IET 全球英语演讲竞赛学校初赛及决赛，1 人晋级全国总决赛并获优秀选手称号。举办“辅导员讲英语之考研英语俱乐部”线上打卡、线下讲座等活动，120 余名学生参与。28 个班级参加勤信班集体创建，非毕业班班级参与创建率 100%。修订研究生学业奖学金评定细则，突出学科评估标准导向。推进班级学业奖学金评选工作，8 个班级获单科考试全达标奖，22 个班级获单科及格率最高奖，12 个班级获优良率最高奖，13 个班级获最高平均分奖，7 个班级获平均分进步

最快奖。2个班级获评校级“勤信”班集体。考研率13.98%，考博率11.11%。学院召开各类就业会议20余次。利用微信群、QQ群、微信公众号等渠道发布就业信息。组织考研经验交流会和讲座4次，指导考研调剂。举办学院专场宣讲会近20场，通过邮件、电话等向单位个性化推荐毕业生。1对1进行就业全程跟踪和指导，帮助学生就业。本科毕业生宽口径就业率99.64%、核心就业率78.14%，研究生毕业生核心就业率100%、居学校第一。承办文化艺术节“先锋论坛”辩论赛。举办篮球赛、趣味运动会等5项新生文体活动和“家”文化作品征集、“我和我的老师”征文等活动。开展三好、优干、先进班集体，优秀团员、团干、团支部及“十佳团支书，活力团支部”评选；对接沙河街道团委，开展“青春路标——思维导图带你学习共青团十八大报告”活动。联合举办智能小车竞速比赛，组织学生参观双创活动周主题展、Intel创新实验室、中国科技馆，参加海峡两岸信息科学与技术学术交流研讨会、全国人工智能与机器人青年学者论坛，举办《大学生创新思维培养》讲座。组织开展寒暑假社会实践。将思政教育、文化传承、学风引导与艺术表演相结合，举办学生表彰暨迎新会。举办校友返校纪念活动3场、校友论坛1场、校友讲座1次。获模拟应聘大赛一等奖等文化艺术节奖项20余项。党员、积极分子联系宿舍全覆盖，实行多维度思想引领、助学帮扶、安稳护航和舆情监控。新生心理课程、心理测评全覆盖，根据测评结果约谈学生32人次；开展新生安全教育讲座2场，《大学生安全教育》网络课程覆盖全体新生。组织新生安全委员、安全员12人参加CPR（心肺复苏）急救培训并获证书。召开安全教育主题班主任工作会2次。组织心理委员培训，开展春季和毕业生心理危机排查并进行针对性谈话。开展全院宿舍巡查近10次，表彰优秀宿舍60个，督促安全隐患宿舍整改。开展寒暑假学生安全教育和假期留宿、离返校统计。4名学生获“华成时代”平安校园奖学金。开展奖助学金评选，2人获校长奖学金，6人获国家奖学金，145人获学习优秀奖学金，55人获科技创新奖学金，97人获社会贡献奖学金，10人获文体优秀奖学金，25人获研究生科技成果专项奖学金。认定179名家庭经济困难学生，98人获一等助学金，77人获二等助学金。开展9名助学贷款学生填表和材料上报工作。为20名家庭经济困难学生报销火车票，5人获中科金财新生奖学金，40人获国家励志奖学金，6人获大学生慈善助学项目家庭贫困大学生助学金，6人获燕宝基金助学金。12名学生受到违纪处分，受理33名学生违纪处分解除材料并上报。开展少数民族学生思想政治教育和心理疏导工作，关注学习与生活，定期召开座谈会，进行跟踪谈话和一对一深度辅导，形成一人一策有关材料。举办学生事务管理中心交流分享会，邀请少数民族学生骨干分享在校学习和学生工作经验。组织贯通生开学典礼和见面会。召开贯通生座谈会，听取学生对课程学习、学生活动参与、后勤管理服务等方面意见建议。定期与任课教师联系，了解学生学习表现。深入学生宿舍和课堂，掌握学生学习、生活情况。解读《北京信息科技大学“贯通培养实验”高职学生学籍管理规定》有关内容，督促学生端正学习态度。向学生解释学费政策，协助财务处补收学费差额。为贯通生争取和办妥“一老一小”医疗保险，提供基本保障。将本科生奖助政策延伸到贯通生，落实奖助待遇。举办面向贯通生学生组织招新会。研1606班、研1701班学生党支部联合开展红色“1+1”共建活动获评北京市优秀奖。本科毕业生一次就业率连续6年位居学校前三名。

（张良志）

对外交流

2018年，学院与美国密苏里大学堪萨斯市校区和澳大利亚詹姆斯库克大学建立校际合作关系，开展“3+1”“3+1+1（硕士）”“2+2”“2+1”交换项目，联合培养本科生和研究生，可获两校毕业证书。聘请澳大利亚詹姆斯库克大学教授Wei Xiang担任兼职教授和研究生导师。举办第十二届海峡两岸学术研讨会。

（苏中）

承办人工智能与机器人青年学者论坛

11月11日，学院联合承办2018全国人工智能与机器人青年学者论坛在小营校区学术报告厅召开。论坛由中国人工智能学会主办，学院与中国人工智能学会青年工作委员会（CAAI-YC）、北京石油化工学院共同承办。论坛与华北五省（市、自治区）机器人大赛同期进行，来自国内30余所高校、研究院所专家、学者和参加论坛。论坛围绕“创新驱动智能担当”主题，探讨和交流“人工智能与机器人”等议题。论坛邀请中国人工智能学会副理事长刘宏、走向智能研究院执行院长赵敏、哈尔滨工业大学（深圳）计算机学院院长王轩、国防科技大学智能科学学院无人系统研究所所长徐昕、北京邮电大学全国百篇优博论文获得者李丽香及学院副教授范军芳作学术报告。

（陈雯柏）

电子信息与控制国家级实验教学中心

概况

北京信息科技大学电子信息与控制国家级实验教学中心（Experimental Teaching Center of Electronics information and Control，以下简称“中心”）前身是成立于2001年的电工电子实验教学中心。2007年，中心被评为北京市电工电子实验教学示范中心；2008年，被评为国家级电子信息与控制实验教学示范中心建设单位；2013年，被评为国家

1200 平方米

实验室占地面积近 1200 平方米，分布在小营和健翔桥校区

28 人

专任教师28人，包括博导2人、硕导5人；教授4人、副教授2人、高级实验师1人

级实验教学示范中心。中心是服务全校 16 个本科专业“三电”类专业基础课程和课程设计、电子工艺实习等实践教学任务教学单位。中心以学科建设为依托，以学生能力培养为中心，以实验教学改革为重点，构建面向电子电气信息学科专业人才培养多学科交融大电类实验教学平台。2018 年，中心下设教研室和实验室 2 个二级机构，包括电路、模拟电子技术、数字电子技术、电工、综合实践 5 个课程组，电工电路、电子技术、EDA 技术、SOPC 技术、综合电子技术、大学生实践创新基地、工程实训等 7 个功能实验室，实验室占地面积近 1200 平方米，分布在小营和健翔桥校区。中心有专任教师 28 人，包括博导 2 人、硕导 5 人；教授 4 人、副教授 2 人、高级实验师 1 人。高级职称教师占专任教师人数 29.6%；有博士学位教师 17 人，博士学位教师占专任教师人数 63.0%；有海外学历背景教师 2 人。

（高晶敏）

教学工作

18 门
承担课程教学工作 18 门

15 项
承担开放性实验项目 15 项

3 项
立项校级精品在线开放课程项目 3 项

20.3 万元
承担校内专项项目 2 项，项目经费 20.3 万元

2018 年，中心承担课程教学工作 18 门，面向 5 个学院通信、电信、自动化、智能、电气、机械、工业、工设、测控、物联网等 16 个专业共计约 134 班次学生。教学质量达到优良，全年无教学事故。承担开放性实验项目 15 项。指导北京市大学生创新项目 3 项，全部通过结题验收。领导班子会议、课程组研讨会议和中心全体大会 3 种形式会议定期召开，落实各项教学工作。中心教学工作组先后开展教师教学效果评价，实行新入职教师教学导师制，申报本科校内专项项目、校级教改项目及精品在线开放课程建设项目。推行教考分离，共 8 门课程实行教考分离，占中心承担课程 80%。立项校级精品在线开放课程项目 3 项，课程视频录制全部完成，在《电路分析》《模拟电子技术》《数字电子技术》3 门课程中推广使用。组织院级青年教师教学基本功比赛，推荐 2 名青年教师参加校级比赛，2 名教师均获三等奖，1 名教师获优秀教案奖。承办北京高教学会电子线路研究会暨北京市电子学会电子线路分会 2018 年年会，接待来自北京 10 余所高校教师和相关企业代表共 165 人，1 名中心教师作大会报告。承担校内专项项目 2 项，项目经费 20.3 万元，发表教改论文 4 篇，实施教学改革类项目 7 项。

（魏英）

科研工作

311.58 万元
新增科研项目 10 项，其中，纵向 2 项、军工 2 项、横向 6 项，科研经费到款 311.58 万元

19 篇
发表学术论文 19 篇（含录用 6 篇），包括 SCI 论文 2 篇，二区论文 1 篇、三区论文 1 篇。申报专利 1 项、授权 1 项

3 项
申报国家自然基金项目 3 项，其中，面上项目 1 项、青年基金项目 2 项

2018 年，中心新增科研项目 10 项，其中，纵向 2 项、军工 2 项、横向 6 项，科研经费到款 311.5812 万元。发表学术论文 19 篇（含录用 6 篇），包括 SCI 论文 2 篇，二区论文 1 篇、三区论文 1 篇。申报专利 1 项、授权 1 项。申报国家自然基金项目 3 项，其中，面上项目 1 项、青年基金项目 2 项。申报北京市自然基金项目 5 项。与兴华永恒（北京）科技有限责任公司共同成立网络数据安全检测校企联合实验室。在国家职能部提交立项指南 2 项，将学校列入科研合作名录。采取教学、科研相结合导师制，培养新入职青年教师。导师由中心具有丰富经验专家、教授担任，新教师入职后进入导师教学团队和科研团队。组织教师参加校内外培训、聘请校内外专家作专题讲座、经常性教学观摩、教学研讨和学术研讨。

（高晶敏）

获奖情况及其他

2018 年，中心教师王扬带领学生参加 2018 年中国机器人大赛，获国家级项目冠军 1 项、二等奖 3 项、三等奖 5 项。在 2018 年国际水中机器人大赛中获亚军（一等奖）1 项、二等奖 2 项、三等奖 3 项。王扬在 2018 国际水中机器人大赛中担任水下操控组裁判长。6 月，中心组织接待来自北京化工大学、北方工业大学、北京城市学院 3 所高校共 150 支队伍参加北京市大学生电子设计竞赛，中心 3 名教师被竞赛组委会选为测评专家，学校获 2018 北京市大学生电子设计竞赛优秀组织奖。中心组织学校学生参加大赛，获北京市赛

区二等奖1项、3等奖6项、成功参赛奖14项。中心教师王扬获评北京市大学生电子设计竞赛优秀指导教师。11月，组织承办学校第十一届电子设计竞赛，5个学院125支参赛队近400名学生参赛，10组学生获一等奖，14组学生获二等奖，15组学生获三等奖。

（高晶敏）

信息与通信工程学院

概况

3个

学院设有通信工程、电子信息工程和物联网工程3个本科专业（系）

1个

拥有国家级工程教育实践基地1个、市级校外人才培养基地2个

5300余万元

教学科研仪器设备总值5300余万元

61人

教职工61人，包括专任教师48人

1270人

在校生1270人，其中，硕士研究生151人、本科生1119人

北京信息科技大学信息与通信工程学院（School of Information and Communication Engineering，简称“通信学院”）成立于2012年。办公地点位于健翔桥校区教三楼521室。2018年，学院设有通信工程、电子信息工程和物联网工程3个本科专业（系），均入选北京市“双培计划”。通信工程专业入选教育部“卓越工程师教育培养计划”，通过教育部工程教育认证。电子信息工程专业是教育部和北京市特色专业。物联网工程专业是新一代信息技术特色专业。学院拥有信息与通信工程（一级学科）、通信与信息系统（二级学科）、信号与信息处理（二级学科）、智慧感知与信息处理（二级学科）及电子与通信工程领域专业学位授予权。信号与信息处理二级学科是北京市重点建设学科。信息与通信工程一级学科是学校引领学科，一级学科按学科方向建设，下设智能感知信息处理、复杂信号与信息处理、宽带移动通信系统关键技术及高速互连与三维集成4个学科方向。学院拥有北京信息科技大学电磁信息技术与煤层气开发研究所、信息与通信工程学院通信新技术研究所、信息与通信工程学院信息微系统研究所等研究机构。拥有国家级工程教育实践基地1个、市级校外人才培养基地2个。设有通信技术、电子信息技术和物联网工程等本科教学实验室，教学科研仪器设备总值5300余万元。学院有教职工61人，包括专任教师48人。有教授7人、副教授17人、高级实验师2人。高级职称教师占专任教师人数54.2%。有博士学位教师38人、占专任教师人数79.2%。有海外学历背景教师10人，硕士生导师23人。40岁以下教师22人，占45.8%。有北京市教学名师1人、北京市长城学者1人、北京市科技新星2人、北京市师德先进个人1人、北京市高校优秀共产党员2人、北京高校优秀德育工作者3人、北京市模范军队转业干部1人、北京市青年拔尖人才6人、北京市优秀团队1支、北京市特聘教授1人。毕业学生320人，其中，研究生41人、本科生279人。招生328人，其中，研究生59人、本科生269人。截至2018年年底，学院在校生1270人，其中，硕士研究生151人、本科生1119人。学院获评2018年度学校综合考评优秀等级单位，教学工作获单项第一名。

（曹林）

学科建设与研究生教学

39篇

研究生发表期刊论文39篇，包括CSSC、EI检索11篇，北大中文核心期刊19篇

64项

软件著作权64项

2项

获批研究生创新项目2项

2018年，学院围绕智慧感知技术、绿色网络通信技术、宽带移动通信技术和微纳信息系统技术开展学术研究，在智能交通领域雷达信号处理技术、三维系统级封装集成技术、能源领域电磁及信息技术应用领域处于国内领先水平。信息与通信工程、电子与通信工程（领域）学位授权点通过自评合格评估。协同承办2018年第十二届海峡两岸信息科学与技术学术交流研讨会。2015级研究生就业率100%。招收硕士研究生59人。在校硕士研究生151人，环比增长10.2%。新增硕士生导师2人、企业导师10名。聘请美国IBM沃森研究中心高级研究员单雷博士为兼职教授。1名研究生考取国防科学技术大学博士研究生，1名研究生进入香港城市学院深造。4名研究生获学校2018届优秀硕士论文奖，承担“研究生教育教学改革项目”1项，研究生发表期刊论文39篇，包括CSSC、EI检索11篇，北大中文核心期刊19篇。拥有软件著作权64项。获批研究生创新项目2项。研究生获2018国际水中机器人大赛三等奖3项，中国机器人大赛一等奖1项、三等奖1项，全国高校互联网应用创新大赛二等奖1项，华北五省大学生机器人大赛三等奖1项，北京市大学生机器人大赛三等奖1项。与澳大利亚James Cook大学、密西根大学联合培养研究生，3名研究生参加境外短期学习。

（曹林）

教学工作

7项
获批校级教学类项目7项，包括校级重点课题2项

1项
获批教育部协同育人项目1项

100%
教改类项目结题7项(含市级1项)，结题率100%

2018年，学院通信工程专业获中国工程教育认证证书，认证有效期为2018年1月—2023年12月。电子信息工程专业认证申请获受理。专业群建设成果获北京市教学成果奖一等奖1项。推进“卓越计划”“双培计划”“实培计划”，与美国密歇根大学、澳大利亚詹姆斯库克大学开展实质合作。获批校级教学类项目7项，包括校级重点课题2项。获批教育部协同育人项目1项。教改类项目结题7项（含市级1项），结题率100%。《通信原理》获批建设学校精品在线公开课，完成视频录制和课程在线网站初步建设。《通信原理》《计算机网络》入选校级优质课。获批校级优秀主讲教师1人，获优秀教案1项。发表教改论文17篇，出版教材3部。获Intel杯嵌入式专题赛全国二等奖，取得该赛事学校历史最好成绩。学院创业项目入选学校第七批创新创业基地项目。10月，北京邮电大学出版社出版学院大学生科技创新论文集《与信息时代同行 与创新精神共进》，收录教学实践类、科技创新类（例大创项目、开放项目等）和实培计划类论文20余篇。开展大创、开放实验、实物型毕设项目129项。获评优秀毕业设计30项，包括校级优秀8项。加入新工科联盟，组织学生参加多校协作和创客马拉松，在全院推广基于创客理念新生工程认知教育改革。开展第三轮新生导论课改革和第二届新生创客大赛，国防科技大学、烟台大学、德州学院、北京联合大学、北京农学院、河北东方大学、华北航空工业学院等单位师生前来学习交流。承办北京高校电子信息类专业群2017年度总结会暨研讨会，北京地区高校共70人参会。承办Google（中国）公司主办物联网全国师资研讨会，全国近50余人参会。承办由教指委主办全国高校电子信息类基础课程系列研修班，组织落实大会报告12个，全国80余名教师参加。完善健全教学管理制度，新制定院级教学类制度6项。本科毕业设计开始实行外审抽检制度，10%外审。基于物联网技术实验教学中心管理系统投入运行。妥善安排2015级双培学生返校，无教学事故。学院境内外深造率达到32%，居全校之首。参与学校重大教学活动，包括华北五省机器人大赛、数据科学与大数据技术”及“机器人工程”新专业建设、本科教学工作审核评估和分类办学指导等。

（李学华）

科研工作

15项
新增科研项目15项

533.81万元
到校科研经费533.81万元

67篇
发表学术论文67篇

2018年，学院新增科研项目15项。获批省部级纵向项目2项、北京市自然基金1项、北京市自然基金-北京市教委联合资助1项、北京市自然科学基金-海淀原始创新联合基金2项、国家重点研发计划子课题1项。在信息与通信工程领域获批百万级军工项目1项。到校科研经费533.814万元。获发明专利8项，计算机软件著作权55项。公开发表学术论文67篇，包括核心期刊以上学术论文57篇、期刊EI检索论文15篇、SCI检索3篇，在INFORMATION SCIENCES、IEEE TRANSACTIONS ON COMMUNICATIONS等计算机通信类期刊发表学术论文，2篇SCI检索论文进入中科院1区和2区。获吴文俊人工智能科技进步三等奖1项，中国煤炭协会科技进步奖二等奖1项。张月霞获2018年吴文俊人工智能科学技术奖三等奖。朱希安获2018年中国煤炭协会科技进步奖二等奖。

（朱希安）

党建工作

13个
学院党委有党支部13个，其中，4个教工党支部、学生党支部9个

223人
党员223人，其中，教师党员43人、学生党员180人

2018年，学院党委有党支部13个，其中，4个教工党支部、学生党支部9个。全年发展学生新党员69人，转正74人。有党员223人，其中，教师党员43人、学生党员180人。制定党员和群众学习计划，学习贯彻习近平系列重要讲话精神和治国理政新理念、新思想、新战略，贯彻落实党的十九大精神、全国高校思政会议精神，学习贯彻习近平在全国教育大会、宣传思想工作会议上讲话内容。强化党建责任意识，推进“两学一做”学习教育常态化、制度化。深化办事公开、决策民主、经费透明“阳光治院”理念，落细落实责任担当。12月3—20日，完成全部6个本科生学生党支部换届工作。12月28日，召开党支部书记培训暨党支部工作研讨会。开展2018年院领导干部联系基层点工作。学院为每名青年教师配备由学院党委委员担任的思想导师。教师党员定期举办与学生座谈活动。4月17日，组织师生开展十九大报告关键词学习活动。4月24日，组织学生参加程佩青老教授捐书活动。5月8日，学生党员王鹏讲党课，开展教育互动。6月21日，电信教师党支部与电信学生党支部联合健翔桥校区离退休教师党支部联合举办“新时代，

不忘初心”十九大关键词主题学习会。10 月 27 日，组织学生赴平津战役纪念馆、大沽口炮台博物馆等地进行社会实践。11 月 15 日，开展畅谈改革开放 40 周年师生座谈会。开展各类党日活动。3—4 月，组织全面从严治党宣传月活动。3 月 14 日至 6 月 13 日，举行师生荐书读书活动。3 月 16 日，组织教师赴“香山双清别墅”进行爱国主义教育基地寻踪活动。3 月 28 日，组织师生前往北京剧院观看影片《厉害了，我的国》。4 月 1 日，组织学习和书写十九大关键词活动。4 月 15 日，开展反腐倡廉 PPT 宣传活动。4 月 18 日，组织教师党员集中观看录像《警示教育片》。4 月 23 日，院党委纪检委员向全院教职工进行校规校纪集中宣讲。5 月 14 日至 6 月 14 日，开展学院读书月活动。5 月 25 日，组织师生观看影片《青年马克思》。5 月，组织观看“首都百万师生同上一堂课”。6 月 10 日，制作、发放《高校教师师德行为“红七条”》警示牌。9 月，组织“新时代新担当新作为”主题宣传教育及“弘扬爱国奋斗精神、建功立业新时代”活动。11 月 9 日，学习收看《榜样 3》专题节目。12 月 19 日，组织学习庆祝改革开放 40 周年大会精神。学生党支部赴京郊农村、城市社区及企事业单位，开展红色“1+1”支部共建活动，包括与村民一起学习十九大精神，与社区居民参观科技馆、开展“志愿北京，从大学生做起”主题讨论、共同学习红十字会急救员救护技能，邀请社区青少年到实验室制作收音机，服务双创人才精英训练营等 5 大类总计 17 次活动。开展“平安校园”创建工作。落实全面从严治党主体责任。履行“一岗双责”，制定学院全面从严治党目标任务，逐级签订全面从严治党责任书，制定学院党委落实全面从严治党责任监督检查制度、学院贯彻落实全面从严治党责任制有关规定，将其纳入各单位年度目标考核内容，接受群众监督。对照“2018 年全面从严治党工作检查考核指标体系”，逐项自查，学院汇总撰写自查报告。开展师德、师风、学风建设，引导党员、干部坚定理想信念，落实师德建设长效机制要求。与每名教师签订师德承诺书，设立“来信来访”“邮箱”等机制，进行监督检查。制定学院做“新时代‘四有’好老师和‘四个引路人’学习实践活动方案”及工作安排，成立专题学习实践活动领导小组，逐级督促落实。学习宣传贯彻《新时代高校教师职业行为十项准则》和《教育部关于高校教师师德失范行为处理的指导意见》，开展多种形式教师活动。执行《中国共产党发展党员细则》，按照程序发展党员。4 月 18 日，组织教职工参加学校举办“同心杯”师生广播操比赛。5 月 23 日，组织教职工参加学校文化艺术节“沁馨之韵”教职工歌手大赛，获二等奖 2 项。10 月 24 日，组织教职工参加学校健步走活动。11 月，完成学校第二届“双代会”相关工作。学院组织举办第九、第十届教职工趣味运动会、学院教职工新年联欢会等。配备兼职保密员，与学校签订保密工作责任书，开展保密教育，加强计算机及载体管理工作。进行保密自查、整改。学院办公室教工党支部获评“示范党支部”。参加“学党章、知党史、不忘初心、牢记使命”党章党史知识竞赛获学校一等奖。参加“光辉岁月四十载，砥砺前行新时代”主题党日活动获学校三等奖。

（李健）

学生工作

100%

2018 届本科核心就业率排名全校第二名，研究生就业率 100%

2018 年，学院以社会主义核心价值体系引领学生思想成长。组织学生学习习近平新时代中国特色社会主义思想和十九大精神。开展“百万师生共上一堂课”视频学习、学生党员讲党课、毕业生党员廉洁教育、解读毛泽东诗词感悟“初心”与“使命”、“传承 · 发展”支部书记交流会等学习研讨活动，举行“从严治党”“光辉岁月四十载，砥砺前行新时代”等主题党日活动及红色“1+1”支部共建活动。电信专业第一、二、三学生党支部获北京高校红色“1+1”示范活动二等奖，是学校历史最好成绩。通信专业第三学生党支部获北京高校红色“1+1”示范活动优秀奖。通信第三学生党支部成员组成的丝竹园志愿小队获优秀志愿团体称号。开展党团理论学习和思想政治引领工作。北京教工委微信平台《V 思想》《中国教育报》宣传报道学院辅导员赵贤和学生徐晓庆事迹。通信 1601 班和物联 1601 班获评北京市先进班集体。开展学院优秀师生代表“通信故事”宣传。利用新媒体网络平台开展思想政治教育，“党员通信站”和“通信拾光”公众号，全年累计访问量 44312 人次。推进“养正”计划，提升学风考风。建设学院“学业辅导中心”，遴选学业成长导师和朋辈辅导志愿者。举办党员助学小课堂、优秀学生经验交流、专业口语老师带领英语晨读、四六级备考讲座、考研出国经验分享会等活动。举办第二届新生创客大赛、第五届“畅享通信”科技文化节等创业创新教育活动。与中关村互联网教育创新中心开展校企合作，建设“大学生创新创业实践基地”。获学校第二届科技创新节优秀组织奖、学校第十三届“创新杯”竞赛新星创意赛一等奖 1 项。组织新生参观中国国际信息通信展览会，组织各类学术讲座。开展职业工程师认证培训，获专业认证证书 109 人。与 3 家企业合作建立“川速微波”“中矿龙科”“华成时代”企业奖学金体系，累计为本科生和研究生发放奖学金 4 万元。完成“基站班”学生骨干培训班、学生干部素质拓展、新疆学生座谈会、文化艺术节、元旦晚会、冬至包饺子“阳光晨跑”、宿舍文化建设等学生活动。获学校第二届文化艺术节最佳创意奖。开展“冬奥精神 · 融化冰雪”暑期社会实践活动，学院团委与亚运村街道团工委对接开展各项工作。在 2018 年度首都大中专学生暑期社会实践工作中，获评先进工作者辅导员 1 人和先进个人学生 1 人。2018 届本科核心就业率排名全校第二名，研究生就业率 100%。读研人数 72 人，读研率 26%，连续 2 年全校双第一。获评 2018 年北京地区高校就业工作先进个人 1 人。参军入伍 5 人。程立军获评 2018 年北京地区高校就业工作先进个人。赵贤获 2018 年度首都大中专学生暑期社会实践先进工作者。徐湛、沈冰夏、解迎刚被评为校级三育人先进个人。徐湛获评学校师德标兵。学院学生工作办公室团队获评三育人先进集体。学生吕宁获 2018 年度首都大中专学生暑期社会实践先进个人。学生吕宁、郭玮琦、殷家政、李家辉、宋明洋、张子健微电影《年少不知事》获第六届北京高校法治动漫微电影作品入围奖。

(程立军)

对外交流

2018 年，2018 级电子信息工程专业 16 名学生、通信工程专业 33 名学生参加北京邮电大学“双培计划”。2018 级物联网工程专业 16 名学生参加北京理工大学“双培计划”。8 月，选拔通信工程卓越班 1 名学生参加美国密歇根大学迪尔本分校“3+1”交流项目。暑假期间，选拔 1 个专业 2 名学生参加澳大利亚詹姆斯库克大学为期 2 周短期研修；赵凯、段中钰、崔英花、宋沛然、李玉梅赴英国剑桥大学克莱尔霍学院进行短期研修。8—9 月，选拔 2 个专业 2 名学生参加美国波莫纳加州理工大学为期 2 周短期研修。8 月，选拔 1 名学生参加日本上智大学短期研修。11 月，选拔 3 名研究生赴越南河内大学进行为期 2 周短期研修。12 月，张双彪赴英国埃塞克斯大学开展为期一年研修；姚彦鑫赴新加坡国立大学开展为期一年研修。本科生在合作企业（悦成）完成本科毕业设计 39 项，在合作企业（中兴通讯）完成本科毕业设计 14 项，在其他合作单位完成本科毕业设计 8 项。

(李学华)

计算机学院

概况

北京信息科技大学计算机学院（Computer School，简称“计算机学院”）起源于 1978 年建立的北京大学第二分校计算机软件专业，2008 年在原北京信息工程学院计算科学与工程系、基础二部计算机应用教研室，原北京机械工业学院计算机与自动化系，原北京信息科技大学计算中心基础上成立计算机学院。2018 年，学院设有计算机科学与技术系、软件工程系、网络工程系、计算机实验教学中心 4 个教学机构，设有网络文化与数字传播北京市重点实验室、国家经济安全预警工程北京实验室（与北交大共建）、北京材料基因工程高精尖创新中心（与北科大共建）、计算机开放系统实验室、智能信息处理实验室、虚拟现实与仿真实验室、语音信号处理实验室、软件工程研究中心 8 个研究机构。学院设有计算机科学与技术、软件工程、网络工程 3 个本科专业，包括计算机科学与技术国家级特色专业建设点 1 个，计算机科学与技术、软件工程北京市级特色专业建设点 2 个，全部专业实现一批在京大类招生。牵头建设数据科学与大数据技术专业于 2017 年开始招生。拥有计算机实验教学北京市实验教学示范中心 1 个，计算中心、微机与接口技术实验室、EDA/ 单片机实验室、计算机原理实验室、软件技术实验室、嵌入式系统实验室、集群机实验室、网络原理实验室、网络安全实验室、网络工程实验室、软件工程实验室 11 个院级本科教学实验室。拥有同华北计算所合作建设国家级大学生校外实践教育基地及北京市高等学校市级校外人才培养基地 1 个。学院有计算机科学与技术一级学科硕士点 1 个，覆盖二级学科 5 个；软件工程、计算机技术工程硕士专业学位授权领域 2 个；计算机应用技术北京市重点建设学科 1 个。学院有教职工 81 人，包括专任教师 64 人。专任教师中，有教授 9 人、副教授 29 人，具有博士学位 32 人，研究生导师 24 人。2018 年，毕业生数 403，其中，研究生 54 人、本科生 349 人。招生 458 人，其中，研究生 72 人，本科生 386 人。截至 2018 年底，在校学生 1689 人，其中，硕士研究生 184 人、本科生 1505 人。发布《计算机学院鼓励教师重点突破的学科建设和专业建设指标及奖励措施》《关于教师教学工作量的规定》《系主任岗位职责》《关于课程组课程管理与改革的若干规定》《关于推进大学生科技实践创新活动的规定》《研究生国家奖学金评定细则》《本科课程目标达成评价方法指南》《计算机学院低值易耗品管理细则》《计算机学院对外提供机房服务的管理办法》等 17 个文件。

(李宁　侯婷)

4 个

设有计算机科学与技术系、软件工程系、网络工程系、计算机实验教学中心 4 个教学机构

3 个

设有计算机科学与技术、软件工程、网络工程 3 个本科专业

64 人

专任教师 64 人。专任教师中，有教授 9 人、副教授 29 人，具有博士学位 32 人，研究生导师 24

1689 人

在校学生 1689 人，其中，硕士研究生 184 人、本科生 1505 人

学科建设与研究生教学

2018 年，学院开展学科自评估验收工作，召开校外专家验收评审会，通过验收。计算机科学与技术一级学科下学科方向调整为新一代网络与网络安全、语言信息处理及智能化技术、软件自动化技术、网络信息检索与内容理解。调整已

79 人

研究生招生 79 人，其中，学硕 18 人、专硕 61 人

31 人

授予工学硕士学位 23 人，授予工程硕士学位 31 人，授予在职工程硕士学位 6 人

有工程硕士专业学位授权点，将“计算机技术”调整为“电子信息”。3 名教师获评优秀导师。5 篇论文获评优秀硕士论文。研究生招生 79 人，其中，学硕 18 人、专硕 61 人（包括 7 名非全日制硕士研究生）。授予工学硕士学位 23 人，授予工程硕士学位 31 人，授予在职工程硕士学位 6 人。参与 4 个冲击博士点学科建设，即机械工程、仪器科学与技术、控制科学与工程、管理科学与工程。召开学位分委会会议 6 次。

（张伟　王莹）

教学工作

2 人

引进博士 2 人、博士后 2 人

2 人

新增兼职博士导师 2 人，新增硕士导师 3 人，新增校外兼职导师 9 人

2018 年，学院开展工程教育认证和审核性评估 2 项重点工作。按照 OBE 理念、思想和方法修订并完善人才培养体系，明确各专业培养目标、毕业要求。按照工程认证要求重新修改课程大纲，要求全部教师以培养学生解决复杂工程问题能力为导向，学习工程教育认证、审核性评估、新工科等新理念。改革课程内容和考核评价方法，完善保障教学质量持续改进制度。网络工程专业在下半年通过工程认证专家进校考察，软件工程专业工程认证申请被受理。推进数据科学与大数据技术新专业建设，主要工作包括 2017 级专业课安排、2018 级专业班遴选招生，继续为全校开设大数据特长班，完成第二届招生，建设大数据实践实验平台，为大数据专业学生、特长班学生、网络工程卓越计划、计算机学院研究生大数据课程提供实践平台支撑。作为教育部第二批大数据专业建设学校，多次受邀参加全国高校大数据教育联盟大会并作主题发言。接待甘肃农业大学、中华女子学院、南昌航空大学、大连外国语大学等兄弟院校参观考察。推进大类人才培养模式改革，完成第四次分流。推进数据科学与大数据技术新专业建设。推进“实培计划”“双培计划”。推进大学生课外科技活动，设立润宇奖学金，鼓励大学生创新创业。引进博士 2 人、博士后 2 人，面试约 20 人。开展教师职务聘任工作，1 名教师晋升正高级岗位，3 名教师晋升副高级岗位。新增兼职博士导师 2 人，新增硕士导师 3 人，新增校外兼职导师 9 人。开展绩效工资改革、全员聘期考核及分级方案意见征求工作。举办博士论坛，开展学术交流。召开青年教师座谈会，了解青年教师思想动态。引进 1 名兼职教授，申报市属高校高水平教师队伍建设支持计划—特聘教授。调整网络工程系，增加数据科学与大数据技术专业。临时调整计算机科学与技术系、网络工程系、实验教学中心负责人，完成教学任务。调整计算机科学与技术系办公场地，调整研究生实验室。在学校第十一届青年教师教学基本功暨第五届教学新星评选中，2 名教师获校级一等奖、1 名教师获校级二等奖，3 名教师获评优秀教案，学院获奖人数和获奖名次排名全校第一名。

（张伟　侯霞）

科研工作

2 项

获批国家自然科学基金项目 2 项，国家 242 信息安全计划专项 1 项

1386.73 万元

科研项目经费到款 1386.73 万元，其中，纵向到款 978 万元、横向到款 306.13 万元、军工到款 102.6 万元

108 篇

发表论文 108 篇，包括 SCI 检索论文 5 篇（四区）、EI 检索论文 44 篇

2018 年，学院鼓励教师加入计算机相关学会组织，参加各种学术会议。组织出版《计算机前沿技术通讯》1 期。组织大小型学术讲座 9 次，共 10 名专家为学院教师和研究生作前沿技术讲座。组织国家自然科学基金项目申报宣讲会 1 次，动员教师申报国家自然科学基金和社科基金，11 人申报国家自然科学基金，1 人申报国家社科基金。获批国家自然科学基金项目 2 项，国家 242 信息安全计划专项 1 项。“材料基因组”高精尖创新中心首批经费到位 400 万元。国家经济安全预警工程北京实验室首批经费到位 60 万元。组织申报国家、省部级科学奖励，申报国家奖励 2 项、省部级奖励 1 项。张仰森教授团队获钱伟长中文信息处理科学技术一等奖，获奖项目为“智能化中文文本校对系统关键技术及应用”。该项目针对中文文本校对领域难题，提出多层次、跨领域搭配知识库构建方法，解决利用机器大规模自动获取语义搭配知识难题刘秀磊获第十四届北京青年优秀科技论文信息科技组三等奖。与北京电子学会联合举办信息技术自主创新峰会暨 2018 绿色数据中心全生命周期构建与服务论坛。来自信息技术、数据中心、电子出版等相关行业专家、学者、厂商代表、行业用户、媒体记者等近 300 人参会。院士倪光南到会演讲。全年科研项目经费到款 1386.73 万元，其中，纵向到款 978 万元、横向到款 306.13 万元。获发明专利 10 项，发表论文 108 篇，包括 SCI 检索论文 5 篇（四区）、EI 检索论文 44 篇（期刊论文 9 篇、会议论文 35 篇）。

（张伟）

实验室建设

2018 年，学院教学云平台已为 72 门课程、2100 课时、15 万人次上机提供支撑。科研云平台为多个科研项目提供支持。规划建设人工智能共享平台。组织教师开展新校区学院规划设计讨论。

（李宁）

党建工作

16个
学院党委有党支部 16 个，其中，教工党支部 6 个、学生党支部 10 个

282人
有党员 282 人，其中，教师党员 64 人、学生党员 218 人

34次
召开党政联席会 34 次

2018 年，学院党委有党支部 16 个，其中，教工党支部 6 个、学生党支部 10 个。全年发展党员 76 人，转正 77 人。有党员 282 人，其中，教师党员 64 人、学生党员 218 人。坚持以立德树人为中心，团结和带领师生员工树立“四个意识”，坚定“四个自信”，做到“两个维护”，落实全面从严治党主体责任。坚持党政联席会议例会制，集体研究决定“三重一大”事项，召开党政联席会 34 次。召开党委扩大会议、书记办公会等，研究部署党建思政和教学科研人才培养等重大发展事项，落实立德树人中心任务和师德师风建设等。党委发挥统筹协调职能，领导学校教学审核性评估和学院网络工程专业工程教育认证工作。党政联席会专题研究全面从严治党主体责任工作。院党委书记和班子成员、教师党支部书记分别签订《落实全面从严治党工作责任书》。制定《全面从严治党宣传教育月活动方案》，成立以书记和院长为组长的领导小组。联席会专题研究《平安校园建设提升工程》，班子成员集体学习《突发事件应急工作预案》。院党委、中心组、师生党支部学习贯彻习近平新时代中国特色社会主义思想，以新修订《党章》和《宪法》修正案为学习重点。开展以“崇廉拒腐 尚俭戒奢”为主题党日活动。组织教工观看党风廉政教育片。开展以“凝聚初心 砥砺前行”为主题廉洁文化竞赛活动。开展“三会一课”，通过自查、台账更新等手段，建设党支部。坚持系（部、室）务会议制度。在师德师风建设中，支部组织教职工学习有关会议精神和文件。推动“两学一做”学习制度常态化，落实学期学习计划。制定并落实中心组、党员和教职工理论学习学期计划。成立师德分委会，专题研究师德师风工作。制定并落实学院“四有”好老师和“四个引路人”主题教育活动领导小组和活动方案。专题部署学习宣传《新时代高校教师职业行为十项准则》和《高校教师师德失范行为处理的指导意见》。学习贯彻党的十九大精神，中央和北京市高校思政会议、全国和北京市教育大会精神。党员 100% 完成网上学习任务。成立学院统战工作领导小组，执行《计算机学院党员领导干部联系党外人士制度》，建立院领导一对多固定联系交友制度。组织召开党外人士代表座谈会，班子成员全体参加。调整设置安全保密委员，开展保密法规学习参观，实行涉密人员每月自查、项目负责人签字审核和党委书记签字把关三级责任制，向保密办上报自查报告。执行教代会组长联席会议制度，重要文件制度经过组长联席会审议后再行印发。完成学院“双代会”代表选举。

（韩俊彦　李宁）

学生工作

76人
发展学生党员 76 人，转正 76 人

100%
本科生就业率97.42%、研究生就业率 100%

9项
学生获国家级一等奖 9 项

7项
获市级一等奖 7 项

2018 年，学院全年发展学生党员 76 人，转正 76 人，完成初级党课学习学生 132 人。软工党支部获评北京市红色“1+1”优秀奖，计科一支获校党日活动二等奖。建设“横纵相结合”学业辅导体系，“横向”开展年级抓学风，“纵向”开展“求知探索，学海遨游”学风建设月。被北京航空航天大学、北京交通大学等高校录取 57 人，考研录取率 16.33%，位列全校第 4 名。大数据 1701 班获校“勤信班集体”二等奖，获“北京市三好生”称号学生 3 人，获北京市先进班集体称号班级 1 个，获首都先锋杯优秀团支部称号团支部 2 个。本科生就业率 97.42%、研究生就业率 100%。获校“三球联赛”女排亚军、校辩论赛季军、“中华颂诵经典”比赛亚军，获校运动会最佳组织三等奖、女子团体第六名。“计 & 技”暑期社会实践团获评北京市优秀团队，赵淳获评首都大中专学生暑期社会实践先进工作者。获评北京高校红十字工作先进个人 1 人，获评优秀辅导员 2 人，获校辅导员职业能力大赛二等奖 1 人，获评优秀班主任 7 人。组织学生参加课外科技活动。新设润宇科技创新奖学金，由润宇科技公司每年捐赠 3 万元，奖励在创新创业取得方面突出成绩的大学生和科技社团。制定《计算机学院安全稳定工作责任制》，责任书向下签订到教工支部书记、办公室负责人和辅导员、班主任、宿舍长，明确教工支部书记为部门安全稳定责任人。实行院领导划区包片安全工作日常检查制度。组织实验室教职工和部分教师参加灭火器使用培训和安全教育。配合安稳处，开展班级安全委员、宿舍

安全员培训和演练。完成全部新生网络安全教育课。学生获国家级一等奖 9 项、获奖人数 31 人次，二等奖 4 项、获奖人数 13 人次，三等奖 9 项、获奖人数 29 人次，优秀奖 1 项，获奖人数 2 人次。获市级一等奖 7 项、获奖人数 9 人次，市级二等奖 15 项、获奖人数 28 人次，三等奖 13 项、获奖人数 16 人次，银牌 1 块、获奖人数 1 人次，铜牌 3 块，获奖人数 3 人次。

（韩俊彦　邵飞）

对外交流

2018 年，学院选拔 8 名青年教师赴国外大学长期进修，提高申博学科具有海外进修经历教师比例。

（李宁）

举办 40 周年院庆活动

12 月，学院举办“与改革开放共生，与 IT 发展同行”计算机教育创办 40 周年大型院庆系列活动。活动包括“院庆开幕仪式”“院庆 40 周年暨博士论坛”“校友学术论坛”“计算机学院发展与贡献图片展”“学海 · 职涯校友座谈会”“重返青春校园日，共叙计忆校友情”校友返校日、“院庆暨迎新文艺晚会”“校友返校座谈会”等。活动展示计算机教育创办 40 周年以来发展历程及建设成果。

（李宁）

工程教育认证现场考查

11 月 7—9 日，中国工程教育认证协会专家组到校对网络工程专业进行工程教育认证现场考查。专家组通过听取汇报、实地查看教学设施、查阅材料、座谈、听课等方式，针对认证标准，对专业进行全面考查，并给予肯定。在全国 400 余个网络工程专业中，仅 6 个通过工程教育认证，网络工程是学校第一个通过该认证计算机类专业，学校已有 5 个专业通过工程教育认证。

（李宁）

完成本科教学审核性评估

2018 年，学院完成本科教学审核性评估各项工作。撰写计算机学院审核性评估自评报告，整理汇报 PPT，梳理近 3 年全部教学文档，在学校迎接审核性评估现场考察期间，评估专家走访学院和实习基地，与教师、学生、毕业生、用人单位进行座谈。评估专家对学院教学工作给予肯定。

（韩俊彦　李宁）

经济管理学院

概况

北京信息科技大学经济管理学院（School of Economics and Management，简称“经管学院”）办公地址位于小营校区图书馆六层。2018 年，学院拥有经济学和管理学两大学科门类，设有经济学、国际经济与贸易、会计学、财务管理、市场营销、工商管理、质量管理工程和人力资源管理 8 个本科专业。有管理科学与工程、工商管理、应用经济学 3 个一级硕士授权学科，管理科学与工程是学校 6 个引领学科之一。有工业工程、工商管理硕士（MBA）、会计 3 个专业硕士学位授予权。学院拥有北京知识管理哲学社会科学研究基地、绿色发展大数据决策北京市重点实验室、北京世界城市循环经济体系协同中心 3 个北京市级学科科研平台。有北京市人才强校计划学术创新团队——知识管理研究创新团队。有循环经济研究中心、知识管理研究所、城市可持续发展与服务质量建设研究院、创新创业研究院、品牌管理研究院、信息化与乡村振兴发展研究院、新媒体大数据智能创新联合实验室 7 个校级研究机构。建有实验经济学研究中心、科技政策与管理研究中心、知识工程研究所、职业与信息工程研究所、生产力与质量研究中心等 8 个研究机构，及知识管理、实验经济学等科学研究实验室。拥有北京市高等学校实验教学示范中心——文管综合实验教学示范中心。学院有专职教师 127 人，包括教授 20 人、副教授 45 人，具有博士学位教师 65 人。学院毕业学生 649 人，其中，研究生 85 人、本科生 564 人。招生 603 人，其中，研究生 79 人、本科生 524 人。截至 2018 年年底，在校学生 2252 人，其中，本科生 2015 人、研究生 237 人。

8 个

设有经济学、国际经济与贸易、会计学、财务管理、市场营销、工商管理、质量管理工程和人力资源管理 8 个本科专业

3 个

有管理科学与工程、工商管理、应用经济学 3 个一级硕士授权学科

127 人

专职教师 127 人，包括教授 20 人、副教授 45 人，具有博士学位教师 65 人

2252 人

在校学生 2252 人，其中，本科生 2015 人、研究生 237 人

（沈平）

学科建设与研究生教学

1 月 18 日，学院邀请中国工程院院士杨善林到校指导

学科建设和管理科学与工程学科博士点申报准备工作。4月26日，学院举办学术沙龙，邀请中国科学院大学经济管理学院张莎博士为学院青年教师和研究生作题为《浅谈自然基金申请与英文论文投稿》报告。8月27日，学校管理科学与工程学位授权点自评估会议在图书馆第四会议室召开。评估专家组长由国务院学科评议组成员、中国工程院院士、合肥工业大学教授杨善林担任。专家组肯定管理科学与工程一级学科建设成效，同意通过学位授权点合格评估。8月31日，应用经济学硕士学位授权点自评估工作会议在图书馆605室召开。同行专家评估组组长由对外经济贸易大学原副校长、国务院学科评议组成员、林桂军教授担任。专家组肯定学校应用经济学科建设成就，一致同意应用经济学硕士学位授权点通过学位授权点合格评估。9月14日，举行2018级工商管理硕士（MBA）开学典礼。9月14日，召开工业工程专业硕士学位授权点自评估工作会。同行专家评估组组长由北京理工大学教授魏一鸣担任，专家组一致同意工业工程硕士学位授权点通过学位授权点合格评估。9月21日，召开工商管理一级学科硕士学位授权点自评估工作会议。同行专家评估组组长由国务院学科评议组成员、博士生导师高创教授担任，专家组一致同意工商管理硕士学位授权点通过学位授权点合格评估。10月20—21日，学院教师葛新权、倪渊、张长鲁和6名研究生代表参加中国管理科学与工程学会2018年年会暨第十六届中国管理科学与工程论坛。11月30日，会计系教师彭燕、沈银萱、宁宇和汪刚一行到重庆理工大学会计学院调研。双方签署“互联网+会计”教育改革合作框架协议。樊辉、张贝贝、杨亚楠、黄盾获硕士研究生国家奖学金。

（尹洁林　张昱婷）

教学工作

5项
校级教学改革项目立项5项，结题1项

2项
精品在线开放课程建设项目2项

7篇
发表教改论文7篇，包括核心期刊1篇

7篇
出版教材2本，发表教改论文7篇

2018年，学院校级教学改革项目立项5项，结题1项。校级课程建设项目结题4项。精品在线开放课程建设项目2项。出版教材2本，发表教改论文7篇。获学校青年教师基本功比赛三等奖1项。各专业根据学校本科教学工作审核评估要求，开展专业自评，形成专业自评报告，开展申报准备工作。各专业将思政课融入专业教育，《企业文化》《供应链管理》两门课程开展课思政建设。筹划本科专业大类招生改革，初步形成大类招生改革方案。启动2020版培养方案修订工作，组织各专业召开研讨会，邀请高校及行业专家进行研讨。组织专业负责人、系主任等赴杭州电子科技大学、中国计量大学、重庆大学等高校调研。围绕学校2018年教改项目立项指南，以信息特色、国际化、实践创新为重点申报领域，申报教改项目13项，获批校级教改立项5项，包括校级重点1项，获批院级教改立项7项。发表教改论文7篇，包括核心期刊1篇。申报精品在线开放课程3门，获批建设立项2门。申报校级优质课程建设2项。1月4日，财务与投资系赴华德起重机（天津）实习基地挂牌成立。3月16日，财务与投资系赴天润财务进行实习基地挂牌成立。6月29日，举行2018届毕业典礼暨学位授予仪式，学校副校长许宝杰参加典礼。11月6日，学院教学副院长教授金春华带领专业建设教师组前往杭州电子科技大学管理学院和中国计量大学考察调研。

（孙永平）

科研工作

7项
批国家重点研发计划项目1项、国家重点研发计划项目课题3项，国家重点研发计划项目子课题7项

2018年，学院获批国家重点研发计划项目1项、国家重点研发计划项目课题3项，国家重点研发计划项目子课题7项、北京市教委国际合作重点项目1项、北京市教委重点项目2项。1月4日，学院教师李建良、谭祖卫入选全国万名优秀创新创业导师人才库首批入库导师名单。3月18日，北京市知识管理研究基地首席专家葛新权教授作为学校代表应邀参加“创新与知识管理联盟”启动仪式。4月26日，学院邀请中国科学院大学经济管理学院教师张莎参加主题为“浅谈自然基金申请与英文论文投稿”学术沙龙活动。5月3日，“新时代新青年新征程——智助温州国家自主创新示范区建设高峰论坛”活动在温州举行，院长张健教授作为青年专家代表参加论坛并演讲。6月21日，举办“经管视角名家讲坛”学术沙龙活动，邀请中国地质大学人文经管学院院长安海忠教授作题为《经济时间序列复杂性研究》报告，7月2日，举行“基于博弈实验方法的绿色发展决策分析系统研究”课题结题验收会。会议由北京市科委房晓丽主持，会议邀请5名科委在库专家进行课题验收，推选北京交通大学叶龙教授为验收组组长。专家评委一致同意课题结题。7月17日，由学校牵头承担的国家重点研发计划项目“服务价值与文化传播评估理论与技术”（基础研究类）项目启动会暨实施方案论证会在图108会议室召开。科技部高技术中心网络平台处处长张玉泉、项目主管王元原、北京市科委文化科技发展处副处长付文均，副校长陈刚、科技处副处长穆婕，武汉大学、中科院大学、北京大学等16家参加单位40人参加次会议。该项目是学校首次作为主持单位承担国家重点研

发计划项目。8 月 16 日，获批国家自然科学基金项目 3 项，其中青年项目 2 项、面上项目 1 项。9 月 13 日，举办“经管视角名家讲坛”学术沙龙活动。10 月 20—21 日，工业工程学科、质量管理与工程专业负责人教授曲立和副教授王莹应邀参加中国质量研究与教育联盟理事长会议。10 月 27—28 日，中国数量经济学会 2018 年（昆明）年会在昆明市召开。教授葛新权当选新一届中国数量经济学会副会长、教授王斌当选常务理事、副教授王建国和杨颖梅当选理事。11 月 8—9 日，葛新权参加全国博弈论与实验经济学研究会 2019 年学术年会筹备会。11 月 15 日，学院副院长金春华一行到海淀区教委会计核算中心“北京信息科技大学本科生校外实习基地”调研。12 月 22 日，学校北京市知识管理研究基地正式成为中国智库中国智库索引（CTTI）来源智库。12 月 26 日，召开 2019 年国家社科基金和国家自科基金申报动员与经验交流会。院长曲立介绍 2019 年国家社科基金和自科基金项目申报的间节点、工作安排。

（王梅娟　尹洁林　张昱婷）

实验室建设

6 项

实验教学中心获批组织各类学科竞赛 6 项

2018 年，经管实验教学中心获批组织各类学科竞赛 6 项。研究和完善各类课外活动内容及导师制度。完成审核性评估任务。实验中心进行室内室外环境建设，包括实验中心介绍、实践教学体系结构图、大学生创业、学科竞赛介绍等外部环境建设，实验经济学展板介绍、跨境电商、会计综合实训、生产仿真等室内环境建设。自编实践教学文件整理汇编。为评估汇报提供素材。完成计划外开放实验 13 门，分别是财务经营模拟、SAP 国际会计软件拓展训练、SIYB 如何创办和改善你的企业经营模拟开放实验、大学生创业素质训练沙盘系统开放实验、大学生创新创业素质拓展实训开放实验、心理测量技术实验等、TI 大学计划——智能产品开发与应用实验室在高校建设的市场调研分析、职业就业能力测评实践、大数据清洗技术、金融投资模拟开放实验、实验经济学开放实验、零售门市连锁经营模拟开放实验、生产过程仿真模拟开放实验。10 支队伍参加国际企业管理挑战赛，5 支队伍获三等奖。90 名学生报名参加全国大学生沙盘模拟大赛奖，校内比赛获奖 30 人，北京市比赛获一等奖 10 人。20 支队伍参加实验经济学公开赛，获一等奖 1 队 6 人，获二等奖 1 队 6 人，获三等奖 2 队 12 人。1 队 4 人获全国高校经济学综合博弈实验大赛全国三等奖。《“双创”融合的实验经济学实践教学体系》获北京市高等教育教学成果奖一等奖。

（刘青）

党建工作

22 个

学院党委下设党支部 22 个，其中，教工党支部 8 个、学生党支部 14 个

419 人

党员 419 人，其中，教工党员 101 人、学生党员 318 人

2018 年，学院党委下设党支部 22 个，其中，教工党支部 8 个、学生党支部 14 个。全年发展党员 132 人，其中，教工党员 1 人、学生党员 131 人。转正 128 人。有党员 419 人，其中，教工党员 101 人、学生党员 318 人。落实基层党建工作责任体系，与学院各党支部签订支部党建工作责任书。贯彻执行党员处级干部联系制度，党员处级干部参加支部党员发展大会。开展十九大精神学习宣讲等活动，党员干部在支部进行十九大精神宣讲，各党支部集中学习 15 次，开展宣讲近 20 次，参加报告 1 场。开展大学生思想政治教育课题 4 项。推进“两学一做”常态化、制度化，坚持“三会一课”制度，开展党支部自查、考核等工作。推进示范党支部建设，葛新权、侯军岐等获评先进共产党员。落实系务会制度。教工党支部全部配置支部书记，建立支委会，党员系主任进入支委，配备统战委员。党员教育培训实现全覆盖，开设院级初级党课培训班 2 期，260 人结业。组织全体学生党员集体组织生活 2 次、预备党员宣誓 2 次。毕业生党员毕业季集体组织生活 1 次，集中培训积极分子、发展对象 4 次。列入年度党员发展计划学生 178 人，131 名学生发展为预备党员，127 名预备党员转正。定期举行学生党支部书记例会，全年累计 12 次，党委副书记、党建辅导员全程参与。各学生党支部开展主题党日活动 10 余次，本科生营销专业党支部在“光辉岁月四十载，改革开放新时代”党日活动评选中获一等奖。举行“同心杯”党章党史知识竞赛等。开展“课程思政”建设，把思想政治教育贯穿于教育教学全过程。学院共有宣传微信公众号 5 个，以党建、共青团、学生会、新闻中心为特色，宣传学院工作，推出葛新权、侯军岐等典型人物。开展教授咨询工作会、老教授座谈会、青年教师座谈会等。学习宣传全国、全市教育大会上重要讲话精神及全国、北京和学校思想政治工作会议精神。配合学校教师工作部开展北京市师德督导调研迎检工作。开展“四有”好老师和“四个引路人”主题教育实践活动。组织教职工宣传贯彻《新时代高校教师职业行为十项准则》《高校教师师德失范行为处理的指导意见》。组织“感动经管”系列教育活动。实行学生宿舍思想引领对接人制度，覆盖大一、大二年级共 204 个学生宿舍。党支部搭建学生朋辈互助平台，组织开展辅导活动 12 个场次。落实全面从严治党责任制，党政主要负责人每学期组织开展全面从严治党专题学习。组织学院全体党员和教职工学习贯彻党内法规和法律法规。组织党员、干部学习身边模范先进事迹，观看警示教育影视片。各党支部开展宗旨教育、纪律教育、典型教育。执行《经济管理学院党务公开制度》《经济管理学院院务公开制度》，定期就学院党建和思想政治工作及教学、科研、财务、人事等

工作情况向全学院职工报告。落实“平安校园”建设提升工程，开展安全稳定工作，落实平安校园各项措施。各党支部配备统战委员，通过“心桥工程”等形式，开展民主党派、无党派民主人士教职工和少数民族学生统战工作。贯彻落实各项保密规章制度，组织并参加保密教育。组织完成学校第二届“双代会”代表推选工作。开展帮困助困等为教职工排忧解难工作。组织参加学校运动会等活动，组织奥森趣味竞赛活动、金秋手机摄影比赛等活动。5 月 18 日，学院廉政建设书画展在图 606 室展出。12 月 5 日，校党委副书记刘筱毅到学院调研“课程思政”实施工作。

（楚彦丽）

学生工作

1 月 9 日，学院营销专业学生党支部举办“学者小讲堂”活动。2 月 25 日，学院党委在小营校区开展 2018 年年初学生党员集中组织生活。2 月 28 日，举行 2017 年度学生党支部书记述职及党支部工作考核答辩会。3 月 2 日，举行 2017—2018 学年度第二期院级党课开班典礼暨院级党课第一讲。3 月 22 日，召开新疆、西藏（内地高中班及预科生）学生教育管理专题会议。3 月 27 日，承办第二届文化艺术节之勤信女生户外线下投票活动。4 月 2 日，财务专业第一学生党支部党员和入党积极分子代表与学校后勤公寓饮食党支部开展红色“1+1”座谈会。4 月 16 日，工商专业第二学生党支部在北京市朝阳区望和公园南园参与首都全民义务植树活动。4 月 22 日，学院学生党校干部到“双清别墅”开展“不忘初心”党日活动。5 月 17—19 日，学院就业工作负责教师马众、陈曦、周海亮、章沁然等走访浙江财经大学、杭州电子科技大学会计学院、浙江易网科技有限公司等单位。5 月 25 日，本科生工商专业第二党支部前往北京公交电车分公司第六车队党支部展开红色“1+1”共建活动。5 月 30 日，学院学生党校承办以“回望改革迎新潮，牢记使命勇向前”为主题第十一届“同心杯”党章党史知识竞赛。6 月 2 日，学院本科生工商专业第一第二党支部 28 名党员和积极分子赴北京税务博物馆开展红色“1+1”共建活动。7 月 14 日，学院教师马众带领师生开展京津冀地区社会实践调研活动。9 月 20 日，组织 2015 级质量管理工程专业学生参加北京市质监局举办 2018 年北京市“质量月”质量管理知识进高校活动。9 月 28 日，学校选派 70 名学生参加 2018 年全国金融与证券投资模拟实训大赛，获团体二等奖、三等奖各 1 项，个人二等奖、三等奖各 1 项，孙静和马众获“优秀竞赛指导教师”称号。10 月 24 日，举办“职为你来——经管学院专场招聘会”。招聘会邀请 16 家企业到场，提供岗位 200 余个。11 月 19 日，马众带领徐子涵、乐静宜、徐子涵、张家豪 4 名学生组成 RNG 队参加第三届（2018）全国工商企业管理技能大赛全国总决赛，获全国二等奖。10 月 19 日，学院团委在清河校区二大阶举办 2018—2019 学年同心志愿者团队启动仪式。11 月 7 日，学院第十届职业生涯规划节在清河校区二教一大阶启动。11 月 7 日，按照校团委指示，在各基层团支部中开展“好书伴成长”100 万册图书进校园主题团日教育实践活动，86 个团支部总计捐赠图书 867 本。11 月 11 日，组织学生干部到蟒山国家森林公园开展学生骨干素质拓展活动。11 月 16 日，举办“航标工程”启动仪式暨优秀志愿者表彰大会。12 月 3 日，学院教师周海亮、费衍慧、陈曦、章沁然一行赴贵州开展以“北京信息科技大学黔籍毕业生就业情况回访以及 2019 我校毕业生在黔就业情况”为主题调研活动。12 月 12 日，学院团委邀请《光明日报》北京记者站副站长董城为学生干部开展题为“与时代同步、与真理同行”专题讲座。12 月 13 日，举办“经管大讲堂”系列活动之——现代先进技术与科技创新讲座，邀请科技部创新 CEO 特训营 6 名青年企业家参加讲座。12 月 18 日，召开 2018 年学生工作暨班主任工作经验交流会。12 月 20 日，学院“齐聚星辰”迎新年晚会在大学生文化艺术中心举行。

（沈平）

对外交流

2018 年，学院与爱尔兰科克大学联合培养学生项目持续招生。共外派学生 10 名赴爱尔兰科克大学学习。与英国剑桥大学、美国加州大学伯克利分校继续开展暑期合作办学项目，派出 1 名学生赴剑桥大学交流三周，派出 2 名学生赴美国加州大学伯克利分校参加短期交流项目。接待来自美国等国代表团、专家来访。参加日本早稻田大学暑期研修项目学生 5 人，3 名学生参加罗马外国语大学一学期交流项目，参加爱尔兰科克大学一年期交换项目学生 2 人。4 月 27 日，邀请加拿大温莎大学教授马振中作关于发表 SSCI 和 SCI 期刊论文策略学术讲座。5 月 30 日，与美国 whittier college（惠特学院）开展以“绿色金融和经济”为主题学术交流活动。6 月 15 日，美国博林格灵州立大学教授李明生来院洽谈合作。6 月 29 日，邀请北陆先端科学技术大学院大学知识科学研究科教授中森義輝作题为《知识管理学科前沿知识》讲座。8 月 10 日，邀请新西兰奥克兰理工大学工程计算机与数学系高级教师白佺博士作题为《Comprehensive Influence Propagation Modelling（综合影响力传播建模）》学术报告。11 月 14 日，特邀瑞典哈姆斯塔德大学信息技术学院副教授 Torben Svane 作《AI & Robotics in Service and Retailing》专题讲座。

（卿可心　王梅娟　尹洁林　张昱婷）

认证工作

1 月 10 日，学院认证办公室结合 AACSB 教师分类标准制定学院教师中英文简历版本，采集学院 116 名专任教师信息。3 月 1 日，认证办公室向全院教师发布“使命”与“愿景”征求意见稿，为制定学院“使命”与“愿景”征求意见。7 月

4日，院长张健、副院长金春华和书记曲立召集系主任、教学委员会成员、专业负责人和教授等通过讨论，形成初稿。3月31日，“学院AACSB国际商学院认证项目”获批学校2018年本科教学校内项目（专业上水平建设项目）。学院AACSB认证工作全面启动。6月1—3日，认证办公室教师陈雪红和高玉赴深圳参加第六届（2018）商学院AACSB国际认证研讨会。6月22日，邀请台湾辅仁大学国际与资源发展副校长、国际高等商学院协会AACSB认证访视委员会评鉴委员李天行在小营校区报告厅为学院教师作AACSB认证辅导报告。7月4日，张健院长、金春华副院长和曲立书记召集系主任、教学委员会成员、专业负责人和教授在图书馆605会议室召开“AOL学习质量保障体系”建设研讨会。9月23—25日，副院长金春华教授和陈雪红受邀参加在华盛顿特区举办AACSB全球认证年会。10月，MBA认证项目负责人王斌教授和认证办公室教师陈雪红参加由中国石油大学（北京）工商管理学院与美国商学院认证委员会（ACBSP）共同发起第二届商学院国际认证研讨会。10月27日，陈雪红参加“高水平应用型高校商学院国际化建设研究联盟”成立大会，学校成为联盟理事单位。10月27—28日，认证办公室教师高玉赴上海参加2018AACSB国际认证培训研讨会。11月9日，陈雪红赴上海立信会计金融学院工商管理学院调研。11月26—27日，陈雪红参加第九届中国商学院信息化论坛。

（陈雪红）

社会服务

1月，新浪网、东方资讯等国内网站报道学院教授侯军岐35年来致力于扶贫事迹。1月，中国社会科学网刊登葛新权教授署名文章《学科建设是高校发展的不变主题》。5月30日，中央和国家机关工委宣传部、市委讲师团赴延庆区大庄科乡讲习场、原昌延联合县政府抗战讲习场旧址，与延庆区委宣传部联合举办学习《习近平新时代中国特色社会主义思想三十讲》主题联学暨党日活动。学院葛新权教授应邀为参加活动党员干部作题为《绿水青山与乡村创新创业》辅导报告。

（尹洁林）

信息管理学院

概况

5个

学院设有系5个、研究和联合实验机构3个、校级实验实习中心1个、本科教学实验室5个，5个本科专业

3个

拥有网络空间安全、管理科学与工程、物流工程3个硕士学位授权点

69人

教职工79人，包括专任教师69人

1370人

学院在校学生1370人，其中，学术型学位硕士25人、专业型学位硕士54人、本科生1291人

北京信息科技大学信息管理学院（School of Information Management，简称“信管学院”）成立于2007年9月，由原北京信息工程学院计算机信息系统系和原北京机械工业学院经济管理系信息教研室合并组建。办公地点位于小营校区图书馆901室。2018年，学院设有系5个、研究和联合实验机构3个、校级实验实习中心1个、本科教学实验室5个。设有信息管理与信息系统、信息安全、电子商务、审计学（计算机审计方向）和大数据管理与应用5个本科专业（2018年获批），信息管理与信息系统专业是北京市特色建设专业，信息管理与信息系统、信息安全和审计学（计算机审计方向）专业是本科一批次招生，一批次招收学生比例85%。拥有网络空间安全、管理科学与工程、物流工程3个硕士学位授权点，管理科学与工程为跨学院共建北京市重点建设学科和硕士学位授权点。有教职工79人，包括专任教师69人、教授11人、副教授27人、具有博士学位教师46人、硕士生导师23人、兼职博士生导师1人。毕业学生348人，其中，研究生20人、本科生328人。招生354人，其中，研究生31人、本科生323人。截至2018年底，学院在校学生1370人，其中，学术型学位硕士25人、专业型学位硕士54人、本科生1291人。

（张仰森　代晓明）

学科建设与研究生教学

2018年，学院拥有管理科学与工程、网络空间安全一级学科硕士学位授权点和物流工程专业硕士学位授权点。开展生产系统优化与仿真、电子商务技术及应用、审计信息化、智能决策支持系统、物流与供应链管理、信息系统安全、物流系统工程、物流系统规划与设计、先进制造与生产物流管理等学科方向科研工作和研究生培养，支撑5个本科专业。拥有北京信息科技大学信息系统研究所、国家审计署-北京信息科技大学联合实验室、北京信息科技大学-IBM联合人才培养基地等科学研究及人才培养基地。网络空间安全一级学科硕士学位授权点获批。全年共召开学院学位分委会4次。

（张仰森）

教学工作

2018年，学院围绕学校本科教学重点工作开展教学工作。开展师德师风建设，要求所有授课教师践行社会主义核心价值观，加强自身道德修养，廉洁自律，遵守讲台规矩。

要求建立完善教育教学预警机制，强调授课教师要了解后进学生需求，通过增加答疑时间、督促制定学习计划等举措加强平时帮扶，帮助学生解决学习生活中困难。要求教师要严守纪律，公平对待每名学生。对于学生提出试卷分数、答辩成绩疑问，认真对待并妥善解决。对申报教学改革项目、课程建设项目进行政治审查。结合教育部要求，开展课思政建设，每专业 1 门，即在课堂教学中结合专业知识融入思想政治教育。全面开展审核评估工作。作为 2018 年本科教学重点工作，学院自评报告撰写、教学文档检查、宣传展示等均在专家进校之前高完成，6 月，北京市属高校审核评估工作专家进校，完成审核评估工作。参与工程教育认证工作，信息安全专业是学院唯一进入工程教学认证目录专业。12 月，信息安全专业获工程认证受理，将于 2019 年上半年提交自评报告。年初，准备新专业《大数据管理与应用》申报工作。经过调研、撰写专业培养方案、校外专家论证等环节，申报新专业并得到教育部受理公示。与其他学院一起参与学校数据科学与大数据技术专业课程大纲撰写、学生遴选录取、课程授课等工作。推进北京市高水平人才交叉培养。双培计划继续与北京邮电大学管理学院开展互联网商务方向培养项目，15 名学生赴北邮进行“3+1”学习。实培计划完成上半年 2017—2018 学年 14 人次项目，2018—2019 学年获批立项数增加为 9 人次。申请并获批校内教学条件建设项目 3 项，面向工程认证信息安全专业深化建设经费为 90 万，信息管理与信息系统专业项目式教学能力建设经费为 122.57 万元，信息系统与信息安全实验教学中心设备更新校内教学条件建设项目经费为 71.5213 万元。开展教改、课改及院级特色改革工作，在研教学改革项目和优质课程建设项目、在线精品课程建设研究成果全部应用教学实践。开展数据库应用竞赛、信息安全竞赛和电子商务竞赛 3 项与专业衔接校级学科竞赛。通过校级竞赛选拔，3 名学生获 2018 中国大学生计算机设计大赛二等奖。鼓励学生参加由中国密码学会主办全国密码技术竞赛、北京市网信办主办信息系统安全攻防对抗比赛和全国 SAS 数据分析大赛等。组织大学生科技创新计划项目立项、创新创业项目立项及开放性实验等活动。

表 36　2018 年信息管理学院各专业思政教育情况一览表

序号	课程名称	主讲教师	授课对象	开课时间
1	管理统计学	张虹	管科 1701 班，电商 1701-2	2018—2019(2)
2	税法	梁力军	审计 1601	2018—2019(2)
3	信息系统分析与设计	李楠、王磊、王晓敏	信管 15 级	2017—2018(2)
4	信息安全法律法规	刘凯	信安 1701-1702	2018—2019(2)
5	数据库系统及应用	卢益清	商务 1601	2017—2018(2)

表 37　2018 信息管理学院教学改革、课程建设项目成果推广应用情况一览表

序号	教改项目、课改项目名称	项目负责人	项目推广应用情况
1	新工科引领下的信息管理与信息系统专业建设	李　楠	信息管理与信息系统系教学专项的方案设计（项目编号 5111823605）与一流专业校内申报工作中应用项目相关成果
2	基于能力导向的“审计实务与案例分析”教学模式与实践研究	梁力军	以项目为基础，申请教育部产学合作协同育人项目（教高司函[2018]47 号）“审计综合实训教学模式研究”获批；获批时间 2018 年 10 月 25 日
3	基于 PBL+TOPCARES-CDIO 能力指标的《专业导论及信息系统基础》课程设计与探索	王　磊	在《专业导论及信息系统基础》中基于 TOPCARES-CDIO 能力指标对学生进行个人能力和专业素养的引导与培养，有效提高专业认知度和学习积极性
4	信息化环境下审计系列课程教学改革研究	黄　胜	项目研究成果将用于审计学审计，计算机审计相关课程教学计划的改进，以优化课程设置，提供教学效率，效果与质量
5	管理统计学	谷晓燕	项目研究成果应用于信息管理学院信息管理与信息系统专业、计算机审计专业、电子商务专业、管理科学专业的《管理统计学》和《管理统计学实践》中，提高学生学习的积极性和学习效果，加强学生灵活运用统计学理论和方法解决实际问题的能力
6	信息系统分析与设计	王晓敏	面向信管 16 级在 2018-2019(1) 学期中使用超星学习平台辅助课堂互动教学和课后环节，理论及实践课程的用户访问量超过 10 万，布置作业、完成作业、评阅作业都在该平台完成。最新制作的教案已分享在该平台上，学生可以访问下载，整体教学效果良好。视频资料已完成录制，后期制作完成后可在下学期其他班级的课程教学中得到使用

（王磊）

科研工作

5项
新增纵向科研项目4项、横向科研项目5项

172.38万元
科研项目年度实际到款金额172.38万元，其中，纵向项目到款金额68.85万元、横向项目到款金额103.53万元

2018年，学院新增纵向科研项目4项、横向科研项目5项。科研项目年度实际到款金额172.38万元，其中，纵向项目到款金额68.85万元、横向项目到款金额103.53万元。教师以第一作者单位发表学术论文52篇，包括SCI收录论文1篇、CSSCI收录论文1篇、EI收录论文10篇（含2017年补检索），出版专著5部，获发明专利授权2项、软件著作权18项。朱阁副教授获世界知名学术出版机构Emerald颁发2018年度杰出学者奖（Emerald Literati Awards for Excellence），蒋文保教授完成“网页正文抽取方法及装置”发明专利协议转让。依托新增网络空间安全一级学科，申报成立校级科研平台“网络空间安全联合实验室”。

（康海燕）

实验室建设

71.5213万元
申报并获批信息系统与信息安全实验教学中心设备更新校内教学条件建设项目，项目经费71.5213万元

2018年，学院信息系统与信息安全实验教学中心作为学院实践创新基地，承担着5个本科专业实践教学任务，为学生开展各类创新实践活动提供场所。服务校级学科竞赛（数据库竞赛、电子商务竞赛和信息安全竞赛）、大学生科技创新项目、开放性实验、专业实践活动、教学培训等。空余时间均对全院学生开放使用。从解决实验教学急需、保证实验教学质量、提升实验教学水平三方面出发，申报并获批信息系统与信息安全实验教学中心设备更新校内教学条件建设项目，项目经费71.5213万。购置5万元SAS统计分析软件产品服务（软件使用许可及服务期1年）。

表38　2018年实验室（中心）全年开放共享统计情况一览表

序号	时间	房间	事项	申请人	时间段	时长	人数	人时数	人员类型
1	2018.1-12	606、702	开放性实验四项	康海燕、个春强、刘晓梅	2018.1-12	242	45	10890	校内本科
3	2018.9.26	603	SAS技术培训	吴丽花	第5周至第9周周日共5周	40	60	2400	校内本科及教师
4	2018.4	全部5个	毕设中期检查	学院	第8周	25	60	1500	校内本科及教师
5	2018.6	全部5个	毕业答辩	学院	第15周	45	60	2700	校内本科及教师
6	2018.9	603、607	新生选课	学院	第1周周四	18	150	2700	校内本科
7	2018.3.1	全部5个	公共开放	学院	全年，每周三下午	144	100	14400	校内本科
合计						1306	515	66270	

党建工作

15个
学院党委有党支部15个，其中，教职工党支部6个、学生党支部9个

250人
有党员250人，其中，教职工党员62人、学生党员166人、流动党员22人

2018年，学院党委有党支部15个，其中，教职工党支部6个、学生党支部9个。有党员250人，其中，教职工党员62人、学生党员166人、流动党员22人。发展党员76人、转正党员77人。贯彻党的十九大精神，推动全面从严治党，学习贯彻习近平新时代中国特色社会主义思想和全国教育大会讲话。实施“立德、修身、助航”育人工程。落实校院两级管理体制改革中由校职能部门下达二级管理各项任务。为学院发展建设，提供组织保障。发挥党委政治核心作用。组织全院师生员工深入学习贯彻党的十九大精神和习近平新时代中国特色社会主义理论，增强“四个意识”，坚定“四个自信”。落实“三会一课”制度，召开班子民主生活会1次，组织生活会15次，参加民主评议党员205人，向院党委述职师生党支部书记5人。贯彻校党委关于全面从严治党的决策部署，研究制定全面从严治党工作计划。带领师生支部书记结合各自业务落实全面从严治党责任。全年召开党政班子会议40余次。利用每周一次党政班子会议，加强全面从严治党理论学习教育。学习《习近平谈治国理政》第二卷，学习交流“习近平在全国高教思想政治工作会议上的讲话精神”，学习探讨“习近平在北京大学师生座谈会上的重要讲话”精神，交流讨论学校通报发生在师生身边违纪、违规案例和媒体通报各类官员违纪、违规等案例。组织指导支部开展党

建活动。指导支部书记坚持“三会一课”制度，开展主题教育活动、主题党日活动、专题讨论活动和组织生活会。引导支部以服务系室中心工作和服务师生成长成才为抓手，加强基层组织建设。支部组织申报“课思政”课程建设项目，5个支部均有专业基础课“课思政”项目，实现“课思政”覆盖学院所有专业。全年组织师生党员参观圆明园、恭王府、观看《青年马克思》、伟大的变革 - 改革开放 40 周年成果展、上海一大会址、大数据公司和高新技术企业等活动 8 批次，组织各类学习答题测试 6 场次、主题党日活动 23 批次。红色“1+1”活动获北京市三等奖。加强思想宣传和意识形态工作，把坚定理想信念作为首要任务。结合实际开展思想政治教育工作，形成党、政、工、团齐抓共管思想政治工作格局。每周开会和日常沟通相结合，研究师生思想、工作、学习和生活情况，解决师生困难。领导班子成员到系、室、宿舍和活动场所与师生交流。定期召开有负责学生工作副书记参加的支部书记例会，掌握师生意识形态动向。加强师德师风建设，解决师德师风中存在突出问题和薄弱环节。计算机审计系原主任高英、信息安全系支部书记任俊玲和辅导员颜婷婷获学校““三育人”先进个人”称号。学校主要党政领导与学院党委书记签订《北京信息科技大学 2018 年院级党组织落实全面从严治党责任书》，学院党委明确责任与目标，签订《信息管理学院 2018 年领导班子成员落实全面从严治党工作责任书》，履行“第一责任人”和“一岗双责”职责。学院党政主要负责人与学校签署《北京信息科技大学处级领导干部廉洁从政承诺书》。对 5 个系系主任和支部书记加强全面从严治党教育，与 6 名教工支部书记签订《信息管理学院 2018 年教师党支部落实全面从严治党工作责任书》。坚持党员民主生活会制度，每名干部检查全面从严治党和自身党风廉政建设责任制落实情况。每周召开院党政班子会议，及时召开党政联席会议，定期召开学院党委会，落实全面从严治党和党风廉政建设责任制。建立学院腐败防控风险点排查及防范体系。对研究生推免、研究生招生录取、科研奖励、教学酬金发放、教学奖励、设备管理与使用、教职员工评奖评优、学科和专业建设项目立项、本科生和研究生各级各类奖学金评选等存在风险敏感部位和关键环节，按照原有风险防范建设方案，实行评审程序公开、评定集体讨论。根据校党委部署，学院党委作为学校第一批巡查对象，从 10 月份开始接受政治巡查。落实保密工作，设置保密工作负责人及兼职保密员。开展保密教育工作，配合保密办，开展保密检查工作，对学院办公用电脑，逐一进行涉密文件检索检查。对非涉密机器和设备，贴好标签，落实保密提醒工作。贯彻学校党委有关安全稳定工作部署，开展意识形态、反邪教和安全防火等工作。邀请民主党派和无党派教师参加党组织活动，倾听意见和建议。开展工会活动，倡导健康工作生活理念，组织全院教工春、秋奥森公园健步走活动。组织师生练习广播操。结合学院女教师多特点，组织瑜伽班。上半年每周组织羽毛球练习 1 次，组织教职工到古北水镇秋游。落实校工会相关政策，全年为学院教师申请各种补助 600 元，涉及生育教师 2 人。配合学校“双代会”，按照学校要求，准备大会相关事宜。配合校友办完成第二届理事换届工作。邀请杰出校友为本科生作报告和分享交流。维护运行校友微信群 2 个、“校友联络群”1 个。传递校友与在校生岗位供求信息，搭建学院与校友企业合作平台。

（甄真　张虹）

学生工作

99%
2018 届本科宽口径就业率 99%，核心就业率 79%

100%
硕士宽口径就业率 100%，核心就业率 95%

2018 年，学院组织学生党员、积极分子到恭王府、圆明园、科技馆等红色基地接受教育学习。参观“伟大的变革——庆祝改革开放 40 周年大型展览”等，各学生党支部围绕“廉洁教育”组织学习。与中关村软件园开展红色“1+1”党支部共建活动，获北京市三等奖。发展党员 76 人，转正 77 人。完成全部团员志愿者注册，开展与西三旗街道结对共建。寒暑假社会实践活动获寒假社会实践一等奖 1 项、二等奖 1 项、优秀奖 11 项。带领学生到重庆、西安、河北、天津、上海等地进行暑期实践，获评首都大学生暑期社会实践优秀团队。开展以“青春建功十九大，砥砺逐梦勇担当”为主题团日活动公开赛。开展“衣旧情深”募捐，捐献衣物 211 件。开展百万好书伴成长捐书活动，捐书 88 本。组织团员参加华北五省机器人大赛、改革开放四十周年展览志愿服务，开展国际志愿者日宣传活动，号召全体团员干部遵守团中央学生干部自律公约。开展大学生传承中华传统美德和行为素质养成系列团课。获评校级优秀团支部 2 个，其中审计 1601 支部获第一名。获评学校勤信班集体一个、市级先进班集体 1 个。推进实施学业辅导“一二三”计划，即建设 1 个求识学苑、2 个工作室和 3 个中心。以“三全三结合”为工作思路，到北京化工大学、对外经贸大学等高校开展调研，完善以教师为主导、学生为主体 PDCA 良性循环学业辅导体系。营造全员育人环境，辅导体系中有优秀朋辈 114 人、导师 37 人，包括校内教师 29 人、企业导师 8 人，为学生提供竞赛、项目研究、论文撰写、实习实践等方面指导。向学校学业辅导中心推荐企业导师 7 人、校内导师 9 人。开展理论基础辅导，发挥求识学苑朋辈辅导作用，为学生开设数学类、计算机类、英语类及专业类小课堂 40 次，总覆盖学生 1120 余人次。涵盖课程 13 门、结对 79 人，其中，数学教学部结对子 28 人、信息教学部结对子 51 人。通过培训、分享、宣讲、创意征集、专访、创业基地参观学习等方式，培养学生实践创新能力。学校创新杯竞赛初审通过率达 97%，获二等奖 3 项、三等奖 3 项，获奖率占全校获奖 20%。获科技创新节优秀组织奖，其中，一等奖 2 项、二等奖 10 项、三等奖 6 项，对获奖学生进行表彰与分享。年初，成立“VR 虚拟现实技术创新应用协会”，协会培育出 3 个项目分别获学校互联网 + 一二三等奖，获北京市二等奖（学校最高奖）、北京市三等奖。入选获北京市“双百行动计划”项目团队 1 支，是全校唯一入选团队。获批学校科技创新节项目 1 项。建设 3 个微信平台，“求识学苑”平台为学生提供各类辅导信息。依托“信管青年”开辟“实践创新”专栏，宣传优良学风。“SIM 优秀学子培育中心”平台，定期推送学术探索、留学考研、生涯规划等相关内容。通过现场采访、问卷调查、召开学生座谈会等多途径调研，吸纳师生意见。召开信息交流与发布会，确保体系良性循环。分级与贯通相结合，全过程实施学业辅导。针对不同年级特点，制定“大学生生涯课程计划”，分级分层开展学业辅导。对新生加强学习习惯养成，开展新生教育、学业导航等系列教育。继续为新生配备“导生”担任“小班主任”，并进行培训。运行“大学生成长手册”，完善生涯规划课程方案，引导学生合理规划学业。指导毕业生留学考研、就业与创业，多次举办留学与考研讲解、分享与交流会。开展微信平台英文原著阅读打卡活动，奖励坚持阅读学生。分层次辅导学困生与学优生，优秀朋辈为学困生辅导主力。多次聘请学院优秀青年教师对指导朋辈辅导能力。举行“求识学苑”第二届学生教员教学基本功比赛。遴选 74 名学生进入优秀学子培育计划，举行师生见面会，为每个学生配备导师，进行项目研究、实践创新、论文撰写等方面辅导，聘请相关教师为学生开设论文撰写、文献检索等学术类讲座。发放“大学生生涯规划调查问卷”，调查学生需求，建立生涯规划咨询室，为学生提供“生涯规划咨询”服务，每周平均预约咨询学生 2 人。2017 级第一学期期末考试大学英语平均分 71 分，位居全校第二，等数学平均分达 91 分。受学校委托，起草学校学生学业辅导中心工作实施方案，在学校推广实施。2018 届毕业生 348 人，其中，本科 328 人，硕士 20 人。2018 届本科宽口径就业率 99%，核心就业率 79%，留学 60 人、考取研究生 42 人，创历史新高。硕士宽口径就业率 100%，核心就业率 95%。就业工作是学院党政联席会、院学工例会、全院大会重要议题，学院领导赴招聘会现场了解人才市场情况，动员各系系主任关注学生就业、全院教师提供就业信息，多次召开毕业班班主任会议，推进就业工作。通过召开就业动员会、毕业生就业状况动态摸底、就业指导课程、求职面试类讲座、网考培训等方式，为学生提供就业指导。为学业困难毕业生进行学籍讲解、学业帮扶，帮助学生顺利毕业就业。举办学院专场招聘，来自中电普华、电科院等企业及中关村软件园园区 40 余家企业参加，举办企业宣讲 5 场。通过微信群等渠道传递就业信息。带领学生到电科院、中电普华等单位现场参观与面试。以校文化艺术节为平台，开展校园文化活动。举办百科知识竞赛、“星空杯”辩论赛、阅读演讲、诗词大会等文化类活动。举办定向越野、新生嘉年华、三球联赛等体育类活动。举办“你的视角，我的生活”摄影书画比赛、“镜头中的百味人生”、植来植往、风筝节、十佳歌手大赛、主持人大赛、新生合唱节、SUPERSIM 巅峰之夜、毕业生晚会、情景剧大赛、女生节等艺术类活动。在学校第二届文化艺术节中获最佳创意奖，其中，冠军 4 个、亚军 1 个、季军 1 个。获校级大学生阅读演讲比赛二等奖、首届新媒体节最佳平面设计奖等奖项。

（史三军）

对外交流

2018 年，学院适应信息管理与信息系统专业、电子商务专业和管理科学专业大数据分析人才培养需要，与数据分析领域企业 SAS（中国）签署《北京信息科技大学 -SAS（中国）数据分析人才培养基地》协议。全年面向师生开展 SAS 基础、SAS 编程和 SAS 分析课程 3 期。购置 SAS 分析软件。与西普阳光开展合作，共同开展信息安全攻击与防御在线竞赛，全体信息安全专业高年级学生全部参与。继续执行《北京信息科技大学—北京中电普华信息技术有限公司校企战略合作框架协议》，合作内容包括利用相关学院科技人才优势，根据北京中电普华信息技术有限公司实际业务发展需求。在审计模拟仿真领域开展科研合作，共同申请各类科技计划项目，共同开展 IT 审计相关标准编制、报批和发布等相关工作。双方在大数据、电子商务和互联网金融等相关业务领域，开展联合课题研究和各类科技计划项目申报等科研合作。联合开展人才培养，合作建设校外实习基地等。探索与甲骨文、电力行业、环保系统在云计算、大数据及数据分析等学术领域合作。在“北京信息科技大学—中国民生银行校企合作协议”基础上，与民生银行校企合作进入实质性运作阶段。邀请国内外大学学者开展系列讲座。准备启动与国外高校“2+2”“3+1”合作办学项目。

（张仰森）

系主任换届

3 月 28 日，学院系主任换届交接。4 个系通过公开竞聘、民主测评等选拔环节产生新系主任。4 个新系主任分别是信息管理与信息系统系主任李楠、信息安全系主任李春强、计算机审计系主任梁力军、电子商务系主任吴丽花。管理科学系主任胡炬继续担任新一届管理科学系主任。

（张虹　张仰森）

接受学校党委政治巡察

6—11 月，学院作为学校党委为政治巡察试点接受巡察。根据校党委部署，学院党委作为学校第一批巡查对象，从 10 月份开始接受政治巡查。巡查期间，学院党委召开全院教师动员会，提供大量资料，组织各类会议，安排干部师生，参加谈话、答卷等。巡查过程中，学院党委主要负责人针对各种疑问与巡查组工作人员沟通，主动回应各项疑问。协助调查发现线索。对于查实问题，找相关教师了解核实情况，开展思想教育工作。12月，将巡察结果反馈回学院，学院按照巡察结果进行整改。

（张虹　张仰森）

处级干部换届

11月，学校启动处级干部换届工作。张虹继续担任学院党委书记，于11月20日开始新一届任期。12月12日，张仰森担任新一届学院院长。

（张虹　张仰森）

马克思主义学院

概况

5个
设有马克思主义中国化、哲学、中国近现代史、德育与法学、形势与政策5个教研部

35人
教职工42人，包括专任教师35人

25人
在校学生25人

北京信息科技大学马克思主义学院（School of Marxism，简称“马院”）成立于2011年3月，在原人文社科学院史学与哲学部、经济学与法学部基础上组建而成，原名“政治理论教育学院”，2016年5月，更名为“马克思主义学院”。行政级别为正处级。原政教学院党总支更名为马克思主义学院党总支。办公地点位于小营校区一号办公楼二层213。2018年，学院设有马克思主义中国化、哲学、中国近现代史、德育与法学、形势与政策5个教研部。拥有马克思主义理论一级学科硕士学位授权点。引进专任教师1人，讲师晋升为副教授3人。拥有教职工42人，包括专任教师35人、教授4人、副教授16人、硕士生导师11人。毕业学生5人，入学新生11人。截至2018年年底，在校学生25人。

（张健）

学科建设与研究生教学

2018年，学院新增硕士生导师1人。6月，完成北京高校马克思主义理论学科硕士学位授权点入校督查工作。9月，聘请同行专家评审学位授权点自评简况表和自评总结报告。调整学科方向人员结构，研讨培养方案修订，完成硕士学位授权点自我评估总结工作。

（张健）

教学工作

2018年，学院组织全体教师参加思政课2018年版新教材培训、高校研究生思想政治理论课2018年版教材（教学大纲）使用培训、全国高校“形势与政策”课专题教学——中美贸易摩擦辨析培训，学习近平总书记重要讲话，将习近平新时代中国特色社会主义思想融入思政课教学。将思政课建设与专业课交叉融合，推进专业课与思政课同向同行。推进“点、线、面”相结合思政课实践教学模式。指导学生参加教育部高校思政课教学指导委员会主办习近平新时代中国特色社会主义思想大学习领航计划系列主题活动“昂首复兴路·最美新时代”——第二届全国高校大学生讲思政课公开课展示活动。组织研究生参加2018年北京高校师生马克思主义经典著作学术论文征文比赛。组织思想政治理论课优秀学生，赴天津开展社会实践活动。组织并指导学生开展暑期社会实践，资助项目16个。组织开展2017—2018学年思政课实践创新大赛，个人项目、集体项目（社会调查类、志愿服务和道德小品类）获奖95项、185人次，其中，一等奖15项、二等奖32项、三等奖48项、优秀指导教师11人。参加北京市教工委组织思政课社会实践优秀论文征集活动，获“2018年首都高校思想政治理论课学生社会实践优秀论文”一等奖1项、二等奖1项，获评优秀指导教师1人。与多部门联合征集“纪念改革开放40周年”作品317项，其中，诗文类64项、实物类66项、平面设计类73项、书画类64项、新媒体类50项。举办北京信息科技大学思想政治教育教学实践作品展。中国近现代史纲要课获评校级优质课程。组织申报2018年校级教改课题5项，获批重点项目1项、一般项目2项。组织申报2019年校级教改课题5项，获批一般项目3项。教师发表教科研论文16篇。实行青年教师导师制，组织10名教师参加教师教学效果评价。与中国矿业大学（北京）马克思主义学院“1+1”签约结对共建协议。教师参与各类培训学习16人次。获评北京市委教育工作委员会“北京高校思想政治理论课教育教学改革示范点”。9月12日，举办师德论坛。教师代表作主题发言，引导教师做有理想信念、有道德情操、有扎实学识、有仁爱之心“四有”教师。

16个
组织并指导学生开展暑期社会实践，资助项目16个

5项
申报2018年校级教改课题5项，获批重点项目1项、一般项目2项

16篇
教师发表教科研论文16篇

（刘建华　辛同）

科研工作

11项
纵向科研立项6项，在研11项

1项
横向科研在研1项

34万元
科研经费到款额34万元

2018 年，学院发表学术论文 9 篇，包括核心期刊 3 篇。纵向科研立项 6 项，在研 11 项。横向科研在研 1 项。科研经费到款额 34 万元。

（张健）

党建工作

5 个

学院党总支有党支部 5 个，其中，教职工党支部 4 个、学生党支部 1 个

43 人

有党员 43 人，其中，教职工党员 30 人、学生党员 13 人

2018 年，学院党总支有党支部 5 个，其中，教职工党支部 4 个、学生党支部 1 个。发展党员 3 人，转正党员 6 人。有党员 43 人，其中，教职工党员 30 人、学生党员 13 人。组织全体教师观看影片《厉害了我的国》《青年马克思》及纪念马克思诞辰 200 周年大会、警示教育片。参加国务院《政府工作报告》在线学习答题、组织党员在线学习竞赛。组织各党支部学习习近平总书记在纪念马克思诞辰 200 周年大会上的讲话，钟杨、郑德荣等先进事迹，《新时代高校教师职业行为十项准则》《师德建设长效机制实施细则》《中国共产党纪律处分条例》，中央纪委关于违反中央八项规定精神问题通报新闻稿及案例剖析文章，《宪法》修正案辅导报告，改革开放史，进行交流研讨。开展系列讲党课活动，为学校树人班、团校、学生党支部、西三旗街道社区、延庆珍珠泉乡等讲党课 29 次。完成支部书记换届选举、党支部工作总结考评。召开纪念马克思诞辰 200 周年主题支部党日活动。成立马院统战工作领导小组。推行学院二级机构党政负责人联席会议制度。完成北京市教工委党建工作基本标准专项检查工作及后续整改工作。完成党员信息核查等党统工作。建立各支部工作台账。学校示范党支部中国近现代史教研部党支部通过合格验收。召开支部大会，学习贯彻习近平新时代中国特色社会主义思想、党的十九大修订《党章》和十三届人大通过《宪法》修正案。领导班子成员及各教研部签订全面从严治党责任书。各党支部开展廉政警示教育活动，开展以“崇廉拒腐，尚俭戒奢”为主题党日活动，参观廉洁奥运主题文化园、主题展览馆、曲阜孔府。开展党风廉政建设，进行廉政教育及自查，签订二级机构党风廉政建设承诺书。推动廉洁文化教育进课堂，与学校纪委合作，征集学生廉洁文化作品。成立马院师德建设委员会。举办马院师德论坛，组织全体教师学论语扬师德论语抄写诵读比赛。组织教师到保密教育基地接受保密教育。

（叶超）

学生工作

100%

2018 届毕业生核心就业率 100%

2018 年，学院组织学生党员、预备党员、积极分子学习十九大精神、《中国共产党章程》《中华人民共和国宪法修正案》《习近平谈治国理政》。学习习近平新时代中国特色社会主义思想、全国高校思想政治工作会议精神、习近平总书记在哲学社会科学座谈会上的讲话、习近平总书记在改革开放 40 年大会的讲话。组织学生观看纪念马克思诞辰 200 周年大会实况。开展党员在线学习竞赛。4 月，赴北京体育大学竞技学院开展“回到象形文字去，传承汉字之美”实践活动。组织学生为清河花园社区开展系列公益活动，为体育大学竞技学校设计制作文化墙绘，为贫困地区捐书。赴雄安新区、嘉兴南湖、天津开展社会实践活动，举办主题党日活动。与延庆称沟湾村党支部开展红色“1+1”共建活动。开展习近平用典系列活动，编印《学习习近平用典优秀论文集》。举办学校习近平用典演讲最佳风采演讲比赛，聘请奥运冠军董栋作主题发言并为获奖学生颁奖。参加学校运动会，获道德风尚奖。举办马院学生趣味运动会，组织参加研究生篮球比赛。在文化艺术节获最佳风采奖。在第二届科技创新节，举办“周易与科学”科技创新讲坛，组织学生参观科技创新基地，推荐学生参与 2018 年研究生科技创新项目。在科技创新节获最佳创新奖。2018 届毕业生核心就业率 100%。完成 2018 届毕业生就业工作分析报告。获 2018 年就业服务奖。

（于洋）

对外交流

1 月 21 日，学院参加中国近现代史教学研究会年会，作会议交流发言。11 月 30 日，与厦门大学马克思主义学院进行调研交流。12 月 3 日，与集美大学马克思主义学院进行调研交流。12 月 22 日，参加改革开放 40 年高校思想政治理论课建设高端论坛，作会议交流发言。12 月 27 日，与北京联合大学马克思主义学院进行调研交流。

（张健）

签订结对共建协议

6 月 28 日，学院与中国矿业大学（北京）马克思主义学院签订《马克思主义学院“1+1”结对共建协议》。双方在学科建设、师资培养、教学提升、人才培养、科研、智库建设等方面相互支持，实现“1+1>2”发展目标。

（刘建华）

参加学生社会实践优秀论文评选

10 月，学院参加北京市委教育工委组织 2018 年首都高校思想政治理论课学生社会实践优秀论文评选。刘建华指导齐新超、周伟小组提交论文《北京海淀区东升镇小营村改革

开放历程回顾与展望》获一等奖，刘建华指导客汉宸、陈啸天、刘皓林小组提交论文《北京密云溪翁庄镇金巨罗村民俗文化建设现状调查与分析》获二等奖。刘建华获优秀指导教师奖，学校获优秀组织奖。

（辛同）

举办思想政治教育教学实践作品展

12月29，学院举办北京信息科技大学思想政治教育教学实践作品展。展览由校党委组织部、党委宣传部、教务处主办，学院、机电工程学院、公共管理与传媒学院、经济管理学院承办，纪委办公室、学生处、离退休工作处、图书馆、校友校史工作办公室、校工会、校团委支持。活动在全校征集纪念改革开放40周年、廉政文化建设作品，展出部分实物类、书画类和平面设计类优秀作品。通过展览探索“点、线、面”相结合思想政治理论课实践教学模式，推进专业课与思想政治理论课同向同行，实践“N+1”多部门协同育人机制。

（辛同）

参加大学生讲思政课公开课展示活动

2018年，学院参加在教育部高校思政课教学指导委员会主办习近平新时代中国特色社会主义思想大学习领航计划系列主题活动“昂首复兴路·最美新时代”——第二届全国高校大学生讲思政课公开课展示。奚冬梅指导贾云淇团队参赛作品《火眼金睛看偶然，燎如观火究必然》获全国优秀奖、（北京地区）一等奖，奚冬梅指导徐小淇团队参赛作品《北京非首都功能疏解中的矛盾普遍性与特殊性辩证分析》获（北京地区）三等奖。学校校获北京高校习近平新时代中国特色社会主义思想大学习领航计划优秀组织奖。

（辛同）

公共管理与传媒学院

概况

4个

下设公共管理系、传播学系、新媒体系、文化艺术教研部4个教学机构

2个

公共管理研究所、跨文化研究所2个科研机构

北京信息科技大学公共管理与传媒学院（School of Public Administration and Communication，简称“公管传媒学院”）成立于2013年。办公地点位于小营校区第一办公楼。2018年，学院下设公共管理系、传播学系、新媒体系、文化艺术教研部4个教学机构和公共管理研究所、跨文化研究所2个科研机构。学院有行政管理、传播学、网络与新媒体3个本科专业，承担美术作品欣赏、硬笔书法等全校选修课程。设有综合实验室，包括计算机房及媒体编辑实验室、录音棚、演播室、电脑辅助电话调查实验室等，专业实验设备价值803余万元。学院资料室有图书资料、期刊资料、音像资料，图书资料共计2574册，期刊资料有37种。学院有教职工52人（含在编不在岗1人，非事业编1人），包括专任教师（含实验教学人员）43人、教授5人、副教授14人，高级职称教师占全体教师43.18%。专任教师中硕士学位以上比例为86.05%，博士学位以上比例以上为55.81%。招生生123人（122名本科生，1名专升本学生），117人报到，报到率95%。毕业学生128人。截至2018年底，学院在校学生546人。

43人

教职工52人，包括专任教师43人

546人

在校学生546人

（杨孔雨　赵玉静）

学科建设与研究生教学

2018年，学院新闻与传播专业硕士点获教育部批准并确定于2019年开始招生。开展硕士点招生宣传、招生命题、考试等相关工作。完成研究生教学计划、培养方案调研、制定和研究生课程建设等工作部署。硕士点有研究生导师6人，其中5人是博士（后）。完成大数据时代文化遗产新媒体活化与传播、大数据时代京津冀重大事件网络舆情监测与预警分析、非物质文化遗产数字化展示平台建设。完成研究生院学科建设常规项目——中华文化数字化传播研究平台，获批经费32万元。

（杨孔雨）

教学工作

2018年，学院《教学督导组工作条例》《教学工作委员会工作条例》《仪器设备损坏、丢失赔偿暂行办法》等文件，制定《校外实习基地协议书范本》《教案示范文本》等指导性文件。接收转专业学生34人，增加行政班网媒1702班。完成行政管理、传播学、网络与新媒体3个本科专业教学计划与任务，未出现教学事故。投入40.5万元建设实践教学平台建设，购进高清数字摄像机、部分附件设备、话筒、录音机和监视器等设备。完成2018年市级、校级大创项目中期检查、结项答

40.5万元

投入40.5万元建设实践教学平台建设

1项

教学改革项目获学校立项，重点项目1项、一般项目2项

11篇

编写教材1本，发表教改论文11篇

辩、验收结题工作。组织学生申报、参加北京市级、校级大创项目，完成开题、结题答辩大创项目14项。教师张英杰申报数字媒体艺术课程获学校“勤信课堂”建设项目支持。教学改革项目获学校立项，包括重点项目1项、一般项目2项。编写教材1本，发表教改论文11篇。制定教学质量管理规章制度，健全教学质量工作和指导机构、学生评教制度、学生信息反馈机制、教学督导工作制度、期中教学检查制度、领导听课、同行听课制度、教学管理工作评估制度、教学信息反馈制度、学生考勤制度。对10名教师所开新课教学大纲、教材、教案等教学文件提出要求，制作试讲内容PPT，提前完成至少三分之一教学任务。组建评估工作机构4个，完成审核评估和分类办学指导工作。引进博士后3人、博士1人，3年来引进博士（后）教学科研人员总计10人，完成在岗在职教师培训10人次。教师在职攻读博士学位4人，2人获博士学位，1人继续攻读博士后。2人次教师赴国内外高校学习、访学或合作科研。12月3—6日，网络与新媒体系孙彦然博士赴北京师范大学-香港浸会大学联合国际学院文化与创意学部调研跨文化传播、国际传播研究现状和前沿。

（伊强）

科研工作

96万元	52篇	8项
科研经费到款额96万元	发表学术论文52篇	新增纵向科研项目8项

2018年，学院组织相关管理人员及新立项项目负责人签订遵守学术规范、科研管理规定及财务制度承诺书。刘庆振博士申报国家社科基金项目“智能算法时代的计算广告学理论构建和应用创新研究”获批立项，学院首次实现独立承担国家级项目。科研经费到款额96万元。发表学术论文52篇，包括中文核心期刊论文10篇、CSSCI论文5篇、SCI1篇、CPCI1篇。出版专著3部。新增纵向科研项目8项。完善传统文化数字化传播、舆情智能分析与管理、教育管理3个学术团队建设。形成拔尖人才2人、优秀人才1人。举办“博士论坛”2场，举办国家社科基金项目申报咨询交流会1场。申报成立计算传播研究所，等待审批。

（丁宁）

实验室建设

360平方米	803.86万元	59项
使用面积360平方米	仪器设备474套，设备总值803.86万元	全年完成实践实验教学项目59项

2018年，公共管理与传媒实践教学中心由公共管理实验室、摄影摄像实验室和数字录音实验室组成，使用面积360平方米。仪器设备474套，设备总值803.86万元，包括新增实验设备35套、新增固定资产133.11万元。承担3个本科专业实践教学任务，全年完成实践实验教学项目59项。为学生开展各类创新实践活动提供场所。服务校级学科竞赛（大学生广告大赛、人文知识竞赛）、大学生科技创新项目、开放性实验、专业实践活动、教学培训等，空余时间对全院学生开放使用。学生参与第十届大学生广告大赛，在平面类、视频类、动画类、广播类作品中获多项北京市等级奖。包括一、二、三等奖各4项、优胜奖48项。获北京市优秀竞赛指导教师奖教师2人，获优秀组织单位奖。5月，完成实验室门牌信息规范工作，整理汇编实验指导书、实验室规章制度。9月，完成2017—2018学年实验室信息上报工作。申报本科教学项目1项。12月，完成实验室安全隐患自查工作。

（杨升华）

党建工作

8个

学院党委有党支部8个，其中，教师党支部4个、学生党支部4个

105人

党员105人，其中，教师党员35人、学生党员70人，入党积极分子81人

2018年，学院党委有党支部8个，其中，教师党支部4个、学生党支部4个。党员105人，其中，教师党员35人、学生党员70人，入党积极分子81人。发展党员33人，按期转正30人。参加院党课学习118人，获结业证书62人。推进“两学一做”学习教育常态化、制度化。坚持每月1次理论中心组、党员和教职工集中学习制度。汇编专题学习材料6期，组织党员和教职工学习党纪党规、宪法法律法规及师德师风建设等相关制度文件。开展主题教育活动，建设师德师风。坚持党政联席会、二级教代会及党务院务公开制度。新制定制度2项，修订1项。成立学院统战工作领导小组、师德建设分委员会、体育工作委员会、“勤勉学堂”学业辅导中心。调整工作机构2个，制定学习教育计划及活动方案等12项。开展全面从严治党宣传教育和校园廉政文化建设。组织开展学院全面从严治党宣传教育月活动，组织校规校纪集中宣讲2场，组织教师党员和教职工观看党风廉政警示教育宣传片1次，组织师生党员参观廉洁教育展1次、在全体师生中开展“凝聚初心、砥砺前行”廉洁文化作品征集竞赛。签订各类责任书、承诺书等50余份。在元旦、春节、“五一”、端午、中秋、国庆等重要节点，加强教育和提醒，开展自查。落实意识形态责任制，维护校园和谐稳定。学院落实学校有关安全稳定工作通知精神，按照网格化安全管理要求，落实责任。定期研究安全稳定工作，定期在师生中进行安全教育、开展自查及巡视整改。落实重大节假日领导干部带班和值班制度。选择思政建设试点课5门课。开展保密教育、非密计算机安全检查。完成2个教师、4个学生党支

部换届选举工作。对所属 8 个党支部进行年度工作考核，开展党支部书记向上向下两级述职。分工会召开学院教职工大会 2 次，组织开展师德师风建设和规章制度学习答题活动 3 次。开展走访慰问送温暖活动，慰问教职工 5 人。组织开展各类文化体育活动 7 次。选派 50 人次参加校内外各级理论学习和党务工作培训，选送赴校外挂职干部 1 人。评选年度工会活动积极分子 10 名，其中，校级 5 名、院级 5 名。教职工获校运动会团体第 6 名，在学校“沁馨之韵”教职工歌手大赛中，获一等奖 1 项、三等奖 1 项。

（郭严俊　吕丽峰）

学生工作

161 人次

获国家及校内各类奖学金 161 人次

104 人次

获评学校学院三好学生、优秀学生干部 104 人次

100%

2018 届毕业生就业率 100%，核心就业率 82.81%

2018 年，学院实施 2018 级新生引航工程、优秀学子巡讲制度。开展学业辅导体系建设，实施职业生涯规划指导教育、系主任专业教育、青年博士学生考研辅导。举办职业生涯规划主题班会、校友论坛。开设“勤勉学堂”学业辅导。评选一班一模范学习标兵，实施各类重要学生干部学习成绩一票否决制。参军学生 1 人，获国家及校内各类奖学金 161 人次，获评学校学院三好学生、优秀学生干部 104 人次，获评校院优秀班集体班级 4 个，获励志奖学金 16 人，获国家助学金 45 人，申请国家助学贷款 8 人。2018 届毕业生就业率 100%，核心就业率 82.81%，全校排名第一。参加校文化艺术节、科技创新节活动，开展学院新媒体节、大学生广告艺术设计大赛、人文知识竞赛。获校园文化艺术节最佳创意奖、2018 年科技创新节最佳创新奖。举办迎新暨表彰活动、十佳歌手比赛，新生运动会、辩论赛等活动。开展主题团日活动、暑假社会实践活动，获主题团日活动校三等奖、暑假社会实践优秀组织奖。与班主任、辅导员签订安全稳定工作责任书，开展安全教育主题班会，制定宿舍安全检查工作方案，开展学生去向登记、学生离校登记工作。制定党支部工作例会制度，实施学生党员成长记录，举办学生党建工作会。参观爱国主义教育基地，观看红色电影。开展党员助学、“两学一做”。参加学校“党章党史知识竞赛”，获二等奖。学生党员获百名学习标兵称号 4 人，学生党支部红色“1+1”活动获北京市三等奖 1 项。利用学生工作微信公众号、学生会、团总支微信公众号推送信息，累计推送通知 117 篇。利用班主任微信群、各类学生干部微信群班级微信群等发送信息并答疑解惑。获校优秀辅导员称号 1 人，获优秀班主任称号 4 人。2 名教师在“三育人”工作中受到学校表彰，1 人获评“校园安全卫士”。

（吕丽峰）

对外交流

5 月 23 日，堪萨斯州立大学公共管理系主任山姆 · 贝尔教授、张志伟博士应邀为行政管理专业师生介绍堪萨斯州立大学与学院联合培养及 MPA 项目。5 月 18 日，学院领导杨孔雨、伊强与美国威斯康星大学帕克赛德分校艺术与人文学院院长莱斯利 • 沃克尔博士、社会科学与职业研究学院院长佩琪 • 詹姆斯博士会谈，交流双方各自办学状况、人才培养特色及未来合作路径。11—12 月，公共管理系教授李仙赴牛津大学布拉瓦拉尼克政府学院访问学习。7 月 8 日至 9 月 10 日，网络与新媒体专业 1601 班学生陈疆猛赴日本上智大学参加 STAY IN TOKYO 短期课程。8 月 28 日至 9 月 8 日，网络与新媒体专业 1602 班学生刘文殊赴美国加州理工大学波莫纳分校参加学校 2018 年优秀本科生暑期境外专业拓展实践项目。

（丁宁）

外国语学院

概况

84 人

有教职工 94 人，专任教师 84 人

312 人

在校全日制本科生 312 人

北京信息科技大学外国语学院（School of Foreign Studies，简称“外语学院”）成立于 2006 年 12 月，在原北京机械工业学院外语系和原北京信息工程学院基础一部英语教研室、基础二部英语教研室基础上组建而成。办公地点位于小营校区 1 号办公楼 2 层。2018 年，学院设英语系 1 个、大学英语教学部 2 个、研究生外语教学部 1 个。承担英语专业、大学英语、研究生英语等教学任务，开设德语、日语、西班牙语等语种课程。设有有英语专业，分商务、翻译、教育 3 个方向。有院级英语实验中心 1 个。学院人才培养目标是“立足北京、服务首都、面向全国，培养基本功扎实，具有国际视野和人文素养，具备口笔译能力、商务实践能力、跨文化交流能力、思辨与创新能力，能从事翻译、商务、教育等工作的应用型人才”。有教职工 94 人，专任教师 84 人。包括北京市优秀教师 1 人、北京市中青年骨干教师 7 人、北京市青年英才教师 2 人、北京市优秀人才 3 人。专任教师中具有高级职称教师 34 人，约占教师总数 40.48%，包括教授 2 人、副教授 32 人；具有硕士以上学位教师 76 人，约占教师总数 90.48%；45 岁以下教师 53 人，占专任教师 63.10%。全

日制本科毕业生 79 人，招收全日制学生本科生 80 人，截至 2018 年年底，在校全日制本科生 312 人。

（王瑾　王瑛月　余志超）

学科建设与研究生教学

528 课时
承担研究生公共外语教学任务 528 课时

1 名
新增硕士研究生协导 1 名、硕士指导教师 1 名、新增校外导师 1 名

2018 年，学院承担研究生公共外语教学任务 528 课时，承担 2 名“计算语言学”硕士研究生培养工作。新增硕士研究生协导 1 名、硕士指导教师 1 名、新增校外导师 1 名。推进翻译专业硕士（MTI）筹建准备工作。《翻译理论与实践》获批学校网络精品课程。翻译基地编译科技前沿研究报告 70 余篇，查找、编译和梳理国外科技发展国家战略，编写《创新战略报告》58 篇，出版译著一部。经费到款 57.5 万元。续签校外翻译实习基地 3 个，新建 2 个。组织学生完成校外翻译实习基地课程 3 门，翻译字数 25 万字，机器翻译译后审校 80 余万字。

（王瑛月）

教学工作

2018 年，学院践行“INSPIRE”办学理念。以信息特色为首，在工作中落实学校信息特色鲜明办学理念。完善“突出信息特色，探索英语专业差异化发展道路”改革方案，全面使用 FIF 无纸化考试系统进行在线四级模拟考试，探索 A.I. 时代背景下英语教育新模式，被外研讯飞授予“讯飞 A.I. 智慧外语教学”创新应用示范校。搭建创新实践网络平台。在原有国家级竞赛 1 项、市级竞赛 3 项和校级学科竞赛 4 项基础上，联合中国日报社网站举办在线翻译实践比赛，联合外研社举办在线口语竞赛、网络英语写作大赛，联合批改网举办批改网百万同题竞赛，联合新东方举办在线英语四级挑战赛，组队参加“外教社杯”北京高校学生跨文化能力大赛。教师指导学生获国家级一等奖 3 人、二等奖 15 人、三等奖 27 人，北京市级三等奖 7 人。获各类在线竞赛一等奖 1 人、二等奖 3 人、三等奖 2 人、优秀指导教师 1 人。关注学生个体，全程监控教学质量。英语专业学生全国英语专业四级通过率达 72.6%，超出全国通过率 26.44%，继 2015 年再次超出全国平均水平 25% 以上。获批立项市级大学生创新项目 4 项、校级大学生创新项目 4 项。招聘应届博士研究生 4 人、专业教师 3 人、行政人员 1 人，晋升副高级岗位职称 1 人。获“外研社杯”教学新星大赛一等奖 1 人，4 名教师参加学校第十一届青年教师教学基本功比赛，获一、二、三等奖各 1 人。开展教学研究与教学改革，获批年度精品在线开放课程建设项目 1 项、校级教改重点资助项目 1 项、校级教改一般资助项目 2 项、校级高教研究项目 2 项。

（王瑛月）

科研工作

14 篇
发表论文 14 篇，包括核心 1 篇、国外期刊 3 篇

1 部
出版译著 1 部

3 项
获批北京信息科技大学科研水平提高重点研究培育项目 3 项、校级科研基金 3 项、校级高教研究项目 3 项

2018 年，学院每 2 周举办一期学术沙龙活动，全年共举办 12 期。沙龙主讲专家包括国内翻译行业专业人士和国内语言学、文学、翻译、语言政策等方向专家，包括国际著名汉学家、翻译家和作家、中国政府友谊奖获得者沃尔夫冈 · 顾彬教授。全年发表论文 14 篇，包括核心 1 篇、国外期刊 3 篇。出版译著 1 部。申报国家社科基金教师 4 人，申报教育部人文社科项目教师 2 人，申报北京市哲学社会科学项目教师 3 人，申报北京市教委社科一般项目教师 2 人。获批北京信息科技大学科研水平提高重点研究培育项目 3 项、校级科研基金 3 项、校级高教研究项目 3 项。

（王瑛月）

党建工作

8 个
学院党总支下属党支部 8 个，其中，教工党支部 5 个、学生党支部 3 个

86 人
有党员 86 人，其中，学生党员 39 人，教师党员 47 人

23 次
召开党政联席会 23 次、党总支会议 10 次

2018 年，学院党总支下属党支部 8 个，其中，教工党支部 5 个、学生党支部 3 个。有党员 86 人，其中，学生党员 39 人，占学生总人数 45.35%，教师党员 47 人，占教师总人数 54.65%。院级党课结业 38 人，发展党员 20 人，转正 21 人。发挥政治核心作用，坚持民主集中制，召开党政联席会 23 次、党总支会议 10 次。全面从严治党，组织各党支部学习宣传党的十八届六中全会、全国和北京高校思政会、“两贯彻一落实”和十九大精神。开展学校政治巡察迎检工作。10 月 17 日至 11 月 7 日，学校党委第二巡察组对学院开展为期 3 周巡察工作。12 月 25 日，学校党委第二巡察组向学院党总支反馈巡察意见。学院先后召开 2 次党总支会议、党政联席会议专题研究整改落实工作，针对反馈意见，逐条讨论，剖析根源，反思反省，对 19 项具体问题明确牵头领导、责任部门，细化整改措施，明确整改时间，确保整改到位。学校党委第二巡察组反馈 19 项问题中已立行立改问题 17 个，

正在整改问题 2 个。推进“整改回头看”工作。坚持“阳光治院”，坚持与系部签订廉政责任书。组织党风廉政建设相关会议和活动 12 次。

（余志超）

学生工作

100%

2018 届毕业生 79 人，总体就业率 100%，核心就业率 77.22%

2018 年，学院在工作中践行“以学生为本—与学生沟通—明学生需求—抓教育契机—供资源平台—促学生行动—为学生服务”实践模式。在年级育人和管理工作中，将德育教育贯穿始终，实行“五个 3”举措，即“三查（查课堂、查宿舍、查朋友圈）、三风（作风、学风、考风）、三会（年级大会、班会、团支书 / 班长例会）、三辅（深度辅导、学业辅导、生涯辅导）、三课（新生党课、形势与政策课、就业指导课）”。分年级开展德育、学业、生涯教育，贯穿大学始终，实现全过程育人。微电影《“邂逅”》获北京市普法微电影竞赛二等奖，英语 1601 团支部获评首都高校先锋杯“优秀团支部”。英语 1701 班获评北京市优秀班集体、校级先进班集体、校“勤信”班集体，英语 1601 团支部获评校“活力团支部”，英语 1502 班团支书杨可卿获评校“十佳团支书”。获评北京市优秀毕业生 4 人，获评学校优秀毕业生 5 人，获评校“百名时代先锋”学生 3 人。评出学院学习奖学金一等 6 人、二等 20 人、三等 20 人。获评科技创新奖学金二等 1 人、三等 12 人，社会贡献奖学金 18 人，文体优秀奖学金一等 1 人、二等 4 人，校级三好学生 12 人、校级优秀学生干部 6 人、校级先进班集体 1 个，校级优秀团员 5 人、优秀团干部 3 人、优秀团支部 1 个。获国家奖学金 1 人，获国家励志奖学金 8 人，获国家一等助学金 18 人，获国家二等助学金 14 人。加强与重点单位沟通联系工作。连续多年为黄城根小学、德威英国国际学校等合作单位输送优秀人才，得到用人单位认可。2018 届毕业生 79 人，总体就业率 100%，核心就业率 77.22%。签三方协议 12 人，占 15.19%，签劳动合同 30 人，占 37.97%，共计签约 42 人，占 53.16%。考研 2 人，占 2.53%。申请出国 17 人，占 21.52%。灵活就业 18 人，占 22.78%。

（王瑾）

对外交流

2018 年，学院参加日本上智大学短期交流项目学生 4 人。参加美国波莫纳加州理工大学短期交流项目学生 1 人，参加美国威斯康辛大学拉克罗斯分校“2+2”项目学生 1 人。

（王瑾）

举办课程思政建设专题讲座

9 月 6 日，学院邀请外交学院英语系党总支书记胡水娟副教授，为全院教师作“课程思政”建设专题报告。胡水娟以《英语政论文选读》课程展示如何在外语课堂上有机融入思想政治教育元素，做到“润物细无声”，分享外交学院英语系从师资队伍建设到英语专业课程设置等学院全面工作环节落实“三全”育人工作具体做法和成效。

（王瑛月）

举办英语网络学科竞赛颁奖仪式

9 月 26 日，学院举办英语网络学科竞赛颁奖仪式。表彰在“外研讯飞杯”口语竞赛、批改网“百万同题”竞赛和新东方大学英语四级挑战赛中获奖学生和在网络竞赛中做出贡献教师。教务处副处长米洁，学院副院长王朝晖、张广奇及网络竞赛平台方代表参加颁奖仪式。

（王瑛月）

首次晋级全国英语写作大赛决赛

10 月，学院英语系 2015 级学生刘康宁晋级“外研社 . 国才杯”全国英语写作大赛决赛。全市各高校 91 人参加北京赛区复赛特，刘康宁获北京赛区复赛特等奖，晋级全国决赛并获全国三等奖。

（王瑛月）

探索大学英语无纸化考试

11 月 23 日，学院使用外研讯飞公司 FiF 测试系统举行在线四级模拟考试。此次测试共 1362 名学生参加，使用考试系统内定标四级模拟题，由系统自动完成批改工作并形成统计数据和试卷分析。考试结束后，系统自动生成学生总成绩单、各分项成绩单、成绩分布图、各单项题型得分率、分学院统计成绩分布图、写作各项技能得分维度及每道小题得分率、难度和区分度等信息。学院计划逐步改善硬件条件，开展在线四级模拟测试，在一定范围内开展大学英语期末考试无纸化尝试。

（王瑛月）

获评创新应用示范校

12 月 22 日，学院参加在北京召开“以本为本，A.I. 赋能”外研讯飞 · 教育部产学合作协同育人项目推介会。学校在此次会议上作为唯一在京院校被授予“讯飞 A.I. 智慧外语教学”创新应用示范校。学院院长任维平代表学校接受授牌。

（王瑛月）

理学院

概况

3个

信息与计算科学、电子信息科学与技术、统计学3个本科专业

5个

信息与计算科学系、统计系、电子信息科学与技术系、数学教学部、物理教学部5个教学单位

108人

在编教职工108人，专任教学科研人员98人

658人

在校学生658人，其中，研究生86人、本科生572人

北京信息科技大学理学院（School of Applied Science，简称“理学院”）成立于2006年12月，办公地址位于小营校区图书馆10楼1009A。2018年，学院有信息与计算科学、电子信息科学与技术、统计学3个本科专业。学院下设信息与计算科学系、统计系、电子信息科学与技术系、数学教学部、物理教学部5个教学单位。研究机构有传感技术研究中心（传感器实验室）、应用数学研究室，数学物理研究所。传感器实验室是北京市重点实验室。学院在编教职工108人，专任教学科研人员98人。包括教授23人、副教授41人，高级职称占65%。兼职博士生导师4人、硕士生导师43人。具有博士学位教师占专任教师70%。有国家级教学团队1个、北京市长城学者1人、北京市教学名师1人、北京市中青年骨干教师7人、北京市青年拔尖人才4人。有学校教学名师1人、优秀主讲教师6人、勤信学者1人、勤信拔尖人才2人、勤信英才1人。毕业学生130人，其中，本科生108人、研究生22人。招生181人，其中，本科生145人、研究生36人。截至2018年年底，在校学生658人，其中，研究生86人、本科生572人。

（谢瑞峰　汤洪滔　谢司　王梦晨）

学科建设与研究生教学

2个
数学、电子科学与技术2个一级学科硕士点

45篇
研究生以第一作者身份发表学术论文45篇，包括SCI检索20篇、EI收录3篇

2018年，学院拥有数学、电子科学与技术2个一级学科硕士点。数学一级学科下设非线性科学理论与应用、科学与工程计算、应用统计与大数据分析、应用数学4个学科方向，应用数学是北京市重点建设学科。电子科学与技术下设传感技术及系统、物理电子学、电声技术与信号处理、集成电路及电子信息系统4个学科方向。学院及传感器重点实验室研究生以第一作者身份发表学术论文45篇，包括SCI检索20篇、EI收录3篇。获评学校研究生优秀论文2人，获国家奖学金2人，获校长奖学金1人。获评学校优秀毕业生研究生2人，获评北京市优秀毕业生1人。

（王爱文　张超洁）

教学工作

6项

获校内教学专项6项，其中，专业建设项目1项、数理基础课教学改革项目1项、教学条件建设项目2项、创新实践基地建设项目1项、专业提升项目1项

10项

大学生科技创新计划项目批准10项，其中，国家级1项、北京市级3项、校级6项

2018年，学院是学校规模较大基础教学学院之一。以本科教学工作审核评估为契机，梳理本科教学工作各环节，明确各专业培养目标，完成本科教学工作审核评估工作及各项教学任务，为工科专业工程认证工作提供支撑。推进人才培养全面改革，多次邀请校外专家、学者召开会议，开展教学交流与研讨。探索专业建设、优化课程配置、公共基础课教学改革等。改革全校性公共基础课，《高等数学A、B》开展分级教学工作，改革《高等数学A、B》《线性代数A、B》《概率论与数理统计A、B》《大学物理A、B》8门全校性公共基础课教学内容和考核方式，实行考教分离、流水阅卷。《高等数学A、B》《线性代数A、B》《概率论与数理统计A、B》《复变函数与积分变换A、B》实现计算机网上系统阅卷。完成各类教学项目申报工作，获校内教学专项6项，其中，专业建设项目1项、数理基础课教学改革项目1项、教学条件建设项目2项、创新实践基地建设项目1项、专业提升项目1项。获学校教改项目4项。获校青年教师教学基本功比赛一等奖1人，获校青年教师教学基本功比赛二等奖1人，教师获校实验教学基本功比赛二等奖1人，获校实验教学基本功比赛三等奖1人，获评校级优秀主讲教师1人。14名教师参加2018年教学效果评价，获优秀7人，获良好7人。撰写教改论文9篇。新入职青年教师参加学校导师制计划8人。大学生科技创新计划项目批准10项，其中，国家级1项、北京市级3项、校级6项。承办大学生数学竞赛，获全国一等奖2人、二等奖5人、三等奖14人，北京市一等奖9人、二等奖17人、三等奖34人。参加数学建模竞赛，获北京市一等奖1队、3人，获北京市二等奖2队、6人。参加北京市大学生物理实验竞赛，获北京市一等奖3人、获三等奖4人。参加全国部分地区大学生物理竞赛，获北京市一等奖3人、获二等奖15人、获三等奖19人。参加北京市大学生集成电路设计大赛，获北京市一等奖10人，获二等奖4人，获三等奖2人。制定《2018年做新时代“四有”好老师和“四个引路人”学习实践活动工作方案》，开展师德建设系列活动和新入职教师师德教育。整理《理学院师德建设工作交流文集》，开展优秀主讲教师

交流、“读一本好书”交流会、主题论坛，引领教工思想政治工作开展。在人员聘任、晋职晋级、评奖评优工作中，发挥党支部书记作用，严把政治关、师德关。在2018年学校二级单位工作考核中，《持续开展师德师风建设系列活动，助推了学院教工思想政治工作上新台阶》获评“特色工作奖”。

（薛春艳　田萌　赵华　韩光　裴鹏程）

科研工作

249 万元

年度科研经费249万元，包括国家自然科学基金项目经费192万

11 项

立项项目11项包括国家自然科学基金项目3项、北京市教育委员会科技计划项目3项、横向项目2项

10 人

引进博士和博士后10人

2018年，学院承担完成和正在承担项目有国家“863”高科技项目、国家自然科学基金项目、北京市自然科学基金、北京市教委基金、军工预研和军工配套等。年度科研经费249万元，包括国家自然科学基金项目经费192万。立项项目11项包括国家自然科学基金项目3项、北京市教育委员会科技计划项目3项、横向项目2项。学院发表SCI论文29篇、EI论文6篇、2014北大中文核心期刊论文7篇，获专利4项。传感器实验室发表SCI13篇、EI7篇、2014北大中文核心期刊4篇，获专利3项。译著学术著作1部。新增教授3人、副教授4人、硕士生导师1人。引进教授（研究员）1人，引进博士和博士后10人。

（王爱文　张超洁　谢瑞峰　汤洪滔）

实验室建设

67.5 万元

基础教学专项建设经费67.5万元

30 万

实验室实践教学条件改善总投入近30万元

35 篇

全年发表论文35篇，包括Sci检索15篇、Ei检索12篇

2018年，大学物理实验教学中心开展实验室建设工作。基础教学专项建设经费67.5万元用于实验教学部分仪器更新。同时实验室教师服务学生基本实践能力培养和创新发展，带领学生获北京市大学生物理实验竞赛一等奖一项。理综实验室改善软环境和硬环境实践教学条件，对微电子和传感器实验室进行基础环境改造。实验室实践教学条件改善总投入近30万元，主要进行实践教学平台建设，加装实验耗材存贮箱。完成专用软件配置，购买相应实验设备，包括实验用椅子100把、触控一体机2台、触屏式电脑1台、投影仪2台、投影幕1块、Multisim软件1个。理综实验室利用软件和硬件条件面向本科生和研究生开展课程实践教学。传感器北京市重点实验室有在职在编教职工12人，占全校专任教师1.4%，其中，正高级职称5人、副高级职称6人、中级职称1人。传感器北京市重点实验室新增到款纵向项目7项，到款117.855万。包括在研国家自然科学基金项目4项、新立项国家自然基金面上项目1项。军工及横向项目8项，经费到款354.66万元。合计到款472.515万元，占全校总到款4.21%。全年发表论文35篇，包括Sci检索15篇、Ei检索12篇，三大检索论文占全部论文77.14%，占全校309篇三大检索论文8.74%。传感器北京市重点实验室作为主要受检单位，完成学校第二轮保密资格证书现场审查工作。实验室课题研究过程中用到一部分危险化学品，专门开辟危险化学品库房，设立专门人员管理库房。

（杨虹　张炳江　秦雷）

党建工作

13 个

学院党委下属党支部13个，其中，教职工党支部7个、本科学生党支部3个、研究生学生党支部3个

175 人

党员175人，其中，教职工党员71人，本科生党员76人，研究生党员28人

2018年，学院党委下属党支部13个，其中，教职工党支部7个、本科学生党支部3个、研究生学生党支部3个。学院有党员175人，其中，教职工党员71人，占教职工总数65.13%，本科生党员76人，占本科生总数13.2%，研究生党员28人，占研究生总数32.5%。发展学生党员40人，转正42人，新增学生入党积极分子93人。坚持民主集中制，加强班子建设。贯彻落实党政联席会议和党委工作制度。落实党风廉政建设工作责任制。履行“一岗双责”，组织签订党风廉政建设责任书，开展全面从严治党教育月活动。执行在“双代会”代表选举和干部聘任推荐纪律。召开二级教代会审议通过2018年二次分配方案。落实意识形态工作和安全稳定（保密）工作责任制。坚持“一会一报”，维持课堂讲授纪律，推进“平安校园”提升工程。未发生失密、泄密事件。推进党建重点工作。制定《2018党员意识提升方案》，注重党支部书记培训和作用发挥，组织学生党支部书记校外实践拓展活动。组织2017年度党支部书记述职及民主评议党员工作。制定理论学习计划，落实教职工集中理论学习要求，促进“两学一做”制度化、常态化。开展“纪念改革开放40周年”等主题党日活动，研1801党支部在学校党日活动公开赛中获二等奖。开设“教师党员示范课”“党员学霸小课堂”，红色“1+1”共建活动获市优秀奖1项，2名学生党员分别被评为北京市优秀社会实践先进个人和优秀学生干部。按照有利于开展党员教育管理及服务活动原则，调整学生党支部设置。发挥党员先锋模范带头作用，获评学校师德标兵1人、“三育人”先进个人5人、青年教师教学基本功大赛二等奖1人、教学

新星 3 人。10 名学生党员分别获评“百名学习标兵”“百名时代先锋”，获评北京市优秀学生干部 1 人。开展软弱涣散党支部整改。开展入党积极分子培养及党员发展工作。迎接北京市师德师风督导入校检查，梳理学院师德师风建设工作，形成相关材料。开展“三全育人”工作。以立德树人为中心环节，以理想信念教育和学风建设为重点，以风气养成为抓手，以开展院级党课为平台，以学生党建为龙头，加强学生政治思想工作。开展网络思政和“课程思政”试点课建设工作。

（韩光　裴鹏程）

学生工作

2018 年，学院共有在校生 658 人，其中，信计、电技、统计 3 个专业本科生 572 人，数学、电子科学与技术 2 个学科研究生 86 人。少数民族学生 63 人，涉及少数民族 16 个，占比 9.6%。经济困难学生 68 人，占比 10.33%。存在心理或情绪问题学生 22 人，身体残疾学生 6 人。发展学生党员 40 人，转正 42 人。截至 2018 年年底，学生党员共 104 人，其中，本科生党员 76 人，占本科生总数 13.2%，研究生党员 28 人，占研究生总数 32.5%。1—2 月，开展“学十九大，知中国情”主题社会实践活动。3 月 25 日，组织召开 2018 年本科生全体党员大会，将本科原有 2 个党支部调整为信计、电技、统计 3 个本科生学生党支部。4 月，组织“全面从严治党”主题党日活动，组织支部观看警示教育纪录片，开展廉洁文化作品征集活动。4 月 21 日，组织学生党支部赴明代反贪尚廉历史文化开展廉洁文化教育活动。6—10 月，3 个本科生党支部和 2 个研究生党支部开展红色“1+1”活动，理研 1701 党支部与南口镇桃洼村党支部红色共建活动获评北京市优秀奖。7—8 月，30 名党员与积极分子参与青岛、烟台、洛阳、张家口、北京房山社会实践队，1 名学生党员被评为北京市优秀社会实践先进个人。10 月 10—20 日，开展 2018 年院级党课培训活动，举办主题为“重顾党史，砥砺前行”“如何加入中国共产党”“不忘初心，继续前行”专题讲座 3 场，完成党员发展公开答辩。11 月，组织“纪念改革开放 40 周年”主题党日活动，内容包括国家博物馆纪念改革开放 40 周年成果展、主题论坛、主题演讲等。理研 1801 党支部在学校党日活动公开赛中获二等奖。以校园活动为载体，推进学生思想政治教育工作。3 月 5 日，开展“学雷锋，看我行”主题团日活动。4 月 1 日，组织信息科大第二届诗词大会理学院选拔赛。4 月 10 日起，承办以“寝内‘家’年华，室外‘秀’青春”为主题第二届文化艺术节宿舍文化月活动。4 月 18 日，开展“释放压力、放飞心情”学生心理健康团体辅导活动。4 月、10 月举办“相约朝阳”晨读晨跑活动 2 次。6—10 月，组织 4 支社会实践团队先后赴北京房山开展“乡村振兴，青年作为”主题社会实践，赴山东烟台开展“一带一路”学习交流主题社会实践，赴山东青岛开展“创新驱动发展转型体验”主题社会实践，赴张家口开展“感受冬奥魅力之城”主题社会实践。房山社会实践团获市级百强团队二等奖，青岛实践团获市级优秀团队，团队成员获市级社会实践优秀个人 1 人。9 月 28 日，开展干部轮训会，对学生干部开展专题培训。10 月 9 日，开展勤信班集体与优秀团支部创建评比活动，电技 1701 班获学校“勤信班集体”创建评比活动三等奖，理研 1614 获评北京市“先锋杯”优秀团支部。10 月中旬，组织开展“人际关系适应”新生主题班会。10 月 20 日，开展“凝心聚力新起航，笃学善行新篇章”2018 级新生素质拓展活动。10 月 24 日，举办“以梦为马，筑梦逐梦”2018 级新生交流会与新生朋辈教育宣讲会。10 月 28 日，举办“律动青春，展现风采”2018 级新生风采大赛。11—12 月，先后举办“我眼中的信息科大”主题摄影比赛、“金声萦绕校园，青春主持风采”主持人大赛、“思辨青春，明理善行”新生辩论赛。12 月 9 日，举办“纵情献‘理’，为梦而歌”理学院“一二·九”新生合唱节暨 2018 年度优秀学生表彰典礼。采取多种措施推进学风建设。3 月 14 日，举办“星火闪耀 助推提升”主题“星火计划”优秀学生学业汇报会。7—8 月，开展“读一本好书就是和高尚的人谈话”主题“星火计划”暑期悦读活动。10 月中旬，团总支举办“好书伴成长”主题团日活动。10 月 31 日，举办“百名时代先锋”答辩会。11 月 14 日起，举办 2018 年数学建模系列课程讲座。12 月 4 日，举办“科研兴趣培养与能力提升”研究生学术沙龙。6 月、12 月，开展诚信考试教育活动。完成各类奖学金评审，获国家奖学金 3 人，获校长奖学金 1 人，获特等奖学金 1 人，获其他各类校内奖学金 204 人次。在各类科技创新比赛中，获北京市级及以上一等奖 1 人、二等奖 10 人、三等奖 10 人，获校级一等奖 6 人、二等奖 9 人、三等奖 5 人。开展就业工作。3 月 12 日，与立华集团洽谈产学研合作事宜。3—5 月，开展学业与职业生涯规划教育活动，包括赴亚信科技有限公司参观学习，“如何成为受欢迎的职场新人”“如何提升综合能力”等主题讲座。4 月、10 月，举办应届毕业生小型招聘宣讲会 2 场。10 月 17 日，开展 2019 届毕业生就业动员会。

（谢司　马川茼　王梦晨）

对外交流

2018 年，学院多次派教师外出参加学术会议及出国培训学习。邀请专家、学者来校进行学术交流。8 月 22 日，院长谢瑞峰带队，北京市传感器重点实验教授高国伟一行 6 人赴中关村门头沟科技园交流考察。11 月 2 日，江苏师范大学副校长杜增吉教授应邀到学院举办题为《坚持以本为本，推进四个回归——深化本科教学综合改革》交流讲座。11 月 16 日，国家杰出青年科学基金获得者、教育部长江学者特聘教授、北京市特聘教授，首都师范大学教授刘兆理在学校图书馆 10 楼理学院会议室作题为《Vector solutions with prescribed component-wise nodes for a Schrödinger system》学术报告。11 月 24 日，在清河校区 2 教一阶组织开展第二次数学建模培训活动。邀请全国大学生数学建模竞赛优秀指导教师、北京邮电大学教授贺祖国作为主讲嘉宾，作题为《漫谈数学建模与创新》主题讲座。年内，3 名教师到美国高校参加为期一年访问学者培训。

（谢瑞峰　汤洪滔）

电子科学技术学科系列学术活动

2018 年，学院开展电子科学技术学科系列学术活动。1 月 2—8 日，美国 Intel 公司资深工程师 Tim Waite 到学院指导电技 14 级学生开展为期 6 天《集成电路方向综合课程设计》教学工作，涵盖 1 个集成电路功能模块设计、仿真和调试全流程。12 月 28 日，电子科技集团公司第十二研究所研究员杨金生到学院作题为《微波毫米波太赫兹功率器件的研发和应用研究》学术报告。学院电技专业教师、“电子科学与技术”一级学科下硕士生导师、学院所有研究生参加此次报告。

（王宏伟　吴秋新）

数学学科系列学术报告活动

2018 年，学院开展数学学科系列学术报告活动。4 月 18 日，中国科学院数学院研究员、博士生导师胡星标、李竞，中国科学院数学院助理研究员常向科到学院作关于 Bilinear Bäcklund Transformations with Their Application、Large-Time Behavior of Solutions to 1D Compressible Navier-Stokes System in Unbounded Domains with Large Data、On peakon，Toda lattices and associated orthogonal polynomials 系列“应用数学”学术报告。5 月 4 日，北京应用物理与计算数学研究所研究员、博士生导师苗长兴到学院作关于现代调和分析与 PDEs 系列“应用数学”学术报告。5 月 25 日，清华大学数学系教授、博士生导师、国家杰出青年科学基金获得者、长江学者张友金，德克萨斯大学数学与统计学院终身教授冯宝峰，清华大学数学系教授、博士生导师、国家杰出青年科学基金获得者刘思齐理学院作关于双雅可比结构及其分类问题、Two-component Hunter-Saxton equation and two-component reduced Ostrovsky equation、Matrix Integral，Hodge Integral，and Integrable system 系列“应用数学”学术报告。5 月 27 日，中国矿业大学（北京）理学院教授、博士生导师刘青平，中国矿业大学（北京）理学院副教授田凯到学院作关于 Integrability of the extended equation of long waves、用高阶无穷小对称寻找可积方程系列“应用数学”学术报告。10 月 28 日，泰州学院数理学院数学与应用数学系（数学建模实训中心）主任陈小平到理学院作关于非线性特征值问题的逐次 m- 阶逼近方法学术报告。11 月 7 日，西安交通大学教授黄艾香到学院作关于 3 维偏微分方程的维数分裂算法学术报告。11 月 12 日，Emory 大学教授、博士生导师杨善双到学院作关于《Quasiconformal Analysis and PDE 拟共形分析与偏微分方程》主题学术报告。

（王灯山　王爱文）

计算中心

概况

北京信息科技大学计算中心成立于 2007 年，由原小营校区计算中心、原健翔桥校区计算中心、原基础二部微机机房合并组成。2018 年 11 月，由学校直属单位变更为计算机学院所属管理。2018 年，中心设有基础教学部、计算机实验室（清河小营校区机房、清河校区机房）。基础教学部承担全校非计算机专业通识教育信息技术类课程教学、建设任务，设有《计算机基础》《C 语言程序设计》《VB 程序设计》《Python 程序设计》《数据库及其应用》等课程。计算机实验室占地面积约 1100 平方米，有各类型学生用计算机 621 台，其中，清河小营校区机房 336 台、清河校区机房 305 台。计算机实验室承担学校各专业本科生计算机课内上机实践、学生自由上机任务，提供开放实验环境及设备。计算中心提供公益性活动场地、设备支持各种计算机应用能力培训。截至 2018 年年底，中心有教职工 27 人，包括专任教师 13 人、副教授 5 人、博士学位教师 5 人、硕士生导师 2 人。计算机实验室有实验技术人员 11 人，包括高级职称 3 人、中级职称 6 人，博士学位技术人员 5 人。引进高层次人才博士后 2 人。

1100 平方米

计算机实验室占地面积约 1100 平方米

621 台

有各类型学生用计算机 621 台，其中，清河小营校区机房 336 台、清河校区机房 305 台

27 人

中心有教职工 27 人，包括专任教师 13 人、副教授 5 人、博士学位教师 5 人、硕士生导师 2 人

2 人

引进高层次人才博士后 2 人

（周长胜）

教学工作

6 月 9 日，计算中心举办第九届 C 语言基本技能比赛，全校各年级各专业 155 名学生参加。比赛得到华为公司赞助，报名参赛人数均创造赛事举办以来记录。6 月 12 日，教育部本科教学评估专家、太原理工大学原校长、山西省人大常委会民宗侨外工委副主任吕明教授走访计算中心，教务处副处长米洁全程陪同。计算中心党政班子全体成员参加访谈。

教师周淑一获学校第十届青年教师教学基本功比赛一等奖及学校第四届教学新星称号。张冬慧获学校第七届实践教学基本功比赛三等奖。

（李文杰）

科研工作

3项	21万元
获批科研项目3项，其中，纵向项目2项、横向项目1项	科研项目到款21万元，其中，横向项目到款10万元、纵向项目到款11万元

2018年，计算中心获批科研项目3项，其中，纵向项目2项、横向项目1项，校基金1项。科研项目到款21万元，其中，横向项目到款10万元、纵向项目到款11万元。发表科研论文4篇。邀请人工智能、网络新媒体等行业专业专家培训科研申报，指导工作。开展"走出去，请进来"学术交流、研讨、讲座活动。

（王图宏）

实验室建设

2018年，计算中心实验室面向全校开放。为全校计算机本科教学服务，实行每天7:40—21:30全天开放模式。2018学年完成管理工作量1724、值班工作量687、实验室建设工作量36.5。2018学年提供教学上机人时数182934（其中上半年62576，下半年120358），完成实践课程23门，完成上机考试113个班。完成2018年专项，完成专项金额共计60.8345万元。暑假期间，完成计算机实验室环境改造，包括更换地板、粉刷墙壁等。完善计算机实验室规章制度，编辑成册《计算机实验室规章制度》，修订《计算机实验室操作指南》。全年共提供免费机时数超过1万。提供中小学共建环境，协助其他学院、部门、社会完成竞赛、考试等工作。举办开放实验8项。

（赵玉双）

党建工作

17人
直属党支部有党员17人

2018年，计算中心直属党支部有党员17人，全部为在职党员。按照学校党委部署和安排，传达上级精神，执行党政联席会制度和"三会一课"等制度，开展党务公开。形成党政分工合作、协调运行工作机制。发挥意识形态引领作用。把握教学科研管理等重大事项中政治原则、政治立场，在干部队伍、教师队伍建设中发挥宣传、引导作用。学习、研讨习近平新时代中国特色社会主义思想和党的十九大精神。组织党员、教职工学习教育10余次，督促部门员工按时完成"干部在线"和"党员在线"学习任务。组织开展十九大精神学习及有奖知识问答活动。开展"不忘初心、牢记使命"学习郑德仁等先进事迹主题宣传教育活动，开展多次社会主义核心价值观、爱国主义教育等实践活动。落实全国和北京高校思政工作会议精神，开展思想政治工作。开展寒暑假教师思想状况调查工作和日常矛盾化解工作。推进廉政文化建设，开展廉政文化教育。承担宣传及统战工作、保密工作等，配合开展人才引进、部门教师基本功比赛选拔、工作制度制定等工作，保证计算中心各项工作正常运转。成立计算中心师德建设分委员会，建立工作台账，开展计算中心师德建设长效机制落实情况自查工作，形成自查报告。组织开展"做新时代'四有好老师'和'四个引路人'"学习实践活动。学习习近平总书记在北京大学师生座谈会上的讲话。发掘师德故事，推出师德先进典型。学习宣传"全国优秀教师"陈琳同志先进事迹。组织学习《北京信息科技大学教师职业道德规范》《师德"一票否决制"实施细则》《师德考核实施办法》等微文件。根据校党委2018年全面从严治党和党风廉政建设工作任务要求，贯彻落实"党要管党、从严治党"政治任务，研究制定党政领导责任清单。制定2018年全面从严治党宣传教育月活动方案，逐级签订全面从严治党责任书，组织全体教职工观看北京市正风肃纪系列教育片《镜鉴》。组织开展《中国共产党纪律处分条例》专题学习，校规校纪集中宣讲。计算中心分工会以开展以社会主义核心价值观教育和师德建设工作，开展文体活动为，发挥工会组织作用。推进二级民主管理，完善推荐"双代会"代表程序和要求，坚持"公开、公平、民主"原则。对涉及教职工重大利益问题，广泛征求群众意见和建议。推荐"三育人"先进个人。举办第五届"美丽家园 幸福生活"摄影比赛，组织教职工赴延庆水泉沟村开展郊游团建活动，举办飞镖比赛、翠湖湿地环湖长走等活动。

（张曼萍　方炜炜）

机电实习中心

概况

北京信息科技大学机电实习中心（以下简称"中心"）成立于1993年，地址位于学校西侧平房。中心是融教学、科研、社会服务于一体的校级实习中心。主要任务是完成面向全校及兄弟院校金工实习、电工电子工艺实习等工程实践教学任务，按照学校"培养高级应用性人才"办学指导思想，通过对学生进行现代工程实践训练，使学生掌握现代制造工艺知识。机电实习中心以"大工程教育"思想为指导，围绕学校作为教学研究型大学培养研究型、复合型和创新型工程技术

3200 平方米

中心场地建筑面积 3200 平方米，设有 8 间教室及实习操作场所

30 人

中心指导教师 30 人，其中、编人员 11 人、非编人员 1 人、返聘人员 3 人、合同工人员 15 人

110 余台

有金工实习设备 110 余台，包括数控机床 50 台、普通机床 35 台

2243 平方米

冷工实习面积 2243 平方米，热工实习面积 210 平方米，电工电子实习面积 640 平方米

人才目标，培养学生工程实践能力、综合分析与设计能力、科研能力与创新精神。中心工作内容为开展金属工艺学实习、电工电子实习、大学生创新项目，支撑各项科研项目，如机床故障诊断、主轴回转精度、机床热补偿等校重点项目。中心场地建筑面积 3200 平方米，设有 8 间教室及实习操作场所。中心指导教师 30 人，其中、编人员 11 人、非编人员 1 人、返聘人员 3 人、合同工人员 15 人；包括硕士学历 5 人、本科学历 6 人，高级职称 8 人、中级职称 2 人。有金工实习设备 110 余台，包括数控机床 50 台、普通机床 35 台。普通机床包括车床、铣床、钻床、刨床、磨床等。数控机床有数控车床 35 台、线切割 8 台、电火花机床 1 台、小孔机 1 台、数控铣床 1 台、加工中心 4 台。电工电子实习仪器设备及实训台 200 余套。中心分为三个部门：冷工部、热工部、电工电子部。冷工实习面积 2243 平方米，热工实习面积 210 平方米，电工电子实习面积 640 平方米，中心办公室及资料室面积 107 平方米。冷工部分车工组、铣工组、钳工组、刨磨组、数控组、维修组。热工部分铸工组、焊工组。电工电子部分电工组、电子组。

（王倪珂）

学科建设

2018 年上半年，中心配合本科教学审核评估工作，重新整理 5 年来实习报告、实习任务书、试卷、教学大纲等材料，按照最新要求，全部审核、检查、签字、盖章，完成审核评估工作。

（王倪珂）

教学工作

2018 年，中心完成学校教务处布置各项实习教学工作，完成本校及外校实习总工作量 21838 天。本校实习指导范围覆盖专业 15 个，包括机械电子工程、机械设计制造及自动化、测控技术与仪器、工业设计、光信息科学与技术、质量工程、车辆工程、新能源科学与工程、自动化、电气工程及其自动化、机器人工程、智能科学与技术、工业工程、工商管理、信息与计算机科学，共计 44 个班级、1523 人次。金属工艺学实习教学工作总量为 13445 人天，电工电子工艺实习教学工作总量为 4780 人天，共计 18225 人天。实习中心为中国石油大学（北京）、北京邮电大学 2 所兄弟院校提供实习教学服务，涵盖测控技术与仪器、自动控制技术、信息工程、通信工程 4 个专业，共计 19 个班级、597 人次，金属工艺学实习教学工作总量为 3613 人天。

表 39　2018 年机电实习中心校内实习教学工作一览表

2017—2018（二）					
金工实习			电工电子实习		
周数	班级	人数	周数	班级	人数
3	车辆 1701，能源 1701-02，测控 1701- 外	103	2	能源 1601，机电 1601-02+1601 外，测控 1601-02+1601 外	140
2	自控 1701-03，电气 1701-03，机器人 1701	240			
1	机械 1701-03、1701- 外，机电 1701+ 外，智能 1701-02	173			
总计	金工：（103*3 周 +243*2 周 +173 周）周 *5 天 =8485 天，电工：140*2 周 *5 天 =1400 天		9885 天		
2018-2019（一）					
金工实习			电工电子实习		
周数	班级	人数	周数	班级	人数
3	机械 1701-03、机电 1701、测控 1701-02、	138	2	机械 1601-04、车辆 1601-02、信计 1701-02、光信 1601-02	265
2	质量 1701、工设 1701-02、光信 1701-02、工业 1801-02	260	1	工设 1701-02、工设 1703、质量 1701、工业 1701-02	146
1	工商 1701-03	58			
总计	金工：（138*3 周 +260*2 周 +58）人 *5 天 =4960 天、电工：（265*2 周 +146）*5 天 =3380 天		8340 天		

表 40 2018 年机电实习中心校外实习教学工作一览表

2017—2018（二）外校金工实习		
中国石油大学		
天数	学校班级	人数
8	测控 17-1/17-2	61
10	自动化 17-1/17-2/17-3	89
北京邮电大学		
天数	学校班级	人数
5	电子信息类（信息通信）	447
总计	石油：61×8 人天 +89×10 人天 =1378 人天 北邮：447×5 人天 =2235 人天	3613 人天

（王楠）

科研工作

2018 年，中心完成教改课题 2 项，申请教改课题 1 项，结题并通过验收课程建设项目 3 项，成果应用于实习教学过程。发表教学改革论文 1 篇、科研论文 1 篇。

3 项
完成教改课题 2 项，申请教改课题 1 项，结题并通过验收课程建设项目 3 项

1 篇
发表教学改革论文 1 篇、科研论文 1 篇

表 41 2018 年机电实习中心项目汇总一览表

序号	项目名称	项目负责人	项目类型	项目经费（万元）
1	虚拟仪器应用于电子实习的研究与实践	胡延平	教改项目	1
2	电工电子实习教学改革与创新	李沛	教改项目	1
3	依托科技社团实施大学生创新实践活动模式研究与实践	王倪珂	教改项目	1
4	《金属工艺实习》数控线切割教学内容及方法改革建设	董丽萍	课程建设	1
5	金工实习试题库建设	孟玲霞	课程建设	1
6	多媒体教学系统辅助《电工电子实习》教学研究	侯晓霞	课程建设	1

表 42 2018 年 2018 年机电实习中心论文发表情况一览表

序号	第一作者	论文名称	期刊名称	期刊类型（万元）
1	孟玲霞	工程训练题库建设探索	高校实验室工作研究	一般
2	王倪珂	香蕉套袋装置的设计与分析	高校实验室工作研究	一般

实验室建设

22.5 万元
购置电子实验台 36 台，价值 22.5 万元

2018 年，中心购置电子实验台 36 台，价值 22.5 万元，用于电子实习教学，同步完成相应自编讲义编写工作。

（王倪珂）

党建工作

11 人
正式党员 11 人

2018 年，中心党支部隶属教辅单位党总支，有正式党员 11 人。4 月 2 日，组织全体教师赴昌平“明镜昭廉”反腐历史文化园参观学习。4 月 25 日，组织全体教师观看教

育警示片，在观看后，展开讨论。参加廉洁文化作品竞赛活动，中心师生用非金属激光切割机加工完成廉洁奉公象征物——戒尺。对日常实习中所需低值易耗品，制定并执行入库、出库制度，配备专门教师负责此项工作。建立“支部统一领导、班子成员相互监督、群众积极参与”工作体制，实行主要负责人分工负责机制，把具体工作和要求分解落实人。针对校内专项工作，成立专门工作小组，制定三年中心专项库、编写专项申报书可行性报告等，工作组集体参与厂家接触、直至设备验收等工作，防止弄虚作假、暗箱操作等问题。严格经费管理、开展财务公开。年初，中心财务预算、采购过程、验收报账等环节均有若干主要教师负责。根据学校党委及教辅党总支工作安排，定期或不定期组织中心党员（有时是全体教师）学习。公开进行选举工作。党务经费按照规定用于主体党日活动经费及报刊订阅。根据“八项规定”精神，进行“四风”问题自查自纠。遵守学校公务用车制度，执行关于差旅费管理规定，差旅费用没有违规支出。11 月 1 日，组织党日活动，参观冀热察挺进司令部旧址，开展“摄红色照片，写红色诗词”文化竞赛活动。

（韩凤霞）

学生工作

2018 年，中心设有大学生科技创新基地，创新基地面积 100 平方米，提供专用场地、各类设备及专业指导，断购置各类设备，如 3D 打印机、激光切割机、各类拼装编程组件等，为大学生进行双创活动提供平台。中心部分教师申报开放实验 18 项，开展项目选择、实验大纲、教材、设备、材料、内容、时间安排及考核等准备工作。在实验过程中，所有教师独立完成工作，利用学生课余时间（周末或下班后）进行实验。不定期组织人员对开放实验抽查，检查进度。配合教务处创新创业工作，指导大学生创新项目 6 项。利用晚上、周末、寒暑假等时间，辅导学生，指导学生完成方案构思、设计、加工、装配、编程、调试等创新项目任务。中心教师组织学生参与教务处规定范围内多项学科竞赛，并全程认真带队指导。

100 平方米

创新基地面积 100 平方米

6 项

指导大学生创新项目 6 项

表 43　2018 年机电实习中心开放性实验一览表

序号	实验名称	指导教师	人数	时长	面向人员类型
1	单片机实验电路安装调试实训	高　宁	5	40 学时	校内本科生
2	凌阳 61 单片机的组装与扩展应用	高　宁	5	40 学时	校内本科生
3	SMT 表面贴装工艺的应用	侯晓霞	5	40 学时	校内本科生
4	印制板电路设计及制作技术的开发应用	侯晓霞	5	40 学时	校内本科生
5	稳压电源与充电器的制作调试	李　沛	5	40 学时	校内本科生
6	双面转印机应用	李　沛	5	40 学时	校内本科生
7	电子产品安装技能拓展训练	张景荣	5	40 学时	校内本科生
8	可编程序控制器（PLC）及组态技术工程应用	张景荣	5	40 学时	校内本科生
9	水中机器人控制实验	宋晓娜	5	40 学时	校内本科生
10	基于 Arduino 系统的单片机控制实验	宋晓娜	5	40 学时	校内本科生
11	电子音调发生器	胡延平	5	40 学时	校内本科生
12	温度显示与报警	胡延平	5	40 学时	校内本科生
13	3D 打印机拆装	王倪珂	5	40 学时	校内本科生
14	遥控机械臂拆装	王倪珂	5	40 学时	校内本科生
15	液压元器件拆装与测绘	韩凤霞	5	40 学时	校内本科生
16	机床精度检测	韩凤霞	5	40 学时	校内本科生
17	3D 打印机拆装与打印制作	孟玲霞	5	40 学时	校内本科生
18	基于安卓系统的蓝牙排爆小车设计制作	孟玲霞	5	40 学时	校内本科生

表 44 2018 年机电实习中心大学生创新项目一览表

序号	实验名称	指导教师	人数	时长	面向人员类型
1	宝石磨削机	郑　军	5	200 学时	校内本科生
2	救援机器人越障与搜救项目	郑　军	5	200 学时	校内本科生
3	重力势能驱动的自控行走小车	孟玲霞	5	200 学时	校内本科生
4	基于 Arduino 的物联网智能浇灌系统	韩凤霞	5	200 学时	校内本科生
5	灵巧可伸缩式双层自行车停靠系统	王倪珂	5	200 学时	校内本科生
6	基于 Arduino 系统控制的复杂地形抢险越障车	王倪珂	5	200 学时	校内本科生

表 45 2018 年机电实习中心大学生创新项目一览表

序号	竞赛时间	赛事名称	参赛项目	获得奖项	比赛级别	指导教师
1	1 月	2017 年大学生节能减排社会实践与科技竞赛	灵巧可伸缩式双层自行车停靠系统	三等奖	校级	王倪珂
2	1 月	北京信息科技大学第十二届“创新杯”大学生学术科技创新竞赛	灵智创客科技教育	三等奖	校级	王倪珂
3	5 月	第九届北京市大学生机械创新设计大赛	弹力回转式双层自行车停放装置	二等奖	省部级	王倪珂 黄小龙
4	6 月	2018 年北京信息科技大学“互联网 +”大学生创新创业大赛	灵智创客科技教育	二等奖	校级	王倪珂 张　志
5	9 月	第四届中国“互联网 +”大学生创新创业大赛（北京赛区）	灵智创客科技教育	二等奖	省部级	王倪珂 张　志
6	8 月	2018 中国机器人大赛	救援机器人 - 越障与搜救项目	三等奖	国家级	王倪珂
7	8 月	2018 中国机器人大赛	武术擂台赛 - 无差别 1vs1 项目	三等奖	国家级	王倪珂 张　志
8	11 月	2018 年北京市大学生机器人大赛	机器人创意设计赛	二等奖	校级	王倪珂
9	11 月	2018 华北五省大学生机器人大赛	创意设计赛	一等奖	省部级	王倪珂
10	11 月	2018 年首届全国武器创新设计大赛	袖箭特种单兵多功能飞行器	三等奖	国家级	黄小龙 张　志

（王倪珂）

对外交流

8 月，中心组织教师赴河北省张家口参加华北地区金工研究会第九届理事会暨第十三届学术年会，学习兄弟院校教学经验。11 月，中心组织教师赴广东工业大学参观学习交流，与广东工业大学教师开展座谈会，探讨新形势下实习工作应该如何创新改革。

（王倪珂）

安全工作

2018 年，中心安全工作包括实习学生和辅导教师人身安全，及设备、防火、防盗和用电等方面安全。制定安全保障制度，所有制度文本在室内墙壁公示，设备添加安全标识，由专人监督执行。教师在实习过程中对学生严格要求，培养安全意识，传授安全知识。金工实习是机械类及工科类相关专业必修课程和重要实践环节。是学生进校后首次较长时间接触生产实践活动，中心在每个班级金工实习前，举行金工实习安全动员大会，安排专任教师进行金工实习安全操作规程讲解，明确实习各项要求规范，包括服装要求、发型要求、操作规范等，让学生在实习前并签订安全承诺书。规范金工实习安全规章制度、机床设备安全操作规程及设备安全标示。按照工程专业认证标准，完成金工实习制度上墙和设备标识工作。统一对车间灭火器摆放位置，张贴灭火器操作标识。对各工种教师进行相关培训。防盗工作实行窗户负责分配到人机制，在实习结束后，每个工种进行对应窗户检查，要求最后离开教师，确认车间三个大门都关闭后才能离开。

（韩凤霞）

中心网站建设

2018 年，中心围绕党支部、工会、教学、科研、开放实验、大学生科技创新等活动，组织有关教师编写稿件，提供活动照片，实时更新中心网站内容。

（王倪珂）

新校区工程训练中心单体规划

2018 年，中心配合新校区规划工作，针对实习工作涉及高压气、危险气体、多种机床偏重等难点问题，与新校区规划部、设计院多次开会座谈，沟通新校区工程训练中心需求。设计院多次来中心实地调研，中心教师也配合提供多项材料，如所有机床说明书、规格尺寸、所需配套条件等，开展新校区工程训练中心单体规划。

（王倪珂）

中小学科技开放工作

2018 年，中心配合学校与永泰小学相关共建项目。应学校办公室要求，对“永泰小学”部分科技爱好者学生进行开放，共接待小学生 140 人次。与带队教师多次沟通，根据小学生知识基础和年龄特点，中心教师进行教学准备工作，制定符合中小学生兴趣爱好科技知识课程，改进教学方式方法。

表 46 2018 年机电实习中心中小学共建课程表

序号	课程名称	授课对象	授课学时
1	基本电路元器件知识及应用	永泰小学	12
2	逻辑电路的使用	永泰小学	12
3	基于 metas 软件的编程	永泰小学	12
4	mBot Ranger 机器人组装与调试	永泰小学	4
5	mBlock 软件编程及 Makeblock 各类传感器应用	永泰小学	8
6	AutoCAD 软件绘图及激光雕刻机使用	永泰小学	8
7	Creo 软件及 3D 打印软件使用	永泰小学	4
8	基于 Makeblock 平台的避障搬运小车搭建	永泰小学	12
9	基于 Makeblock 平台的资源抢夺小车搭建	永泰小学	12

（王倪珂）

国际交流学院

概况

4 人
行政人员 8 人、专职教师 4 人、外聘教师 8 人

145 名
全年共计 21 个国家 145 名国际学生在国际交流学院接受学历与非学历教育

北京信息科技大学国际交流学院（College of International Education，简称“国际交流学院”）成立于 2013 年。2018 年，承担来华国际学生教育教学与管理工作，开展对外汉语教学及涉外技能培训等工作。学院设有综合办公室、招生及学生管理办公室、教学部和国际教育研究所 4 个部门，有行政人员 8 人、专职教师 4 人、外聘教师 8 人。学院国际教育项目包括本科学历项目、硕士学历项目、长短期汉语言培训项目、校际交换项目等学位和非学位留学项目。全年共计 21 个国家 145 名国际学生在国际交流学院接受学历与非学历教育，其中，硕士研究生 14 人、本科生 110 人、各类非学历生 21 人。国际学生分别就读于国际贸易、计算机科学与技术、工商管理、英语、企业管理、金融学、软件工程、市场营销 8 个专业。

（王希）

学科建设

1 人
招录编内新教师 1 人

2018 年，学院依托学校资源，与专业学院开展国际学生本科层次、研究生层次联合培养，制定本科层次《英语专业留学生培养方案》和 BMIT 大类培养方案下《BMIT——工商管理专业留学生培养方案》《BMIT——市场营销专业留学生培养方案》《BMIT——会计学专业留学生培养方案》。协同各专业导师制定 2018 级国际学生研究生个人培养方案。招录编内新教师 1 人，承担国际学生教学任务和教学研究及管理工作。教学督导组加强教学质量监控和评价，规范国际学生教育培养过程。

（戴东红）

教学工作

2 项
申报北京信息科技大学促进高校内涵发展项目 2 项

2018 年，学院申报北京信息科技大学促进高校内涵发展项目 2 项，分别是《促进高校内涵发展——国际学生教学改革》《促进高校内涵发展—专业建设—国际学生信息类专业建设研究》，2 个项目按期完成。开展社会实践教学活动。组织国际学生“拜谒至圣先师，修习六艺文化”社会实践教学活动。组织学生竞赛交流活动。5 月，学校第二届文化艺术节—国际文化周期间，组织“感知汉语，了解中国——国际学生汉语大赛”活动。组织国际学生参加北京地区外国留学生“我与北京”主题征文比赛活动，2016 级吉尔吉斯斯坦留学生阿苏路参赛作品《我在北京的留学生活》获三等奖，学校获优秀组织奖。

（戴东红）

学生工作

8 项
主办和参加大型学生活动 8 项

2018 年，学院主办和参加大型学生活动 8 项。4 月 24—25 日，在校田径运动会中获学生男子团体总分第五名、道德风尚奖。1 人获第一名，33 人分获第二至第八名。5 月 21—25 日，承办北京信息科技大学第三届文化艺术节—国际文化周活动，圆满完成活动。6 月 1—2 日，组织学生参加由北京市教委主办第三届“留动中国——在华留学生阳光运动文化之旅”，获第三名并代表北京赛区前往沈阳参加东北赛区比赛。7 月 9—27 日，组织 6 名国际学生参加由北京市政府外事办公室、共青团北京市委员会主办北京市“未来领袖青春使者”国际夏令营。11 月 3—10 日，组织学生参加由北京市政府外事办公室、北京体育局、北京市体育总会主办第四届北京外国人篮球赛，获优秀组织奖。11 月 19—21 日，组织学生参加由亚运村街道丝竹园社区与学院共同举办社区共驻共建传统民俗文化系列活动“爱北京、展风采——外国留学生学习传统民俗文化”活动。11 月 24 日，组织学生参加由北京市大学生体育协会主办首都高校第五届留学生武术比赛，获初级拳男子组第八名，初级拳女子组第六名、第七名，传统拳女子组第五名、第七名和第八名。12 月 31 日，组织 30 名国际学生参加由北京市共青团、北京市文化和旅游局、北京冬奥组委举行“魅力北京 冰雪之约”2019 北京新年倒计时活动。3 月 7 日、7 月 5 日、9 月 19 日，开展全体性安全教育大会 3 次，在各个重要节点前分班级和校区对学生开展安全教育工作。教育内容包括人身安全、财产安全、消防安全、交通安全、禁毒、反恐等。学生在会上学习安全知识，并分别签署《北京信息科技大学禁毒承诺书》《北京信息科技大学私家车交通安全责任书》《北京信息科技大学国际交流学院关于中国机动车驾驶证、行驶证的告知书》。

（杨鎏　李奇轩　易融）

党建工作

8 人
教职工党支部 1 个、正式党员 8 人

10 次
党支部开展集中理论学习 10 次

2 次
通过 2 次主题党日活动开展廉洁教育和爱国主义教育 2 项年度重点工作

2018 年，学院有教职工党支部 1 个、正式党员 8 人。学院党支部开展集中理论学习 10 次，通过问答卷、研讨、参观等形式加强党员教育。通过 2 次主题党日活动开展廉洁教育和爱国主义教育 2 项年度重点工作。利用北京高校党员在线平台，拓展党员学习内容，历次学习活动参与率达 100%。结合学校党风廉政建设要求，落实全面从严治党，加强和规范党内政治生活，召开支部党员年大会 4 次，讨论通过年度党建工作计划，讨论推荐党代表事宜及支部考核工作，推选优秀共产党员。贯彻“坚持标准，保证质量，改善结构，慎重发展”党员发展方针，2 人确定为入党积极分子，进入考察阶段。学院党支部被评为北京信息科技大学先进党组织。

（薛虹）

对外交流

6 人
接待交换生 6 人

2018 年，学院接待交换生 6 人，其中，爱尔兰阿斯隆理工学院学生 1 人、意大利罗马外国语大学学生 5 人，交换生进入相关专业学院进行为期一个学期交流学习。

（李奇轩）

招生宣传

60 名
招收来自 17 个国家 60 名留学生

2018 年，学院通过国际招生会议、学院官网等渠道招收来自 17 个国家 60 名留学生，其中，本科生 43 人、硕士研究生 7 人、长短期语言生 4 人、交换生 6 人。选择信息类专业本科生人数有所增加，硕士研究生招生人数有所提高。

（易融）

奖学金发放工作

2018 年，学校获批北京市“一带一路”国家人才培养基地项目。学院综合评审国际学生入学材料、学习成绩、出勤情况、课堂表现、遵守校纪校规等，2 名研究生新生获紫禁城奖学金。42 名本科生、6 名研究生、1 名语言生新生获北京市外国留学生奖学金。26 名国际学生获“一带一路”奖学金，其中，获全奖 24 人、获半奖 2 人。4 名学生获院级外国留学生奖学金。11 月，申请并获批 2019 年北京市外国留学生奖学金 113 万元。

（易融）

打破男子组 200 米校运动会记录

4 月 25 日，来自刚果金国际学生陈星参加 2018 年校田径运动会学生男子组 200 米决赛。以 23.25 秒成绩打破校运动会学生男子组 200 米校级纪录。

（杨鎏）

主办国际文化周

5 月 21—25 日，由学院主办北京信息科技大学第二届文化艺术节——国际文化周在小营校区举行。国际文化周系列活动以“山水两相望，文化一带传”为主题，活动涵盖国际学生汉语大赛、国际文化周开幕式暨国际文化展、“诗意山水活力北京”书法、摄影展及学院开放日 4 个主题活动。国际文化周开幕式暨国际文化展设有留学生特色舞台表演、国际风情文化展示 2 个板块，留学生特色舞台表演项目 10 余项，设置国际风情文化展台 15 个，15 个国家留学生代表参加活动。

（王希）

继续教育学院

概况

3 人

在编在岗管理人员 3 人，副高级职称 1 人、初级职称 2 人

7009 人

高等学历继续教育在籍学生 7009 人

1726 人

毕业生 1726 人

23 人

授予学士学位 23 人，其中，管理学学士 16 人、工学学士 7 人

北京信息科技大学继续教育学院（The School of Continuing Education，简称“继教学院”）成立于 2004 年 10 月，办公地点位于金台路校区。学院以实现继续教育转型发展为目标，调整办学方向，将办学重点转移到非学历教育工作，将工作重心转移到内涵建设、提升教学质量和网络教学资源建。2018 年，学院遵照学校统一部署，整体搬迁至金台路校区办公。学院编在岗管理人员 3 人，副高级职称 1 人、初级职称 2 人。各层次（专业）毕业生 1726 人。授予学士学位 23 人，其中，管理学学士 16 人、工学学士 7 人。截至 2018 年年底，学院高等学历继续教育在籍学生 7009 人。

（高宏山）

学历教育工作

2 种

学院学历继续教育开办业余、函授 2 种类型

3 个

招收高起专、专升本、高起本 3 个层次

29 个

开设理工、经管学科门类，本、专科专业共 29 个

2018 年，学院学历继续教育开办业余、函授 2 种类型。招收高起专、专升本、高起本 3 个层次。开设理工、经管学科门类，本、专科专业共 29 个，分别在校内 2 个校区、北京 2 个教学点和京外 9 个函授站开展教育教学工作。完成 2018 级新生入学资格审核、报到注册工作，完成在校学生学籍管理工作。组织开展校内 9 个本、专科专业教育教学工作。召开 2018 年度函授站、校外教学点工作会议，交流继续教育转型发展、招生专业、远程教育和网络课程建设，动员部署继续教育改革和转型发展新举措。开展函授站、校外教学点检查，利用暑假期间由院长带队先后组织调研和指导汕头、海南、淮北、开封 4 个函授站和市内 2 个教学点办学基本情况、教学管理、招生宣传、收费等方面工作。迎接北京市教委继续教育办学专项检查，按照北京市教委《关于开展高等学校学历继续教育办学专项检查的通知》要求，成立专项检查工作组，制定《专项检查工作实施方案》，按照专项检查负面清单，在校内和校外 2 个教学点开展自查，逐项加以整改，在自查基础上形成自查报告，配合市专项检查专家组进校检查。完成北京市教委“2018 年人才培养质量建设——高校信息化服务平台和在线资源开发建设（市级）项目”可行性研究，完成项目实施、中期检查，形成自评报告并通过验收，租赁服务平台及网络课程（课件）已交付使用。完成北京市教委下达 2019 年高校学历继续教育各专业

计划和学费标准审核备案工作。根据教育部关于普通高校高等学历继续教育专业设置管理办法要求，开展市场调研，完成2019级招生专业申报、招生章程和招生简章编纂，实施阳光招生，稳定学历继续教育办学规模。规范学位资格审核与评定授予工作。遵照学校关于学位评审有关规定，对本科毕业生申请学士学位资格进行初审，经院、校两级学位评定委员会审核通过。授予23名本科毕业生学士学位，其中，管理学学士16人、工学学士7人。组织指导校内业余教育216名毕业生论文（设计），开展本科毕业论文答辩与评审，参加答辩与评审学生共65人，完成2018届成人高等学历教育毕业生学籍审核、毕业生档案填报和毕业生信息采集与数据上传，完成毕业证书制作与发放工作。

表43 2018年学历继续教育总体情况一览表

办学类型	办学层次	毕业人数	占全日制本科生比例	招生人数	占全日制本科生比例	在学人数	占全日制本科生比例
函授	高起专	1043		1218		2317	
	专升本	388	22.6%	891	6.5%	1382	10%
	高起本	79	3%	281	10.3%	907	8.4%
业余	高起专	158		102		351	
	专升本	58	65.9%	80	72.5%	207	
	高起本	0		119	4.3%	119	1.1%
合计		1726		2691		5283	

（高宏山）

非学历教育工作

2018年，学院开拓继续教育非学历教育市场。依托学校教育教学资源，继续为在校学生非学历教育、行业认证和社会需求提供培训与服务。开办“全国人力资源管理师”考试培训班1期，培训周期共52课时，参训在校学生19人。承接北京市教育考试院“全国计算机等级（NCRE）考试组考2期，针对不同考试科目及等级，共设置4个考场8个场次，参考学生共1420余人。承接中国人民银行入职考试，分别在小营校区、健翔桥校区设置50个考场2个场次，参考人数近3000人次。承接国家石油管理系统职务晋级考试，设置62个考场2个场次，参考人数共3720余人次。与北京英圣国际文化艺术中心合作，开展“信科·英圣服装设计职业教育”技能培训，培训人数25人。

（高宏山）

综合管理工作

2018年，学院在职工作人员严重短缺。结合在岗人员实际，调整工作部署，保证教育教学和正常工作秩序平稳运行。整体搬迁至金台路校区办公，利用暑期与校区和学校基建部门共同商议，整体规划金台路校区现有资源，开展教育教学基本建设。配合校区、基建和施工单位，对金台路校区校舍进行基础改造，设计建设计算机房3间、教室4间、中控1间、监控室1间。以北京市教委继续教育办学专项检查、学院整体搬迁为契机，在校党办、保密室、校友办、校区等单位支持下，利用小营校区、金台路校区地下室，建立教学文件资料库，按类将学院文档资料标注整理并存档。遵照北京市教委部署，完成高等教育成人基础数据统计和填报，开展继续教育质量报告工作。编写继续教育年度质量报告、上传成人教育各项数据，学校继续教育工作再度被北京市教委载入《北京高等学校继续教育质量报告》（年度）专刊。按照校审计处要求，配合学校审计部门开展合作办学审计工作，提供各项原始资料、数据和基本情况，落实审计部门整改意见。会同校资产处对小营、健翔桥、金台路3个校区固定资产进行全面清理和移交工作，保证学校固定资产完整。开展教职工政治思想教育，以不同形式开展教职工思想状况调查，引导教职工正确认识社会热点问题，落实领导干部安全责任制，排查学院内部安全隐患，开展法律意识、法治观念教育。

（高宏山）

特色工作

2018年，学校全面开启继续教育转型发展。综合改革与治理继续教育办学定位、办学目标、管理模式、体制机制，实施继续教育从学历补偿教育向以专业技能培养为主非学历教育转型。学院发挥学校学科优势、区位优势，突出学校信息、行业、军工三大特色，在信息技术、军民融合、政府培训、企业管理、实践实训基地建设、社区教育、职业技能、出国留学、网络教育等领域，发展非学历继续教育。加强校内协调，探索相应激励机制，多渠道开辟非学历教育市场，服务首都“四个功能”建设和世界城市战略目标。以学校信息特色为主线，稳中递减学历继续教育规模，突出贯通教育专科阶段高等职业技能人才培养，发展现代远程教育，建设以非学历继续教育为核心继续教育体系。在智能制造、军民融合、“互联网 +”、信息技术、现代服务、大数据、互联网、云计算等学科领域整合优势资源，智能型、复合型和应用型高级技术和技能人才。先后走访调研北京印刷学院、北京交通大学、北京工业大学、北京联合大学等兄弟院校继续教育，重点学习借鉴内部治理、结构优化、产教融合、校企良性互动、人才培养模式创新改革等方面经验。拓展继续教育办学渠道，全面开启校企合作培养洽谈工作。先后与北京民用联合航空公司、解放军 95959 部队、上海高顿教育、杭州博怀德教育咨询有限公司、北京世纪金政信息技术股份有限公司、北京信科文化科技创新产业园等单位，就军民融合、军地两用人才、国际认证、海外留学服务、航空领域科研与实践、政府培训等方面学历教育和非学历教育全方位合作办学进行深洽谈并达成合作意向。全面落实学校继续教育转型发展决定，培养产业升级和公共服务发展需要应用型人才，推进产教融合、校企合作，通过示范引领、创新驱动、政策扶持，推动继续教育转型发展，经泛调研、市场论证，制定继续教育转型发展方案。开展继续教育转型后绩效目标探索工作，发挥绩效管理导向作用，全面实施绩效目标管理。在绩效收入、支出预算编制过程中，首次实现绩效目标部门全覆盖。随着预算编制细化，实行专项资金具体项目绩效目标管理，将专项资金绩效目标细化到每一个具体项目，将绩效目标真正作为预算安排必要条件。绩效评价由评价资金分配、拨付、管理、使用情况拓展到政策、制度、管理等各方面，激励教职工自主提高履职能力。与合作单位开展素材类教学资源建设、网络课程建设、资源建设评价、教育资源管理系统开发等方面工作，网络平台已处于内部测验阶段，计划从 2019 级新生开始进行数据导入，开展学号、班级、网络授课、课时累计、在线考试、成绩管理、论文评议等模块管理工作。执行北京市教委下达“贯通教育”（专科阶段）教育教学任务，开展各项前期调研和筹备工作，就“贯通教育（专科阶段）”教育教学、学生管理等工作与北京铁路电气化学校进行沟通，协同开展各项前期筹备工作。

（高宏山）

13

附录

BEIJING
INFORMATION
SCIENCE & TECHNOLOGY
UNIVERSITY

APPENDIX

附录

学校事业发展统计数据

教职工情况（2018/2019 学年初）统计表

单位：人

		编号	教职工数									聘请校外教师	离退休人员	附属中小学幼儿园教职工	集体所有制人员
			合计	校本部教职工					科研机构人员	校办企业职工	其他附设机构人员				
				计	专任教师	行政人员	教辅人员	工勤人员							
甲		乙	1	2	3	4	5	6	7	8	9	10	11	12	13
总　计		1	1434	1380	878	314	125	63	7	5	42	6	1136		
其中：女		2	770	747	500	154	85	8	2		21		547		
正高级		3	131	131	123	6	2					2	93		*
副高级		4	387	378	321	39	18		4	2	3	3	221		*
中　级		5	559	530	312	143	75		3	2	24	1	*	*	*
初　级		6	54	45	3	32	10				9		*	*	*
未定职级		7	303	296	119	94	20	63		1	6		*	*	*
其中聘任制	小　计	8										*	*	*	*
	其中：女	9										*	*	*	*
	正高级	10										*	*	*	*
	副高级	11										*	*	*	*
	中　级	12										*	*	*	*
	初　级	13										*	*	*	*
	未定职级	14										*	*	*	*

专任教师、聘请校外教师学历（位）情况（2018—2019 学年初）统计表

单位：人

	编号	合计			博士研究生			硕士研究生			本科			专科及以下		
		计	其中：获学位		计	其中：获学位		计	其中：获学位		计	其中：获学位		计	其中：获学位	
			博士	硕士		博士	硕士		博士	硕士		博士	硕士		博士	硕士
甲	乙	1	2	3	4	5	6	7	8	9	10	11	12	13	14	15
1. 专任教师	1	878	495	285	492	492		216	2	214	168	1	71	2		
其中：女	2	500	234	210	234	234		153		153	112		57	1		
正高级	3	123	97	23	96	96		20	1	19	7		4			
副高级	4	321	175	110	173	173		82	1	81	66	1	29			
中　级	5	312	111	145	111	111		107		107	92		38	2		
初　级	6	3		1				1		1	2					
未定职级	7	119	112	6	112	112		6		6	1					
2. 聘请校外教师	8	6	1	3	1	1		3		3	2					
其中：女	9															
外籍教师	10															
其他高校教师	11	2		2				2		2						
正高级	12	2	1	1	1	1		1		1						
副高级	13	3		1				1		1	2					
中　级	14	1		1				1		1						
初　级	15															
未定职级	16															

资产情况（2018—2019 学年初）统计表

	编号	占地面积（平方米）			图书（万册）		计算机数（台）			教室（间）		固定资产总值（万元）				
		计	其中：		计	其中：当年新增	计	其中：教学用计算机		计	其中：网络多媒体教室	计	其中：教学、科研仪器设备资产值		其中：信息化设备资产值	
			绿化用地面积	运动场地面积				计	其中：平板电脑				计	其中：当年新增	计	其中：软件
甲	乙	1	2	3	4	5	6	7	8	9	10	11	12	13	14	15
学校产权	1	333178	96132	52094	124.461	3.8484	8023	6552	1	145	125	131752.812279	63708	3466.79	24301.86	8016.29
非学校产权	2	5350		5350											*	*
1. 独立使用	3	5350		5350											*	*
2. 共同使用	4														*	*

校舍情况（2018—2019 学年初）统计表

单位：平方米

	编号	学校产权校舍建筑面积				正在施工校舍建筑面积	非学校产权校舍建筑面积		
		计	其中				合计	独立使用	共同使用
			危房	当年新增校舍	被外单位借用				
甲	乙	1	2	3	4	5	6	7	8
总　计	1	329418.9			15672		5424	5424	
一、教学科研及辅助用房	2	86546.56					5424	5424	

续表

	编号	学校产权校舍建筑面积				正在施工校舍建筑面积	非学校产权校舍建筑面积		
		计	其中				合计	独立使用	共同使用
			危房	当年新增校舍	被外单位借用				
教室	3	33681.1							
图书馆	4	9661.16							
实验室、实习场所	5	30709.47					1211	1211	
专用科研用房	6	6680.69					4213	4213	
体育馆	7	2882							
会堂	8	2932.14							
二、行政办公用房	9	28704.28							
三、生活用房	10	110158.02							
学生宿舍（公寓）	11	77015.27							
学生食堂	12	12499.2							
教工宿舍（公寓）	13	4337.41							
教工食堂	14								
生活福利及附属用房	15	16306.14							
四、教工住宅	16	104010.04			15672		*	*	*
五、其他用房	17								

校舍情况（2018—2019 学年初）统计表

单位：人

专业名称	毕业生数	授予学位数	招生数		在校生数						预计毕业生数
			计	其中：应届毕业生	合计	一年级	二年级	三年级	四年级	五年级及以上	
总计	413	417	535	326	1430	535	493	402	0	0	458
学术学位硕士	197	199	199	134	600	199	198	203	0	0	203
国家任务学术学位硕士	197	199	0	0	203	0	0	203	0	0	203
全日制学术学位非定向硕士	0	0	199	134	397	199	198	0	0	0	0
专业学位硕士	216	218	336	192	830	336	295	199	0	0	255
国家任务专业学位硕士	216	218	0	0	199	0	0	199	0	0	199
全日制专业学位非定向硕士	0	0	324	190	589	324	265	0	0	0	35
非全日制专业学位非定向硕士	0	0	12	2	42	12	30	0	0	0	21

普通本科学生情况（2018—2019 学年初）统计表

单位：人

自主专业名称	毕业生数	授予学位数	招生数				在校生数						预计毕业生数
			计	其中：			合计	一年级	二年级	三年级	四年级	五年级及以上	
				应届毕业生	春季招生	预科生转入							
总计	2303	2302	2683	2530	0	31	10916	2737	2800	2691	2688	0	2771
高中起点本科	2221	2220	2626	2473	0	31	10775	2679	2717	2691	2688	0	2688
专科起点本科	82	82	57	57	0	0	141	58	83	0	0	0	83

成人本科学生情况（2018—2019 学年初）一览表

单位：人

专业名称	毕业生数	授予学位数	招生数	在校生数							预计毕业生数
				合计	一年级	二年级	三年级	四年级	五年级	六年级及以上	
总计	525	23	1371	2615	1371	689	195	191	169	0	787
函授本科	467	12	1172	2289	1172	562	195	191	169	0	660
函授本科（高中起点本科）	79	0	281	907	281	71	195	191	169	0	169
函授本科（专科起点本科）	388	12	891	1382	891	491	0	0	0	0	491
业余本科	58	11	199	326	199	127	0	0	0	0	127
业余本科（高中起点本科）	0	0	119	119	119	0	0	0	0	0	0
业余本科（专科起点本科）	58	11	80	207	80	127	0	0	0	0	127

表彰与奖励

学校获集体奖励与表彰一览表

获奖名称	获奖单位
2017 年度国家技术发明奖二等奖	北京信息科技大学
获得北京市教委 2017 年度决算编报工作先进单位	北京信息科技大学
北京市高等教育教学成果奖一等奖 4 项、二等奖 3 项	北京信息科技大学
北京市海淀区高校交通安全管理先进单位	北京信息科技大学
2018 年北京高校习近平新时代中国特色社会主义思想大学习领航计划优秀组织奖	北京信息科技大学
北京高校思政课学生社会实践优秀论文评选优秀组织奖	北京信息科技大学
2018 北京市大学生电子设计竞赛优秀组织奖	北京信息科技大学
BALIS 原文传递先进集体奖	北京信息科技大学图书馆
BALIS 馆际互借中心年度评比中荣获先进集体三等奖	北京信息科技大学图书馆
在人民邮电出版社评比中获“优秀馆藏 . 钻石奖”	北京信息科技大学图书馆
获得首都大学生学习贯彻党的十九大精神主题创作奖	机电工程学院
“北京市五四红旗团委”荣誉称号	校团委
北京市五四红旗团支部	机电学院机电 1501 团支部
2018 年北京高校红色“1+1”示范活动评选二等奖	信息与通信工程学院电信专业第一、二、三学生党支部
2018 年北京高校红色“1+1”示范活动评选三等奖	机电学院机电工程学院工设工业学生党支部
	信息管理学院党支部
北京市 2018 红色“1+1”支部建设优秀奖	光电学院测控专业第一学生党支部
	理学院理研 1701 党支部
	机电学院研 1701 党支部
	自动化学院研 1606 党支部
	自动化学院研 1701 党支部
第七届大学生科技创新作品与专利成果展示推介会最佳组织奖	校团委学术科技联合会
北京市高等教育教学成果一等奖	仪器科学与光电工程学院

续表

获奖名称	获奖单位
中国仪器仪表学会科学技术奖一等奖	仪器科学与光电工程学院
北京高校就业工作突出贡献奖	光电学院
首都高校思想政治理论课学生社会实践优秀论文评选一等奖、二等奖	马克思主义学院
第二届全国高校大学生讲思政课公开课展示活动全国优秀奖、（北京地区）一等奖、三等奖	马克思主义学院
北京市优秀示范班集体	机电学院机器人 1701 班
首届全国武器创新设计大赛	机电学院
2018Robocup 国际足球机器人比赛（加拿大）国际赛季军	机电学院
2018Robocup 比赛（中国浙江）全国赛冠军	机电学院
第 11 届 3D 大赛全国三维数字化创新设计大赛（数字工业设计方向全国总决赛）二等奖 1 项、三等奖 2 项	机电学院
第九届北京市大学生机械创新设计大赛二等奖 4 项	机电学院
（全国）三维数字化创新设计大赛（北京赛区）特等奖 3 项、一等奖 3 项、二等奖 6 项、三等奖 2 项	机电学院
全国大学生工业设计大赛（北京赛区）三等奖 3 项	机电学院
2018 年首届全国大学生可再生能源科技竞赛三等奖 1 项	机电学院
钱伟长中文信息处理科学技术奖一等奖	计算机学院
2018 年全国工商企业管理技能大赛二等奖	经济管理学院
北京市高等教育教学成果奖一等奖	经济管理学院
中国商业联合会科技技术奖全国商业科技进步二等奖	经济管理学院
中国物流与采购联合会科学技术三等奖	经济管理学院
北京市科学技术二等奖	自动化学院
获第八届吴文俊人工智能科学技术发明三等奖	信息与通信学院
北京市“先锋杯”优秀团支部	理学院理研 1614
首都高校先锋杯“优秀团支部”	外国语学院英语 1601
北京市优秀班集体	外国语学院英语 1701
微电影《“邂逅”》获北京市普法微电影竞赛二等奖	外国语学院
“外研社．国才杯”全国英语写作大赛决赛三等奖	外国语学院
2018 年中国机器人大赛全国冠军 1 项、二等奖 3 项、三等奖 5 项	电子信息与控制国家级实验教学中心
2018 年国际水中机器人大赛中获得获亚军（一等奖）1 项，二等奖 2 项，三等奖 3 项	电子信息与控制国家级实验教学中心

2018 年度科研获奖一览表

序号	成果名称	奖励名称	所属单位	成果成员	获奖级别	单位排序	获奖等级	科研编制（个）	科研奖励（万元）	证书编号
1	盲环境智能导航关键技术研究及应用	北京市科学技术奖	自动化学院	苏中，胡燕祝，李擎，周淼生，刘宁，邱钧，刘洪，付国栋，艾新波，王松，贾春辉，张昊，李超，赵旭，马晓飞	政府奖	第一	二等奖（公示）	与 2019 年奖励一并发放		
2	智能化中文文本校对系统关键技术及应用	2018 年“钱伟长中文信息处理科学技术奖”	计算机学院	张仰森、郑佳、黄改娟、蒋玉茹、陈若愚、尤建清、段瑞雪、张良	行业奖	第一	一等奖	0.8	0	
3	航天器姿态与编队组网间方位的高精度一体化感知测量系统	2018 年中国仪器仪表学会科学技术奖	仪器科学与光电工程学院	孙婷（清华大学、北京信息科技大学北京遥测技术研究所）	行业奖	第二	一等奖	0.64	0	
4	智能边缘云制造系统柔性协同服务机理及技术应用	2018 年第八届吴文俊人工智能科学技术奖	信息与通信工程学院	张月霞、范绍帅、田辉、雍君	行业奖	第一	三等奖	0.4	0	JSFM-2018-3-A-R01
5	电子商务与物流配送技术现状与应用前景	中国物流与采购联合会科学技术奖	经济管理学院	李洁、胡涵清、杨继美（外）	行业奖	第一	三等奖	0.4	0	
6	中国本土动漫产业原创竞争力构建机制研究	中国商业联合会科技技术奖全国商业科技进步奖	经济管理学院	崔瑜	行业奖	第一	二等奖	0.6	0	2017-2-89-D01

2018 年度获批专利一览表

序号	专利名称	第一完成人类型	第一完成人	所属单位	专利完成人	专利类型	学校署名	编制	奖励
1	MATLAB GUI 的回转窑故障诊断与温度控制系统软件 V1.0	本校老师	艾红	自动化学院	艾红	软件著作权	第一单位	0.03	
2	嵌入式门禁安防系统与人脸识别软件 V1.0	本校老师	艾红	自动化学院	艾红	软件著作权	第一单位	0.03	
3	风电并网信息监测图形绘制系统	本校老师	范新桥	自动化学院	范新桥	软件著作权	第一单位	0.03	
4	基于地理信息的风电监测系统	本校老师	范新桥	自动化学院	范新桥	软件著作权	第一单位	0.03	
5	一种人体非规则运动认知式导航腰带	本校老师	李擎	自动化学院	李擎，苏中，刘宁，付国栋，李超（学），费程羽（学）	发明专利	第一单位	0.3	0.3
6	无节肢机器人	本校老师	李擎	自动化学院	李擎，李彦文（学），苏中，赵旭（学），原鑫（学）	发明专利	第一单位	0.3	0.3
7	一种行人自主导航定位的自适应卡尔曼滤波方法	本校学生	李擎	自动化学院	高哲（学），李擎，苏中，付国栋，刘宁	发明专利	第一单位	0.3	0.3
8	一种基于腿部姿态信息的行人运动检测方法	本校老师	李擎	自动化学院	李擎，费程羽（学），苏中，李超（学），刘宁，付国栋，苑宝贞（学）	发明专利	第一单位	0.3	0.3
9	一种室内自主三维空间定位信息融合方法	本校老师	李擎	自动化学院	李擎，苏中，刘宁，范军芳，付国栋，高可（学），时佳斌（学）	发明专利	第一单位	0.3	0.3

续表

序号	专利名称	第一完成人类型	第一完成人	所属单位	专利完成人	专利类型	学校署名	编制	奖励
10	基于图像处理的刀片豁口监测技术研究	本校老师	刘宁	自动化学院	刘宁	软件著作权	第一单位	0.03	
11	基于 BP 神经网络的布匹裂缝监测技术软件	本校老师	刘宁	自动化学院	刘宁	软件著作权	第一单位	0.03	
12	基于聚类分析的涡扇发动机的潜在故障检测系统	本校老师	马洁	自动化学院	马洁	软件著作权	第一单位	0.03	
13	一种船	本校老师	苏中	自动化学院	苏中，张立强（学），李擎，付国栋，刘宁	发明专利	第一单位	0.3	0.3
14	一种个人携行式多源定位信息辅助修正方法	本校学生	苏中	自动化学院	费程羽（学），苏中，李擎，范军芳，付国栋，刘宁，李超（学）	发明专利	第一单位	0.3	0.3
15	一种三维多曲面融合敏感结构元件及包含该元件的振动陀螺	本校老师	苏中	自动化学院	苏中，马晓飞（外），付梦印（外），邓志红（外）	发明专利	第一单位	0.3	0.3
16	一种适应多种状态变化的输气管道泄漏检测系统及方法	本校老师	王军茹	自动化学院	王军茹，付兴建，刘丽华，曹荣敏，王巧玲	发明专利	第一单位	0.3	0.3
17	一种基于通信网络及设备故障的地震高烈度区快速判断方法	本校老师	张小咏	自动化学院	张小咏	发明专利	第一单位	0.3	0.3
18	METHOD FOR IMPLEMENTING HIGH-PRECISION ORIENTATION AND EVALUATING PRIENTATION OF LARGE-SCALE DYNAMI	本校老师	董明利	仪器科学与光电工程学院	董明利，孙鹏，李巍（学），王君，燕必希，吕乃光	发明专利	第一单位	0.3	0.3
19	大尺寸动态摄影测量系统的高精度定向及定向精度评价方法	本校老师	董明利	仪器科学与光电工程学院	董明利，孙鹏，李巍（学），王君（学），燕必希，吕乃光	发明专利	第一单位	0.3	0.3
20	一种用于关节式坐标测量机位姿调整与固定的辅助支架	本校老师	郭阳宽	仪器科学与光电工程学院	郭阳宽，祝连庆，潘志康，董明利，娄小平，刘超，汪金鹏（学）	发明专利	第一单位	0.3	0.3
21	一种利用纤芯气泡光纤同时测量温度和磁场的方法	本校老师	何巍	仪器科学与光电工程学院	何巍，祝连庆，董明利，娄小平，刘锋，闫光，庄炜（学）	发明专利	第一单位	0.3	0.3
22	一种利用单模错位光纤同时测量温度和磁场的方法	本校老师	何巍	仪器科学与光电工程学院	何巍，祝连庆，娄小平，董明利，刘锋，闫光，张雯	发明专利	第一单位	0.3	0.3
23	一种利用光纤萨格纳克干涉仪测量磁场的方法	本校老师	何巍	仪器科学与光电工程学院	何巍，祝连庆，骆飞（外），董明利，刘锋，娄小平，闫光	发明专利	第一单位	0.3	0.3

续表

序号	专利名称	第一完成人类型	第一完成人	所属单位	专利完成人	专利类型	学校署名	编制	奖励
24	一种实现电极丝与喷油孔对中的嵌套圆拟合方法	本校老师	孔全存	仪器科学与光电工程学院	孔全存，苏慧（学），刘桂礼，樊夏辉（学）	发明专利	第一单位	0.3	0.3
25	一种基于超声脉冲诱发光栅变形的用于测量应变的方法	本校老师	刘锋	仪器科学与光电工程学院	刘锋，祝连庆，何巍，骆飞（外），董明利，张钰民，闫光	发明专利	第一单位	0.3	0.3
26	一种用于无线透地通信系统的脉冲噪声测量与消除系统	本校老师	刘锋	仪器科学与光电工程学院	刘锋，张帆，贺庆，娄小平，董明利，祝连庆	发明专利	第一单位	0.3	0.3
27	一种基于超声脉冲诱发光栅变形的用于测量温度的方法	本校老师	刘锋	仪器科学与光电工程学院	刘锋，祝连庆，辛璟焘，董明利，闫光，何巍，庄炜（学）	发明专利	第一单位	0.3	0.3
28	一种流式细胞仪总线控制装置和方法	本校老师	娄小平	仪器科学与光电工程学院	娄小平，祝连庆，张文昌（学），刘锋，郭阳宽，董明利，孟晓辰	发明专利	第一单位	0.3	0.3
29	基于光谱共焦及三角法原理的白光测头	本校老师	牛春晖	仪器科学与光电工程学院	牛春晖，吕勇，刘力双，李晓英	发明专利	第一单位	0.3	0.3
30	用于台灯的视力保护装置以及具有该视力保护装置的台灯	本校老师	王晓飞	仪器科学与光电工程学院	王晓飞，张文玥（学），孙沛诗（学），江涛（学）	实用新型	第一单位	0.06	
31	相移器	本校学生	吴思进	仪器科学与光电工程学院	刘承运（学），吴思进，杨连祥	实用新型	第一单位	0.06	
32	滚转角测量方法、装置和系统	本校老师	吴思进	仪器科学与光电工程学院	吴思进，杨连祥	发明专利	第一单位	0.3	0.3
33	一种提高探测器阵列光谱分辨率的光纤光栅解调系统	本校老师	姚齐峰	仪器科学与光电工程学院	姚齐峰，祝连庆，何巍，刘锋，董明利，娄小平，庄炜（学），骆飞（外）	发明专利	第一单位	0.3	0.3
34	基于线性腔内倍频及空芯光纤的拉曼光谱液体探测方法	本校老师	张雯	仪器科学与光电工程学院	张雯，祝连庆，姚齐峰，董明利，娄小平，何巍，李红	发明专利	第一单位	0.3	0.3
35	采用微动探测器阵列提高光谱分辨率的光纤光栅解调系统	本校老师	祝连庆	仪器科学与光电工程学院	祝连庆，何巍，骆飞（外），刘锋，娄小平，李红	发明专利	第一单位	0.3	0.3
36	可实现基阶与二阶谐波锁模可切换的光纤激光系统	本校老师	祝连庆	仪器科学与光电工程学院	祝连庆，陈恺（学），董明利，何巍，骆飞（外），张雯，孟阔	发明专利	第一单位	0.3	0.3
37	流式细胞仪光谱重叠信号数字处理方法	本校老师	祝连庆	仪器科学与光电工程学院	祝连庆，娄小平，潘志康，刘超，董明利，孟晓辰，张文昌（学）	发明专利	第一单位	0.3	0.3
38	Fiber Grating Demodulation System for Enhancing Spectral Resolution by Finely Shifting Slit	本校老师	祝连庆	仪器科学与光电工程学院	祝连庆，何巍，刘锋，董明利，娄小平，李红，骆飞（外）	发明专利	第一单位	0.3	0.3

续表

序号	专利名称	第一完成人类型	第一完成人	所属单位	专利完成人	专利类型	学校署名	编制	奖励
39	基于双空芯光纤的增强拉曼光谱液体探测方法	本校老师	祝连庆	仪器科学与光电工程学院	祝连庆，张雯，姚齐峰，董明利，娄小平，何巍，骆飞(外)	发明专利	第一单位	0.3	0.3
40	一种采用光纤端面刻槽结构的温度测量方法	本校老师	祝连庆	仪器科学与光电工程学院	祝连庆，何巍，董明利，娄小平，张雯，姚齐峰，刘锋	发明专利	第一单位	0.3	0.3
41	一种通过石墨烯反射镜切换波长的锁模光纤激光器系统	本校老师	祝连庆	仪器科学与光电工程学院	祝连庆，孟阔，骆飞（外），何巍，刘锋，娄小平，董明利，张帆	发明专利	第一单位	0.3	0.3
42	一种流式细胞仪无液路情况的光路调整装置	本校老师	祝连庆	仪器科学与光电工程学院	祝连庆，娄小平，董明利，郭阳宽，刘超，孟晓辰，张文昌（学）	发明专利	第一单位	0.3	0.3
43	一种全金属化封装光纤光栅应变传感器的系统	本校老师	祝连庆	仪器科学与光电工程学院	祝连庆，骆飞（外），张钰民，何巍，董明利，刘锋，闫光	发明专利	第一单位	0.3	0.3
44	一种具有增敏效应的高灵敏度光纤光栅传感器	本校老师	祝连庆	仪器科学与光电工程学院	祝连庆，闫光，骆飞（外），何巍，刘锋，董明利，娄小平	发明专利	第一单位	0.3	0.3
45	一种利用纤芯气泡光纤同时测量温度和材料应变的方法	本校老师	祝连庆	仪器科学与光电工程学院	祝连庆，何巍，董明利，娄小平，庄炜（学），李红，张雯	发明专利	第一单位	0.3	0.3
46	基于电极放电和石墨烯涂覆光纤光栅的波长开关控制方法	本校老师	祝连庆	仪器科学与光电工程学院	祝连庆，辛璟焘，刘锋，董明利，娄小平，庄炜（学），孟阔	发明专利	第一单位	0.3	0.3
47	一种基于超声脉冲诱发光栅变形的用于测量折射率的方法	本校老师	祝连庆	仪器科学与光电工程学院	祝连庆，刘锋，庄炜（学），董明利，娄小平，辛璟焘，闫光	发明专利	第一单位	0.3	0.3
48	一种基于超声脉冲诱发光栅变形的用于测量磁场的方法	本校老师	祝连庆	仪器科学与光电工程学院	祝连庆，刘锋，董明利，辛璟焘，娄小平，庄炜（学），何巍	发明专利	第一单位	0.3	0.3
49	采用狭缝平移提高光谱分辨率的光纤光栅解调系统	本校老师	祝连庆	仪器科学与光电工程学院	祝连庆，何巍，刘锋，董明利，娄小平，李红（学），骆飞（外）	发明专利	第一单位	0.3	0.3
50	采用成像镜微调提高光谱分辨率的光纤光栅解调系统	本校老师	祝连庆	仪器科学与光电工程学院	祝连庆，何巍，娄小平，刘锋，骆飞（外），庄炜（学）	发明专利	第一单位	0.3	0.3
51	一种基于多传感模块协作的 FBG 传感器系统	本校老师	祝连庆	仪器科学与光电工程学院	祝连庆，郑文宁（学），李红，娄小平，董明利，何巍，骆飞（外）	发明专利	第一单位	0.3	0.3
52	一种高冗余性 FBG 传感模块	本校老师	祝连庆	仪器科学与光电工程学院	祝连庆，庄炜（学），董明利，娄小平，何巍，骆飞(外)，李红	发明专利	第一单位	0.3	0.3
53	一种利用光纤萨格纳克干涉仪测量温度场的方法	本校老师	祝连庆	仪器科学与光电工程学院	祝连庆，何巍，骆飞（外），刘锋，张钰民，闫光，董明利	发明专利	第一单位	0.3	0.3

续表

序号	专利名称	第一完成人类型	第一完成人	所属单位	专利完成人	专利类型	学校署名	编制	奖励
54	一种用于测试薄试件应变的传感器组桥方式	本校老师	祝连庆	仪器科学与光电工程学院	祝连庆，鹿利单（学），闫光，何巍，骆飞（外），刘锋，董明利	发明专利	第一单位	0.3	0.3
55	一种基于 FBG 传感器测试薄试件应变的方法	本校老师	祝连庆	仪器科学与光电工程学院	祝连庆，鹿利单（学），闫光，何巍，骆飞（外），刘锋，董明利	发明专利	第一单位	0.3	0.3
56	基于线阵 InGaAs 扫描 FBG 反射谱的传感解调方法	本校老师	祝连庆	仪器科学与光电工程学院	祝连庆，李红，刘锋，董明利，骆飞（外），娄小平，何巍	发明专利	第一单位	0.3	0.3
57	基于小波奇异性检测的 FBG 传感解调寻峰方法	本校老师	祝连庆	仪器科学与光电工程学院	祝连庆，李红，何巍，董明利，骆飞（外），刘锋，张钰民	发明专利	第一单位	0.3	0.3
58	一种关节式坐标测量机的测量姿态优化方法	本校老师	祝连庆	仪器科学与光电工程学院	祝连庆，郭阳宽，潘志康，董明利，娄小平，刘超，汪金鹏（学）	发明专利	第一单位	0.3	0.3
59	油水分界面的检测装置及方法	本校老师	祝连庆	仪器科学与光电工程学院	祝连庆，骆飞（外），郭阳宽，周哲海，张钰民，娄小平，刘锋	发明专利	第一单位	0.3	0.3
60	基于自适应分块的素描人脸合成软件	本校学生	曹林	信息与通信工程学院	张华（学），曹林	软件著作权	第一单位	0.03	
61	基于深度学习的人脸识别对比系统	本校学生	曹林	信息与通信工程学院	张京京（学），曹林	软件著作权	第一单位	0.03	
62	微波雷达数据采集调试平台软件	本校学生	曹林	信息与通信工程学院	李华楠（学），曹林	软件著作权	第一单位	0.03	
63	人体行为识别的方法和装置	本校老师	曹林	信息与通信工程学院	曹林，朱希安（外），朱国刚（学），傅小康（外），陈仕林（外）	发明专利	第一单位	0.3	0.3
64	人脸验证的方法和装置	本校老师	曹林	信息与通信工程学院	曹林，周汐（学）	发明专利	第一单位	0.3	0.3
65	遗传算法优化广义神经网络的 RFID 定位仿真软件 V1.0	本校学生	崔英花	信息与通信工程学院	宋宁佳（学），崔英花	软件著作权	第一单位	0.03	
66	双重自适应遗产算法仿真软件 V1.0	本校学生	崔英花	信息与通信工程学院	孔盼盼（学），崔英花	软件著作权	第一单位	0.03	
67	小小相册软件 V1.0	本校学生	崔英花	信息与通信工程学院	孔盼盼（学），崔英花	软件著作权	第一单位	0.03	
68	Reco Music 音乐软件 V1.0	本校学生	崔英花	信息与通信工程学院	孔盼盼（学），崔英花	软件著作权	第一单位	0.03	
69	一种消除识别盲区的方法	本校老师	崔英花	信息与通信工程学院	崔英花，闫楚韩（外）	发明专利	第一单位	0.3	0.3
70	一种基于多接收天线同时识别多个标签的 Q 参数实现方法	本校老师	崔英花	信息与通信工程学院	崔英花，王远（学），张玉静（学）	发明专利	第一单位	0.3	0.3
71	数值天气预报风速订正系统软件	本校学生	焦瑞莉	信息与通信工程学院	孙全德（学），焦瑞莉	软件著作权	第一单位	0.03	
72	基于机器学习的多模式集合温度预报系统软件	本校学生	焦瑞莉	信息与通信工程学院	门晓磊（学），焦瑞莉	软件著作权	第一单位	0.03	
73	学生信息管理系统软件	本校学生	焦瑞莉	信息与通信工程学院	孟欣宁（学），焦瑞莉	软件著作权	第一单位	0.03	

续表

序号	专利名称	第一完成人类型	第一完成人	所属单位	专利完成人	专利类型	学校署名	编制	奖励
74	基于 android 的机械臂运动轨迹控制软件	本校老师	解迎刚	信息与通信工程学院	解迎刚，兰江雨（学），王辉（学）	软件著作权	第一单位	0.03	
75	腹针病历档案管理系统	本校老师	解迎刚	信息与通信工程学院	解迎刚，邢婧瑜（学），王辉（学）	软件著作权	第一单位	0.03	
76	相移数字全息系统	本校老师	冷俊敏	信息与通信工程学院	冷俊敏	软件著作权	第一单位	0.03	
77	一种基于蜂窝 Ad hoc 的芯片间无线互连系统组网方法	本校老师	李学华	信息与通信工程学院	李学华，王宜文（学）	发明专利	第一单位	0.3	0.3
78	基于文档主题的文本相似性计算软件 V1.0	本校学生	罗倩	信息与通信工程学院	王岩（学），罗倩	软件著作权	第一单位	0.03	
79	基于社会标注的物品相似性计算软件 V1.0	本校学生	罗倩	信息与通信工程学院	王岩（学），罗倩	软件著作权	第一单位	0.03	
80	个性化信息服务中用户兴趣提取软件 V1.0	本校学生	罗倩	信息与通信工程学院	王岩（学），罗倩	软件著作权	第一单位	0.03	
81	用于风电场选址的风速风向联合分布构建软件 V1.0	本校学生	罗倩	信息与通信工程学院	王岩（学），罗倩	软件著作权	第一单位	0.03	
82	基于 Gibbs 抽样铁路机车轴承故障诊断软件 V1.0	本校学生	罗倩	信息与通信工程学院	王岩（学），罗倩	软件著作权	第一单位	0.03	
83	基于贝叶斯框架下优化最小二乘支持向量机参数算法软件 V1.0	本校学生	罗倩	信息与通信工程学院	邓辉（学），罗倩	软件著作权	第一单位	0.03	
84	TSV 阵列传输级联编码优化软件 V1.0	本校学生	缪旻	信息与通信工程学院	陈天放（学），缪旻	软件著作权	第一单位	0.03	
85	基于 MATLAB 夜间车牌识别算法的研究软件	本校学生	缪旻	信息与通信工程学院	李娜（学），缪旻	软件著作权	第一单位	0.03	
86	基于单片机的智能充电器软件	本校学生	缪旻	信息与通信工程学院	李娜（学），缪旻	软件著作权	第一单位	0.03	
87	电磁场求解软件 V1.0	本校老师	缪旻	信息与通信工程学院	缪旻	软件著作权	第一单位	0.03	
88	Android 基于局域网的即时通讯工具 V1.0	本校学生	汪毓铎	信息与通信工程学院	张哲（学），汪毓铎	软件著作权	第一单位	0.03	
89	基于 Android 的 QR 二维码识别系统 V1.0	本校学生	汪毓铎	信息与通信工程学院	张哲（学），汪毓铎	软件著作权	第一单位	0.03	
90	基于 Android 的语音识别助手软件 V1.0	本校学生	汪毓铎	信息与通信工程学院	张哲（学），汪毓铎	软件著作权	第一单位	0.03	
91	Android 基于 BP 神经网络的车牌识别系统 V1.0	本校学生	汪毓铎	信息与通信工程学院	张哲（学），汪毓铎	软件著作权	第一单位	0.03	
92	基于 Android 的智能身份证识别系统 V1.0	本校学生	汪毓铎	信息与通信工程学院	张哲（学），汪毓铎	软件著作权	第一单位	0.03	
93	基于改进自适应遗传算法优化的 BP 神经网络软件 V1.0	本校学生	汪毓铎	信息与通信工程学院	苏崇宇（学），汪毓铎	软件著作权	第一单位	0.03	
94	基于 Haar 分类器的人脸识别考勤系统	本校学生	王辉	信息与通信工程学院	王辉（学），解迎刚	软件著作权	第一单位	0.03	
95	移动景区导览系统	本校老师	王占刚	信息与通信工程学院	王占刚	软件著作权	第一单位	0.03	
96	三维地质建模与可视化系统	本校老师	王占刚	信息与通信工程学院	王占刚，朱希安	软件著作权	第一单位	0.03	
97	城市地图标识增强现实系统	本校老师	王占刚	信息与通信工程学院	王占刚	软件著作权	第一单位	0.03	

续表

序号	专利名称	第一完成人类型	第一完成人	所属单位	专利完成人	专利类型	学校署名	编制	奖励
98	超市订单管理系统 v1.0	本校学生	吴韶波	信息与通信工程学院	姜冰（学），吴韶波	软件著作权	第一单位	0.03	
99	一种基于 FPGA 并行处理的超宽带接收机同步方法	本校老师	徐湛	信息与通信工程学院	徐湛	发明专利	第一单位	0.3	0.3
100	基于马尔可夫理论的数据传输最优策略算法软件 1.0	本校老师	姚彦鑫	信息与通信工程学院	姚彦鑫，姚晗（学）	软件著作权	第一单位	0.03	
101	无线传感器网络的簇间多跳路由算法软件 V1.0	本校学生	姚彦鑫	信息与通信工程学院	何枭宇（学），姚彦鑫	软件著作权	第一单位	0.03	
102	基于深度学习的汽车类型识别算法软件 1.0	本校老师	姚彦鑫	信息与通信工程学院	姚彦鑫，张佩蕾（学），刘周鹏（学）	软件著作权	第一单位	0.03	
103	能量收集通信系统传输算法软件 1.0	本校老师	姚彦鑫	信息与通信工程学院	姚彦鑫，姚晗(学)，杨萌(学)，邵帅（学）	软件著作权	第一单位	0.03	
104	基于递归小波神经网络的光伏发电功率预测算法软件 1.0	本校学生	姚彦鑫	信息与通信工程学院	杨萌（学），姚彦鑫	软件著作权	第一单位	0.03	
105	无线传感器网络分簇路由算法软件 V1.0	本校学生	姚彦鑫	信息与通信工程学院	何枭宇（学），姚彦鑫	软件著作权	第一单位	0.03	
106	结合小波与神经网络的光伏发电功率预测软件 1.0	本校学生	姚彦鑫	信息与通信工程学院	何枭宇（学），姚彦鑫	软件著作权	第一单位	0.03	
107	基于相空间重构和递归小波神经网络的光伏发电功率预测算法软件 1.0	本校老师	姚彦鑫	信息与通信工程学院	姚彦鑫，赵盼盼（学）	软件著作权	第一单位	0.03	
108	基于深度学习的汽车车牌识别算法软件 1.0	本校学生	姚彦鑫	信息与通信工程学院	陈雪（学），姚彦鑫，刘周鹏（学），张佩蕾（学）	软件著作权	第一单位	0.03	
109	基于最优化理论的数据传输能量通道算法软件 V1.0	本校学生	姚彦鑫	信息与通信工程学院	姚晗（学），姚彦鑫	软件著作权	第一单位	0.03	
110	卫星导航中 XFAST 捕获的降计算量去模糊处理算法软件 V1.0	本校老师	姚彦鑫	信息与通信工程学院	姚彦鑫，赵盼盼（学）	软件著作权	第一单位	0.03	
111	基于压缩感知和最小二乘的分布式协作频谱感知算法软件 V1.0	本校老师	姚彦鑫	信息与通信工程学院	姚彦鑫，杨亚旗（学）	软件著作权	第一单位	0.03	
112	室内可见光定位算法软件	本校学生	张月霞	信息与通信工程学院	陈爽（学），陆鑫（学），张月霞	软件著作权	第一单位	0.03	
113	基于混合 APIT 的可见光室内定位算法软件	本校学生	张月霞	信息与通信工程学院	陈爽（学），张月霞	软件著作权	第一单位	0.03	
114	无线智能锁的设计与实现软件	本校学生	张月霞	信息与通信工程学院	陈长武（学），陈爽（学），张月霞	软件著作权	第一单位	0.03	
115	基于可见光的自适应混合蛙跳定位方法软件	本校老师	张月霞	信息与通信工程学院	张月霞，金嘉诚（学）	软件著作权	第一单位	0.03	
116	智能手机室内定位系统软件	本校学生	张月霞	信息与通信工程学院	金嘉诚（学），胡元钊（学），张月霞	软件著作权	第一单位	0.03	
117	基于 Android 平台的可见光图像定位软件	本校学生	张月霞	信息与通信工程学院	金嘉诚（学），吴嘉敏（学），张月霞	软件著作权	第一单位	0.03	
118	基于 H5 的美食共享软件	本校学生	张月霞	信息与通信工程学院	陈紫扬（学），李萌（学），张月霞	软件著作权	第一单位	0.03	
119	基于 Matlab 的可见光定位软件	本校学生	张月霞	信息与通信工程学院	陈紫扬（学），田凌昊（学），张月霞	软件著作权	第一单位	0.03	
120	基于中心节点的二层相异性社区发现方法软件	本校老师	张月霞	信息与通信工程学院	张月霞，陈紫扬（学）	软件著作权	第一单位	0.03	
121	基于 WiFi 的温度测量系统	本校学生	张月霞	信息与通信工程学院	冯译萱（学），张月霞	软件著作权	第一单位	0.03	

续表

序号	专利名称	第一完成人类型	第一完成人	所属单位	专利完成人	专利类型	学校署名	编制	奖励
122	时序有向网络中的链路预测软件	本校学生	张月霞	信息与通信工程学院	冯译萱（学），张月霞	软件著作权	第一单位	0.03	
123	基于 KPI 和神经网络的作业车间绩效评价系统	本校学生	张月霞	信息与通信工程学院	殷生旺（学），张月霞	软件著作权	第一单位	0.03	
124	社会网络链路预测软件	本校老师	张月霞	信息与通信工程学院	张月霞，杨瑞琪（学）	软件著作权	第一单位	0.03	
125	多层网络社团划分软件	本校老师	张月霞	信息与通信工程学院	张月霞，杨瑞琪（学）	软件著作权	第一单位	0.03	
126	微型旋翼无人机系统	本校学生	张月霞	信息与通信工程学院	金嘉诚（学），张翔（学），吴嘉敏（学），王慧（学），张月霞	软件著作权	第一单位	0.03	
127	Android 小型无人机控制软件	本校学生	张月霞	信息与通信工程学院	陈爽（学），李铮（学），王子豪（学），樊丽荣（学），张月霞	软件著作权	第一单位	0.03	
128	物联网家居搬运机器人控制系统	本校学生	张月霞	信息与通信工程学院	冯译萱（学），黎炜桁（学），吴萌（学），程昭勋（学），张月霞	软件著作权	第一单位	0.03	
129	Android 家具机器人控制软件	本校学生	张月霞	信息与通信工程学院	陈紫扬（学），程昭勋（学），黎炜桁（学），吴萌（学），冯译萱（学），张月霞	软件著作权	第一单位	0.03	
130	基于小波辅助卷积神经网络的调制识别软件	本校老师	职如昕	信息与通信工程学院	职如昕，徐湛，张倩文（学）	软件著作权	第一单位	0.03	
131	基于 PSO 模糊聚类的协同过滤推荐系统	本校学生	周金和	信息与通信工程学院	王晓云（学），周金和	软件著作权	第一单位	0.03	
132	Spark 平台下基于聚类算法的视频推荐系统	本校学生	周金和	信息与通信工程学院	王晓云（学），周金和	软件著作权	第一单位	0.03	
133	基于用户个人行为的动态视频推荐系统	本校学生	周金和	信息与通信工程学院	王晓云（学），周金和	软件著作权	第一单位	0.03	
134	填充法提高全息再现图像清晰度仿真软件	本校学生	周金和	信息与通信工程学院	郭建宇（学），周金和	软件著作权	第一单位	0.03	
135	基于云计算的 CDN 移动流媒体平台系统	本校学生	周金和	信息与通信工程学院	王晓云（学），周金和	软件著作权	第一单位	0.03	
136	基于 FOA-SVR 的矿井底板突水量预测模型软件系统 V1.0	本校学生	朱希安	信息与通信工程学院	刘梦杰（学），朱希安	软件著作权	第一单位	0.03	
137	矿井水灾动态逃生路径选择可视化软件系统 V1.0	本校学生	朱希安	信息与通信工程学院	周越（学），朱希安	软件著作权	第一单位	0.03	
138	基于改进 MEEMD 算法的电流谐波信号可视化系统 V1.0	本校学生	朱希安	信息与通信工程学院	路照坭（学），朱希安	软件著作权	第一单位	0.03	
139	弹头包络目标辐射传递系数的蒙特卡洛计算软件 V1.0	本校学生	朱希安	信息与通信工程学院	刘硕（学），朱希安	软件著作权	第一单位	0.03	
140	基于改进多分类相关向量机的电机轴承故障谐波信号检测系统 V1.0	本校学生	朱希安	信息与通信工程学院	路照坭（学），朱希安	软件著作权	第一单位	0.03	
141	基于 Dijkstra 算法的矿井突水最优避灾路径选择软件系统 V1.0	本校学生	朱希安	信息与通信工程学院	周越（学），朱希安	软件著作权	第一单位	0.03	
142	基于改进遗传算法的矿井突水避险路径规划软件 V1.0	本校学生	朱希安	信息与通信工程学院	蔡明杰（学），朱希安	软件著作权	第一单位	0.03	
143	三维灰体辐射传递系数蒙特卡洛的 GPU 计算软件 V1.0	本校学生	朱希安	信息与通信工程学院	刘硕（学），朱希安	软件著作权	第一单位	0.03	

续表

序号	专利名称	第一完成人类型	第一完成人	所属单位	专利完成人	专利类型	学校署名	编制	奖励
144	电机噪声故障信号优化检测仪系统 V1.0	本校学生	朱希安	信息与通信工程学院	苑亚南（学），朱希安	软件著作权	第一单位	0.03	
145	基于混合 VMD 算法的轴承故障电流谐波信号检测系统 V1.0	本校老师	朱希安	信息与通信工程学院	朱希安	软件著作权	第一单位	0.03	
146	基于改进 K-Means 算法的电流谐波信号可视化系统 V1.0	本校老师	朱希安	信息与通信工程学院	朱希安	软件著作权	第一单位	0.03	
147	一种适用于风险识别的文本分类系统	本校学生	谷晓燕	信息管理学院	王志钢（研究生）（学），刘倩（研究生）（学），谷晓燕	软件著作权	第一单位	0.03	
148	一种适用于信用量整形网络的多段分组最坏延迟计算方法	本校老师	谷晓燕	信息管理学院	谷晓燕	发明专利	第一单位	0.3	0.3
149	STiP 终端支撑软件 V1.0	本校老师	蒋文保	信息管理学院	蒋文保	软件著作权	第一单位	0.03	
150	STiP 接入认证服务软件 V1.0	本校老师	蒋文保	信息管理学院	蒋文保	软件著作权	第一单位	0.03	
151	网页正文抽取方法及装置	本校学生	蒋文保	信息管理学院	朱国库（学），蒋文保	发明专利	第一单位	0.3	0.3
152	面向微信的敏感信息监控系统 V1.0	本校老师	康海燕	信息管理学院	康海燕	软件著作权	第一单位	0.03	
153	面向视频的地理信息分析系统 V1.0	本校老师	康海燕	信息管理学院	康海燕	软件著作权	第一单位	0.03	
154	面向 Android 漏洞的主动防御系统 V1.0	本校老师	康海燕	信息管理学院	康海燕	软件著作权	第一单位	0.03	
155	面向网络日志的用户行为分析与预测系统 V1.0.	本校老师	康海燕	信息管理学院	康海燕	软件著作权	第一单位	0.03	
156	企业安全环境责任保险云服务平台	本校老师	李楠	信息管理学院	李楠	软件著作权	第一单位	0.03	
157	基于 TensorFlow 的实验报告人工智能评分系统	本校老师	李楠	信息管理学院	李楠	软件著作权	第一单位	0.03	
158	基于 SWMM 的城市规划实施对径流影响预测模型集成系统	本校老师	李楠	信息管理学院	李楠	软件著作权	第一单位	0.03	
159	基于 SSIS 和 SSAS 的网约车司机画像建模系统	本校老师	李楠	信息管理学院	李楠	软件著作权	第一单位	0.03	
160	基于金蝶云的业财一体化系统	本校老师	李楠	信息管理学院	李楠	软件著作权	第一单位	0.03	
161	基于 .NET 的车辆租赁业务管理系统	本校老师	李楠	信息管理学院	李楠	软件著作权	第一单位	0.03	
162	基于 .NET Core 微服务的车辆租赁业务微信小程序系统	本校老师	李楠	信息管理学院	李楠	软件著作权	第一单位	0.03	
163	稀土期货交易信息发布系统 V1.0	本校老师	孙若莹	信息管理学院	孙若莹	软件著作权	第一单位	0.03	
164	互联网金融基金理财服务智能推荐系统 V1.0	本校老师	孙若莹	信息管理学院	孙若莹	软件著作权	第一单位	0.03	
165	基于深度神经网络的大学生创新能力预估系统 V1.0	本校老师	王兴芬	信息管理学院	王兴芬，陆鑫赟	软件著作权	第一单位	0.03	
166	恶意 URL 检测系统 V1.0	本校老师	赵刚	信息管理学院	赵刚	软件著作权	第一单位	0.03	

续表

序号	专利名称	第一完成人类型	第一完成人	所属单位	专利完成人	专利类型	学校署名	编制	奖励
167	影院人数统计软件	本校老师	吕学强	网络文化与数字传播实验室	吕学强	软件著作权	第一单位	0.03	
168	机动车能耗排放时空分析软件	本校老师	吕学强	网络文化与数字传播实验室	吕学强	软件著作权	第一单位	0.03	
169	一种异源语料自动融合方法	本校老师	吕学强	网络文化与数字传播实验室	吕学强，周强（外），董志安（学），仵永栩（外）	发明专利	第一单位	0.3	0.3
170	一种汉语概念复合块标注库规范化处理方法	本校老师	吕学强	网络文化与数字传播实验室	吕学强，周强(外)，苗琳(外)，董志安（学）	发明专利	第一单位	0.3	0.3
171	一种基于专利搜索日志用户行为的同义词自动挖掘方法	本校老师	吕学强	网络文化与数字传播实验室	吕学强，周建设（外），董志安（学），李雪伟（学）	发明专利	第一单位	0.3	0.3
172	一种中文专利文献术语自动识别方法	本校老师	吕学强	网络文化与数字传播实验室	吕学强，董志安（学）	发明专利	第一单位	0.3	0.3
173	3GPP 非专利文献关键词自动标引软件 V1.0	本校老师	吕学强	网络文化与数字传播实验室	吕学强	软件著作权	第一单位	0.03	
174	基于知识的专利表示及相似性检测系统 V1.0	本校老师	吕学强	网络文化与数字传播实验室	吕学强	软件著作权	第一单位	0.03	
175	专利侵权检测系统 V1.0	本校老师	吕学强	网络文化与数字传播实验室	吕学强	软件著作权	第一单位	0.03	
176	股票预测系统 V1.0	本校老师	吕学强	网络文化与数字传播实验室	吕学强	软件著作权	第一单位	0.03	
177	在线词典编撰软件 V1.0	本校老师	吕学强	网络文化与数字传播实验室	吕学强	软件著作权	第一单位	0.03	
178	足球赛事战报自动写作系统 V1.0	本校老师	吕学强	网络文化与数字传播实验室	吕学强	发明专利	第一单位	0.03	
179	一种光纤法 - 珀腔传声器	本校老师	程进	理学院	程进，邹小平，秦雷，王丽坤	实用新型	第一单位	0.06	
180	基于不同厚度的压电材料层的叠堆压电换能器	本校老师	谷传欣	理学院	谷传欣，李纹洁（学），秦雷，仲超（学），王丽坤	发明专利	第一单位	0.3	0.3
181	嵌入式 P2P 流量监控系统及方法	本校老师	李祥贵	理学院	李祥贵，李卫(外)，高强(外)	发明专利	第一单位	0.3	0.3
182	北京信息科技大学基于旋转光场的物体表面重构系统软件设计	本校老师	刘畅	理学院	刘畅	软件著作权	第一单位	0.03	
183	北京信息科技大学基于 RGB-D 图像的三维特征点提取系统软件	本校老师	刘畅	理学院	刘畅	软件著作权	第一单位	0.03	
184	一种微型四通道循环流式三轴硅射流陀螺	本校老师	朴林华	理学院	朴林华，朴然（学），田文杰	发明专利	第一单位	0.3	0.3

续表

序号	专利名称	第一完成人类型	第一完成人	所属单位	专利完成人	专利类型	学校署名	编制	奖励
185	微机械压电射流陀螺	本校老师	朴林华	理学院	朴林华，陈敬波（学）	发明专利	第一单位	0.3	0.3
186	北京信息科技大学基于模糊函数的聚焦扫描全聚焦成像系统软件	本校老师	邱钧	理学院	邱钧	软件著作权	第一单位	0.03	
187	北京信息科技大学基于聚焦堆栈的三维场景重构系统软件设计	本校老师	邱钧	理学院	邱钧	软件著作权	第一单位	0.03	
188	一种基于匹配优化的光场数据深度重建方法	本校老师	邱钧	理学院	邱钧，刘畅，陈佃文（学）	发明专利	第一单位	0.3	0.3
189	单岛多电极石英加速度计	本校老师	田文杰	理学院	田文杰，朴林华，朱嘉林	发明专利	第一单位	0.3	0.3
190	带匹配层的叠堆复合材料圆柱阵换能器及其制备方法	本校老师	王宏伟	理学院	王宏伟，李超(学)，张斌(学)，王丽坤，秦雷，仲超（学）	发明专利	第一单位	0.3	0.3
191	一种用于水波定向作用研究的振幅和频率可调的装置	本校学生	杨虹	理学院	曾双雄（学），杨虹，张子豪（学），邹小平，赵腾（学），王庆升（学）	实用新型	第一单位	0.06	
192	一种接口适配器及与 Wishbone 兼容的裁剪方法	本校老师	殷树娟	理学院	殷树娟，李翔宇（外），吕易俗（学）	发明专利	第一单位	0.3	0.3
193	DSP 数字智能化实训处理软件	本校老师	张伟	理学院	张伟	软件著作权	第一单位	0.03	
194	基于双轴加速度计的 360 度倾斜姿态解算	本校老师	张伟	理学院	张伟	软件著作权	第一单位	0.03	
195	太阳能电池可溯源系统软件网络版 1.0	本校老师	邹小平	理学院	邹小平	软件著作权	第一单位	0.03	
196	太阳能电池可溯源系统软件单机版 1.0	本校老师	邹小平	理学院	邹小平	软件著作权	第一单位	0.03	
197	一种小轿车开门防撞预警系统 1.0	本校老师	邹小平	理学院	邹小平	软件著作权	第一单位	0.03	
198	隧道内事故监测与隧道外警示系统 V1.0	本校老师	邹小平	理学院	邹小平	软件著作权	第一单位	0.03	
199	智能追日太阳能系统 V1.0	本校老师	邹小平	理学院	邹小平	软件著作权	第一单位	0.03	
200	学科竞赛管理系统 V1.0	本校老师	陈元凤	经济管理学院	陈元凤	软件著作权	第一单位	0.03	
201	GWEE VENI 信息系统	本校老师	刘伟	经济管理学院	刘伟	软件著作权	第一单位	0.03	
202	GWEE VENI 学术子站系统	本校老师	刘伟	经济管理学院	刘伟	软件著作权	第一单位	0.03	
203	第三方检验检测综合科技服务平台	本校老师	张健	经济管理学院	张健，齐林	软件著作权	第一单位	0.03	
204	一种高效的网络规划参数自动解析软件	本校老师	陈昕	计算机学院	陈昕	软件著作权	第一单位	0.03	
205	面向 D2D 无线缓存网络的内容分发平台	本校老师	陈昕	计算机学院	陈昕	软件著作权	第一单位	0.03	
206	面向银行账单的短信信息统计系统	本校老师	陈昕	计算机学院	陈昕	软件著作权	第一单位	0.03	
207	基于特征分析的恶意 Android 应用检测系统 V1.0	本校学生	崔展齐	计算机学院	田静文（学），崔展齐	软件著作权	第一单位	0.03	
208	面向 Github 的缺陷修复者推荐系统	本校学生	崔展齐	计算机学院	董芷艺（学），崔展齐	软件著作权	第一单位	0.03	
209	面向知乎网的问答者推荐系统 V1.0	本校学生	崔展齐	计算机学院	罗艺雄（学），崔展齐	软件著作权	第一单位	0.03	

续表

序号	专利名称	第一完成人类型	第一完成人	所属单位	专利完成人	专利类型	学校署名	编制	奖励
210	网易新闻评论信息采集及观点提取系统 V1.0	本校学生	崔展齐	计算机学院	杨浩（学），崔展齐	软件著作权	第一单位	0.03	
211	豆瓣网电影信息数据采集及分析系统 V1.0	本校学生	崔展齐	计算机学院	卢晋（学），崔展齐	软件著作权	第一单位	0.03	
212	标准知识图谱分析系统 V1.0	本校老师	侯霞	计算机学院	侯霞	软件著作权	第一单位	0.03	
213	文档在线编辑系统 V1.0	本校老师	侯霞	计算机学院	侯霞	软件著作权	第一单位	0.03	
214	Word 文档自动解析系统 V1.0	本校老师	侯霞	计算机学院	侯霞	软件著作权	第一单位	0.03	
215	文档互操作度量系统 V1.0	本校老师	侯霞	计算机学院	侯霞	软件著作权	第一单位	0.03	
216	事件知识图谱构建与展示系统	本校老师	黄改娟	计算机学院	黄改娟	软件著作权	第一单位	0.03	
217	一种参考文献格式检查方法	本校老师	李宁	计算机学院	李宁，侯霞，赵琳（学），田英爱	发明专利	第一单位	0.3	0.3
218	斗地主游戏单牌猜测软件 V1.0	本校学生	李淑琴	计算机学院	李赛赛（学），李淑琴，丁濛，孟坤	软件著作权	第一单位	0.03	
219	点格棋博弈软件 V1.3	本校学生	李淑琴	计算机学院	高铭（学），李淑琴，丁濛，孟坤	软件著作权	第一单位	0.03	
220	基于 URWPGSim2D 平台开发的仿真水中机器鱼水中搬运软件版本号 V2.0	本校老师	李淑琴	计算机学院	李淑琴，黄一洋（学），李大伟（学）	软件著作权	第一单位	0.03	
221	基于角色的多水中机器人避碰算法软件版本号 V1.0	本校老师	李淑琴	计算机学院	李淑琴，黄一洋（学）	软件著作权	第一单位	0.03	
222	基于 UCT 算法的通用博弈平台软件版本号 V1.0	本校学生	李淑琴	计算机学院	付尧（学），李淑琴，祁亚楠（学）	软件著作权	第一单位	0.03	
223	HEX 计算机博弈系统赢棋判定算法软件版本号 V1.0	本校学生	李淑琴	计算机学院	马昊（学），李淑琴，丁濛，孟坤	软件著作权	第一单位	0.03	
224	水中机器人 2D 仿真花样游泳软件版本号 V1.0	本校老师	李淑琴	计算机学院	李淑琴，苗荟（学）	软件著作权	第一单位	0.03	
225	基于渗透检测的网络安全运维框架	本校老师	孟坤	计算机学院	孟坤	软件著作权	第一单位	0.03	
226	一种基于经验知识的军棋博弈系统	本校老师	孟坤	计算机学院	孟坤	软件著作权	第一单位	0.03	
227	基于函数调用路径准则的测试充分性获取方法	本校老师	牟永敏	计算机学院	牟永敏	发明专利	第一单位	0.3	0.3
228	复杂系统中不可达函数调用路径检测方法	本校老师	牟永敏	计算机学院	牟永敏	发明专利	第一单位	0.3	0.3
229	一种基于函数调用路径的测试用例复用方法研究	本校老师	牟永敏	计算机学院	牟永敏	发明专利	第一单位	0.3	0.3
230	一种基于控制流图的函数调用路径提取方法及装置	本校老师	牟永敏	计算机学院	牟永敏	发明专利	第一单位	0.3	0.3
231	MOOC 平台教师课程效果反馈系统 V1.0	本校老师	牛科	计算机学院	牛科	软件著作权	第一单位	0.03	
232	MOOC 平台学生学习行为分析系统 V1.0	本校老师	牛科	计算机学院	牛科	软件著作权	第一单位	0.03	
233	北京鑫瑞新材料有限公司 ERP 系统	本校老师	施运梅	计算机学院	施运梅	软件著作权	第一单位	0.03	
234	一种中文微博评价对象的抽取方法	本校老师	张仰森	计算机学院	张仰森，李景玉（学）	发明专利	第一单位	0.3	0.3

续表

序号	专利名称	第一完成人类型	第一完成人	所属单位	专利完成人	专利类型	学校署名	编制	奖励
235	一种小波包频域信号流形学习故障诊断方法	本校老师	谷玉海	机电系统测控北京市重点实验室	谷玉海，马超，左云波	发明专利	第一单位	0.3	0.3
236	一种主从串行通讯协议	本校老师	谷玉海	机电系统测控北京市重点实验室	谷玉海	发明专利	第一单位	0.3	0.3
237	一种基于稀疏矩阵的焊接缺陷诊断方法	本校老师	蒋章雷	机电系统测控北京市重点实验室	蒋章雷，徐小力，左云波，吴国新	发明专利	第一单位	0.3	0.3
238	一种基于双谱熵的风力发电机组故障诊断方法	本校老师	蒋章雷	机电系统测控北京市重点实验室	蒋章雷，左云波，吴国新，刘秀丽，徐小力	发明专利	第一单位	0.3	0.3
239	用于摄影测量中的场相关单边自标定光束平差方法	本校老师	孙鹏	机电系统测控北京市重点实验室	孙鹏，董明利，吕乃光，王君，燕必希	发明专利	第一单位	0.3	0.3
240	工业相机摄影测量图像亮度补偿方法	本校老师	孙鹏	机电系统测控北京市重点实验室	孙鹏，董明利，燕必希，王君，马宗瑞（学），焦阿敏（学）	发明专利	第一单位	0.3	0.3
241	用于场相关畸变模型的标定场设计及标定方法	本校老师	孙鹏	机电系统测控北京市重点实验室	孙鹏，董明利，吕乃光，燕必希，王君，庄炜（学）	发明专利	第一单位	0.3	0.3
242	摄影测量中长度测量相对误差的绝对评价方法	本校老师	孙鹏	机电系统测控北京市重点实验室	孙鹏，董明利，吕乃光，王君，燕必希	发明专利	第一单位	0.3	0.3
243	一种湿式离合器滑磨过程油液污染耐受度试验方法及装置	本校老师	王立勇	机电系统测控北京市重点实验室	王立勇，孟祥梁（学），钟浩（学），李乐	实用新型	第一单位	0.06	
244	种油液磨粒在线检测试验台	本校老师	王立勇	机电系统测控北京市重点实验室	王立勇，彭峰（学），陈涛	实用新型	第一单位	0.06	
245	一种环保折叠包装箱	本校老师	吴国新	机电系统测控北京市重点实验室	吴国新，左云波，王贵程（学），江波（学）	实用新型	第一单位	0.06	
246	一种东巴文释读数据库建立方法	本校老师	徐小力	机电系统测控北京市重点实验室	徐小力，王红军，吴国新，李志华（学），王宁（学）	发明专利	第一单位	0.3	0.3
247	一种面向东巴象形文的数字化获取与图像处理方法	本校老师	徐小力	机电系统测控北京市重点实验室	徐小力，吴国新，王红军，李志华（学），王宁（学）	发明专利	第一单位	0.3	0.3
248	一种风机传动系统故障特征提取方法	本校老师	徐小力	机电系统测控北京市重点实验室	徐小力，吴国新，左云波，蒋章雷，赵西伟	发明专利	第一单位	0.3	0.3
249	一种东巴象形文字字素智能识别方法	本校老师	陈晓	机电工程学院	陈晓，王红军，王海燕	发明专利	第一单位	0.3	0.3
250	一种携带卡紧式机械手的仓储拣货机器人及其使用方法	本校老师	黄民	机电工程学院	黄民	发明专利	第一单位	0.3	0.3

续表

序号	专利名称	第一完成人类型	第一完成人	所属单位	专利完成人	专利类型	学校署名	编制	奖励
251	一种携带托举式机械手的仓储拣货机器人及其使用方法	本校老师	黄民	机电工程学院	黄民，高宏，李鹏成（外），李宝杰（外），刘园（外），李天剑，李启光，黄小龙，奚鹏程（学）	发明专利	第一单位	0.3	0.3
252	一种智能道具故障诊断方法	本校老师	黄民	机电工程学院	黄民，高延（学），吴国新，孙巍伟，马超	发明专利	第一单位	0.3	0.3
253	履带式消防机器人	本校老师	黄小龙	机电工程学院	黄小龙，高阳臻（学），黄民，戴文明（外），刘相权，张志强	外观设计	第一单位	0.03	
254	一种车辆节能控制系统	本校老师	林慕义	机电工程学院	林慕义，王连新（学），童亮，王准	发明专利	第一单位	0.3	0.3
255	一种车辆混合驱动系统	本校老师	林慕义	机电工程学院	林慕义，王连心（学），童亮，王准	发明专利	第一单位	0.3	0.3
256	一种散热器圆片头的抓取和输送装置	本校老师	苏鹏	机电工程学院	苏鹏，王吉芳，曹栋（学），刘彩云（学），王思锴（外）	实用新型	第一单位	0.06	
257	基于双凸轮机构的单驱动间歇推送装置	本校老师	苏鹏	机电工程学院	苏鹏，卢达(学)，郝家祺(外)，宋言明（外），张雷雨（外）	实用新型	第一单位	0.06	
258	一种面向垂直装配的夹具底面自动避让机构	本校老师	苏鹏	机电工程学院	苏鹏，王思锴（外），张雷雨（外），黄龙（外），卢达（学）	实用新型	第一单位	0.06	
259	一种用于制作中空玻璃的自动插簧机	本校老师	孙江宏	机电工程学院	孙江宏，黄小龙，鹿坤磊(学)，董欣然（外），王少红	实用新型	第一单位	0.06	
260	一种通用阀门优化设计方法	本校老师	孙江宏	机电工程学院	孙江宏，王少红，刘旭（学），张晗（学），张奇梁（学）	发明专利	第一单位	0.3	0.3
261	高速大行程滚珠丝杠副测控试验平台监测系统 V1.0	本校老师	王红军	机电工程学院	王红军	软件著作权	第一单位	0.03	
262	一种电主轴—轴承特性试验装置	本校老师	王红军	机电工程学院	王红军，左云波，刘国庆	实用新型	第一单位	0.06	
263	一种用于电子元器件的焊接装置	本校老师	王丽霞	电子信息与控制国家级实验教学中心	王丽霞	实用新型	第一单位	0.06	
264	图像篡改检测方法	本校老师	杨鸿波	电子信息与控制国家级实验教学中心	杨鸿波，周萌萌（学），侯霞	发明专利	第一单位	0.3	0.3

教职工获奖励与表彰一览表	
获奖励、表彰名称	获奖人姓名
北京市 2018 年度海淀区高校系统交通安全先进个人	李丛建、彭永和
北京市师德标兵	李擎、周哲海
北京市高等教育教学成果奖一等奖	黄民、高宏、黄小龙、王雪雁、郑军、陈勇、贺敬良、米洁、刘相权、孟玲霞
第十四届北京青年优秀科技论文信息科技组三等奖	刘秀磊
第十四届北京市高等学校教学名师奖	马洁
北京高校思政课学生社会实践优秀论文评选优秀指导教师	刘建华
北京市“三八”红旗奖章	杜佳楣
2018 年度全国通讯类高校图书馆年会征文评比一等奖	赵爱玲、徐双培
北京地区高校图书馆文献资源保障体系 BALIS 管理中心“原文传递服务先进个人奖”	李艳
“外研社杯”教学新星大赛一等奖	仇峰
世界知名学术出版机构 Emerald 颁发的 2018 年度杰出学者奖	朱阁
“喜迎十九大 光影赞辉煌—北京教育系统老同志摄影作品展”个人优秀作品二等奖	张慧荣
“喜迎十九大 光影赞辉煌—北京教育系统老同志摄影作品展”个人优秀作品三等奖	吕乃光、王连程

2017—2018 年度北京市“三好学生”“优秀学生干部”“先进班集体”名单（按姓氏笔画排列）									
三好学生（19 人）									
马燕婷	王美祥	史晓含	冯镝静	匡柯澜	吕玉洁	李　星	杨　博	吴可桐	吴丽娜
吴秋萌	罗雅婷	赵英然	秦晓慧	殷　凡	唐文秀	商显赫	温世彬	薛广阔	
优秀学生干部（7 人）									
王昊睿	王慧林	刘昊天	许　垚	李　政	李欣欣	赵元溪			
经济学（16 人）									
赵刚刚	蔡佳迎	李海松	刘春玲	张艳娟	余　娜	李晶博	王亚涛	郭丽用	黄聪艳
郝　珅	倪润通	文　婧	孟家丞	郭　涛	付　莉				
先进班集体（8 人）									
人力 1601		财务 1502		英语 1701		物联 1601		审计 1601	
通信 1601		大数据 1701		机器人 1701					

2017—2018 年度“先锋杯”优秀团支部、优秀基层团干部、优秀团员名单（按姓氏笔画排列）									
优秀团支部（16 人）									
人力 1601		工设 1602		计科 1603		计科 1605			
机械 1601		自控 1601		行政 1601		会计 1602			
英语 1601		审计 1601		研 1606		研 1614			
测控 1601		通信 1501		通信 1602		商务 1601			
优秀基层团干部（17 人）									
王　智	王璐瑶	勾亮亮	石一鸣	刘香君	孙宇腾	杜晓童	张　栩	范玉瑶	罗明馨
赵　璐	侯云萌	袁梓馨	徐明慧	郭　雯	韩　旭	詹　霆			

续表

优秀团员（17 人）									
马　鑫	王　绚	王伟烨	石美琪	刘　洁	李　政	李欣欣	杨崇蕙	吴可桐	吴丽娜
张朝瑞	林镇伟	孟新凯	殷　兰	唐雲飞	崔浩宁	温世彬			

2018 年“青年服务国家”首都大中专学生暑期社会实践奖名单									
百强团队									
“观双创•筑梦想”信息科大青年实践团									
优秀团队									
1. 北京信息科技大学公共管理与传媒学院赴秦皇岛市暑期社会实践团									
2. 京津冀协同发展青年观察团队									
3. 经济管理学院上海、嘉兴社会实践团队									
4. 理学院“星火计划”实践团									
5. 信息科大走进云南人文社会调研实践团									
6. 长三角创新经济发展社会实践团									
7. 计算机学院计 @ 技实践团									
8. 仪器科学与光电工程学院 2018 年暑假赴西安社会实践团									
先进工作者（9 人）									
陈天宇	梁力军	马铁键	赵　淳	张婧梅	张晓莹	周海亮	赵　贤	绳　奕	
先进个人（8 人）									
孔健结	李　岩	吕　宁	吴秋萌	尤泽森	张迎雪	赵　峒	赵　璐		

学生获文艺类、志愿服务类奖项名单

获奖团队、人	获奖赛事	奖励名称	获奖时间
蔚 彤、许 爽 （校钢琴艺术团）	2018 爱乐新星国际青少年音乐节	四手联弹组一等奖	2 月
蔚 彤 （校钢琴艺术团）	2018 新加坡国际钢琴精英邀请赛	一等奖	2 月
洪 通 （校模拟联合国社团）	北京语言大学模拟联合国大会	杰出代表奖	4 月
曹 灿、周思涵 （校钢琴艺术团）	中 · 韩国音乐大赛北京赛区	青年组二等奖	4 月
宋 阳、蔚 彤 （校钢琴艺术团）	中 · 韩国音乐大赛北京赛区	青年组一等奖	4 月
许 爽、蔚 彤 （校钢琴艺术团）	北京市第十四届“希望杯”钢琴比赛总决赛	优秀奖	5 月
赵文江 （校管乐团）	2018 爱 · 乐国际音乐大赛北京赛区	管乐独奏青年组一等奖	6 月
陈玮琛 （校管乐团）	2018 爱 · 乐国际音乐大赛北京赛区	管乐独奏青年组一等奖	6 月
杜方然 （校管乐团）	2018 天宫音乐奖	小号专业七级组金奖	6 月
许 爽、蔡睿宁、朱倖仪、蔚 彤 （校钢琴艺术团）	“星途”CCTV 中国青少年艺术教育展	八手联弹组一等奖	7 月
施国庆、赵一阳 （校摄影协会）	2018 年青年摄影网“按下手中的快门，留住最美的青春”第三届青年摄影大赛	优秀作品奖	10 月

续表

获奖团队、人	获奖赛事	奖励名称	获奖时间
韩 仰 （校健身社）	CBBA“鲲鹏杯”大学生健美健身赛	80kg+ 组第五名	11 月
郭 晗 （校轮滑社）	首都高校大学生第一届滑冰比赛	单圈计时赛第五名	11 月
陈泽莹 （校轮滑社）	首都高校大学生第一届滑冰比赛追逐赛	双圈赛第二名	11 月
贾馨茹 （校轮滑社）	首都高校大学生第一届滑冰比赛	500 米赛第八名	11 月
校轮滑社	首都高校大学生第一届滑冰	团体第五名	11 月
校民乐团	北京大学生音乐节	民乐甲组银奖	11 月
校管乐团	北京市大学生音乐节	管乐合奏甲组银奖	11 月
校合唱团	北京市大学生音乐节	混声合唱普通甲组金奖	11 月
校合唱团	北京市大学生音乐节	小合唱、重唱普通甲组金奖	11 月
校合唱团	北京市大学生音乐节	人声乐团普通甲组金奖	11 月
校声乐团	北京市大学生音乐节	人声乐团普通甲组银奖	11 月
校跆拳道社	2018 年首都高等学校跆拳道精英赛	乙组女子团体总分第五名	11 月
校跆拳道社	2018 年首都高等学校跆拳道精英赛	男女混双品势第六名	11 月
校跆拳道社	2018 年首都高等学校跆拳道精英赛	女子团体品势第六名	11 月
傅童妍 （校跆拳道社）	2018 年首都高等学校跆拳道精英赛	竞技第二名	11 月
程芮、郑羽纯 （校跆拳道社）	2018 年首都高等学校跆拳道精英赛	竞技第三名	11 月
邓美如、刘景佳 （校跆拳道社）	2018 年首都高等学校跆拳道精英赛	竞技第五名	11 月
程 严 （校 Angel Planet 社）	地下八英里	广州赛区入围奖	11 月
杨天辰 （校 Angel Planet 社）	北京大学生音乐节器乐类市级展演	管乐合奏（普通甲组）银奖	11 月
王雅涵 （校行健武术社）	北京市 2018 年首都高校武术套路精英赛	女子组传统四类第四名	12 月
黄晓旭 （校行健武术社）	北京市 2018 年首都高校武术套路精英赛	女子组传统单器械第二名	12 月
黄晓旭 （校行健武术社）	北京市 2018 年首都高校武术套路精英赛	女子传统三类第三名	12 月

学生获科技学术类奖项名单

获奖团队	团队成员	奖励名称	获奖作品	指导教师	获奖时间
无人航空器社团	邹倩、汤先威、叶桐、张荣超、胡志远、陈文、石露颖、刘帅	互联网＋比赛（创意组）市级二等奖	《基于无人机的完整消防体系》	张志强	9 月
无人航空器社团	熊娜、张文萍、邹倩、张思璐、张鹏宇、张荣超	互联网＋比赛（就业型创业组）市级二等奖	《启智天空模块化无人机教育》	张志强	9 月
无人航空器社团	相福龙、孟浩、杨婷、刘雨轩、陈宇星、肖寅鑫	互联网＋比赛（创意组）市级二等奖	《大楼立面检测机器人》	张志强	9 月
无人航空器协会	张荣超、潘国俊、张思璐、李煊、冉宇辰、王鉴威、任自强	互联网＋校赛二等奖	《智能无人机停靠站》	张志强	6 月
无人航空器协会	王鉴威、刘博文、张思璐、陈海平、潘国俊	“创青春”首都大学生创业大赛（挑战杯）银奖	《启智天空模块化无人机教育》	张志强	6 月

续表

获奖团队	团队成员	奖励名称	获奖作品	指导教师	获奖时间
校七星网络安全社		2018 北京市大学生网络安全大赛二等奖			9 月
校七星网络安全社		2018 信息安全铁人三项京津赛区二等奖			12 月
校 iflab 网络实践创新联盟	戚译中、徐正科	移动应用创新赛三等奖			9 月
校互联网创新创业协会	王若兮、王良娣、仝润田	第四届东方财富杯全国大学生金融挑战赛二等奖			12 月
校互联网创新创业协会	张苗珍、赵普思、魏凌	第四届东方财富杯全国大学生金融挑战赛二等奖			12 月
校互联网创新创业协会	徐子涵、文小梅、彭涵宇	第四届东方财富杯全国大学生金融挑战赛二等奖			12 月
校互联网创新创业协会	杨　浏、韦宛彤、王漪彤	第四届东方财富杯全国大学生金融挑战赛三等奖			12 月
校互联网创新创业协会	李蒋铭、李一丹、黄雪渝	第四届东方财富杯全国大学生金融挑战赛三等奖			12 月
校互联网创新创业协会	尹　路、王　涛、张天玮	第四届东方财富杯全国大学生金融挑战赛三等奖			12 月
校互联网创新创业协会	徐子涵、乐静宜、张家豪	全国工商企业管理技能大赛全国二等奖			11 月
校互联网创新创业协会		中国机器人大赛国家三等奖一项			8 月

研究生获奖学金名单

奖项名称	学生姓名	学院
国家奖学金	耿开贺	机电工程学院
国家奖学金	许梦颖	机电工程学院
国家奖学金	张雪英	机电工程学院
国家奖学金	杨伟	机电工程学院
国家奖学金	张雄雄	仪器科学与光电工程学院
国家奖学金	王玥	仪器科学与光电工程学院
国家奖学金	周康鹏	仪器科学与光电工程学院
国家奖学金	丁红	信息与通信工程学院
国家奖学金	苑亚南	信息与通信工程学院
国家奖学金	高男	信息与通信工程学院
国家奖学金	胡亚洲	自动化学院
国家奖学金	陈祥凤	自动化学院
国家奖学金	刘伟业	自动化学院
国家奖学金	张四喆	自动化学院
国家奖学金	毛腾	计算机学院
国家奖学金	李云鹏	计算机学院
国家奖学金	秦振华	计算机学院

续表

biao	学生姓名	学院
国家奖学金	张贝贝	经济管理学院
国家奖学金	杨亚楠	经济管理学院
国家奖学金	樊辉	经济管理学院
国家奖学金	黄盾	经济管理学院
国家奖学金	张轶兰	信息管理学院
国家奖学金	郝少华	理学院
国家奖学金	李萍	理学院
国家奖学金	吴钦臣	马克思主义学院
双百奖学金	慕文蓉	马克思主义学院

学科竞赛获奖情况一览表

序号	学科竞赛名称	承办单位	省部级（市级）比赛					国家级比赛				
			参赛人数	获奖情况	获奖项数	获奖人数	获奖人次	参赛人数	获奖情况	获奖项数	获奖人数	获奖人次
1	（全国、首都）大学生机械创新设计大赛	机电	16	二等奖 4 项 16 人	4	16	16					
2	（全国）三维数字化创新设计大赛		55	特等奖 3 项 7 人，一等奖 3 项 8 人，二等奖 6 项 16 人，三等奖 2 项 5 人	14	29	29	8	全国二等奖 1 项，三等奖 2 项	3	8	8
3	（中国）机器人大赛暨 RoboCup 公开赛（2016 年开始分为 robcup 中国公开赛和中国机器人大赛，前者是上半年，后者是下半年）	机电						11	冠军 1 项 10 人；季军 1 项 6 人	2	11	16
		光电						11	季军 1 项 11 人；三等奖 1 项 11 人	2	11	22
		自动化	13	三等奖 2 项 7 人	2	7	7	12	一等奖 5 项；二等奖 3 项；三等奖 2 项	10	12	25
		通信						7	一等奖 1 项 2 人；二等奖 1 项 2 人；三等奖 5 项 8 人；优胜奖 1 项 2 人	7	7	14

续表

序号	学科竞赛名称	承办单位	省部级（市级）比赛					国家级比赛				
			参赛人数	获奖情况	获奖项数	获奖人数	获奖人次	参赛人数	获奖情况	获奖项数	获奖人数	获奖人次
		信控中心						12	一等奖 1 项；二等奖 3 项；三等奖 5 项	9	12	36
4	（全国）大学生光电设计大赛							18	二等奖 1 项 3 人；三等奖 1 项 3 人	2	6	6
5	（中国）机器人大赛暨 FIRA 世界杯机器人大赛	光电						14	三等奖 3 项 14 人	3	14	14
								10	一等奖 8 项 19 人；二等奖5项11人；三等奖 4 项 9 人	17	10	39
6	（全国、华北赛区）大学生智能汽车竞赛		3	三等奖 1 项 3 人	1	3	3					
7	（全国）大学生节能减排社会实践与科技竞赛							14				
8	华北五省（市、自治区）（北京市）大学生机器人大赛	自动化	94	一等奖 7 项 23 人；二等奖 8 项 21 人；三等奖 10 项 31 人	25	75	75					
9	北京市大学生机器人大赛		94	一等奖 12 项 36 人；二等奖 7 项 20 人；三等奖 8 项 27 人	27	83	83					
10	（全国）大学生电子设计竞赛——嵌入式系统专题赛							6	二等奖 1 项 3 人	1	3	3
11	（全国）大学生嵌入式物联网设计大赛		15	特等奖 1 项 5 人；一等奖 2 项 6 人	3	11	11					
12	“大唐杯”全国大学生移动通信技术大赛	通信	140	一等奖 6 项 12 人；二等奖 14 项 28 人；三等奖 18 项 36 人	38	76	76	40	二等奖 2 项 4 人；三等奖 4 项 8 人	6	8	8
13	华北五省（市、自治区）及港澳台（北京市）大学生计算机应用大赛		32	三等奖 2 项 8 人	2	8	8					

续表

序号	学科竞赛名称	承办单位	省部级（市级）比赛					国家级比赛				
			参赛人数	获奖情况	获奖项数	获奖人数	获奖人次	参赛人数	获奖情况	获奖项数	获奖人数	获奖人次
14	（国际）ACM 程序设计大赛	计算机	4	二等奖（银牌）1 项 1 人；三等奖（铜牌）3 项 3 人	4	4	4					
15	计算机博弈竞赛	计算机						31	一等奖 7 项 21 人；二等奖 2 项 5 人；三等奖 5 项 15 人	14	31	42
16	（全国）软件人才设计与开发大赛	计算机	30	一等奖 6 项 6 人；二等奖 12 项 12 人；三等奖 12 项 12 人	30	30	30	5	二等奖 1 项 1 人；三等奖 2 项 2 人；优秀奖 2 项 2 人	3	5	5
17	（中国）大学生创意创业大赛——全国总决赛	计算机						9	一等奖 1 项 3 人；二等奖 2 项 6 人	3	9	9
18	“大智慧杯”全国大学生金融精英挑战赛	计算机						18	二等奖 3 个 9 人；三等奖 3 个 9 人	6	18	18
19	北京市大学生创业设计大赛	计算机	91	一等奖 2 项 14 人；二等奖 4 项 15 人；三等奖 6 项 15 人	12	44	44					
20	全国大学生沙盘模拟经营大赛	计算机	5	一等奖 1 项 5 人	1	5	5					
21	（中国）大学生计算机设计大赛	信管	3	二等奖 1 项 3 人	1	3	3	3	三等奖 1 项 3 人	1	3	3
22	北京高校思想政治理论课社会实践优秀论文评选	马克思	13	一等奖 1 项 2 人；二等奖 1 项 3 人	2	5	5					
23	（全国、北京赛区）大学生广告艺术设计大赛	公管	138	一等奖 4 项 6 人；二等奖 4 项 6 人；三等奖 4 项 4 人	12	16	16					
24	（全国）大学生英语竞赛	外国语						587	一等奖 3 项 3 人；二等奖 15 项 15 人；三等奖 26 项 26 人	44	44	44
25	“外研社杯”全国英语辩论赛	外国语	2	华北赛区三等奖 1 项 2 人	1	2	2					

续表

序号	学科竞赛名称	承办单位	省部级（市级）比赛					国家级比赛				
			参赛人数	获奖情况	获奖项数	获奖人数	获奖人次	参赛人数	获奖情况	获奖项数	获奖人数	获奖人次
26	“外研社杯”全国英语演讲大赛	外国语	1	三等奖 1 项 1 人	1	1	1					
	北京市英语演讲大赛		1	三等奖 1 项 1 人	1	1	1					
27	（全国、北京市）大学生数学竞赛	理学院	82	一等奖 11 项 11 人；二等奖 22 项 22 人；三等奖 49 项 49 人	82	82	82					
28	（全国、北京市）大学生数学建摸与计算机应用竞赛		99	一等奖 1 项 3 人；二等奖 2 项 6 人	3	9	9					
29	全国部分地区大学生物理竞赛		96	一等奖 3 项 3 人；二等奖 15 项 15 人；三等奖 19 项 19 人	37	37	37					
30	北京市大学生物理实验技能竞赛		9	一等奖 1 项 3 人；三等奖 2 项 4 人	3	7	7					
31	（全国、北京市）大学生电子设计竞赛	信控	60	二等奖 1 项 2 人；三等奖 6 项 12 人	7	14	14					
32	“挑战杯”全国（首都）大学生课外学术科技作品竞赛	校团委	71	二等奖（银奖）3 项 19 人次；三等奖（铜奖）2 项 7 人次.	5	26	26					
33	中国“互联网 +”大学生创新创业大赛	教务处	74	二等奖 5 项 34 人；三等奖 10 项 40 人	15	74	74					
	合计		1465		321	619	619	801		133	212	312

52 项以外学科竞赛（指不在学校认定学科竞赛范围内的其他各项竞赛）获奖情况一览表

序号		承办单位	省部级（市级）比赛					国家级比赛					国际级比赛				
			参赛人数	获奖情况	获奖项数	获奖人数	获奖人次	参赛人数	获奖情况	获奖项数	获奖人数	获奖人次	参赛人数	获奖情况	获奖项数	获奖人数	获奖人次
1	北京市大学生集成电路设计大赛	理学院	18	一等奖 5 项 10 人；二等奖 2 项 4 人；三等奖 1 项 2 人	8	16	16										
5	2017 北京市大学生工业设计竞赛		3	二等奖 1 项 1 人；三等奖 2 项 2 人	3	3	3										
6	2018 年首届全国大学生可再生能源科技竞赛							4	三等奖 1 项 4 人	1	4	4					
7	2017 年国际水中机器人大赛	计算机											32	一等奖 2 项 10 人；二等奖 2 项 8 人；三等奖 4 项 14 人	8	27	32
		通信											5	三等奖 3 项 9 人	3	5	9
		信控中心											14	亚军（一等奖）1 项；亚军（二等奖）1 项；二等奖 1 项；三等奖 3 项	6	14	60
9	中国机器人及人工智能大赛	自动化						6	一等奖 1 项 5 人；二等奖 2 项 10 人；三等奖 1 项 5 人；优秀奖 1 项 5 人	4	6	25					
10	“创新有未来”2018 高校人工智能创新大奖赛	自动化						6	二等奖 1 项	1	5	5					

续表

序号		承办单位	省部级（市级）比赛					国家级比赛					国际级比赛				
			参赛人数	获奖情况	获奖项数	获奖人数	获奖人次	参赛人数	获奖情况	获奖项数	获奖人数	获奖人次	参赛人数	获奖情况	获奖项数	获奖人数	获奖人次
11	中国服务机器人大赛	自动化							冠军4项14人；亚军2项14人	6	14	84					
14	全国大学生移动互联网创新挑战赛	计算机学院	3	三等奖3项3人	3	3	3										
16	全国大学生计算机应用能力与信息素养大赛	计算机学院						18	二等奖1项3人；三等奖2项15人	3	18	18					
17	经世IUV杯全国大学生通信网络部署与优化设计大赛	通信学院直接参赛	4	一等奖1项2人；二等奖1项2	2	4	4	4	二等奖1项2人；优秀奖1项2人	1	2	2					
18	第二届“讯飞杯”中文机器阅读理解评测		8	二等奖4项4人；最佳单系统奖4项4人	4	8	8										
20	2017年全国企业竞争模拟大赛暨第8届全国高等院校企业竞争模拟大赛	经管						3	三等奖1项3人	1	3	3					
23	“学创杯”2017全国大学生创业大赛	经管	9	一等奖1项3人；二等奖2项6人	3	9	9										
	2018年全国工商企业管理技能大赛	经管						4	二等奖1项4人	1	4	4					
	2018年全国金融与证券投资模拟实训大赛	经管						70	二等奖2个2人（个人）；三等奖2个2人（个人）；二等奖1个10人（团体）；三等奖1个10人（团体）	6	24	24					

续表

序号		承办单位	省部级（市级）比赛					国家级比赛					国际级比赛				
			参赛人数	获奖情况	获奖项数	获奖人数	获奖人次	参赛人数	获奖情况	获奖项数	获奖人数	获奖人次	参赛人数	获奖情况	获奖项数	获奖人数	获奖人次
27	“外研社杯”全国英语阅读大赛	外国语学院	2	一等奖1项1人；三等奖1项1人	2	2	2										
28	“外研社杯”全国英语写作大赛	外国语学院	2	北京市特等奖1项1人；三等奖1项1人	2	2	2	1	国家级三等奖1项1人	1	1	1					
29	“外教社杯”北京高校学生跨文化能力大赛		3	三等奖1项3人	1	3	3										
32	“外教社杯”北京高校学生跨文化能力大赛（竞赛负责老师：宋颖）	外国语学院	3	三等奖3项3人	3	3	3										
34	经世IUV杯全国大学生通信网络部署与优化设计大赛	通信学院						4	一等奖1项2人；二等奖1项2	2	4	4					
35	全国高校企业价值创造实战竞赛	信管学院						4	三等奖1项4人	1	4	4					
36	2018年北京市大学生网络安全大赛		2	二等奖1项2人	1	2	2										
37	全国高校“西普杯”信息安全铁人三项赛		2	二等奖1项2人	1	2	2										
38	全国武器创新设计大赛	机电学院						5	三等奖1项5人	1	5	5					
	合计		55		33	53	53	126		29	91	180	51		17	46	101

<table>
<tr><th colspan="7">国家级竞赛获奖名单</th></tr>
<tr><th rowspan="2">竞赛名称</th><th colspan="5">学生获奖信息</th><th rowspan="2">指导教师</th></tr>
<tr><th>姓名</th><th>学号</th><th>学院</th><th>班级</th><th>所获奖项</th></tr>
<tr><td rowspan="6">2018Robocup 比赛（加拿大）</td><td>武永禄</td><td>2015010450</td><td>光电学院</td><td>测控 1502</td><td rowspan="6">季军</td><td rowspan="6">王雪雁</td></tr>
<tr><td>陈绍伟</td><td>2016010006</td><td>机械学院</td><td>机械 1601</td></tr>
<tr><td>封佳良</td><td>2016020034</td><td>机械学院</td><td>研 1602</td></tr>
<tr><td>韩一菲</td><td>2014010009</td><td>机械学院</td><td>机械 1401</td></tr>
<tr><td>李卓丰</td><td>2015010683</td><td>自动化学院</td><td>自控 1505</td></tr>
<tr><td>杨玉竹</td><td>2015010660</td><td>自动化学院</td><td>自控 1504</td></tr>
<tr><td rowspan="10">2018Robocup 比赛（中国浙江）</td><td>武永禄</td><td>2015010450</td><td>光电学院</td><td>测控 1502</td><td rowspan="10">冠军</td><td rowspan="10">王吉芳　王红军
王雪雁　刘相权</td></tr>
<tr><td>李卓丰</td><td>2015010683</td><td>自动化学院</td><td>自控 1505</td></tr>
<tr><td>杨玉竹</td><td>2015010660</td><td>自动化学院</td><td>自控 1504</td></tr>
<tr><td>鲍中山</td><td>2015010009</td><td>机械学院</td><td>机械 1501</td></tr>
<tr><td>韩一菲</td><td>2014010009</td><td>机械学院</td><td>机械 1401</td></tr>
<tr><td>陈绍伟</td><td>2016010006</td><td>机械学院</td><td>机械 1601</td></tr>
<tr><td>路　悦</td><td>2016010654</td><td>自动化学院</td><td>自控 1604</td></tr>
<tr><td>徐云岫</td><td>2016011083</td><td>信息与通信工程学院</td><td>电信 1604</td></tr>
<tr><td>陈超轶</td><td>2016010813</td><td>计算机学院</td><td>软工 1602</td></tr>
<tr><td>唐本义</td><td>2016010578</td><td>自动化学院</td><td>自控 1601</td></tr>
<tr><td rowspan="20">（中国）机器人大赛暨
RoboCup 公开赛</td><td>盖　娜</td><td>2016020105</td><td>光电学院</td><td>研 1604</td><td rowspan="10">季军 1 项
三等奖 1 项</td><td rowspan="10">燕必希　王君
郑青玉</td></tr>
<tr><td>陈　敏</td><td>20170135</td><td>光电学院</td><td>研 1702</td></tr>
<tr><td>宁思衡</td><td>2016010696</td><td>光电学院</td><td>测控 1601</td></tr>
<tr><td>王子润</td><td>2016010424</td><td>光电学院</td><td>测控 1601</td></tr>
<tr><td>唐文秀</td><td>2015010389</td><td>光电学院</td><td>测控 1501</td></tr>
<tr><td>王　智</td><td>2015010449</td><td>光电学院</td><td>测控 1502</td></tr>
<tr><td>黄步敬</td><td>2016010452</td><td>光电学院</td><td>测控 1602</td></tr>
<tr><td>徐　昕</td><td>2016010402</td><td>光电学院</td><td>测控 1601</td></tr>
<tr><td>贾欣雨</td><td>2016010393</td><td>光电学院</td><td>测控 1601</td></tr>
<tr><td>韦广函</td><td>2016010454</td><td>光电学院</td><td>测控 1602</td></tr>
<tr><td>王玖玲</td><td>20170151</td><td>通信学院</td><td>通信研 1701</td><td rowspan="2">助老服务　一等奖</td><td rowspan="2">吴韶波</td></tr>
<tr><td>芦昊文</td><td>2017011121</td><td>通信学院</td><td>物联 1601</td></tr>
<tr><td>殷　凡</td><td>2015011105</td><td>通信学院</td><td>物联 1501</td><td rowspan="2">助老服务　二等奖</td><td rowspan="2">吴韶波 解迎刚</td></tr>
<tr><td>李　杰</td><td>2017011104</td><td>通信学院</td><td>物联 1701</td></tr>
<tr><td>鲁　岚</td><td>2016011110</td><td>通信学院</td><td>物联 1601</td><td>助老服务　三等奖</td><td>吴韶波 解迎刚</td></tr>
<tr><td>吕浩炎</td><td>2016011118</td><td>通信学院</td><td>物联 1601</td><td rowspan="2">助老服务　三等奖</td><td rowspan="2">吴韶波 解迎刚</td></tr>
<tr><td>孙郑芬</td><td>2017011106</td><td>通信学院</td><td>物联 1701</td></tr>
<tr><td>鲁　岚</td><td>2016011110</td><td>通信学院</td><td>物联 1601</td><td>武术擂台无差别
1v1 三等奖</td><td>吴韶波 解迎刚</td></tr>
<tr><td>王玖玲</td><td>20170151</td><td>通信学院</td><td>通信研 1701</td><td rowspan="2">武术擂台无差别
1v1 三等奖</td><td rowspan="2">吴韶波</td></tr>
<tr><td>芦昊文</td><td>2017011121</td><td>通信学院</td><td>物联 1601</td></tr>
</table>

续表

竞赛名称	学生获奖信息					指导教师
	姓名	学号	学院	班级	所获奖项	
（中国）机器人大赛暨RoboCup公开赛	殷　凡	2015011105	通信学院	物联1501	武术擂台无差别1v2优胜奖	吴韶波 解迎刚
	李　杰	2017011104	通信学院	物联1701		
	吕浩炎	2016011118	通信学院	物联1601	武术擂台无差别1v3三等奖	吴韶波 解迎刚
	孙郑芬	2017011106	通信学院	物联1701		
中国机器人大赛	石丛玮	2016010780	自动化学院	自控1604	冠军（一等奖）	王扬、李越
	匡柯澜	2016010629	自动化学院	自控1603		
	马玉静	2016010711	自动化学院	电气1601		
	朱学文	2016010572	自动化学院	自控1601		
	李博瑞	2016010818	自动化学院	智能1601		
	周彦君	2016010643	自动化学院	自控1604		
	邓　云	2015010242	机电学院	工设1501	二等奖	李越、王扬
	陈　瑶	2016010561	自动化学院	自控1601		
	薛　琳	2016010566	自动化学院	自控1601		
	王　维	2016010586	自动化学院	自控1601		
	郭　晗	2016010575	自动化学院	自控1601		
	陈治金	2016010811	自动化学院	智能1601		
	匡柯澜	2016010629	自动化学院	自控1603	二等奖	王扬、李越
	朱学文	2016010572	自动化学院	自控1601		
	马玉静	2016010711	自动化学院	电气1601		
	石丛玮	2016010780	自动化学院	自控1604	二等奖	王扬、李越
	李博瑞	2016010818	自动化学院	智能1601		
	周彦君	2016010643	自动化学院	自控1604		
	邓　云	2015010242	机电学院	工设1501	三等奖	李越、王扬
	王　维	2016010586	自动化学院	自控1601		
	陈　瑶	2016010561	自动化学院	自控1601		
	王　维	2016010586	自动化学院	自控1601	三等奖	李越、王扬
	郭　晗	2016010575	自动化学院	自控1601		
	薛　琳	2016010566	自动化学院	自控1601		
	陈　瑶	2016010561	自动化学院	自控1601		
	朱学文	2016010572	自动化学院	自控1601	三等奖	王扬、李越
	匡柯澜	2016010629	自动化学院	自控1603		
	邓　云	2015010242	机电学院	工设1501		
	石丛玮	2016010780	自动化学院	自控1604		
	李博瑞	2016010818	自动化学院	智能1601	三等奖	王扬、李越
	马玉静	2016010711	自动化学院	电气1601		

续表

竞赛名称	学生获奖信息					指导教师
	姓名	学号	学院	班级	所获奖项	
中国机器人大赛	陈治金	2016010811	自动化学院	智能 1601	三等奖	王扬、李越
	周彦君	2016010643	自动化学院	自控 1604		
	陈治金	2016010811	自动化学院	智能 1601	三等奖	李越、王扬
	郭　晗	2016010575	自动化学院	自控 1601		
	薛　琳	2016010566	自动化学院	自控 1601		
2018 中国服务机器人大赛（中国机器人大赛服务机器人专项赛）	张笑虹	2016020217	自动化学院	研 1607	冠军 4 次，亚军 2 次	周亚丽、张奇志
	胡亚洲	2016020212	自动化学院	研 1607		
	石　杰	2016020222	自动化学院	研 1607		
	苏易衡	2016020200	自动化学院	研 1606		
	刘佳宜	2016010832	自动化学院	智能 1602		
	曾庆丽	2016010065	自动化学院	自控 1605		
	王　珊	20170218	自动化学院	研 1701		
	夏伟杰	20170248	自动化学院	研 1702		
	王恩宝	20170245	自动化学院	研 1702		
	吴青青	20170216	自动化学院	研 1701		
	付纪元	20170235	自动化学院	研 1702		
	宋嘉琦	2016020203	自动化学院	研 1606		
	王　刚	2016020201	自动化学院	研 1606		
	刘　铖	2018020239	自动化学院	研 1801		
第 11 届 3D 大赛全国三维数字化创新设计大赛（数字工业设计方向全国总决赛）	李卓昆	2016010295	机电学院	工设 1602	二等奖	齐兵
	蔡嘉辉	2016010293	机电学院	工设 1602		
	李崇福	2016010288	机电学院	工设 1602		
第 11 届 3D 大赛全国三维数字化创新设计大赛（交互设计方向全国总决赛）	陈　博	2016010264	机电学院	工设 1601	三等奖	高海涛、李洪海
	鲁　博	2016010257	机电学院	工设 1601		
	叶　桐	2016010271	机电学院	工设 1601		
	苑译丹	2016010251	机电学院	工设 1601	三等奖	高海涛、李洪海
	贾鑫一	2016010242	机电学院	工设 1601		
（全国）大学生光电设计大赛	莫蔚靖	2016020076	光电学院	研 1603	二等奖 1 项 三等奖 1 项	刘力双　吕勇
	任文旭	2017010486	光电学院	光信 1701		
	张泽昊	2017010496	光电学院	光信 1701		
	黄霄霄	20170124	光电学院	研 1702		
	王　越	2016010527	光电学院	光信 1602		
	郭睿涵	2016010496	光电学院	光信 1601		
（中国）机器人大赛暨 FIRA 世界杯机器人大赛	黄霄霄	20170124	光电学院	研 1702	三等奖 3 项	刘力双　刘刚 乔道鄂
	张浩朋	20170085	光电学院	研 1701		

续表

竞赛名称	学生获奖信息					指导教师
	姓名	学号	学院	班级	所获奖项	
（中国）机器人大赛暨 FIRA 世界杯机器人大赛	赵林元	20170096	光电学院	研 1701	三等奖 3 项	刘力双　刘刚 乔道鄂
	曹　禹	2015010487	光电学院	光信 1501		
	吐鲁逊江	2016010526	光电学院	光信 1602		
	张艺伟	2016010539	光电学院	光信 1602		
	罗凤平	2013010496	光电学院	光信 1501		
	张欣怡	2015010483	光电学院	光信 1501		
	崔瑞婷	2015010475	光电学院	光信 1501		
	陈星羽	2016010418	光电学院	测控 1601		
	朱思宇	2015010524	光电学院	光信 1501		
	白剑楠	2015010485	光电学院	光信 1501		
	余善霖	2015010518	光电学院	光信 1501		
	魏　源	2017010491	光电学院	光信 1701		
（中国）机器人大赛暨 FIRA 世界杯机器人大赛（第 20 届全国机器人锦标赛）	冯甜甜	20170197	自动化学院	自动化研 1701	一等奖	吴细宝、陈雯柏
	周鑫伦	2016010805	自动化学院	智能 1601		
	吕思川	2017010824	自动化学院	智能 1702		
	何牧珩	2016010816	自动化学院	智能 1601	一等奖	
	吕思川	2017010824	自动化学院	智能 1702		
	陈秉楠	2016010689	自动化学院	自控 1605	一等奖 2 项	
	刘玉伟	20170201	自动化学院	自动化研 1701		
	杨　浪	2017010724	自动化学院	电气 1702	一等奖	
	温海茹	20170260	自动化学院	自动化研 1702		
	温海茹	20170260	自动化学院	自动化研 1702	一等奖	
	冯甜甜	20170197	自动化学院	自动化研 1701		
	杨　浪	2017010724	自动化学院	电气 1702	一等奖 2 项	
	薛燕彬	20170223	自动化学院	自动化研 1702		
	王飞龙	2017010794	自动化学院	智能 1701		
第五届“大唐杯”全国大学生移动通信技术大赛全国总决赛	杨若男	2015011001	通信学院	电信 1502	全国二等奖	李红莲
	范　勇	2015010979	通信学院	电信 1501		
	常依然	2016011046	通信学院	电信 1603	全国二等奖	李红莲
	尚关平	2016011045	通信学院	电信 1603		
	王钰莹	2015010943	通信学院	通信 1504	全国三等奖	张月霞
	谭瑞静	2015010942	通信学院	通信 1504		
	郭君玉	2015010321	通信学院	通信 1501	全国三等奖	张月霞
	赵佩璇	2015010854	通信学院	通信 1501		
	康世明	2015010919	通信学院	通信 1503	全国三等奖	杨茜媛

续表

竞赛名称	学生获奖信息					指导教师
	姓名	学号	学院	班级	所获奖项	
第五届“大唐杯”全国大学生移动通信技术大赛全国总决赛	姚宇亮	2015010869	通信学院	通信 1504	全国三等奖	杨茜媛
	李子旭	2015010908	通信学院	通信 1501	全国三等奖	张月霞
	康　帅	2015012252	通信学院	通信 1501		
（中国）大学生计算机设计大赛	朱靖雯	2015012046	信管学院	信管 1501	三等奖	崔巍
	田　野	2015012073	信管学院	信管 1502		刘亚辉
	陆天赐	2015012038	信管学院	信管 1501		
全国大学生计算机博弈大赛	万引臻	2016011842	计算机学院	计科 1606	军棋二等奖	孟坤、丁濛
	孙宁彤	2016011437	计算机学院	计科 1606		
	张　玮	2015011284	计算机学院	计科 1503		
	关子岳	2016011354	计算机学院	计科 1605	不围棋三等奖	李淑琴、丁濛
	董良晨	2016012082	计算机学院	计科 1606		
	童佳明	2016010259	计算机学院	计科 1606		
	薄健博	2016011115	计算机学院	计科 1606		
	高　铭	20170313	计算机学院	计研 1702	点格棋一等奖	丁濛、李淑琴
	张亦鹏	2015020280	计算机学院	计研 1702		
	成　彬	20170297	计算机学院	计研 1702		
	刘逸芸	2016011440	计算机学院	计科 1606	爱恩斯坦棋三等奖	丁濛、孟坤
	苗　荟	2016011406	计算机学院	计科 1605		
	勾亮亮	2016011421	计算机学院	计科 1605	点格棋一等奖（季军）	李淑琴、丁濛
	苗　荟	2016011406	计算机学院	计科 1605		
	何锋丽	2016011372	计算机学院	软工 1603		
	游璐颖	2016011344	计算机学院	软工 1603		
	张志礼	2016011258	计算机学院	计类 1604	海克斯一等奖	丁濛、李淑琴
	李玉璋	2015011138	计算机学院	软工 1501		
	段金龙	2016011256	计算机学院	计科 1603		
	勾亮亮	2016011421	计算机学院	计科 1605		
	付　尧	2015011297	计算机学院	计科 1504	亚马逊棋一等奖（冠军）	李淑琴、丁濛
	戚译中	2016011195	计算机学院	软工 1602		
	薄健博	2016011115	计算机学院	计科 1606		
	祁亚楠	2015011224	计算机学院	计科 1503		
	戚译中	2016011195	计算机学院	软工 1602	苏拉卡尔塔棋三等奖	李淑琴
	薄健博	2016011115	计算机学院	计科 1606		
	付　尧	2015011297	计算机学院	计科 1504		
	祁亚楠	2016011195	计算机学院	计科 1503		
	薄健博	2016011115	计算机学院	计科 1606	亚马逊棋一等奖	丁濛、李淑琴

续表

竞赛名称	学生获奖信息					指导教师
	姓名	学号	学院	班级	所获奖项	
全国大学生计算机博弈大赛	戚译中	2016011195	计算机学院	软工 1602	亚马逊棋一等奖	丁濛、李淑琴
	付　尧	2015011297	计算机学院	计科 1504		
	祁亚楠	2015011224	计算机学院	计科 1503		
第九届蓝桥杯全国软件和信息技术专业人才大赛	周建亭	2015011385	计算机学院	计科 1505	全国 B 组二等奖	牟永敏
	王仁泉	2017011468	计算机学院	计类 1710	全国 B 组三等奖	
	孟新凯	2016011291	计算机学院	计科 1603	全国 B 组三等奖	
	雷帅洪	2015011366	计算机学院	软工 1503	全国 B 组决赛优秀奖	
	王世琦	2015011157	计算机学院	软工 1501	全国 B 组决赛优秀奖	
第四届全国大学生金融精英挑战赛	赵普思	2015012506	外国语学院	英语 1501	全国二等奖	马众
	魏　凌	2016011979	经济管理学院	经济 1604		
	张苗珍	2016011987	经济管理学院	经济 1604		
	王良娣	2018011923	经济管理学院	人力 1801	全国二等奖	马众
	王若兮	2018011924	经济管理学院	人力 1801		
	仝润田	2018011921	经济管理学院	人力 1801		
	文小梅	2016012003	经济管理学院	财务 1604	全国二等奖	马众
	彭涵宇	2017011669	经济管理学院	财务 1702		
	徐子涵	2016011646	经济管理学院	财务 1601		
	杨　浏		经济管理学院		全国三等奖	马众
	韦宛彤		经济管理学院			
	王漪彤		经济管理学院			
	李蒋铭		经济管理学院		全国三等奖	马众
	李一丹		经济管理学院			
	黄雪渝		经济管理学院			
	尹　路		经济管理学院		全国三等奖	马众
	王　涛		经济管理学院			
	张天玮		经济管理学院			
信息技术应用水平大赛	张家豪	2016011675	经济管理学院	财务 1602	全国二等奖	马众
	徐子涵	2016011646	经济管理学院	财务 1601		
	乐靖宜	2016011886	经济管理学院	财务 1604		
	徐子涵	2016011861	经济管理学院	会计 1605		
全国大学生英语竞赛	于海彤	2015011581	经济管理学院		一等奖	郑美玲
	王星权	2017012439	公共管理与传媒学院		一等奖	宋颖
	刘　帅	2014011170	计算机学院		一等奖	张敏
	温竹芸	2015011953	经济管理学院		二等奖	陈玲

续表

竞赛名称	学生获奖信息					指导教师
	姓名	学号	学院	班级	所获奖项	
全国大学生英语竞赛	康春媛	2016012210	信息管理学院		二等奖	陈玲
	刘慧丽	2016012211	信息管理学院		二等奖	孙力华
	殷铎昆	2016010411	仪器科学与光电工程学院		二等奖	孙力华
	夏玉聪	2015010353	机电工程学院		二等奖	李蓓
	杨培坤	2016012062	信息管理学院		二等奖	李蓓
	张晓妘	2015011161	计算机学院		二等奖	王霞
	宁子睿	2017011562	经济管理学院		二等奖	王霞
	乔首衔	2016010045	机电工程学院		二等奖	王颖
	乐静宜	2016011886	经济管理学院		二等奖	王颖
	赵一青	2017011586	经济管理学院		二等奖	宋芳
	刘楷文	2016012187	信息管理学院		二等奖	宋芳
	王　可	2016011375	计算机学院		二等奖	仇峰
	司文璟	2016010486	仪器科学与光电工程学院		二等奖	仇峰
	温世彬	2016011961	经济管理学院		二等奖	仇峰
	汤贝贝	2014010179	机电工程学院		三等奖	陈玲
	斯琴其木格	2017011283	计算机学院		三等奖	陈玲
	梅　唱	2017010982	信息与通信工程学院		三等奖	陈玲
	王一波	2017011062	信息与通信工程学院		三等奖	陈玲
	张怡琳	2016011661	经济管理学院		三等奖	孙力华
	李舒琪	2017011445	计算机学院		三等奖	孙力华
	李　易	2017011910	经济管理学院		三等奖	孙力华
	王博瀚	2017011233	计算机学院		三等奖	孙力华
	徐兆楠	2017011277	计算机学院		三等奖	李蓓
	王　晨	2017011284	计算机学院		三等奖	李蓓
	刘沛灵	2017011348	计算机学院		三等奖	李蓓
	刘雅曼	2016011976	经济管理学院		三等奖	李蓓
	张　哲	2015011163	计算机学院		三等奖	王霞
	浦一旻	2016011036	信息与通信工程学院		三等奖	王霞
	杨　洁	2017011353	计算机学院		三等奖	王霞
	陶宇阳	2017011402	计算机学院		三等奖	王霞
	杨亦足	2017011036	计算机学院		三等奖	王颖
	杨轩玮	2015012189	信息管理学院		三等奖	王颖
	乌云嘎	2016011044	信息与通信工程学院		三等奖	王颖
	贺怡然	2016012122	信息与通信工程学院		三等奖	王颖
	孙明丽	2016010244	机电工程学院		三等奖	宋芳

续表

竞赛名称	学生获奖信息					指导教师
	姓名	学号	学院	班级	所获奖项	
全国大学生英语竞赛	朱洪祥	2016012319	信息管理学院		三等奖	宋芳
	程鑫慧	2016011971	经济管理学院		三等奖	宋芳
	唐　俊	2017011866	经济管理学院		三等奖	宋芳
	关紫迎	2017011933	经济管理学院		三等奖	仇峰
	赵怡然	2017012043	经济管理学院		三等奖	仇峰
（全国）大学生电子设计竞赛——嵌入式系统专题赛	徐云岫	2016011083	通信学院	电信 1604	二等奖	苏进
	李星汉	2015011076	通信学院	电信 1504		
	罗　珊	2016011073	通信学院	电信 1604		

省部级竞赛获奖名单						
竞赛名称	学生获奖信息					指导教师
	姓名	学号	学院	班级	所获奖项	
第九届北京市大学生机械创新设计大赛	张浩岳	2017070006	机电学院	机械 1503	二等奖	王倪珂、黄小龙
	石晓翔	2017070009	机电学院	机械 1504		
	张国武	2015010031	机电学院	机械 1501	二等奖	高宏
	苏嘉阔	2015010025	机电学院	机械 1501		
	杨　俊	2015010028	机电学院	机械 1501		
	赖汉荣	2015010017	机电学院	机械 1501		
	刘佳伟	2016010055	机电学院	机械 1602	二等奖	杨莉、高宏
	计　晴	2016010038	机电学院	机械 1602		
	李天宇	2016010053	光电学院	机械 1602		
	何亚飞	2016010040	光电学院	机械 1602		
	苏　昊	2016010283	光电学院	工设 1602		
	何宇凡	2015010177	机电学院	车辆 1501	二等奖	高宏
	李沛达	2015010361	机电学院	能源 1501		
	岳安琪	2014010181	机电学院	车辆 1401		
	毕光磊	2015010174	机电学院	车辆 1501		
	赵炜宁	2014010235	机电学院	车辆 1501		
（全国）三维数字化创新设计大赛（北京赛区）	李卓昆	2016010295	机电学院	工设 1602	特等奖	齐兵
	蔡嘉辉	2016010293	机电学院	工设 1602		
	李崇福	2016010288	机电学院	工设 1602		
	陈　博	2016010264	机电学院	工设 1601	特等奖	李洪海、高海涛
	叶　桐	2016010271	机电学院	工设 1601		
	贾鑫一	2015010477	机电学院	工设 1601	特等奖	李洪海
	苑译丹	2016011916	机电学院	工设 1601		

续表

<table>
<tr><th rowspan="2">竞赛名称</th><th colspan="5">学生获奖信息</th><th rowspan="2">指导教师</th></tr>
<tr><th>姓名</th><th>学号</th><th>学院</th><th>班级</th><th>所获奖项</th></tr>
<tr><td rowspan="29">（全国）三维数字化创新设计大赛（北京赛区）</td><td>宋雅昕</td><td>2015010236</td><td>机电学院</td><td>工设 1501</td><td rowspan="3">一等奖</td><td rowspan="3">高海涛</td></tr>
<tr><td>阮玉璇</td><td>2015010235</td><td>机电学院</td><td>工设 1501</td></tr>
<tr><td>田　浩</td><td>2015010238</td><td>机电学院</td><td>工设 1501</td></tr>
<tr><td>余依然</td><td>2016010253</td><td>机电学院</td><td>工设 1601</td><td rowspan="2">一等奖</td><td rowspan="2">李洪海</td></tr>
<tr><td>张　易</td><td>2016010254</td><td>机电学院</td><td>工设 1601</td></tr>
<tr><td>张天怿</td><td>2015010257</td><td>机电学院</td><td>工设 1501</td><td rowspan="3">一等奖</td><td rowspan="3">高海涛</td></tr>
<tr><td>高睿丰</td><td>2015010243</td><td>机电学院</td><td>工设 1501</td></tr>
<tr><td>黄悦舟</td><td>2015010245</td><td>机电学院</td><td>工设 1501</td></tr>
<tr><td>丁安博</td><td>2016010265</td><td>机电学院</td><td>工设 1601</td><td rowspan="3">二等奖</td><td rowspan="3">齐兵</td></tr>
<tr><td>陈　博</td><td>2016010264</td><td>机电学院</td><td>工设 1601</td></tr>
<tr><td>叶　桐</td><td>2016010271</td><td>机电学院</td><td>工设 1601</td></tr>
<tr><td>张昕阳</td><td>2016010299</td><td>机电学院</td><td>工设 1602</td><td rowspan="3">二等奖</td><td rowspan="3">李洪海</td></tr>
<tr><td>周欣宇</td><td>2016010300</td><td>机电学院</td><td>工设 1602</td></tr>
<tr><td>杨　硕</td><td>2016010297</td><td>机电学院</td><td>工设 1602</td></tr>
<tr><td>牛小丽</td><td>2016010248</td><td>机电学院</td><td>工设 1601</td><td rowspan="2">二等奖</td><td rowspan="2">李洪海</td></tr>
<tr><td>祝英涵</td><td>2016010256</td><td>机电学院</td><td>工设 1601</td></tr>
<tr><td>丁安博</td><td>2016010265</td><td>机电学院</td><td>工设 1601</td><td rowspan="2">二等奖</td><td rowspan="2">齐兵</td></tr>
<tr><td>高嘉仁</td><td>2016010266</td><td>机电学院</td><td>工设 1601</td></tr>
<tr><td>王　珍</td><td>2016010243</td><td>机电学院</td><td>工设 1601</td><td rowspan="2">二等奖</td><td rowspan="2">李洪海</td></tr>
<tr><td>郭子杰</td><td>2016010250</td><td>机电学院</td><td>工设 1601</td></tr>
<tr><td>李卓昆</td><td>2016010295</td><td>机电学院</td><td>工设 1602</td><td rowspan="4">二等奖</td><td rowspan="4">李洪海</td></tr>
<tr><td>尧　晶</td><td>2016010289</td><td>机电学院</td><td>工设 1602</td></tr>
<tr><td>蔡嘉辉</td><td>2016010293</td><td>机电学院</td><td>工设 1602</td></tr>
<tr><td>朱昕园</td><td>2016010286</td><td>机电学院</td><td>工设 1602</td></tr>
<tr><td>王　珍</td><td>2016010243</td><td>机电学院</td><td>工设 1601</td><td rowspan="3">三等奖</td><td rowspan="3">齐兵</td></tr>
<tr><td>郑　娴</td><td>2016010242</td><td>机电学院</td><td>工设 1601</td></tr>
<tr><td>石彦綦</td><td>2016010251</td><td>机电学院</td><td>工设 1601</td></tr>
<tr><td>郑　娴</td><td>2016010242</td><td>机电学院</td><td>工设 1601</td><td rowspan="2">三等奖</td><td rowspan="2">李洪海</td></tr>
<tr><td>李天宇</td><td>2016010268</td><td>机电学院</td><td>工设 1601</td></tr>
<tr><td rowspan="6">2018 年华北五省大学生机器人大赛</td><td>张艳国</td><td></td><td></td><td></td><td rowspan="3">一等奖</td><td rowspan="3">李擎、赵旭</td></tr>
<tr><td>汪天生</td><td></td><td></td><td></td></tr>
<tr><td>刘恒志</td><td></td><td></td><td></td></tr>
<tr><td>杨华宇</td><td>2016010307</td><td>机电学院</td><td></td><td rowspan="3">一等奖</td><td rowspan="3">王倪珂</td></tr>
<tr><td>王子聪</td><td>2016012676</td><td>计算机学院</td><td></td></tr>
<tr><td>欧安诚</td><td>2016010061</td><td>机电学院</td><td></td></tr>
</table>

续表

竞赛名称	学生获奖信息					指导教师
	姓名	学号	学院	班级	所获奖项	
2018 年华北五省大学生机器人大赛	陈至超				一等奖	王倪珂
	刘　畅				一等奖	陈雯柏
	王佳元	2017010795	自动化学院			
	熊小军	2015011210	计算机学院		一等奖	王超
	曹鑫鑫	2017011247	计算机学院			
	石一鸣	2016011444	计算机学院			
	赵　咪	2016011043	通信学院		一等奖	王亚飞
	王　硕	2016010510	光电学院			
	贺飞凡	2016011047	通信学院			
	朱　林	2016010901	通信学院			
	何牧珩	2016010816	自动化学院		一等奖	吴细宝、陈雯柏
	张　琦	2017010839	自动化学院			
	周志杰					
	曾庆丽	2016010065	自动化学院		一等奖	周亚丽、张奇志
	刘佳宜	2016010832	自动化学院			
	王　珊					
	夏伟杰					
	王子润	2016010424	光电学院		二等奖	燕必希
	贾欣雨	2016010393	光电学院			
	何牧珩	2016010816	自动化学院		二等奖	陈雯柏
	陈瑜琅					
	吴　昊				二等奖	吴细宝
	孟旭一					
	段　震				二等奖	吴细宝
	吕思川	2017010824	自动化学院			
	徐方颖	2017011319	计算机学院		二等奖	王超
	唐宇轩	2017010879	通信学院			
	徐悦凡	2016011318	计算机学院			
	相　宁	2017011276	计算机学院			
	杨学斌	2016011418	计算机学院		二等奖	王超
	王晓东	2017010911	计算机学院			
	孙雪威	2016011290	计算机学院			
	王俊儒	2017012674	计算机学院		二等奖	王超
	王晓东	2017010911	计算机学院			
	刘帅康	2017011426	计算机学院			

续表

竞赛名称	学生获奖信息					指导教师
	姓名	学号	学院	班级	所获奖项	
2018年华北五省大学生机器人大赛	池晓峰				二等奖	王超
	马长银	2017011398	计算机学院		二等奖	王超
	冯　萌	2017011148	计算机学院			
	斯琴其木格	2017011283	计算机学院			
	李小虎	2017011262	计算机学院			
第13届全国大学生“恩智浦”杯智能汽车竞赛华北赛区	路　悦	2016010654	自动化学院	自控1604	三等奖	侯明、柏森
	贺　超	2016010685		自控1605		
	王　路	2016010591		自控1602		
全国大学生沙盘模拟经营大赛	周登勇	2015011536	经管学院	会计1502	一等奖	刘青 邓宁
	郭柼姗	2015011512	经管学院	会计1502		
	黄佳莹	2015011513	经管学院	会计1502		
	姜晓琰	2015011514	经管学院	会计1502		
	宛赫然	2015010195	经管学院	会计1505		
（北京市）大学生数学建摸与计算机应用竞赛	徐文杰	2016010631	自动化学院	自控1603	一等奖	刘亚轻
	庞仁杰	2016010607	自动化学院	自控1602		
	罗荣华	2016010609	自动化学院	自控1602		
	尤泽森	2016012678	理学院	电技1601	二等奖	王爱文
	郑浩斌	2016012662	理学院	电技1601		
	李文博	2016012654	理学院	电技1601		
	匡柯澜	2016010629	自动化学院	自控1603	二等奖	吴娟娟
	黄明亮	2016010653	自动化学院	自控1604		
	曾庆丽	2016010065	自动化学院	自控1605		
第九届蓝桥杯全国软件和信息技术专业人才大赛（省赛）	杜　嘉	2016011448	计算机学院	计科1606	省赛A组三等奖	牟永敏
	司马晨	2017011400	计算机学院	计科1708	省赛A组三等奖	
	杨荣威	2015011375	计算机学院	软工1503	省赛A组三等奖	
	徐金杰	2015011373	计算机学院	网工1503	省赛A组三等奖	
	陶宇阳	2017011402	计算机学院	计科1708	省赛A组三等奖	
	耿　瑞	2016010311	计算机学院	计科1606	省赛A组三等奖	
	周建亭	2015011385	计算机学院	计科1505	省赛B组一等奖	
	王仁泉	2017011468	计算机学院	计科1710	省赛B组一等奖	
	王世琦	2015011157	计算机学院	软工1501	省赛B组一等奖	
	徐文栋	2014011234	计算机学院	计科1404	省赛B组一等奖	
	雷帅洪	2015011366	计算机学院	软工1503	省赛B组一等奖	
	孟新凯	2016011291	计算机学院	计科1603	省赛B组一等奖	
	马长银	2017011398	计算机学院	计科1708	省赛B组二等奖	

续表

竞赛名称	学生获奖信息					指导教师
	姓名	学号	学院	班级	所获奖项	
第九届蓝桥杯全国软件和信息技术专业人才大赛（省赛）	朱宇婷	2015011328	计算机学院	软工 1502	省赛 B 组二等奖	
	张芳梓	2015011379	计算机学院	软工 1503	省赛 B 组二等奖	
	胥文耀	2015011248	计算机学院	软工 1502	省赛 B 组二等奖	
	金海佳	2014011271	计算机学院	计科 1406	省赛 B 组二等奖	
	任　崧	2016011383	计算机学院	计科 1604	省赛 B 组二等奖	
	张　哲	2015011163	计算机学院	计科 1502	省赛 B 组二等奖	
	方　杰	2015011330	计算机学院	计科 1504	省赛 B 组二等奖	
	裴　骕	2015011203	计算机学院	软工 1501	省赛 B 组三等奖	
	吴礼尉	2017011471	计算机学院	计类 1710	省赛 B 组三等奖	
	杨震栋	2017011436	计算机学院	计类 1709	省赛 B 组三等奖	
	张丹颖	2017011760	计算机学院	大数据 1701	省赛 B 组三等奖	
	刘斌斌	2015010247	计算机学院	软工 1503	省赛 B 组二等奖	
	李大伟	2015011367	计算机学院	软工 1503	省赛 B 组二等奖	
	陈祥霖	2014011128	计算机学院	网工 1403	省赛 B 组二等奖	
	卢　玥	2015011156	计算机学院	软工 1501	省赛 B 组三等奖	
	徐　洋	2015011158	计算机学院	软工 1501	省赛 B 组三等奖	
第五届“大唐杯”全国大学生移动通信技术大赛（北京赛区）	冯　帆	2015010946	通信学院	通信 1504	北京赛区一等奖	张月霞
	周天依	2015010944	通信学院	通信 1504		
	张振东	2015010938	通信学院	通信 1503	北京赛区一等奖	杨茜媛
	刘东昊	2015010933	通信学院	通信 1503		
	杨若南	2015011001	通信学院	电信 1502	北京赛区一等奖	李红莲
	范　勇	2015010979	通信学院	电信 1501		
	洪鑫磊	2015010932	通信学院	通信 1503	北京赛区一等奖	杨茜媛
	张　鹏	2015010936	通信学院	通信 1503		
	张　铭	2015011004	通信学院	电信 1502	北京赛区一等奖	李红莲
	叶倩崃	2015011002	通信学院	电信 1502		
	张洛境	2015011380	计算机学院	计科 1505	北京赛区一等奖	张月霞
	王晴川	2015011360	计算机学院	计科 1505		
	徐天帅	2016010887	通信学院	通信 1601	北京赛区二等奖	张月霞
	刘佳镕	2016010907	通信学院	通信 1602		
	郭君玉	2015010321	通信学院	通信 1501	北京赛区二等奖	张月霞
	赵佩璇	2015010854	通信学院	通信 1501		
	康世明	2015010919	通信学院	通信 1503	北京赛区二等奖	杨茜媛
	姚宇亮	2015010869	通信学院	通信 1504		
	赵俊甫	2015010963	通信学院	通信 1504	北京赛区二等奖	张月霞

续表

竞赛名称	学生获奖信息					指导教师
	姓名	学号	学院	班级	所获奖项	
第五届“大唐杯”全国大学生移动通信技术大赛（北京赛区）	王子昂	2015010955	通信学院	通信 1504	北京赛区二等奖	张月霞
	李子旭	2015012252	通信学院	通信 1501	北京赛区二等奖	张月霞
	康　帅	2015010305	通信学院	通信 1501		
	李彦喆	2015010894	通信学院	通信 1501	北京赛区二等奖	张月霞
	黄　昕	2015010890	通信学院	通信 1501		
	任紫嫣	2015010941	通信学院	通信 1504	北京赛区二等奖	杨茜媛
	王雨舟	2015010934	通信学院	通信 1503		
	王钰莹	2015010943	通信学院	通信 1504	北京赛区二等奖	张月霞
	谭瑞静	2015010942	通信学院	通信 1504		
	贾慧川	2015010907	通信学院	通信 1501	北京赛区二等奖	张月霞
	纪永梅	2015010906	通信学院	通信 1501		
	殷　凡	2015011105	通信学院	物联 1501	北京赛区二等奖	吴韶波
	徐佳伟	2015011053	通信学院	电信 1503		
	陈圣威	2015010915	通信学院	通信 1503	北京赛区二等奖	张月霞
	张　翔	2015010900	通信学院	通信 1502		
	林嘉晟	2016010951	通信学院	通信 1603	北京赛区二等奖	杨茜媛
	曹心悦	2016010928	通信学院	通信 1603		
	张千一	2015011055	通信学院	电信 1503	北京赛区二等奖	李红莲
	徐晓庆	2015011063	通信学院	电信 1504		
	常依然	2016011046	通信学院	电信 1603	北京赛区二等奖	李红莲
	尚关平	2016011045	通信学院	电信 1603		
	郭玮琦	2016011085	通信学院	电信 1604	北京赛区三等奖	李红莲
	乌云嘎	2016011044	通信学院	电信 1603		
	马塔娜	2015010350	通信学院	通信 1501	北京赛区三等奖	张月霞
	靳　泽	2015010073	通信学院	通信 1501		
	张欢欢	2016011074	通信学院	电信 1604	北京赛区三等奖	李红莲
	罗　珊	2016011073	通信学院	电信 1604		
	褚嘉雯	2015010904	通信学院	通信 1501	北京赛区三等奖	张月霞
	李　莲	2015010908	通信学院	通信 1501		
	贺拉金措	2016010895	通信学院	通信 1602	北京赛区三等奖	张月霞
	常明月	2016010898	通信学院	通信 1602		
	朱　林	2016010901	通信学院	通信 1602	北京赛区三等奖	张月霞
	杨庆安	2016010905	通信学院	通信 1602		
	卢依玲	2015010968	通信学院	电信 1501	北京赛区三等奖	李红莲
	黄　仕	2016011088	通信学院	电信 1604		

续表

竞赛名称	学生获奖信息					指导教师
	姓名	学号	学院	班级	所获奖项	
第五届“大唐杯”全国大学生移动通信技术大赛（北京赛区）	张梓垣	2016011080	通信学院	电信 1604	北京赛区三等奖	李红莲
	朱兴坤	2016011081	通信学院	电信 1604		
	韋　涵	2015010047	通信学院	通信 1501	北京赛区三等奖	张月霞
	袁诗洋	2015010870	通信学院	通信 1503		
	王宇飞	2016011027	通信学院	电信 1602	北京赛区三等奖	吴韶波
	谢　鑫	2016011114	通信学院	物联 1601		
	宋云龙	2015010923	通信学院	通信 1501	北京赛区三等奖	张月霞
	张　迪	2015010926	通信学院	通信 1501		
	刘嘉树	2016011925	通信学院	通信 1601	北京赛区三等奖	张月霞
	贺怡然	2016012122	通信学院	通信 1601		
	谷乘典	2016010881	通信学院	通信 1601	北京赛区三等奖	张月霞
	卢　熙	2016010884	通信学院	通信 1601		
	茆丽玥	2015010910	通信学院	通信 1501	北京赛区三等奖	张月霞
	李　卓	2015010909	通信学院	通信 1501		
	李文超	2015010865	通信学院	通信 1503	北京赛区三等奖	杨茜媛
	苏　悦	2015010927	通信学院	通信 1503		
	曹雨燕	2016010872	通信学院	通信 1601	北京赛区三等奖	张月霞
	郑陆一	2016010871	通信学院	通信 1601		
	黄标锦	2015010889	通信学院	通信 1502	北京赛区三等奖	张月霞
	范佳欣	2015010875	通信学院	通信 1502		
	王佳奇	2015010951	通信学院	通信 1504	北京赛区三等奖	杨茜媛
	于　滨	2015010935	通信学院	通信 1503		
（全国）大学生嵌入式物联网设计大赛综合赛区	薄健博	2016011115	计算机学院	计科 1606	本科组 特等奖	吴韶波
	郑鸣杰	2016011123	通信学院	物联 1601		
	张安迪	2016011109	通信学院	物联 1601		
	宋卓伦	2016011111	通信学院	物联 1601		
	谢　鑫	2016011114	通信学院	物联 1601		
	鲁　岚	2016011110	通信学院	物联 1601	本科组 一等奖	吴韶波 王占刚
	高玉超	2016011124	通信学院	物联 1601		
	李林翰	2016011113	通信学院	物联 1601		
	张柯凡	2016011121	通信学院	物联 1601		
	吕浩炎	2016011118	通信学院	物联 1601		
	徐昊骥	2016011120	通信学院	物联 1601	本科组 一等奖	吴韶波
华北五省（市、自治区）及港澳台（北京市）大学生计算机应用大赛	曹心悦	2016010928	通信学院	通信 1603	三等奖	王亚飞
	徐云岫	2016011083	通信学院	电信 1604		

续表

竞赛名称	学生获奖信息					指导教师
	姓名	学号	学院	班级	所获奖项	
华北五省（市、自治区）及港澳台（北京市）大学生计算机应用大赛	李泽宇	2016010929	通信学院	通信 1603	三等奖	王亚飞
	李　卓	2015010909	通信学院	通信 1501	三等奖	张涛
	纪永梅	2015010906	通信学院	通信 1501		
	曹　姗	2015010903	通信学院	通信 1501		
	贾慧川	2015010907	通信学院	通信 1501		
	吴　萌	2015010912	通信学院	通信 1501		
	张炯峰	2017012289	信息管理学院	信安 1702	二等奖	无
	周玮琪	2017012273	信息管理学院	信安 1702		无
北京市大学生英语演讲比赛	宁子睿	2017011562	经济管理学院	会计 1702	三等奖	赵玉华
	胡雪歆	2017012547	外国语学院	英语 1701	优秀奖	杨晓华
	王馨锐	2016012568	外国语学院	英语 1603	优秀奖	方元
	王瑛琢	2017011945	经济管理学院	国贸 1702	优秀奖	李寒冰
	李雯昕	2017012422	公管学院	行政 1701	优秀奖	张群星
“外研社杯”全国（华北赛区）英语辩论大赛	张昕怡	20116012509	外国语学院	英语 1601	三等奖	丁剑仪
	张锦琳	2016011738	经济管理学院	会计 1605		
“外研社杯”全国（北京市）英语演讲大赛	刘康宁	2015012535	外国语学院	英语 1502	三等奖	方元
中国大学生计算机设计大赛北京市级“朔日杯”赛	朱靖雯	2015012046	信管学院	信管 1501	二等奖	崔巍
	田　野	2015012073	信管学院	信管 1502		刘亚辉
	陆天赐	2015012038	信管学院	信管 1501		
北京市大学生电子设计竞赛	石丛玮	2016010780	自动化学院	自控 1604	二等奖	王扬、魏英
	李博瑞	2016010818	自动化学院	智能 1601		
	邓　云	2015010242	机电学院	工设 1501	三等奖	王扬、魏英
	陈　瑶	2016010561	自动化学院	自控 1601		
	王　维	2016010586	自动化学院	自控 1601	三等奖	王扬、李越
	朱学文	2016010572	自动化学院	自控 1601		
	陈治金	2016010811	自动化学院	智能 1601	三等奖	王扬、魏英
	郭　晗	2016010575	自动化学院	自控 1601		
	匡柯澜	2016010629	自动化学院	自控 1603	三等奖	王扬、魏英
	殷　兰	2015010581	自动化学院	自控 1502		
	于元祯	2016010681	自动化学院		三等奖	杨飞
	刘玉航	2016010694	自动化学院			
	李伟鹏	2015011075	通信学院		三等奖	苏进
	张千一	2015011055	通信学院			
第四届中国“互联网+”大学生创新创业大赛（北京赛区）	相福龙	2017011900	机电学院		二等奖	张志强
	孟　浩	2017011170	机电学院			

续表

竞赛名称	学生获奖信息					指导教师
	姓名	学号	学院	班级	所获奖项	
第四届中国“互联网 +”大学生创新创业大赛（北京赛区）	杨　婷	2017010304	机电学院		二等奖	张志强
	刘雨轩	2017010287	机电学院			
	陈宇星	2017010226	机电学院			
	肖寅鑫	2016010287	机电学院			
	石晓翔	2017070009	机电学院		二等奖	王倪珂、张志
	张皓岳	2017070006	机电学院			
	刘　凡					
	丁　微	2016012038	经管学院			
	梁文娟	2016011549	经管学院			
	熊　娜	2016012371	经管学院		二等奖	张志强
	张文萍	2015012104	信管学院			
	邹　倩	2017010253	机电学院			
	张思璐	2017012682	理学院			
	张鹏宇	2017010306	机电学院			
	张荣超	2014012145	信管学院			
	邹　倩	2017010253	机电学院		二等奖	张志强
	汤先威	2017010077	机电学院			
	叶　桐	2016010271	机电学院			
	张荣超	2014012145	信管学院			
	胡致远					
	陈　文	2015010298	机电学院			
	石璐颖					
	刘　帅	2017012183	信管学院			
	任自强	2017012108	信管学院		二等奖	张建、周颖
	刘寅昊	2017012106	信管学院			
	邹　倩	2017010253	机电学院			
	孙琛轲	2017012111	信管学院			
	邵羿锦	2017012110	信管学院			
	张　勇	2017012113	信管学院			
	邓　超	2017010781	自动化学院			
	潘国俊	2017010790	自动化学院			
	刘小雯	2017012121	信管学院			
	闫　涵	研究生	信管学院		三等奖	唐海燕
	殷　捷					
	朱万祥	研究生	信管学院			

续表

竞赛名称	学生获奖信息					指导教师
	姓名	学号	学院	班级	所获奖项	
第四届中国“互联网+”大学生创新创业大赛（北京赛区）	李 昊				三等奖	唐海燕
	安楚蓉					
	孟 楠				三等奖	徐晓敏
	李向韬					
	刘 倩					
	施滢萍					
	于春雨	毕业生	自动化学院		三等奖	熊鸣
	靳 宸					
	冯春生					
	刘凤鸣					
	宋晓宇	研究生	自动化学院		三等奖	
	张恒之	研究生				
	张四喆	研究生				
	李孟楠	研究生				
	李 强	研究生				
	杜 鸽	毕业生	机电工程学院		三等奖	
	陈超轶					
	代 清					
	严宇奇	毕业生	理学院		三等奖	
	欧仁凯	毕业生	理学院			
	王红飞	毕业生	理学院			
	李孟楠	研究生	自动化学院		三等奖	
	宋晓宇	毕业生	自动化学院			
	张四喆	毕业生	自动化学院			
	李 强	毕业生	自动化学院			
	张四喆	研究生	自动化学院		三等奖	
	张恒之	研究生	自动化学院			
	张天洋					
	李向博					
	吴正步伟	毕业生			三等奖	
	赵 越					
	柳可新					
2018 年“创青春”首都大学生创业大赛	贺梦嘉	170227	自动化学院		银奖	吴迎年
	杨 睿	2016010655	自动化学院			
	周 辉	2016010688	自动化学院			

续表

竞赛名称	学生获奖信息					指导教师
	姓名	学号	学院	班级	所获奖项	
2018 年“创青春”首都大学生创业大赛	张　迪	170370	经管学院		银奖	吴迎年
	蒲　振	2015020233	自动化			
	熊　娜	2016012371	经济管理学院		银奖	张志强
	张荣超	2014012145	信息管理学院			
	张文萍	2015012104	信息管理学院			
	邹　倩	2017010253	机电工程学院			
	张鹏宇	2017012682	理学院			
	张思璐	2017010306	机电工程学院			
	张荣超	2014012145	信息管理学院		银奖	张志强
	潘国俊	2017010790	自动化学院			
	张思璐	2017010306	机电工程学院			
	李　煊	2012010183	机电工程学院			
	王鉴威	2017012734	理学院			
	任自强	2017012108	信息管理学院			
	刘博文	2016012288	信息管理学院			
	陈海平	2016010111	机电工程学院			
	宋正阳	2015010841	自动化学院		铜奖	邓张升
	刘鑫垚	2016010469	光电学院			
	杨丹丹	2015010814	自动化学院			
	刘开元	2014012343	信息管理学院		铜奖	谭祖卫
	余善霖	2015010518	光电学院			
	陈　洋	2017010095	机电学院			
	杨　倩	175130101049	经济管理学院			
（全国、北京市）大学生数学竞赛	梁宇航				一等奖	
	宋云龙				一等奖	
	吴　昊				一等奖	
	谢子涵				一等奖	
	梁宇航				一等奖	
	辛海源				一等奖	
	王文月				一等奖	
	高　晨				一等奖	
	于灵凡				一等奖	
	吴思汛				一等奖	
	吴　昊				二等奖	
	辛海源				二等奖	

续表

竞赛名称	学生获奖信息					指导教师
	姓名	学号	学院	班级	所获奖项	
（全国、北京市）大学生数学竞赛	谢子涵				二等奖	
	王文月				二等奖	
	高　晨				二等奖	
	匡柯澜				二等奖	
	毕月铭				二等奖	
	杨　浪				二等奖	
	胡继明				二等奖	
	王宇飞				二等奖	
	李　政				二等奖	
	熊小军				二等奖	
	沈荣耀				二等奖	
	鄂雪飞				二等奖	
	马　鑫				二等奖	
	马少博				二等奖	
	朱洪祥				二等奖	
	康　帅				二等奖	
	张镐宇				二等奖	
	雷佳明				二等奖	
	周贺琪				二等奖	
	温世彬				二等奖	
	吴思汛				三等奖	
	于灵凡				三等奖	
	马　鑫				三等奖	
	马少博				三等奖	
	朱洪祥				三等奖	
	匡柯澜				三等奖	
	毕月铭				三等奖	
	康　帅				三等奖	
	张镐宇				三等奖	
	雷佳明				三等奖	
	周贺琪				三等奖	
	杨　浪				三等奖	
	胡继明				三等奖	
	温世彬				三等奖	
	信德全				三等奖	

续表

竞赛名称	学生获奖信息					指导教师
	姓名	学号	学院	班级	所获奖项	
（全国、北京市）大学生数学竞赛	曹满鑫				三等奖	
	徐昊骥				三等奖	
	安超杰				三等奖	
	孟宇轩				三等奖	
	薛广阔				三等奖	
	陈少涵				三等奖	
	程陆军				三等奖	
	牛文钰				三等奖	
	付　航				三等奖	
	刘　缘				三等奖	
	包燕伟				三等奖	
	郑浩斌				三等奖	
	张斯禹				三等奖	
	和易威				三等奖	
	李　贤				三等奖	
	陈　洋				三等奖	
	胡光明				三等奖	
	谌立凤				三等奖	
	汪国安				三等奖	
	吕永贤				三等奖	
	陈晓峰				三等奖	
	任必聪				三等奖	
	杨　婷				三等奖	
	刘　恒				三等奖	
	张　哲				三等奖	
	周玉婷				三等奖	
	姚　遥				三等奖	
	郭信一				三等奖	
	王琼赟				三等奖	
	王萍萍				三等奖	
	邓丹丹				三等奖	
	吴凯鑫				三等奖	
	任慧荣				三等奖	
	赵智慧				三等奖	
全国部分地区大学生物理竞赛	张　龙	2017010296	机电学院	工业 1701	一等奖	王彩霞

续表

竞赛名称	学生获奖信息					指导教师
	姓名	学号	学院	班级	所获奖项	
全国部分地区大学生物理竞赛	王晓东	2017010911	计算机学院	大数据 1701	一等奖	马余全
	王宇飞	2017010718	自动化学院	电气 1702	一等奖	宋珍
	侯　瑞	2017012312	计算机学院	大数据 1701	二等奖	马余全
	陈培锡	2017010563	自动化学院	自控 1701	二等奖	黄小丽
	孔春秀	2017010392	光电学院	测控 1701	二等奖	肖玮
	兰兆辉	2017010374	机电学院	能源 1702	二等奖	夏丽莉
	石偲江	2017012647	理学院	信计 1701	二等奖	刘凤敏
	贾亮亮	2017010872	通信学院	通信 1701	二等奖	解炳昊
	梅　唱	2017010982	通信学院	电信 1701	二等奖	陈颖聪
	刘帅康	2017011426	计算机学院	计类 1709	二等奖	马余全
	郭嘉程	2017012638	理学院	信计 1701	二等奖	刘凤敏
	魏丽芳	2017010591	自动化学院	自控 1702	二等奖	黄小丽
	和易威	2017012694	理学院	电技 1701	二等奖	刘凤敏
	蒋泽鑫	2017010568	自动化学院	自控 1701	二等奖	黄小丽
	陈少涵	2017010625	自动化学院	自控 1703	二等奖	黄小丽
	郭信一	2017010097	机电学院	车辆 1701	二等奖	夏丽莉
	魏广雨	2017012676	理学院	信计 1702	二等奖	刘凤敏
	包燕伟	2017010561	自动化学院	自控 1701	三等奖	黄小丽
	周玉婷	2017010400	光电学院	测控 1701	三等奖	肖玮
	刘子锐	2017010709	自动化学院	电气 1702	三等奖	宋珍
	邓超越	2017010900	通信学院	通信 1702	三等奖	解炳昊
	辛海源	2017010266	计算机学院	大数据 1701	三等奖	马余全
	戴　德	2017010867	通信学院	通信 1701	三等奖	解炳昊
	苗峻铭	2017010788	自动化学院	智能 1701	三等奖	闫宏杰
	胡继明	2017010043	计算机学院	大数据 1701	三等奖	马余全
	牛文钰	2017010017	计算机学院	大数据 1701	三等奖	马余全
	李天平	2017010599	自动化学院	自控 1702	三等奖	黄小丽
	高　晨	2017011735	计算机学院	大数据 1701	三等奖	马余全
	吴文建	2017010610	自动化学院	自控 1702	三等奖	黄小丽
	粟　静	2017012777	计算机学院	大数据 1701	三等奖	王彩霞
	罗宇豪	2017011122	通信学院	物联 1701	三等奖	解炳昊
	崔孟娇	2017012264	理学院	信安 1702	三等奖	王彩霞
	权伟杰	2017011302	计算机学院	计类 1705	三等奖	郑永红
	杨亦足	2017011036	计算机学院	大数据 1701	三等奖	马余全
	付　航	2017011193	计算机学院	大数据 1701	三等奖	马余全
全国部分地区大学生物理竞赛	李　鑫	2017010285	机电学院	机器人 1701	三等奖	夏丽莉

续表

竞赛名称	学生获奖信息					指导教师
	姓名	学号	学院	班级	所获奖项	
北京市大学生物理实验技能竞赛	徐云岫	2016011083	通信学院	电信 1604	一等奖	
	罗 珊	2016011073	通信学院	电信 1604		
	徐 咪	2016011043	通信学院	电信 1604		
	李星汉	2015011075	通信学院	电信 1504	三等奖	
	王仁泉	2017011468	计算机学院	计类 1710		
	刘岱轩	2016011022	通信学院	电信 1602	三等奖	
	林佳晟	2016010951	通信学院	通信 1601		
第十届全国大学生广告艺术大赛北京赛区	于 杭	2016012468	公管传媒学院	传播 1601	一等奖	丁宁
	刘文舒	2016012719	公管传媒学院	网媒 1602	一等奖	丁宁
	张佳敬	2016012480	公管传媒学院	网媒 1601	一等奖	扬升华
	杨云飞	2015012431	公管传媒学院	传播 1501	一等奖	
	虞舒妍	2015012432	公管传媒学院	传播 1501		
	张旭锋	2016012478	公管传媒学院	传播 1601		
	顾明轩	2016012499	公管传媒学院	网媒 1601	二等奖	扬升华
	梁岩松	2016012474	公管传媒学院	传播 1601	二等奖	李晋
	尹元杰	2016012507	公管传媒学院	网媒 1601	二等奖	向璐舜
	赵英然	2015012463	公管传媒学院	网媒 1502	二等奖	王圣华
	魏 乔	2015012459	公管传媒学院	网媒 1502		
	杨 锡	2015012461	公管传媒学院	网媒 1502		
	顾德正	2015012077	公管传媒学院	网媒 1602	三等奖	李晋
	常 笑	2015010474	公管传媒学院	网媒 1602	三等奖	李晋
	吴 凡	2016012486	公管传媒学院	网媒 1601	三等奖	李晋
	陈疆猛	2016012493	公管传媒学院	网媒 1601	三等奖	向璐舜

校级竞赛获奖名单

竞赛名称	学生获奖信息					指导教师
	姓名	学号	学院	班级	所获奖项	
2018 北京信息科技大学大学生光电设计竞赛	肖智越	20170094	光电学院	研 1701	一等奖 2 项	刘力双 刘洋 刘刚 吴韶波 解迎刚
	金德发	20170104	光电学院	研 1702		
	冯读金	20170100	光电学院	研 1701		
	秦绪志	20170077	光电学院	研 1701		
	吐鲁逊江	2016010526	光电学院	光信 1602		
	王 越	2016010527	光电学院	光信 1602		
	王 猛	2016020077	光电学院	研 1603	二等奖 2 项	

续表

竞赛名称	学生获奖信息					指导教师
	姓名	学号	学院	班级	所获奖项	
2018 北京信息科技大学大学生光电设计竞赛	仵思笛	2016010514	光电学院	光信 1601	二等奖 2 项	刘力双 刘洋 刘刚 吴韶波 解迎刚
	司文璟	2016010486	光电学院	光信 1601		
	瞿志二	2016010492	光电学院	光信 1601		
	刘冰鑫	2016010503	光电学院	光信 1601		
	张浩朋	20170085	光电学院	研 1701	三等奖 2 项	
	张艺伟	2016010539	光电学院	光信 1602		
	郭睿涵	2016010496	光电学院	光信 1601		
	李明晖	2016010501	光电学院	光信 1601		
	吕浩炎	2016011118	通信学院	物联 1601	三等奖	吴韶波
	郑鸣杰	2016011123	通信学院	物联 1601		
	谢　鑫	2016011114	通信学院	物联 1601	三等奖	解迎刚
	高　岩	2016011116	通信学院	物联 1601		
	宋卓伦	2016011111	通信学院	物联 1601		
	徐昊骥	2016011120	通信学院	物联 1601	二等奖	解迎刚
	舒　密	2016011119	通信学院	物联 1601		
	吉　野	2016011117	通信学院	物联 1601		
	殷　凡	2015011105	通信学院	物联 1501	二等奖	吴韶波
	杨若男	2015011001	通信学院	电信 1502		
	刘子微	2015010967	通信学院	电信 1501		
C 语言基本技能比赛	徐文栋	2014011234	计算机学院	计科 1401	特等奖	周长胜
	司马晨	2017011400	计算机学院	计类 1708	一等奖	周长胜
	吴礼尉	2017011471	计算机学院	计类 1710	一等奖	周长胜
	周建亭	2015011385	计算机学院	计科 1505	一等奖	周长胜
	潘博雅	2016011396	计算机学院	计科 1604	一等奖	周长胜
	张芃芃	2017011310	计算机学院	计类 1705	二等奖	周长胜
	刘　成	2017010009	机电学院	机械 1701	二等奖	李文杰
	王佳元	2017010795	自动化学院	智能 1701	二等奖	李文杰
	杨震栋	2017011436	计算机学院	计类 1709	二等奖	周长胜
	佟　研	2017010828	自动化学院	智能 1702	二等奖	李文杰
	陶宇阳	2017011402	计算机学院	计类 1708	二等奖	周长胜
	刘　仟	2017011025	通信学院	电信 1702	二等奖	李文杰
	刘宇彤	2017011461	计算机学院	计类 1710	二等奖	周长胜
	黎炜桁	2015010893	通信学院	通信 1501	二等奖	李文杰
	张斯禹	2015012647	计算机学院	软工 1503	二等奖	周长胜
	耿　瑞	2016010311	计算机学院	计科 1606	二等奖	周长胜

续表

竞赛名称	学生获奖信息					指导教师
	姓名	学号	学院	班级	所获奖项	
C 语言基本技能比赛	刘炜旭	2017012643	理学院	信计 1701	三等奖	李颖
	毕月铭	2017010036	机电学院	机器人 1701	三等奖	周长胜
	戴　研	2017012220	信管学院	信管 1705	三等奖	周长胜
	周　能	2017011410	计算机学院	计类 1708	三等奖	周长胜
	杜丽娜	2017012086	信管学院	信管 1701	三等奖	周长胜
	王钰栋	2017012320	信管学院	审计 1701	三等奖	周长胜
	马长银	2017011398	计算机学院	计类 1708	三等奖	周长胜
	陈华祯	2017012130	信管学院	信管 1702	三等奖	周长胜
	吴锦一	2017011405	计算机学院	计类 1708	三等奖	周长胜
	张丹颖	2017011760	计算机学院	大数据 1701	三等奖	周长胜
	陈开朗	2017011388	计算机学院	计类 1708	三等奖	周长胜
	郭信一	2017010097	机电学院	车辆 1701	三等奖	李文杰
	卢　芮	2017010107	机电学院	车辆 1701	三等奖	李文杰
	商冠华	2017012305	信管学院	审计 1701	三等奖	周长胜
	张宜放	2017012204	信管学院	信管 1704	三等奖	周长胜
	丁浩文	2017010372	机电学院	能源 1702	三等奖	尤建清
	孙琛轲	2017012111	信管学院	信管 1701	三等奖	周长胜
	雷黛瑛	2017010092	机电学院	车辆 1701	三等奖	李文杰
	辛海源	2017010266	计算机学院	大数据 1701	三等奖	周长胜
	高乙峰	2017011019	通信学院	电信 1702	三等奖	李文杰
	徐瑞琪	2017011623	机电学院	机器人 1701	三等奖	周长胜
	高寅飞	2016012644	理学院	信计 1602	三等奖	李颖
	邓　云	2015010242	机电学院	工设 1501	三等奖	尤建清
	殷　凡	2015011105	通信学院	物联 1501	三等奖	李文杰
	刘新月	2015011832	理学院	统计 1501	三等奖	李颖
	黄晨威	2015010981	通信学院	电信 1501	三等奖	李文杰
	汪承昊	2016010703	自动化学院	智能 1602	三等奖	李文杰
	田蕴哲	2016012206	信管学院	信管 1605	三等奖	周长胜
	匡柯澜	2016010629	自动化学院	自控 1603	三等奖	李文杰
	李　真	2016010806	自动化学院	智能 1601	三等奖	李文杰
	童佳明	2016010259	计算机学院	计科 1606	三等奖	周长胜
	付　尧	2015011297	计算机学院	计科 1504	三等奖	周长胜
	许清嘉	2016011702	计算机学院	计科 1606	三等奖	周长胜
	董良晨	2016012082	计算机学院	计科 1606	三等奖	周长胜
	谌立凤	2016011889	计算机学院	计科 1606	三等奖	周长胜

续表

竞赛名称	学生获奖信息					指导教师
	姓名	学号	学院	班级	所获奖项	
C 语言基本技能比赛	薄健博	2016011115	计算机学院	计科 1606	三等奖	周长胜
北京信息科技大学大学生数学建模与计算机应用竞赛	李岷青	2016012714	理学院	统计 1601	一等奖	建模指导小组
	吴雨濛	2016012715	理学院	统计 1601		
	沈　鑫	2016012600	理学院	信计 1601		
	魏诗谣	2015011894	经管学院	经济 1502	一等奖	
	刘玉涵	2015011889	经管学院	经济 1502		
	沈杨嘉仪	2015011891	经管学院	经济 1502		
	马　伟	2015011045	信息与通信工程学院	电信 1503	一等奖	
	徐佳伟	2015011053	信息与通信工程学院	电信 1503		
	林炆奇	2015011042	信息与通信工程学院	电信 1503		
	刘　缘	2017010574	自动化学院	自控 1701	一等奖	
	李继旺	2017010510	仪器科学与光电工程学院	光信 1702		
	杜俊波	2017010210	机电工程学院	工设 1702		
	黄　飞	2015012698	理学院	统计 1501	二等奖	
	秦　超	2015012608	理学院	信计 1502		
	罗凤平	2013010496	仪器科学与光电工程学院	光信 1501		
	马少波	2015011273	计算机学院	软工 1502	二等奖	
	尚佳琪	2017011939	经济管理学院	国贸 1702		
	张丹颖	2017011760	计算机学院	大数据 1702		
	周　芸	2016012722	理学院	统计 1601	二等奖	
	王浩钰	2016012713	理学院	统计 1601		
	刘　姣	2016012721	理学院	统计 1601		
	李　政	2015012702	理学院	统计 1501	二等奖	
	卢　童	2016012720	理学院	统计 1601		
	龚琳鑫	2016012718	理学院	统计 1601		
	李　贤	2016012607	理学院	信计 1601	二等奖	
	黄　鑫	2016012608	理学院	信计 1601		
	桂旭峰	2016012602	理学院	信计 1601		
	付　尧	2015011297	计算机学院	计科 1504	二等奖	
	祁亚楠	2015011224	计算机学院	计科 1503		
	殷铎昆	2016010411	仪器科学与光电工程学院	测控 1601	三等奖	
	郝　好	2016011800	经济管理学院	会计 1605		
	张怡琳	2016011661	经济管理学院	财务 1602		
	匡柯澜	2016010629	自动化学院	自控 1603	三等奖	
	黄明亮	2016010653	自动化学院	自控 1604		

续表

竞赛名称	学生获奖信息					指导教师
	姓名	学号	学院	班级	所获奖项	
北京信息科技大学大学生数学建模与计算机应用竞赛	曾庆丽	2016010065	自动化学院	自控 1605	三等奖	建模指导小组
	罗云飞	2017010070	机电工程学院	机器人 1701	三等奖	
	刘沛文	2017011081	机电工程学院	机器人 1701		
	张　棚	2015010153	机电工程学院	机　电 1501		
	刘楷文	2016012187	信息管理学院	信管 1605		
	于方舟	2016012155	信息管理学院	信管 1604		
	罗甑林	2016011056	计算机学院	计科 1606		
	贾　松	2016011875	信息与通信工程学院	通信 1602		
	徐文杰	2016010631	自动化学院	自控 1603		
	庞仁杰	2016010607	自动化学院	自控 1602		
	罗荣华	2016010609	自动化学院	自控 1602		
	王萍萍	2017011883	经济管理学院	经济 1702		
	冯　浩	2017010734	自动化学院	电气 1703		
	贾云淇	2017011952	经济管理学院	国贸 1702		
	殷　凡	2015011105	信息与通信工程学院	物联 1501		
	刘子微	2015010967	信息与通信工程学院	电信 1501		
	陈少涵	2017010625	自动化学院	自控 1703		
	吴昊洋	2017010645	自动化学院	自控 1703		
	杨若男	2015011001	信息与通信工程学院	电信 1502		
	范　勇	2015010979	信息与通信工程学院	电信 1501		
北京信息科技大学大学生物理竞赛	安　昊	2017010866	理学院	电技 1701	特等奖	
	和易威	2017012694	通信学院	通信 1701	特等奖	
	陈　洋	2017010095	计算机学院	计类 1711	特等奖	
	李法辰	2016010629	机电学院	工设 1702	特等奖	
	刘　仟	2017011025	通信学院	电信 1702	一等奖	
	戴　德	2017010867	通信学院	通信 1701	一等奖	
	邓超越	2017010900	通信学院	通信 1702	一等奖	
	蒋泽鑫	2017010568	自动化学院	自控 1701	一等奖	
	魏广雨	2017012676	理学院	信计 1702	一等奖	
	郭信一	2017010097	机电学院	车辆 1701	一等奖	
	姚梓凡	2017010386	机电学院	能源 1702	一等奖	
	侯　瑞	2017012312	计算机学院	大数据 1701	一等奖	
	张丹颖	2017011760	计算机学院	大数据 1701	一等奖	
	王思茹	2017010397	计算机学院	大数据 1701	一等奖	
	胡继明	2017010043	计算机学院	大数据 1701	一等奖	

续表

竞赛名称	学生获奖信息					指导教师
	姓名	学号	学院	班级	所获奖项	
北京信息科技大学大学生物理竞赛	辛海源	2017010266	计算机学院	大数据 1701	一等奖	
	王晓东	2017010911	计算机学院	大数据 1701	一等奖	
	周玉婷	2017010400	光电学院	测控 1701	一等奖	
	粟　静	2017012777	计算机学院	大数据 1701	一等奖	
	梅　唱	2017010982	通信学院	电信 1701	二等奖	
	张荣琦	2017010885	通信学院	通信 1701	二等奖	
	李　伟	2017010906	通信学院	通信 1702	二等奖	
	王崇炜	2017010942	通信学院	通信 1703	二等奖	
	杨远洋	2017010946	通信学院	通信 1703	二等奖	
	罗宇豪	2017011122	通信学院	物联 1701	二等奖	
	李张霞	2017011249	计算机学院	计类 1704	二等奖	
	李小虎	2017011262	计算机学院	计类 1704	二等奖	
	王　静	2017011251	计算机学院	计类 1704	二等奖	
	权伟杰	2017011302	计算机学院	计类 1705	二等奖	
	魏丽芳	2017010591	自动化学院	自控 1702	二等奖	
	吴文建	2017010610	自动化学院	自控 1702	二等奖	
	吕永贤	2017012702	理学院	电技 1701	二等奖	
	陈志超	2017012722	理学院	电技 1702	二等奖	
	郭嘉程	2017012638	理学院	信计 1701	二等奖	
	杨　浪	2017010724	自动化学院	电气 1702	二等奖	
	张慧勇	2017011376	机电学院	机器人 1701	二等奖	
	邹新聪	2017010390	机电学院	能源 1702	二等奖	
	李　鑫	2017010285	机电学院	机器人 1701	二等奖	
	兰兆辉	2017010374	机电学院	能源 1702	二等奖	
	苗峻铭	2017010788	自动化学院	智能 1701	二等奖	
	崔云凯	2017011162	计算机学院	大数据 1701	二等奖	
	吴　雨	2017010398	计算机学院	大数据 1701	二等奖	
	杨亦足	2017011036	计算机学院	大数据 1701	二等奖	
	张　法	2017010427	光电学院	测控 1702	二等奖	
	崔孟娇	2017012264	理学院	信安 1702	二等奖	
	张　龙	2017010296	机电学院	工业 1701	二等奖	
	李雪扬	2017010993	通信学院	电信 1701	三等奖	
	雷欣岚	2017011012	通信学院	电信 1702	三等奖	
	杜莹莹	2017011070	通信学院	电信 1704	三等奖	
	张　旭	2017010887	通信学院	通信 1701	三等奖	

续表

竞赛名称	学生获奖信息					指导教师
	姓名	学号	学院	班级	所获奖项	
北京信息科技大学大学生物理竞赛	贾亮亮	2017010872	通信学院	通信 1701	三等奖	
	史栋元	2017010940	通信学院	通信 1703	三等奖	
	孙予涵	2017010941	通信学院	通信 1703	三等奖	
	孙郑芬	2017011106	通信学院	物联 1701	三等奖	
	张芃芃	2017011310	计算机学院	计类 1705	三等奖	
	马长银	2017011398	计算机学院	计类 1708	三等奖	
	包燕伟	2017010561	自动化学院	自控 1701	三等奖	
	陈培锡	2017010563	自动化学院	自控 1701	三等奖	
	刘　缘	2017010574	自动化学院	自控 1701	三等奖	
	李天平	2017010599	自动化学院	自控 1702	三等奖	
	陈少涵	2017010625	自动化学院	自控 1703	三等奖	
	陈晓峰	2017010626	自动化学院	自控 1703	三等奖	
	路小佳	2017012716	理学院	电技 1702	三等奖	
	刘炜旭	2017012643	理学院	信计 1701	三等奖	
	马小丽	2017012635	理学院	信计 1701	三等奖	
	邓武丹	2017010669	自动化学院	电气 1701	三等奖	
	刘子锐	2017010709	自动化学院	电气 1702	三等奖	
	吴桐麒	2017010720	自动化学院	电气 1702	三等奖	
	王宇飞	2017010718	自动化学院	电气 1702	三等奖	
	毕月铭	2017010036	机电学院	机器人 1701	三等奖	
	赵永春	2017010118	机电学院	车辆 1701	三等奖	
	廖梧妆	2017010093	机电学院	车辆 1701	三等奖	
	吴　钰	2017011189	计算机学院	大数据 1701	三等奖	
	郭信生	2017010869	计算机学院	大数据 1701	三等奖	
	付　航	2017011193	计算机学院	大数据 1701	三等奖	
	孔春秀	2017010392	光电学院	测控 1701	三等奖	
	张　微	2017010221	机电学院	工设 1702	三等奖	
	周思涵	2017012785	理学院	统计 1702	三等奖	
北京信息科技大学大学生数学竞赛	宋云龙	2015010923	通信学院	通信 1501	一等奖	
	杨若男	2015011001	通信学院	电信 1502	一等奖	
	范　勇	2015010979	通信学院	电信 1501	一等奖	
	康　帅	2015010305	通信学院	通信 1501	一等奖	
	曹满鑫	2017011112	通信学院	物联 1701	一等奖	
	杨　浪	2017010724	自动化学院	电气 1702	一等奖	
	苗峻铭	2017010788	自动化学院	智能 1701	一等奖	

续表

竞赛名称	学生获奖信息					指导教师
	姓名	学号	学院	班级	所获奖项	
北京信息科技大学大学生数学竞赛	罗　辉	2017012134	信管学院	信管 1702	一等奖	
	信德全	2016010047	机电学院	机械 1602	一等奖	
	徐方颖	2017011319	计算机学院	计类 1706	一等奖	
	朱宇婷	2015011328	计算机学院	软工 1502	一等奖	
	辛海源	2017010266	计算机学院	大数据 1701	一等奖	
	王文月	2016010437	光电学院	测控 1602	一等奖	
	梁宇航	2015012200	理学院	信计 1502	一等奖	
	栗占敏	2015010290	理学院	统计 1501	一等奖	
	袁子龙	2016012605	理学院	信计 1601	一等奖	
	王萍萍	2017011883	经济管理学院	经济 1702	一等奖	
	宋启荣	2017011737	经济管理学院	工商 1701	一等奖	
	雷佳明	2017011768	经济管理学院	工商 1702	一等奖	
	吴凯鑫	2017011683	经济管理学院	财务 1702	一等奖	
	温世彬	2016011961	经济管理学院	经济 1603	一等奖	
	蔡思璇	2017011932	经济管理学院	国贸 1702	一等奖	
	晋伊斐	2017012451	公管传媒	行政 1702	一等奖	
	杨远洋	2017010946	通信学院	通信 1703	二等奖	
	孟宇轩	2017010876	通信学院	通信 1701	二等奖	
	陈晓峰	2017010626	自动化学院	自控 1703	二等奖	
	韩保源	2017012165	信管学院	信管 1703	二等奖	
	吕剑桥	2017012195	信管学院	信管 1704	二等奖	
	沈　阳	2017012136	信管学院	信管 1702	二等奖	
	马少博	2015010051	机电学院	机械 1502	二等奖	
	毕月铭	2017010036	机电学院	机器人 1701	二等奖	
	李　鑫	2017010285	机电学院	机器人 1701	二等奖	
	冉青林	2017011896	机电学院	机器人 1701	二等奖	
	郭信一	2017010097	机电学院	车辆 1701	二等奖	
	熊　鑫	2017011406	计算机学院	计类 1708	二等奖	
	杨亦足	2017011036	计算机学院	大数据 1701	二等奖	
	王思茹	2017010397	计算机学院	大数据 1701	二等奖	
	杨　洁	2017011353	计算机学院	计类 1707	二等奖	
	张芃芃	2017011310	计算机学院	计类 1705	二等奖	
	李张霞	2017011249	计算机学院	计类 1704	二等奖	
	严施悦	2017011450	计算机学院	计类 1710	二等奖	
	向　浩	2017010440	光电学院	测控 1702	二等奖	

续表

竞赛名称	学生获奖信息					指导教师
	姓名	学号	学院	班级	所获奖项	
北京信息科技大学大学生数学竞赛	李　政	2015012702	理学院	统计 1501	二等奖	
	刘　恒	2016012614	理学院	信计 1601	二等奖	
	姚泽坤	2016012631	理学院	信计 1602	二等奖	
	赵智慧	2017011960	经济管理学院	国贸 1702	二等奖	
	马昊谊	2017011592	经济管理学院	会计 1703	二等奖	
	张久玥	2017011643	经济管理学院	财务 1701	二等奖	
	吴思汛	2016011903	经济管理学院	经济 1601	二等奖	
	王凯旋	2017011832	经济管理学院	质量 1701	二等奖	
	余　昊	2017011902	经济管理学院	经济 1702	二等奖	
	王　维	2017011844	经济管理学院	经济 1701	二等奖	
	任慧荣	2017011551	经济管理学院	会计 1702	二等奖	
	黎炫彤	2017011515	经济管理学院	会计 1701	二等奖	
	傅乙峰	2017012466	公管传媒	行政 1702	二等奖	
	李伟鹏	2015011075	通信学院	电信 1504	三等奖	
	吴　昊	2015011101	通信学院	物联 1501	三等奖	
	张　铭	2015011004	通信学院	电信 1502	三等奖	
	叶倩嵘	2015011002	通信学院	电信 1502	三等奖	
	安超杰	2015010975	通信学院	电信 1501	三等奖	
	吴萌萌	2017010622	自动化学院	自控 1703	三等奖	
	刘　缘	2017010574	自动化学院	自控 1701	三等奖	
	包燕伟	2017010561	自动化学院	自控 1701	三等奖	
	魏丽芳	2017010591	自动化学院	自控 1702	三等奖	
	王佳元	2017010795	自动化学院	智能 1701	三等奖	
	于灵凡	2017012270	信管学院	信安 1702	三等奖	
	刘家雨	2017012267	信管学院	信安 1702	三等奖	
	朱洪祥	2016012319	信管学院	审计 1601	三等奖	
	崔孟娇	2017012264	信管学院	信安 1702	三等奖	
	夏甫华	2017012201	信管学院	信管 1704	三等奖	
	周　睿	2017012272	信管学院	信安 1702	三等奖	
	刘小奇	2016010011	机电学院	机械 1601	三等奖	
	韩　晓	2015010002	机电学院	机械 1501	三等奖	
	赵永春	2017010118	机电学院	车辆 1701	三等奖	
	程陆军	2017011764	机电学院	机器人 1701	三等奖	
	张　微	2017010221	机电学院	工业设计 1702	三等奖	
	李嘉鑫	2015010133	机电学院	机电 1501	三等奖	

续表

竞赛名称	学生获奖信息					指导教师
	姓名	学号	学院	班级	所获奖项	
北京信息科技大学大学生数学竞赛	胡继明	2017010043	计算机学院	大数据 1701	三等奖	
	陈　楠	2015012626	计算机学院	软工 1502	三等奖	
	张丹颖	2017011760	计算机学院	大数据 1701	三等奖	
	权伟杰	2017011302	计算机学院	计类 1705	三等奖	
	冯　萌	2017011148	计算机学院	计类 1701	三等奖	
	王晓东	2017010911	计算机学院	大数据 1701	三等奖	
	王琼赟	2016012624	理学院	信计 1602	三等奖	
	沈　鑫	2016012600	理学院	信计 1601	三等奖	
	周思涵	2017012785	理学院	统计 1702	三等奖	
	苏　晓	2016012633	理学院	信计 1602	三等奖	
	李文森	2017012017	经济管理学院	人力 1702	三等奖	
	黄骏玮	2017012046	经济管理学院	营销 1701	三等奖	
	邵美乐	2017011880	经济管理学院	经济 1702	三等奖	
	周贺琪	2017011854	经济管理学院	经济 1701	三等奖	
	刘懿漫	2017011725	经济管理学院	工商 1701	三等奖	
	彭涵宇	2017011669	经济管理学院	财务 1702	三等奖	
	刘天宇	2017011696	经济管理学院	财务 1703	三等奖	
	李明伟	2017011663	经济管理学院	财务 1702	三等奖	
	张　榕	2017011789	经济管理学院	工商 1703	三等奖	
	李晨子	2016011658	经济管理学院	财务 1602	三等奖	
	陈疆猛	2016012493	公管传媒	网媒 1601	三等奖	
北京信息科技大学计算机应用大赛	曹心悦	2016010928	通信学院	通信 1603	一等奖	王亚飞
	徐云岫	2016011083	通信学院	电信 1604		
	李泽宇	2016010929	通信学院	通信 1603		
	李　卓	2015010909	通信学院	通信 1501	一等奖	张涛
	纪永梅	2015010906	通信学院	通信 1501		
	曹　姗	2015010903	通信学院	通信 1501		
	贾慧川	2015010907	通信学院	通信 1501		
	吴　萌	2015010912	通信学院	通信 1501		
	刘佳镕	2016010907	通信学院	通信 1602	二等奖	赵彦晓
	徐天帅	2016010887	通信学院	通信 1601		
	李祺	2016011033	通信学院	通信 1602		
	叶玉成	2016010906	通信学院	通信 1602		
	廖青波	2016010910	通信学院	通信 1602		
	张炯峰	2017012289	信息管理学院	信安 1702	二等奖	王亚飞

续表

竞赛名称	学生获奖信息					指导教师
	姓名	学号	学院	班级	所获奖项	
北京信息科技大学计算机应用大赛	周玮琪	2017012273	信息管理学院	信安 1702	二等奖	王亚飞
	赵 咪	2016011043	通信学院	电信 1603	三等奖	杨茜媛
	刘子微	2015010967	通信学院	电信 1501		
	徐云岫	2016011083	通信学院	电信 1604		
	鲁 岚	2016011110	通信学院	电信 1603		
	梁任腾	2016010912	通信学院	通信 1602	三等奖	赵彦晓
	薄健博	2016011115	计算机学院	计科 1606		
	贺 忱	2015010905	通信学院	通信 1501	三等奖	王亚飞
	李 莲	2015010908	通信学院	通信 1501		
	茆丽玥	2015010910	通信学院	通信 1501		
	褚嘉雯	2015010904	通信学院	通信 1501		
	马塔娜	2015010350	通信学院	通信 1501		
	刘岱轩	2016011022	通信学院	电信 1602	三等奖	王勇
	李春蕾	2016011019	通信学院	电信 1602		
	方 严	2016010408	通信学院	电信 1602		
	程朝勋	2015011090	通信学院	通信 1501	三等奖	王亚飞
	宋云龙	2015010923	通信学院	通信 1501		
	张 翔	2015010900	通信学院	通信 1502		
校计算机博弈大赛	刘逸芸	2016011440	计算机学院	计科 1606	爱因斯坦棋一等奖	
	范博奇	2015011165	计算机学院	计科 1502	爱因斯坦棋一等奖	
	苗 荟	2016011406	计算机学院	计科 1606	爱因斯坦棋一等奖	
	马 骁	20170310	计算机学院	计研 1702	六子棋一等奖	
	谢章伟	20170309	计算机学院	计研 1702		
	唐 超	20170263	计算机学院	计研 1701	六子棋一等奖	
	杨英杰	20170262	计算机学院	计研 1701		
	孙秋天	20170314	计算机学院	计研 1702	六子棋二等奖	
	张梅舒	20170322	计算机学院	计研 1702		
	龙 言	20170300	计算机学院	计研 1702	六子棋二等奖	
	田佳来	20170294	计算机学院	计研 1702		
	李家全	20170327	计算机学院	计研 1702	六子棋二等奖	
	王 哲	20170324	计算机学院	计研 1702		
	彭 帅	20170267	计算机学院	计研 1701	六子棋三等奖	
	王匆匆	20170269	计算机学院	计研 1701		
	杨耀飞	20170274	计算机学院	计研 1701	六子棋三等奖	
	许少武	20170296	计算机学院	计研 1702	六子棋三等奖	

续表

竞赛名称	学生获奖信息					指导教师
	姓名	学号	学院	班级	所获奖项	
校计算机博弈大赛	张永超	20170302	计算机学院	计研 1702	六子棋三等奖	
	温婉琳	20170298	计算机学院	计研 1702	六子棋三等奖	
	左　阔	20170303	计算机学院	计研 1702		
	于汝意	20170292	计算机学院	计研 1702	中国象棋一等奖	
	李小龙	20170287	计算机学院	计研 1702		
	张　悦	20170280	计算机学院	计研 1701	中国象棋二等奖	
	陈雨婷	20170277	计算机学院	计研 1701		
	王志远	20170288	计算机学院	计研 1702	中国象棋二等奖	
	黄庆浩	20170293	计算机学院	计研 1702		
	陈伟骏	20170284	计算机学院	计研 1702	中国象棋三等奖	
	魏文杰	20170319	计算机学院	计研 1702		
	刘　永	20170291	计算机学院	计研 1702	中国象棋三等奖	
	常振宁	20170289	计算机学院	计研 1702		
	曾健荣	20170309	计算机学院	计研 1702	西洋跳棋 64 二等奖	
	周炜翔	20170286	计算机学院	计研 1702		
	汪佩佩	2016020275	计算机学院	计研 1609	西洋跳棋 64 三等奖	
	李晓星	20170279	计算机学院	计研 1702		
	陈子鹏	20170278	计算机学院	计研 1701	西洋跳棋 100 二等奖	
	马　昊	2016020264	计算机学院	计研 1608		
	刘志强	20170295	计算机学院	计研 1701	西洋跳棋 100 三等奖	
	王寒茹	20170261	计算机学院	计研 1701		
	祁亚楠	2015011224	计算机学院	计科 1503	苏拉卡尔塔二等奖	
	戚泽中	2016011195	计算机学院	软工 1602	苏拉卡尔塔三等奖	
	高　铭	20170313	计算机学院	计研 1702	点格棋一等奖	
	成　彬	20170297	计算机学院	计研 1702		
	勾亮亮	2016011421	计算机学院	计科 1605	点格棋二等奖	
	游璐颖	2016011344	计算机学院	软工 1603	点格棋二等奖	
	苗　荟	2016011406	计算机学院	计科 1605	点格棋三等奖	
	何锋丽	2016011372	计算机学院	计科 1605	点格棋三等奖	
	代鹏程	20170312	计算机学院	软工 1603	海克斯一等奖	
	邢奕楠	20170307	计算机学院	计研 1702		
	刘保中	20170318	计算机学院	计研 1702	海克斯二等奖	
	黄生斌	20170321	计算机学院	计研 1702		
	张志礼	2016011258	计算机学院	计研 1702	海克斯二等奖	
	王　彤	20170290	计算机学院	计类 1604	海克斯三等奖	

续表

竞赛名称	学生获奖信息					指导教师
	姓名	学号	学院	班级	所获奖项	
校计算机博弈大赛	陈淑娟	20170323	计算机学院	计研 1702	海克斯三等奖	
	罗峰峻	2016011260	计算机学院	计研 1702	海克斯三等奖	
	宋子晖	20170266	计算机学院	计研 1702	海克斯三等奖	
	杨小明	20170285	计算机学院	计研 1702		
	付　尧	2015011297	计算机学院	计研 1702	亚马逊一等奖	
	薄健博	2016011115	计算机学院	计科 1504	亚马逊二等奖	
	顾培源	20170326	计算机学院	计科 1606	亚马逊三等奖	
	秦鲁法	20170325	计算机学院	计研 1702		
	李赛赛	2016020246	计算机学院	计研 1702	二打一优胜奖	
	孙宁彤	2016011437	计算机学院	计研 1608	二人军棋优胜奖	
	李鸿洋	2016011275	计算机学院	计科 1606	不围棋优胜奖	
北京市大学生英语演讲比赛	宁子睿	2017011562	经济管理学院	会计 1702	一等奖	宋颖
	胡雪歆	2017012547	外国语学院	英语 1701	二等奖	杨晓华
	王馨锐	2016012568	外国语学院	英语 1603	二等奖	方元
	王瑛琢	2017011945	经济管理学院	国贸 1702	二等奖	李寒冰
	李雯昕	2017012422	公共管理与传媒学院	行政 1701	二等奖	张群星
	毕翰滢	2017011805	经济管理学院	质量 1701	三等奖	金兰
	李　易	2017011910	经济管理学院	国贸 1701	三等奖	李寒冰
	王筱晗	2016011682	经济管理学院	财管 1603	三等奖	李蓓
	高佳音	2017012545	外国语学院	英语 1701	三等奖	杨晓华
	樊　懋	2017011707	经济管理学院	财务 1703	三等奖	董利晓
	胡珺山	2018011869	经济管理学院	国贸 1801	三等奖	王霞
校级电子设计竞赛	石丛玮	2016010780	自动化学院	自控 1604	一等奖	王扬
	周彦君	2016010643	自动化学院	自控 1604		
	黄明亮	2016010653	自动化学院	自控 1604		
	匡柯澜	2016010629	自动化学院	自控 1603	一等奖	王扬
	蒋泽鑫	2017010568	自动化学院	自控 1701		
	赵昱昕	2017010585	自动化学院	自控 1701		
	毛嘉诚	2016012140	通信学院	通信 1702	一等奖	杨茜媛
	李　伟	2017010906	通信学院	通信 1702		
	张艳丽	2017010896	通信学院	通信 1702		
	高　岩	2016011116	通信学院	物联 1601	一等奖	王占刚
	谢　鑫	2016011114	通信学院	物联 1601		
	张柯凡	2016011121	通信学院	物联 1601		
	张欢欢	2016011074	通信学院	电信 1604	一等奖	杨茜媛

续表

竞赛名称	学生获奖信息					指导教师
	姓名	学号	学院	班级	所获奖项	
校级电子设计竞赛	曹心悦	2016010928	通信学院	通信 1601	一等奖	杨茜媛
	杨子佳	2016011654	通信学院	通信 1603		
	樊驰豪	2016010407	仪器科学与光电工程学院	测控 1601	一等奖	王晓飞
	张镐宇	2016010422		测控 1601		
	徐　昕	2016010402		测控 1601		
	徐云岫	2016011083	通信学院	电信 1604	一等奖	苏进
	梅　唱	2017010982	通信学院	电信 1701		
	蔡　娜	2017011010	通信学院	电信 1702		
	何　宇	2018010108	机电工程学院	机电 1801	一等奖	李越
	陈　瑶	2016010561	自动化学院	自控 1601		
	王　元	2018010121	机电工程学院	机电 1801		
	贺怡然	2016012122	通信学院	通信 1601	一等奖	杨茜媛
	刘嘉树	2016011925	通信学院	通信 1601		
	仲嘉祺	2016010891	通信学院	通信 1603		
	罗　珊	2016011073	通信学院	电信 1604	一等奖	苏进
	张梓垣	2016011080	通信学院	电信 1604		
	吕玉洁	2016011072	通信学院	电信 1604		
	张雪颖	2016012683	理学院	电技 1602	二等奖	倪晓明
	田书萱	2016012685	理学院	电技 1602		李严
	杨兴跃	2016012690	理学院	电技 1602		杨鹏飞
	徐昊骥	2016011120	通信学院	物联 1601	二等奖	王占刚
	吕浩炎	2016011118	通信学院	物联 1601		
	舒　密	2016011119	通信学院	物联 1601		
	赵　咪	2016011043	通信学院	电信 1603	二等奖	苏进
	贺飞凡	2016011047	通信学院	电信 1603		
	唐　壮	2014010933	通信学院	电信 1603		
	赵文涛	2016010491	仪器科学与光电工程学院	光信 1601	二等奖	刘刚
	黄以文	2016010493		光信 1601		
	郭天杰	2016010497		光信 1601		
	杨重柱	2016010810	自动化学院	智能 1601	二等奖	王扬
	陈治金	2016010811	自动化学院	智能 1601		
	刘　缘	2017010574	自动化学院	自控 1701		
	宋远帆	2016012705	理学院	电技 1602	二等奖	倪晓明
	吴炳辰	2016012708	理学院	电技 1602		李严
	汪　益	2016012707	理学院	电技 1602		杨鹏飞

续表

竞赛名称	学生获奖信息					指导教师
	姓名	学号	学院	班级	所获奖项	
校级电子设计竞赛	朱海燕	2016010589	自动化学院	自控 1602	二等奖	魏英
	覃云说	2016010563	自动化学院	自控 1601		
	张梦壕	2016010577	自动化学院	自控 1601		
	王子聪	2016012676	理学院	电技 1601	二等奖	倪晓明
	和易威	2017012694	理学院	电技 1701		李严
	马晨光	2017012703	理学院	电技 1701		杨鹏飞
	覃卓军	2016012706	理学院	电技 1602	二等奖	倪晓明
	史晨义	2016012703	理学院	电技 1602		李严
	李昀聪	2016012702	理学院	电技 1602		杨鹏飞
	谷乘典	2016010881	通信学院	通信 1603	二等奖	杨茜媛
	卢　熙	2016010884	通信学院	通信 1601		
	戴孟泽	2016010879	通信学院	通信 1602		
	林嘉晟	2016010951	通信学院	通信 1601	二等奖	杨茜媛
	殷世武	2016010059	通信学院	通信 1602		
	孙宇航	2017011041	通信学院	电信 1703		
	贾　松	2016011875	通信学院	通信 1602	二等奖	杨茜媛
	梁任腾	2016010912	通信学院	通信 1602		
	廖青波	2016010910	通信学院	通信 1602		
	田佳峰	2016012663	理学院	电技 1601	二等奖	倪晓明
	郑浩斌	2016012662	理学院	电技 1601		李严
	陈志超	2017012722	理学院	电技 1702		杨鹏飞
	宋　慧	2017012718	理学院	电技 1702	二等奖	倪晓明
	刘一彤	2017012715	理学院	电技 1702		李严
	杨华宇	2016010307	机电学院	机械 1601		杨鹏飞
	仵思笛	2016010514	仪器科学与光电工程学院	光信 1601	三等奖	马牧燕
	吐鲁逊江	2016010526		光信 1602		
	瞿志二	2016010492		光信 1601		
	付建君	2017010460		光信 1701	三等奖	刘刚
	余永旭	2017010464		光信 1701		
	董梦迪	2016010459		光信 1701		
	缪丹丹	2017010425	仪器科学与光电工程学院	测控 1702	三等奖	王艳林
	胡　奎	2017010427		测控 1702		
	张　法	2017010431		测控 1702		
	刘岱轩	2016011022	通信学院	电信 1602	三等奖	沈冰夏
	张　彪	2016011038	通信学院	电信 1602		

续表

竞赛名称	学生获奖信息					指导教师
	姓名	学号	学院	班级	所获奖项	
校级电子设计竞赛	崔梓欣	2016011018	通信学院	电信 1602	三等奖	沈冰夏
	乌云嘎	2016011044	通信学院	电信 1603	三等奖	职如昕
	郭玮琦	2016011085	通信学院	电信 1604		
	吕　宁	2016011057	通信学院	电信 1603		
	刘子微	2015010967	通信学院	电信 1501	三等奖	苏进
	黄　仕	2016011088	通信学院	电信 1604		
	黄宏焜	2016011089	通信学院	电信 1604		
	李镕辰	2017011053	通信学院	电信 1703	三等奖	沈冰夏
	刘润奇	2017011054	通信学院	电信 1703		
	李雪扬	2017010993	通信学院	电信 1701		
	李博瑞	2016010818	自动化学院	智能 1601	三等奖	许晓飞
	王小毫	2018010809	自动化学院	智能 1601		
	张博翔	2016010826	自动化学院	智能 1601		
	李硕昕	2016011076	通信学院	电信 1604	三等奖	职如昕
	韩莹雪	2016011075	通信学院	通信 1604		
	王笑然	2016011077	通信学院	通信 1604		
	徐文杰	2016010631	自动化学院	自控 1603	三等奖	魏英
	庞仁杰	2016010607	自动化学院	自控 1602		
	周宇涵	2016010615	自动化学院	自控 1602		
	罗明馨	2016010893	通信学院	通信 1601	三等奖	李振松
	郑陆一	2016010871	通信学院	通信 1601		
	王　莹	2016010869	通信学院	通信 1601		
	鲁　岚	2016011110	信息与通信工程学院	物联 1601	三等奖	吴韶波
	张安迪	2016011109				
	廖智馨	2016011835				
	刘佳镕	2016010907	通信学院	通信 1601	三等奖	职如昕
	刘宇聪	2016010917	通信学院	通信 1602		
	金　洋	2016010915	通信学院	通信 1602		
	殷家政	2016010892	通信学院	通信 1601	三等奖	职如昕
	成子珍	2016010894	通信学院	通信 1601		
	曹雨燕	2016010872	通信学院	通信 1601		
	杜莹莹	2017011070	通信学院	电信 1704	三等奖	姜钧
	赖秀连	2017011040	通信学院	电信 1703		
	刘　喆	2017010995	通信学院	电信 1701		
北京信息科技大学第五届嵌入式物联网设计大赛	邓　云	2015010242	机电学院	工设 1501	二等奖	王扬

续表

竞赛名称	学生获奖信息					指导教师
	姓名	学号	学院	班级	所获奖项	
北京信息科技大学第五届嵌入式物联网设计大赛	马玉静	2016010711	自动化学院	电气 1601	二等奖	王扬
	刘松鹤	2016010662	自动化学院	自控 1604		
	朱学文	2016010572	自动化学院	自控 1601		
	陈 瑶	2016010561	自动化学院	自控 1601		
	方 鑫	2015010585	自动化学院	自控 1502	三等奖	王扬
	陈治金	2016010811	自动化学院	智能 1601		
	李博瑞	2016010818	自动化学院	智能 1601		
	文宝雪	2016012090	信管学院	信管 1602		
北京市大学生人文知识竞赛	耿昊源	2018012415	公管传媒学院	行政 1802	一等奖	谢保杰
	曹 朔	2017012444	公管传媒学院	行政 1702	一等奖	
	曹蕊萱	2017012414	公管传媒学院	行政 1701	一等奖	
	孔繁晞	2018012398	公管传媒学院	行政 1802	一等奖	
	张 颜	2016010285	公管传媒学院	传播 1601	一等奖	
	侯曦杰	2018012416	公管传媒学院	行政 1802	二等奖	
	聂麟懿	2016012551	经济管理学院	会计 1605	二等奖	
	邬清桦	2016012393	公管传媒学院	行政 1601	二等奖	
	杜欣怡	2017012416	公管传媒学院	行政 1701	二等奖	
	王新赛	2017011973	公管传媒学院	网媒 1702	二等奖	
北京信息科技大学大学生电子设计竞赛——嵌入式系统专题赛	徐云岫	2016011083	通信学院	电信 1604	一等奖	苏进
	罗 珊	2016011073	通信学院	电信 1604		
	赵 咪	2016011043	通信学院	电信 1603		
	李 淇	2016011033	通信学院	电信 1602	一等奖	王勇
	浦一旻	2016011036	通信学院	电信 1602		
	张子儒	2016011042	通信学院	电信 1602		
	冯 瑶	2016010989	通信学院	电信 1601	一等奖	沈冰夏
	徐云岫	2016011083	通信学院	电信 1604		
	罗 珊	2016011073	通信学院	电信 1604		
	刘岱轩	2016011022	通信学院	电信 1602	二等奖	沈冰夏
	李春蕾	2016011019	通信学院	电信 1602		
	张 颂	2016011020	通信学院	电信 1602		
	罗 珊	2016011073	通信学院	电信 1604	二等奖	苏进
	徐云岫	2016011083	通信学院	电信 1604		
	赵 咪	2016011043	通信学院	电信 1603		
	陈雨爽	2016011004	通信学院	电信 1601	二等奖	王勇
	杨洪玲	2016010988	通信学院	电信 1601		

续表

竞赛名称	学生获奖信息					指导教师
	姓名	学号	学院	班级	所获奖项	
北京信息科技大学大学生电子设计竞赛——嵌入式系统专题赛	潘储珺	2016010985	通信学院	电信 1601	二等奖	王勇
	薛伟伟	2016011003	通信学院	电信 1601		
	刘添彪	2016010725	通信学院	软工 1602		
	徐云岫	2016011083	通信学院	电信 1604	二等奖	沈冰夏
	罗　珊	2016011073	通信学院	电信 1604		
	赵　咪	2016011043	通信学院	电信 1603		
	徐昊骥	2016011120	通信学院	物联 1601	三等奖	王勇
	吴　昊	2015011101	通信学院	物联 1501		
	舒　密	2016011119	通信学院	物联 1601		
	谢　鑫	2016011114	通信学院	物联 1601		
	高　岩	2016011116	通信学院	物联 1601		
	赵　咪	2016011043	通信学院	电信 1603	三等奖	沈冰夏
	冯　瑶	2016010989	通信学院	电信 1601		
	刘子微	2015010967	通信学院	电信 1501		
	鲁　岚	2016011110	通信学院	物联 1601	三等奖	王勇
	宋卓伦	2016011111	通信学院	物联 1601		
	高玉超	2016011124	通信学院	物联 1601		
	徐云岫	2016011083	通信学院	电信 1604	三等奖	苏进
	罗　珊	2016011073	通信学院	电信 1604		
	赵　咪	2016011043	通信学院	电信 1603		
（校级）北京市大学生物理实验技能竞赛	李星汉	2015011075	电信	电信 1504	一等奖	杨虹
	刘岱轩	2016011022	电信	电信 1602	一等奖	杨虹
	徐云岫	2016011083	电信	电信 1604	一等奖	杨虹
	林佳晟	2016010951	通信学院	通信 1601	一等奖	杨虹
	吕　宁	2016011057	电信	电信 1603	二等奖	杨虹
	罗　珊	2016011073	电信	电信 1604	二等奖	姜峰
	徐　咪	2016011043	电信	电信 1604	二等奖	姜峰
	王仁泉	2017011468	计算机	计类 1710	二等奖	姜峰
	刘云鹏	2016010883	通信	通信 1601	二等奖	张苍山
	李豪杰	2016010678	通信	通信 1601	二等奖	张苍山
	王锦程	2016010886	通信	通信 1601	三等奖	赵晖
	尹健强	2016010875	通信	通信 1601	三等奖	赵晖
	王惊涛	2016010874	通信	通信 1601	三等奖	赵晖
	程陆军	2017011764	机电学院	机器人 1701	三等奖	黄文奇
	景长涛	2017010509	光电学院	光信 1702	三等奖	黄文奇

续表

竞赛名称	学生获奖信息					指导教师
	姓名	学号	学院	班级	所获奖项	
（校级）北京市大学生物理实验技能竞赛	李继旺	2017010510	光电学院	光信 1702	三等奖	黄文奇
	柯明冠	2017010569	自动化学院	自控 1701		黄文奇
	王　晨	2017010750	自动化学院	电气 1703	三等奖	陈莲莲
	王　鹏	2017010687	自动化学院	电气 1701		陈莲莲
	索殿祎	2017010685	自动化学院	电气 1701		陈莲莲
	陈玮琛	2017010094	机电学院	车辆 1701	三等奖	陈莲莲
	崔庆雪	2017010696	自动化学院	电气 1702	三等奖	姜峰
	刘子锐	2017010709	自动化学院	电气 1702		姜峰
	彭浩然	2017010711	自动化学院	电气 1702		姜峰
“外研社杯”全国（华北赛区）英语辩论大赛（竞赛负责教师：丁剑仪）	张锦琳	2016011738	经济管理学院	会计 1605	特等奖	丁剑仪
	张昕怡	2016012509	外国语学院	英语 1601	特等奖	
	王馨锐	2016012568	外国语学院	英语 1603	一等奖	王丹
	宁子睿	2017011562	经济管理学院	会计 1702	一等奖	
	吴秋萌	2016012569	外国语学院	英语 1603	二等奖	方元
	张钰彬	2018012500	外国语学院	英语 1801	二等奖	
	陈佳美	2017012544	外国语学院	英语 1701	二等奖	明焰
	于小萱	2016012584	外国语学院	英语 1603	二等奖	
	王瑛琢	2017011945	经济管理学院	国贸 1702	三等奖	肖滨
	李玥涵	2016012576	外国语学院	英语 1602	三等奖	
	梅　唱	2017010982	电子信息工程	电信 1701	三等奖	张群星
	胡珺山	2018011869	经济管理学院	国贸 1801	三等奖	
	胡雪歆	2017012547	外国语学院	英语 1701	三等奖	Nigel
	高佳音	2017012545	外国语学院	英 1701	三等奖	
	贾小力	2018012429	人文学院	传播 1701	三等奖	Robert
	陈向荣	2017011011	电子信息工程	电信 1702	三等奖	
	张锦琳	2016011738	经济管理学院	会计 1605	最佳台风	丁剑仪
	王馨锐	2016012568	外国语学院	英语 1603	最佳辩手	王丹
	吴秋萌	2016012569	外国语学院	英语 1603	最佳表现力	方元
	宁子睿	2017011562	经济管理学院	会计 1702	最佳语音	王丹
北京信息科技大学物理竞赛	安　昊	2017010866	理学院	电技 1701	特等奖	
	和易威	2017012694	通信学院	通信 1701	特等奖	
	陈　洋	2017010095	计算机学院	计类 1711	特等奖	
	李法辰	2016010629	机电学院	工设 1702	特等奖	
	刘　仟	2017011025	通信学院	电信 1702	一等奖	
	戴　德	2017010867	通信学院	通信 1701	一等奖	

续表

竞赛名称	学生获奖信息					指导教师
	姓名	学号	学院	班级	所获奖项	
北京信息科技大学物理竞赛	邓超越	2017010900	通信学院	通信 1702	一等奖	
	蒋泽鑫	2017010568	自动化学院	自控 1701	一等奖	
	魏广雨	2017012676	理学院	信计 1702	一等奖	
	郭信一	2017010097	机电学院	车辆 1701	一等奖	
	姚梓凡	2017010386	机电学院	能源 1702	一等奖	
	侯　瑞	2017012312	计算机学院	大数据 1701	一等奖	
	张丹颖	2017011760	计算机学院	大数据 1701	一等奖	
	王思茹	2017010397	计算机学院	大数据 1701	一等奖	
	胡继明	2017010043	计算机学院	大数据 1701	一等奖	
	辛海源	2017010266	计算机学院	大数据 1701	一等奖	
	王晓东	2017010911	计算机学院	大数据 1701	一等奖	
	周玉婷	2017010400	光电学院	测控 1701	一等奖	
	粟　静	2017012777	计算机学院	大数据 1701	一等奖	
	梅　唱	2017010982	通信学院	电信 1701	二等奖	
	张荣琦	2017010885	通信学院	通信 1701	二等奖	
	李　伟	2017010906	通信学院	通信 1702	二等奖	
	王崇炜	2017010942	通信学院	通信 1703	二等奖	
	杨远洋	2017010946	通信学院	通信 1703	二等奖	
	罗宇豪	2017011122	通信学院	物联 1701	二等奖	
	李张霞	2017011249	计算机学院	计类 1704	二等奖	
	李小虎	2017011262	计算机学院	计类 1704	二等奖	
	王　静	2017011251	计算机学院	计类 1704	二等奖	
	权伟杰	2017011302	计算机学院	计类 1705	二等奖	
	魏丽芳	2017010591	自动化学院	自控 1702	二等奖	
	吴文建	2017010610	自动化学院	自控 1702	二等奖	
	吕永贤	2017012702	理学院	电技 1701	二等奖	
	陈志超	2017012722	理学院	电技 1702	二等奖	
	郭嘉程	2017012638	理学院	信计 1701	二等奖	
	杨　浪	2017010724	自动化学院	电气 1702	二等奖	
	张慧勇	2017011376	机电学院	机器人 1701	二等奖	
	邹新聪	2017010390	机电学院	能源 1702	二等奖	
	李　鑫	2017010285	机电学院	机器人 1701	二等奖	
	兰兆辉	2017010374	机电学院	能源 1702	二等奖	
	苗峻铭	2017010788	自动化学院	智能 1701	二等奖	
	崔云凯	2017011162	计算机学院	大数据 1701	二等奖	

续表

竞赛名称	学生获奖信息					指导教师
	姓名	学号	学院	班级	所获奖项	
北京信息科技大学物理竞赛	吴　雨	2017010398	计算机学院	大数据 1701	二等奖	
	杨亦足	2017011036	计算机学院	大数据 1701	二等奖	
	张　法	2017010427	光电学院	测控 1702	二等奖	
	崔孟娇	2017012264	理学院	信安 1702	二等奖	
	张　龙	2017010296	机电学院	工业 1701	二等奖	
	李雪扬	2017010993	通信学院	电信 1701	三等奖	
	雷欣岚	2017011012	通信学院	电信 1702	三等奖	
	杜莹莹	2017011070	通信学院	电信 1704	三等奖	
	张　旭	2017010887	通信学院	通信 1701	三等奖	
	贾亮亮	2017010872	通信学院	通信 1701	三等奖	
	史栋元	2017010940	通信学院	通信 1703	三等奖	
	孙予涵	2017010941	通信学院	通信 1703	三等奖	
	孙郑芬	2017011106	通信学院	物联 1701	三等奖	
	张芃芃	2017011310	计算机学院	计类 1705	三等奖	
	马长银	2017011398	计算机学院	计类 1708	三等奖	
	包燕伟	2017010561	自动化学院	自控 1701	三等奖	
	陈培锡	2017010563	自动化学院	自控 1701	三等奖	
	刘　缘	2017010574	自动化学院	自控 1701	三等奖	
	李天平	2017010599	自动化学院	自控 1702	三等奖	
	陈少涵	2017010625	自动化学院	自控 1703	三等奖	
	陈晓峰	2017010626	自动化学院	自控 1703	三等奖	
	路小佳	2017012716	理学院	电技 1702	三等奖	
	刘炜旭	2017012643	理学院	信计 1701	三等奖	
	马小丽	2017012635	理学院	信计 1701	三等奖	
	邓武丹	2017010669	自动化学院	电气 1701	三等奖	
	刘子锐	2017010709	自动化学院	电气 1702	三等奖	
	吴桐麒	2017010720	自动化学院	电气 1702	三等奖	
	王宇飞	2017010718	自动化学院	电气 1702	三等奖	
	毕月铭	2017010036	机电学院	机器人 1701	三等奖	
	赵永春	2017010118	机电学院	车辆 1701	三等奖	
	廖梧妆	2017010093	机电学院	车辆 1701	三等奖	
	吴　钰	2017011189	计算机学院	大数据 1701	三等奖	
	郭信生	2017010869	计算机学院	大数据 1701	三等奖	
	付　航	2017011193	计算机学院	大数据 1701	三等奖	
	孔春秀	2017010392	光电学院	测控 1701	三等奖	

续表

竞赛名称	学生获奖信息					指导教师
	姓名	学号	学院	班级	所获奖项	
北京信息科技大学物理竞赛	张　微	2017010221	机电学院	工设 1702	三等奖	
	周思涵	2017012785	理学院	统计 1702	三等奖	

52 项之外竞赛获奖名单						
竞赛名称	学生获奖信息					指导教师
	姓名	学号	学院	班级	所获奖项	
全国大学生工业设计大赛（北京赛区）	康　祺	2014010283	机电学院	工设 1402	北京赛区二等奖	齐兵
	屠垚斌	2014010260	机电学院	工设 1401	北京赛区三等奖	齐兵
	王　曼	2014010276	机电学院	工设 1402	北京赛区三等奖	石小滨
2018 年首届全国大学生可再生能源科技竞赛	刘紫豪	2015010366	机电学院	能源 1501	三等奖	王茂
	张　帆	2015010354	机电学院	能源 1501		
	姚　逾	2015010377	机电学院	能源 1501		
	李乃峥	2015010360	机电学院	能源 1501		
全国武器创新设计大赛	石晓翔	2017070009	机电学院	机械 1504	三等奖	黄小龙、张志
	张浩岳	2017070006	机电学院	机械 1503		
	李永庚	2016010164	机电学院	机电 1602		
	王亚庆	2017070082	机电学院	机械 1504		
	马建刚	2017070008	机电学院	机械 1504		
北京市大学生集成电路设计大赛	傅宇堃	2015012658	理学院	电技 1502	一等奖	殷树娟
	黄启国	2012012607	理学院	电技 1402		
	王　鑫	2015012641	理学院	电技 1501	一等奖	殷树娟
	王昕鹏	2014012642	理学院	电技 1401		
	孟　洁	2015012652	理学院	电技 1502	一等奖	殷树娟
	鲁佳宝	2014012651	理学院	电技 1402		
	刘　祺	2014012661	理学院	电技 1502	一等奖	李严
	马思孔	2014012662	理学院	电技 1402		
	胡小勇	2015012662	理学院	电技 1502	一等奖	李严
	涂家华	2014012665	理学院	电技 1402		
	陶启超	2015012638	理学院	电技 1501	二等奖	殷树娟
	姚　星	2014012668	理学院	电技 1402		
	陈思雁	2015012657	理学院	电技 1502	二等奖	倪晓明
	柴志远	2015012656	理学院	电技 1502		
	胡　硕	2015012651	理学院	电技 1502	三等奖	李严
	苑　博	2014012670	理学院	电技 1402		
北京市大学生集成电路设计大赛	马清华	20170086	光电学院	研 1701	三等奖	燕必希

续表

竞赛名称	学生获奖信息					指导教师
	姓名	学号	学院	班级	所获奖项	
北京市大学生集成电路设计大赛	万　丽	2016010432	光电学院	测控 1602	三等奖	燕必希
	安玲瑶	2016010433	光电学院	测控 1602		
2018 第一届北京市大学生光电设计竞赛	黄佳兴	2016020121	光电学院	研 1604	一等奖 2 项	刘洋 夏润秋 牛春晖 吕勇
	陈嘉嘉	2016010529	光电学院	光信 1602		
	肖智越	20170094	光电学院	研 1701		
	吐鲁逊江	2016010526	光电学院	光信 1602		
	金德发	20170104	光电学院	研 1702	二等奖 3 项	
	仵思笛	2016010514	光电学院	光信 1601		
	黄霄霄	20170124	光电学院	研 1702		
	瞿志二	2016010492	光电学院	光信 1601		
	冯读金	20170100	光电学院	研 1701		
	张艺伟	2016010539	光电学院	光信 1602		
第二十届中国机器人及人工智能大赛	骆钰鑫	2018020266	自动化学院	自动化研 1802	一等奖 1 项、二等奖 2 项、三等奖 1 项	吴细宝、陈雯柏
	周鑫伦	2016010805		智能 1601		
	陈治金	2016010811		智能 1601		
	陈秉楠	2016010689		自控 1605		
	刘鼎乾	2015010651		自控 1504		
	温海茹	20170260		自动化研 1702	优秀奖 1 项	吴细宝、陈雯柏
	周鑫伦	2016010805		智能 1601		
	陈治金	2016010811		智能 1601		
	陈秉楠	2016010689		自控 1605		
	刘鼎乾	2015010651		自控 1504		
"创新有未来"2018 高校人工智能创新大奖赛	温海茹	20170260	自动化学院	自动化研 1702	二等奖 1 项	吴细宝、陈雯柏
	吴　昊	2018020234		自动化研 1801		
	陈秉楠	2016010689		自控 1605		
	周鑫伦	2016010805		智能 1601		
	冯甜甜	20170197		自动化研 1701		
经世 IUV 杯全国大学生通信网络部署与优化设计大赛	李子旭	2015012252	通信学院	通信 1501	二等奖	卓智海，杨茜媛
	辜　函	2015010047	通信学院	通信 1501		
	黄　昕	2015010890	通信学院	通信 1501	一等奖	卓智海，杨茜媛
	宋　震	2015010897	通信学院	通信 1502		
"外研社杯"全国英语阅读大赛	刘康宁	2015012535	外国语学院	英语 1502	北京市一等奖	汤萌
	查逸龙	2018011800	机电学院	机器人 1802	北京市三等奖	明焰
全国高校企业价值创造实战竞赛	张洲韵	2015012284	信管学院	审计 1501	三等奖	梁力军
	张　允	2015012283	信管学院	审计 1501	三等奖	梁力军

续表

竞赛名称	学生获奖信息					指导教师
	姓名	学号	学院	班级	所获奖项	
全国高校企业价值创造实战竞赛	高俊影	2015010692	信管学院	审计 1501	三等奖	梁力军
	樊　瑜	2015012622	信管学院	审计 1501	三等奖	梁力军
	张洲韵	2015012284	信管学院	审计 1501	一等奖	梁力军
	张　允	2015012283	信管学院	审计 1501	一等奖	梁力军
	高俊影	2015010692	信管学院	审计 1501	一等奖	梁力军
	樊　瑜	2015012622	信管学院	审计 1501	一等奖	梁力军
国际水中机器人大赛	刘　爽	20170190	通信学院	通信研 1702	抢球博弈 三等奖	吴韶波 张双彪
	王玖玲	20170151	通信学院	通信研 1701		
	吕浩炎	2016011118	通信学院	物联 1601		
	王玖玲	20170151	通信学院	通信研 1701	水中角力 三等奖	吴韶波 张双彪
	吕浩炎	2016011118	通信学院	物联 1601		
	鲁　岚	2016011110	通信学院	物联 1601		
	吕浩炎	2016011118	通信学院	物联 1601	水中救援 三等奖	吴韶波 张双彪
	王玖玲	20170151	通信学院	通信研 1701		
	殷　凡	2015011105	通信学院	物联 1501		
国际水中机器人大赛	朱学文	2016010572	自动化学院	自控 1601	亚军（一等奖）	王扬、李越
	陈　瑶	2016010561	自动化学院	自控 1601		
	薛　琳	2016010566	自动化学院	自控 1601		
	马玉静	2016010711	自动化学院	电气 1601		
	王　维	2016010586	自动化学院	自控 1601		
	李博瑞	2016010818	自动化学院	智能 1601		
	王曜瑄	2016010783	自动化学院	自控 1702		
	刘子豪	2016010570	自动化学院	自控 1601		
	邓　云	2015010242	机电学院	工设 1501		
	石丛玮	2016010780	自动化学院	自控 1604		
	王　维	2016010586	自动化学院	自控 1601	亚军（二等奖）	魏英、王扬
	陈治金	2016010811	自动化学院	智能 1601		
	李博瑞	2016010818	自动化学院	智能 1601		
	朱学文	2016010572	自动化学院	自控 1601		
	周彦君	2016010643	自动化学院	自控 1604		
	薛　琳	2016010566	自动化学院	自控 1601		
	马玉静	2016010711	自动化学院	电气 1601		
	刘子豪	2016010570	自动化学院	自控 1601		
	石丛玮	2016010780	自动化学院	自控 1604		
	邓　云	2015010242	机电学院	工设 1501		

续表

竞赛名称	学生获奖信息					指导教师
	姓名	学号	学院	班级	所获奖项	
国际水中机器人大赛	刘　萍	20170255	自动化学院	自动化研 1701	二等奖	魏英、王扬
	胡玉针	20170219	自动化学院	自动化研 1702		
	李博瑞	2016010818	自动化学院	智能 1601		
	陈治金	2016010811	自动化学院	智能 1601		
	王　维	2016010586	自动化学院	自控 1601		
	陈　瑶	2016010561	自动化学院	自控 1601		
	薛　琳	2016010566	自动化学院	自控 1601		
	朱学文	2016010572	自动化学院	自控 1601		
	周彦君	2016010643	自动化学院	自控 1604		
	刘子豪	2016010570	自动化学院	自控 1601		
	张鹭莎	2016020196	自动化学院	研 1605	三等奖	李越、王扬
	高春丽	2016020198	自动化学院	研 1606		
	周彦君	2016010643	自动化学院	自控 1604		
	陈　瑶	2016010561	自动化学院	自控 1601		
	薛　琳	2016010566	自动化学院	自控 1601		
	陈治金	2016010811	自动化学院	智能 1601		
	李博瑞	2016010818	自动化学院	智能 1601		
	朱学文	2016010572	自动化学院	自控 1601		
	王　维	2016010586	自动化学院	自控 1601		
	王曜瑄	2016010783	自动化学院	自控 1702		
国际水中机器人大赛	高春丽	2016020198	自动化学院	研 1606	三等奖	李越、王扬
	张鹭莎	2016020196	自动化学院	研 1605		
	马玉静	2016010711	自动化学院	电气 1601		
	王　维	2016010586	自动化学院	自控 1601		
	李博瑞	2016010818	自动化学院	智能 1601		
	朱学文	2016010572	自动化学院	自控 1601		
	陈　瑶	2016010561	自动化学院	自控 1601		
	薛　琳	2016010566	自动化学院	自控 1601		
	刘子豪	2016010570	自动化学院	自控 1601		
	王曜瑄	2016010783	自动化学院	自控 1702		
	胡玉针	20170219	自动化学院	自动化研 1702	三等奖	魏英、王扬
	刘　萍	20170255	自动化学院	自动化研 1701		
	薛　琳	2016010566	自动化学院	自控 1601		
	陈　瑶	2016010561	自动化学院	自控 1601		
	周彦君	2016010643	自动化学院	自控 1604		

续表

竞赛名称	学生获奖信息					指导教师
	姓名	学号	学院	班级	所获奖项	
国际水中机器人大赛	朱学文	2016010572	自动化学院	自控 1601	三等奖	魏英、王扬
	李博瑞	2016010818	自动化学院	智能 1601		
	王　维	2016010586	自动化学院	自控 1601		
	陈治金	2016010811	自动化学院	智能 1601		
	王曜瑄	2016010783	自动化学院	自控 1702		
	苗　荟	2016011406	计算机学院	计科 1605	花样游泳二等奖	王超
	勾亮亮	2016011421	计算机学院	计科 1605		
	许红霖	2015011159	计算机学院	网工 1501		
	翟梦月	2016012007	计算机学院	计科 1606		
	刘凯威	2017011169	计算机学院	计类 1701		
	李鸿洋	2016011275	计算机学院	计科 1603		
	何锦漪	2016011148	计算机学院	计科 1601		
	李卓雅	2016011141	计算机学院	计科 1601	生存挑战三等奖	
	徐方颖	2017011319	计算机学院	计类 1706		
	杨学斌	2016011418	计算机学院	软工 1602		
	魏凌云	2017011275	计算机学院	计类 1704		
	郭信生	2017010869	计算机学院	大数据 1701	抢球博弈三等奖	
	卢寅江	2016011282	计算机学院	软工 1602		
	孙雪威	2016011290	计算机学院	计科 1603	生存挑战二等奖	
	崔龙岩	2016011458	计算机学院	计科 1606		
	陈盈盈	2017011183	计算机学院	计类 1702		
	周峻宇	2017011155	计算机学院	计类 1701	管道巡检一等奖	
	曹鑫鑫	2017011247	计算机学院	计类 1704		
	陈麒瑞	2017011324	计算机学院	大数据 1701		
	霍艳艳	2016011373	计算机学院	软工 1603		
	杨学斌	2016011418	计算机学院	软工 1602		
	王晓东	2017010911	计算机学院	大数据 1701	水陆协同一等奖	
	何锦漪	2016011148	计算机学院	计科 1601		
	黄一洋	2015011332	计算机学院	计科 1504		
	徐悦凡	2016011318	计算机学院	计科 1604		
	相　宁	2017011276	计算机学院	计类 1704		
	徐方颖	2017011319	计算机学院	计类 1706	水球 2v2 三等奖	
	李达耶	2015011301	计算机学院	计科 1504		
	石一鸣	2016011444	计算机学院	网工 1602		
	唐宇轩	2017010879	通信学院	通信 1701		

续表

竞赛名称	学生获奖信息					指导教师
	姓名	学号	学院	班级	所获奖项	
国际水中机器人大赛	李卓雅	2016011141	计算机学院	计科 1601	水球 2v2 三等奖	王超
	李鸿洋	2016011275	计算机学院	计科 1603		
	翁培钧	2015011206	计算机学院	软工 1501		
	王　朗	2015011205	计算机学院	计科 1502		
全国高校“西普杯”信息安全铁人三项赛	邓启晴	2015012207	信息管理学院	信安 1501	二等奖	李春强
	陈凯旋	2015012221	信息管理学院	信安 1501		
2018 年北京市大学生网络安全大赛	王　垚	2016012265	信管学院	信安 1601	二等奖	
	陈志明	2016012266	信管学院	信安 1601		
全国大学生计算机应用能力与信息素养大赛	唐仁杰	2014011228	计算机学院	软工 1402	海峡两岸产业核心技能素养大赛大数据技术与应用赛项本科组二等奖	卢献华
	胡忠宇	2014010472	计算机学院	软工 1403		
	牛文钰	2017010017	计算机学院	大数据 1701		
	唐仁杰	2014011228	计算机学院	软工 1402	全国总决赛大数据技术与应用本科组三等奖	
	胡忠宇	2014010472	计算机学院	软工 1403		
	牛文钰	2017010017	计算机学院	大数据 1701		
	胡继明	2017010043	计算机学院	大数据 1701		
	李扬阳	2017010600	计算机学院	大数据 1701		
	唐仁杰	2014011228	计算机学院	软工 1402	全国总决赛大数据技术与应用本科组三等奖	
	胡忠宇	2014010472	计算机学院	软工 1403		
	林　磊	2014010129	计算机学院	软工 1402		
	牛文钰	2017010017	计算机学院	大数据 1701		
	李扬阳	2017010600	计算机学院	大数据 1701		
	胡继明	2017010043	计算机学院	大数据 1701		
	辛海源	2017010266	计算机学院	大数据 1701		
	付　航	2017011193	计算机学院	大数据 1701		
	张天伟	2016011152	计算机学院	软工 1601		
	陈建福	2016011158	计算机学院	软工 1601		
第二届“讯飞杯”中文机器阅读理解评测	李小龙	20170287	计算机学院	研 1702	二等奖	蒋玉茹
	张禹尧	2018020357	计算机学院	研 1803	二等奖	
	郭泽晨	2016011353	计算机学院	计科 1605	二等奖	
	毛　腾	2016020292	计算机学院	研 1609	二等奖	
	李小龙	20170287	计算机学院	研 1702	最佳单系统奖	
	张禹尧	2018020357	计算机学院	研 1803	最佳单系统奖	
	崔龙岩	2016011458	计算机学院	计科 1606	最佳单系统奖	
	陈盈盈	2017011183	计算机学院	计类 1702	最佳单系统奖	
“外研社杯”全国英语写作大赛（竞赛负责教师：王庆华）	刘康宁	2015012535	外国语学院	英语 1502	国家级三等奖	方元

续表

竞赛名称	学生获奖信息					指导教师
	姓名	学号	学院	班级	所获奖项	
“外研社杯”全国英语写作大赛（竞赛负责教师：王庆华）	刘康宁	2015012535	外国语学院	英语 1502	北京市特等奖	王庆华
	李梓安	2016012520	外国语学院	英语 1601	北京市三等奖	方元
经世 IUV 杯全国大学生通信网络部署与优化设计大赛（吉林大学赛区）	李子旭	2015012252	通信学院	通信 1501	团队二等奖	卓智海，杨茜媛
	辜　函	2015010047	通信学院	通信 1501		
	黄　昕	2015010890	通信学院	通信 1501	团队一等奖	卓智海，杨茜媛
	宋　震	2015010897	通信学院	通信 1502		
经世 IUV 杯全国大学生通信网络部署与优化设计大赛	李子旭	2015012252	通信学院	通信 1501	团队二等奖	卓智海，杨茜媛
	辜　函	2015010047	通信学院	通信 1501		
	黄　昕	2015010890	通信学院	通信 1501	团队优秀奖	卓智海，杨茜媛
	宋　震	2015010897	通信学院	通信 1502		
2018 全国金融与证券投资模拟实训大赛（国赛）	朱江楠	2015011960	经济管理学院	经济 1504	北京市二等奖	刘青、刘伟
	陈　润	2015011941	经济管理学院	经济 1504		
	黄　芬	2015011942	经济管理学院	经济 1504		
	杜思敏	2016011540	经济管理学院	会计 1602	北京市一等奖	马众、王宗水
	蓝　月	2016011542	经济管理学院	会计 1602		
	林　潘	2016011559	经济管理学院	会计 1602		
	张家豪	2016011675	经济管理学院	财务 1602	北京市二等奖	陈元凤、王琪
	徐子涵	2016011646	经济管理学院	财务 1601		
	乐靖宜	2016011886	经济管理学院	财务 1604		
	李　想	2016011607	经济管理学院	会计 2016	全国团体二等奖	
	袁　梦	2016011613	经济管理学院	会计 2016		
	勘卿雅	2016011896	经济管理学院	经济 2016		
	杨　涵	2016011593	经济管理学院	会计 2016		
	刘小涵	2016011608	经济管理学院	会计 2016		
	张　昊	2016011911	经济管理学院	财务管理 2016		
	李英姿	2016011598	经济管理学院	会计 2016		
	张雨萌	2016011614	经济管理学院	会计 2016		
	曾晨阳	2016011594	经济管理学院	会计 2016		
	吴思汛	2016011903	经济管理学院	经济 2016		
	柏星伊	2017011656	经济管理学院	财务管理 2017	全国团体三等奖	
	见兰琪	2017011658	经济管理学院	财务管理 2017		
	安　晴	2017011655	经济管理学院	财务管理 2017		
	董宇茜	2017011657	经济管理学院	财务管理 2017		
	李佳卉	2017011659	经济管理学院	财务管理 2017		
	李佳婧	2017011660	经济管理学院	财务管理 2017		

续表

竞赛名称	学生获奖信息					指导教师
	姓名	学号	学院	班级	所获奖项	
2018 全国金融与证券投资模拟实训大赛（国赛）	涂嘉炜	2017011522	经济管理学院	会计 2017	全国团体三等奖	
	张家豪	2016011675	经济管理学院	财务管理 2016		
	徐子涵	2016011646	经济管理学院	财务管理 2016		
	张怡琳	2016011661	经济管理学院	财务管理 2016		
	唐浩程	2015012026	经济管理学院	人力资源管理 2015	全国个人二等奖	
	龚真真	2016011918	经济管理学院	经济 2016	全国个人二等奖	
	田书萱	2016012685	理学院	电子信息科学与技术 2016	全国个人三等奖	
	姜奇奇	2016011799	经济管理学院	工商 2016	全国个人三等奖	
2018 全国金融与证券投资模拟实训大赛（校赛）	唐浩程	2015012026	经济管理学院	人力资源管理 2015	校级一等奖	
	龚真真	2016011918	经济管理学院	经济 2016	校级一等奖	
	田书萱	2016012685	理学院	电子信息科学与技术 2016	校级二等奖	
	姜奇奇	2016011799	经济管理学院	工商 2016	校级二等奖	
	吴思汛	2016011903	经济管理学院	经济 2016	校级二等奖	
	杨　涵	2016011593	经济管理学院	会计 2016	校级三等奖	
	刘小涵	2016011608	经济管理学院	会计 2016	校级三等奖	
	尹佳宁	2015012019	经济管理学院	会计 2015	校级三等奖	
	吴　彤	2015011640	经济管理学院	财务 2015	校级三等奖	
	张　蕊	2016011701	经济管理学院	财务 2016	校级三等奖	
	王石青	2015011608	经济管理学院	财务 2015	校级三等奖	
	张怡琳	2016011661	经济管理学院	财务 2016	校级三等奖	
	李佳卉	2017011659	经济管理学院	财务 2017	校级三等奖	
	杨天娇	2015011642	经济管理学院	财务 2015	校级三等奖	
	颜雅玲	2016011948	经济管理学院	经济学（国际贸易）	校级三等奖	
	李谨奉	2017010272	机电学院	机器人工程专业 2017	校级三等奖	
	曾晨阳	2016011594	经济管理学院	会计 2016	校级三等奖	
	勘卿雅	2016011896	经济管理学院	经济 2016	校级三等奖	

研究生竞赛获奖名单

序号	竞赛名称	获奖项目及等级	全体姓名	学院
1	全国大学生光电设计大赛	北京市毛玻璃组三等奖	袁宏伟 冉红梅 王禹心	光电学院
2	全国大学生光电设计大赛	光电“寻的”竞技车国家级三等奖	黄霄霄 王越 郭睿涵	光电学院
3	中国机器人大赛 RoboCup 公开赛	机器人先进视觉赛 -2D 识别项目国家级三等奖	黄霄霄 张浩朋 赵林元 曹禹 吐鲁逊江·克热木 张艺伟	光电学院
4	全国大学生光电设计大赛	三等奖	郝家祺 代雪梅 唐兵	光电学院
5	中国大学生 iCAN 物联网创新创业大赛	二等奖	常创创 朱家林 田泽宇 王佳豪 李佳	光电学院

续表

序号	竞赛名称	获奖项目及等级	全体姓名	学院
6	中国机器人大赛	助老环境与安全服务项目一等奖	王玖玲 芦昊文	信息与通信工程学院
7	中国机器人大赛	武术擂台赛 - 无差别 1vs1 项目三等奖	王玖玲 芦昊文	信息与通信工程学院
8	中国水中机器人大赛	全局视觉组水中角力项目三等奖	王玖玲 吕浩炎 鲁岚	信息与通信工程学院
9	2018 年华北五省机器人大赛	机器人艺术赛（团体舞蹈）一等奖	王硕 赵咪 贺飞凡 朱林	信息与通信工程学院
10	国际水中机器人大赛	全局视觉组 - 抢球博弈三等奖	刘爽 王玖玲 吕浩炎	信息与通信工程学院
11	2018 年华北五省机器人大赛	一等奖	张艳国 汪天生 刘恒志	自动化学院
12	华北五省大学生机器人大赛	点球项目 三等奖	温海茹 吕思川	自动化学院
13	中国水中机器人大赛暨国际水中机器人公开赛	二等奖	刘萍 胡玉针 李博瑞 陈治金 王维 陈瑶 薛琳 朱学文 周彦君 刘子豪	自动化学院
14	全国大学生计算机博弈大赛暨全国计算机博弈锦标赛	二打一扑克牌（斗地主）国家级一等奖	李赛赛	计算机学院
15	中国大学生 iCAN 物联网创新创业大赛	智能扶梯安全提示系统 三等奖	姚宇军 李建 赵宇 凌涛 任海燕	理学院

毕、结业生名单

硕士毕业生名单									
光电学院（50 人）									
刘宇航	王兴丽	李成宇	王德钊	周　平	王　睿	吴　晗	李　波	李　达	张恒飞
张俊康	张开宇	李　凯	徐馨荷	褚连胜	樊夏辉	高　洁	谭泽祥	仝丽君	张鑫鹏
张巧云	贺凯丽	易　敏	贾俊博	张　悦	徐晓凤	齐春晨	李　丽	上官春梅	
郭振黎	魏玉欣	魏钰柏	李磊伟	郝东洋	史艳侠	王海月	杨三三	禹隆隆	胡腾飞
杨　颖	丁军浩	张彦军	王伟丽	骆荣坤	李　冉	冯金磊	王思宇	徐紫艳	章　东
马国峰									
机电学院（59 人）									
孙国跃	罗　盼	王四松	孙　委	马士然	奚鹏程	曹逸凡	刘锴圣	耿巧曼	吴雅朋
何林锋	张　龙	刘玉龙	陈志华	闫　坤	赵　旭	张婷婷	杨志达	朱秀芳	马　钊
张胜金	石青鑫	崔一峰	夏欣雨	杜　祯	魏晓旭	彭　峰	杜　晨	孟祥梁	刘　洋
黄彦曌	王丛政	杨俊杰	彭毓敏	曹　洲	金　秋	付胜华	姚亚航	仝玉冲	崔锡龙
付　晶	陈江松	张　骞	高秀慧	高杨杰	张祥启	邹安南	刘　贝	马建刚	黄喜淦
顾晓军	段密克	吕文秀	鹿昆磊	孙　康	王志明	夏建华	刘　洋	王　葵	
通信学院（47 人）									
郑鑫臻	可飞龙	赵盼盼	郭　杰	马语晗	杨亚旗	刘鹏成	胡变香	李　茜	修　超
李昕冉	殷生旺	刘河源	郑佳瑶	万　韶	王　帅	章兵兵	朱星嘉	陈　行	邱中原
胡　峰	徐国权	位明扬	景裕文	于芳源	郭鹏飞	沈　琛	周思洋	宋莎莎	段肖洋
董大年	杨瑞琪	王文琪	欧　莹	金文斌	陈　丹	杨超群	乔元新	常兴远	张　浩
白　枭	雷　欧	刘　兴	杨　昊	张　朋	徐亚峰	杜仁杰			
自动化学院（72 人）									

续

朱立夫	王　帅	陈　硕	王　涛	丁旭东	刘振涛	赵国宁	项　伟	王英剑	齐京申
罗　奇	王　玺	孟庆桐	雪晓菲	江宇萌	吴彦欣	宫振杰	祝　贺	李玥琪	黄　璐
袁鑫全	岳雅茹	姬芳芳	耿仕强	郭宝峰	彭桂武	白万涛	金鑫城	张栋梁	吴冰洋
崔晓丽	梅　迪	张　英	宋晓宇	解　爽	员乾乾	杨　坚	陈　萍	郝亚东	白　晗
李孟楠	李　星	王世峰	高彬彬	吴东东	贾文浩	李银银	于　飞	李　同	李世川
王志方	何孟凡	王　刚	陶子涵	刘　虹	崔领袖	李小雷	李　军	张世先	于士贤
吴楠京	周阮坤	杨凤满	党浩明	朱加华	熊晶晶	宋　阳	田文龙	李利苹	姚其家
张　磊	朱凤杰								
计算机学院（53 人）									
许婷婷	马洋春	杜　冰	秦博宏	雷　洋	赵　雪	张小鹏	侯林清	徐　硕	郝　蓓
邬丽君	刘其源	袁从灏	叶　子	王文超	田　敏	赵　欢	张亦鹏	郭　昊	郑国伟
李　欢	贾渊渊	蒋俊弛	魏天珂	李长磊	杨亦松	朱万祥	贾珊珊	张　凯	黄姝婧
徐华俊	贺泽宇	张蜀男	张永真	吴　萌	郑　佳	王　健	张庆伟	王　建	杨　林
曹　勇	肖圣龙	夏　冰	徐　哲	李　胜	季逸超	薛炜明	郭晓敏	王宇璐	高　莹
孙　冉	张耀荣	郭正斌							
经管学院（53 人）									
孟　萍	邱秀娜	马　然	聂立峰	贾文俊	张　艳	侯　奕	陈　晨	王　静	刘　旭
刘潇雨	徐　渊	刘爱华	贾　斌	郎　倩	赵　蕊	王春玲	侯　琴	熊雪洋	潘　坤
孙　懿	赵德虎	李海松	张艳娟	赵刚刚	蔡佳迎	刘春玲	韩丽丽	米　妍	孙　睿
马东惠	于少杰	程　丽	杨万里	张齐娟	赵嘉茵	罗晓璐	付　莉	王亚涛	郭丽用
李晶博	黄聪艳	余　娜	余　伟	张雪娇	韩　铁	张　静	桑　丹	文　婧	孟家丞
郝　珅	郭　涛	倪润通							
信管学院（49 人）									
陈　晓	李　庙	王陆娅	武婉婉	张海丽	毛泽天	郭　慧	赵文辉	董裕琼	张建平
陈峥欣	王纪元	梅　灵	李　凡	宋四宾	马承君	黄美霞	杨思雨	初　睿	李　飞
毛　欣	朱志军	赵建欣	康瑞瑞	邹雅迪	王　伟	史文慧	张亚敏	刘奥彬	吕佳玮
张欣然	王甜甜	苏照力	王　础	郭金明	苏晓玲	王　蓉	贾倩倩	程凤姣	高宇游
陈天英	邱燕芳	杨　萍	潘馨如	应志恒	魏美荣	李　达	孙浩博	欧阳甫宣	
理学院（13 人）									
王伟豪	刘　聪	王腾飞	王　强	汪星星	陈鸿燕	张建宽	吴丽娜	张静静	高　姗
王敏敏	张文英	李　倩							
马克思学院（5 人）									
杜明夏	何玉清	王梦晨	王　珊	关月盈					

硕士结业生名单									
光电学院（2 人）									
陈　欣	樊绍桐								
机电学院（2 人）									

续

硕士毕业生名单									
张 琦	邱玉彬								
计算机学院（2 人）									
王 燊	高学信								
经管学院（2 人）									
姚海峰	张丹丹								
通信学院（1 人）									
章庆汉									
信管学院（2 人）									
宋月明									
自动化学院（2 人）									
宋亚信	杨 逸								

同等学力人员硕士毕业生名单									
管理学专业（34 人）									
康瑞瑞	朱志军	张亚敏	邹雅迪	李 飞	刘奥彬	王 伟	孙浩博	李 达	米 妍
马东惠	孙 睿	韩丽丽	张雪娇	张 静	桑 丹	余 伟	韩 铁	于少杰	赵嘉茵
罗晓璐	杨万里	程 丽	张齐娟	柳迎春	张欣然	吕佳玮	毛 欣	史文慧	赵建欣
魏美荣	王明涛	欧阳甫宣		WAIEL HOURIEH					

在职工程硕士毕业生名单									
（40 人）									
张丽萍	杨 霄	董志安	李 凯	郭 翼	舒 适	张 麟	郝澄宇	张童玉	倪 茜
彭 夷	刘 猛	李晅旻	钱晓明	张 扬	孙 浩	赵有秋	姚 莉	李孟芳	郑 印
周志坚	林学梁	马天佳	任 磊	乔浩然	王占军	韩 超	阮伟娟	张肖勇	袁世龙
张长均	王运方	杨 超	刘 鹏	尹艳瑾	郑远博	田家臣	贾春红	董 磊	刘 旭

本科毕业生名单（含双学位）									
机电工程学院									
机械设计制造及其自动化专业（89 人）									
陈正星	张晓伟	龚译潜	韩一菲	寇翰星	穆泳生	王 帆	王庆升	王 维	吴 雷
闫子聪	叶光明	张 涛	赵 腾	朱瑞明	王慧娟	王 潇	陈道洋	刘旭鹏	卢冠年
潘礼延	石 京	苏朝镇	苏 頔	王金福	岳 潭	牛宇梦	沈达奇	贾 晨	郭新宇
郭一冉	何雪萍	杨 丽	白金鹏	陈 铎	崔鸿斌	姜 蔚	李星涛	马 岩	王立东
闫书锦	张 焱	任冬霞	孙 楠	彭自正	韩晓铮	邵国伟	王军生	孔令超	吕晓菡
曹宇钊	高庆瑞	李俊秀	李宇恒	李 祯	马瑞华	王灵山	王 喆	文 峥	章孝诚
毛向向	罗 茜	田家胜	郭思治	李一凡	段贵强	郭永伦	付泽正	德力夏提	
乌木提 · 库尔班江		库尔班江 · 吾斯曼江		阿吉麦麦提 · 艾力		王鼎铭	文正昊	王云硕	梁磊

续

于冬冬	刘 蕊	万 彤	叶思岐	马伯轩	徐关文	郑鑫辉	马云治	艾日帕提·艾尼瓦尔	
邢斯喆	李博文	阿布都依木江·卡得尔			王羿飞				
机械电子工程专业（49 人）									
曹梦婷	杜靓雯	洪 韵	江宇珩	李 畅	刘 佳	潘雪晴	王秀珍	朱 瑞	安宇佳
邓银涛	邓 张	冯泽锐	黄荣锐	李富强	李旭东	刘东阳	潘 展	王 超	肖 柯
徐浚洲	赵 辉	周道竑	卓佐长	俞银娇	宫艳晶	黄潇君	卢璐璐	王宇坤	修嘉芸
褚晓凯	董银川	贾畅	金 棪	李永泽	戚世家	王湘程	王 羽	杨 帆	赵钰鸽
庄 乾	裴寒彬	高建江	时梦涛	郑祥文	陈文芬	樊伟超	刘 千	李思远	
车辆工程专业（47 人）									
王心宇	陈晓薇	闫 俊	岳安琪	陈瀚赜	陈友宏	邓 昱	黄林生	康成运	刘 可
刘 磊	刘 勇	马昊文	闫 磊	杨 率	赵烈华	赵天宇	杜玉萍	王雨前	刘月迎
汪晗玥	冯绍诚	符义豪	胡湘宇	胡昭锴	黄 芦	吕高昂	沈 飞	唐 昊	王铭宇
韩瑛奇	李润泽	万 斌	张壹哲	郑 苏	刘晓天	焦冠红	张俊坤	刘倍倍	赵锐意
衣里帕提·阿比里米提			阿布力米提·米尔孜		王雅冬	廖炳炜	卢 迪	马 岳	白银邦
工业工程专业（39 人）									
段美娇	邓 浏	腊博辰	李仕舶	刘建超	陆 晗	谢昀彤	徐大雨	许世豪	张昊秋
张沛霖	张舜卿	王雪瑶	陈聚智	陈明宇	冯昊天	李沛杰	李 硕	马晓波	曲劲帆
沈逸培	王嘉豪	于 浩	张文俊	庄 园	张婷昱	郑子扬	杨清云	王 亚	崔 翔
何斌策	黎舒伯	刘嘉豪	任子豪	许 韬	吴 翾	王笑晗	王子豪	叶浩明	
工业设计专业（47 人）									
邓旻雨	冯 扬	高 沅	郭佳宇	监 爽	李楠楠	李 茹	吕梦蝶	田佳奕	张佳蕾
侯林飞	霍光明	李泊翰	李 晖	刘一君	马子逸	屠垚斌	王宇繁	袁 鑫	张鹏飞
李 琛	刘佳琪	刘诗琦	刘思瑶	罗 漫	童恬依	王 曼	吴小艺	张梦晗	曹子烁
郭雨航	贾学鹏	柳子帅	王 智	徐海晶	杨润坤	张 童	贾星楠	邢泽霖	解 轶
李 路	王梦宇	康 祺	雷 云	李 阳	张迅超	谢 宇			
新能源科学与工程专业（20 人）									
张弋灿	曹雨敏	孟 雪	王 也	陈白尘	郭昭良	刘昊轩	于轼衡	张保松	满 帅
谭应博	张宇轩	刘 永	王 磊	邢聪宇	李国玺	王 璐	张童岩	刘祖杨	周子辰
仪器科学与光电工程学院									
测控技术与仪器专业（74 人）									
劳馨德	宋贵杰	王艺瑄	谢 艳	余启迪	陈斯庚	陈星谕	董占国	郭广宇	林书毅
刘炳锋	王冠宸	王绪硕	温庭钧	叶颖谦	章 曦	周文涛	朱呈吉	赵国凯	单宝娟
丁 燕	李雅欣	孙沛诗	温红艳	杨远静	张文玥	赵娴雅	赵叶铭	周侣含	白德进
董一凡	江 涛	潘金秋	冉 洁	唐海涛	王 伟	王 毅	温时俊	闫 桢	张青超
郑思宇	黄 菲	刘 晋	马晓欢	孟子西	任旭阳	盛斯斯	温 娜	武梦萱	杨 帆
赵安琪	董 波	郭尚伟	何 洋	黄 何	林 明	秦志军	汤 晨	杨 君	郑 刚
曹 槐	李 博	刘星余	王兆新	张荣本	黄章程	李天阳	夏博伟	聂裕豪	屈 鹏
朱健辰	于海青	颜艳军	阿地拉·阿不力提甫						

续

光电信息科学与工程专业（48 人）									
崔晓航	胡玮娜	李　睿	梅宁芮	史艳平	杨莹莹	郑　铮	高　远	梁进宇	刘凯柱
孙牧野	王国彬	吴子卿	董　莹	刘暖冬	王秋琳	张安琪	张小倩	白智轩	陈晓轩
费秋实	何　洋	蒋　烨	焦　亮	寇宇鹏	毛　强	孙　响	魏　巍	席　礼	肖　剑
艾苏鑫	庞明譞	宋俊良	王晓龙	郭翔远	梁毓培	葛琦玮	李　维	刘世杰	穆怀峥
邢海斌	张晴伟	张云昊	孙佳庚	王　旭	张　泽	赵心瑞	马琳博格		
自动化学院									
自动化（信息与控制系统）专业（135 人）									
张　帆	黄心怡	李　宗	刘燕佳	滕　钰	王　宇	王　羽	杨　洋	张桉萌	周润森
安子豪	陈光轩	付　饶	郭玉强	韩冰杰	胡　杨	李智勇	刘　铖	刘希博	曲俊先
唐嘉程	辛　梓	尤秀松	张思伟	郑灵逸	郑鑫鑫	刘佳俊	潘云龙	任　飞	司晓旭
吴锦兰	徐益华	杨红瑜	杨乔悦	李　彪	梁兴元	林　强	刘佳跃	王京飞	王　毅
卫炳乾	吴光伟	殷克蒙	余　浩	张小宇	刘远树	杜　霄	桑宸梓	王　佳	奚筱宛
张　静	申小盼	赵钰婷	安　祺	陈　东	伏　恒	洪　超	莫博康	宋俞弘	唐翰文
汪　磊	王　侃	魏　冬	吴希岩	张民新	陈　垚	崔越珊	何　蕊	刘腾蛟	张　静
陈佳伟	李博威	刘安东	孙帅盟	孙伟硕	孙　鑫	孙旭鹏	王　瑜	肖孝良	杨逸航
张向鹏	赵　桐	吕梦遥	张宇航	邵婷婷	王　鹏	何人天	张渊宗	单靖茹	胡泽康
姜　丹	王　攀	张　依	曹冠群	崔　玺	韩　帅	韩亦淼	何东霖	贺佳辉	李德曦
刘凯晖	马伯齐	马于凯	王嘉玮	王建业	王　旭	王　遥	杨恩泽	杨家冀	尤腾辉
张怡安	张镇宇	郑玉乾	张　鑫	卢俊杭	周　力	李　强	邱潇潇	张智元	李德镣
李林哲	刘书信	付杰林	李玉林	彭　鹏	王宏平	杨志能	王伟东	吴　浩	杜金朋
王海兴	陈　岚	王文娟	任建英	李广森					
电气工程及其自动化专业（72 人）									
曹雅琦	闵梦婕	王　燕	段　超	郭　凇	吉锌格	李成祥	刘　杰	邱亚鹏	王春宇
王　熙	王　哲	吴　杰	杨新宇	叶　扬	张旭华	赵俊杰	周一航	朱立宇	吴志豪
邢　鹏	段嘉桐	解　鑫	徐　翠	邓文浩	丁晨光	耿　浩	李思文	李扬帆	刘博浩
刘子博	石皓岩	王　彬	王宇昊	徐　栋	杨　睿	张睿涵	赵　达	赵　伟	关勤政
段明辉	冯　乐	郭肇珩	贾　鹏	李天烁	刘桂林	刘　冉	刘　硕	刘众谋	邢万里
张家辉	张宗旭	秦　钟	曹博超	于　博	李伟哲	石　蕾	范泽宇	方　亮	古鲤源
王　硕	张　扬	李汉卿	李室佑	杨佳杰	曹梦岩	黄天宇	李好好	刘雨豪	王　硕
张　理	迪力木热提·阿不都拉			唐　岩					
智能科学与技术（37 人）									
鲍萌萌	高宇旋	李赛男	岳晓艺	李江敏	宁俤修	牛昊明	谢天力	崔伊莹	玛尔简
赵　晴	赵紫琳	常　健	陈　富	陈嘉昊	王浩宇	王江昆	宗　哲	达勒别克·努尔兰	
崔明辉	王　哲	闫海粟	贾子凡	刘仕康	卢子璘	史　诺	黎艳梅		
信息与通信工程学院									
电子信息工程专业（98 人）									
李旭阳	韩雯雯	胡玉洁	贾　浩	刘佳贺	卢凯丽	马　宸	宋婷婷	虞　薇	张　雨

续

陈尚彬	耿浩毅	管宇鹏	吕佳豪	王思南	王子乾	温庆祥	余　航	张吉智	张增会
张佳月	曹欣博	贾宇茗	焦丹阳	刘梦雅	石婧雯	王　楠	杨　榕	郑梦文	晁一帆
董浩楠	侯赛音	侯裕攀	黄文钊	黄　钊	贾子斌	李洋华	林鸿杰	龙腾飞	陆科财
谭　力	王沛洋	王延军	侯佳彤	李婷婷	谭斯蓉	游梦琳	张佩蕾	张　瑜	张云霞
赵　宸	崔　卓	邓士平	丁尚甦	董谢群	范正新	黄景波	李伯涵	李书锋	彭成成
王安康	魏紫元	吴健伟	赵恒瑄	金珊宏	麦玉婷	米广双	孙　悦	武璐璐	肖悦珺
杨明雪	果坤鹏	黄芝恒	纪　强	李梦宇	李雪松	刘　超	刘庆平	田　焜	谢振利
徐嘉伟	叶　森	虞亦潇	张　鑫	邵枫轩	李卓然	卢华北	刘周鹏	张　宸	刘　粒
侯博轩	许佳兴	陈劲楠	王为豪	沈智瑞	贾　涛	王晓建	董俊鑫	仲树浩	刘　宇
赵起超	刘　燊	李　刚	谢皓楠	朱宏伟					
通信工程专业（124 人）									
单雅茹	房贺鸣	耿树君	姜　欢	李美伦	李　萌	李　彤	李　艳	孙会芳	魏琳慧
吴嘉敏	夏立超	张茜岚	曹路生	李泽中	林俊辉	孙　统	王　耀	杨鑫鑫	张皓月
张哲彬	张子豪	赵效佑	周华强	马　玺	陈嘉壘	孔德鹏	李　红	田凌昊	朱培鑫
张　明	张子帆	李朝阳	王美迪	张子阳	郑晓旭	胡庭彰	黄　佳	黄子岩	兰江雨
刘春祥	陆　鑫	马天放	秦敏智	王　鹏	王英伟	谢宗辰	钟少平	左继鹏	韩　蕊
任春阳	罗文龙	许伟京	纪银辉	董志鹏	吕　乐	张成杰	韩圣洁	苏晓眉	孙小月
王　晗	高　梁	刘少华	王子萌	杨　杰	陈　霞	乔　洁	韩　萌	林梦婷	宋明芳
徐子烨	虞　丹	庄　粟	安英伟	陈长武	付　宇	郭煜坤	胡远钊	李　超	梁　超
王佳文	张顺成	张　兴	刘　雪	李　宁	曹晏卿	富　浩	雷镕嘉	张　昊	魏明烁
朱逸锋	钱江宇	李晗禹	潘雨婷	马一凇	王　铖	杨思豪	买买提艾孜则·斯依提		
赵冠杰	周英明	张　麟	郭伟强	穆怀阳	李伯达	许华清	亚力坤·海比布		
阿卜杜拉·吾舒尔		麦尔旦·图尔荪		沈智瑞	贾　涛	王晓建	张　昊	李俊杰	马骁宇
王贤亮	姚叔钰	李茹意	李岳松	袁文硕	鲍梦杰	徐梓涵	牛　鑫	赵昱天	陈俊杰
物联网工程专业（25 人）									
盖贝贝	李鑫彤	邱焕霞	汪冰洁	王晨智	高博斌	郭瑞杰	何云山	李　晨	李焕利
孙博宇	孙士文	王宇昕	王宇轩	王禹皓	王　昭	王知笑	温雨轩	轩诗垚	杨　森
张子豪	赵国玉	赖思成	刘春宏	殷　雄					
计算机学院									
计算机科学与技术专业（171 人）									
吴佳琦	孔凡芃	吴佼玉	柏　峰	陈　汉	郭　旭	郭子航	李　东	李鸿飞	刘家旭
罗文宽	宋　豪	王子聪	吴仁智	杨毅帆	张涵宇	马凯悦	黄超斌	林元鹏	刘一卫
宋北琦	阴昱为	张羽英	姜文奇	杜忠明	马星博	詹郑宇	蔡　晨	李赛北	杨　露
陈　民	程子恒	顾　宇	郭泽嘉	李鑫欣	刘　帅	魏元宝	许广悦	闫冠宇	郑　炜
王沐雨	和　展	李旭博	李　臻	刘卓民	汪齐家	王尅丰	王宇晖	臧御琛	张铭宇
郑志浩	李　强	王博远	布依凡	陈　宁	马江微	宋　玲	朱　琳	杜文南	黄恩一
刘美良	任海强	尹　旦	张浩然	张生霞	陈亚春	杜茂琳	高泽坤	王思远	魏瀚韬
李雨桐	刘秉昱	尹笑航	陈　杭	黄晓玫	史洛源	周思昀	李　玛	廖帅帅	罗　晋

续

王明明	熊杨明	徐文栋	闫　桐	杨欣怡	韩　超	韩佳乘	胡　博	吕本贤	秦成耀
王博文	吴秉奇	杨致远	袁　涛	张　博	赵晟钦	马明明	赵晶晶	齐　盼	王盟源
谷　雨	郭丽欣	孙晓韩	杨雨桐	赵晶晶	陈德理	顾孟棋	胡　博	申润业	时明辉
宋　振	王　俊	王　硕	张元鲁	魏文卓	郭树源	何梓源	李　奇	吴昊展	张圣霖
刘增辉	郝海云	金海佳	李　佳	李　享	刘　茜	曹晨景	李　宁	李政达	刘　城
刘玮琪	南博公	苏魁麟	王　钊	吴明慧	张国月	郭双燕	李子源	郭路遥	王国庆
翟金昊	赵　昊	张天策	朱瑞天	刘　跃	刘　赢	陈　鹏	刘　帅	贺　健	余玖柒
蒋　宇	张谦益	高安琦	杨昕昕	王　坤	陈泽宇	胡鸿博	胡皓凯	许　博	许　扬
赵雅恒	吕国强	李易青	杜　朋	姜　辉	王　晨	曾　磊	周松桥	黄伟杰	张　旭
刘若尘									
软件工程专业（83 人）									
余旭东	董芷艺	杨　浩	雷　栋	徐　鼎	苑　淼	王思卓	王　影	曲　林	王　阳
肖庆都	尹子轩	丁静雅	张思含	刘杨钺	柯浩康	刘照阁	屈亮亮	王　宏	王　娟
张笑佳	杨斯露	陈羽溪	李云鹏	王玉杰	张　雯	穆天杨	唐仁杰	杨浩然	陈圆圆
孙晓辰	田静文	黄永亮	罗艺雄	庞俊文	解思琦	李慧霞	李浚哲	付明振	寇　权
孙俊杰	王　胜	徐　任	唐伟东	胡忠宇	徐刘凯	张新杰	郑云轩	白星月	马志敏
唐　锐	李达飞	张禹尧	崔照阳	刘绍颖	张娅娅	段金昊	郭正昊	蒋嘉懿	刘士源
田朋朋	西　森	张子一	果红艳	温智博	管腾飞	黄以捷	岳苏凝	钱志恒	赵牧丞
吴子杰	张思远	牛家华	李发林	王　雨	李宇同	肖天栋	杜兴彩	蔡嘉豪	张熠阳
李志伟	柳青祎斌		郭啸宇						
网络工程专业（50 人）									
魏俊逸	李博文	王金勇	熊雨帆	张　皓	段言成	杨旭洋	张皓晨	李俊儒	李润发
朱　宇	赵　冲	李　林	孙文学	郑自强	王　倩	黄钦阳	苏　聪	田山川	马丁宇
杨　洋	宋方鑫	吴伟春	吴云锋	陈　静	康建城	冉彭吉	李馨雪	陈　睿	郭文佐
邹晓舟	薛胜男	徐天缘	常　泰	祁鹏伟	李　游	方嘉豪	寇少枫	李光耀	吴方哲
张竣羽	赵楚桐	白　航	富　豪	李张恺	刁震卿	李　克	马昕禹	潘　璇	马浩博
经济管理学院									
会计学（注册会计师）专业（86 人）									
张国伟	卢叶婷	尹丽叶	周元春	赵　彤	丁郁丛	付　玮	洪小钰	黄海英	李京儒
苏静萱	万子珍	王海利	王鹤曌	徐陆璐	张　萌	赵晨旭	郑一凡	钟华莲	曾俊超
韩　博	刘国帅	温宇鹏	颜大礼	赵烨鼎	郑林坤	王　博	陈颢楠	陈　琪	程晓菲
董涵宜	方　慧	洪　琪	康雪阳	李亚娜	刘　晶	刘　颖	马兢远	施伊默	檀汝婷
王雨濛	肖昕怡	易甜甜	张洺华	赵刘杰	赵　颖	贺　昱	孟天巍	王亚泽	吴　南
张乐洋	程铂惠	陈薪宇	于清慧	郭宇慧	常鑫阳	常雨昕	费子涵	付月菊	郭　萌
江竹梅	李梦晗	刘佳琪	石美琪	王　璐	王旭阳	杨　欣	张露丹	张夏萍	赵　静
董　琦	穆鹏程	沈砚浩	汪孟德	王宇轩	黄瑞琪	李俊颖	彭欣伦	李琛琛	彭文君
陈青青	肖　镇	陈　帆	张韫 WEI	葛勤天悦	木尼热 · 吐尔逊				
会计学专业（29 人）									

续

张成璐	张怡倩	陈墨香	陈雅鑫	戴静雯	郭丽娜	郭子佳	胡逸涵	姬文娅	孔庆宇
欧木林	宋丹慈	田亚林	王君夷	吴静璇	徐 爽	张 冉	张雪儿	赵 畅	艾红岩
高 尚	关 响	侯思宇	司 琛	王 浩	王子翔	徐而立	章宏远	郑海霞	
财务管理(证券与投资)专业(22 人)									
陈 琳	付雪涵	高 琪	李谊佳	刘欣妍	任洺萱	王舒闻	王一凡	王 怡	王子旭
文广垠	殷丹阳	袁润惠	赵 惠	朱晓晗	郭泽众	贾方迪	李昕朋	林志豪	邵 凡
常斯琦	王小曼								
财务管理(公司财务)专业(54 人)									
金洁敏	陈喜玫	陈 煜	崔静雯	崔 滢	刁粒芮	冯雅然	韩 刘	蒋 琦	李博雅
李金阳	梁雨婷	刘思凡	刘婉扬	刘泽瑶	鲁 昕	陆 源	孙 雪	王琪琪	王晓衡
王笑涵	吴 菲	张 旭	陈宣宇	高晓峰	金婉婷	杨晓勤	曹 薇	丁 爽	段欣言
高春阳	何思雨	侯亚丽	李昊阳	李 雪	林思怡	刘雨秋	马 睿	齐艾秐	秦 晶
王 童	辛 璐	邢 云	许雅茹	杨满庭	殷林婵	陈正轩	林锋坤	王占福	张 宁
胡笑溶	陈 晓	艾比巴汗 · 买买提依明			吕天毅				
市场营销专业(32 人)									
范依瑶	高 坤	孙颖洁	王文思	王 雪	伍 粤	张 辰	张 晨	张兴竹	赵欣媛
关子旭	刘俊峰	宋捷睿	王 悦	王子科	肖彧彬	许 岳	赵培源	马玉丽	孙红波
谢 静	于 晴	张玉莹	甄新宇	朱思琪	郭子鹏	王 政	杨晗平	王硕妍	王锦涛
许 良	刘 晋								
工商管理专业(48 人)									
管雨露	金宇	李雅鑫	梁韵	马天宇	邱雅楠	田宝珠	万毅	王子月	徐婉钰
严鑫琦	张楠	赵燕莉	周萌	柏杰川	包天煜	韩瑞衡	李澈	刘聪	彭涵
芮璁	孙博阳	燕霄	张子琛	赵航	刘洛含	秦阳	刘祎琳	柳云	马宁
马倩	苏梦涵	王凤	王琦	王新颖	闫旭	张莹	赵珊	周珂	李凯恩
李子易	刘浩	刘子昕	邵征	臧佳宁	李升	欧阳佳民		才昂卓玛	
工商管理(服务运营管理)专业(48 人)									
卢舜君	程 瑶	杜卓彧	付楚凝	李 论	李 敏	李宇琪	林 瑶	蔺俞铮	刘安琦
刘 鑫	刘英爽	孙嘉婧	孙婧溪	夏 茜	杨丽群	于阿雪	赵思宇	钟晓苡	陈 昊
盖 伟	勾海涛	郭 昊	罗 京	王晨亮	王 硕	王 雨	张 扬	周天皓	陈 燕
崔佳宁	傅鹏飞	李铭一	李子昭	马梦琦	任春晓	田宇鑫	王凯月	杨 茜	杨 珊
杨雨桐	韩 奕	李盈秋	苏子硕	谭 镇	张 博	张德天	孙雪滢		
工商管理专业(25 人)									
张 萌	郑会艳	李艳芳	曹可心	于凯旋	陈 岐	潘丽娜	成鸿雁	潘博笑	李 超
李佳颖	都静雅	杨 婧	高成龙	金 彪	田润丰	田康康	王春良	张志勇	赵云波
袁 勃	李 征	张子唯	杨 磊	翟 忠					
经济学专业(46 人)									
王相茹	房心若	高巧韵	黄 聪	黄方怡	黄木坤	李思琪	牛怡璇	唐 梦	唐 祎
王 卉	王 荆	王心月	魏 昕	熊诗印	杨雨濛	张 萌	赵颖杰	钟佩华	朱佳欣

续

陈登陆	吴宇博	邓涔岑	冯晓雪	蒋安珂	蒋　婷	焦心仪	李莹晖	刘安佳	慕文蓉
任　璐	王皓楠	王植慧	吴思兴	薛小玉	杨娟妮	叶梦如	张卜笛	庄　岩	龙泽玉
卢　研	王文祥	邢晓原	杨炫鸿	陈冠庄	白玛拉措				
经济学（国际贸易）专业（52 人）									
朱茗卉	樊双双	方雪倩	付　歆	李楚楚	李佳琪	李松怡	刘冠兰	刘皓奇	刘晓娟
吕贞昀	牟秋美	潘雨君	任　婷	施权垚	王心悦	吴晨阳	吴彤彤	岳　瑶	张　博
李奕龙	秦佳明	王　豪	叶文铨	张　一	周　玥	高汀竹	郭宝莹	韩兴宇	贾　婷
康慧凯	刘佩琪	刘素敏	刘　婉	刘　玺	刘晓恬	柳　都	吕颜君	平　阳	王宇晴
杨璐彤	张京楠	张鑫宇	赵晨希	赵美楠	胡锦泽	马　超	庞天潇	宋国宇	姚司贤
赵　云	周佳星								
人力资源管理专业（39 人）									
刘昊宇	郭诗琪	郭新阳	黄珊珊	李格格	刘思宇	刘雨晨	芦美钰	梅云朗	任　政
万　慧	王　杨	杨文静	叶　晨	李稷雄	谢　晖	杨永健	张敬轩	白昊翎	黄子璇
李京楠	李　霖	刘　颖	申　妍	孙清妍	王传铭	王亚亚	徐思远	杨　昊	于雪霏
张之饴	贾薪生	郎恬逸	何溦	白旻曦	郭锦析	马　欣	郑桐桐	帕丽旦·哈力力	
信息管理学院									
信息管理与信息系统专业（165 人）									
郭　宇	董　菲	闫　阳	曹海泽	高世静	黄世泽	蒋金凯	涂如微	王　鼎	郑倩倩
刘　蓬	段　微	高荣旋	鲁玉成	邵丹睿	覃元元	王　欢	雷　喆	罗　欢	孙　熠
张　艳	左江红	申　思	赫英楠	于　杨	甄朋沙	郑　伊	黄　戈	李昌树	李　硕
李倩倩	刘　爽	赵熙岑	谢俊宇	郭淑蕊	黄金华	李　琳	王鹤东	王紫璇	徐　昶
殷春秀	郑慧娴	郑鑫磊	朱荣金	刘志军	徐彦男	张　冰	张金璞	赵　硕	陈雅茹
范玉瑶	郭锦雯	黄柳惠	李燕平	李天玉	胡依依	胡吉祥	谭　爽	刘旭颖	罗涵思
孙瑞双	谭新新	童　峥	符全宇	缪祥灿	桑京野	吴　涛	李杳遥	杨元特	伊昊正
赵慧军	朱孝思	丁　浩	李章芬	彭　静	齐丽莹	吴雅靖	俞思嘉	张昕玥	邹梦婷
杨　盼	马文超	杨　明	符芳江	齐　鋆	乔　直	童日国	王有军	赵晨光	陈　爽
景伟渊	李梦晗	刘　钰	邵　迪	舒惠晨	王佳慧	苟　杰	喇晓东	李佩祺	戚麟子
朱明悦	刘兴男	李博伦	王伟奇	毛逸铭	张荣超	崔　琳	段姝羽	高娟霞	黄宇柔
王如宏	杨婧一	张　璐	赵延洁	李东旭	王志钢	肖既滨	张　浩	刘　蕊	陶宏飞
崔　蕊	杜　劼	郝俊雪	黄　珊	凌　艺	刘牧雯	刘姿彤	孙雯怡	阎　贺	费亦琛
韩新磊	贺冬冬	李鼎然	李金康	林永天	刘　平	刘宣辰	刘亚昆	宋翔宇	王　昊
吴　江	贾子睿	冯丽丽	于　畅	董　晗	沈宇昂	郭旭萍	司　骞	高天娇	李婷婷
武思奇	赵静怡	侯雨辰	刘　彤	马　强	熊绍刚	张　祥	汪家晗	郑博识	王锐源
吴庆宇	石先福	周童飞	米玛顿珠		徐登尧				
信息安全专业（59 人）									
岑　睿	谢成淋	车佳丽	范　楠	管梦媛	黄　苒	李　颖	谭雨轩	王献婧	杨紫淇
赵明珠	曾泽昊	刁　晔	丁　豪	方　泽	高劢豪	高胜寒	何延超	廖　望	王世通
叶顺祺	赵子牛	段昱延	王紫豪	李国涵	刘倩怡	刘颖慧	田　园	王　征	吴　璇

续

张明悦	赵嘉越	左 冉	常 江	邓 潇	黄熙宇	李谱东	刘世启	马文博	秦文雨
尚希贺	王婉楠	王雪晨	王彦超	杨梓涛	赵振煜	周 涛	贾雨藤	李 航	罗 阳
王艺博	吴 桐	许天斯	于子昂	陈云凡	罗 扬	房 健	李 瑗	朴杨鹤然	
电子商务专业（22 人）									
柳一凡	陈 雪	邸博奥	高 雅	赫 鑫	李 静	李静悦	李 颖	王嘉鑫	王一鸣
张洪月	张曦玉	左 莹	高 森	李 硕	刘 佳	齐岩松	尚雨楠	王 宁	周 正
胡 雪	赵 拓								
审计学（计算机审计）专业（35 人）									
刘子夜	高丹聪	贾 倩	王 赛	蔡锭媛	陈思璇	刘皓宇	刘 迎	缪予祺	聂玎宇
苏 娟	唐雨杨	王帅帅	魏雪晴	徐 筝	闫籽洁	杨 爽	杨 媛	院 茜	黄汇聪
李 桐	秦 鹏	孙雨龙	王祥龙	王鑫磊	周颖楠	李连竹	刘清文	武佳雯	景思博
赵梦彤	郭凤祺	郝思敏	白朝旭	陈宇轩					
管理科学专业（17 人）									
冯璧瑄	滑 琪	邵雍荃	于 莹	张知音	曹 博	陈 凯	刘 畅	牟 仪	谭鹏翀
王汝轩	杨九阳	张 继	张 琦	张宇昕	刘 祎	郑 洁			
公共管理与传媒学院									
行政管理专业（35 人）									
曹春萍	顾 琳	郭梦婷	胡 琪	解萌萌	朗喊碰	马懿琳	马永丽	魏 瑶	吴 迪
武 婕	熊紫仪	徐文玉	杨 添	叶妙艺	张可昕	张 萌	张子淳	朱亭亭	刘欣磊
鲜星宇	尹 达	陈 玥	王 淼	马婧尧	杨 彧	王小宁	介泽华	葛茹苗	胡 静
赵金秀	赵洪玉	吾布力·买吐送		阿布地乃比·吐孙尼亚孜			阿卜杜威力·阿卜杜喀迪尔		
行政管理（电子政务）专业（30 人）									
安晓航	包玥然	陈 爽	李 萌	刘招慧	罗 畅	马漪宁	任雪仙	孙 莉	王姗姗
魏嘉钰	闫 俊	杨锦仪	杨紫瑄	袁 晗	张 敏	张晓彤	曹思达	曾祥智	陈 堃
段 睿	马思超	王 路	王笑添	闫宾宾	尹国彪	左东旭	雷婷婷	张望顺泽	
阿迪力·阿布杜艾尼									
传播学专业（33 人）									
滕紫薇	杨 柳	曹紫馨	韩小雨	何 珊	金泽宇	李 帆	李 甜	李子玥	罗天天
宁彩梅	裴心羽	宋 莹	王思桢	王笑晗	杨金凤	杨琇程	袁 微	张思琪	赵 浥
郑皓尹	荆 睿	阚敬轩	李宏建	石浩航	魏思琪	陈子涵	傅蓉青	王怡婷	宋子瑜
杨 天	王 烯	加依达尔·叶尔肯							
网络与新媒体专业（28 人）									
韩文千	耿 曦	孔馨芝	李含影	李泽慧	孙罗婷	王紫珊	闫钰春	杨 笑	药 倩
张 娜	赵鑫颖	东昊正	高鑫翼	胡文浩	江晨晖	姜 润	王 伦	王 铮	信云鹏
赵里乐	朱墨涵	袁 巍	李羿轩	张哲铭	扎西顿珠		格桑平措		张君硕
外国语学院									
英语（商务）专业（48 人）									
范 越	郭瑛楠	贾舸祎	贾延铄	李 奥	刘嘉羽	刘荣坤	刘希涵	刘 园	田 芮

续

王恺馨	王翊菲	肖　慈	徐　阳	杨雪寒	周海萍	陈孟阳	王　禹	常　洁	高思伟
韩依烜	韩易航	李荔媛	李燕燕	刘　畅	鲁　娲	马雪妍	孟晓宇	孙博阳	唐　达
王钰玮	杨皓婷	杨颖慧	于小桐	张瑾晞	赵孟萱	赵艳奇	郑雪婷	朱家瑶	朱雨婷
董可欣	刘　丹	王　宁	肖　怡	徐娅琪	朱晨霞	狄珊佳	完宇青		
英语（翻译）专业（20 人）									
刘昊然	陈　仿	陈子琎	樊晓云	房斐斐	胡文卓	金菲菲	李嘉玉	刘昭然	商　策
孙靖萱	王文瑾	王悠又	王钰玢	张　晗	张兰兰	张　彤	郑　鑫	赵　猛	姜雨彤
理学院									
信息与计算科学专业（34 人）									
黎泽伟	李　璇	袁伟婷	张　伟	朱美阳	胡冰伦	蒋鹏程	李世玉	梁景博	秦泽仕
史宏纬	王羽琛	陈　强	傅思齐	姜天悦	姜宇宸	盛文倩	王　楠	王子清	陈玉麟
董观就	顾宸龙	侯明辉	胡　昆	李　程	宁新明	王　欢	王建民	张志峰	张宏伟
赵南茜	蔺一森	刘展延	刘宇航						
电子信息科学与技术专业（33 人）									
鲁明昕	田惠君	陈勇安	丁天宇	冯晓炜	何　勰	黄星宇	王昕鹏	宣　涛	姚　月
黄启国	何　婷	鲁佳宝	王玥琦	范云晟	韩　淼	贺　京	马思孔	马志成	涂家华
王　超	姚泽杰	张明健	史元犀	施若佳	冯　朗	赵世奇	贾培豪	田　宇	闫佳鑫
姚　星	苑　博	张申弘							
应用统计学专业（25 人）									
赵颖超	陈石之	陈钰涵	冯晓萌	何　兰	金晶维	梁语嫣	刘金欣	刘　洋	孟　林
王可心	王霜洁	王馨泽	吴双艳	尹　晶	赵　鹤	周梦缘	齐雄伟	王子鉴	杨思旭
赵思博	朱黄辉	王子璇	张梦婷	陈英飞					
经济管理学院									
会计学（注册会计师）专业（3 人）									
张隽涵	陈逸年	王　玉							
财务管理（公司财务）专业（5 人）									
曹　涛	何云帆	吴　亮	薛皓文	庞　龙					
市场营销专业（5 人）									
吴雨琦	张鑫楠	张鑫楠	高　畅	张　悦					
工商管理（服务运营管理）专业（7 人）									
牛军宇	张子昊	聂南海	朱世纪	康梓强	时文婷	宣鲍杨			
工商管理专业（2 人）									
王涵优	李瑞珏								
经济学专业（3 人）									
韩　冬	张　琪	马　瑞							
经济学（国际贸易）（2 人）									
陈　洋	李　昱								
人力资源管理专业（8 人）									

续

许文豪	汤怡凡	云晟楠	张　博	郭新蕾	赖　信	徐铭志	王靖元		

本科结业生名单（含双学位）									
机电工程学院									
机械设计制造及其自动化专业（18 人）									
崔瑀丞	胡海洋	李云浩	王嘉泽	王　鑫	高万里	刘兴鹏	茅鹤云	张智晟	哈一诺
李贺章	刘　帆	刘黄河	李钰蕊	王　峰	陈　鹏	付　伟	刘邦杰		
机械电子工程专业（5 人）									
马博文	徐浩然	刘东海	陈强强	王崎安					
工业设计专业（6 人）									
李　岩	赵　磊	赵晖远	史子枭	左欣颜	董子琛				
工业工程专业（11 人）									
陈文轩	邝人萌	李溟舸	曹润持	李　昂	王　坤	张爱鑫	李煊赫	白一帆	刘　征
张孟轲									
新能源科学与工程专业（7 人）									
袁宝昌	刘秋麟	白　宇	肖　朗	孙浩男	赵　星	阎鹏达			
车辆工程专业（10 人）									
牛福旺	崔子豪	王子轩	王继尧	排尔哈提 · 图尔荪		孙浩南	王天源	张昊天	崔有哲
仪器科学与光电工程学院									
测控技术与仪器专业（5 人）									
苏开剑	董博雅	李尚文	赵康宁	简俊祥					
光电信息科学与工程专业（5 人）									
吕笑曦	张　程	胡　博	樊弘宇	梁东来					
自动化学院									
自动化 (信息与控制系统) 专业（20 人）									
何明坤	黄润卯	桂　奥	张鹏宇	孙胤昊	曹轶楠	魏思远	石　佳	赵永刚	董　鉴
刘东旭	王翀垚	邓　雪	刘宗义	宋亚成	朱国宇	程　昊	高　宁	韩晓路	张宏伟
电气工程及其自动化专业（14 人）									
刘　放	贾经纬	刘希成	韩泽延	巨　龙	张晓楠	王涵林	黄祎舟	陈子歌	吴　桐
张雨尘	李子扬	梁启钧	杨家伟						
智能科学与技术专业（10 人）									
董晓琪	李　奥	霍子豪	宋博飞	于　泓	于润蓬	周一鸣	朱星宇	旦巴杰增	
祖力牙尔 · 阿迪力									
信息与通信工程学院									
电子信息工程专业（8 人）									
汪泽男	孙洲臣	梁海东	王逸丰	吴其杰	熊汶垚	张　瑞	石玮希		
通信工程专业（17）									
史天姣	孙程昱	孙孝磊	王　阔	王泽鑫	赵　太	张楚明	谷　娜	申启达	陈虹安

续

本科结业生名单（含双学位）									
仲家鸣	林 楠	靳 磊	吴秉骏	桂一帆	邵 帅	张泽伟			
物联网工程专业（3 人）									
莫江贤	王 旭	邓 梁							
计算机学院									
计算机科学与技术专业（24 人）									
李蓓蓓	赵博文	杨文博	张晟玮	董文强	李梓楠	梁兆强	赵浩然	姚钧升	陈敬禹
孙 帅	蔡 寒	田长昊	张 柱	么昌印	王鲲鹏	余先楷	何亦伦	李承威	张 超
马 铭	汪秋阳	陈思奇	程昊天						
软件工程专业（7 人）									
林 磊	金 霄	陈越级	秦天城	杨新家	曾华哲	杨玲玲			
网络工程专业（14 人）									
李芃瑶	卢少平	杨宗威	沈浙涛	王岳宸	何 懿	姚 远	陈祥霖	刘傲然	付鸿达
姜 森	李林杰	齐 航	李 尚						
经济管理学院									
会计学（注册会计师）专业（13 人）									
杨怡婷	王佳兴	张 悦	陈雪冰	刘俊伯	孙泽宇	田宇豪	王墨涵	邓枭雄	郝旭茂
李宏吉	马 萍	王 俏							
会计学专业（1 人）									
周家鑫									
市场营销专业（7 人）									
马泽敏	惠一诚	秦子凡	王 欢	赵梦瑶	沙润秋	沙 旭			
工商管理专业（7 人）									
刘 畅	谢孟琪	刘清扬	隗 娜	陈 星	刘 冰	姜 涵			
工商管理（服务运营管理）专业（4 人）									
高 杨	刘 奇	王皓源	李夜雨						
经济学专业（5 人）									
洪本贤	王苗苗	杨一村	简 奇	罗珍德吉央宗					
经济学（国际贸易）专业（2 人）									
陈 栋	旦增贡觉								
人力资源管理专业（9 人）									
康有伟	罗松扎西		贾天毫	丁雨岑	杨 娜	杨 笑	阿卜杜比拉江 · 艾斯凯尔		
刘 博	赵佳宁								
信息管理学院									
信息管理与信息系统专业（19 人）									
付浩然	高 原	李浩源	李劲远	陈辉尚	潘启璋	张定邦	王 雪	付鸿波	田孝堂
杨 肃	刘 娜	张昊若	胡少华	胡旭刚	魏少轩	赵 阳	徐祯璞	黄仲哲	
信息安全专业（1 人）									

续

本科结业生名单（含双学位）									
陈中乔									
电子商务专业（4 人）									
包一帆	李思轩	宋　玮	孟桓宇						
审计学（计算机审计）专业（3 人）									
王　皓	石　鸣	赵开朗							
管理科学专业（3 人）									
杨燕辉	刘云龙	岳鹏							
公共管理与传媒学院									
行政管理专业（1 人）									
张翔宇									
行政管理（电子政务）专业（1 人）									
马廉洁									
外国语学院									
英语（商务）专业（4 人）									
张　蕊	金　垚	牛思萌	张子易						
英语（翻译）专业（7 人）									
张笑薇	常天昊	张鑫东	白　雪	朱皓妍	齐见微	张香毅			
理学院									
信息与计算科学专业（12 人）									
赵新迎	何子麟	李　阳	王　森	杨万征	张南逸	袁嘉澍	戴世超	司　宇	李　凌
赵宇飞	黄诗涵								
电子信息科学与技术专业（4 人）									
樊之玮	欧仁凯	李靖文	高　驰						

党发文件目录

文件名称	文件字号
关于印发《中共北京信息科技大学委员会进一步贯彻落实中央八项规定实施办法》的通知	校党发〔2018〕1号
关于做好2018级新生入学资格审查工作的通知	校招生发〔2018〕1号
北京信息科技大学关于报送《学校暨校外教学站专项检查材料》的函	信息科大继教函〔2018〕1号
关于开展“平安校园”建设提升工程中期工作检查的通知	校党办〔2018〕1号
北京信息科技大学新校区建设指挥部关于成立新校区建设指挥部相关机构的通知	校新建指发〔2018〕1号
	校纪字〔2018〕1号
北京信息科技大学关于承办北京市教委“贯通教育”项目的请示	信息科大继教文〔2018〕号
北京信息科技大学关于新校区建设进展情况的报告（七）	信息科大党文〔2018〕1号
北京信息科技大学关于延期收储现有四校区用地的请示	信息科大建文〔2018〕1号
关于呈送《北京信息科技大学2017年审计工作总结及2018年工作计划》的报告	信息科大审文〔2018〕1号
关于印发《北京信息科技大学关于劳务派遣工作的实施方案》的通知	校人发〔2018〕1号
中国教育工会北京信息科技大学委员会关于表彰2017年度工会工作积极分子的决定	校工发〔2018〕1号
北京信息科技大学关于给予李祥记过处分的决定	校学发〔2018〕1号
北京信息科技大学关于同意学生芮泊宁退学的决定	校教发〔2018〕1号
北京信息科技大学关于北京北空空调器有限公司实名举报事项的情况说明	信息科大财文〔2018〕1号
中共北京信息科技大学委员会关于做好2017年度北京信息科技大学基层党建述职评议考核工作的通知	校党组〔2018〕1号
中共北京信息科技大学委员会关于李华涛等同志职务任免的通知	校党干〔2018〕1号
关于印发《北京信息科技大学毕业设计（论文）工作管理办法》的通知	校教发〔2018〕10号
北京信息科技大学关于李邓化同志延长退休时间的请示	信息科大人文〔2018〕1号
关于呈送《武器装备科研生产单位保密自检报告》的报告	信息科大密文〔2018〕1号
北京信息科技大学关于固定资产报废处置的请示	信息科大资文〔2018〕1号
王传亮书记在迎接本科教学工作审核评估推进会上的讲话	校党办通报〔2018〕1号
北京信息科技大学学位评定委员会2018年度第一次会议决议	校学位发〔2018〕1号
北京信息科技大学校长办公室关于新校区建设4个项目立项的通知	办发〔2018〕1号
中共北京信息科技大学委员会保密委员会关于表彰我校2016-2017年度保密工作先进集体和先进个人的决定	校密发〔2018〕1号
北京信息科技大学关于出售部分公有住房的请示	信息科大勤文〔2018〕1号
关于将北京信息科技大学新校区住房需求纳入昌平区沙河镇西沙屯南侧局部地块公租房项目的申请	信息科大资函〔2018〕1号
中共北京信息科技纪律检查委员会关于印发《北京信息科技大学2018年纪检监察工作要点》的通知	校纪发〔2018〕1号
北京信息科技大学关于加快新校区道路建设有关意见的请示	信息科大文〔2018〕1号
关于2018年全国硕士研究生招生考试自命题科目成绩订正的申请	信息科大研文〔2018〕1号
北京信息科技大学关于印发《硕士生导师管理办法》的通知	校研发〔2018〕1号
中共北京信息科技大学委员会办公室关于做好2018年党务公开有关工作的通知	党办发〔2018〕1号
关于加快推进北京信息科技大学新校区建设工程二期第一组团设计工作的函	信息科大建函〔2018〕1号
北京信息科技大学关于与俄罗斯莫斯科电子技术大学合作举办机械设计制造及其自动化专业本科教育项目的请示	信息科大外文〔2018〕1号
关于印发《北京信息科技大学2018-2020年学科建设总体方案》的通知	校发〔2018〕1号
中共北京信息科技大学委员会关于印发《2018年宣传思想工作要点》的通知	校党宣〔2018〕1号

续表

文件名称	文件字号
中共北京信息科技大学委员会关于印发《2018 年北京信息科技大学统一战线工作要点》的通知	校党统〔2018〕1 号
中共北京信息科技大学委员会关于印发《北京信息科技大学 2018 年学生工作要点》的通知	校党学〔2018〕1 号
中共北京信息科技大学委员会关于印发《2018 年学校离退休工作要点》的通知	校党老干〔2018〕1 号
中共北京信息科技大学委员会关心下一代工作委员会关于印发《2018 年工作要点》的通知	校党关〔2018〕号
北京信息科技大学关于表彰 2017 年度“校园安全卫士”的决定	校安稳发〔2018〕1 号
北京信息科技大学关于推荐申报 2018 年国家级高等教育教学成果奖的报告	信息科大教文〔2018〕1 号
北京信息科技大学关于请求协调与北京市昆达实业公司合同纠纷的函	信息科大办函〔2018〕1 号
关于同意北京京信科高端信息产业技术研究院有限公司办理产权登记（年度检查）的申请	信息科大技文〔2018〕1 号
北京信息科技大学关于印发《2018 年“安全生产月”活动实施方案》的通知	校勤发〔2018〕1 号
关于印发《北京信息科技大学防控艾滋病工作实施方案（试行）》的通知	校学发〔2018〕32 号
关于印发《北京信息科技大学专业技术人员创新创业管理办法》的通知	校人发〔2018〕4 号
关于印发《北京信息科技大学 2018 届毕业生离校工作实施方案》的通知	校办发〔2018〕1 号
关于北京信息科技大学“材料基因工程高精尖创新中心”主任任命的通知	校人任〔2018〕1 号
北京信息科技大学关于北京信息科技大学校友会换届的申请	信息科大校友会文〔2018〕1 号
北京信息科技大学关于同意张博申请变更留学单位的函	信息科大外函〔2018〕号
中共北京信息科技大学委员会关于印发《2018 年全面从严治党工作主要任务分工》的通知	校党纪发〔2018〕1 号
关于聘任赵颖杰等 130 名 2018 届毕业生为北京信息科技大学校友工作联络员的通知	校友会发〔2018〕1 号
关于召开北京信息科技大学第二届教职工代表大会暨第二届工会会员代表大会的请示	信息科大工文〔2018〕1 号
关于印发《北京信息科技大学中科金财新生奖学金管理办法》的通知	校学发〔2018〕35 号
北京信息科技大学关于申报 2018 年度校级高教研究课题的通知	校高教发〔2018〕1 号
关于印发《北京信息科技大学促进高校内涵建设发展项目及经费管理办法》的通知	校发〔2018〕2 号
中国教育工会北京信息科技大学委员会关于北京信息科技大学工会换届及主席、副主席等人选的情况说明	信息科大工文〔2018〕2 号
北京信息科技大学 2018 年度第二次学位评定委员会决议	校学位发〔2018〕2 号
关于印发《北京信息科技大学校友会换届工作方案》的通知	校友会发〔2018〕2 号
中共北京信息科技大学委员会关于印发《校园宣传思想工作阵地管理规定》的通知	校党发〔2018〕11 号
中共北京信息科技大学委员会关于印发《北京信息科技大学落实党风廉政建设主体责任全程纪实工作实施办法（试行）的通知	校党发〔2018〕17 号
关于呈送《北京信息科技大学简政放权放管结合优化服务改革自查报告》的报告	信息科大文〔2018〕2 号
关于印发《北京信息科技大学迎接 2018 年新生入学工作实施方案》的通知	校办发〔2018〕2 号
关于印发《北京信息科技大学学生公派出国（境）学习奖学金管理办法》的通知	校外发〔2018〕1 号
关于印发《北京信息科技大学 2018 年食品安全管理工作实施方案》的通知	校勤发〔2018〕2 号
北京信息科技大学关于同意本单位所办企业办理占有产权登记的请示	信息科大勤文〔2018〕1 号
关于同意北京科信机电技术研究所办理产权登记（年度检查）的申请	信息科大技文〔2018〕2 号
中共北京信息科技大学委员会办公室关于印发 2017 年度党务公开工作例行公开事项的通知	党办发〔2018〕2 号
关于印发《北京信息科技大学差旅费管理办法》的通知	校财发〔2018〕1 号
王传亮书记 王永生校长在新学期工作部署会暨 2017 年度二级单位考核表彰会上的讲话	校党办通报〔2018〕2 号
中共北京信息科技大学委员会关于印发《北京信息科技大学创建无毒学校工作实施方案》的通知	校党学〔2018〕2 号

续表

文件名称	文件字号
中共北京信息科技大学委员会关于印发《2018 年北京信息科技大学组织工作要点》的通知	校党组〔2018〕2 号
中共北京信息科技大学委员会保密委员会关于印发《北京信息科技大学 2018 年保密委员会工作要点》的通知	校密发〔2018〕2 号
北京信息科技大学关于加快新校区道路建设有关意见的请示	信息科大建文〔2018〕2 号
北京信息科技大学关于公布处级以下教职工 2017 年年度考核结果的通知	校人发〔2018〕2 号
北京信息科技大学关于与俄罗斯莫斯科电子技术大学合作举办测控技术与仪器专业本科教育项目的请示	信息科大外文〔2018〕2 号
北京信息科技大学关于加快实施幸福河东支下游河段改移工程的函	信息科大建函〔2018〕2 号
北京信息科技大学关于给予李彦警告处分的决定	校研发〔2018〕2 号
中共北京信息科技大学委员会关于印发《2018 年党建工作计划》的通知	校党发〔2018〕2 号
北京信息科技大学校长办公室关于清明节放假安排的通知	办发〔2018〕2 号
关于印发《北京信息科技大学安全稳定工作机动经费管理办法》的通知	校安稳发〔2018〕2 号
北京信息科技大学关于《2017 年会议计划和执行情况》的报告	信息科大财文〔2018〕2 号
中国教育工会北京信息科技大学委员会关于印发《2018 年工会工作要点》的通知	校工发〔2018〕2 号
关于北京信息科技大学在昌平区沙河新校区就地就近解决保障房住房需求的申请	信息科大资函〔2018〕2 号
北京信息科技大学关于固定资产报废处置的请示	信息科大资文〔2018〕2 号
中共北京信息科技大学委员会关于英树志等同志任职的通知	校党干〔2018〕2 号
北京信息科技大学关于新校区建设进展情况的报告（八）	信息科大党文〔2018〕2 号
北京信息科技大学关于同意学生杨子鹜退学的决定	校教发〔2018〕2 号
北京信息科技大学关于给予李想记过处分的决定	校学发〔2018〕2 号
北京信息科技大学关于开展学校“十三五”事业发展规划基本任务完成情况中期检查的通知	校高教发〔2018〕2 号
北京信息科技大学关于开展 2018 年规范教育收费检查工作的报告	信息科大审文〔2018〕2 号
北京信息科技大学关于成立校内科研机构的通知	校技发〔2018〕2 号
关于印发《北京信息科技大学科技成果转移转化管理办法（试行）》的通知	校技发〔2018〕1 号
北京信息科技大学关于我校程京艳同志国家公派访学国别改派的函	信息科大人文〔2018〕2 号
北京信息科技大学关于保留学生苏子淼入学资格的决定	校招生发〔2018〕2 号
北京信息科技大学关于申报新专业的请示	信息科大教文〔2018〕2 号
北京信息科技大学关于北京市国家保密局来校实地检查情况的整改报告	信息科大密文〔2018〕2 号
北京信息科技大学关于给予初睿严重警告处分的决定	校研发〔2018〕3 号
北京信息关于商请协调与北京北空空调器有限公司合同纠纷案的函	信息科大文〔2018〕3 号
北京信息科技大学关于关于加快办理新校区项目土地划拨的函	信息科大建函〔2018〕3 号
中共北京信息科技大学委员会关于印发《北京信息科技大学统战工作部际联席会议机制》的通知	校党统〔2018〕2 号
北京信息科技大学关于保留学生郝博之入学资格的决定	校招生发〔2018〕3 号
中国教育工会北京信息科技大学委员会关于印发《北京信息科技大学部门工会经费管理规定》的通知	校工发〔2018〕3 号
北京信息科技大学关于固定资产报废处置的请示	信息科大资文〔2018〕3 号
北京信息科技大学关于呈送《北京信息科技大学内部审计工作自我评价报告》的报告	信息科大审文〔2018〕3 号
关于北京信息科技大学工会第二届会员代表大会选举结果的报告	信息科大工文〔2018〕3 号
关于印发《北京信息科技大学教职工校内申诉管理规定（试行）》的通知	校发〔2018〕6 号

续表

文件名称	文件字号
中共北京信息科技大学委员会保密委员会关于保密工作的自查自评情况报告	信息科大密文〔2018〕3号
北京信息科技大学关于做好迎接分类办学指导专家组进校工作的预通知	校办发〔2018〕3号
北京信息科技大学关于2018年度高教研究立项审批结果的通知	校高教发〔2018〕3号
北京信息科技大学关于王久和同志延长退休时间的请示	信息科大人文〔2018〕3号
北京信息科技大学关于同意学生张广健退学的决定	校教发〔2018〕3号
北京信息科技大学关于向戚世家等同学颁发2016—2017学年校内奖学金的决定	校学发〔2018〕3号
中共北京信息科技大学委员会关于王学文等同志职务任免的通知	校党干〔2018〕3号
北京信息科技大学关于新校区建设进展情况的报告（九）	信息科大党文〔2018〕3号
关于北京信息科技大学在昌平区沙河新校区就地就近解决保障房住房需求的申请	信息科大资函〔2018〕3号
北京信息科技大学关于《2017年培训计划执行情况》的报告	信息科大财文〔2018〕3号
北京信息科技大学关于与俄罗斯莫斯科电子技术大学合作举办自动化专业本科教育项目的请示	信息科大外文〔2018〕3号
中共北京信息科技大学委员会 北京信息科技大学关于印发《北京信息科技大学2017年工作总结》的通知	校党发〔2018〕3号
北京信息科技大学关于调整新校区投资事宜的请示	信息科大建文〔2018〕3号
北京信息科技大学校长办公室关于召开全校运动会及“五一”“五四”放假安排的通知	办发〔2018〕3号
北京信息科技大学关于引进博士生导师的意见	校人发〔2018〕3号
关于同意北京市北信计算机系统工程公司办理产权登记（年度检查）的申请	信息科大技文〔2018〕3号
王传亮书记 王永生校长在2018本科教学工作会上的讲话	校党办通报〔2018〕3号
关于印发《北京信息科技大学“材料基因工程高精尖创新中心”建设方案》的通知	校发〔2018〕3号
中共北京信息科技大学委员会办公室关于开展2018年全面从严治党宣传教育月有关活动的通知	党办发〔2018〕3号
中共北京信息科技大学委员会保密委员会关于成立定密工作领导小组的通知	校密发〔2018〕3号
关于印发《2018年北京信息科技大学防汛工作方案》的通知	校勤发〔2018〕3号
关于印发《北京信息科技大学朋辈辅导实施办法》的通知	校学发〔2018〕44号
北京信息科技大学关于表彰2018届优秀硕士学位论文获得者及指导教师的决定	校学位发〔2018〕号
北京信息科技大学关于印发《2017年度预算及专项审计整改方案》的通知	校审发〔2018〕3号
北京信息科技大学校友会关于对《第二届理事会、常务理事会和监事会成员构成原则、条件和产生办法》的补充通知	校友会发〔2018〕3号
北京信息科技大学关于批准马超等54位教师为我校硕士研究生指导教师的决定	校学位发〔2018〕号
中国教育工会北京信息科技大学委员会关于体育部等部门工会委员会补选结果的批复	校工发〔2018〕4号
中共北京信息科技大学委员会保密委员会关于定密责任人的通知	校密发〔2018〕4号
关于做好《北京信息科技大学年鉴（2018）》编纂工作的通知	党办发〔2018〕4号
关于成立北京信息科技大学“材料基因工程高精尖中心”建设领导小组的通知	校发〔2018〕4号
北京信息科技大学校长办公室关于端午节放假安排的通知	办发〔2018〕4号
关于同意北京拓尔思信息技术股份有限公司办理变动登记的申请	信息科大技文〔2018〕4号
中共北京信息科技大学委员会关于赵晓林等同志职务任免的通知	校党干〔2018〕4号
关于印发《北京信息科技大学学生学业干预与帮服计划实施办法》的通知	校学发〔2018〕45号
北京信息科技大学关于张仰森等5人赴台湾参加会议的请示	信息科大外文〔2018〕4号
北京信息科技大学关于调整新校区投资事宜的请示	信息科大建文〔2018〕4号

续表

文件名称	文件字号
中共北京信息科技大学委员会 北京信息科技大学关于印发《北京信息科技大学 2018 年工作要点》的通知	校党发〔2018〕4 号
北京信息科技大学关于《2018 年培训计划》的报告	信息科大财文〔2018〕4 号
关于建议鲁雷同志担任中共北京信息科技大学委员会常务委员会委员的请示	信息科大党文〔2018〕4 号
北京信息科技大学关于同意学生梁家祺退学的决定	校教发〔2018〕4 号
北京信息科技大学关于给予李泽阳记过处分的决定	校学发〔2018〕4 号
北京信息科技大学关于王李邓化同志延长退休时间的请示	信息科大人文〔2018〕4 号
关于印发《北京信息科技大学传染病防控工作实施方案》的通知	校勤发〔2018〕4 号
北京信息科技大学关于固定资产报废处置的请示	信息科大资文〔2018〕4 号
关于印发《北京信息科技大学学生学业危机会商制度》的通知	校学发〔2018〕46 号
中共北京信息科技大学委员会 北京信息科技大学关于印发《北京信息科技大学审计整改工作实施办法》的通知	校党发〔2018〕32 号
北京信息科技大学关于同意学生刘增辉退学的决定	校研发〔2018〕4 号
关于印发《北京信息科技大学建设工程项目管理审计指南（试行）》的通知	校审发〔2018〕1 号
北京信息科技大学关于保留学生曾国旺入学资格的决定	校招生发〔2018〕3 号
北京信息科技大学关于调整第一教学组团招标控制价事宜的承诺函	信息科大建函〔2018〕4 号
北京信息科技大学关于我校与北京北空空调器有限公司合同纠纷案件进展情况的报告	信息科大文〔2018〕4 号
北京信息科技大学学位评定委员会 2018 年度第三次会议决议	校学位发〔2018〕5 号
北京信息科技大学关于上报《北京信息科技大学新校区建设工程可行性研究报告（修订）》的请示	信息科大文〔2018〕5 号
北京信息科技大学关于保留学生张楚瑜入学资格的决定	校招生发〔2018〕5 号
关于印发北京信息科技大学校友会第二届理事 监事名单的通知	校友会发〔2018〕5 号
关于印发《北京信息科技大学委托社会中介机构审计管理办法》的通知	校审发〔2018〕2 号
北京信息科技大学关于同意学生韩霞退学的决定	校研发〔2018〕5 号
北京信息科技大学关于固定资产处置的请示	信息科大资文〔2018〕5 号
北京信息科技大学关于提请协助调度新校区学生宿舍 B 组团工程建设进度的函	信息科大建函〔2018〕5 号
（联合）关于进一步加强紧急重要信息报送工作的通知	党办发〔2018〕5 号
中共北京信息科技大学委员会关于做好 2018 年度党组织书记抓基层党建述职评议考核工作的通知	校党组〔2018〕号
北京信息科技大学关于给予祁亚楠严重警告处分的决定	校学发〔2018〕5 号
新校区建设工作相关情况报告	信息科大党文〔2018〕5 号
北京信息科技大学关于同意学生吴宇量退学的决定	校教发〔2018〕5 号
中共北京信息科技大学委员会 北京信息科技大学关于开展北京信息科技大学第二届文化艺术节的通知	校党发〔2018〕5 号
北京信息科技大学关于新增内设机构岗位设置的通知	校人发〔2018〕5 号
北京信息科技大学关于申请 2019 年北京市外国留学生奖学金的请示	信息科大外文〔2018〕5 号
北京信息科技大学关于学生宿舍 C、D 组团招标有关工作的请示	信息科大建文〔2018〕5 号
关于同意北京意康机械有限公司办理产权登记（年度检查）的申请	信息科大技文〔2018〕5 号
关于 2017 年纳入财政专户管理的非税收入在 2018 年继续返还的申请	信息科大财文〔2018〕5 号
关于成立北京信息科技大学“材料基因工程高精尖中心”监督委员会的通知	校发〔2018〕5 号
中共北京信息科技大学委员会关于苏中等同志职务任免的通知	校党干〔2018〕5 号

续表

文件名称	文件字号
北京信息科技大学校长办公室关于 2018 年暑假假期安排的通知	办发〔2018〕5 号
中国教育工会北京信息科技大学委员会关于北京信息科技大学第二届教职工代表大会暨第二届工会会员代表大会代表选举工作的通知	校工发〔2018〕5 号
北京信息科技大学校长办公室关于发布 2018—2019 学年校历的通知	办发〔2018〕6 号
中共北京信息科技纪律检查委员会关于印发《对贯彻落实中央八项规定精神监督检查的暂行办法》的通知	校纪发〔2018〕3 号
关于调整科研类项目因公出国（境）费用预算科目的请示	信息科大财文〔2018〕6 号
北京信息科技大学关于王灯山等 2 人赴台湾参加会议的请示	信息科大外文〔2018〕6 号
北京信息科技大学关于调整学生宿舍 C、D 组团招标控制价的申请	信息科大建文〔2018〕6 号
北京信息科技大学关于新增内设机构岗位设置的通知	校人发〔2018〕6 号
机密★中共北京信息科技大学委员会 北京信息科技大学关于印发《2018 年维护学校安全稳定工作要点》的通知	校党发〔2018〕6 号
北京信息科技大学关于给予杨致远严重警告处分的决定	校学发〔2018〕6 号
北京信息科技大学关于新校区建设进展情况的报告（十）	信息科大党文〔2018〕6 号
北京信息科技大学关于同意学生赵碧洋退学的决定	校教发〔2018〕6 号
北京信息科技大学关于解除李彦警告处分的决定	校研发〔2018〕6 号
北京信息科技大学关于加强新校区学生宿舍 B 组团工程建设管理工作的函	信息科大建函〔2018〕6 号
北京信息科技大学学位评定委员会 2018 年度第四次会议决议	校学位发〔2018〕6 号
关于印发《北京信息科技大学校友会关于名誉任职人员的规定》的通知	校友会发〔2018〕4 号
关于印发《北京信息科技大学校园一卡通管理办法（试行）》的通知	校发〔2018〕8 号
北京信息科技大学关于保留学生穆可竹入学资格的决定	校招生发〔2018〕6 号
中国教育工会北京信息科技大学委员会关于对从事教育工作满三十年教职工进行表彰的决定	校工发〔2018〕6 号
中共北京信息科技大学委员会关于回世勇等同志职务任免的通知	校党干〔2018〕号
北京信息科技大学关于组建资产管理有限公司的请示	信息科大技文〔2018〕6 号
北京信息科技大学关于组建资产管理有限公司的请示	信息科大文〔2018〕6 号
关于做好北京信息科技大学第二届教职工代表大会执行委员会及各专门工作委员会和第二届工会委员会、工会经费审查委员会、工会女职工委员会及各专门工作委员会委员候选人预备人选提名推荐工作的通知	校工发〔2018〕7 号
中共北京信息科技大学委员会关于尹洁林同志任职的通知	校党干〔2018〕7 号
北京信息科技大学校长办公室关于中秋节、国庆节放假安排的通知	办发〔2018〕7 号
关于协助办理北京北信科大资产管理有限公司工商变更的函	信息科大技文〔2018〕7 号
北京信息科技大学关于保留学生王子骜入学资格的决定	校招生发〔2018〕7 号
关于印发北京信息科技大学校友会第二届理事会会长 常务副会长 副会长 秘书长 副秘书长 名誉任职人员名单的通知	校友会发〔2018〕7 号
北京信息科技大学关于调整第三教学组团招标控制价事宜的承诺函	信息科大建函〔2018〕7 号
北京信息科技大学关于同意学生李紫涵退学的决定	校教发〔2018〕7 号
北京信息科技大学关于新校区建设进展情况的报告（十四）	信息科大党文〔2018〕7 号
秘密★中共北京信息科技大学委员会 北京信息科技大学关于印发《2018 年国家安全人民防线建设工作计划》的通知	校党发〔2018〕7 号
北京信息科技大学关于调整学生宿舍 C、D 组团招标控制价事宜承诺函	信息科大建文〔2018〕7 号
北京信息科技大学关于报送中外合作办学项目申请优先级排序的报告	信息科大外文〔2018〕7 号
北京信息科技大学关于呈送《2016 年度会计信息质量的财政检查整改情况报告》的报告	信息科大财文〔2018〕7 号
北京信息科技大学关于解除赵郁茹同志警告处分的决定	校人发〔2018〕7 号

续表

文件名称	文件字号
北京信息科技大学关于调整学校审计工作领导小组的通知	校发〔2018〕7号
关于印发《北京信息科技大学2018年处级以下党政管理岗位聘期中补岗聘任工作实施方案》的通知	校人发〔2018〕8号
北京信息科技大学关于近期新校区建设进展情况的报告	信息科大建文〔2018〕8号
北京信息科技大学关于刘云风等15人赴台湾铭传大学研修交流的请示	信息科大外文〔2018〕8号
中共北京信息科技大学委员会关于评选2018年师德标兵和“三育人”先进集体 先进个人的通知	校党发〔2018〕8号
北京信息科技大学关于给予曹满鑫记过处分的决定	校学发〔2018〕8号
北京信息科技大学关于同意学生黄嘉懿退学的决定	校教发〔2018〕8号
中共北京信息科技大学委员会关于纪律处分执行情况的整改报告	信息科大党文〔2018〕8号
北京信息科技大学关于拨付新校区学生宿舍A组团建设项目垫付资金的请示	信息科大财文〔2018〕8号
中共北京信息科技大学委员会关于郭小兵同志任职的通知	校党干〔2018〕8号
北京信息科技大学关于校办企业改制的请示	信息科大技文〔2018〕8号
北京信息科技大学校长办公室关于2019年元旦、寒假放假安排的通知	办发〔2018〕8号
关于印发《中共北京信息科技大学委员会巡察工作实施办法（试行）》的通知	校党发〔2018〕34号
北京信息科技大学关于保留学生徐启瑞入学资格的决定	校招生发〔2018〕8号
中共北京信息科技纪律检查委员会关于印发《北京信息科技大学党风廉政监督员工作办法》的通知	校纪发〔2018〕4号
关于做好北京信息科技大学第二届教职工代表大会提案征集工作的通知	校工发〔2018〕8号
中共北京信息科技纪律检查委员会关于印发《北京信息科技大学纪检监察干部行为规范》的通知	校纪发〔2018〕5号
北京信息科技大学关于恢复学生田芝汉入学资格的决定	校招生发〔2018〕9号
关于印发北京信息科技大学校友会第一届监事会监事长名单的通知	校友会发〔2018〕9号
中国教育工会北京信息科技大学委员会关于公布北京信息科技大学第二届教职工代表大会暨第二届工会会员代表大会正式代表名单的通知	校工发〔2018〕9号
北京信息科技大学关于上缴实有资金账户财政资金的请示	信息科大财文〔2018〕9号
中共北京信息科技大学委员会关于鲁雷等同志职务任免的通知	校党干〔2018〕8号
北京信息科技大学关于新校区建设进展情况的报告（十五）	信息科大党文〔2018〕9号
北京信息科技大学关于同意学生闫翔宇退学的决定	校教发〔2018〕9号
北京信息科技大学关于给予陈雅鑫记过处分的决定	校学发〔2018〕9号
中共北京信息科技大学委员会关于印发《北京信息科技大学2018年“做新时代‘四有’好老师和‘四个引路人’”学习实践活动方案》的通知	校党发〔2018〕9号
北京信息科技大学关于新校区建设项目可研调整和初步设计概算编制工作有关情况的报告	信息科大建文〔2018〕9号
北京信息科技大学关于张欣怡赴台湾参加“2018海峡两岸大学生红十字人道之旅暨夏令营”的请示	信息科大外文〔2018〕9号
北京信息科技大学关于聘任孙旭等同志正科级岗位的通知	校人发〔2018〕9号
北京信息科技大学关于聘任王麒淼等同志副科级及以下岗位的通知	校人发〔2018〕10号
中共北京信息科技大学委员会关于深入学习宣传贯彻习近平总书记在北京大学师生座谈会上重要讲话精神的通知	校党发〔2018〕10号
北京信息科技大学关于第一教学组团招标有关工作的请示	信息科大建文〔2018〕10号
北京信息科技大学关于给予高鑫磊记过处分的决定	校学发〔2018〕10号
中共北京信息科技纪律检查委员会关于印发《北京信息科技大学院级党组织纪检委员工作办法》的通知	校纪发〔2018〕6号
北京信息科技大学关于新校区建设进展情况的报告（十六）	信息科大党文〔2018〕10号
关于召开北京信息科技大学第二届教职工代表大会暨第二届工会会员代表大会的通知	校工发〔2018〕10号

续表

文件名称	文件字号
关于变更北京信息科技大学校友会法人代表的通知	校友会发〔2018〕10 号
中共北京信息科技大学委员会关于徐燕等同志职务任免的通知	校党干〔2018〕10 号
北京信息科技大学关于调整基本经费中部分公用经费支出科目的请示	信息科大财文〔2018〕10 号
北京信息科技大学关于恢复学生孙雅娟入学资格的决定	校招生发〔2018〕10 号
关于印发《北京信息科技大学新校区建设管理办法（试行）》的通知	校发〔2018〕9 号
北京信息科技大学关于缪旻等 1 人赴台湾参加会议的请示	信息科大外文〔2018〕10 号
关于印发《北京信息科技大学新校区建设项目立项审批管理办法（试行）》的通知	校发〔2018〕10 号
北京信息科技大学关于恢复学生廖俊冲入学资格的决定	校招生发〔2018〕11 号
北京信息科技大学关于给予吕学强警告处分的决定	校人发〔2018〕11 号
关于评选 2018 年工会工作积极分子的通知	校工发〔2018〕11 号
关于印发《北京信息科技大学校友会章程》的通知	校友会发〔2018〕10 号
中共北京信息科技大学委员会关于钟玲同志职务任免的通知	校党干〔2018〕11 号
关于印发《北京信息科技大学校级优秀毕业设计（论文）评选办法》的通知	校教发〔2018〕11 号
北京信息科技大学关于给予龚李记过处分的决定	校学发〔2018〕11 号
北京信息科技大学关于新校区建设进展情况的报告（十七）	信息科大党文〔2018〕11 号
关于印发《北京信息科技大学新校区建设项目勘察设计管理办法（试行）》的通知	校发〔2018〕11 号
北京信息科技大学关于调整第一教学组团招标控制价的说明	信息科大建文〔2018〕11 号
北京信息科技大学关于新校区建设难点有关情况的报告	信息科大建文〔2018〕12 号
中共北京信息科技大学委员会 北京信息科技大学关于成立师德建设委员会的通知	校党发〔2018〕12 号
北京信息科技大学关于给予桂文婷记过处分的决定	校学发〔2018〕12 号
北京信息科技大学关于新校区建设进展情况的报告（十八）	信息科大党文〔2018〕12 号
北京信息科技大学关于同意学生高靖峰退学的决定	校教发〔2018〕12 号
北京信息科技大学关于马克思主义学院增设二级机构的批复	校人发〔2018〕12 号
中共北京信息科技大学委员会关于王智勇等同志职务任免的通知	校党干〔2018〕12 号
关于印发《北京信息科技大学新校区建设项目设计变更及签证管理办法（试行）》的通知	校发〔2018〕12 号
北京信息科技大学关于恢复学生王凯舟入学资格的决定	校招生发〔2018〕12 号
关于印发《北京信息科技大学新校区建设项目竣工验收管理办法（试行）》的通知	校发〔2018〕13 号
关于印发《北京信息科技大学新校区建设项目档案管理办法（试行）》的通知	校发〔2018〕14 号
北京信息科技大学关于取消学生张子琦入学资格的决定	校招生发〔2018〕13 号
中国教育工会北京信息科技大学委员会关于印发《北京信息科技大学工会工作条例》的通知	校工发〔2018〕号
中共北京信息科技大学委员会关于许波等同志职务任免的通知	校党干〔2018〕13 号
北京信息科技大学关于给予李忱记过处分的决定	校人发〔2018〕13 号
北京信息科技大学关于印发《2018 年上半年北京市中小学教师资格考试工作安排方案》的通知	校教发〔2018〕13 号
北京信息科技大学关于给予韩雪峰记过处分的决定	校学发〔2018〕13 号
北京信息科技大学关于新校区建设进展情况的报告（十九）	信息科大党文〔2018〕13 号
中共北京信息科技大学委员会 北京信息科技大学关于公布 2017 年度二级单位考核结果的通知	校党发〔2018〕13 号
北京信息科技大学关于出具小营校区图书馆楼、教二楼、教七楼产权说明的请示	信息科大建文〔2018〕13 号

续表

文件名称	文件字号
中共北京信息科技大学委员会 北京信息科技大学关于表彰 2017 年度二级单位考核优秀单位的决定	校党发〔2018〕14 号
北京信息科技大学关于报送学校当前改革发展中存在的困难和问题的报告	信息科大党文〔2018〕14 号
北京信息科技大学关于给予黄浩文严重警告处分的决定	校学发〔2018〕14 号
北京信息科技大学关于同意学生刘彦博退学的决定	校教发〔2018〕14 号
北京信息科技大学关于新校区建设办公室增设规划科的通知	校人发〔2018〕14 号
中共北京信息科技大学委员会关于王学文等同志职务任免的通知	校党干〔2018〕14 号
中国教育工会北京信息科技大学委员会关于表彰 2018 年度工会工作积极分子的决定	校工发〔2018〕号
北京信息科技大学关于取消学生倪昊真入学资格的决定	校招生发〔2018〕14 号
关于印发《北京信息科技大学新校区建设项目工程管理办法（试行）》的通知	校发〔2018〕16 号
北京信息科技大学关于延长新校区建设项目立项批复有效期的请示	信息科大建文〔2018〕14 号
关于印发《北京信息科技大学新校区基本建设财务管理规定》的通知	校发〔2018〕15 号
北京信息科技大学关于取消学生黄逸晗入学资格的决定	校招生发〔2018〕15 号
关于召开北京信息科技大学第二届教职工代表大会第二次会议通知	校工发〔2018〕号
北京信息科技大学关于聘任王立勇等同志教师职务岗位的通知	校人发〔2018〕15 号
北京信息科技大学关于同意学生王硕退学的决定	校教发〔2018〕15 号
北京信息科技大学关于给予金文博记过处分的决定	校学发〔2018〕15 号
北京信息科技大学关于新校区建设进展情况的报告（二十）	信息科大党文〔2018〕15 号
中共北京信息科技大学委员会关于印发《北京高校党建和思想政治工作基本标准集中入校检查反馈重点问题整改方案》的通知	校党发〔2018〕15 号
北京信息科技大学关于调整第一教学组团招标控制价事宜的承诺函	信息科大建文〔2018〕15 号
中共北京信息科技大学委员会印发《关于进一步推进“课程思政”建设的实施意见（试行）》的通知	校党发〔2018〕16 号
北京信息科技大学关于新校区建设进展情况的报告（二十一）	信息科大党文〔2018〕16 号
北京信息科技大学关于给予李菁记过处分的决定	校学发〔2018〕16 号
北京信息科技大学关于同意学生高天伟退学的决定	校教发〔2018〕16 号
北京信息科技大学关于聘任王素容等同志其他专业技术职务岗位的通知	校人发〔2018〕16 号
北京信息科技大学关于取消学生任丽娜入学资格的决定	校招生发〔2018〕16 号
关于印发《北京信息科技大学校友会监事会工作规程（试行）》的通知	校友会发〔2018〕6 号
关于办理北京信息科技大学新校区学生宿舍 B 组团施工登记函延期的申请	信息科大建文〔2018〕16 号
北京信息科技大学关于取消学生郑佳入学资格的决定	校招生发〔2018〕17 号
关于成立北京信息科技大学科技成果转移转化领导小组的通知	校发〔2018〕17 号
北京信息科技大学关于聘任肖诗斌等同志科技成果转化高级职务岗位的通知	校人发〔2018〕17 号
北京信息科技大学关于新校区村民拆迁安置工作有关意见的请示	信息科大建文〔2018〕17 号
北京信息科技大学关于同意学生陈伟退学的决定	校教发〔2018〕17 号
北京信息科技大学关于给予李婧记过处分的决定	校学发〔2018〕17 号
关于印发《北京信息科技大学校友会理事会理事守则》的通知	校友会发〔2018〕8 号
中共北京信息科技大学委员会关于陈刚、马綮鸿同志试用期有关问题的请示	信息科大党文〔2018〕17 号
北京信息科技大学关于新校区建设进展情况的报告（二十二）	信息科大党文〔2018〕18 号

续表

文件名称	文件字号
中共北京信息科技大学委员会关于深入学习贯彻习近平总书记在纪念马克思诞辰 200 周年大会上重要讲话精神的通知	校党发〔2018〕18 号
北京信息科技大学关于给予李英杰警告处分的决定	校学发〔2018〕18 号
北京信息科技大学关于同意学生齐舜退学的决定	校教发〔2018〕18 号
北京信息科技大学关于第三教学组团招标有关工作的请示	信息科大建文〔2018〕18 号
北京信息科技大学关于聘任马占川等同志工勤技能岗位的通知	校人发〔2018〕18 号
关于成立北京信息科技大学技术转移转化中心的通知	校发〔2018〕18 号
北京信息科技大学关于取消学生高木清入学资格的决定	校招生发〔2018〕18 号
北京信息科技大学关于保留学生吴鑫全入学资格的决定	校招生发〔2018〕19 号
北京信息科技大学关于新校区第四标段招标工作有关意见的请示	信息科大建文〔2018〕19 号
北京信息科技大学关于印发《2018 年教师职务岗位晋升聘任高级岗位指标下达情况表》的通知	校人发〔2018〕19 号
北京信息科技大学关于印发《北京市北信计算机系统工程公司改制实施方案》的通知	校发〔2018〕19 号
北京信息科技大学关于同意学生黄建程退学的决定	校教发〔2018〕19 号
北京信息科技大学关于给予强巴多登严重警告处分的决定	校学发〔2018〕19 号
北京信息科技大学关于新校区建设进展情况的报告（二十三）	信息科大党文〔2018〕19 号
中国共产党北京信息科技大学委员会关于公布 2017 年处级干部年度考核结果的通知	校党发〔2018〕19 号
中共北京信息科技大学委员会关于学校领导班子成员工作分工的通知	校党发〔2018〕20 号
北京信息科技大学关于新校区建设进展情况的报告（二十四）	信息科大党文〔2018〕20 号
北京信息科技大学关于给予桑顿泽仁记过处分的决定	校学发〔2018〕20 号
北京信息科技大学关于同意学生宋维童退学的决定	校教发〔2018〕20 号
北京信息科技大学关于东坨村拆迁补助有关情况的紧急请示	信息科大建文〔2018〕20 号
北京信息科技大学关于同意学生杨悦退学的决定	校教发〔2018〕21 号
北京信息科技大学关于给予舒婕记过处分的决定	校学发〔2018〕21 号
北京信息科技大学关于新校区建设进展情况的报告（二十五）	信息科大党文〔2018〕21 号
中共北京信息科技大学委员会关于印发《北京信息科技大学教师职业道德规范》的通知	校党发〔2018〕21 号
中共北京信息科技大学委员会关于印发《北京信息科技大学师德＂一票否决制＂实施细则》的通知	校党发〔2018〕22 号
北京信息科技大学关于新校区建设进展情况的报告（二十六）	信息科大党文〔2018〕22 号
北京信息科技大学关于给予宋之卉记过处分的决定	校学发〔2018〕22 号
北京信息科技大学关于同意学生陈操退学的决定	校教发〔2018〕22 号
北京信息科技大学关于给予王璨记过处分的决定	校学发〔2018〕23 号
北京信息科技大学关于同意学生高耀威退学的决定	校教发〔2018〕23 号
中共北京信息科技大学委员会关于印发《北京信息科技大学师德考核实施办法》的通知	校党发〔2018〕23 号
北京信息科技大学关于新校区建设进展情况的报告（二十七）	信息科大党文〔2018〕23 号
北京信息科技大学关于新校区建设进展情况的报告（二十八）	信息科大党文〔2018〕24 号
中共北京信息科技大学委员会关于印发《贯彻落实党委领导下的校长负责制的实施细则》的通知	校党发〔2018〕24 号
北京信息科技大学关于同意学生梁昊炜退学的决定	校教发〔2018〕24 号
北京信息科技大学关于给予王涵优严重警告处分的决定	校学发〔2018〕24 号

续表

文件名称	文件字号
北京信息科技大学关于给予王欣悦警告处分的决定	校学发〔2018〕25 号
北京信息科技大学关于同意学生刘佳薇退学的决定	校教发〔2018〕25 号
中共北京信息科技大学委员会关于印发《关于贯彻执行民主集中制的实施意见》的通知	校党发〔2018〕25 号
北京信息科技大学关于新校区建设进展情况的报告（二十九）	信息科大党文〔2018〕25 号
北京信息科技大学关于推进新校区全面开工建设有关意见的请示	信息科大党文〔2018〕26 号
中共北京信息科技大学委员会调整学校民族宗教工作领导小组的通知	校党发〔2018〕26 号
北京信息科技大学关于同意学生王湘熙退学的决定	校教发〔2018〕26 号
北京信息科技大学关于给予席靖杰严重警告处分的决定	校学发〔2018〕26 号
北京信息科技大学关于给予谢鑫记过处分的决定	校学发〔2018〕27 号
北京信息科技大学关于同意学生周锡延退学的决定	校教发〔2018〕27 号
中共北京信息科技大学委员会关于成立学校港澳台侨工作领导小组的通知	校党发〔2018〕27 号
北京信息科技大学关于新校区建设进展情况的报告（三十）	信息科大党文〔2018〕27 号
关于北京信息科技大学领导班子工作分工建议方案的请示	信息科大党文〔2018〕28 号
中共北京信息科技大学委员会关于批准设立第二批示范党支部的决定	校党发〔2018〕28 号
关于印发《北京信息科技大学迎接本科教学审核评估工作安排》的通知	校教发〔2018〕28 号
北京信息科技大学关于给予宿冠杰记过处分的决定	校学发〔2018〕28 号
北京信息科技大学关于给予杨易欣留校察看处分的决定	校学发〔2018〕29 号
北京信息科技大学关于批准 2018 年大学生科技创新计划项目立项的通知	校教发〔2018〕29 号
中共北京信息科技大学委员会关于印发《北京信息科技大学第二届教职工代表大会暨第二届工会会员代表大会筹备工作方案》的通知	校党发〔2018〕29 号
中国共产党北京信息科技大学委员会关于北京信息科技大学工会主席、副主席等人选的征求意见函	信息科大党文〔2018〕29 号
中共北京信息科技大学委员会 北京信息科技大学关于开展北京信息科技大学第二届科技创新节的通知	校党发〔2018〕30 号
北京信息科技大学关于给予叶子淳记过处分的决定	校学发〔2018〕30 号
北京信息科技大学关于同意学生简飞飞退学的决定	校教发〔2018〕30 号
北京信息科技大学关于新校区建设进展情况的报告（三十一）	信息科大党文〔2018〕30 号
北京信息科技大学关于新校区建设进展情况的报告（三十二）	信息科大党文〔2018〕31 号
共北京信息科技大学委员会关于表彰 2018 年师德标兵和“三育人”先进集体 先进个人的决定	校党发〔2018〕31 号
北京信息科技大学关于开展本科教学工作审核评估预评估的通知	校教发〔2018〕31 号
北京信息科技大学关于给予赵燊记过处分的决定	校学发〔2018〕31 号
北京信息科技大学关于同意学生闫开退学的决定	校教发〔2018〕32 号
关于印发《北京信息科技大学“贯通培养试验”高职学生学籍管理规定》的通知	校教发〔2018〕101 号
关于印发《中共北京信息科技大学委员会处级干部因私出国（境）管理办法》的通知	校党发〔2018〕40 号
北京信息科技大学关于新校区建设进展情况的报告（三十三）	信息科大党文〔2018〕32 号
北京信息科技大学关于新校区建设进展情况的报告（三十四）	信息科大党文〔2018〕33 号
中共北京信息科技大学委员会 北京信息科技大学关于进一步加强学风建设的意见	校党发〔2018〕33 号
北京信息科技大学关于同意学生张浩退学的决定	校教发〔2018〕33 号
关于印发《北京信息科技大学 2018 毕业季主题教育活动方案》的通知	校学发〔2018〕33 号

续表

文件名称	文件字号
北京信息科技大学关于同意学生饶骏退学的决定	校教发〔2018〕34 号
北京信息科技大学关于成立学生学业辅导中心的通知	校学发〔2018〕34 号
中共北京信息科技大学委员会关于印发《二级学院党组织会议和党政联席会议实施办法（试行)》的通知	校党发〔2018〕41 号
北京信息科技大学关于新校区建设进展情况的报告（三十五）	信息科大党文〔2018〕34 号
北京信息科技大学关于新校区建设进展情况的报告（三十六）	信息科大党文〔2018〕35 号
关于印发《中共北京信息科技大学委员会关于开展第一轮校内巡察工作的方案》的通知	校党发〔2018〕35 号
北京信息科技大学关于同意学生王超退学的决定	校教发〔2018〕35 号
中共北京信息科技大学委员会关于印发《北京信息科技大学党费收缴 使用及管理规定（试行)》的通知	校党组〔2018〕3 号
北京信息科技大学关于同意学生盛相龙退学的决定	校教发〔2018〕36 号
北京信息科技大学关于给予董雨凡记过处分的决定	校学发〔2018〕36 号
北京信息科技大学关于新校区建设进展情况的报告（三十七）	信息科大党文〔2018〕36 号
中共北京信息科技大学委员会关于成立学校外事工作领导小组的通知	校党发〔2018〕36 号
北京信息科技大学关于新校区建设进展情况的报告（三十八）	信息科大党文〔2018〕37 号
中共北京信息科技大学委员会关于认真学习宣传贯彻全国教育大会精神的通知	校党发〔2018〕37 号
北京信息科技大学关于给予刘雨轩记过处分的决定	校学发〔2018〕37 号
北京信息科技大学关于批准 2018 年度教学改革立项项目的通知	校教发〔2018〕37 号
北京信息科技大学关于批准 2018 年度精品在线开放课程建设项目的通知	校教发〔2018〕38 号
北京信息科技大学关于给予孙丝毅记过处分的决定	校学发〔2018〕38 号
北京信息科技大学关于新校区建设进展情况的报告（三十九）	信息科大党文〔2018〕38 号
中共北京信息科技大学委员会 北京信息科技大学关于印发《北京信息科技大学 2018 年党政管理部门 院级党组织 直属机构 群团组织教学单位机构设置调整方案》的通知	校党发〔2018〕38 号
中共北京信息科技大学委员会 北京信息科技大学关于印发《2018 年处职岗位聘任工作实施方案》的通知	校党发〔2018〕39 号
北京信息科技大学关于新校区建设进展情况的报告（四十）	信息科大党文〔2018〕39 号
北京信息科技大学关于给予王青青记过处分的决定	校学发〔2018〕39 号
北京信息科技大学关于做好 2017-2018 学年第二学期期末考试工作的通知	校教发〔2018〕39 号
北京信息科技大学关于给予张璇记过处分的决定	校学发〔2018〕40 号
关于印发《北京信息科技大学本科教学实验室管理办法》的通知	校教发〔2018〕40 号
北京信息科技大学关于新校区建设进展情况的报告（四十一）	信息科大党文〔2018〕40 号
中共北京信息科技大学委员会关于印发《北京信息科技大学党支部工作和活动经费使用及管理规定（试行)》的通知	校党组〔2018〕4 号
中共北京信息科技大学委员会关于郭小兵同志为工会常务副主席候选人的请示	信息科大党文〔2018〕41 号
关于印发《北京信息科技大学授予国际学生学位工作实施细则（试行)》的通知	校学位发〔2018〕号
北京信息科技大学关于大学英语四 六级口语考试工作安排的通知	校教发〔2018〕41 号
北京信息科技大学关于表彰 2018 年“十大先锋人物”的决定	校学发〔2018〕41 号
北京信息科技大学关于同意学生张馨童退学的决定	校教发〔2018〕42 号
北京信息科技大学关于表彰赴藏工作毕业生的决定	校学发〔2018〕42 号
北京信息科技大学关于新校区建设进展情况的报告（四十二）	信息科大党文〔2018〕42 号
中共北京信息科技大学委员会关于调整北京信息科技大学统一战线工作领导小组的通知	校党发〔2018〕42 号

续表

文件名称	文件字号
中共北京信息科技大学委员会关于深入学习宣传贯彻全市教育大会精神的通知	校党发〔2018〕43号
北京信息科技大学关于新校区建设进展情况的报告（四十三）	信息科大党文〔2018〕43号
北京信息科技大学关于同意学生刘祺悦退学的决定	校教发〔2018〕43号
关于印发《北京信息科技大学学业成长导师管理条例》的通知	校学发〔2018〕43号
北京信息科技大学关于同意学生张子晗退学的决定	校教发〔2018〕44号
中共北京信息科技纪律检查委员会关于印发《委员履行职责规定（试行）》的通知	校纪发〔2018〕2号
中共北京信息科技大学委员会关于印发《北京信息科技大学教师党支部书记“双带头人”培育工程工作规划（2018-2020）》的通知	校党发〔2018〕44号
北京信息科技大学关于新校区建设进展情况的报告（四十四）	信息科大党文〔2018〕44号
北京信息科技大学关于新校区建设进展情况的报告（四十五）	信息科大党文〔2018〕45号
中共北京信息科技大学委员会 北京信息科技大学关于印发《北京信息科技大学预算管理办法》的通知	校党发〔2018〕45号
京信息科技大学新校区建设指挥部关于印发《新校区建设指挥部会议制度》的通知	校新建指发〔2018〕2号
北京信息科技大学关于同意学生仇东旭退学的决定	校教发〔2018〕45号
北京信息科技大学关于同意学生鲁豪退学的决定	校教发〔2018〕46号
北京信息科技大学新校区建设指挥部关于印发《新校区建设指挥部基建工程洽商及设计变更管理办法（试行）》的通知	校新建指发〔2018〕3号
中共北京信息科技大学委员会 北京信息科技大学关于印发《北京信息科技大学二级单位年度考核办法》的通知	校党发〔2018〕46号
北京信息科技大学关于新校区建设进展情况的报告（四十六）	信息科大党文〔2018〕46号
北京信息科技大学关于新校区建设进展情况的报告（四十七）	信息科大党文〔2018〕47号
中国教育工会北京信息科技大学委员会关于印发《北京信息科技大学二级教职工代表大会工作规程》的通知	校工发〔2018〕12号
关于印发《北京信息科技大学“学业风尚月”实施计划》的通知	校学发〔2018〕47号
北京信息科技大学关于同意学生孟庆希退学的决定	校教发〔2018〕47号
北京信息科技大学关于同意学生王志佳退学的决定	校教发〔2018〕48号
北京信息科技大学关于解除付杰林等15名学生警告处分的决定	校学发〔2018〕48号
中共北京信息科技大学委员会关于印发《北京信息科技大学工会工作条例》的通知	校党发〔2018〕号
北京信息科技大学关于新校区建设进展情况的报告（四十八）	信息科大党文〔2018〕48号
北京信息科技大学关于新校区建设进展情况的报告（四十九）	信息科大党文〔2018〕49号
中共北京信息科技大学委员会关于印发《北京信息科技大学教职工代表大会工作规程》的通知	校党发〔2018〕47号
北京信息科技大学关于解除夏高理等25名学生严重警告处分的决定	校学发〔2018〕49号
北京信息科技大学关于同意学生肖安平退学的决定	校教发〔2018〕49号
北京信息科技大学关于同意学生徐放鸿退学的决定	校教发〔2018〕50号
中共北京信息科技大学委员会关于印发《关于院级党组织在本单位干部和教师队伍建设等工作中发挥主导作用、把好教职工政治关师德关的实施办法（试行）》的通知	校党发〔2018〕49号
（联合）关于请求协调与北京市昆达实业公司合同纠纷的请示	信息科大党文〔2018〕50号
北京信息科技大学关于解除宫奇等66名学生记过处分的决定	校学发〔2018〕50号
北京信息科技大学关于给予陈冠霖严重警告处分的决定	校学发〔2018〕51号
（联合）关于请求协调与北京市昆达实业公司合同纠纷的函	信息科大党文〔2018〕51号
关于印发《中共北京信息科技大学委员会关于教职工党支部在教职工聘用、晋职晋级、评奖评优等工作中把好政治关、师德关的实施办法（试行）》的通知	校党发〔2018〕50号
北京信息科技大学关于同意学生张雪纯退学的决定	校教发〔2018〕51号

续表

文件名称	文件字号
北京信息科技大学关于同意学生赵旭退学的决定	校教发〔2018〕52 号
中共北京信息科技大学关于印发《北京信息科技大学关于加强校史工作的实施方案》的通知	校党发〔2018〕号
关于呈送《中共北京信息科技大学委员会贯彻落实习近平总书记重要指示批示情况的自查报告》的报告	信息科大党文〔2018〕52 号
北京信息科技大学关于给予陈伟卓记过处分的决定	校学发〔2018〕52 号
北京信息科技大学关于给予代宁严重警告处分的决定	校学发〔2018〕53 号
北京信息科技大学关于新校区建设进展情况的报告（五十）	信息科大党文〔2018〕53 号
北京信息科技大学关于大学英语四 六级考试工作安排的通知	校教发〔2018〕53 号
北京信息科技大学关于同意学生曹皓铭退学的决定	校教发〔2018〕54 号
北京信息科技大学关于新校区建设进展情况的报告（五十一）	信息科大党文〔2018〕54 号
北京信息科技大学关于给予郭鑫严重警告处分的决定	校学发〔2018〕54 号
北京信息科技大学关于给予韩雪峰记过处分的决定	校学发〔2018〕55 号
北京信息科技大学关于新校区建设进展情况的报告（五十二）	信息科大党文〔2018〕55 号
北京信息科技大学关于同意学生李腾龙退学的决定	校教发〔2018〕55 号
北京信息科技大学关于同意学生谢秉燏退学的决定	校教发〔2018〕56 号
北京信息科技大学关于新校区建设进展情况的报告（五十三）	信息科大党文〔2018〕56 号
北京信息科技大学关于给予韩肇珩记过处分的决定	校学发〔2018〕56 号
北京信息科技大学关于给予黄昌运记过处分的决定	校学发〔2018〕57 号
中共北京信息科技大学委员会关于呈送《北京信息科技大学 2018 年度巡察工作总结》的报告	信息科大党文〔2018〕57 号
北京信息科技大学关于公布 2017 年度优秀主讲教师评选结果的通知	校教发〔2018〕57 号
北京信息科技大学关于同意学生胡润秋退学的决定	校教发〔2018〕58 号
中共北京信息科技大学委员会关于呈送《2018 年落实全面从严治党主体责任情况报告》的报告	信息科大党文〔2018〕57 号
北京信息科技大学关于给予李嘉嘉严重警告处分的决定	校学发〔2018〕58 号
北京信息科技大学关于给予李世杰严重警告处分的决定	校学发〔2018〕59 号
北京信息科技大学关于同意学生彭申平退学的决定	校教发〔2018〕59 号
北京信息科技大学关于同意学生安辰退学的决定	校教发〔2018〕60 号
北京信息科技大学关于给予李洋严重警告处分的决定	校学发〔2018〕60 号
北京信息科技大学关于给予蔺晟杰严重警告处分的决定	校学发〔2018〕61 号
北京信息科技大学关于同意学生刘佳辉退学的决定	校教发〔2018〕61 号
北京信息科技大学关于同意学生刘阳退学的决定	校教发〔2018〕62 号
北京信息科技大学关于给予刘坤丽记过处分的决定	校学发〔2018〕62 号
北京信息科技大学关于给予綦峰严重警告处分的决定	校学发〔2018〕63 号
北京信息科技大学关于同意学生秦亦春退学的决定	校教发〔2018〕63 号
关于公布北京信息科技大学 2017 年本科优质课程评选结果及建设任务安排的通知	校教发〔2018〕64 号
北京信息科技大学关于给予乔威浩严重警告处分的决定	校学发〔2018〕64 号
北京信息科技大学关于给予宋泓赋记过处分的决定	校学发〔2018〕65 号
北京信息科技大学关于公布 2018 年校级优秀毕业设计（论文）评选认定结果的通知	校教发〔2018〕65 号
北京信息科技大学关于给予孙耀严重警告处分的决定	校学发〔2018〕66 号

续表

文件名称	文件字号
北京信息科技大学关于开展第七届教学名师奖评选的通知	校教发〔2018〕66 号
北京信息科技大学关于成立 2019 年优秀应届本科毕业生免试攻读硕士学位研究生遴选工作领导小组的通知	校教发〔2018〕67 号
北京信息科技大学关于给予孙胤昊记过处分的决定	校学发〔2018〕67 号
北京信息科技大学关于给予王昊博严重警告处分的决定	校学发〔2018〕68 号
北京信息科技大学关于举办第十一届青年教师教学基本功比赛暨第五届教学新星评选的通知	校教发〔2018〕68 号
北京信息科技大学关于给予王江岳严重警告处分的决定	校学发〔2018〕69 号
北京信息科技大学关于评选 2018 年度优秀主讲教师的通知	校教发〔2018〕69 号
北京信息科技大学关于给予王鹏钧严重警告处分的决定	校学发〔2018〕70 号
北京信息科技大学关于同意学生李丞煜退学的决定	校教发〔2018〕70 号
北京信息科技大学关于同意学生李姜鑫退学的决定	校教发〔2018〕71 号
北京信息科技大学关于给予吴鹏程严重警告处分的决定	校学发〔2018〕71 号
北京信息科技大学关于给予薛连飒严重警告处分的决定	校学发〔2018〕72 号
北京信息科技大学关于同意学生禹鹏飞退学的决定	校教发〔2018〕72 号
北京信息科技大学关于同意学生康鑫禄退学的决定	校教发〔2018〕73 号
北京信息科技大学关于给予阳启记过处分的决定	校学发〔2018〕73 号
北京信息科技大学关于给予杨家伟记过处分的决定	校学发〔2018〕74 号
北京信息科技大学关于同意学生周润宇退学的决定	校教发〔2018〕74 号
北京信息科技大学关于同意学生郭子彧退学的决定	校教发〔2018〕75 号
北京信息科技大学关于给予于振严重警告处分的决定	校学发〔2018〕75 号
北京信息科技大学关于给予张馨漾留校察看处分的决定	校学发〔2018〕76 号
北京信息科技大学关于同意学生于子涵退学的决定	校教发〔2018〕76 号
北京信息科技大学关于同意学生杜禹铭学的决定	校教发〔2018〕77 号
北京信息科技大学关于给予郑子健严重警告处分的决定	校学发〔2018〕77 号
北京信息科技大学关于给予钟寅警告处分的决定	校学发〔2018〕78 号
北京信息科技大学关于同意学生董亦杨学的决定	校教发〔2018〕78 号
北京信息科技大学关于同意学生高波退学的决定	校教发〔2018〕79 号
北京信息科技大学关于扩大学校 16 个学生管理文件适用范围的通知	校学发〔2018〕79 号
关于印发《北京信息科技大学“师生健康中国健康”主题健康教育活动方案》的通知	校学发〔2018〕80 号
北京信息科技大学关于同意学生黄启宸退学的决定	校教发〔2018〕80 号
北京信息科技大学关于同意学生刘劭杰退学的决定	校教发〔2018〕81 号
北京信息科技大学关于给予安穆新记过处分的决定	校学发〔2018〕81 号
北京信息科技大学关于给予边元鸣记过处分的决定	校学发〔2018〕82 号
北京信息科技大学关于同意学生刘益宁退学的决定	校教发〔2018〕82 号
北京信息科技大学关于同意学生马元钊退学的决定	校教发〔2018〕83 号
北京信息科技大学关于给予常淑君记过处分的决定	校学发〔2018〕83 号
北京信息科技大学关于给予陈慧星记过处分的决定	校学发〔2018〕84 号
北京信息科技大学关于同意学生庞希硕退学的决定	校教发〔2018〕84 号

续表

文件名称	文件字号
北京信息科技大学关于同意学生蒲子豪退学的决定	校教发〔2018〕85 号
北京信息科技大学关于给予程海达记过处分的决定	校学发〔2018〕85 号
北京信息科技大学关于给予程昊记过处分的决定	校学发〔2018〕86 号
北京信息科技大学关于同意学生孙锟退学的决定	校教发〔2018〕86 号
北京信息科技大学关于同意学生田子强退学的决定	校教发〔2018〕87 号
北京信息科技大学关于给予程昕记过处分的决定	校学发〔2018〕87 号
北京信息科技大学关于给予崔之笑记过处分的决定	校学发〔2018〕88 号
北京信息科技大学关于同意学生王峰退学的决定	校教发〔2018〕88 号
北京信息科技大学关于同意学生薛为民退学的决定	校教发〔2018〕89 号
北京信息科技大学关于给予宫光霖记过处分的决定	校学发〔2018〕89 号
北京信息科技大学关于给予黄俊杰记过处分的决定	校学发〔2018〕90 号
北京信息科技大学关于同意学生严宫越退学的决定	校教发〔2018〕90 号
北京信息科技大学关于同意学生张晨雨退学的决定	校教发〔2018〕91 号
北京信息科技大学关于给予刘思杨记过处分的决定	校学发〔2018〕91 号
北京信息科技大学关于给予陆羽佳记过处分的决定	校学发〔2018〕92 号
北京信息科技大学关于同意学生张响退学的决定	校教发〔2018〕92 号
北京信息科技大学关于同意学生卢裕鹏退学的决定	校教发〔2018〕93 号
北京信息科技大学关于给予马小龙记过处分的决定	校学发〔2018〕93 号
北京信息科技大学关于给予毛斌记过处分的决定	校学发〔2018〕94 号
北京信息科技大学关于同意学生马哲文退学的决定	校教发〔2018〕94 号
关于印发《北京信息科技大学 2018 年下半年北京市中小学教师资格考试工作安排方案》的通知	校教发〔2018〕95 号
北京信息科技大学关于给予彭宇昕记过处分的决定	校学发〔2018〕95 号
北京信息科技大学关于给予邱梦瑶记过处分的决定	校学发〔2018〕96 号
北京信息科技大学关于同意学生谷叔玥退学的决定	校教发〔2018〕96 号
北京信息科技大学关于同意学生牛润生退学的决定	校教发〔2018〕97 号
北京信息科技大学关于给予孙强记过处分的决定	校学发〔2018〕97 号
北京信息科技大学关于给予仝凯歌记过处分的决定	校学发〔2018〕98 号
北京信息科技大学关于同意学生王凯舟退学的决定	校教发〔2018〕98 号
关于印发《北京信息科技大学 2018 年高等教育质量监测数据填报工作方案》的通知	校教发〔2018〕99 号
北京信息科技大学关于给予王昊博记过处分的决定	校学发〔2018〕99 号
北京信息科技大学关于给予王昊记过处分的决定	校学发〔2018〕100 号
北京信息科技大学关于做好 2018-2019 学年第一学期期末考试工作的通知	校教发〔2018〕100 号
北京信息科技大学关于给予王琪记过处分的决定	校学发〔2018〕101 号
关于印发《中共北京信息科技大学委员会教学科研一线教师党支部书记考核激励实施办法（试行）》的通知	校党发〔2018〕51 号
北京信息科技大学关于给予王仕琛记过处分的决定	校学发〔2018〕102 号
北京信息科技大学关于大学英语四 六级口语考试工作安排的通知	校教发〔2018〕102 号
北京信息科技大学关于同意学生王凌霄退学的决定	校教发〔2018〕103 号

续表

文件名称	文件字号
北京信息科技大学关于给予王欣民记过处分的决定	校学发〔2018〕103 号
北京信息科技大学关于给予王宇琪记过处分的决定	校学发〔2018〕104 号
北京信息科技大学关于同意学生董彪退学的决定	校教发〔2018〕104 号
北京信息科技大学关于同意学生张翊超退学的决定	校教发〔2018〕105 号
北京信息科技大学关于给予吴炳辰记过处分的决定	校学发〔2018〕105 号
北京信息科技大学关于给予吴玉峰记过处分的决定	校学发〔2018〕106 号
北京信息科技大学关于同意学生黄宏焜退学的决定	校教发〔2018〕106 号
北京信息科技大学关于大学英语四 六级考试工作安排的通知	校教发〔2018〕107 号
北京信息科技大学关于给予邢思月记过处分的决定	校学发〔2018〕107 号
北京信息科技大学关于给予薛连飒记过处分的决定	校学发〔2018〕108 号
北京信息科技大学关于批准 2019 年度教学改革立项项目的通知	校教发〔2018〕108 号
关于公布第十一届青年教师教学基本功比赛暨第五届教学新星及优秀教案评选结果的通知	校教发〔2018〕109 号
北京信息科技大学关于给予闫恒阁记过处分的决定	校学发〔2018〕109 号
北京信息科技大学关于给予杨文军记过处分的决定	校学发〔2018〕110 号
关于公布第十一届青年教师教学基本功比赛暨第五届教学新星及优秀教案评选结果的通知	校教发〔2018〕110 号
北京信息科技大学关于给予杨毅记过处分的决定	校学发〔2018〕111 号
北京信息科技大学关于给予张瑞丰记过处分的决定	校学发〔2018〕112 号
北京信息科技大学关于给予张双艺留校察看处分的决定	校学发〔2018〕113 号
北京信息科技大学关于给予张思强留校察看处分的决定	校学发〔2018〕114 号
北京信息科技大学关于给予张文靖记过处分的决定	校学发〔2018〕115 号
北京信息科技大学关于给予张泽禹记过处分的决定	校学发〔2018〕116 号
北京信息科技大学关于给予常烨记过处分的决定	校学发〔2018〕117 号
北京信息科技大学关于给予勾鑫喆记过处分的决定	校学发〔2018〕118 号
北京信息科技大学关于给予肖晗记过处分的决定	校学发〔2018〕119 号
北京信息科技大学关于给予王子璇记过处分的决定	校学发〔2018〕120 号
北京信息科技大学关于给予张逊记过处分的决定	校学发〔2018〕121 号
北京信息科技大学关于给予蔡洪伟记过处分的决定	校学发〔2018〕122 号
北京信息科技大学关于给予罗星朝记过处分的决定	校学发〔2018〕123 号
北京信息科技大学关于给予解逸晨记过处分的决定	校学发〔2018〕124 号
北京信息科技大学关于给予万陆鹏记过处分的决定	校学发〔2018〕125 号
北京信息科技大学关于给予董百乐记过处分的决定	校学发〔2018〕126 号
北京信息科技大学关于给予马孟记过处分的决定	校学发〔2018〕127 号
北京信息科技大学关于给予李昊记过处分的决定	校学发〔2018〕128 号
北京信息科技大学关于给予杨子骁记过处分的决定	校学发〔2018〕129 号
北京信息科技大学关于给予郭威记过处分的决定	校学发〔2018〕130 号
北京信息科技大学关于给予张桐记过处分的决定	校学发〔2018〕131 号
北京信息科技大学关于给予赵格祎记过处分的决定	校学发〔2018〕132 号

续表

文件名称	文件字号
北京信息科技大学关于给予张莹莹记过处分的决定	校学发〔2018〕133 号
北京信息科技大学关于给予肖小月留校察看处分的决定	校学发〔2018〕134 号
北京信息科技大学关于给予毕涵忠记过处分的决定	校学发〔2018〕135 号
北京信息科技大学关于给予寇欣怡记过处分的决定	校学发〔2018〕136 号
北京信息科技大学关于公布 2017-2018 学年班主任考核结果的通知	校学发〔2018〕137 号
北京信息科技大学关于公布 2017-2018 学年辅导员考核结果的通知	校学发〔2018〕138 号
北京信息科技大学关于颁发 2017-2018 学年校内奖学金的决定	校学发〔2018〕139 号
北京信息科技大学关于给予曾纪斌警告处分的决定	校学发〔2018〕140 号
北京信息科技大学关于给予万引臻严重警告处分的决定	校学发〔2018〕141 号
中共北京信息科技大学委员会关于印发《北京信息科技大学工会工作条例》的通知	校党发〔2018〕48 号

媒体报道

报纸

《北京信息科技大学新校区即将全面开工》——《北京青年报》（05 月 11 日）
《信息科技大学昌平建新校区》——《北京日报》（05 月 12 日）
《新高考来了，高校招录政策变化几何》——《中国教育报》（05 月 21 日）
《北京信息科技大学打造信息特色鲜明的实践创新教育体系》——《北京晚报》（06 月 01 日）
《信息科大第一课告诫新生不做“佛系”青年》——《北京晚报》（09 月 14 日）
《北京信息科技大学：助大学生双创立得住站得稳》——《中国教育报》（11 月 08 日）
《做家务写书法 华北五省大学生比拼机器人》——《北京青年报》（11 月 10 日）
《华北五省市自治区大学生机器人大赛在京举行 87 所高校展杰作》——《北京晚报》（11 月 10 日）
《良好学风校风为学生发展奠基》——《中国教育报》（12 月 07 日）
《致敬伟大成就 迈向新的征程》——《中国教育报》
《教育系统干部师生热议习近平总书记在庆祝改革开放 40 周年大会上的重要讲话》——《中国教育报》（12 月 19 日）

期刊

《北京信息科技大学》——《北京教育》（高教）版（2018 年第 12 期）
【师生回首共话 40 年】《许宝杰：请接过新时代的接力棒》——《大学生杂志》（2018 年第 11 期）
【师生回首共话 40 年】《葛新权：从知青到学者》——《大学生杂志》（2018 年第 12 期）

网络

《用责任和爱铸梦的团队——记北京信息科技大学
“全国高校黄大年式教师团队”机械工程教师团队》——人民网（04 月 24 日）
《用责任和爱铸梦的团队》——中华人民共和国教育部官网（01 月 24 日）
《北京信息科技大学主题团日活动：践行责任 追寻梦想》——新华网（05 月 04 日）
《北京信息科技大学新校区文化工程建设启动》——新华网（05 月 11 日）
《北京信息科技大学：校长寄语新生不做“佛系”青年》——北京考试网（09 月 21 日）

《北信科校长为新生上大学第一课》——北青网 （09 月 15 日）
校友徐颖：北斗是守护国门的金钥匙——凤凰网视频《超级乘客》 （11 月 23 日）

电视广播

北京一书李海洋——北京电视台《新时代奋斗者的故事》 （03 月 01 日）
北京青少年国际户外挑战赛完美收官——中央电视台体育频道 （06 月 13 日）
“创新有未来”2018 高校人工智能创新大赛—— 中新网视频频道中新社、四川卫视 （09 月 03 日）
华北五省（市、自治区）机器人大赛：以赛促教 培养创新人才——中国教育电视台 （11 月 10 日）

（郑珊珊）